Wissenschaftliche Untersuchungen
zum Neuen Testament · 2. Reihe

Begründet von Joachim Jeremias und Otto Michel
Herausgegeben von
Martin Hengel und Otfried Hofius

41

# Jesus und die Zöllner

## Historische und neutestamentlich-exegetische Untersuchungen

von

Fritz Herrenbrück

J.C.B. Mohr (Paul Siebeck) Tübingen

Gedruckt mit Unterstützung des Förderungs- und Behilfefonds Wissenschaft der VG Wort.

*CIP-Titelaufnahme der Deutschen Bibliothek*

*Herrenbrück, Fritz:*
Jesus und die Zöllner : historische und neutestamentlich-exegetische
Untersuchungen / von Fritz Herrenbrück. – Tübingen : Mohr, 1990
   (Wissenschaftliche Untersuchungen zum Neuen Testament : Reihe 2 ; 41)
   ISSN 0340-9570
   ISBN 3-16-145553-3
NE: Wissenschaftliche Untersuchungen zum Neuen Testament / 02

Das Buch wurde aus der Bembo-Antiqua gesetzt von Computersatz Staiger GmbH in Ammerbuch-Pfäffingen, gedruckt von Gulde-Druck GmbH in Tübingen auf neutral geleimtes Werkdruckpapier der Papierfabrik Niefern und gebunden von Heinr. Koch KG in Tübingen.

Otto Michel

Marianne und Martin Hengel

uxori carissimae

# Vorwort

Die vor 10 Jahren eingereichte maschinenschriftliche Dissertation lege ich hiermit in überarbeiteter Fassung vor. Schon bei Abschluß im Jahr 1979 war deutlich, daß der neutestamentliche Teil vor Drucklegung überarbeitet werden müßte. Da ich ab Juni 1979 begann, die Freuden und Nöte eines Pfarramtes kennenzulernen, konnte ich zwar im Jahr 1980 einen ersten, zusammenfassenden Aufsatz vorbereiten, die Überarbeitung der Dissertation bis zum Jahr 1984 bis Kapitel 3 vorantreiben, im Jahr 1985 den Aufsatz ›Steuerpacht und Moral‹, der in ANRW II 26 erscheinen soll, abschließen, schließlich noch Ende 1986 einen zweiten ZNW-Aufsatz schreiben, aber schon längst hatte sich gezeigt, daß die notwendige gründliche Überarbeitung der Dissertation im Pfarramt von mir nicht geleistet werden könne.

Eine völlig neue Perspektive tat sich mir auf, als Herr OKR Dr. H. Sick, Karlsruhe, auf den zugesandten ZNW-Artikel von 1987 mit dem Hinweis reagierte, ich sollte ein Kontaktsemester beantragen. Dies ließ sich im Sommersemester 1989 in Tübingen dank des freundlichen Entgegenkommens des Ältestenkreises der Kirchengemeinde Löffingen und der Pfarramtskollegen, dank der großzügigen Förderung durch Frau M. Hengel und Herrn Prof. Dr. M. Hengel und nicht zuletzt durch das Verständnis und die Bereitschaft meiner Frau, einen Teil meiner Aufgaben und damit weitere Belastungen auf sich zu nehmen, durchführen.

So ist es naheliegend, stellvertretend für viele, die an dem doch langen Entstehungsprozeß mitbeteiligt waren, dieses Buch Frau M. Hengel, meinem verehrten Lehrer Herrn Prof. Dr. M. Hengel und meiner Frau zu widmen; wenn die Widmung auch Herrn Prof. D. O. Michel mit einschließt, so nicht nur deshalb, weil ich mit Beginn meines Studiums im Jahr 1967 in Tübingen an seinen Vorlesungen und Seminaren teilnahm, sondern auch, weil er mir Pfingsten 1976 in Villingen darlegte:

> Die Zöllner verweisen auf den Protest Jesu gegen Übertragung der Halacha auf die Laien. Jesus wehrt die pharisäische Heiligkeit ab. Die Zöllner können allein dann leben, wenn sie sich nicht an der pharisäischen Halacha orientieren müssen. Jesus stellt sich vor die τελῶναι.

Da mir diese Bemerkung damals fremd erschien, geriet sie lange in Vergessenheit — bis sie wegweisend wurde. Sehr herzlich danke ich für die Förderung, die ich durch die Herren Dr. J. Hengstl, Marburg/L., Prof. Dr. P. J. Sijpesteijn, Amsterdam, und Prof. Dr. W. Schuller, Konstanz, erfuhr. Dank sage

ich schließlich auch der Kirchenleitung der EKHN, die mit kaum zu rechtfer-
tigender Geduld in den Jahren 1978/79 immer wieder der Verlängerung meiner Beurlaubung zustimmte, und dem Evangelischen Oberkirchenrat in
Karlsruhe für die Gewährung des Kontaktsemesters im Sommer diesen Jahres
in Tübingen.

Zugleich danke ich den Herausgebern der Reihe Wissenschaftliche Untersuchungen zum Neuen Testament, den Herren Professoren Dr. M. Hengel
und Dr. O. Hofius und Herrn G. Siebeck für die Aufnahme der Arbeit in diese
Reihe.

Nicht mehr ausführlich berücksichtigt werden konnte die neue Inschrift
aus Ephesos, das Zollgesetz der Provinz Asia, dessen vollständiger Text von
H. Engelmann und D. Knibbe in den Epigraphica Anatolica Heft 14, 1989,
zugänglich gemacht wurde. Da dort unter anderem von Zolldeklaration,
Schmuggel und Konfiskation die Rede ist, sei darauf ausdrücklich hingewiesen.

Löffingen, 18. September 1989                    Fritz Herrenbrück

# Inhaltsverzeichnis

# Abkürzungsverzeichnis

*Vorbemerkung:* Allgemeine Abkürzungen und Abkürzungen der Literatur richten sich nach TRE, Abkürzungsverzeichnis, bzw. nach IATG (notfalls auch RGG$^3$). Die griechisch-römische Profanliteratur — teilweise einschließlich der Kirchenväter — wird nach dtv-Lexikon der Antike I 1 (dtv 3071), München 1969, S. 19–40 zitiert, die rabbinische Literatur nach FJB.

*Ausnahme:* Gegen IATG wird die Abkürzung »RE« nicht für »Realencyclopädie für protestantische Theologie und Kirche« verwendet, sondern für »PRE«, d. h. »Paulys Real-Encyclopädie der classischen Alterthumswissenschaft« (s. u.).

| | |
|---|---|
| AGAJU | Arbeiten zur Geschichte des antiken Judentums und des Urchristentums. |
| ANRW | Aufstieg und Niedergang der Römischen Welt. |
| AO | Abgabenordnung. |
| BASP | The Bulletin of the American Society of Papyrologists. |
| BN | Biblische Notizen. |
| CRINT | Compendia Rerum Iudaicorum ad Novum Testamentum. |
| EA | Epigraphica Anatolica. |
| ESAR | An Economic Survey of Ancient Rome, ed. by T. Fank, Baltimore. |
| FzB | Forschungen zur Bibel. |
| GLAJJ | Greek and Latin Authors on Jews and Judaism, s. Literaturverzeichnis I 1. |
| GWB | s. Literaturverzeichnis II. |
| HIRK | H. Freis (Hg.), Historische Inschriften . . ., s. Literaturverzeichnis I 8. |
| IATG | S. Schwertner, Internationales Abkürzungsverzeichnis für Theologie und Grenzgebiete, Berlin / New York 1974. |
| JudChr | Judaica et Christiana. |
| LRFJ | Literatur und Religion des Frühjudentums, hg. v. J. Maier und J. Schreiner. |
| JSNT | Journal for the Study of the New Testament. |
| LingBibl | Linguistica Biblica, Bonn. |
| L.S.J. | s. Literaturverzeichnis II. |
| OBO | Orbis Biblicus et Orientalis. |
| PW | s. RE. |
| RDGE | R. K. Sherk, Roman Documents . . ., s. Literaturverzeichnis I 8. |
| RE | s. Literaturverzeichnis II. |
| RStR | Religious Studies Review. |
| RStTh | Regensburger Studien zur Theologie. |
| SchrGKA | Schriften zur Geschichte und Kultur der Antike. |
| SBEC | Studies in the Bible and Early Christianity. |
| SJA | Studies in Judaism in late Antiquity. |

ThB            Theologische Beiträge.
TSAJ           Texte und Studien zum Antiken Judentum.
TzF            Texte zur Forschung, Darmstadt.
WHJP           World History of the Jewish People.

*Hinweis:* Weitere Abkürzungen s. Literaturverzeichnis II s. v.

# 1. Bemerkungen zur Forschungsgeschichte

Mit nicht ermüdendem Fleiß und Abschreibeeifer, in Einfallslosigkeit und Scharfsinn suchte die Forschung herauszufinden, wer die τελῶναι waren, mit denen Jesus Umgang hatte[1]. Denn die synoptischen Texte, die uns im Neuen Testament allein von den τελῶναι berichten, lassen uns über ihre soziale und berufliche Stellung völlig im Unklaren. Deshalb war es schon immer üblich, eine Klärung dieser Fragen über weitere antike Quellen herbeizuführen. Herangezogen wurden die rabbinischen Zeugnisse einerseits und die profanhistorischen Quellen andererseits[2]. Letztere spielten in der Forschungsgeschichte eine besondere Rolle, zunächst deshalb, weil sie das positivistisch erhobene ›Zöllner-Bild‹ des Neuen Testaments ausgezeichnet zu ergänzen schienen, vor allem aber dadurch, weil zunächst epigraphische oder papyrologische Quellen

---

[1] Zur älteren Literatur vgl. C. Sigonius, De antiquo ivre civvm Romanorvm. Venedig 1560; J. C. Bulengerius, De Tributis Ac Vectigalibus Populi Romani. Tübingen 1618; Joh. Buxtorf (Pater), Lexicon Chaldaicum, Talmudicum et Rabbinicum ... a Johanne Buxtorfio filio. Basel 1639; C. Salmasius, Dissertatio de foenore in tres libros divisa. Lugduni Batavorum 1640; H. Grotius, Annotationes in Novum Testamentum (1644). Ed. nova, Bd. I, II. Erlangen / Leipzig 1755; I. B. Casalius, De Vrbis ac Romani olim imperii splendore ... Rom 1650; B. Waleus, Novi Testamenti libri historici graec. et lat. ... Lugduni Batavorum 1653; J. Lightfoot, Horae Hebraicae et Talmudicae in Quattuor Evangelistas (s. l. 1658). Lipsiae 1684; G. Schrödter, Ordinem Publicanorum ex historia sacra partiter atque profana studiose erutum atque illustratum, Diss. Alma Leucorea 1689; A. Heering, De Pvblicanis, Diss. Nürnberg 1703; P. Burmannus, De Vectigalibus Populi Romani Dissertatio, Trajecti ad Rhenum 1714; ders., Vectigalia Populi Romani ... Leidae 1734 (= 2. Auflage von De Vectigalibus); J. C. Suicerus, Thesaurus ecclesiasticus, e Patribus Graecis ordine alphabetica exhibens ..., Bd. I². Amsterdam 1728; J. T. Krebs, De usu et praestantia romanae historiae in Novi Testamenti interpretatione libellus. Lipsiae 1745; J. Struckmann, De Portitoribus in Literis Romanis obviis ... Lemgoviae o. J.; ders., De Portitoribus seu publicanis in N. T. obviis ... Lemgoviae 1750; J. J. Wettstein, Novum Testamentum Graecum. Amsterdam 1752; Chr. G. Muiller, De τελώναις et ἁμαρτωλοῖς, a scriptoribus N. T. saepius conjunctis disputat. Gerae 1770. − Weitere Literatur bei W. Rein, Art. Publicani 248; ders., Art. Vectigal 2418; Leyrer, Art. Zoll 653; C. G. Dietrich, Beiträge 3 ff.; E. Schürer, GJV I 474 Anm. 97; 477 Anm. 107 (V/M I 372 ff., bes. Anm. 93, 101); S. J. deLaet, Portorium 341 Anm. 3; C. Nicolet, L'ordre 1 ff. und u. Anm. 73.

[2] Vgl. v. a. Poll. 9,32 f. ⟨Abschn. 3.2.1.14⟩; Herakleides Kritikos 1,7 ⟨3.2.1.12⟩; Herodas 6,64 ⟨3.2.3.4⟩; Plut.Luc. 7,6 f. ⟨4.4⟩. Zu den rabbinischen Stellen (v. a. mNed 3,4; bShevu 39 a; tDem 2,17; bSan 25 a Bar; mBQ 10,1b) s. u. 6.4.3.

den Kirchenvätern, dann den Humanisten und den Forschern bis zum Klassizismus nicht zur Verfügung standen. Erst seit A. Boeckhs bahnbrechenden epigraphischen Forschungen am Anfang des 19. Jahrhunderts und den scharfsichtigen, genialen Untersuchungen von U. Wilcken und M. I. Rostovtzeff aufgrund papyrologischer Quellenstudien an dessen Ende begann sich — allmählich —, das über Jahrhunderte treuherzig übernommene Bild des synoptischen ›Zöllners‹ zu wandeln.

Im Blick auf die Beurteilung der älteren Forschung sollte bewußt sein, welches Quellenmaterial jeweils zur Verfügung stand. Bis zum Anfang des 19. Jahrhunderts waren (nur) die noch nicht einmal 20 rabbinischen Stellen bekannt sowie die etwa 60 Belege (von etwa 35 Autoren) aus der klassisch-griechischen Profangräzität zum τελώνης, dann folgten (bis heute) acht epigraphische Zeugnisse; ab dem Ende des 19. Jahrhunderts kamen über 52 Belege aus dem ptolemäischen und etwa 250 Belege (darunter über 210 Steuerquittungen auf Ostraka) aus dem römischen Ägypten (bis ca. 200 n. Chr.) hinzu[3]. Allein schon diese numerische Verteilung des Quellenmaterials mag die These rechtfertigen, der palästinische τελώνης sei als hellenistischer Kleinpächter vorzugsweise vom ptolemäischen τελώνης her zu beurteilen.

So ist es Aufgabe dieser Arbeit, vor allem den Erkenntnissen von U. Wilkken und M. I. Rostovtzeff den ihnen gebührenden Platz einzuräumen. Dabei soll nicht übersehen werden, daß τελώνης in der Vetus Latina mit ›publicanus‹ und in der Peschitta mit *mokhsa* wiedergegeben wird. Wenn darüberhinaus die Argumentation der älteren und neueren Forschung, ihre Begründungen und ihre Voraussetzungen in den Blick genommen werden, so ist es kaum möglich, irgendeine Aussage zu den τελῶναι — und mag sie noch so vertraut sein und durch zwingende Logik bestechend erscheinen — ungeprüft zu übernehmen.

---

[3] Die 35 griechischen Autoren verteilen sich auf über 600 Jahre (von 424 v. Chr. ⟨Aristophanes⟩ bis ca. 217 n. Chr. ⟨Philostratos⟩); sie gehören verschiedenen Wirtschaftsräumen und -epochen an. — Die Anzahl der Papyrus-Belege ist eher höher anzusetzen, da es nicht so sehr auf den Terminus technicus τελώνης ankommt, vielmehr auf die Funktion »Abgabenpächter« (s. 5.1). — Nicht immer waren Historiker (vgl. auch z. B. den Kirchenvater Augustin) der hebräischen (/orientalischen) Sprache(n) mächtig; so stützt sich z. B. H. Seyrig, Antiquités Syriennes 155 bei seiner Untersuchung zum Steuertarif von Palmyra auf die nicht originale, künstliche lateinische Übersetzung von M. Chabot. S. zum Verständnis des Griechischen z. B. Anthologia Graeca I, ed. H. Beckby. München (2. Aufl.) [1]1957, 107 (bis 1780 konnte »man kein Griechisch«) und J. Kramer, Xenophobie als Motiv für die Einführung der antikisierenden Aussprache des Griechischen im 16. Jahrhundert. AuA 34 (1988) 82.

## 1.1 Zur Deutung von τελώνης in der neutestamentlich-exegetischen Literatur

Zunächst befassen wir uns mit zwei wesentlichen Voraussetzungen der neutestamentlichen Literatur (1.1.1), die allerdings auch in der althistorischen Literatur eine bestimmende Rolle spielen, bedingt durch ein früheres gemeinsames Interesse. Danach stellen wir fünf neuere exegetische Arbeiten ausführlicher vor (1.1.2), weil dadurch die verschiedenen Feststellungen dieser Arbeit am ehesten deutlich werden.

### 1.1.1 Zu zwei methodischen Voraussetzungen

Die meisten Darstellungen der synoptischen τελῶναι lassen sich auf Grundsätze zurückführen, die Th. Mommsen in der 2. Auflage seines »Römischen Staatsrechts« im Jahre 1876 folgendermaßen formulierte: das griechische Wort τελώνης sei dem lateinischen portitor (Zollerheber), das lateinische Wort publicanus (Steuerpächter) jedoch dem griechischen δημοσιώνης gleichzusetzen. Diese Sicht begegnet allerdings auch schon vor Mommsen[4], so daß Mommsen als der größte Althistoriker des 19. Jahrhunderts nur eine neuere Autorität für diese Anschauung darstellt, auf die man sich gern berief. Als älteste Quelle überhaupt für diese These können die Ausführungen von Claudius Salmasius (1640) angesehen werden[5]. Wir geben eine Übersetzung aus seiner Schrift »De foenore«[6]; aus diesem ausführlichen Zitat kann leicht ersehen werden, wie die synoptische — und zum Teil auch die althistorische — Forschung bei völlig unhaltbaren Erklärungen stehengeblieben ist.

> »Cicero verbindet im ersten Buch von De officiis bei diesen erwähnenswerten Erwerbstätigkeiten, die bei den Menschen dem Haß anheimfallen, den portitor mit dem Geldverleiher. ... Sicherlich würde man diejenigen, die im Evangelium τελῶναι genannt werden, im Lateinischen besser mit *portitores* wiedergeben als mit *pu-*

---

[4] Z. B. bei Leyrer, Art. Zoll, aus dem Jahr 1864. J. C. Suicerus, Thes. eccl. (o. Anm. 1) I[2] Sp. 1266 vergleicht τελώνης nur mit portitor bzw. publicanus: »Qui in Evangeliis vocantur τελῶναι, meliùs Latinè dicuntur *portitores*, quàm *publicani*.« — S. noch u. Kap. 4.

[5] Es genügt somit nicht, auf die Arbeiten P. Burmanns (I 1714; II 1734 ⟨o. Anm. 1⟩) hinzuweisen, der zuerst (»primo audiamus testimonium«) die synoptischen τελῶναι den portitores und nicht den publicani gleichgesetzt habe (J. Struckmann, De port. 47) und dessen Forschung »lange Zeit ... Grundlage jeder Untersuchung auf dem Gebiete der römischen Finanzen« gewesen sei (M. I. Rostovtzeff, Staatspacht 367 Anm. 73). Denn P. Burmann weist II (1734) 140 f. auf C. Salmasius hin — ein Abschnitt, der in I (1714) 169 fehlt. Ebenfalls fehlt in I 156 der Abschnitt über die synoptischen τελῶναι von II 125. Unrichtig deshalb auch M. I. Rostovtzeff, Staatspacht 480 Anm. 327.

[6] S. 243—245 pass. Vgl. noch ebd. 384—386.

*blicani*. Und wir sehen, daß Cicero unter den verhaßten Erwerbstätigkeiten die *portitores* nennt, nicht die *publicani*. Die publicani waren eigentlich diejenigen, die irgendeine Steuer pachteten, wie die 5 %- Erbschaftssteuer und die 5 %-Freilassungssteuer, und die die übrigen Abgaben dieser Art pachteten und die (Hafen-)Zölle. Nicht sie wurden *portitores* genannt, sondern nur diejenigen, die von jenen publicani selbst für die Einnahme der (Hafen-)Zölle eingesetzt wurden. . . . Jedoch der Steuerpächter (publici redemptor) oder publicanus heißt im Griechischen δημοσιώνης. Bisweilen auch τελώνης. Mehr allerdings jene, die in Häfen und an Zollstellen sitzen, um die (Hafen-)Zölle einzusammeln und einzutreiben, welche die Griechen ἐλλιμενισταί nennen. Diese aber waren etwas anderes als jene großen Steuerpächter (magni publicani), von denen es im Lateinischen ausdrücklich heißt, daß sie die öffentliche Steuer eintrieben und die die Griechen δημοσιῶναι nennen, das heißt Pächter der öffentlichen Abgaben. Diese gehörten einem bei den Römern recht angesehenen Stand an, nämlich dem Ritterstand . . . Denn die Römischen Ritter waren bekanntlich publicani, und das heißt δημοσιῶναι. Diese waren nicht verhaßt, denn sie trieben die Steuern und Zölle nicht selbst ein, sondern übertrugen anderen den Einzug der Abgaben, die *portitores* genannt wurden. Diese nahmen, um auf ihre Kosten zu kommen, oft mehr ein, als ihnen vom Gesetz erlaubt war, von denen die Griechen sagen, daß sie παρεκλέγειν und παρεισπράττειν. . . .

Im Hebräischen מוכס (sic!). Und in der Tat besteht ein so großer Unterschied zwischen derart niedriggestellten Steuerpächtern (minuti publicani), die eigentlich im Lateinischen *portitores* heißen, und jenen, die die öffentlichen Abgaben pachteten, die dieselben Lateiner *publicani* nennen. . . . Ein Gelehrter, der kürzlich ein Buch über die Strafgesetze der Juden herausgab, bemerkte zum zehnten Kapitel jener Ausgabe aufgrund der Gemara, man müsse unterscheiden zwischen den (verschiedenen) Steuerpächtern (publicani). Es gebe nämlich solche, bei denen die Einnahme nicht festgesetzt sei, sondern die aus den gepachteten Steuern möglichst viel herauspressen, wenn sie nur ihre Pachtsumme dem Staatsbeamten (magistratus) bezahlen. Diese sind es allerdings, die im Lateinischen eigentlich *publicani* heißen, im Griechischen δημοσιῶναι. Und es ist sicher, daß diese freilich einen besseren Ruf genossen und einem angeseheneren Stand angehörten als die portitores und τελῶναι, die die Zölle selbst einnahmen. Denn obwohl jenen die Einnahme nicht begrenzt war, konnten sie trotzdem nicht πλεονεκτεῖν, und (das heißt) nicht so viel wie möglich herauspressen, weil sie nichts einzunehmen pflegten außer durch die portitores selbst, die sie für die Einnahme der (Hafen-)Zölle einsetzten. «

Bei Salmasius ergänzen sich zwei Begründungen. Sie gehen beide stillschweigend von der − falschen − Voraussetzung aus, daß die τελῶναι der Synoptiker in Palästina allgemein *verhaßt* waren:

− Da bei Cicero[7] die publicani angesehen, die portitores dagegen verhaßt waren (vgl. Cic. off. 1,150), seien die synoptischen τελῶναι den portitores gleichzusetzen.
− Nach Moses Maimonides (1158/68) und Obadja di Bertinoro (1548) werde in mNed 3,4 und mBQ 10,1b zwischen einem vom König eingesetzten Steuererheber (*gabbai*) und einem, der so viel nimmt, wie er will (*mokhes*)

---

[7] S. dazu ausführlicher u. 4.4.

unterschieden[8]. Ersterer sei dem publicanus gleichzusetzen, der nichts habe erpressen können, letzterer dem τελώνης / portitor, der dem Zollpflichtigen mehr abpreßte als in den Tarifen vorgesehen war[9].

Ein weiterer Fehlschluß liegt darin, die römische Steuerpacht für Palästina vorauszusetzen[10].

Insgesamt stoßen wir bei diesen beiden angeführten Argumenten auf einen Zirkelschluß, da Salmasius die Rückfrage, warum Cicero die publicani so positiv ansieht, ausblendet und die moralische Beurteilung des *gabbai* wegen unzureichender Quellenbasis (und offenbar ohne eigene Nachprüfung) verfälscht[11].

Für Salmasius ergab sich eine sprachliche und sachliche Gleichsetzung des synoptischen τελώνης mit dem römischen portitor. Sein Begründungszusammenhang war bald vergessen. Die Ergebnisse wurden jedoch weiterhin übernommen (s. Petrus Burmannus, 1714/1734)[12] und lange nicht mehr überprüft.

---

[8] Vgl. M. B. MAIMON (MAIMONIDES) / O. DI BARTENORA, *Seder kedoshim* sive Legum Mischnicarum . . . , Teil 5 und 6. Amsterdam 1702, 1703 sowie den Mischna-Kommentar von Maimonides (ed. Venedig 1548/49). – Die Bemerkung »vir doctus, qui nuper (sic!) edidit librum de legibus Iudaeorum forensibus« (so C. SALMASIUS, De foenore 245) kann sich – trotz »nuper« – nur auf O. di Bertinoro beziehen.

[9] Es heißt bei J. BUXTORF, Lex.Chald. (o. Anm. 1) Sp. 1065: »Bartenorâ hîc annotat, *Publicanos duplices fuisse; Spontaneos,* qui sponta suâ ad telonium sedebant: & *Constitutos a rege.* His necessariò dandum erat vectigal, nec licebat eis illud vel remittere, vel viatoribus effugere, &c.«

[10] S. ausführlicher 6.3.4 (vgl. auch MegTaan § 9).

[11] Ähnlich problematisch ist beispielsweise die Darstellung der τελῶναι bei F. M. HEICHELHEIM, Roman Syria 231–245. Sie werden in die römische Steuerpacht eingeordnet und als »tax-gatherers« (234) angesehen. Seine Bemerkung »The notoriety of the tax-farmers and tax-gatherers may be inferred from the Gospels, from the Talmud and from the Midrash« (239) dürfte abhängig sein von A. R. BELLINGER / C. B. WELLES, A Third-Century Contract of Sale from Edessa in Osrhoene. YCS 5 (1925) 83–154. Wir werden diese Aussagestruktur immer wieder in den Blick nehmen, um nicht ebenso einem Zirkelschluß zu unterliegen: der Althistoriker verweist auf die synoptischen (und rabbinischen) Texte, der Neutestamentler auf die profane Literatur – nur die jeweiligen Prämissen werden nicht artikuliert. – S. noch neben dem für die Profanliteratur auffälligen Titel »Publicans and Sinners« von H. C. YOUTIE und E. BADIAN (vgl. K. CHR. BURCKHARDT, Zöllner und Sünder) z. B. M. ROMSTEDT (u. Kap. 3 Anm. 64); TH. KOCK (u. Kap. 3 Anm. 42 ⟨zu Aristoph.equ. 248, S. 66⟩): »Oft waren sie auch zugleich Einnehmer (die *Zöllner* des N. T.) und als solche meist allgemein verhasst« und den Kommentar zu Cic.off. 1,150 von H. A. HOLDEN (Cambridge 1899, 261): portitores = »›collectors of harbour duties‹, custom-house officers, an inferior class of persons, the τελῶναι or ›publicans‹ of the New Testament, who contracted with the *publicani* or farmers-general of the revenue (usually Roman knights) to collect the *portoria*«. Vgl. auch H. GRESSMANN, VrMann 13: »Zöllner und Sünder ist im Neuen Testament ebenso gleichbedeutend, wie bei profanen Schriftstellern«.

[12] S. o. Anm. 5. P. Burmann weist I S. 140 positiv auf C. Salmasius hin (»recte«), gegen J. STRUCKMANN, De port. 47.

Eine Überprüfung erschien in der Folgezeit auch nicht notwendig zu sein, da die weiteren antiken Zeugnisse, die zur Klärung herangezogen wurden, die ciceronische Unterscheidung zumindest nicht grundsätzlich in Frage stellten[13]. Wie so oft, konnten erst neue Texte — die Papyri — auf diesen Holzweg aufmerksam machen[14].

Eine *andere methodische Voraussetzung* verbindet sich mit der jeweiligen Übersetzung von τελώνης. Noch im Mittelalter war die Wiedergabe mit »Zöllner« durchaus angemessen, da die damalige Steuerverwaltung in etwa den antiken Verhältnissen entsprach[15]. Mit Beginn des 18. Jahrhunderts kam die kameralistische Staatswirtschaftslehre auf[16]. Mit dieser theoretischen Durchdringung der Wirtschaftspraxis veränderte sich der ökonomisch-juristische Sprachgebrauch. Infolgedessen wurde allgemein nicht mehr vom »Zöllner«, sondern vom »Zollbeamten« gesprochen, so daß J. Chr. Adelung (1786) das Wort »Zöllner« außer in mundartlicher Verwendung nur noch im Zusammenhang mit dem biblischen Sprachgebrauch erwähnen kann. Ebensowenig war seitdem »Zoll« der umfassende Begriff, sondern »Steuer« oder »Abgabe«[17].

Zugleich gewann im Merkantilismus, dem praktischen Pendant zum Kameralismus[18], der *Schutzzollgedanke* an Raum. Dies hat für uns deshalb Bedeutung, weil sich der Schutzzoll mit dem Gebietszollsystem verband, das sich aus dem den antiken Verhältnissen eher entsprechenden mittelalterlichen Pas-

---

[13] Trotz auffälliger Gegenbeispiele, s. u. Abschn. 4.4. — Die erste Überprüfung erfolgte durch J. STRUCKMANN, De port. (1750), dann erst teilweise wieder durch C. G. DIETRICH, Beiträge (1877) S. 41—43, schließlich durch M. I. ROSTOVTZEFF, Staatspacht (1902). Auf das Problem einer auch die rabbinische Literatur umfassenden Untersuchung (vgl. G. SCHRÖDTER, Ordinem Publicanorum 1689 ⟨o. Anm. 1⟩) macht M. I. ROSTOVTZEFF, Staatspacht 482 Anm. 330 aufmerksam. — Zu Dio Cass. 38,7,4 s. u. Anm. 74.

[14] In diesem Zusammenhang sei auf einen »der bedeutendsten Inschriftenfunde« hingewiesen, »der jemals in Ephesos gemacht wurde« (H. ENGELMANN / D. KNIBBE, Das Monumentum Ephesenum 19): die lex portorii Asiae aus dem Jahr 75 v. Chr., mit verschiedenen Nachträgen; das Praescript stammt aus dem Jahr 62 n. Chr. »Der Stein aus Ephesos enthielt die Bestimmungen, welche für die Verpachtung der fünf Publica in der Provinz Asia galten« (ebd. 21). § 1 beginnt: Νόμος τέλους Ἀσίας εἰσαγωγῆς καὶ ἐξαγωγῆς κατά τε γῆν καὶ κατὰ θάλασσαν (Zollgesetz von Asia für Einfuhr und Ausfuhr zu Wasser und zu Land).

[15] Vgl. z. B. J. H. G. v. JUSTI, Ausführliche Abhandlung von denen Steuern und Abgaben nach ächten ... Grundsätzen ..., Erster Theil. Königsberg / Leipzig 1762; J. G. LORI, Sammlung des baierischen Bergrechts ... München 1764 und A. SMITH, Der Wohlstand der Nationen. (1776 =) München 1974.

[16] Vgl. A. TAUTSCHER, in: Hb. Finanzwiss. I². Tübingen 1952, 404 ff.

[17] S. dazu ausführlicher 2.3.1. — Zu J. Chr. Adelung s. u. Kap. 2 Anm. 3 und 91.

[18] Vgl. A. TAUTSCHER (o. Anm. 16) 388: »Der Merkantilismus ist eine Epoche der Wirtschaftsgeschichte, der Kameralismus ist ein Abschnitt der sozial- und staatswirtschaftlichen Theoriegeschichte« (im Original kursiv).

sierzollsystem über das landesherrliche Grenzzollsystem entwickelt hatte[19]. Die Zölle werden heute deshalb im Zusammenhang mit »Wirtschaftsräumen« oder »Staatsgrenze« definiert[20].

Indem E. Schürer (I² 1890) und, ihm folgend, L. Goldschmid (1897, vgl. auch Bill. I 377 f.) den synoptischen τελώνης vorwiegend als *Grenz*zöllner ansahen[21], hielten sie zwar unbeirrt an der traditionellen Begrifflichkeit »Zöllner« fest, waren aber beeinflußt von der wirtschaftlichen Entwicklung ihrer Zeit. Ihre Darstellung verengte das Bild des synoptischen »Zöllners« in historisch unhaltbarer Weise. Eine ähnliche Ansicht vertrat der Althistoriker S. J. deLaet (1949), der sich in seinen Ausführungen über Palästina vorwiegend auf Goldschmid stützte[22]. Damit stellt sich die Frage, inwieweit er als maßgebliche Autorität so herangezogen werden kann, wie O. Michel (1965) es tut.

---

[19] Vgl. W. KNIES, Steuerzweck und Steuerbegriff (Steuerrecht im Rechtsstaat 14). München 1976, 5 ff.; W. E. GRAMS, Zoll 119–130 und K. H. Graf, Zielsetzungen 96, 102 f., 129.

[20] S. u. Kap. 2 Anm. 4. – Der neuzeitliche Zolleinnehmer / Zöllner kann ebensowenig wie der antike vom Begriff der »Grenze« her verstanden werden. Allgemein ist zu sagen, daß der Zöllner als Angehöriger der Zollverwaltung Aufgaben ausübt, die der Zollverwaltung übertragen sind. Dieser sind z. Zt. die Verwaltung der Zölle, des Branntweinmonopols, der Verbrauchssteuern und der EG-Abgaben übertragen sowie an sonstigen Aufgaben u. a. Grenzpolizeiliche Aufgaben sowie Vollstreckung für alle Bundesbehörden (s. Daten der Zollverwaltung 1988 ⟨hg. vom Bundesminister der Finanzen⟩ S. 2).

[21] Vgl. E. SCHÜRER, GJV I² 395 ff. (s. I³·⁴ 474 ff ⟨V/M I 373 f.⟩) – in I¹ 250 folgt auf I³·⁴ 458 sogleich I³·⁴ 485 (vgl. u. Abschn. 6.1 mit Anm. 2); L. GOLDSCHMID, Impôts 215 mit Anm. 5 (= 216); s. noch J. SCHMID, Art. Zöllner, LThK X. Freiburg/Br. 1965, Sp. 1401 f., J. R. DONAHUE, Tax Collectors 45, 50 und P.-M. BENOIT / E. BOISMARD, Synopse II 110 § 41 (douanier = publicani). – Zu den *Grenz*zöllen s. die Ausführungen von M. I. ROSTOVTZEFF, Staatspacht 380 f. und F. VITTINGHOFF, Art. Portorium, Sp. 375,44 ff.

[22] Er weist auf S. 342 (s. auch Anm. 2) auf den Gegensatz zwischen E. Schürer (/ L. Goldschmid) und (U. Wilcken /) M. I. Rostovtzeff hin und scheint sich letzterem anzuschließen: »Ces traitants . . . ont souvent été considérés exclusivement comme des douaniers, mais cette conception est trop étroite et il semble qu'ils affermaient aussi toute une série d'autres impôts« (342). Dennoch kommt er nicht über E. Schürer hinaus: »Toutefois la ferme et l'exploitation des péages et des octrois avoir été leur principale occupation« (ebd., vgl. E. Schürer I³ 476). – Aufgrund von deLaets Bemerkungen S. 341 ff. kann folgendes festgehalten werden: a) DeLaet folgt vor allem L. Goldschmid, was aus seinen Anmerkungen S. 341 ff. deutlich hervorgeht. b) Seine Unkenntnis des Hebräischen (»Ne connaissant pas le hébreu«, S. 341) gibt den Spezialuntersuchungen (s. seine Lit. S. 341 Anm. 3) zwar einen Vorzug, aber M. I. Rostovtzeff verstand ebenfalls kein Hebräisch (vgl. DERS., Staatspacht 482 Anm. 330) und kam dennoch – trotz E. Schürer und L. Goldschmid – zu ganz anderen Ergebnissen. c) A. BÜCHLER, Der galiläische 'Am-ha'areṣ grenzt »die Ächtung der in römischen Diensten stehenden Juden«, d. h. der »Zöllner«, auf die Zeit nach dem hadrianischen Aufstand (136 n. Chr.) ein (S. 187 ⟨s. u. Abschn. 6.4.3.6 mit Anm. 192⟩), was Anlaß zu der Frage geben sollte, wie

Erst auf diesem Hintergrund löst sich eine methodische Schwierigkeit bei O. Michel. In seinem historischen Teil lehnt er sich an U. Wilcken und M. I. Rostovtzeff an, folgt aber, was Palästina anbelangt, zugleich auch S. J. de Laet. Jedoch arbeiten Wilcken und Rostovtzeff einerseits und de Laet andererseits mit einer sich ausschließenden Systematik. Erstere sehen im τελώνης den hellenistischen Kleinpächter, während deLaet auf den römischen portitor (bzw. auf die römische Steuerpacht) rekurriert und hier wieder vor allem den Grenzzöllner vor Augen hat. Die Harmonisierung bei Michel bringt deshalb inhaltliche Unklarheiten. Das zeigt sich augenfällig daran, daß er in seinem außerpalästinischen Teil τελώνης mit »Staatspächter« (gelegentlich auch mit »Zollpächter«) wiedergibt, in seinem Abschnitt über Palästina dagegen mit »Zollpächter« oder »Zöllner«. Es stellt sich deshalb die Frage, weshalb er zur Erklärung des palästinisch-synoptischen τελώνης so allgemein auf die antike *Staats*pacht eingeht.

Für eine Untersuchung, deren Absicht es ist, den synoptischen τελώνης möglichst präzise darzustellen, dürfte sich eine Wiedergabe allein mit »Zöllner« oder im beliebigen Austausch der Worte wie z. B. Zöllner, *Zoll*erheber, -pächter, -erpresser[23], -betrüger[24]; *Steuer*beamter, -pächter, -einnehmer, -eintreiber oder gar »der Mann vom Zollposten«[25], »Zollwächter«[26], »die Handlanger der Römer am Zoll«[27] kaum nahelegen. Diese Übersetzungsversuche sind weitgehend nur Ausdruck einer sachlichen Unklarheit. Abgesehen davon, daß gerade die angeblich plastischen Übertragungen nichts mit der damaligen Wirklichkeit zu tun haben, sollte uns auch der − heutzutage − mißverständliche Sprachgebrauch von »Zöllner« vor vorschnellen Deutungen warnen. Wir führen als Beispiel drei Zitate aus Th. Mommsens Römischer Geschichte an[28]; das zweite und dritte Zitat stehen kurz hintereinander:

sie zuvor von jüdischer Seite (sozial und moralisch) eingestuft wurden. d) DeLaets Lit. entstammen − mit Ausnahme von H. C. YOUTIE, Publicans − den Arbeiten von F. M. HEICHELHEIM, R. S. 233 Anm. 15; 239 Anm. 50; 255 ff. und M. I. ROSTOVTZEFF, Staatspacht 479 Anm. 319. Seine anzuerkennende umfassende Quellenarbeit wird jedoch durch die starke Abhängigkeit von der Sekundärliteratur mit ihren oft unzutreffenden Thesen in Frage gestellt. Die Rezensenten K. Kraft und H. Nesselhauf geben in ihrer Kritik an deLaet die Richtung an, in der wir, ausgehend vor allem von U. Wilcken und M. I. Rostovtzeff, weiterfragen werden. Übereinstimmend bemerken sie: »In Ägypten, Syrien und Judäa bleibt während der ganzen Kaiserzeit die ›Kleinpacht‹, getragen von lokalen reichen Leuten, in Geltung« (K. KRAFT, Rez. deLaet, Portorium 257). »Ganz unberührt von dieser Entwicklung blieb die Organisation des Zollwesens in Syrien und Ägypten. Die Römer hatten hier von ihren hellenistischen Vorgängern das System der Kleinpacht übernommen und behielten es die ganze Kaiserzeit hindurch ziemlich unverändert bei« (H. NESSELHAUF, Rez. deLaet, Portorium 161).

[23] So J. LEVY, Chald. Wb. II 36a s. v. *mokhsa*: »Zöllner, Steuernerpresser«.

[24] H. RIETHMÜLLER, Das Neue Testament für Menschen unserer Zeit, Teil I. Stuttgart ²1964, zu Mt 21,32.

[25] J. ZINK, Das Neue Testament. Stuttgart / Berlin ⁴1968, zu Mt 10,3.

[26] Ebd. zu Mk 2,15; Mt 21,31; Lk 3,12; 7,29.

[27] Ebd. zu Mt 21,32, vgl. Mt 9,10; Lk 15,1; 19,2.

[28] II 265, 388 (Sperrung F. H.). − Vgl. noch u. Kap. 4 und L. FRIEDLAENDER, Sittengeschichte I, 158.

»Man erinnere sich an die Einziehung des Bodeneigentums in der Provinz Asien durch Gaius Gracchus, an die römischen Zehnten und Zölle und an die Menschenjagden, die die *Zöllner* daselbst nebenbei betrieben«.

»Mit Recht ... sagt Scipio Aemilianus bei Cicero, daß es der römischen Bürgerschaft übel anstehe, zugleich den Gebieter und den *Zöllner* der Nation zu machen.«

»Es gehört wohl schon dieser Zeit an, daß der Name des *Zöllners* den östlichen Völkerschaften gleichbedeutend mit dem des Frevlers und des Räubers ward; keine Belastung hat so wie diese dazu beigetragen, den römischen Namen besonders im Osten widerwärtig und gehässig zu machen.«

Wer die Quellen überprüft, auf die sich Mommsen hierbei stützt, wird feststellen, daß er im ersten und dritten Zitat mit »Zöllner« den römischen *publicanus* meint, dagegen im zweiten Zitat[29] den portitor. Daß beide historisch grundverschieden zu beurteilen sind und nicht vermengt werden sollen, dürfte allein schon durch das bisher Gesagte deutlich geworden sein.

Die – unumgängliche – Übersetzung von τελώνης stellt eine erhebliche Schwierigkeit dar. Einerseits ist der im Grunde nicht mehr übertragbare antike Gesamtzusammenhang, in den τελώνης (bzw. publicanus) gehört, mit heutigen Begriffen darzustellen, die einem ganz anderen Wirtschaftssystem entstammen, so daß sich schnell die Gefahr einer Aktualisierung einstellt[30], andererseits gibt es weder eine antike Definition der τέλη noch einen modernen ›klassischen‹ Zoll- oder Steuerbegriff, der als feste Größe einen Orientierungspunkt bieten könnte[31]. Wir werden uns deshalb im folgenden Kapitel ausführlicher mit der Übersetzung von τελώνης beschäftigen.

## 1.1.2 Darstellung einiger neuerer Arbeiten

In neuerer Zeit untersuchten vor allem O. Michel (1965) und J. R. Donahue (1971) sowie M. Völkel und L. Schottroff / W. Stegemann (jeweils 1978), schließlich H. Merkel (1983) die synoptischen τελῶναι[32]. Wir geben eine kurze Darstellung ihrer Ausführungen.

---

[29] Dieses gibt Cic.rep. 4,7 wieder.

[30] Vgl. zur dogmatischen Terminologie bzw. zur ›modernen‹ Sprache L. WENGER, Quellen 3 f. und M. I. FINLEY, Wirtschaft 18 f. mit Anm. 29.

[31] Vgl. W. KNIES, Steuerzweck (o. Anm. 19) 2 f, 27, 72, 74 f. »Vor anderen Fragen verdient zunächst die Tatsache besondere Beachtung, daß die meist als *fiskalischer* Steuerbegriff interpretierte Steuerdefinition des § 1 Abs. 1 RAO verstanden wird als die gesetzliche Inkarnation des ›klassischen‹ Steuerbegriffs. Damit wird der fiskalische Steuerbegriff zu einem zeitlosen Wesensbegriff der Steuer stilisiert. Denn was anders als zeitlose oder zumindest zeitgelöste Gültigkeit könnte ›Klassizität‹ in diesem Zusammenhang bedeuten? Die Frage, wie tief die Wurzeln dieses Steuerbegriffs zeitlich reichen und aus welchem ideengeschichtlichen Grund sie sich nähren, wird nicht gestellt. Mit der Erhebung in den Rang des ›Klassischen‹ wird der fiskalische Steuerbegriff aus seiner historischen Relativität, seiner geschichtlichen Bedingtheit, herausgelöst« (ebd. 2 f.).

[32] Vgl. noch S. N. SAKKOS, ΟΙ ΤΕΛΩΝΑΙ (1968); H. BRAUN, Gott (1973); P. FIED-

### 1.1.2.1 O. Michel, Art. τελώνης (1965):

Michels Artikel orientiert sich in seinem ersten Teil (S. 88–103) unter systematisierendem Aspekt an der mediterranen antiken Steuerpacht. Er ist nach den drei typischen lokalen Ausprägungen gegliedert und stellt in einem längeren Abschnitt (S. 98–103) die für die Exegese bedeutsame Frage des moralischen Ansehens der τελῶναι dar. Der zweite, exegetische Teil (S. 103–106) bringt die neutestamentliche Problemstellung in stark komprimierter Form.

Der Gewinn seiner Ausführungen S. 89–98 liegt darin, daß der Leser von vornherein gezwungen wird, moderne Vorstellungen hintanzusetzen und sich mit *dem*[33] antiken System vertraut zu machen. Allerdings erhebt sich sogleich die Frage, ob es nicht richtiger gewesen wäre, als systematischen Begriff nicht »*Pacht*«, sondern »Staatseinkünfte« oder »Abgabe«/»Steuer« der Darstellung zugrunde zu legen, wie es z. B. A. Andreades in der Übernahme von Ps. Aristot. oik. II 1 tut[34]. Weiterhin ist zu fragen, ob »*Staats*pacht«[35] nicht besser durch »Abgaben-«/»Steuerpacht« zu ersetzen sei[36] und ob Xen. vect. 4,19 f.

---

ler, Jesus (1976) sowie Wm. O. Walker, Jesus (1978). – Vgl. auch W. Stenger, Kaiser (1988). Sein Untertitel »Eine sozialgeschichtliche Untersuchung zur Besteuerung Palästinas in neutestamentlicher Zeit« beschreibt ein Desiderat – vgl. M. I. Finley, Wirtschaft 27 Anm. 45: »es gibt keine umfassende moderne Untersuchung zu dem Problem« der Besteuerung in der frühen Kaiserzeit. Auch L. Neesen, Staatsabgaben, behandelt nur ein Teilgebiet –, das nach W. Stengers amateurhaften Ausführungen ein umso größeres bleibt. – Zu W. Bauer, Wb. s. u. Anm. 36.

[33] Der Singular ist *zunächst* zu betonen: Der Vordere Orient / Griechenland (Athen) als Vorbild für das ptolemäische Ägypten und für Sizilien (Hieron II.) (und Rom?). Daß wegen lokaler Besonderheiten und in der Entwicklung differenziert werden muß, spielt zunächst keine Rolle, s. M. I. Rostovtzeff, Staatspacht 336 ff., 350 ff., 357 ff., bes. 359, 366 f., 368, 372 sowie A. H. M. Jones / P. A. Brunt, Over-Taxation.

[34] S. die Gliederung von A. Andreades, Geschichte, bes. 3. und 4. Buch (S. 83 ff.); vgl. W. Schwahn, Art. Τέλη.

[35] H. G. Kippenberg, Religion greift neuerdings den Begriff »Staatspacht« wieder auf (S. 78 ff.). Seine Begründung lautet: »Der Begriff der Staatspacht, den Rostovtzeff verwendet, ist dem der Steuerpacht vorzuziehen, da nicht nur Steuern, sondern auch Tribute, Zölle, Abgaben aller Art verpachtet wurden und das Kennzeichen dieser Ordnung die Funktion des Staates als Verpächter war« (78 Anm. 2). Er übersieht dabei nicht nur, daß sich Rostovtzeff in seiner ›Geschichte der Staatspacht in der römischen Kaiserzeit bis Diokletian‹ besonders auf die römische Kaiserzeit bezieht, sondern daß er auch für Athen von »Polispacht« spricht (333 und pass.), daß das ptolemäische Ägypten kein Staat im heutigen Sinn war – sondern Privatbesitz des Königs! –, daß auch Kommunalsteuern an τελῶναι verpachtet wurden. Die Verpachtung von Tributen an hellenistische Kleinpächter wäre nachzuweisen.

[36] So jetzt auch W. Bauer, Wb. (⁶1988). – Leider verweist er noch immer auf (E. Schürer – warum nicht dann auch auf Vermes / Millar? – und) J. Marquardt (1884!), der die römische (!) Steuerverwaltung beschreibt und noch nicht einmal mehr im Kl. Pauly (V 1551) erwähnt ist. – Zu SB 8072 (= P. Princ. II 20) s. u. 5.6.2.7. – Der Artikel bedarf (vgl. ebd. Art. τέλος.3) der grundlegenden Revision.

(s. S. 89,3 f.) richtig aufgenommen wurde[37]. So folgt O. Michel den Ausführungen von D. Demetrakos und nicht denen von J. H. Thiel, der aufgrund der Wortbildung zu Recht betont: »Nunquam τέλη μισθοῦσθαι sed semper ὠνεῖσθαι dicitur τελώνης«[38]. Weiterhin ist festzuhalten, daß τέλος/τέλη keine eindeutigen Worte sind, denn sie können sowohl *allgemein* für Abgabe / Steuer als auch zugleich *im engeren Sinn* nur für die indirekten Steuern (z. B. Zölle) stehen[39]. Zum anderen sprechen die griechischen Quellen von ὠνεῖσθαι/ὠνή, was mit »kaufen«/»Kauf« übersetzt werden muß[40]. O. Michel führt dies S. 89,3 f. richtig an, bemerkt aber im Anschluß an D. Demetrakos und U. Wilcken: »Kauf u(nd) Pacht werden terminologisch im Griech(ischen) vielfach nicht unterschieden; vgl Ostraka I 525 A 3«. Mit »vielfach« ist O. Michel zwar vorsichtiger als U. Wilcken, der darüberhinaus eine Austauschfähigkeit für Kauf und Pacht vermutet, was M. I. Rostovtzeff bestritt[41]; allerdings spricht U. Wilcken l. c. von πιπράσκειν, πωλεῖν und ἀποδίδοσθαι (verkaufen, verpachten), dann von ἀγοράζειν und πρίασθαι (kaufen, pachten) − doch nicht von ὠνεῖσθαι/ὠνή[42]!

---

[37] Xen. vect. 4,19 f. lautet:

19. ἐπειδὰν δὲ ὠνηθῇ, τί ἂν ἧττον μισθοῖτό τις παρὰ τοῦ δημοσίου ἢ παρὰ τοῦ ἰδιώτου, ἐπὶ τοῖς αὐτοῖς μέλλων ἕξειν; μισθοῦνται γοῦν καὶ τεμένη καὶ ἱερὰ καὶ οἰκίας καὶ τέλη ὠνοῦνται παρὰ τῆς πόλεως. 20. ὅπως γε μὴν τὰ ὠνηθέντα σῴζηται, τῷ δημοσίῳ ἔστι λαμβάνειν ἐγγύους παρὰ τῶν μισθουμένων, ὥσπερ καὶ παρὰ τῶν ὠνουμένων τὰ τέλη. ἀλλὰ μὴν καὶ ἀδικῆσαί γε ῥᾷον τῷ τέλος πριαμένῳ ἢ τῷ ἀνδράποδα μισθουμένῳ.

(⟨17⟩. Die Polis soll Sklaven kaufen . . .) ⟨19⟩. Wenn sie aber gekauft sind, aus welchem Grunde sollte da jemand Sklaven weniger gern von ihr als von Privatleuten mieten, wenn er sie unter denselben Bedingungen haben kann? Man pachtet ja auch heilige Haine, Heiligtümer, Häuser und kauft Steuern von der Stadt. ⟨20⟩ Damit aber die (Zahl der) gemieteten Sklaven unverändert erhalten bleibt, hat der Staat die Möglichkeit, so wie bei den Steuerpächtern als Sicherheit von den Mietern der Sklaven Bürgen zu nehmen. Und Betrug ist für einen Steuerpächter ja leichter als für jemanden, der Sklaven mietet. (Die Übers. folgt in enger Anlehnung an E. Schütrumpf, Xenophon. Vorschläge zur Beschaffung von Geldmitteln . . . [TzF 38]. Darmstadt 1982, 97, 99).

[38] ΞΕΝΟΦΩΝΤΟΣ ΠΟΡΟΙ cum prolegomenis et commentariis, Vindobonae 1922, S. 23; vgl. schon A. WILHELM (zu SIG³ 742,35 ⟨= Anm. 9⟩): »Notum est de ea re Graecos nunquam locationis conductionis ⟨μισθοῦν, μισθοῦσθαι⟩, sed semper emtionis venditionis ⟨πωλεῖν, ὠνεῖσθαι⟩ vocabulis uti« sowie A. H. M. JONES, Taxation 153: »All these taxes . . . were farmed, or as the Greeks said ›sold‹« und H. C. YOUTIE, Publicans 561 (7): »a telones is a tax-buyer, and his contract was not a μίσθωσις, a lease, but an ὠνή, a purchase, in Latin legal terminology, an emptio-venditio, not a locatio-conductio«; s. noch T. R. S. BROUGHTON, On Two Passages 173 f. sowie D. BEHREND, Pachturkunden, bes. 4 f., 10 ff., 29 ff. 41 f. und u. Abschn. 2.2.

[39] S. u. Abschn. 2.3.1 und G. BUSOLT / H. SWOBODA, Stk. I³ 604 ff., bes. 609 ff. und 612 ff. (vgl. II³ 1221 ff. und 1228 ff.); s. auch noch A. BOECKH, Sth. Ath. I³ 367 f., 372 ff.; A. ANDREADES, Geschichte 285 ff.

[40] Vgl. bes. G. McLean HARPER, Tax Contractors 49 f.

[41] Kolonat 22.

[42] U. Wilcken spricht Ostraka I 525 von der »Verpachtung von Domanialland«

Da O. Michel besonders S. J. de Laet folgte, konnte er den Vortrag H. C. Youties über »Publicans and Sinners« (1937), der M. I. Rostovtzeff verpflichtet ist[43], nicht angemessen aufnehmen, obwohl Youtie sowohl methodisch als auch inhaltlich den palästinisch-synoptischen τελώνης in enge Verbindung mit dem ägyptischen τελώνης brachte. Die Ausführungen Youties beinhalten insofern einen wesentlichen Fortschritt, als sich hier ein Kenner der Papyrologie – in ausführlicherer Form zum ersten Mal und etwa 40 Jahre nach den grundlegenden Arbeiten von Rostovtzeff und Wilcken – gerade zu diesem Thema äußerte. Wenn überhaupt, dann müssen bei Youtie wesentliche Hinweise für eine Darstellung des palästinisch-synoptischen τελώνης zu finden sein.

Dies ist in dreierlei Hinsicht der Fall.

a) H. C. Youtie unterscheidet den römischen publicanus vom hellenistischen Kleinpächter τελώνης: »This all too brief summary, which carries us into the first century of our era, is sufficient to bring to light the significant difference between the Roman publicani and the eastern telonai.«[44]

b) Er erklärt den jüdischen τελώνης vom ägyptischen τελώνης (= hellenistischer Kleinpächter) her: »For an understanding of the social, economic, and moral status of the Jewish tax-farmer of the first century of our era, *we cannot do better than to turn to the abundant evidence for Egypt* under the Ptolemies and the early Emperors.«[45] – Oder, a) und b) zusammenfassend: »The tax-farmers of the New Testament have nothing to do with the Roman publicani«[46].

c) Der τελώνης kann nicht unbesehen verbunden werden mit Verhaßtsein und Übergriffen; vielmehr konzentrieren sich in der Beurteilung des τελώνης Steuerhinterziehung des Steuerzahlers, die Absicht des τελώνης, sich womöglich zu bereichern und das Interesse des Staates, maximale Steuererträge zu erhalten[47]. Er folgert aus allem: »I hope I have shown that their morals and manners were not inferior to those of other business men of their time.«[48] Oder: *»A tax-farmer was neither more nor less honest than other men.«*[49]

Allerdings können wir seinen Ausführungen nicht in allem zustimmen. Drei Punkte sind vor allem abzulehnen:

α) Youtie setzt mit der älteren Forschung als unbestritten voraus, daß seit Augustus das Steuerwesen Änderungen unterlag, so z. B. die Einschränkung

---

(sic!); mit der Bodenpacht hatten die τελῶναι wenig oder gar nichts zu tun. Michel hätte besser auf Ostraka S. 539 Anm. 1 verwiesen, wo Wilcken »ἡ ὠνή = Pacht« setzt.

[43] Vgl. H. C. Youtie, Publicans 562 (8) mit Anm. (S. 577).

[44] Ebd. 566 (12), vgl. 564ff. (10ff.) und 572 (17).

[45] Ebd. 567 (12 ⟨Sperrung F. H.⟩); vgl. 560f. (7); 572 (17); 574f. (19).

[46] Ebd. 572 (17).

[47] S. u. Abschn. 3.2.3 und 5.6.1.13.

[48] Ebd. 575 (19), vgl. 572 (17): »Tax-farmers whom Jesus knew seem to be, like those of Egypt, local men, bourgeois, respectable business men, such as business men usually are, sometimes truly wealthy, sometimes with only the façade of wealth, now honest, now dishonest, occasionally sheer speculators«; s. noch ebd. 574f. (19).

[49] Ebd. 573 (18 ⟨Sperrung F. H.⟩), vgl. 571 (16).

der Steuerpacht auf die indirekten Steuern[50]: »Under Augustus, the Roman government developed a system of tax-collection which made use of agents other than telonai. «[51]

β) Seine Darstellung ist an vielen Stellen davon bestimmt, daß die palästinisch-synoptischen τελῶναι in römischen Diensten gestanden hätten: »Matthew ... would have been considerably embarrassed to neglect his contract with Rome. «[52]

γ) Schließlich behauptet auch er − trotz P.Hib. I 29 (= W.Chrest. 259) − der (ägyptische) τελώνης habe mit dem Steuereinzug nichts zu tun gehabt: »The tax-farmer ... was not an actual collector«[53].

Trotz dieser kritischen Einwände bleibt festzuhalten, daß es hinter diese drei erstgenannten Grunderkenntnisse, die im Wesentlichen schon von Rostovtzeff vorgetragen wurden, kein Zurück mehr gibt. Wenn die »Zeitschrift für Papyrologie und Epigraphik« im Jahr 1967 mit dem Wiederabdruck des Referates von Youtie aus dem Jahr 1937 ihre erste Ausgabe eröffnete, so zeugt dies ebenfalls von dem wichtigen Beitrag, den dieser 30 Jahre zuvor leistete.

### 1.1.2.2 J.R. Donahue, Tax Collectors and Sinners (1971):

Donahue nimmt seinen Ausgangspunkt bei den Thesen von J. Jeremias und seinem Lehrer N. Perrin[54].

J. Jeremias meinte in seinem Aufsatz »Zöllner und Sünder« (1931), in dieser Wendung sei »Sünder« nicht aus der pharisäischen Sicht, sondern aus der des Volkes hinzugefügt, um den allgemein verachteten Beruf anzuzeigen[55].

N. Perrin dagegen führte zu dem Ausdruck »Zöllner und Sünder«, in der Absicht, J. Jeremias zu präzisieren, im Jahr 1967 aus, daß die palästinisch-synoptischen τελῶναι als »Jews who have made themselves as Gentiles« anzusehen seien[56], wobei noch zu bemerken ist, daß N. Perrin nicht unterscheiden

---

[50] Ebd. 566 (11f.); 570f. (15f.); 573 (18).

[51] Ebd. 561 (7).

[52] Ebd. 558 (5); vgl. ebd. 556 (3); 557 (4); 573 (17); 574 (19).

[53] Ebd. 568 (14). Vgl. die oft zitierte Auffassung von C. Préaux, L'économie 450: »Dans l'Egypte lagide, la ferme est une institution de garantie, non une institution de perception« (s. auch G. McLean Harper, Tax Contractors 49 Anm. 2); vgl. andererseits U. Wilckens ausdrücklichen Hinweis in W. Chr. 259 (= P. Hib. I 29): »Bemerkenswert ist, daß dem τελώνης selbst in Z. 25 das πράσσειν zugeschrieben wird« (ebd. S. 306). − Für Griechenland bekundet Hesych Nr. 563 s. v. δεκατεύειν· τελωνεῖν, δεκάτην εἰσπράττεσθαι (Aristoph.fr. 455) und ebd. Nr. 564 s. v. δεκατευταί· τελῶναι, οἱ τὴν ... δεκάτην ἐκλέγοντες.

[54] S. das Zeitschriftenreferat von B. Jongeling, JSJ 3 (1972) 80; vgl. noch P. Fiedler, Jesus 140ff.

[55] 293f., 294.

[56] N. Perrin, Rediscovering 94, vgl. 103 sowie ders., Jesus 101ff. (117, 133); s. noch J. R. Donahue, Tax Collectors 40.

will »between the various kinds of tax collectors, tax farmers and excise men«,
da die Quellen selbst keine durchgehende Differenzierung aufwiesen, so daß er
meint, allgemein von »tax collector« sprechen zu können[57]. Weiterhin stellt er
die τελῶναι dar anhand von bSan 25b und sieht in ihnen solche, die mit den
verhaßten Römern kollaborierten[58]. Er meint, mRH 1,8 auf sie anwenden zu
können und behauptet, daß »man ... ihnen die normalen Bürgerrechte (verweigerte)«, und daß »sie z. B. als Zeugen vor Gericht ebenso wenig wie heid-
nische Sklaven (galten)« (ebd.).

Gegen diese Sicht äußerte J. Jeremias in einem Brief Bedenken. J. R. Donahue referiert den Inhalt und benutzt dies zugleich als Ausgangspunkt für seinen eigenen Entwurf[59].

> »Jeremias has suggested a method for re-examination of the problem. He says that
> the Jewish material must be examined to see whether tax collectors are ritually de-
> filed and considered as Gentiles. Secondly, he suggests that we must find out
> whether Jews actually performed this task in Palestine at the time of Jesus' ministry,
> and finally he notes that careful distinctions must be made between tax collectors
> and toll collectors. This most crucial distinction, which will emerge in the course
> of the present discussion, in its simplest form means that tax collectors are those
> who collect the direct taxes, the poll or head tax and the land tax for the current
> rulers, while toll collectors are those who collect the myriad of minor taxes, sales
> taxes, customs taxes, taxes on transport.«

Weiterhin sucht Donahue die Kontroverse zwischen Perrin und Jeremias
dadurch zu lösen, daß er zwischen einer galiläischen bzw. vorösterlichen und
einer jerusalemischen bzw. nachösterlichen Schicht unterscheidet. In Galiläa
könne man bis 44 n. Chr. nicht von einer Kollaboration der Zöllner mit den
Römern sprechen, wohl aber in Judäa. Der Ausdruck »Zöllner und Sünder«
sei Anzeichen der galiläischen Sicht des Zöllners, dagegen zeige die Wendung
»Zöllner und Heide«[60] die judäische bzw. nach 44 n. Chr. auch die galiläische
Sicht des Zöllners (59 f.).

Für seine Ansicht entscheidend ist die Übersetzung von τελώνης. Dieses
Wort sei mit »Einnehmer der indirekten Steuern« (»toll collector«) wiederzu-
geben[61]:

> »The *telōnai* of the Gospels are wrongly interpreted when the word is translated ei-
> ther as ›publican‹ or ›tax collector‹. The literal Greek translation of the Latin *publi-*
> *canus* is *dēmosiōnēs,* a word which does not appear in the Gospels. Also, as has been
> noted, the classical publican system was abrogated by the NT period. The transla-

---

[57] N. Perrin, Rediscovering 93 Anm. 1.

[58] Ebd. 93. – Diese Bemerkung fehlt in ders., Jesus 101.

[59] Vgl. J. R. Donahue, Tax Collectors 42 und 40 mit Anm. 7.

[60] Inversion und Charakterisierung als Formel ist häufig, vgl. z. B. J. Jeremias, Jerusalem 346 mit Anm. 82 sowie J. R. Donahue, Tax Collectors 54 (» *Telōnēs kai* ⟨sic!⟩ *eth-*
*nikos*«).

[61] J. R. Donahue, Tax Collectors 54.

tion ›tax collector‹ is also inaccurate, unless it is taken in the most general sense as referring to anyone who had any role in the collection of taxes. If the distinction between direct and indirect taxes is maintained, the term ›tax collector‹ should be reserved to those who collect the direct taxes imposed either by the Roman prefect in Judea or the tetrarch in Galilee. The accurate translation of *telōnēs* is toll collector.«

Donahues Beweisführung, die sich auf Liddell-Scott stützt[62], läßt allerdings einen überzeugenden Beleg vermissen. Zwar übersetzen Liddell-Scott das Wort δημοσιώνης mit »farmer of the revenue« und weisen unter anderem auf Strab. 12,3,40 und P.Oxy I 44,8 hin (S. 387b), zwar gibt z. B. auch H. L. Jones in seiner Übersetzung von Strab. 12,3,40 δημοσιῶναι mit »publicans« wieder[63], aber weder legen Liddell-Scott selbst allein eine Gleichsetzung von ›publicanus = δημοσιώνης‹ nahe noch läßt sich diese aus P.Oxy. I 44 herauslesen[64]. Was vollends gegen Donahues Auffassung spricht ist, daß Liddell-Scott s. v. τελώνης erklären (S. 1774a): »τελώνης ... = Lat. publicanus, Ev. Matth. 5,46, al.«![65] – Die Ausführungen von Donahue sind deshalb mit Vorsicht aufzunehmen.

### 1.1.2.3  M. Völkel, »Freund der Zöllner und Sünder« (1978):

Im Gegensatz zu Jeremias / Perrin / Donahue problematisiert Völkel die in seinem Aufsatztitel angegebene Wendung aus Mt 11,19 / Lk 7,34 (Q) nicht, sondern fragt »nach Gestalt und möglicher Entwicklung des in Frage stehenden Theologumenons« (2).

Zunächst verweist er auf die Grundsatzbedeutung des Verhaltens Jesu gegenüber den Zöllnern, der eine »überraschend schmale Textbasis« und ein »eindeutiges Ungleichgewicht in den Evangelien« gegenüberstehe (1). Letzteres wird in drei Stufen nachgezeichnet: er geht von Mt 11,19 aus, der »wohl älteste(n) Erwähnung des Umgangs Jesu«, die »noch auf jede typische Gegenreaktion (verzichtet)« (3) und behandelt anschließend Mk 2,13–17 (»nun wird erstmals dieses Verhalten Jesu selbst thematisch« ⟨S. 4⟩); schließlich untersucht er Lk 7,36–50 (sic!); 19,1–10; 15,1 f. (3 ff.); 18,9–14, wobei er meint, daß man hier »grundsätzlich anderen Boden betritt« (6), da »Lukas als erster Evangelist den in Frage stehenden Sachverhalt programmatisch sieht und gestaltet als die Sendung Jesu im Ganzen erfassendes Thema« (6 f.).

---

[62]  Ebd. 54 Anm. 56. – H. J. MASON, Greek Terms, erschien erst 1974.

[63]  LCL 211, p. 450 f.; vgl. noch DERS., zu Strab. 4,6,7 (205) in LCL 50, p. 276 f. mit Anm. 2 (»Cp. the greed of the New Testament publicans« ⟨sic!⟩) und DERS., zu Strab. 14,1,26 (642) in LCL 223, p. 232 f. mit der Übers. »tax-gatherers« (s. noch u. Kap. 2 Anm. 25).

[64]  S. dazu u. 5.6.2.4.

[65]  Auch H. J. MASON, Greek Terms 92 weist auf Mt 5,46; Lk 3,12 (= publicanus) hin!

M. Völkes Ansatz, Zöllner- und Sündergeschichten zusammenzustellen, ist nicht völlig neu. Schon 1938 orientierte sich C. H. Dodd an dem additiv verstandenen Thema ›Zöllner und Sünder‹ und ordnete dieselben Texte wie M. Völkel einer Motivgruppe zu, führte allerdings darüberhinaus noch Jh 7,53—8,11 und Mt 21,32 an[66]. C. H. Dodd bemerkte zusammenfassend und kommentierend: »This convergence of a great variety of strands of tradition is impressive. We may surely say, on strictly critical grounds, that we have here a well-attested historical fact. This fact stands independently of the historical status of the several stories in detail.«[67]

Wenn M. Völkel über C. H. Dodd hinaus eine Entwicklung innerhalb der Texte dieser Motivgruppe erkennen will, dann fragt er »nach der theologischen Ausgestaltung und Aufarbeitung des Theologumenons vom Zöllnerverkehr Jesu«[68]. Dabei erhebt sich sogleich die entscheidende Frage, inwieweit die Wendung ›Zöllner und Sünder‹ zurecht als christliches Theologumenon angesehen werden kann[69]. Eine andere wichtige Frage ist die, ob die »grundsätzliche Wendung des Themas ›Zöllnerverkehr‹ . . . die theologische Leistung des dritten Evangelisten« ist (8), d. h. inwiefern Lukas (z. B. in 18,9) das vorgegebene Material umsetzt. Wenn schließlich M. Völkel — ähnlich wie W. P. Loewe[70] — in Lk 19,1—10 »das letzte Wort des Evangelisten zu dem hier verhandelten Thema« sieht, in dem Lukas »hier Gesagtes eigenständig zusammen(faßt)« (10), dann müßte sich aufzeigen lassen, daß SLk 19,1—10 auf das Konto des Lukas geht, keinesfalls aber auf eine Quelle zurückzuführen ist (vgl. 10 Anm. 57, 58). — Insgesamt erscheinen die Ausführungen M. Völkels, weil er programmatische theologische Redaktion dort feststellt, wo genausogut historisch erstklassige Überlieferung vorhanden sein könnte, als viel zu spekulativ.

### 1.1.2.4  L. Schottroff / W. Stegemann, Jesus von Nazareth —
#### Hoffnung der Armen (1978):

In sachlicher Korrektur ihres Lehrers H. Braun zieht L. Schottroff ausführlich religionsgeschichtliches Vergleichsmaterial heran und bietet über ihre bisherigen Äußerungen zum τελώνης hinaus begrüßenswert neue Gesichtspunkte. So sei z. B. die Übersetzung von τελώνης mit »Zöllner« zu eng (155 Anm. 16), ebenso auch die Wiedergabe von τέλος / *mekhes* mit »Zoll« (18. 155 Anm. 24). Weiterhin müsse der wirtschaftliche Druck auf die Zöllner beachtet werden

---

[66]  History 64 ff.

[67]  Ebd. 65 f.

[68]  M. Völkel, Freund 4. — Gefragt wird nicht, ob nicht der sog. ›Zöllner-Verkehr‹ Jesu Reaktion auf die weitgehend pharisäische Ablehnung seiner Basileia-Verkündigung ist.

[69]  Vgl. ebd. 7 Anm. 38.

[70]  Interpretation 321 f., 331.

(17.20.21). Sie fordert zu »einer differenzierten Betrachtung« (21) der Zöllnerverachtung auf (vgl. 16: »nicht die *gesamte* Bevölkerung ⟨hat⟩ dieselben
⟨Vor-⟩Urteile« ⟨s. noch 22f.⟩).

Allerdings ordnet sie die synoptischen τελῶναι der römischen Steuerpacht
zu (16f.) und unterscheidet mit den entsprechend weitreichenden Konsequenzen zwischen »Zollunternehmern« und »Zollbediensteten« (16ff.). Die Zöllner sind nach ihr gemäß Dig. 39,4,9ff. »eine stark fluktuierende, sozial ungeschützte Personengruppe« (18), sie gehören zu den ökonomisch (!) Armen
(vgl. 17: »Einzelne Zollunternehmer mögen zu Ansehen und Reichtum gekommen sein ... Anzunehmen, daß jeder Zollunternehmer zu Reichtum
kam, ist jedoch unbegründet«). Darüberhinaus waren die synoptischen τελῶναι »vermutlich mehrheitlich die Unterzöllner ..., *nicht* die Zollunternehmer
selbst« (18), was jedoch Anlaß gibt zu vermuten, daß die Unterzöllner ökonomisch (!) noch ärmer als die Unternehmer waren (vgl. »stark fluktuierende,
sozial ungeschützte Personengruppe«, ebd.). Auf S. 49 spricht sie allgemein
von den »Elendsgestalten der Dirnen und Zollbediensteten«, die ökonomische
Armut scheint allerdings S. 51f. überholt: »Denn in gesellschaftlichen [sic!]
Kategorien konnte man diese Gruppe von Armen und Zöllnern kaum desa-
vouieren, sie waren ja schon ganz unten im Elendsquartier«; ganz fallengelas-
sen ist die Hypothese der ökonomischen Armut bei W. Stegemann: »Wer sind
diese Verachteten? Im Lk werden sie beispielhaft durch die Zöllner repräsentiert. Doch zu den Armen in einem ökonomischen Sinne haben sie nicht gehört« (114). So bedeutet wohl die Rede von den »kleinen Leuten − Zöllner(n)
wie Soldaten« bzw. von den »kleinen Zöllner(n)« (139) nichts weiter als die
Beschreibung des *sozialen* Standes, dem »die (sc. ökonomisch!) armen Anhän-
ger Jesu« (139) gegenübergestellt werden. Nach dieser Metabasis eis allo genos
erscheint der Weg zur »*konkrete(n) Sozialutopie des Lukas*« (149) gebahnt.

Zu συκοφαντεῖν bemerkt L. Schottroff, dies sei »ein etwas weitläufiger Begriff. In jedem Fall handelt es sich um zu Unrecht am Zoll kassiertes Geld«
(19). Sie folgt dabei D. Nörr, der aber zutreffender sagt: »Der Begriff des συκοφαντεῖν ist zu unscharf, als daß man den Tatbestand des Delikts genau fest-
legen könnte. Bei der Tätigkeit des Zachaeus liegt es näher, an eine erpresse-
rische Verfolgung eines Nichtschuldners als an eine falsche Anzeige im eigentlichen Sinne zu denken.« D. Nörr bemerkt im folgenden Satz: »Die Strafe des
mehrfachen Wertersatzes gehört zum Gemeingut der antiken Rechte und war
auch dem jüdischen Recht nicht fremd.«[71] Die zutreffende Auskunft wird von
L. Schottroff fälschlicherweise im Blick auf Lk 19,8 dem römischen Recht zu-
gewiesen: »Zöllnervergehen wurden bestraft. Der Zöllner wurde zu mehrfa-
chem Wertersatz verurteilt. Nach römischem Recht (sic!) hätte er u. U. wegen
Diebstahls zu vierfachem Schadenersatz verurteilt werden können« (19f., vgl.
155 Anm. 27!). Diese Engführung ist deshalb besonders bedauerlich, weil D.

---

[71] Evangelien 134. S. noch u. Abschn. 7.8.

Nörr S. 134 Anm. 225 auf R. Düll, Zum vielfachen Wertersatz im antiken Recht, verweist.

Einen Fortschritt gegenüber J. Jeremias, Jerusalem 345 (vgl. ders., Theologie I 111 ff.) bedeutet L. Schottroffs Feststellung: »Die härteste Aussage über Zollhinterziehung steht in der Mischna (sc. mNed 3,4)« (20). S. 23 greift sie die anscheinend soeben überwundene Behauptung von Jeremias auf (»Die schärfste Abwertung der Zöllner findet sich im babylonischen Talmud: bSanh 25b«) und entwickelt wiederum eigene Vorstellungen, wenn sie fortfährt: »Anders als in der Mischna sollen nun auch Hirten, Steuereinnehmer und Zöllner als Zeugen oder Richter unzulässig sein ...« In Anlehnung an W. Windfuhrs Kommentar zu mBQ 10,1b erklärt sie: »In der Mischna wird nicht der Zöllner disqualifiziert, sondern (nur) das Geld in seinem Kasten« (23).

Die Ausführungen zum ›Zöllner‹ in der rabbinischen Literatur müssen insgesamt als widersprüchlich und unpräzise bezeichnet werden. Offenbar zwingt sie ihr Interesse, »eine *generelle* Abwertung der Zöllner durch Pharisäer« (23) nicht in irgendeiner Form wahrhaben zu wollen, zu diesen historisch offenkundig falschen Erklärungen, obwohl ihre Darstellung »historisch so konkret wie möglich« sein will (15).

### 1.1.2.5  H. Merkel, Art. τελώνης (1983):

In seinem historischen Teil stellt Merkel zutreffend fest, daß »die übliche Übers(etzung) von τ(ελώνης) mit *Zöllner* ... den Begriff sehr« verenge (836). Bedauerlicherweise wehrt er sich nicht energisch gegen die offenbar kaum überwindbare These, die Römer hätten das Steuerpachtsystem in Palästina *eingeführt* (mit welchen Gründen? Vgl. dagegen P. Cairo Zen. V 59804 und I 59093 ⟨258 bzw. 257 v. Chr.⟩). Pauschal erwähnt er »die hellenistische Lit(eratur)«, die »den τ(ελώνης) sehr ungünstig« beurteile (836).

Merkels Hauptaugenmerk liegt auf der exegetisch-systematischen Darstellung. Seine Ausführungen sind dabei allerdings unausgeglichen und hypothesenreich.

a) Mk 2,14 sei zwar vormarkinisch (836), aber Markus schaltete die Berufung vor (837). Damit »historisierte er das Apophthegma; es wird nun ein Beispiel für den zum Kreuz führenden Konflikt Jesu mit den Schriftgelehrten und Pharisäern« (837). Letzteres ergibt sich allein aus V. 15–17.

b) Die von H. W. Kuhn in die Diskussion gebrachte Ältere Sammlung solle die Tischgemeinschaft zwischen Juden- und Heidenchristen regeln. Aus keiner synoptischen bzw. neutestamentlichen und altkirchlichen Quelle kann die Vermutung abgeleitet werden, daß die τελῶναι für die Judenchristen stünden, die das Problem der Tischgemeinschaft klären halfen[72].

---

[72] S. insgesamt den Exkurs: Τελώνης in der Alten Kirche ⟨6.5.5.⟩. — Tert. pudic. 9,4–7 erklärt die synoptischen τελῶναι als Heiden. Kelsos nennt sie verschrieen, ver-

c) »Auch die mt Gemeinde hat anscheinend kein positives Interesse am τ(ελώνης)« (837). Wieso »auch«? Bei Mk wird doch hinsichtlich der Tischgemeinschaft ein positives Interesse formuliert (vgl. die Logienquelle ⟨Lk 7,34⟩). In Mt 5,46 f. wird ein Feindbild aufgegriffen, um positives Verhalten zu bewirken. Das Gleiche gilt für Mt 21, da die τελῶναι, wie H. Merkel im Anschluß an R. Hummel selbst feststellt, in jedem Fall einen Anreiz für die Pharisäer darstellen.

d) Nicht nur Lk stellt die τελῶναι positiv heraus, Mt 9,9 / 10,3 wäre ebenso zu nennen. Sie sind bei Mt auch! Exempel der Bußfertigkeit. Lk bringt die Rolle der τελῶναι in 3,12 f. und 18,10−14a am deutlichsten zur Sprache, vgl. Lk 7,34 (Q): (Johannes und) Jesus sind nicht Kumpane betrügerischer Menschen, sondern Menschen finden Rettung / σωτηρία und nehmen sie an (= Mt 11,19!).

e) Unbegründet bleibt, wieso Lk 7,34 (Q) ein »christologisch stark (sic!) überformte(r) Spruch« sei (837).

Die Not eines Lexikonartikels, auf wenig Raum viel zu sagen, erweist sich hier als hochnotpeinlich, da divergierende Aussagen unausgeglichen und widerspruchsvoll harmonisiert werden[73].

## 1.2 Die Ansicht Joh. Struckmanns (1750)

Den Einblick in die Forschungsgeschichte schließen wir ab, indem wir auf einen Außenseiter hinweisen, auf Joh. Struckmann. Er wandte sich im Jahr 1750 gegen die herrschende Meinung, die von P. Burmann ([1]1714, [2]1734), J. T. Krebs (1745) und anderen vertreten wurde, der palästinisch-synoptische τελώνης sei als portitor, als Angestellter einer römischen societas publicanorum aufzufassen. Dagegen vertrat er die Ansicht, die palästinisch-synoptischen τελῶναι seien unabhängig von den römischen publicani zu betrachten. Es verdient hervorgehoben zu werden, daß er diese These allein aufgrund der

---

dorben, verkommen (Aleth.logos 1,62; 2,46). − Vorwegnehmend sei festgestellt, daß wir derzeit keinen frühen altkirchlichen Beleg haben, der die synoptischen τελῶναι in ihrer historischen Bedeutung und religiösen Einordnung zutreffend darstellt.

[73] Als Einführung in die allgemeinen historischen Probleme der τελῶναι bieten jetzt neben U. Wilcken und M. I. Rostovtzeff für Ägypten C. Préaux, L'économie (1939) und S. LeRoy Wallace, Taxation (1938) (s. auch H. C. Youtie, Publicans), für Syrien F. M. Heichelheim, Roman Syria (1938) reiches Material sowie S. J. deLaet, Portorium (1949), F. Vittinghoff, Art. Portitor / Portorium (1953), G. Ürögdi, Art. publicani (1968), A. H. M. Jones, Taxation (1974) und M. Wörrle, Myra (1975). − Die Artikel »Tele« und »Telonai« von Th. Pekáry (1975) führen kaum über W. Schwahns gleichnamige RE-Artikel von 1934 hinaus, obwohl W. Schwahn, wie Th. Pekáry selbst zutreffend bemerkt, die ältere Literatur »ausführlich, aber nicht fehlerfrei« zusammenfaßte (Th. Pekáry, Art. Tele Sp. 565).

literarischen Quellen gewann — da epigraphische und papyrologische Zeugnisse zu seiner Zeit noch nicht bekannt waren —, eine These, die später M. I. Rostovtzeff und H. C. Youtie (in Unkenntnis von Struckmann) aufgrund der ägyptischen Papyri formulierten. Struckmann wurde von der Forschung wenig beachtet. Wir geben deshalb im Anhang eine Übersetzung seiner Thesen V—IX von De portitoribus (S. 48—54) wieder (s. 10.1).

Im Einzelnen ist zu sagen: In § V stellt er seine oben genannte Gegenthese vor, in § VI—VIII geht er auf drei Argumente vor allem von J. T. Krebs ein, in § IX faßt er seine These und seine Widerlegung der Argumente zusammen.

Zunächst befaßt er sich in § VI mit der Interpretation von Dio Cass. 38,7,4[74]. Er zitiert dabei Krebs: πᾶσαι τελωνίαι δι' ἱππέων ἐγένοντο — allerdings unterlief ihm ein entscheidender Schreib- und Denkfehler: statt αἱ τελωνίαι (Steuerpachten) schreibt und denkt er an οἱ τελῶναι (Steuerpächter), so daß er Krebs bestätigte: nur die römischen Ritter pachteten Steuern. — Aber Dio Cassius äußert sich hier nicht allgemein zur Steuerpacht (u. a. zu der in Palästina), sondern speziell zu der in Kampanien im Jahr 59 v. Chr.

Weiterhin vermutet Struckmann zurecht eine lokale Steuerpacht des palästinisch-synoptischen τελώνης und verweist — ebenfalls zutreffend — darauf, daß die τελῶναι reich waren. Er lehnt N. Lardners Behauptung ab, gerade sie seien römische Ritter gewesen. Schließlich können wir ihm auch darin zustimmen, daß die Steuerpacht in Galiläa nichts mit der römischen zu tun hatte.

Im zweiten Argument geht er auf das Wort portitor (= Hafensteuereinnehmer) ein und fragt vor allem, wo denn in Galiläa ein Hafen mit portitores gewesen sei. Diese Entgegnung ist heute aus dreifacher Sicht wenig schlagkräftig. Zum einen muß portitor nicht unbedingt den *Hafen*-Steuereinnehmer bezeichnen, zum anderen liegt die Vermutung nahe, ein τελώνης habe — z. B. in Kapernaum — unter anderem auch die Fischsteuer eingenommen; schließlich weist A. Schalit auf die Handelsbeziehungen zwischen Hippos am Wadi Fiq und Tiberias hin[75].

Das dritte Argument greift — wiederum sehr zurecht — die Behauptung auf, daß sich die portitores Übergriffe zuschulden kommen ließen, nicht aber

---

[74] Der Text lautet (nach E. Cary, LCL 53, S. 210):

Τὸ μὲν οὖν πλῆθος ἐκ τούτων ὁ Καῖσαρ ἀνηρτήσατο, τοὺς δ' ἱππέας τὸ τριτημόριόν σφισι τῶν τελῶν ἃ ἐμεμίσθωντο ἀφείς· πᾶσαί τε γὰρ αἱ τελωνίαι δι' αὐτῶν ἐγίγνοντο, καὶ πολλάκις τῆς βουλῆς δεηθέντες ὅπως ἐκδικίας τινὸς τύχωσιν οὐχ εὕροντο, ἄλλων τε καὶ τοῦ Κάτωνος ἀντιπραξάντων.

Damit gewann Caesar das Volk für sich, die Ritter aber dadurch, daß er ihnen ein Drittel der Abgaben erließ, zu denen sie sich nach dem Pachtvertrag verpflichtet hatten; denn die gesamte Beitreibung lief durch ihre Hände, und obwohl sie den Senat wiederholt um einen gewissen Nachlaß gebeten hatten, war dieser ihnen versagt geblieben; denn Cato und andere hatten sich dagegen ausgesprochen (Übers. nach O. Veh, Cassius Dio II. Zürich / München 1985, 108).

[75] K. H. 296 und ebd. Anm. 538; vgl. yShevi 8,3 (38a) sowie Y. YADIN, Expedition Nr. 12 (zu Ba'yan / 'En-gedi).

die publicani[76]. Zugleich stellt Struckmann die These in Frage, daß aus dem jeweiligen Verhaßtsein eine Identifizierung abgeleitet werden könnte.

Zusammenfassend läßt sich sagen, daß Struckmann zwar Dio Cass. 38,7,4 falsch interpretiert und das Argument des Gegners oftmals nicht stringent widerlegt. Es ist aber sein Verdienst, aufgezeigt zu haben, daß die palästinisch-synoptischen τελῶναι mit der römischen Steuerpacht nichts zu tun hatten und deshalb auch keine portitores waren; daß sie reich waren und eine sozial höhere Stellung innehatten; daß sie lokale Steuerpächter (Rostovtzeff sagte später: hellenistische Kleinpächter) waren.

## 1.3 Die Aufgabenstellung

Abschließend zu diesem Überblick über verschiedene neutestamentliche Arbeiten zum τελώνης und in bezug auf die beiden genannten grundlegenden methodischen Voraussetzungen ist festzuhalten, daß eine Interpretation des τελώνης aus dem wirtschaftlichen Gesamtzusammenhang heraus grundsätzlich wünschenswert wäre. Diese Aufgabe würde jedoch weit über den Rahmen der vorliegenden Untersuchung hinausgehen. Da wir vorrangig nach dem palästinisch-synoptischen τελώνης fragen, mag es genügen, das Steuerpachtsystem im klassischen Griechenland (Athen) und in Rom lediglich in den jeweiligen Grundzügen darzustellen, und zwar nur soweit, wie es sachlich notwendig bzw. zur Beurteilung der bisherigen Interpretationen der Quellen unabdingbar ist. Ausführlicher aber sollen die ägyptischen Quellen herangezogen werden, da diese für den palästinisch-synoptischen τελώνης von besonderer Bedeutung sind und bislang − abgesehen von H. C. Youtie − noch nicht in der sachlich wünschenswerten Weise aufgenommen wurden.

Bevor wir aber uns der Interpretation der Quellen zuwenden können, ist es notwendig, uns mit der Frage zu befassen, welche Begrifflichkeit wir den Ausführungen zugrunde legen wollen (vgl. O. Michel: »Pacht«). Zugleich muß die Frage geklärt werden, wie τελώνης sachgemäß zu übersetzen ist.

---

[76] Vgl. o. Abschn. 1.1.1 (zu C. Salmasius); u. Abschn. 4.4.

## 2. Beschreibung des Wortfeldes von τελώνης[1]

Das Wort τελώνης des Neuen Testaments wird in den Übersetzungen fast durchweg mit »Zöllner« wiedergegeben[2]. Unter »Zöllner« verstehen wir heute umgangssprachlich den Zollbeamten[3], d. h. den, der den Warenverkehr kontrolliert und gegebenenfalls (Einfuhr-)Zoll erhebt[4]. Dieser Zollbeamte gehört aber einem ganz anderen Zoll- bzw. Steuersystem an als dem in griechisch-römischer Zeit:

– Formal sind der antike Zoll und der moderne Zoll jeweils Finanzzölle (sie dienen zur Vermehrung der Staatseinnahmen[5]), jedoch besteht der Unter-

---

[1] Vgl. zur Untersuchung eines Wortfeldes die bei K. BERGER, Exegese § 20 angegebene Literatur.

[2] Um die Belegfülle einzugrenzen, folgen nur einige Bibelübersetzungen: Neben M. LUTHER (alle Ausgaben) und U. WILCKENS – τελώνης wird stets mit ›Zöllner‹ übersetzt – erklärt die *Jerusalemer Bibel* ›Zöllner‹ in einer Anm. zu Mt 5,46 mit »Steuereinnehmer«. – W. JENS, Am Anfang der Stall. Stuttgart 1972, verwendet neben »Zöllner« (z. B. Mt 9,10f.) in Mt 5,46 »Steuereintreiber«. – *Die Gute Nachricht* (Stuttgart [3]1971) übersetzt Mt 5,46 mit »gewissenlose Menschen«; sonst verwendet sie das Wort »Zolleinnehmer« und erklärt es S. 623: gemeint sei der Unterpächter, der »im Dienst der heidnischen Römer« stand. – J. ZINK, Das Neue Testament. Stuttgart / Berlin [4]1968, gebraucht Lk 15,1 und 18,23 »Zöllner«, umschreibt darüberhinaus Mt 9,11 und 11,19 den Ausdruck τελῶναι καὶ ἁμαρτωλοί mit »Betrüger und Ausbeuter« (vgl. Lk 7,34: »Kumpan von Ausbeutern und Gottlosen«); Mt 5,46: diejenigen, »die Gott verachten«; Mt 9,9: Mt zog Gebühren ein. – S. noch o. Kap. 1 Anm. 24–27.

[3] Vgl. z. B. J. CHR. ADELUNG, Versuch (s. u. Anm. 91) und BE [17]XX (Wiesbaden 1974) S. 730a: »Zöllner, der Zollbeamte«. Anders WB. DER DT. GEGENWARTSSPRACHE VI 4466: Zöllner = »*Angestellter* einer Zolldienststelle«.

[4] H. RITSCHL, in: Hb. Finanzwiss. II[1] 245: »Die *Zölle* lassen sich mit den Worten v. HECKELS bezeichnen als öffentliche Abgaben, die von Waren erhoben werden, wenn sie die Grenzen eines Wirtschafts- oder Steuergebietes überschreiten.« – S. noch H. SPANNER zu § 1 AO a. F. Anm. 117 S. 34: »Die Zölle sind Steuern, die beim Warenverkehr über die Staatsgrenze erhoben werden. Demnach unterscheidet man Einfuhrzölle, Ausfuhrzölle und Durchfuhrzölle, von denen heute praktisch nur mehr die Einfuhrzölle Bedeutung haben«. – S. auch Kap. 1 Anm. 20.

[5] Vgl. § 3 AO (1977 ⟨= § 1 AO a. F.⟩) Abs. 1 »... zur Erzielung von Einnahmen« und K. TIPKE, Steuerrecht 46 ff.; W. KNIES, Steuerzweck (o. Kap. 1 Anm. 19) 1 ff.; B. ANTWEILER, Art. Zollwesen, in: Staatslexikon (hg. v. H. Sacher) Bd. V. Freiburg i. Br. [5]1932, Sp. 1655 und R. KÜHN / H. KUTTER / R. HOFMANN, Abgabenordnung. Stuttgart

schied darin, daß funktional der heutige Zoll (als *Teil* der Steuern[6]) nicht nur der Sicherung der Staatseinnahmen, sondern auch der Wirtschafts- und Konjunkturlenkung dienen kann[7].

– Der antike Zoll war nicht nur ein Waren-, sondern auch ein Passierzoll[8].

– Der τελώνης war kein (Staats-)Beamter[9], sondern (freiwilliger) Pächter, also ein Privatunternehmer[10].

– In Palästina zur Zeit Jesu spielten weniger die Grenzzölle (als indirekte Steuern) als vielmehr – wohl ähnlich wie in Ägypten – die Gewerbesteuern (als direkte Steuern) sowie die Gebühren eine Rolle. Der τελώνης hat für die Antike eine viel größere Bedeutung als bei uns der Zöllner.

– Der Begriff »Abgabe« (bzw. »Steuer«) umschreibt heute zusammenfassend das ganze Bedeutungsfeld der antiken τέλη (»Zölle«)[11].

Die Beibehaltung der Wiedergabe von τελώνης mit »Zöllner« erscheint damit im vollen Sinn des Wortes frag-würdig.

## 2.1 Moderne Übersetzungen von τελώνης

Das Determinativkompositum τελώνης ist aus τέλος (Abgabe, Steuer) und ὠνεῖσθαι (kaufen) zusammengesetzt[12]. Die wörtliche Wiedergabe müßte deshalb »Abgabenkäufer« oder »Steuerkäufer« lauten. Dies ist allerdings ungebräuchlich.

---

[12] 1977, S. 8: »Grundsätzlich muß das *Ziel der Steuererhebung* die *Erzielung von Einnahmen* zugunsten von öffentlich-rechtlichen Gemeinwesen sein, Steuern sind das wichtigste Mittel zur Finanzierung der öffentlichen Haushalte. Absatz 1 Satz 1 letzter Halbsatz läßt es allerdings genügen, daß die Erzielung von Einnahmen nur als Nebenzweck in Erscheinung tritt. Der Hauptzweck einer Steuer kann demnach in der *Förderung außerfiskalischer Ziele* liegen.«

[6] Vgl. § 3 I 2 AO (1977): »Zölle ... sind Steuern.«

[7] Vgl. R. Kühn / H. Kutter / R. Hofmann, Abgabenordnung (o. Anm. 5) S. 7, 8.

[8] Vgl. zum Passierzoll z. B. M. R. Cagnat, Impôts 141, 154 und F. Oertel, Liturgie 46 ff.

[9] So z. B. H. Degenkolb, Lex Hieronica 134 (zu Plut. mor. 518E), U. Schneider-Menzel, Babyl. Geschichten 80; K. A. Worp, in: P. Vindob. Worp I (S. 9 zu Z. 5) und B.-J. Müller, Ptolemaeus 5.

[10] S. u. Anm. 68 (zu P. Handrock).

[11] Vgl. K. Tipke, Steuerrecht 46: »Steuern sind eine Art der Abgaben, *Abgaben* sind außer den Steuern Gebühren, Beiträge und nichtfiskalische Abgaben.«

[12] S. z. B. ThLGr VII Sp. 2002 s. v. τελώνης; vgl. G. Schrödter, Ord. Publ. (o. Kap. 1 Anm. 1) 6: These IV: »Descendit autem vox τελώνης, ἀπὸ τοῦ τέλεος (sic!), a vectigali, & ὠνέομαι, emo.« Vgl. F. M. Waanders, The history of τέλος and τελῶ in Ancient Greek. Amsterdam 1983.

*Griechisch-deutsche Wörterbücher* bieten für die Wiedergabe von τελώνης an erster Stelle »Zöllner« und »Zolleinnehmer« an, in zweiter Linie werden genannt: »Steuererheber«, »Zoll«- bzw. »Steuerpächter« und »Staatspächter«[13].

In der *deutschen Sekundärliteratur* läßt die Abgrenzung gegenüber »publicanus« und »portitor« kaum Variationen zu. Aber M. I. Rostovtzeff erhob gegen die Gleichsetzung des synoptischen τελώνης mit »portitor« Einspruch und meinte, der palästinische τελώνης sei mit »Zöllner« falsch übersetzt[14]. Er gebrauchte stattdessen eine Vielzahl von Ausdrücken wie »Steuerpächter«, »Steuereinzieher«, »Gefällepächter«, »Generalpächter« und »Steuererheber«[15]. Für Ägypten sprach U. Wilcken bei τελώνης durchweg von »Steuerpächter«, bei τελώνης πεντηκοστής (Steuerpächter der 2%-Steuer) dagegen von Zöllner[16]. Dennoch setzten sich diese Differenzierungen gegen das traditionelle Bild vom τελώνης als dem »Zöllner«, der dem römischen portitor entspräche und der in Judäa »die Eintreibung der Zölle ... von dem römischen Fiskus gepachtet« habe[17], nicht durch. Abgesehen von fragwürdigen Erklärungen[18] verdient die exakte terminologische Unterscheidung bei J. Jeremias Beachtung[19]. Τελώνης wird mit »Zöllner« (338, vgl. 345), »Zolleinnehmer« (346) oder »Zollpächter« (34.63) wiedergegeben, dagegen beziehen sich die Ter-

---

[13] Vgl. F. Passow, Handwb. II/2 (⁵1857) S. 1858b: »Zollpächter u(nd) Zolleinnehmer, Zöllner«; F. Preisigke, Fachwörter 170: »*Zöllner*, Steuerpächter«; H. Menge / O. Güthling, Wb. I (²1913) S. 679b: »a) Staats-, *Zollpächter;* b) Zolleinnehmer, Zöllner.« – Vgl. auch deutsche *Lexika* s. v. Zöllner, die auf palästinische Verhältnisse eingehen, z. B.: *MeyLex* XII (⁷1930) Sp. 1853: »Zöllner, bei den Römern (lat. Teleonarii) die besonders aus dem N. T. bekannten Steuer- und Zolleinnehmer, die für die Publicani ... die Abgaben oft in rücksichtslosester Weise einziehen mußten und daher verhaßt waren.« – GB XX (Leipzig ¹⁵1935) S. 680: »in Palästina die Pächter oder Unterpächter der dem röm(ischen) Staat zufallenden Zölle. Sie waren als Diener der Fremdherrschaft dem nationalbewußten Judentum verhaßt und verächtlich.« – *SchwLex* VII (Zürich 1948) Sp. 1618: »Zöllner, im Neuen Testament Bez(eichnung) der jüd(ischen) Unterbeamten der röm(ischen) Zollpächter.«

[14] HW I 276.

[15] »Steuerpächter«: ebd. I 187, vgl. ders., Staatspacht 479 ff.; »Steuereinzieher«: z. B. HW I 277; »Gefällepächter«: z. B. Staatspacht 333; »Generalpächter«: HW I 273; »Steuererheber«: z. B. Staatspacht 342. – S. noch ders., Kornerhebung 205: »Abgabenpächter«; ebd. 206: »Zollpächter«.

[16] »Steuerpächter«: U. Wilcken, Ostraka I 568, 590; UPZ I 112 IV,1 ff. (und ebd. S. 508 f.); 113,9.16 usw.; »Zöllner«: z. B. Ostraka I 277 f., vgl. 620, 621, s. auch 633. Die Erheber im Tarif von Koptos (OGIS 674 = SEG XX 668) Z. 2 nennt er »Abgabenpächter« (vgl. Ostraka I 348). Zur Wiedergabe von τελώνης mit ›Zöllner‹ s. noch ders., Nomos 191 (zu P.Oxy. I 36 = W.Chr. 273).

[17] H. Braun, Gott 97. – Zum Vorwurf der Kollaboration s. u. Abschn. 6.4.3.6 mit Anm. 193.

[18] Vgl. z. B. L. Goppelt, Theologie I 80 f.: er »treibt die Gebühren für die Fremden ein«. Zu ungenau erklärt G. Ürögdi, Art. publicani Sp. 1200,21: die publicani der Evangelien sind »Steuereinnehmer«; vgl. ebd. Sp. 1206,49 ff.: »Die Zolleinnehmer (*portitores* ...), auch *publicani* genannt ... Der Zöllner ... im Neuen Testament.«

[19] Jerusalem. Vgl. die Unterteilung der Steuern in direkte und indirekte bei L. Neesen, Staatsabgaben 200 f. (zu Anm. 18,5).

mini »Steuerbeamter« (110.258 f.), »Steuerpächter« (140), »Steuereinnehmer« (31.140) und »Steuererheber« (338.345) nicht auf τελώνης.

In der *englischen* und *französischen Sprache* kommt für τελώνης gelegentlich »publican«[20] bzw. »publicain«[21] (von lat. publicanus, Steuerpächter) vor. Das läßt allerdings offen, ob dabei an publicanus oder τελώνης gedacht ist bzw. wie die Verwendung des lateinischen und griechischen Begriffs zueinander verstanden werden soll.

Im Englischen werden darüberhinaus »tax farmer«[22], »tax-collector«[23] und »tax-gatherer« als Übersetzungen angeboten, wobei letzterer Ausdruck entweder beide vorhergenannten zusammenfaßt oder besonders das Verhältnis zu portitor bzw. publicanus reflektiert und aussagt, der τελώνης sei dem portitor gleichzusetzen und heiße »Zöllner«[24]. Weil aber diese Übersetzungen keineswegs allein den τελώνης bezeichnen, ist stets der originale Text heranzuziehen[25].

Gelegentlich wird festgestellt, daß eine für unsere Zeit und Verhältnisse verständliche und treffende Wiedergabe von τελώνης schwierig ist. So sei für den unbefangenen Leser »publican« zunächst der Inhaber einer Gaststätte (pub)[26] und »tax farmer« rufe zuerst eine Verbindung zu einem Landwirt hervor, wobei offenbleibe, was die Bodenbearbeitung (farming) mit der Steuer (tax) zu tun habe[27]. G. McLean Harper will deshalb τελώνης mit »tax contractor« übersetzen[28].

---

[20] »Publican«: King-James-Version; Revised Standard-Version hat dagegen ›tax-collector‹; L.S.J. 253b s. v. ἀρχιτελώνης: »chief toll-collector, chief-publican«; PGL 1387b s. v. τελώνης: »tax-collector, publican«. S. noch M. Jastrow, Dict. I 206b s. v. *gabbai*: »a *ḥaber* ... becomes a collector (publican)«; ebd. II 741b s. v. *mokhes*: »revenue farmer, publican, custom collector«.

[21] »Publicain«: GLE VIII (Paris 1963) S. 893 f.: »Publicain ... (lat. publicanus; de publicum, impôt, revenue de l'Etat). Antiq. rom. Toute personne chargée de faire renter l'impôt.« *La sainte bible* (Bible de Jérusalem), Paris 1972: publicain; S. Legasse, Jésus 143, 145 mit Anm. 40; P. Joüon, Verbum Salutis V 310 (zu Lk 3,12) und die Erklärung zu V. 14; L. Goldschmid, Impôts 195 Anm. 1.

[22] Vgl. z. B. H. C. Youtie, Publicans 555 f. (2); V. Tcherikover, in: C.P.J. I S. 18, 277 f.; C. B. Welles, Collection 9.

[23] Revised Standard-Version; C. G. Montefiore, Gospels II 137, 251 und pass.; J. R. Donahue, Tax Collectors 54.

[24] Vgl. V. Taylor, Mk 207, s. auch 204: »›tax-gatherer‹ corresponds to the Latin *portitor* rather than publicanus«. — S. weiterhin J. H. Moulton / G. Milligan, Vocabulary 631 s. v. τελώνης; C. G. Montefiore, Gospels I 56: »inferior tax-gatherer«; D. Sperber, Art. Tax Gatherer und F. M. Heichelheim, R.S. 233 f.

[25] Vgl. die englische Übersetzung von Dio Cass. 39,59,2 von E. Cary (LCL Nr. 53) S. 395, der τελώνης (gemeint sind die römischen publicani) mit »tax- gatherers« wiedergibt. H. L. Jones übersetzt δημοσιῶναι bei Strab. 4,6,7 (205); 12,3,40 (562) mit »publicans« und 14,1,26 (642) mit »tax-gatherers« (LCL Nr. 50 S. 277 [mit Hinweis in Anm. 2 auf das NT]; Nr. 211 S. 451; Nr. 223 S. 233).

[26] Vgl. H. G. G. Herklots, Publicans 20: »The word ›publican‹ is a misleading translation. In English social life an inn-keeper is called a publican«.

[27] Vgl. H. C. Youtie, Publicans 561 (7).

[28] Tax Contractors 49 f., vgl. ders., Relation 269 ff. S. noch D. C. Gofas, Carpologues (u. Anm. 32) 349: »fermiers de taxes« und S. Applebaum, Judaea 374 Anm. 99: *mokhes* = »exciseman«.

## 2.2 Synonyme Ausdrücke zu τελώνης

Um einen geeigneten Weg zwischen einer allzu wörtlichen und einer allzu freien Übersetzung von τελώνης zu finden, bietet es sich an, die Ausdrücke näher zu untersuchen, die im Umkreis des Begriffs τελώνης stehen.

Zunächst fällt auf, daß bei wichtigen verwandten und synonymen Ausdrücken für τελώνης der *Kauf* betont wird, so z. B.: ὁ ὠνούμενος τὰ τέλη[29], ὠνὰς πριάμενοι ἐκ τοῦ δημοσίου[30], ὠνητής[31], οἱ πραγματευόμενοι bzw. πριάμενοι τὰς ὠνάς[32], ὁ τὸ τέλος ἠγορακὼς[33] und ὁ τὴν ὠνὴν ἔχων[34]. Auch die Bezeichnung ὁ πρὸς τῇ ὠνῇ meint, wie die schon erwähnten Termini, den τελώνης[35]. Es erscheint somit die ganz wörtliche Übersetzung »Abgaben*käufer*« oder Steuer*käufer*« von der Sache her angemessen und durchaus geeignet.

Diese wörtliche Übersetzung legt sich auch deshalb nahe, weil es – von der römischen Zeit abgesehen – niemals heißt τέλη μισθοῦσθαι, sondern stets τέλη ὠνεῖσθαι, der τελώνης somit vom μισθωτής ([Boden-]Pächter) zu unterscheiden ist[36].

In diesem Zusammenhang können sogar die Erklärungen von lat. manceps bzw. publicanus aus dem Jahr 1537 bzw. 1561 zur Stützung der wörtlichen Wiedergabe herangezogen werden, wobei zu bedenken ist, daß im 16. Jahrhundert das Wort »Zoll« die Bedeutung der heutigen Begriffe »Abgabe« oder »Steuer« hatte[37]:

> »einer der etwas von der Oberkeit ... kauffet / als Zöll ... ein oberster Publican / oder Zollkauffer«

---

[29] S. z. B. Demosth. 24,40. 122; Ps.Demosth, 59,27, vgl. Plut.Alk. 5,2. Zum folgenden vgl. M. I. ROSTOVTZEFF, Staatspacht 333 und U. WILCKEN, Ostraka I 539.

[30] S. z. B. And. 1,73 vgl. 92; weitere Stellen bei G. BUSOLT / H. SWOBODA, Stk. I³ 605 Anm. 2; s. noch SIG³ 1000 (Kos, ca. 189–167 v. Chr.).

[31] S. z. B. IG II² 1582, 1587; SIG³ 915, 1203.

[32] C. D. GOFAS, Carpologues (Kap. 3 Anm. 19) 351 Anm. 4 (= 352); vgl. SIG³ 633,100 f. (ca. 180 v. Chr.).

[33] ProsopPtol 1546 (= P.Cairo Zen. III 59375,6).

[34] OGIS 572,25 ff., vgl. UPZ I 112 III 12 sowie I 3 f.

[35] ProsopPtol 1550 + 1607 (= M.Chr. 180).

[36] S. neben Kap. 1 Anm. 38 und Kap. 3 Anm. 40 noch A. BÖCKH, Sth.Ath. I³ 406 ff.; D. BEHREND, Pachturkunden 69 f. mit Anm. 89, Schol.Aristoph.equ. 307; Dio Cass. 38,7,4 und C.Ord.Ptol. 21–22. Vgl. weiterhin J. PARTSCH, Bürgschaftsrecht 323: »Zollkäufer« und J. H. VOSS, Antisymbolik II. Stuttgart 1826, 176: »Mein Vater, der nach abgelaufener Pacht (sic!) eines Grubenhagischen Vorwerks ein städtisches Gewerbe anfangen wollte ... Im Sommer zog er nach dem Städtchen Penzlin, wo er den Zoll (sic!) von den Baronen Malzahn, und ein Haus mit einigen Gärten, samt der Gerechtigkeit des Bierbrauens und Branntweinbrennens, gekauft (sic!) hatte.«

[37] J. MAALER (= Mahler), Die teütsch Spraach, Zürich 1561, 523a s. v. Zollkauffer; P. DASYPODIUS, Dictionarium Latino-Germanicum et vice versa Germani colatinum. Argentorati 1537, s. v. manceps; vgl. P. F. POMEY, Indiculus universalis Latino-Germanicus. Norimbergae 1671, 639: »Publicanus: ein Zollmieter«.

bzw. »Zollköuffer / der ein zoll zähenden / oder dergleychen lehen von einer oberkeit empfacht ... Manceps, Redemptor uectigalium publicorum, Publicanus«.

Diese Wiedergabe von manceps / publicanus mit »Zollkäufer« in einem Text des 16. Jahrhunderts verdient darüberhinaus unsere Aufmerksamkeit deshalb, weil die sachgemäße und zutreffende Übersetzung des publicanus der römischen Zeit ›Steuer*pächter*‹ (und nicht Steuerkäufer) lautet[38]. Es ist deutlich, daß die für das traditionelle Wort publicanus neue und auffällige Übersetzung »Zollkäufer« allein auf die zeitgenössische deutsche Steuerpacht verweist, die wie in Griechenland ein *Kauf* war; sie kann also, wenn man die Verhältnisse der römischen Antike berücksichtigt, keinesfalls für die Wiedergabe von publicanus in der Zeit der ausgehenden Republik und der Kaiserzeit herangezogen werden (vgl. vectigalia locare / conducere)[39]. Dagegen wurde bei der Darstellung des (synoptischen) τελώνης das im (frühen) Mittelalter durchaus zutreffende deutsche Wort »Zöllner« trotz der Entwicklungen im Steuerwesen nicht nur unreflektiert bis heute beibehalten, sondern verleitete auch dazu, vom zeitgenössischen Sprachgebrauch auf die antiken Verhältnisse zurückzuschließen.

Bevor wir uns deshalb für eine bestimmte Übersetzung entscheiden, wollen wir in einem Exkurs untersuchen, wie im griechischen Recht Kauf und Pacht verstanden wurden. Wir schließen dann den Abschnitt über die Synonyma ab, indem wir weiteren Ausdrücken für »Abgabenkäufer« bzw. Steuereinnehmer nachgehen.

*Exkurs:* Kauf und Pacht nach griechischen Rechtsvorstellungen

Eine moderne Übersetzung von τελώνης sollte den Ursprung des Begriffs aus dem *griechischen* Rechtsdenken berücksichtigen[40]. Es war darum irreführend, daß bis vor nicht allzu langer Zeit der griechische τελώνης vom römischen publicanus und von der römischen Steuerpacht her gedeutet wurde. Nach anfänglicher Gleichheit mit der griechischen Kaufterminologie hat das römische Recht den infragestehenden Vorgang prinzipiell der Pacht zugeordnet.

Ein Einwand gegen die Wiedergabe von τελώνης durch »Abgabenkäufer« oder »Steuerkäufer« könnte davon ausgehen, daß ein (befristetes) Besitzmittlungsverhältnis nicht Kauf, sondern Pacht, Leihe o. ä. genannt wird. Dem wäre entgegenzuhalten, daß die Griechen — wie oben anhand der synonymen Begriffe gezeigt wurde — auch beim Erwerb eines zeitlich begrenzten Nutzungsrechts (z. B. der staatlichen Abgaben [τέλη]) Wert darauf legten, den Kaufcharakter zu betonen, wohl deshalb, weil bei einem Kauf im Gegensatz zur Verpachtung einer Sache (wie

---

[38] Vgl. TH. MAYER-MALY, Art. Locatio conductio, KP III Sp. 699−701; F. KNIEP, Societas 93 ff.; C. G. DIETRICH, Grundlagen II 18 ff.; G. ÜRÖGDI, Art. publicani Sp. 1184,62 ff. und F. RABER, Art. Emptio venditio, KP II. Stuttgart 1967, Sp. 264 f.

[39] Vgl. H. KAUFMANN, Miete 262 ff. und D. BEHREND, Pachturkunden 11 Anm. 18; 42 mit Anm. 161.

[40] Zum Begriffsinhalt früher Wörter vgl. H. KAUFMANN, Miete 262 ff. und D. BEHREND, Pachturkunden 11 Anm. 12: »Von den Griechen ist nicht die Erkenntnis des römischen, vielmehr vom Historiker die Erkenntnis des griechischen Rechts zu fordern«, vgl. ebd. 16 sowie 29 Anm. 94.

z. B. Grundstück, Haus, Gerät, Vieh) das weitere Schicksal des Gegenstandes nicht zur Rede steht. Dieses ist allein Sache des Käufers. Entscheidend ist lediglich die vertragsgemäße Entrichtung des Kaufpreises. Der Verpächter (oder Vermieter) einer Sache bleibt dagegen an dem verpachteten Objekt und seiner Erhaltung wesentlich interessiert. Deshalb läßt sich auch an der Terminologie ablesen, daß der Polis die Ausübung des Rechts der Steuereinnahme nach der Versteigerung gleichgültig war[41].

Diese Überlegungen fördern das historische Verständnis dafür, warum die Griechen den Kaufcharakter der Abgaben betonten. Dagegen ordnen wir heute aufgrund der zeitlich beschränkten Verfügungsgewalt diese Rechtsübertragung – für die Griechen ein Kauf! – der Pacht zu. – Insofern hat auch die vom Lateinischen her erfolgte Übersetzung »(Steuer-)Pächter« eine Berechtigung[42].

Eine ganz andere Herkunft haben die Ausdrücke für die Einnehmer von Abgaben (ἐλλιμενιστής[43], δεκατηλόγος[44], εἰκοστολόγος[45], πεντηκοστολόγος[46], ἐκλογεύς[47]), die schon alle aus der vorhellenistischen Zeit stammen und die evtl. ursprünglicher als der *übergreifende Terminus* τελώνης sein könnten. Ähnlich wie τελώνης sind ἁλώνης (Salinenpächter)[48], δεκατώνης (Zehntpächter)[49], νομώνης (Weidepächter)[50], πεντηκοστώνης (Pächter der 2%-Steuer)[51] und τεταρτώνης (Pächter der 25%-Steuer)[52] gebildet.

In Ägypten werden neben τελώνης in *ptolemäischer Zeit* z. B. als »*Abgabenkäufer*« erwähnt: ὁ ἐγλαβών, ὁ ἐξειληφὼς τὴν ὠνήν, der φορολόγος und ὁ πραγματευόμενος τὴν ὠνήν[53], als *Einnehmer:* der λογευτής (Steuererheber), vgl.

---

[41] Vgl. M. I. Rostovtzeff, Staatspacht 347.

[42] Vgl. D. Behrend, Pachturkunden 4: Der Steuerkauf gehört zum größeren Bereich der μίσθωσις-Geschäfte; s. auch ebd. 15, 34.

[43] Hafensteuereinnehmer. Vgl. Demosth. 34,34; Bekker, Anecd. Gr. I 251,30; Ain.Takt. 29,5 und J. H. Thiel, Gebühren 66.

[44] Einnehmer der 10%-Steuer. Vgl. D. C. Gofas, Carpologues (Kap. 3 Anm. 19) 356 mit Anm. 1 (Polyain. II 34 etc.).

[45] Einnehmer der 5%-Steuer. Aristoph.ran. 363; Poll. 9,29.

[46] Einnehmer der 2%-Steuer. Demosth. 21,133; 34,7, SIG³ 952,4f. (Kyparissoi, 4./ 3.Jh. v.Chr.).

[47] Einnehmer. Vgl. u. Anm. 59 sowie IG XII 5,1001,6.14 (Ios, 4.Jh. v.Chr.); ebd. 1002,8; Demosth. 24,40.144.

[48] IPriene 111, 115.

[49] Anaxilas (CAF II 265,8 Ko); Poll. 6,128; 9,29; TAM II 1,1,19 = OGIS 55 (Telmessos, 240 v.Chr.). Vgl. δεκατευτής Demosth. 23,177; Antiphon gegen Demosth. bei Harp. s. v. Δεκατευτάς; Aristoph.fragm. 455; IG II² 1609,97 (Athen, 4.Jh. v. Chr.); VII 2227,4 (Thisbai, Boiotien).

[50] IG VII 3171,43 (Orchomenos, Boiotien), s. noch IG V 2,465,8 (Megalopolis, Arkadien) und Thuk. 5,53.

[51] Bekker, Anecd.Gr. fr. 297; WO 43 (nach BL II 47); O.Theb. 130.

[52] Dieses Wort ist erst seit 161 n.Chr. belegt, vgl. H. Seyrig, Syria 22 (1941) 263ff. = AE 1947, 179f. (161 und 174 n.Chr.). – Vgl. noch εἰκοστώνης, s. u. Anm. 55.

[53] S. u. Abschnitt 5.1; F. Preisigke, Fachwörter 71, 184 sowie zu ἐξειληφώς U. Wilcken, Ostraka I 525 Anm. 1; 539 Anm. 1; WO 1233 = C.P.J. 107; P.Hib. 114;

ὑπηρετής (Diener)[54]. In *römischer Zeit* begegnen unter anderem als *»Abgaben-käufer«:* die εἰκοστῶναι (= vicesimarii)[55], der ἐκλήμπτωρ und μισθωτής[56], als *Einnehmer:* der ἐπιτηρητής[57], ἀπαιτητής[58], ἐκλογεύς[59] und ὁ ἀσχολούμενος[60].

In der rabbinischen Literatur finden wir *mokhsin* (= τελῶναι)[61] und *gabba'in* (= λογευταί bzw. πράκτορες)[62], die schon in der Mischna beziehungsweise Tosefta sowohl einzeln als auch gelegentlich zusammen genannt werden. Die *demosanai* (= δημοσιῶναι) sind ebenfalls den *mokhsin* gleichzusetzen. An jeweils nur einer Stelle finden sich im Sinn von Einnehmer: *bazbana* und *dayala;* auch die *ballashin* sind in diesem Zusammenhang zu nennen[63].

Im Lateinischen ist neben dem schon erwähnten publicanus (Steuerpäch-ter) und portitor ([Hafen-]Steuereinnehmer) der manceps (oberster Pächter = Hauptunternehmer [vgl. griech. ἀρχώνης])[64] anzuführen. Die kaiserliche

---

BGU VI 1242; zu πραγματευόμενος s. P.Rev. 10,12 usw.; vgl. OGIS 496,9f. (Ephesos) und OGIS 525 (Halikarnassos) sowie PSI IV 383,3; zu οἱ ἐπὶ τοῦ τελωνίου πραγματευό-μενοι vgl. M. WÖRRLE, Myra 290 Anm. 732.

[54] P.Rev. 9,2 usw. – P. Rev. 8,4 usw. (vgl. den Index in SB/Bh I s. v.); vgl. Dio Cass. 48,43,1. S. noch U. WILCKEN, Ostraka I 555ff. sowie BGU VIII 1821 (Amtsdie-ner). Der συμβολοφύλαξ ist Quittungsbewahrer, der ἔφοδος Aufsichtsbeamter für Steuersachen (vgl. den angegebenen Index s. v.).

[55] S. z. B. Epikt.diss. 4,1,33; P.Ross.Georg. II 26 (s. dazu W. ECK, Erhebung 207); G. WESENER, Art. vicesima hereditatium, RE VIII A. Stuttgart 1958, Sp. 2471–2477.

[56] S. z. B. P.Grenf. II 60,3 und F. PREISIGKE, Fachwörter 71 s. v.; OGIS 669,14 und P.Oxy. XLIII 3104,16.

[57] S. z. B. W. Chr. 316,2; WO 144, 1020; P.Oxy. IV 712; XXVII 2472.

[58] S. z. B. P.Rein. II 135; P.Heid. IV 322 und P. J. SIJPESTEIJN, Another Female Tax Collector. ZPE 64 (1986) 121f.

[59] Vgl. o. Anm. 47 sowie Philo, spec. 2,93 (M 2,287); 3,159 (M 2,325); Abr. 228 (M 2,33); es sind jeweils die Einnehmer des jährlichen Tributs gemeint, s. Abr. 226; spec. 3,163.

[60] S. z. B. W.Chr. 275,7.23; WO 302–304, 1276; BGU III 748 II 5 und P. J. SIJPE-STEIJN, Tax Collector (o. Anm. 58).

[61] Diese Gleichsetzung ergibt sich aus dem Steuertarif von Palmyra; s. noch die sy-rische Übersetzung des NT. – H. L. FLEISCHER, (bei LEVY, Wb. III 114a) will von arab. »Bedrücker« ableiten.

[62] Vgl. K. MARTI/G. BEER, in: Die Mischna IV 9 (Abot) zu mAv 3,16, Anm. 7 (mit Hinweis auf Lk 12,58: πράκτωρ); s. noch A. SCHLATTER, Mt 196 (zu yHag 77d) sowie U. WILCKEN, Ostraka I 622 Anm. 1 und Caes.civ. 3,32,4. – Der von O. MICHEL, Art τελώνης 98 Anm. 115 erwähnte *gabbai* (BerR 41 ⟨42⟩, 14,3 ⟨S. 403⟩; WaR 11,7; EsthR Einl. 11 ⟨s. Mon.-Tal. V 375⟩) ist der *gabbai ṭimyon* = Armensteuereinnehmer und des-halb vom *gabbai*/Steuereinnehmer zu unterscheiden. – Gegen D. SPERBER, Art. Tax Gatherers Sp. 873, der die römische Terminologie voraussetzt.

[63] S. zu *bazbana* bBB 167a; zu *dayala* bYoma 18a; zu *ballashin* mKel 15,4; yDem 7,1 (26a, 48); s. noch Skizze u. Abschn. 6.4.2 mit Anm. 142.

[64] So nur in republikanischer Zeit; in der Kaiserzeit wird manceps durch conductor verdrängt, der ἀρχώνης entspricht dann dem promagister (vgl. ILS 7193ff.8858 = OGIS 525) bzw. dem conductor (vgl. ILS 1461ff.), s. M. I. ROSTOVTZEFF, Staatspacht

Steuer- und Zollverwaltung beschäftigte eine Vielzahl von Angestellten. Mit der Ablösung der Gesellschaftspacht durch die Einzelpacht begegnet der conductor (Pächter)[65]. Seit dem 3. Jahrhundert n. Chr. finden sich die Lehnwörter telon(e)arius[66] und telones[67]. Jedoch muß sogleich die Frage aufgeworfen werden, inwieweit der publicanus (= griech. τελώνης/δημοσιώνης) bzw. der portitor bei einer Untersuchung des Wortfeldes von τελώνης eine Rolle spielen. Nach traditioneller Auffassung − d. h. bei Einordnung der synoptischen τελῶναι in das römische Steuerpachtsystem − ist dies der Fall. Allerdings zeigen unsere Untersuchungen, daß gerade die Gleichsetzung von publicanus mit δημοσιώνης und von portitor mit τελώνης zu sehr vereinfacht und deshalb keinen Anspruch auf Geltung erheben kann: einerseits muß der (klassisch-)griechische τελώνης vom römischen publicanus (= griech. τελώνης/δημοσιώνης) der ausgehenden Republik und der frühen Kaiserzeit unterschieden werden, andererseits darf der hellenistische Kleinpächter (τελώνης/δημοσιώνης, lat. publicanus) nicht in das spätrepublikanische und frühkaiserliche Steuerpachtsystem eingeordnet werden.

---

368, 374−376, 501; D. Magie, R.R. 1423 Anm. 4 und H. J. Mason, Greek Terms 27a. − Anders AE 1947, 180: manc(eps) IIII merc(ium) oder merc(aturae) = τεταρτώνης. Grundlegend H. Kaufmann, Miete 263f., 265, 272ff., vgl. noch Steinwenter, Art. Manceps und G Ürögdi, Art. publicani Sp. 1205,36ff.

[65] Vgl. M. I. Rostovtzeff, Staatspacht 375ff.; S. deLaet, Portorium pass. − Belege: z. B. ILS 1461ff. und bei F. Vittinghoff, Art. Portorium Sp. 354,4.62; 356,37; 359,7 usw. − Kritisch H. Kaufmann, Miete 262f., 263 Anm. 132, vgl. noch W. Eck, Organisation 117.

[66] *CIL III 13677:* »Dis man(ibus) Olympiadi Q(uintus) teloniarius coniugi karissim(ae) v(ivus) f(ecit)«, vgl. M. I. Rostovtzeff, Neue Inschrift 140 und D. Magie, R.R. 1424.

*Non. 24,14f. (M):* »Portitores dicuntur telonearii, qui portum obsidentes omnia sciscitantur, ut ex eo vectigal accipiant.« In dieser Erklärung aktualisiert Nonius (er lebte etwa nach Apuleius und Gellius und vor dem Jahr 402 n. Chr.) für seine Zeit, sie trägt nichts aus für die Frage, wer im 1.Jh. n. Chr. die synoptischen τελῶναι waren, vgl. noch C. G. Dietrich, Beiträge 42f. und F. Kniep, Societas 24.

*Cod.Theod. XI 28,3:* »Publicani etiam et telonarii ...«.

*Aug.serm. 303,16f.,15* (MPL 38, Sp. 1391): »publicani, id est, teleonarii« (303,17).

*Gregorius Magnus, hom.ev. 14,1* (MPL 76, 1184C): »Nam piscatorem Petrum, Matthaeum vero telonearium scimus, et post controversionem suam ad piscationem Petrus rediit, Matthaeus vero ad telonei negotium non resedit, quia aliud est victum per piscationem quaerere, aliud autem telonei lucris pecunias augere.«

*CGL V 580,56:* »Telonarius: curator et dispensator vectigalium«; ebd. 545,3: Publicanus, thelonarius.

S. auch Du Cange, Gloss. VIII 46f.; L. Diefenbach, Gloss. 575 und J. Mahler, Spraach (o. Anm. 37) 523a.

[67] Ps.Rufin. Jos.Bell. 2,14 p. 678,3; ACO II 2,45,30ff. (Chalcedon, 15.5.449 n. Chr.): »bonum erat illis non nasci, quoniam cum latrone et telone et meretrice et Cananea non confitentur gloriose eius humanitatem a nobis creditam.« − Vgl. noch A. Souter, A Glossary of Later Latin to 600 A.D., Oxford 1949, S. 414.

Zusammenfassend ergibt die Darstellung der Synonyma zu τελώνης ein dreifaches Ergebnis:

Die hellenistische Kleinpacht muß von der römischen (Groß-)Steuerpacht *unterschieden* werden, infolgedessen auch der hellenistische τελώνης vom römischen publicanus bzw. portitor.

Im Hinblick auf das Verhältnis »Abgabenkäufer« – Steuereinnehmer läßt sich festhalten, daß τελώνης als *Oberbegriff* angesehen werden muß, auch dann, wenn der τελώνης die Steuern selbst einnahm.

Dagegen gilt bezüglich des Verhältnisses von τελώνης zu anderen Ausdrücken für »Abgabenkäufer«, daß diese Termini technici als Synonyme zu τελώνης aufzufassen sind und jeweils gleichermaßen die *Funktion »Abgabenkäufer«* bezeichnen. Für unsere Untersuchung ist es deshalb weniger wichtig, nach dem Wort τελώνης selbst zu fragen als vielmehr nach der Funktion »Abgabenkäufer«. Die Papyri verweisen auf ganz verschiedene Steuern, mit denen der τελώνης zu tun hatte. Wir können P. Handrock zustimmen, der mit Recht über die τελῶναι feststellte: »Die Steuerpächter als Beamte zu bezeichnen, wäre verfehlt. Sie sind Privatpersonen, denen durch Rechtsgeschäft besondere hoheitliche Funktionen übertragen worden sind. Mit einem Terminus des modernen Verwaltungsrechts könnte man sie als beliehene Unternehmer bezeichnen.«[68]

## 2.3 Zur Übersetzung von τελώνης

Aus dem Vorhergehenden wurde bereits mehrfach deutlich, daß das Verständnis des synoptischen τελώνης durch mehrere unzureichende Erklärungen belastet war. Eine knappe Untersuchung von »τέλος«/»τέλη« (2.3.1) und »Zöllner« (2.3.2) erscheint angebracht, bevor wir einen eigenen Übersetzungsvorschlag bieten. Zunächst steht die übliche, vom Etymologischen her naheliegende enge Verbindung von »τέλος« und »Zoll« in Frage.

### 2.3.1 Die τέλη[69]

Eine antike Nachricht über den vollen Umfang der τέλη gibt es nicht. Deshalb bemerkte schon A. Boeckh, daß »unter dem Namen Gefäll (τέλος) ... bald weniger bald mehr begriffen (werde); beinahe jede Abgabe außer Gerichts- und Strafgeldern wird so genannt«[70]. W. Schwahn stellte fest, daß viele

---

[68] P. Handrock, Dienstliche Weisungen in den Papyri der Ptolemäerzeit, Diss. jur. Köln 1967, 62, vgl. ebd. 5f. mit Anm. 2.

[69] Vgl. neben der in Kap. 3 Anm. 1 genannten Lit. v. a. W. Schwahn, Art. Τέλη; G. Ardant, Histoire und M. M. Austin/P. Vidal-Naquet, Economic.

[70] Sth. Ath. I³ 372, vgl. U. Wilcken, Ostraka I 515f.

τέλη öfter »einfach durch das Neutrum eines Adjektivs oder einen Hundertsatz bezeichnet werden«[71]. Außerdem untersuchte er sowohl den Gegenbegriff ἀτέλεια als auch den Tätigkeitsbereich der τελῶναι und kam zu dem Ergebnis: »Im hellenistischen Ägypten ... wurden sämtliche Staatseinnahmen an τελῶναι verpachtet, mit Ausnahme des Bodenzinses und der Geldstrafen«. Unter τέλη können »sämtliche Leistungen an den Staat verstanden werden«[72], abgesehen von Gerichtsgebühren u. ä.[73].

Unsere eigenen Untersuchungen zu den τελῶναι Ägyptens, wie sie in der Skizze u. Abschnitt 5.5 zusammengefaßt sind, bestätigen diese beiden Auskünfte aufs beste. Obwohl nicht alle τέλη überall und in gleicher Form vorhanden waren, muß davon ausgegangen werden, daß es eine Vielzahl von τέλη gab, die in *Gebühren, direkte und indirekte Steuern* eingeteilt werden können[74]. Als übergeordneter deutscher Begriff kommt deshalb nicht »Zoll«, sondern »Steuer« oder − ganz allgemein − »Abgabe« in Frage[75]. Wie wenig heute das weithin gebräuchliche Wort »Zoll« für eine Übersetzung von griech. τέλος/

---

[71] Art. Τέλη Sp. 229,7 ff.

[72] Ebd. Z. 16.21 ff., vgl. 50 f. sowie ebd. Sp. 260 f. Vgl. noch G. BUSOLT / H. SWOBODA, Stk. I³ 604−617 (dort auch Belege) sowie A. BÖCKH, Sth. Ath. I³ 367 f., 372 ff.; A. ANDREADES, Geschichte 285 ff. und B. LAUM, Geschichte 217−222 sowie U. WILKKEN, Ostraka I 408 f.

[73] W. Schwahns Ausführungen sind allerdings im einzelnen zu ungenau. Zur Verpachtung der Gerichtsgebühr(en) s. E. ZIEBARTH, Vereinswesen 23; C. PRÉAUX, L'économie 411 f. und H. J. WOLFF, Justizwesen 183 f. − Die Systematisierung der antiken Abgaben ist noch unbefriedigend, s. o. Anm. 19 sowie W. SCHWAHN, Art. Τέλη Sp. 229,58−60: »Die Einteilung erfolgt am besten (sic!, geschrieben im Jahr 1934!) nach den Gesichtspunkten, die auch den Alten geläufig waren« (vgl. noch A. ANDREADES, Geschichte 90, der Ps. Aristot. oik. II folgt: »... so daß ich ... den allgemeinen Linien, die er gezogen hat, folgen werde«); dies bedeutet einen Rückschritt hinter U. WILCKEN, Ostraka I 406 f. (geschrieben 1899!) − Zur Einteilung der antiken Steuern hilft auch Ulpian, Dig. 50,16,17,1 nicht weiter (vgl. J. KARAYANNOPULOS, Finanzwesen 148 mit Anm. 1).

[74] Die Definition der *Gebühren* entnehmen wir K. TIPKE, Steuerrecht 49: »Gebühren sind Geldleistungen, die zur Finanzbedarfsdeckung hoheitlich auferlegt werden, und zwar als *Gegenleistung* ... Von der Steuer unterscheidet sich die Gebühr durch die kausale Verknüpfung mit einer Leistung oder Gewährung. Die Verknüpfung kann gelockert sein; ist sie gelöst, so handelt es sich um eine Steuer.«
Die Definition der *direkten* und *indirekten Steuern* bieten R. KÜHN / H. KUTTER / R. HOFMANN, Abgabenordnung (o. Anm. 5) 12: »Danach, ob Steuerschuldner und Steuerträger identisch sind, unterscheidet man zwischen *direkten* und *indirekten Steuern.* ... ›Direkte Steuern‹ werden unmittelbar, d. h. auf Grund besonderer Einschätzung (Veranlagung), bei demjenigen erhoben, den die Steuer wirtschaftlich treffen soll ... ›Indirekte Steuern‹ werden infolge ihres Anknüpfens an formale Verkehrsvorgänge bzw. Verbrauchsakte in aller Regel bei anderen Personen erhoben, als denjenigen, die sie wirtschaftlich treffen sollen und auf die sie im Wege des entgeltlichen Güteraustausches überwälzt werden«; vgl. G. BUSOLT / H. SWOBODA, Stk. I³ 612 f.

[75] Vgl. K. TIPKE, Steuerrecht 46.

τέλη geeignet ist, wollen wir darüberhinaus zum einen anhand des in Griechenland erhobenen ἀγοραῖον τέλος (»Marktsteuer«) zeigen, zum anderen anhand der πεντηκοστή (2 %-Steuer).

Mit ἀγοραῖον τέλος (»Marktsteuer«) wird zunächst die auf dem Markt erhobene Steuer der dort verkauften Waren bezeichnet (= ἀγοραστικόν)[76], eine Umsatz- bzw. allgemein eine Verkehrs*steuer*. Wenn dagegen die Marktsteuer an den Stadttoren für die von auswärts eingeführten Waren erhoben wird[77], heißt sie *Akzise* bzw. Binnen*zoll*[78]. Wenn schließlich die Marktsteuer für eine Gegenleistung (wie z. B. für die Bereitstellung des Platzes) bezahlt wird, ist von Markt*gebühr* (Standgeld) zu sprechen. Das Xenikon (Fremdensteuer), eine *direkte Steuer,* wurde nach Demosth. 57,31.34 ebenfalls auf dem Markt erhoben[79]. Der Marktsteuer als Verkehrssteuer entsprechen die ἐπώνια (Zuschläge auf den Verkaufspreis), die bei Verkäufen außerhalb des Marktes an τελῶναι gezahlt werden mußten. Somit drückt sich die unterschiedliche Funktion der ἀγοραῖα τέλη in verschiedenen neuzeitlichen steuerjuristischen Kategorien aus. –

Chr. Habicht bemerkte zur πεντηκοστή in Griechenland: »Die Pentekoste ist trotz der indifferenten Bezeichnung ›das Fünfzigstel‹ immer und überall ein am Hafen zu entrichtender Zoll auf die Güter der Ein- und Ausfuhr in Höhe von 2 % ihres Wertes.«[80] Nach G. Busolt muß diese Aussage aber eingeschränkt werden, denn πεντηκοστή kann sich auch auf den Zuschlag auf den Verkaufspreis (ἐπώνιον) beziehen: »Zu Beginn des 4. (sc. Jahrhunderts

---

[76] Vgl. Aristoph.Ach. 896 und Schol., vesp. 659; Aristot.fr. 611,20 (Rose); Demosth. 1,22; Xen.vect. 4,49; Herakleides 5 (FHG II 213) und IG II² 1245 sowie E. SZANTO, Art. Ἀγοραῖα τέλη, RE I, Stuttgart 1894, Sp. 881; G. BUSOLT / H. SWOBODA, Stk. II³ 1118; H. FRANCOTTE, L'administration 15–18; CHR. HABICHT, Urkunde 107. Wir folgen hier jedoch J. H. THIEL, Retributies 223 f., vgl. DERS., Gebühren 62: »ἀγοραῖον τέλος, ein allgemeiner Ausdruck, wird immer ganz bestimmt gesagt von der Marktsteuer, in verschiedenen Prozentsätzen von den Marktwaren erhoben, nie von dem Standgeld, der Marktgebühr«, vgl. ebd. 65.

[77] Vgl. zur Unterscheidung zwischen dem Verkauf auf dem Markt bzw. am Tor Aristoph.equ. 1245 ff. (s. auch 1396 ff. und Plut.mor. 236B). Zum diapylion vgl. Ps.Aristot.oik. II 14 (1348 a 26); P.Tebt. I 8 (= W.Chr. 2); P.Cairo Zen. I 59012 sowie die vielen Torzollquittungen aus Ägypten.

[78] Zur Definition der Akzise s. z. B. BE ¹⁷I 271a s. v. Akzise 1). Vgl. G. SCHMÖLDERS, in: Hb. Finanzwiss. II² 636: »Die finanzwissenschaftliche Literatur kennt die *Verbrauchssteuern* ursprünglich als sogenannte *Akzisen,* die zusammen mit den Zöllen die ältesten Formen der Besteuerung darstellen« und E. SIEGERT, ebd. 721.

[79] Zum xenikon s. G. BUSOLT / H. SWOBODA, Stk. II³ 1118 Anm. 4; A. ANDREADES, Geschichte 297 mit Anm. 6; U. KAHRSTEDT, Staatsgebiet 312 f. und J. H. THIEL, Retributies 224.

[80] Urkunde 106.

v. Chr.) begegnet uns . . . in Athen bei staatlichen Grundstücksverkäufen als Eponion der feste Satz von einem Fünfzigstel (2 %).«[81]

Eine ähnliche Differenzierung gilt für das ptolemäische Ägypten. Die τελῶναι πεντηκοστῆς (abgekürzt: τελῶναι ν̄) können beispielsweise das τέλος ἐξαγόντων (Ausfuhrzoll) oder das τέλος εἰσαγωγῆς (Einfuhrzoll) einnehmen (vgl. τελῶναι ν̄ Ἑρμωνθίτου), d. h. sie erhoben an den Landes- bzw. Binnengrenzen *Verbrauchssteuern*[82]. Dagegen gehören die τελῶναι πεντηκοστῆς ὠνίων ὑποτελῶν in den Bereich der *Verkehrssteuern;* die τελῶναι ν̄ Μεμνονείων sind vermutlich Pächter von *Gebühren* (τέλος ὀθωνίων). Demnach zeigen auch die Papyri deutlich, daß die πεντηκοστή keinesfalls auf den Hafenzoll begrenzt war. Steuern in Höhe von 2 % wurden nicht nur bei indirekten Steuern (unter anderem Zöllen), sondern auch bei direkten Steuern − und möglicherweise auch bei Gebühren − erhoben.

Das Ergebnis unserer Untersuchung zu τέλος/τέλη zeigt, daß sowohl die Abgaben als auch die Tätigkeitsbereiche der τελῶναι breit gefächert waren. Darüberhinaus geht ein Festhalten an dem angeblich so geeigneten Wort »Zoll« an der Entwicklungsgeschichte dieses Begriffes völlig vorbei, so daß sich notwendigerweise Fehlinterpretationen ergeben. Wir befassen uns nun spiegelbildlich dazu mit der Frage, inwieweit das Wort »Zöllner« geeignet ist für eine historische Untersuchung des hellenistischen Kleinpächters.

### 2.3.2 *Exkurs:* Zur Terminologie von »Zöllner« im Mittelalter und seit dem 18. Jahrhundert

Wie wir schon erwähnten und noch ausführlicher zeigen werden, zog der (griechisch-)hellenistische τελώνης Gebühren, direkte und indirekte Steuern ein, deren Einzugsrecht er für eine bestimmte Zeit gekauft hatte. Nun läßt sich niemand − ohne Gegenleistung − von einem anderen gern zur Kasse bitten, auch wenn es überwiegend oder fast ausschließlich zum Nutzen des Staates geschieht[83]. Weil von den verschiedenen Abgaben die Bevölkerung in vielfältiger Weise betroffen war, war der τελώνης selten eine gern gesehene Person.

Die Rolle des Zöllners im Mittelalter ist kaum anders zu beschreiben[84]. Einige mittelalterliche Zeugnisse lassen jedoch erkennen, daß der *telonarius* eine hochgestellte Person sein konnte und nicht als Pächter, sondern als Beamter einen *ehrenwer-*

---

[81] G. BUSOLT / H. SWOBODA, Stk. I³ 616 (nennt keinen Beleg); s. noch M. WÖRRLE, Inschriften 461 Anm. 181.

[82] Zu den *Verbrauchssteuern / Akzisen* s. o. Anm. 78. Vgl. noch K. TIPKE, Steuerrecht 50 f.

[83] Vgl. die Definition der Gebühren o. Anm. 74.

[84] Vgl. J. FALKE, Geschichte 110. Zum ungesetzlichen Verhalten einzelner Zöllner s. ebd. 112 (vgl. 24). Die unrechte Zolleinnahme des Zöllners wird hart bestraft, ebd. 112. Aus der Reichsordnung Kaiser Sigismunds vom Jahr 1430 wird ersichtlich, wie verbreitet Übergriffe waren: »Nun nehmen Geistliche und Weltliche übermäßigen Zoll wider Gott freventlich«, ebd. 53.

*ten Beruf* ausübte[85]. Die Zollrechtsurkunden waren bis in das 14. Jahrhundert in lateinischer Sprache abgefaßt. Der Zöllner mußte somit Lateinisch verstehen, um seinen Aufgaben gewachsen zu sein. Deshalb kamen bis dahin vorwiegend Geistliche als Zöllner in Betracht[86]. Auch der *Zollschreiber* (scriptor telonei) genoß großes Ansehen. Die ersten Erwähnungen dürften ins 13. Jahrhundert zurückreichen[87]. Das Wort »Zöllner« steht somit nicht wechselseitig für einen verachteten Beruf.

M. Luther übersetzte das Neue Testament zu einer Zeit, als die Belastung der Bevölkerung und des Handels durch Abgaben und Zölle drückend geworden war[88]. In einer Erklärung zu Mt 5,46 aktualisiert er nicht, sondern argumentiert historisch[89]:

> »(zollner) heyssen latinisch Publicani und sind gewesen, die der Romer rendte unnd zoll bestanden haten, unnd waren gemeyniglich got loße heyden, da hyn von den Romern gesatzt.«

Für M. Luthers Verständnis des synoptischen τελώνης ist die Gleichsetzung der »Zöllner« mit den römischen publicani — und nicht mit den portitores bedeutsam! Beide lat. Begriffe finden wir beispielsweise am Ende des 17. Jahrhunderts bei K. Stieler: »Zöllner autem est publicanus, portitor.«[90]

Für den heutigen Sprachgebrauch ist nun wichtig, wie J. Chr. Adelung im Jahr 1786 den Begriff »Zöllner« erklärte[91]:

---

[85] J. FALKE, ebd. 23 f., 85, 109—111, Urkunden z. Z. Chlodwigs I (um 500 n. Chr.) »setzen die *teleonarii* den andern königlichen Beamten gleich und nennen sie in einer Reihe mit den Bischöfen, Grafen u. a. ... Sie waren, soweit sie königliche Zölle verwalteten, Beamte des königlichen Fiscus« (23). Für das 11. Jh. gilt: »der Bischof (setzt) über die Stadt vier Beamte, den Schultheißen, den Burggrafen, den Münzmeister und den Zöllner«, letzterer »also in durchaus bedeutender Stellung« (ebd. 85, 109). Das »Zöllneramt (war) ein angesehenes und von rittermäßigen Leuten begleitet« (ebd. 110). »Zollstätten in entlegenen Gegenden wurden schon früh mit Schenken verbunden, die entweder von einem besonderen Wirth oder von dem Zöllner selbst verwaltet wurden und mit der Zollstätte unter der Aufsicht des landesherrlichen Meiers oder Kämmerers standen« (ebd. 110 f.).

[86] Vgl. J. FALKE, ebd. 113 (interessant wäre eine Untersuchung der zeitgenössischen Predigten über die Zöllner-Perikopen). — Anders U. WILCKEN, Ostraka I 525 (zu WO 1233 = C.P.J. I 107): »Dass der Steuerpächter schreiben könne, war nicht erforderlich.«

[87] Vgl. J. FALKE, Geschichte 111 (aus dem Jahr 1255); 112 f. (im 14./15. Jh. weite Verbreitung). S. noch G. ROSENHAGEN, Art. Zoll Sp. 68.

[88] Vgl. z. B. WA 36, 272,20 ff., bes. 24 f.

[89] WA dt. Bibel 6,30 f., vgl. Tert.pudic. 9,4 ff. und Hier.epist. 21,3,2 f. (s. u. Abschn. 6.5.5.3).

[90] K. STIELER, Stammbaum Sp. 2252 s. v. Zoller. — G. ROSENHAGEN, Art. Zöllner Sp. 63 (I) weist darauf hin, daß »die wörterbücher des 17. jhs. ... *zöllner* ohne weiteres als übersetzung von *publicanus, portitor* u. ä. (geben)«.

[91] Versuch ([1]1786) V/1 Sp. 411 [= Wb ([2]1808) Bd. IV Sp. 1731] s. v. Zöllner, vgl. W. E. GRAMS, Zoll 101 f. zu Tendenzen im 14. Jh.: »So schickte man sich an, die Finanzpächter zu Finanzbeamten zu machen und berief zu solchen Beamten Juden und Lombarden, weil sie für diese Geldgeschäfte besonders geeignet erschienen« (ebd. 101). — S. auch Kap. 1 Anm. 20. — R. Koselleck nennt die für den deutschen Sprachraum besondere Epochenschwelle politisch-sozialer Begriffe Ende des 18./Anfang des 19. Jh.s

Zöllner ist »ein im Hochdeutschen veraltetes Wort, welches nur noch in der Deutschen Bibel vorkommt, aber noch im Oberdeutschen gangbar ist, wo es doch Zollner lautet. Im Hochdeutschen gebraucht man dafür Zolleinnehmer, Zollbedienter, oder Zollbeamter.«

Diese Notiz J. Chr. Adelungs ist deshalb von wesentlicher Bedeutung, weil sie einen sprachlichen Umbruch markiert, der zugleich einen Wechsel im Steuerwesen anzeigt. Die Begriffe »Zolleinnehmer« und »Zollbediener« wurden schließlich völlig durch »Zollbeamter« abgelöst. Mit diesem Wort können aber die τελῶναι nur unzureichend gekennzeichnet werden, da sie niemals (Staats-)Beamte waren, sondern (freie) Pächter. Deshalb hat spätestens seit J. Chr. Adelung der Begriff »Zöllner« mitsamt seinen Derivaten für eine historische Darstellung − abgesehen von den Aussagen mit fest umrissenem Sprachgebrauch in den synoptischen Texten − keine sachliche Berechtigung mehr, da seine Verwendung gegenüber der Antike und dem Mittelalter eingeschränkt ist und erst eine subtile Definition erfordert. Denn »Zöllner« kann meinen:
− den (griechisch-)hellenistischen *Klein*pächter (τελώνης / δημοσιώνης, lat. publicanus),
− dazu im Gegensatz den römischen *Groß*pächter (publicanus, griech. τελώνης / δημοσιώνης),
− den römischen portitor,
− den angesehenen mittelalterlichen telonarius,
− den Steuereinnehmer bis zum Ende des 19. Jahrhunderts[92],
− den heutigen (Grenz-)Zollbeamten,
− den synoptischen τελώνης, den M. Luther mit Zöllner übersetzte, wobei die Einordnung besonders im Hinblick auf die Wendung »Zöllner und Sünder« (Lk 7,34 par Q; Mk 2,15 f.) zur Diskussion steht.

Da sich für den römischen publicanus / τελώνης / δημοσιώνης die Übersetzung mit »*Steuer*pächter« eingebürgert hat, schlagen wir für den (griechisch-)hellenistischen τελώνης / δημοσιώνης (= lat. publicanus), der Kleinpächter war, die Wiedergabe mit »*Abgaben*pächter« vor. Die Übersetzung mit »Abgaben*käufer*« oder »Steuer*käufer*« wäre ebenfalls geeignet, wegen unserer Ausführungen im Exkurs: Kauf und Pacht nach griechischen Rechtsvorstellungen (s. o. S. 27 f.) greifen wir diesen Sprachgebrauch im folgenden allerdings nicht mehr auf.

---

»Sattelzeit«, vgl. DERS., Richtlinien für das ›Lexikon Politisch-sozialer Begriffe der Neuzeit‹, ABG 11, 1967, 81−89, hier 82: »Das heuristische Prinzip ist dabei, daß ein solcher Begriffswandel sich vornehmlich zwischen 1750 und 1850 vollzogen hat, derart, daß bei gleichen Worten erst seit der Mitte des vorigen Jahrhunderts der heutige Bedeutungsgehalt so weit feststeht, daß es keiner ›Übersetzung‹ mehr bedarf«. S. auch: Geschichtliche Grundbegriffe. Historisches Lexikon zur politisch-sozialen Sprache in Deutschland, hg. v. O. Brunner, W. Conze, R. Koselleck. Stuttgart 1972 ff.

[92] Vgl. z. B. F. KNIEP, Societas 92: »In Jena wird die Wochenmarktsabgabe verpachtet, in Weimar unmittelbar durch Gemeindebeamte erhoben«, so noch um 1896.

## 2.4 Zusammenfassung

Eine für unsere Zeit allgemeine und verständliche Übersetzung von τελώνης muß zunächst davon ausgehen, daß im 17./18. Jahrhundert das deutsche Wort »Zöllner« an Bedeutungsbreite verloren hat und daß sich das Steuersystem gründlich änderte. Liegt keine Anspielung auf die Bibel vor, so wird im heutigen Sprachgebrauch »Zöllner« für den Zollbeamten verwendet. Das Wort »Zollbeamter« meint aber nicht mehr einen freien Pächter, sondern einen staatlich beauftragten Beamten, der im Bereich des (Grenz-)Zolls tätig ist.

Ebenso wird gegenüber dem Mittelalter das Wort »Zoll« nur noch eingeschränkt verwendet. Deshalb sollte τέλος/τέλη allgemein mit »Abgabe«/ »Steuer« übersetzt werden. Wesentlich ist, daß τέλος/Abgabe die Gebühren, die direkten und indirekten Steuern zusammenfaßt. Sprachlich ging die umfassende Bedeutung von τέλος/Zoll auf τέλος/Abgabe über.

Im Mittelalter waren die antiken Bezeichnungen wie z. B. τελώνης/telonarius, publicanus und portitor weiterhin in Gebrauch. Sie wurden allerdings nicht mehr nur in ihrer ursprünglichen Bedeutung verwendet, sondern sie waren austauschbar geworden und nahmen auch neue Inhalte an (vgl. »Zollkaufer«). Das Wort »Zöllner«/telonarius konnte im frühen Mittelalter gelegentlich einen ehrenwerten Beruf(sstand) bezeichnen.

Die Untersuchung der Synonyma für τελώνης wies auf den Kauf (als griechische Rechtsvorstellung) hin. Wir bezeichnen jedoch heute das, was die Griechen mit guten Gründen als Kauf ansahen, als Pacht. Für den (griechisch-)hellenistischen Kleinpächter schlagen wir als Übersetzung nicht »Abgabenkäufer« oder »Steuerkäufer«, sondern *Abgabenpächter* vor. Mit dieser terminologischen Unterscheidung, »Steuerpächter« für den römischen publicanus/τελώνης/δημοσιώνης und »Abgabenpächter« für den (griechisch-)hellenistischen τελώνης/δημοσιώνης (lat. publicanus), läßt sich eine historische Untersuchung des synoptischen τελώνης exakt durchführen. Dem widerspricht nicht, im Zusammenhang mit den synoptischen Texten von »Zöllner« zu sprechen, da dieses Wort in diesem Kontext eine fest umrissene Bedeutung hat.

# 3. Τελώνης in Griechenland (Athen)[1]

Diesem Kapitel kommen vorrangig zwei Aufgaben zu: zunächst sollen einige grundsätzliche Probleme behandelt werden; vor allem aber soll uns die Frage beschäftigen, wie der *Abgabenpächter* (τελώνης) in den *literarischen Quellen* beschrieben wird und wie diese Auskünfte zu beurteilen sind. Dabei kommen wir jedoch nicht umhin, zugleich auch die Texte aus der römischen Zeit mit einzubeziehen — also fast[2] alle im Anhang zusammengestellten Belege zu τελώνης außerhalb Palästinas, Syriens und Ägyptens —, wie sich besonders bei der Frage nach dem moralischen Ansehen des τελώνης zeigen wird. Gerade der weitgespannte zeitliche Rahmen[3] veranlaßt uns, mit Nachdruck auf die Forderung von M. I. Rostovtzeff und J. Hasebroek hinzuweisen, das Quellenmaterial nach wirtschaftshistorischen Kriterien zu interpretieren[4]. Bei aller möglichen Kontinuität im Steuerwesen bedeutet dies dennoch, daß die Abgabenpacht manchen Veränderungen unterlag; dies war besonders seit dem 2. Jahrhundert n. Chr. der Fall[5].

---

[1] Vgl. neben der o. Kap. 1 Anm. 1 genannten Literatur A. Böckh, Sth. Ath.; E. Ziebarth, Vereinswesen; H. Francotte, L'administration; ders., Finances; J. H. Lipsius, Attisches Recht; V. Ivanov, De societatibus; G. Busolt / H. Swoboda, Stk.; J. Hasebroek, Staat; A. Andreades, Geschichte; F. Heichelheim, Wirtschaftsgeschichte; H. Bolkestein, Wohltätigkeit; G. Bloch / J. Carcopino, Histoire; E. Cavaignac, L'économie; B. Laum, Geschichte; H. Michell, Economics; J. Gaudemet, Institutions; A. H. M. Jones, Taxation; M. I. Finley, Economy / Wirtschaft; M. M. Austin / P. Vidal-Naquet, History und P. Spahn, Ökonomik.

[2] Unberücksichtigt bleiben diejenigen Belege zu τελώνης, die den römischen publicanus beschreiben, s. u. Kap. 4.

[3] Die Liste in Kap. 10.2.1 enthält Belege von 424 v. Chr. bis Anfang des 3. Jh.s n. Chr., das sind über 600 Jahre.

[4] Vgl. M. I. Rostovtzeff, Staatspacht 367 Anm. 73 sowie J. Hasebroek, Staat VI: »Differenzierung der Epochen ist das Problem, das die Geschichte heute überall stellt. Ihm wird auch die Altertumswissenschaft sich auf die Dauer nicht zu verschliessen vermögen: der Aufdeckung und Klarstellung der oft gewaltigen Unterschiede hier und dort und der ausgesprochenen Eigenart der antiken Lebensformen. Aber nur eine Differenzierung der Zeitabschnitte auch innerhalb der antiken Entwicklung selbst kann für die antike Wirtschaftsgeschichte zum Ziel führen. Die Verzeichnung des Bildes war nicht zum wenigsten deshalb möglich, weil man nur zu oft die Zeugnisse aus den verschiedensten Jahrhunderten wahllos vereinte.«

[5] S. u. Abschn. 4.1 mit Anm. 23, 24.

Wenn wir aufs Ganze gesehen vorwiegend auf die τελῶναι in Athen eingehen, dann vor allem deshalb, weil hier die Quellenbelege am zahlreichsten sind
und weil die athenische Finanzverwaltung als Muster für andere griechische
Poleis gelten kann. Zunächst geben wir einen kurzen Überblick über die (von
den τελῶναι?) in Athen erhobenen Abgaben[6]:

a) *indirekte Steuern* wie:

Verbrauchssteuern / Zölle (vgl. πεντηκοστή, λιμήν, bzw. διαπύλιον);
Verkehrssteuern (vgl. ἀγοραῖον τέλος, ἐπώνιον, πεντηκοστή);

b) *direkte Steuern* wie:

von Sklaven (und Freigelassenen?) (τριώβολον)[7];
von Metoiken bzw. Fremden (μετοίκιον/ξενικόν)[8];
von Dirnen (πορνικὸν τέλος)[9];
vgl. in Byzantion: von Zauberkünstlern etc.[10];

c) *Gebühren*

wie: Hafengebühren[11], Marktgebühren (Standgeld, s. o. 2.3.1), Weide-
gebühren[12];

---

[6] Vgl. G. BUSOLT/H. SWOBODA, Stk. I[3] 609 ff. und W. SCHWAHN, Art. Τέλη
Sp. 226 ff. Vgl. noch E. ZIEBARTH, Vereinswesen 20 ff. — Zur Definition der steuertechnischen Begriffe s. o. Kap. 2 Anm. 74, 78.

[7] Vgl. Men. fr. 32 (35) Kö; Poll. 3,55; 8,113; 9,62 f.; Suda I 449,7; II 100,3; III 296,21;
A. ANDREADES, Geschichte 299 ff.; W. SCHWABACHER, Art. Triobolon, RE 2A,
Sp. 160 f. und L.S.J.-SUPPL. p. 143a s. v. τριωβόλιον/τριώβολος.

[8] Vgl. B. D. MERITT, Greek Inscriptions. Hesp. 5 (1936) 401 Z. 126 (343/2 v. Chr.);
Poll. 3,55 f.; 8,99.155 f.; Ps.Plut.mor. 842B (s. u. 3.2.1.7) sowie P. GAUTHIER, Sym-
bola. Les étrangers et la justice dans les cités grecques (AEst.M 42), Nancy 1972,
Kap. 3; M. FINLEY, Wirtschaft 195 mit Anm. 29; A. ANDREADES, Geschichte 295 ff.; U.
KAHRSTEDT, Staatsgebiet 294 ff.; H. BELLEN, Art. Metoikoi, KP III Sp. 1276—1278.

[9] Zu Philonides, s. u. 3.2.1.2; zu Aischin. 1,119 f. s. u. 3.2.1.3; vgl. noch SIG[3] 1000
Z. 5 (Kos); CIS II 3913 (Palmyra); weitere Stellen bei Th. Mommsen zu CIL III 13750:
Suet.Cal. 40; Dio Cass. 59,28,8 (40 n. Chr.); Just.apol. 1,27; Tert. de fuga in Pers. 13;
Polyain. 5,2,13 (Syrakus); Ael.Lampr. Alex.Sev. 24,3 (= SHA I); Cod.Theod. 13,1,1.

[10] S. Ps.Aristot.oik. II 2,3 (1346 b 21) und A. BÖCKH, Sth.Ath. I[3] 403.

[11] Vgl. J.H. THIEL, Gebühren 62 ff.; A. ANDREADES, Geschichte 147 ff.; W.
SCHWAHN, Art. Τέλη 243; M. I. ROSTOVTZEFF, Seleucid Babylonia 79 ff.; R. H. McDo-
WELL, Stamped Objects 64, 165, 169 f., 173 ff.; L. FIESEL, Geleitszölle 81; CHR. HA-
BICHT, Urkunde 108; H. W. PLEKET, Note 128 ff.; M. WÖRRLE, Myra 295 Anm. 767. —
Zu Eupolis fr. 48 (Kock I 269) vgl. H. HERTER, Soziologie 80.

[12] Ἐννόμιον, s. o. Kap. 2 Anm. 50. Vgl. noch J.H. THIEL, Gebühren 61 sowie
Plaut.Truc. 146 und CIS II 3913 (gr. Z. 233 ff. / palmyr. Z. 149).

vgl. in Delos: Hafengebühren[13], Fährgebühren[14]; Fischereigebühren[15];
vgl. in Kleinasien: in Kyzikos: τάλαντον (Waagegebühr)[16];
      in Abydos: ἐπιφόρημα (⟨Hafen-⟩)Gebühr)[17].

S. zu *Olbia:* SIG³ 495; zu *Kos:* SIG³ 1000; zu *Theos:* SEG II 594; zu *Ephesos:* Inschr. Ephesos V 1503 (= OGIS 496)[18]. − In *Thasos* heißen die Steuereinnehmer (-pächter?) καρπολόγοι[19].


## 3.1 Der griechische Versteigerungskauf[20]

Die griechischen Poleis zogen die Abgaben auf die für sie vorteilhafteste Weise ein. Dabei erhoben die öffentlichen, auf ein Jahr gewählten Beamten nur die feststehenden Steuern wie z. B. die Tribute, die außerordentlichen Kriegssteuern und die Strafgelder. Für die Erhebung der Steuern, die unregelmäßige Einkünfte abwarfen (»lose Steuern«), wurden dagegen Abgabenpächter eingesetzt, die zwar das Recht der Steuereinnahme ebenfalls nur für ein Jahr erhielten, doch infolge der Möglichkeit mehrmaliger Abgabenpacht reichliche Erfahrungen und genaue Kenntnisse sammeln konnten[21]. Aufgrund der Verpachtung der Steuern hatte die Polis keine Aufwendungen für die Besoldung der Abgabenpächter[22].

---

[13] Vgl. στροφεῖον (Ankerwinde = Ankergebühr?): IG XI 138 B 8; 203 A 30; Inscr. Délos 442 A 154; αἵρεσις (Löschgebühr): IG XI 289,5; ὁλκοί (Gebühr für Schiffslagerplätze): IG XI 203 A 29f.; 287 A 39f.; 289,5; Inscr. Délos 442 A 153f.; s. auch BCH 6 (1882) 66−68.

[14] Πορθμεία; vgl. IG XI 138,6.9f.; 203 A 29f.; 287 A 39f.; Inscr. Délos 442 A 153.175.

[15] S. z. B. Inscr. Délos 442 A 152; IG XI 203 A 31; 287 A 41 und G. Busolt/H. Swoboda, Stk. I³ 607f.; A. Andreades, Geschichte 113 mit Anm. 5 und ebd. S. 158.

[16] Vgl. SIG³ 4,7 (6. Jh. v. Chr.).

[17] Vgl. Ath. 14,641a, s. noch J. H. Thiel, Gebühren 63f. sowie L.S.J.-Suppl. 61: »*additional fee* ... of a petty nuisance« und L. Grasberger, Stichnamen 51 mit Anm. 173.

[18] Vgl. insgesamt E. Ziebarth, Vereinswesen 20ff.

[19] S. D. C. Gofas, Les carpologues de Thasos. BCH 93 (1969) 337−370.

[20] Vgl. J. H. Mordtmann, Kyzikos 205−207; F. Kniep, Societas; J. H. Lipsius, Att. Recht I 751f.; J. Partsch, Publizität; Th. R. S. Broughton, On two passages; G. Simonetos, Verhältnis 172ff.; W. Hellebrand, Art. Ὠνή, RE XVIII, Stuttgart 1939, Sp. 417ff.; F. Pringsheim, Versteigerungskauf; D. Behrend, Pachturkunden 34, 46−48, 69−71. S. noch U. Wilcken, Ostraka I 525ff.

[21] Vgl. Aischin. 1,119f. (s. u. 3.2.1.3); anders z. B. OGIS 669,11f. (ἀπείρους ὄντας). S. noch B.-J. Müller, Ptolemaeus 21 sowie zum Risiko der Abgabenpacht u. Anm. 28.

[22] Die Methode des indirekten Steuereinzugs kann nach B. Laum, Geschichte 218 weder damit begründet werden, daß ein fester Etat unabhängig von Schwankungen hätte vorhanden sein sollen noch sei es wahrscheinlich, daß die Poleis ihre eigenen Beamten vom Odium des Steuereinzugs hätten entlasten wollen. Sie beruhe vielmehr ein-

Das Recht, die Steuern einzunehmen, erwarb derjenige, der bei der Versteigerung der Abgaben am höchsten bot. Der Polis lag an einer möglichst großen Konkurrenz der Bietenden. Bewerben konnte sich ein einzelner – selbst ein Metoike – oder eine Gesellschaft[23], die durch ihren Vorsteher (ἀρχώνης[24]) vertreten wurde. Die Durchführung der Versteigerung und die Kontrolle über den Eingang der Geldzahlungen oblag der Verantwortung der Poleten und Apodekten[25].

Das Schema einer allgemeinen Versteigerung – die demnach auch die Abgabenpacht mit einschließt – bietet F. Pringsheim[26]. Neun Phasen können angegeben werden:

1. »Die öffentliche Ankündigung über die zu versteigernden Güter (erste ›prokeryxis‹).
2. Die durch Anschlag erfolgende Bekanntgabe der Auktionsbedingungen (ἐκτιθέναι εἰς πρᾶσιν).
3. Die Versteigerung selbst, eingeleitet durch Heroldsruf (zweite ›prokeryxis‹).
4. Sie beginnt mit den Angeboten (ὑποστάσεις) und wird unter Umständen mehrere Tage lang fortgesetzt.
5. Es folgt der Zuschlag (προσβολή) an den Höchstbietenden, und zwar gegen Empfang der Steuer und einer Anzahlung, die den ersten Schritt zum Eigentumserwerb (κύρωσις) darstellt.
6. Zugleich wird der Besitz übertragen (παράδοσις); kommt es zum Abschluß eines Vertrages?
7. Neues Überbieten ist solange möglich, als die Anzahlung nicht erfolgt ist und mindestens 10 % (ἐπιδέκατον) mehr geboten werden.
8. Zahlung der weiteren Raten und Eigentumserwerb. Andernfalls Aufhebung des Kaufes.
9. Rückerwerbsmöglichkeit für den früheren Eigentümer innerhalb gewisser Fristen, falls er dem Käufer den Auktionspreis zahlt (ἐπίλυσις).«

Wer die Abgabenpacht zugesprochen bekam, mußte, da es sich um größere Beträge handelte und die Polis kein Risiko eingehen wollte, Bürgen stellen und nach einer Anzahlung mehrere Zwischenzahlungen leisten. Dabei

---

zig darauf, daß der Abgabenpächter mitsamt seinem Vermögen und den Bürgen dem Gemeinwesen eine Garantie für den Steuereingang geben sollte. S. auch M. M. Austin / P. Vidal-Naquet, History 118.

[23] Metoike als Pächter: vgl. Plut. Alk. 5 und B. D. Meritt, Greek Inscriptions (s. o. Anm. 8) 401 Z. 132–134, 141–143 sowie den Kommentar S. 411; Pachtgesellschaft: vgl. And. 1,133 f.; Lykurg. 6,19; 14,58 und E. Ziebarth, Vereinswesen 20.

[24] Vgl. z. B. And. 1,133 f.; P. Rev. 10,10 usw. (s. den Index s. v. in SB/Bh I). – Zum ἀρχώνης einer societas publicanorum s. o. Kap. 2 Anm. 64.

[25] Vgl. Aristot. Ath. pol. 47,2; 48,1; 52,3; s. auch D. C. Gofas, Carpologues (o. Anm. 19) 347 Anm. 6.

[26] Versteigerungskauf 269.

hatte ein Zahlungsverzug – gemäß des νόμος τελωνικός – doppelte Ratenzahlung oder Inhaftierung zur Folge[27].

Die Polis sicherte sich so in doppelter Weise ab: einerseits konnte sie bei den Steuern, die unregelmäßige Einkünfte erbrachten, mit regelmäßigen und festen Einnahmen rechnen, andererseits ging sie kein Risiko ein, da sie Bürgen verlangte. Der Abgabenpächter dagegen, der sich zuvor nicht genau über den zu erwartenden Betrag und die jeweiligen Erhebungsschwierigkeiten informiert hatte, konnte sich leicht verschätzen und zahlungsunfähig werden[28].

Andererseits konnte die Versteigerung der Abgaben von den Kaufwilligen durch eine Art von »Versteigerungs-Kartell« auch unterlaufen werden. Gerade die Erzählung Plut. Alk. 5 und die Darstellung des Andokides über die Pachtgesellschaft des Agyrrhios und deren Absprache bieten dafür zwei anschauliche Beispiele. Dabei nahm Andokides die Interessen Athens wahr und stellte die Konkurrenz wieder her[29]:

133 Ἀγύρριος γὰρ οὑτοσὶ ὁ καλὸς κἀγαθὸς ἀρχώνης ἐγένετο τῆς πεντηκοστῆς τρίτον ἔτος, καὶ ἐπρίατο τριάκοντα ταλάντων, μετέσχον δ' αὐτῷ οὗτοι πάντες οἱ παρασυλλεγέντες ὑπὸ τὴν λεύκην, οὓς ὑμεῖς ἴστε οἷοί εἰσιν· οἱ διὰ τοῦτο ἔμοιγε δοκοῦσι συλλεγῆναι ἐκεῖσε, ἵν' αὐτοῖς ἀμφότερα ᾖ, καὶ μὴ ὑπερβάλλουσι 134 λαβεῖν ἀργύριον καὶ ὀλίγου πραθείσης μετασχεῖν. κερδάναντες δὲ τρία τάλαντα, γνόντες τὸ πρᾶγμα οἷον εἴη, ὡς πολλοῦ ἄξιον, συνέστησαν πάντες, καὶ μεταδόντες τοῖς ἄλλοις ἐωνοῦντο πάλιν τριάκοντα ταλάντων. ἐπεὶ δ' οὐκ ἀντωνεῖτο οὐδείς, παρελθὼν ἐγὼ εἰς τὴν βουλὴν ὑπερέβαλλον, ἕως ἐπριάμην ἓξ καὶ τριάκοντα ταλάντων. ἀπελάσας δὲ τούτους καὶ καταστήσας ὑμῖν ἐγγυητὰς ἐξέλεξα τὰ χρήματα καὶ κατέβαλον τῇ πόλει, καὶ αὐτὸς οὐκ ἐζημιώθην, ἀλλὰ καὶ βραχέα ἀπεκερδαίνομεν οἱ μετασχόντες· τούτους δ' ἐποίησα τῶν ὑμετέρων μὴ διανείμασθαι ἓξ τάλαντα ἀργυρίου.

---

[27] Vgl. Aristot. Ath. pol. 48,1; Demosth. 24,100 und B. D. Meritt, Greek Inscriptions (Anm. 8) 401 Z. 145–150 sowie den Kommentar S. 412. – Die letzte Rate war in der 9. Prytanie (Prytanie = 10. Teil des Jahres, vgl. E. Bickerman, Chronology 34 ff.) zu zahlen.

[28] Zum Risiko einer Abgabenpacht vgl. o. Anm. 21 und z. B. Demosth. 24,122 (ζημιοῦσθαι ἐπὶ τῇ ὠνῇ); Cic. ad Q.fr. I 1,33 (praesertim publicis male redemptis); M. I. Rostovtzeff, HW II 765 f.; P. A. Brunt, Equites 188 mit Anm. 51 sowie u. Kap. 5 Anm. 22. – Die Inschrift SIG³ 495 (= C. B. Welles, R.C. 365) aus Olbia berichtet von der Zahlungsunfähigkeit der dortigen τελῶναι um 230 v. Chr.; s. dazu u. Anm. 144.

[29] And. 1,133 f. (vgl. Plut. Alk. 5). S. dazu A. Böckh, Sth. Ath. I³ 384 ff., 409; E. Ziebarth, Vereinswesen 20; W. Schmid / O. Stählin, Literatur 138 f.; U. Wilcken, Ostraka I 537 f., 561; M. I. Rostovtzeff, Staatspacht 347 mit Anm. 25; A. Andreades, Geschichte 171 mit Anm. 2; K. J. Beloch, GrG III 1,334 f., 443; B. D. Meritt, Greek Inscriptions (s. o. Anm. 8) 401 Z. 126 (vgl. 148) sowie den Kommentar S. 411; F. Oertel, KS 43 mit Anm. 15; 50 f.; M. M. Austin / P. Vidal-Naquet, History 308 f. (Nr. 93) sowie den Kommentar von D. Macdowell, On the Mysteries, Oxford 1962 z. St.

Dieser Agyrrhios hier, der ›Ehrenmann‹ (καλὸς κἀγαθός), war schon im dritten Jahr ἀρχώνης des Fünfzigsten (πεντηκοστή = 2%-Steuer) und hatte ihn für 30 Talente gekauft. Anteil hatten daran mit ihm alle diese, welche um ihn herum sich versammelten ›Unter der Pappel‹: Ihr wißt ja selbst, was für welche das sind: die sich mir deshalb dort versammelt zu haben scheinen, damit ihnen beides zuteil werde, Geld zu gewinnen, wenn sie nicht überbieten, und für wenig Geld an der Steuerpacht Anteil zu haben. (134) Nachdem sie bei der ersten Pacht drei Talente gewonnen hatten, erkannten sie, was für eine ertragreiche Sache es sei, schlossen sich alle zusammen, und indem sie eine Gesellschaft bildeten, kauften sie denselben wiederum für 30 Talente.

Da nun niemand ein Gegengebot machte, trat ich im Rat auf, überbot, bis ich (die 2%-Steuer) für 36 Talente kaufte (und erhielt). Nachdem ich aber diese (durch Überbietung) beseitigt und Euch Bürgen gestellt hatte, ließ ich die Gelder einnehmen und gab sie der Polis. Ich selbst hatte keinen Schaden, sondern wir Teilhaber gewannen auch noch etwas. So ging ich vor, daß diese von dem Eurigen nicht sechs Talente Silber unter sich teilen konnten.

Aus diesem Text geht hervor, daß neben Agyrrhios auch Andokides ἀρχώνης war, daß die Poleten nur mit dem ἀρχώνης verhandelten und sich weder darum kümmerten, wer an dem Kauf außerdem beteiligt war, noch wie der Käufer später das Geld zusammenbekam. Im Grunde konnte sich für jede Abgabe ein Abgaben-Pächterverein konstituieren. Diese Vereine unterlagen keiner Kontrolle durch die Polis[30].

## 3.2 Interpretation ausgewählter Texte

### 3.2.1 Texte der klassisch-griechischen und hellenistischen Zeit

In einer Komödie, den »Rittern« des Aristophanes, die an den Lenäen (Januar / Februar) des Jahres 424 v. Chr. aufgeführt wurde, findet sich das Wort τελώνης als ältester datierbarer Beleg[31]. Es ist die Zeit des Peloponnesischen (Archidamischen) Krieges, kurz nach der Blütezeit Athens unter Perikles.

Ein früheres Zeugnis für die Steuererhebung finden wir bei Strabon und Herakleides für Korinth am Ende des 7. Jahrhunderts v. Chr. (Hafen- und Marktsteuern); außerdem erwähnt Strabon Durchgangszölle zwischen Krisa und Delphi, die in Krisa vor 590 v. Chr. erhoben wurden[32]. Darüberhinaus

---

[30] Vgl. M. I. ROSTOVTZEFF, Staatspacht 333: »ein Hauptzug der Polispacht — der Mangel jeder Controlle über die Art der Steuereintreibung«, vgl. ebd. 347 oben und E. ZIEBARTH, Vereinswesen 20.

[31] S. aber den zeitgleichen Leukon (3.2.3.5); neben Schmuggelversuch berichtet er von hilfsbereiten τελῶναι.

[32] Strab. 8, 6, 20 (378); K. J. BELOCH, GrG II 1,188. — Strab. 9, 3, 4 (418 f.); K. J. BELOCH, ebd.

sind auch verschiedene Abgaben aus dem kleinasiatischen Kyzikos zu nennen,
wie eine Inschrift aus dem 6. Jahrhundert v. Chr. aufzeigt[33].

### 3.2.1.1  Aristoph. equ. 248[34]:

Gegen Kleon, den Strategen und Vertreter der Kriegspartei, dem Thukydides bescheinigt, daß er ebenso gewalttätig wie beim Volk angesehen war[35],
der dem Mittelstand angehörte und von den Aristokraten abgelehnt wurde,
wandte sich in einer grundsätzlichen Auseinandersetzung Aristophanes. An
herausgehobener Stelle (Parodos) spricht der Chor der Ritter vom τελώνης[36]:

> Παῖε παῖε τὸν πανοῦργον καὶ ταραξιππόστρατον
> καὶ τελώνην καὶ φάραγγα καὶ Χάρυβδιν ἁρπαγῆς,
> καὶ πανοῦργον καὶ πανοῦργον· πολλάκις γὰρ αὔτ' ἐρῶ·
> 250 καὶ γὰρ οὗτος ἦν πανοῦργος πολλάκις τῆς ἡμέρας.
> Ἀλλὰ παῖε καὶ δίωκε καὶ τάραττε καὶ κύκα
> καὶ βδελύττου, καὶ γὰρ ἡμεῖς, κἀπικείμενος βόα.

»Hau ihn, den zu allem fähigen Rittersleutestörefried, ihn, den Zöllner, ihn, den
Abgrund, der Charybdis Raubgier voll, den zu allem, allem Fähigen. Nimmer sag
ich es zu oft; denn er ist zum Schlimmsten fähig hundertmal im selben Tag. Darum
hau ihn und verfolg ihn, beutle ihn und quirl ihn um und verabscheu ihn. Auch wir
tun's. Setz' ihm wacker zu mit Schrei'n.«

Ob Kleon selbst ein τελώνης war, geht aus diesem Zusammenhang nicht
zwingend hervor. Drei Erklärungen erscheinen denkbar:
a) Nach V. Ehrenberg konnte Kleon »der Einsammler von Zollgebühren
und ›die Charybdis der Räuberei‹ heißen. Der oberste Demagoge selbst hatte

---

[33] SIG³ 4, Seite B: »In der Prytanie des Maiandrios. Die Polis hat dem (Sohn des)
Medikes und den Kindern des Aisepos und deren Nachfahren Steuerbefreiung und
Speisung im Prytaneion gewährt, abgesehen von nautos (?) und der Steuer zur Benutzung der öffentlichen Waage, der Pferdesteuer, der 25%-Steuer und der Sklavensteuer;
von allen anderen Steuern sollen sie befreit sein; zur Bekräftigung dieser Steuerbefreiungen schwor der Demos einen Eid. Diese Stele gewährte die Polis Manes, dem Sohn
des Medikes.« Vgl. zur Atelie (allerdings in hell. Zeit) A. Chaniotis, ›ENTEΛEIA: Zu
Inhalt und Begriff eines Vorrechtes. ZPE 64 (1986) 159–162, S. 161. – Zum frühen
Handel vgl. K. Polanyi / C. M. Arensberg / H. W. Pearson (Hg.), Trade and Market
in the Early Empires. New York / London ²1965, 3 ff, 64 ff. und pass. – Möglicherweise kam die Abgaben*pacht* von den kleinasiatischen bzw. phönikisch-syrischen Kü-
stenstädten nach Griechenland (s. u. Abschn. 5.4).
[34] Vgl. U. Kahrstedt, Art. Kleon Nr. 1, RE XI. Stuttgart 1922, Sp. 714–717; V.
Ehrenberg, People (= ders., Aristophanes 54 ff., 128 ff, 350 ff.); M. Pohlenz, Ritter
519 ff. (= 103 ff.), bes. 527 (= 111 f.); Th. Gelzer, Art. Aristophanes Nr. 2, RE Suppl.
XII. Stuttgart 1970, Sp. 1426–1434; H. Bengtson, GrG 231 ff. und u. Anm. 47.
[35] Thuk. 3,36,4; 4,21,3. – S. noch A. G. Woodhead, Thucydides' Portrait of
Cleon. Mn. 4 Ser. 13 (1960) 289–317 und M. Lossau, ΔΗΜΑΓΩΓΟΣ 87.
[36] Übers. nach K. Chr. Burckhardt, Zöllner 319.

*sicher nichts* unmittelbar mit den Zöllen zu tun; er steht für den Staat, und es ist klar, daß die Zollgebühren eine schwere Last bedeuteten direkt für den Kaufmann und Händler und indirekt für den Verbraucher«[37].

Gegen diese Deutung spricht jedoch, daß einerseits die τελῶναι nicht nur mit Zöllen zu tun hatten, daß andererseits die von den reichen Bürgern zu leistenden Leiturgien ebenfalls »eine schwere Last bedeuteten«[38] und daß drittens Aristophanes mit den hier verwendeten Worten Kleon selbst – und nicht die Polis – angreift.

b) Analog zu Leokrates, der nach dem athenischen Politiker und Redner Lykurgos Kupferschmied (χαλκοτύπος) und zugleich Teilhaber an einer Abgabenpacht ([τῆς] πεντηκοστῆς μετέχων) war, könnte der ebenfalls dem Banausenstand angehörende Gerber bzw. Lederfabrikant Kleon τελώνης gewesen sein[39].

Nach Schol. Aristoph. equ. 248.307 war Kleon τελώνης[40], inwiefern jedoch die Scholien hier als Bestätigung herangezogen werden können, muß offenbleiben.

c) Der im Jahr 428/7 v. Chr. von den athenischen Bundesgenossen erhobene Tribut (φόρος) betrug 460 Talente, dagegen wurde er bei der sog. »Kleon- Schatzung« im Jahr 425/4 v. Chr. – also kurz vor der Aufführung der »Ritter« – auf 1260 Talente erhöht, was einer durchschnittlichen Steigerung von 274 % entspricht[41]. In equ. 313 wird Kleon mit einem Thunfischfänger verglichen, der von den Felsen herab nach den φόροι spähe (vgl. 774 und vesp. 657). Demgemäß läge in equ. 248 übertragener Sprachgebrauch von τελώνης vor: wie sich ein τελώνης bereichert, so bringt Kleon viel Geld nach Athen.

Aber wie schon Th. Kock feststellte, sind bei Aristophanes equ. 307.313 und vesp. 657 f. φόροι und τέλη deutlich unterschieden, wobei τέλη – im Unterschied zu den Steuern der Bundesgenossen – »alle Einkünfte vom Staatsgut« bezeichnet[42], es empfiehlt sich demnach, zwischen dem »Abgabenpächter« und dem »Tributeinnehmer« Kleon zu unterscheiden.

---

[37] Aristophanes 330 (= DERS., People 325 f. – Die Übers. ist korrekt, Ehrenberg sagt für τέλη in diesem Zusammenhang ›customs‹. – Sperrung F. H.

[38] Vgl. K. J. BELOCH, GrG III.1,445 f. und M. I. ROSTOVTZEFF, HW III 1228 Anm. 22.

[39] Lykurg. 14,58 vgl. 6,19; s. noch V. EHRENBERG, Aristophanes 128 f. sowie K. CHR. BURCKHARDT, Zöllner 319.

[40] Ἐμίσθου τὰ τέλη (Schol. Aristoph. equ. 307a, S. 77) ist nicht klassisch, sondern durch die lateinische Terminologie (locatio-conductio) beeinflußt, s. D. BEHREND, Pachturkunden 46 f. und o. Exkurs zu 2.2: »Kauf und Pacht . . .« sowie Kap. 1 Anm. 38; Kap. 2 Anm. 36. – In späterer Zeit findet sich öfter τελώνης = μισθωτής, vgl. z. B. P. Oxy. XLIII 3104 (u. 5.6.2.10) und P.Heid. IV 325.

[41] Vgl. W. KOLBE, Kleon-Schatzung 351 sowie H. BENGTSON, GrG 233 f. Zur beständigen Geldnot s. K. J. BELOCH, GrG III.1,442.447 f.

[42] TH. KOCK, Ausgewählte Komödien des Aristophanes II. Die Ritter. Leipzig 1853, 74 (zu equ. 307).

Ein besonderes Gewicht liegt in equ. 247–252 neben παίειν[43] auf πανοῦϱ-γος; es wird nicht nur in V. 247 genannt, sondern auch in V. 249 – dazu ep-analeptisch –, und schließlich nochmals in V. 250. Eine Untersuchung von πανοῦϱγος bei Aristophanes zeigt, daß er, solange Kleon lebte, diesen Aus-druck für ihn reservierte[44]. Die durch πανοῦϱγος gerahmten Bezeichnungen ταϱαξιππόστϱατος, τελώνης, φάϱαγξ und Χάϱυβδις ἁϱπαγῆς treten zu dem grundsätzlichen Vorwurf (nur) illustrierend hinzu, wobei ταϱαξιππόστϱατος und τελώνης durchaus auf konkrete Angelegenheiten anspielen können[45], währenddessen φάϱαγξ und Χάϱυβδις ἁϱπαγῆς die unersättliche Geldgier Kle-ons beleuchten[46].

Im Hinblick auf diese polemische Abrechnung des Aristophanes mit Kleon[47] soll festgehalten werden, daß Kleon »der erste (war), der konsequent eine Politik verfolgte, die von den wirtschaftlichen Bedürfnissen und sozialen Forderungen der Mittelklasse diktiert war«[48]. Darüberhinaus muß beachtet werden, daß Athen schon in den ersten Jahren des Archidamischen Krieges unter großem Geldmangel litt; dies zeigen besonders die außerordentliche di-rekte Steuer (εἰσφοϱά), die im Jahr 427 v. Chr. erhoben wurde, und die schon erwähnte »Kleon-Schatzung« aus dem Jahr 425/4 v. Chr. Über Kleon und die von ihm angeregte drastische Tributerhöhung urteilt W. Kolbe: »Es wird im-mer ein Ruhmestitel Kleons bleiben, daß er die Finanzlage mit klarem Blick erfaßte.«[49] Somit ergeben sich zwei Gesichtspunkte: mit keineswegs aus der Luft gegriffenen Unterstellungen wandte sich Aristophanes gegen den ›Leder-händler‹ Kleon – und mit ihm gegen die beiden anderen nach Perikles' Tod einflußreichen Demagogen, den ›Werghändler‹ Eukrates und den ›Schafhänd-ler‹ Lysikles[50]: »als Aristophanes seine frühen Stücke schrieb, ... schien es der Mühe wert, diese Emporkömmlinge anzugreifen.«[51] Andererseits war die durch den Krieg bedingte Geldnot bedrängend und das Verfügenkönnen über

---

[43] Z. 247 (Epanalepse).251.

[44] Vgl. in den Stücken bis 421 v. Chr.: equ. 450.684; vesp. 1227; Pax 406 und bes. ebd. 652.

[45] Zu Kleon als Wachhund s. J. M. BLAKEY, Canine Imagery in Greek Poetry. Ann Arbor/Mich. 1973, 163 ff. und E. L. BROWN, Cleon caricatured on an Corinthian Cup. JHS 94 (1974) 166–170, 166 f.

[46] Kleons Geldgier wird möglicherweise im Gegensatz zu Perikles geschildert, vgl. Thuk. 2,60,5.

[47] Vgl. M. POHLENZ, Hell. Mensch 359: »Aber einen Mann wie Kleon dürfen wir nicht nach der Karikatur seines Todfeindes Aristophanes beurteilen.« S. noch H. WAN-KEL, in: W. Schuller (Hg.), Korruption 50 f. (Diskussion).

[48] V. EHRENBERG, Aristophanes 330, vgl. 128.

[49] Kleon-Schatzung 354, vgl. DERS., Thukydides 188 und.H. BENGTSON, GrG 233.

[50] Vgl. Aristoph.equ. 129 ff.; K. J. BELOCH, GrG III.1,451 und V. EHRENBERG, Ari-stophanes 129.

[51] V. EHRENBERG, ebd. 128, vgl. O. NEURATH, Anschauung I 596 f.

finanzielle Rücklagen entscheidend[52]. In unserem Zusammenhang zielt das polemische Verhältnis zwischen dem Aristokraten Aristophanes und dieser finanzkräftigen Mittelschicht wohl letztlich auf die unterschiedliche Politik der Kriegs- bzw. Friedenspartei. Die Züchtigung, die Kleon zur Besserung erfahren sollte (vgl. παίειν), erfolgte schließlich weder durch einen Athener noch in Athen, sondern durch irgendeinen Spartaner im fernen Thrakien; erst dann konnte sich der aristophanische »Frieden« (421 v. Chr.) und der des Nikias einstellen.

Die Anspielung auf Kleon als Sykophanten (equ. 257)[53] legt eine Parallelisierung mit Lk 3,12−14; 19,8 nahe. Doch zeichnet Aristophanes den Sykophanten völlig unabhängig vom τελώνης[54], darüberhinaus wird in Lk 3,12−14 die Sykophantie nicht mit τελώνης, sondern mit στρατευόμενος verbunden. Schließlich zeigen zwar die ägyptischen Papyri, daß sich mit συκοφαντία und διασεισμός die Vorwürfe an den τελώνης umschreiben lassen[55], aber dies gilt zugleich prinzipiell für die ptolemäische (und römische) Beamtenschaft[56], und weiterhin wird K. Latte Recht haben, wenn er dem »Terminus im 5. Jhdt. noch attische Lokalfärbung« zuschreibt[57].

### 3.2.1.2 Philonides fr. 5[58]:

Noch zur Zeit des Peloponnesischen Krieges begegnet uns bei dem Komödiendichter Philonides von Kydathenai (Attika) in einem Fragment πορνοτελώνης, und zwar deutlich erkennbar als Schimpfwort:

Παναγεῖς γενεάν, πορνοτελῶναι, Μεγαρεῖς δεινοί, πατραλοῖαι.

... scheinheiliges Geschlecht, Dirnensteuer-Pächter, schreckliche Megarer, Vatermörder ...

---

[52] Vgl. K. J. BELOCH, GrG III.1,442 ff.

[53] Deutlicher vesp. 144, 436; av. 1470 ff., bes. Pax 647 ff., vgl. allgemein E. NESTLE, Sykophantia; K. LATTE, Art. Συκοφάντης, RE IV A. Stuttgart 1931, Sp. 1028−1051; C.-H. HUNZINGER, Art. συκοφαντέω, ThWNT VII, Stuttgart 1964, 759; A. LESKY, Abwehr; U. WILCKEN, Nomos 191 f. und J. H. MOULTON / G. MILLIGAN, Vocabulary 596.

[54] Ach. 818 ff., 910 ff.; vesp. 1040 f.; av. 1410−1468; Plut. 850 ff. (906 ff. 913).

[55] Vgl. M. I. ROSTOVTZEFF, Staatspacht 343 f.; DERS., HW II 574 und u. zu 5.6.1.10/13.

[56] S. u. Kap. 5 Anm. 110.

[57] S. o. Anm. 53, Sp. 1030,25 f., vgl. V. EHRENBERG, Aristophanes 350 sowie L. GRASBERGER, Stichnamen 37 und H. C. YOUTIE, Publicans 574 (18).

[58] In: CAF I 255 (FAttCom I 568 hat δειλοί). − In diese Zeit gehört auch Leukon ⟨u. 3.2.3.5⟩.

### 3.2.1.3  Aischin, 1,119f.[59]:

Aischines' Anklageschrift gegen Timarchos ergänzt das Komödien-Fragment des Philonides in wertvoller Weise. Denn Aischines warf Timarchos vor, sich der Unzucht preisgegeben zu haben[60], so daß er nicht nur von Hand zu Hand gereicht wurde, sondern auch den πορνοτελῶναι als Steuerpflichtiger für das πορνικὸν τέλος bekannt war.

Die Dirnensteuer wurde ebenfalls jedes Jahr von der athenischen Boulē verpachtet[61]. Die Abgabenpächter mußten, um diese Abgabe erheben zu können, die πόρναι oder πόρνοι der Stadt sehr genau kennen:

Καθ᾽ ἕκαστον ἐνιαυτὸν ἡ βουλὴ πωλεῖ τὸ πορνικὸν τέλος· καὶ τοὺς πριαμένους τὸ τέλος οὐκ εἰκάζειν, ἀλλ᾽ ἀκριβῶς εἰδέναι τοὺς ταύτῃ χρωμένους τῇ ἐργασίᾳ.

Jedes Jahr verkauft der (athenische) Rat die Dirnensteuer. Diejenigen, die diese Abgabe kaufen, vermuten nicht nur, sondern kennen die ganz genau, die ein solches Gewerbe betreiben.

Die Dirnensteuer-Pächter heißen bei Aischines auch τελῶναι οἱ παρά τινος ἐκλέξαντοι τὸ (πορνικὸν) τέλος (1,119, vgl. 120). Es ist allerdings nicht deutlich, ob der πορνοβοσκός (Dirnenwirt) selbst für alle bei ihm Wohnenden oder jeweils die einzelnen Prostituierten für sich dem τελώνης die Steuer bezahlten. Das erstere wird der Fall gewesen sein, wenn die Prostituierten seine Sklavinnen waren.

### 3.2.1.4  Demosth. 24,59f.[62]:

Im Jahr 354/3 v. Chr. brachte Timokrates zu Gunsten des Androtion und anderer, denen die Schuldhaft drohte, einen Gesetzesvorschlag ein, daß allen Bürgern Athens, die wegen Schulden an die Polis inhaftiert werden sollen, bei Bürgenstellung Freiheit zu gewähren sei (24,39). Von dieser Vergünstigung

---

[59]  Vgl. F. Blass, Att. Beredsamkeit III 2,192—201. Nach G. Ramming, Die politischen Ziele und Wege des Aischines, Diss. phil. Erlangen / Nürnberg 1965, 15 ist die erste Rede abgefaßt worden im Jahr 345 v. Chr. und betrifft Vorgänge der Jahre 348—346/5 v. Chr. S. noch K. J. Beloch, GrG III.1,531 f.

[60]  Vgl. ausführlich F. Blass, Att. Beredsamkeit III.2,194 f.: »Die Behauptung des Anklägers lautete, dass Timarchos, als einer der sich zur Unzucht feilgeboten (πεπορνευμένος) und sein väterliches Erbe durchgebracht habe, unbefugterweise öffentlich rede.«

[61]  S. noch Aristoph.Pax 848 f.; eccl. 1007. — Nach CIL III 13750 von den Dirnenwirten zu bezahlen; vgl. neben Th. Mommsens Kommentar W. Liebenam, Städteverwaltung 28 Anm. 1 und U. Wilcken, Ostraka I 218.

[62]  Vgl. F. Blass, Att. Beredsamkeit III.1,280 ff.; A. Schaefer, Demosthenes und seine Zeit, Bd. I—III. Leipzig ²1885—1887, Bd. I, 369 ff. und KP V 842 s. v. Timokrates. — Zur Frage, ob die Rede gehalten wurde bzw. ob das Gesetz des Timokrates in Kraft trat vgl. F. Blass, ebd. 286 f.

sollten allein die τελῶναι, ihre Bürgen und Einnehmer sowie die μισθούμενοι und deren Bürgen ausdrücklich ausgenommen sein (24,40f.59.122). Diodoros, der gegen Timokrates als Hauptkläger auftrat, wies zunächst auf die Illegitimität dieses Vorschlages hin, denn entweder sei ein Gesetz für alle Athener verbindlich oder es sei überhaupt nicht gültig. Er fuhr fort (24,59f.):

Ἄνευ δὲ τούτων αὐτὸς ὡμολόγησεν μὴ ἐπὶ πᾶσι τὸν αὐτὸν τεθηκέναι, πλὴν περὶ τῶν τελωνῶν καὶ τῶν μισθουμένων καὶ τῶν τούτων ἐγγυητῶν χρῆσθαι προσγράψας τῷ νόμῳ. οὐκοῦν ὁπότ' εἰσίν τινες οὓς ἀφορίζεις, οὐκ ἂν ἔτ' εἴης
60 ἐπὶ πᾶσιν τὸν αὐτὸν τεθηκώς. καὶ μὴν οὐδ' ἐκεῖνό γ' ἂν εἴποις, ὡς ὅσοις δεσμοῦ προστιμᾶται, τούτων μάλιστ' ἢ τὰ μέγιστ' ἀδικοῦσιν οἱ τελῶναι, ὥστε μόνοις αὐτοῖς μὴ μεταδοῦναι τοῦ νόμου. πολὺ γὰρ δήπου μᾶλλον οἱ προδιδόντες τι τῶν κοινῶν, οἱ τοὺς γονέας κακοῦντες, οἱ μὴ καθαρὰς τὰς χεῖρας ἔχοντες, εἰσιόντες δ' εἰς τὴν ἀγοράν, ἀδικοῦσιν. οἷς ἅπασιν οἱ μὲν ὑπάρχοντες νόμοι δεσμὸν προλέγουσιν, ὁ δὲ σὸς λελύσθαι δίδωσιν. ἀλλ' ἐνταῦθα πάλιν καταμηνύεις ὑπὲρ ὧν ἐτίθεις· διὰ γὰρ τὸ μὴ τελωνήσαντας ὀφείλειν αὐτούς, ἀλλὰ κλέψαντας, μᾶλλον δ' ἁρπάσαντας τὰ χρήματα, διὰ τοῦτ' οὐκ ἐφρόντισας, οἶμαι, τῶν τελωνῶν.

Timokrates gestand selbst ein, daß er das Gesetz nicht in Bezug auf alle gegeben habe, dadurch nämlich, daß er hinzufügt, das Gesetz sollte gelten, ausgenommen bezüglich der τελῶναι, der μισθούμενοι und deren Bürgen. ...
⟨60⟩ Und vollends wirst du auch nicht (zu deiner Entschuldigung) anführen können, daß die τελῶναι von denen, die zu Gefängnis verurteilt werden, am meisten und am häufigsten Unrecht tun, so daß allein sie vom Gesetz auszuschließen sind. Es vergehen sich nämlich diejenigen weit schwerer, die ein Bundesgeheimnis verraten, die die Eltern schlecht behandeln, die mit unreinen Händen auf dem Markt erscheinen. ... Denn sie sind nicht deswegen straffällig, weil sie die Abgaben pachten, sondern weil sie sich die Gelder erschleichen − vielmehr an sich raffen; deshalb, glaube ich, hast du die τελῶναι nicht berücksichtigt (berücksichtigen wollen).

Aristot.Ath.pol. 52,3 erwähnt, daß es Urteile »für und gegen die τελῶναι« gab[63], dieser Ausdruck zeigt zugleich, daß sowohl falsche als auch zutreffende Anklagen gegen die τελῶναι erhoben wurden. Ähnlich sagt Diodoros, daß den τελῶναι nicht zwangsläufig strafbare Handlungen anzulasten seien. Sie würden im Vergleich zu anderen nicht besonders häufig inhaftiert; wenn sie sich vergingen, dann seien dies Delikte, die keineswegs zu den schwerwiegendsten − nämlich Hochverrat, Mißachtung der Elternliebe und mangelnde Hygiene − gehören. Die Abgabenpacht sei an sich wertneutral. Allerdings müsse den τελῶναι immer wieder der Vorwurf gemacht werden, daß sie trotz der νόμοι τελωνικοί (24,100) die Steuerpflichtigen betrögen (κλέπτειν) bzw.

---

[63] Aristot.Ath.pol. 52,3:
οὗτοι μὲν οὖν ταύτας δικάζουσιν ἐμμήνους εἰσάγ[ον]τες, οἱ δ' ἀποδέκται τοῖς τελώναις καὶ κατὰ τῶν τελωνῶν.
Die (fünf Einleitungsbeamten / Eisagogen) leiten nun den Prozeß ein und fällen das Urteil innerhalb eines Monats; für und gegen die τελῶναι tun das die Einnehmer / Apodekten. − S. zum Betrug von τελῶναι Xen.vect. 4,20 (o. S. 11).

mehr forderten, als ihnen rechtmäßig zustehe[64]. Diodoros vermutete diese Ansicht bei Timokrates; dem Text ist nicht zu entnehmen, daß er selbst sich dieser Meinung ebenfalls anschloß.

### 3.2.1.5 Demosth. 21,166[65]:

Die Rede gegen Meidias wurde etwa im Jahr 348 v. Chr. gehalten. Als Demosthenes im Jahr 350 v. Chr. freiwillig die Choregie übernahm (vgl. 21,1.5.13 ff.), sah Meidias eine Gelegenheit, seinen persönlichen Gegner öffentlich bloßzustellen, indem er Demosthenes bei der Ausübung seines Choregenamtes vor aller Augen ohrfeigte.

Meidias entstammte einer sehr vornehmen und reichen Ritter-Familie. Der ebenfalls keineswegs unbegüterte Demosthenes wirft seinem Standesgenossen vor, er denke eher an seinen persönlichen Gewinn als an die Pflicht, der Polis ganz und gar zu dienen, wenn er sich sowohl der Trierarchie als auch der Hipparchie letztlich entziehe, weil er eine Bergwerkspacht übernommen habe (21,153 ff.). Dies stehe in scharfem Gegensatz zu der vorbildlichen und aufopfernden Haltung eines Nikeratos, Euktemon und Euthydemos, die sich ihrer Verpflichtung gegenüber der Polis nicht entzogen hätten (21,165):

᾿Αλλ᾿ οὐχ ὁ ἵππαρχος Μειδίας, ἀλλὰ τὴν ἐκ τῶν νόμων τάξιν λιπών, οὗ δίκην ὀφείλει τῇ πόλει δοῦναι, τοῦτ᾿ ἐν εὐεργεσίας ἀριθμήσει μέρει. καίτοι τὴν τοιαύτην τριηραρχίαν, ὦ πρὸς θεῶν, πότερον τελωνίαν καὶ πεντηκοστὴν καὶ λιποτάξιον καὶ στρατείας ἀπόδρασιν καὶ πάντα τὰ τοιαῦθ᾿ ἁρμόττει καλεῖν, ἢ φιλοτιμίαν; οὐδένα γὰρ τρόπον ἄλλον ἐν τοῖς ἱππεῦσιν αὐτὸν ἀτελῆ ποιῆσαι στρατείας δυνάμενος ταύτην εὕρηκε Μειδίας καινὴν ἱππικήν τινα πεντηκοστήν.

Anders verhielt sich der Anführer der Reiterei (Hipparch) Meidias; denn nachdem er den von den Gesetzen gewiesenen Posten verlassen hatte, will er das, wofür er von Seiten der Polis bestraft zu werden verdient, als Wohltat anrechnen. Freilich, ziemt es sich − bei den Göttern −, diese Trierarchie als ›Abgabenpacht‹, ›2 %-Steuer‹, ›Desertion‹, ›Fahnenflucht‹ und was es sonst noch in dieser Richtung gibt zu bezeichnen − oder als ›Ehrensache‹? Denn da er sich als einer der Ritter auf keine andere Weise von der Beteiligung am Kriegsdienst befreien konnte, erfand er diesen sonderbaren Reiterdienst einer 2 %-Steuer.

---

[64] Vgl. Aristoph.ran. 362 f. für den εἰκοστολόγος. S. dazu M. ROMSTEDT, Die wirtschaftliche Organisation des athenischen Reiches, Diss. Leipzig, Weida i. Th. 1914, 44: »Die Bezeichnung ›εἰκοστολόγος‹ sei hier im üblen Sinne aufzufassen, etwa wie ›verfluchter Eikostolog‹, da wohl bei den Athenern der Begriff ›Zöllner‹ mit dem von ›Sünder‹ identisch, weil vielfach von diesen Defraudationen verübt wurden.«

[65] Vgl. A. SCHAEFER (o. Anm. 62), Demosthenes II 86 f.; F. BLASS, Att. Beredsamkeit III.1,328−341; E. SCHWARTZ, Philippika 35 f.; K. J. BELOCH, GrG III.1,492−495; 2,278 ff.; E. POKORNY, Studien 116−139; RE XIX Sp. 2276 f. s. v. Meidias; H. BENGTSON, GrG 316 f. und KP III Sp. 1156 Nr. 2.

Nach Demosthenes handelte Meidias verwerflich, wenn er zwar in seiner Funktion als Trierarch ein Schiff stellte, sich aber durch den Metoiken Pamphilos vertreten ließ (21,163), wenn er zwar anfänglich am Feldzug in Euböa als Hipparch teilnahm, sich dann aber seiner Bergwerkspacht widmete (21,167), weil er als Pächter vom Kriegsdienst befreit war[66]. Τελωνία und πεντηκοστή müssen keineswegs eine negative Bedeutung haben: Demosthenes erscheint vielmehr als ›Biedermann‹, Meidias dagegen als geschickt taktierender Financier. Auch wenn Demosthenes darin Recht haben sollte, daß Meidias die aufopfernde Haltung eines Leiturgen vermissen läßt, muß dennoch festgehalten werden, daß die (Bergwerks-)Pacht bzw. τελωνία/πεντηκοστή ebenfalls − trotz persönlicher Gewinninteressen −, als Engagement für die Polis gelten konnte und offenbar keinesfalls nur verachtet wurde.

### 3.2.1.6 Aristot.rhet. II 23 (1397 a 23−27)[67]:

In seiner Rhetorik stellt Aristoteles 28 beweisende τόποι/loci (Suchformeln) zusammen (II 23 [1397 a 7−1400 b 25]). Die dritte Suchformel heißt ἐκ τῶν πρὸς ἄλληλα, das Argument aufgrund der wechselseitigen Beziehung der Begriffe:

> Ἄλλος ἐκ τῶν πρὸς ἄλληλα· εἰ γὰρ θατέρῳ ὑπάρχει τὸ καλῶς ἢ δικαίως ποιῆσαι, θατέρῳ τὸ πεπονθέναι, καὶ εἰ κελεῦσαι, καὶ τὸ πεποιηκέναι, οἷον ὡς ὁ τελώνης Διομέδων περὶ τῶν τελῶν „εἰ γὰρ μηδ' ὑμῖν αἰσχρὸν τὸ πωλεῖν, οὐδ' ἡμῖν τὸ ὠνεῖσθαι."

Wenn nämlich für den einen das Tun edel und gerecht ist, dann für den anderen das Erleiden, und wenn der Befehl, dann auch die Ausführung. So sagt der τελώνης Diomedon über die Abgabenpacht: »Wenn für euch das Verkaufen/-pachten nichts Schimpfliches (αἰσχρόν) ist, dann auch für uns nicht das Kaufen/Pachten.«

J. Martin umschreibt diesen Beweisgang folgendermaßen[68]: »Handelt einer gut oder schlecht, muß auch der andere das an sich erfahren haben oder auch umgekehrt, was einer gut oder schlecht erfahren hat, muß der andere gut oder schlecht getan haben.« Nun liegt sicherlich dieser beweisenden, verteidigenden Schlußfolgerung ein Vorwurf zugrunde, etwa daß der τελώνης schimpflich handle, wenn er Steuern erhebt. Dabei läßt αἰσχρόν mehrere Möglichkeiten an Vorwürfen zu (vgl. Demosth. 21,166): die Antwort des Diomedon könnte einerseits die Durchführung der Abgabenpacht ausblenden, andererseits könnte sie im Blick haben, daß die Polis die Abgaben ohne moralische Bedenken versteigerte − und somit zu maximalen Einnahmen zu kommen versuchte −, daß deshalb auch das Interesse des τελώνης, maximale Einnahmen zu erlangen, ebensowenig als Unrecht anzusehen sei.

---

[66] Vgl. Ps.Demosth. 59,27.

[67] Vgl. den Kommentar von E. M. Cope (rev. and ed. by J. E. Sandys, Hildesheim/New York 1970), S. 241 und J. Martin, Rhetorik 101 ff.

[68] Ebd. 107.

3.2.1.7 Ps.Plut. (X orat. vitae, Lykurgos) mor. 842B[69]:

In den Biographien der Zehn Attischen Redner wird von dem Philosophen Xenokrates von Chalkedon, dem zweiten Nachfolger Platons in der Akademie (zwischen 339—314 v. Chr.) berichtet:

Τελώνου δέ ποτ᾽ ἐπιβαλόντος Ξενοκράτει τῷ φιλοσόφῳ τὰς χεῖρας καὶ πρὸς τὸ μετοίκιον αὐτὸν ἀπάγοντος, ἀπαντήσας ῥάβδῳ τε κατὰ τῆς κεφαλῆς τοῦ τελώνου κατήνεγκε, καὶ τὸν μὲν Ξενοκράτην ἀπέλυσε, τὸν δ᾽ ὡς οὐ τὰ πρέποντα δράσαντα εἰς τὸ δεσμωτήριον κατέκλεισεν.

Als einst ein τελώνης an den Philosophen Xenokrates Hand anlegte und ihn hinsichtlich der (nicht bezahlten) Metoikensteuer abführen wollte, trat ihm Lykurgos mit einem Stock in den Weg und schlug dem τελώνης auf den Kopf; so befreite er Xenokrates, den τελώνης aber, der so ungebührlich handelte, sperrte er ins Gefängnis ein.

Der Redner Lykurgos (ca. 390—324 v. Chr.), ebenfalls ein Schüler Platons, war sei 338/7 v. Chr. zwölf Jahre lang höchster Finanzbeamter Athens (ἐπὶ τῇ διοικήσει). In Plut.Flam. (= Tit.) 12,7 wird diese Begebenheit nochmals berichtet[70], in Plut.Phok. 29,6 heißt es, daß Xenokrates seine Metoikensteuer zahlte.

Offenbar hatten hier die τελῶναι kein Recht, die Zwangsvollstreckung selbst durchzuführen[71].

3.2.1.8 Anaxippos, Enkalyptomenos (»Der sich Verhüllende«)[72]:

In diesem 49 Zeilen umfassenden Fragment legt ein Koch seine Kochkünste und seine Beobachtungen dar. In Zeile 30—40 heißt es:

30 Ἕτερ᾽ ἐστὶ τοῖς ἐρῶσι καὶ τοῖς φιλοσόφοις
καὶ τοῖς τελώναις. μειράκιον ἐρωμένην
ἔχον πατρῴαν οὐσίαν κατεσθίει·
τούτῳ παρέθηκα σηπίας καὶ τευθίδας
καὶ τῶν πετραίων ἰχθύων τῶν ποικίλων,

---

[69] Paralleltexte: Plut.Tib. 12,7; Phot.bibl. 268, vgl. Plut.Phok. 29,6.

[70] Allerdings allgemeiner: »Der Philosoph Xenokrates wurde einst von den Steuerpächtern abgeführt, weil er sein Schutzgeld nicht bezahlt hatte, allein der Redner Lykurg befreite ihn aus den Händen der Häscher und bestrafte diese für den frechen Übergriff« (Übersetzung nach K. Ziegler, Bd. VI, S. 328).

[71] Vgl. Bion (Diog.Laert. IV 46 ⟨3.2.3.3⟩) und SEG 14,639 (mit Kommentar von G. E. Bean, Notes) sowie Paulus, Dig. 39,4,11,2 (u. Anm. 145).

[72] Ath. IX 404c.d (Neue Komödie, um 300 v. Chr.), vgl. Anthol.Gr. VI 295 (Phanias): »... Nun er am leckeren Kuchen des Zolls ein Plätzchen gefunden, hat er sein Armutsgerät den Pieriden geweiht« (Übers. nach H. Beckby, München 2. Aufl., S. 621). – Die Übers. von Anaxippos folgt teilweise K. Chr. Burckhardt, Zöllner 320.

35 ἐμβαμματίοις γλαφυροῖσι κεχορηγημένα·
  ὁ γὰρ τοιοῦτός ἐστιν οὐ δειπνητικός,
  πρὸς τῷ φιλεῖν δὲ τὴν διάνοιάν ἐστ' ἔχων.
  τῷ φιλοσόφῳ παρέθηκα κωλῆν ἢ πόδας·
  ἀδηφάγον τὸ ζῷον εἰς ὑπερβολὴν
40 ἐστιν. τελώνῃ γλαῦκον, ἔγχελυν, σπάρον.

Anders verhält es sich mit den Verliebten, den Philosophen und den τελῶναι. Kommt ein junger Fant, sein Erbgut mit dem Schätzchen zu verprassen, tisch' ich Tintenfisch, Polypen, buntes Klippenzeug in guter Deckbrüh ihnen auf: er merkt's nicht; nur aufs Lieben steht sein Sinn ja. Doch den Philosophen koch' ich Menschenschenkel, Menschenfüße, alldieweil sie nur gefräßig für das Außerordentliche. Einem τελώνης aber bring ich Blaufisch, Aal und leckren Seefisch.

Γλαῦκος und ἔγχελυς sind beides Delikatessen; sehr wahrscheinlich gilt dies in diesem Zusammenhang auch vom σπάρος (vgl. σαργός)[73]. So unterscheidet der Koch durchaus hintergründig zwischen der Speisekarte für Verliebte, Philosophen und Abgabenpächter und belächelt »das Schlemmerleben der genauen und aufs Reale bedachten Aufpasser«[74].

### 3.2.1.9 Theophr. char. 6,5[75]:

Der ehemalige Platon- und spätere Aristoteles-Schüler Theophrastos von Eresos (Lesbos) verfaßte nach 319 v. Chr. ἠθικοὶ χαρακτῆρες (Diog. Laert. 5,47f.), »d. h. Prägungen jenes Seelenteils, in welchem die Triebe des Handelns wurzeln, der aber an der Vernunft nur insofern Anteil hat, als er ihr gehorchen kann. Auf diese Bedeutung des Titels weist auch die syntaktische Struktur der Skizzen hin. Durch die konsekutiven Infinitive werden die Verhaltensweisen als Folge einer inneren Beschaffenheit, eben dieser Prägung, bestimmt«[76].

(1) Ἡ δὲ ἀπόνοιά ἐστιν ὑπομονὴ αἰσχρῶν ἔργων καὶ λόγων, ὁ δὲ ἀπονενοημένος τοιοῦτός τις,

(2) οἷος ὀμόσαι ταχύ, κακῶς ἀκοῦσαι, λοιδορηθῆναι δυναμένοις, τῷ ἤθει ἀγοραῖός τις καὶ ἀνασεσυρμένος καὶ παντοποιός.

(3) ἀμέλει δυνατὸς καὶ ὀρχεῖσθαι νήφων τὸν κόρδακα κοὐ προσωπεῖον ἔχων ἐν κωμαστικῷ χορῷ.

---

[73] Vgl. D'A. W. Thompson, Glossary 228, 248 (s. noch Ath. 320 c/d); ebd. 48 (vgl. Ath. 295b–297c) und 58–61, bes. 60 (vgl. Ath. 297c–300d).

[74] K. Chr. Burckhardt, Zöllner 320.

[75] Vgl. K. Chr. Burckhardt, ebd. 318f. und D. Klose (Hg.), Theophrast, Charaktere (Reklam-Ausgabe 619/19a). Stuttgart 1970 sowie grundlegend P. Steinmetz, Theophrast, Charaktere, Bd. I, II. München 1960, 1962.

[76] P. Steinmetz, in: D. Klose, Theophrast (vorige Anm.) 97, vgl. ders., Theophrast, Charaktere (vorige Anm.) II 7f, 16ff. – Übers. und Interpretation folgen P. Steinmetz.

(4) καὶ ἐν θαύμασι δὲ τοὺς χαλκοῦς ἐκλέγειν καθ' ἕκαστον παριὼν καὶ μάχεσθαι τούτοις τοῖς τὸ σύμβολον φέρουσι καὶ προῖκα θεωρεῖν ἀξιοῦσι.

(5) δεινὸς δὲ καὶ πανδοκεῦσαι καὶ πορνοβοσκῆσαι καὶ τελωνῆσαι καὶ μηδεμίαν αἰσχρὰν ἐργασίαν ἀποδοκιμάσαι, ἀλλὰ κηρύττειν, μαγειρεύειν, κυβεύειν.

(6) τὴν μητέρα μὴ τρέφειν, ἀπάγεσθαι κλοπῆς, τὸ δεσμωτήριον πλείω χρόνον οἰκεῖν ἢ τὴν αὐτοῦ οἰκίαν.

1. Die ἀπόνοια ist ein Verharren bei schimpflichen Taten und Reden, der ἀπονενοημένος aber ein Mann folgender Art:

2. Er schwört leichtfertig, steht in schlechtem Ruf, verleumdet die Mächtigen, ist von Wesen ein Marktheld, ein Exhibitionist und zu allem fähig.

3. Natürlich ist er fähig, auch nüchtern den Kordax zu tanzen und ohne Maske im schwärmenden Chor.

4. Bei den Schaustellungen sammelt er die Pfennige ein, indem er zu jedem einzelnen hingeht, und streitet sich mit denen, die Eintrittsmarken vorzeigen und für nichts zuschauen wollen.

5. Er ist auch fähig, den Schenkwirt zu machen, den Bordellbesitzer und den τελώνης und kein schimpfliches Gewerbe zurückzuweisen, sondern den Ausrufer zu machen, den Koch, den Würfelspieler.

6. Seine Mutter läßt er darben; beim Diebstahl wird er erwischt; im Gefängnis haust er längere Zeit als im eigenen Haus.

Als sechsten Charakter beschreibt Theophrast den »Bedenkenlosen« (ἀπονενοημένος), wobei in 6,4−6 dieser als παντοποιός (vgl. 6,2) expliziert wird.

In 6,5 werden schimpfliche Gewerbe (αἰσχρὰ ἐργασία) aufgezählt, wobei Schenkwirt, Bordellbesitzer, Ausrufer irgendeines Händlers, Koch (= Prahler, Vielfraß und Dieb) und Würfelspieler (oder: Besitzer einer Spielhölle) das τελωνεῖν deutlich genug als κακῶς ἀκοῦσαι (schlechter Ruf, 6,2) ausweisen[77].

### 3.2.1.10 Apollodor.Kom.fr. 13,10−13[78]:

Ergänzt wird Theophrast durch Apollodor, wo ebenfalls eine Reihe negativer Eigenschaften angeführt wird; angesprochen ist hier der demagogische Politiker:

ὅθεν ἐπιχειρεῖ πάντ' ἀπηρυθριακότως
ἕκαστος αὐτῶν, πρὸς δὲ πάντ' ἐστὶν θρασύς,
ψεύδετ', ἐπιορκεῖ, μαρτυρεῖ, δικορραφεῖ,
κλέπτει, τελωνεῖ, ῥᾳδιουργεῖ.

Deshalb nimmt ein jeder von ihnen schamlos alles in die Finger, zu allem ist er kühn, lügt, schwört falschen Eid, legt Zeugnis ab, prozessiert, stiehlt, pachtet Steuern und lebt müßig in den Tag.

---

[77] Vgl. insgesamt die »Negativen Reihen« (u. 3.2.4; 6.4.3.5).
[78] = CAF III 2,291 f. (= FAttCom III 204 ff.).

### 3.2.1.11 Demochares von Athen (FGrHist 75 F 4)[79]:

Der athenische Politiker und Historiker Demochares (ca. 350–271/0 v. Chr.), Neffe des Demosthenes, erhob in seinem Geschichtswerk gegen Demetrios von Phaleron heftige Vorwürfe, die von seinem patriotischen – d. h. antimakedonischen – Standpunkt herrühren. Demetrios war nicht nur wegen seiner promakedonischen Haltung von Kassander 317 v. Chr. mit der Leitung Athens betraut worden, sondern er versuchte auch als Peripatetiker, philosophische Grundsätze in der Politik anzuwenden. So förderte er z. B. die Einkünfte von Phaleron und griff ordnend in die Mißstände beim Fischverkauf ein:

9 οὗ ᾽κεῖνος οὐ τὴν τυχοῦσαν πεποίηται κατηγορίαν ἐν ταῖς Ἱστορίαις, φάσκων αὐτὸν γεγονέναι τοιοῦτον προστάτην τῆς πατρίδος καὶ ἐπὶ τούτοις σεμνύνεσθαι κατὰ τὴν πολιτείαν, ἐφ᾽ οἷς ἂν καὶ τελώνης σεμνυνθείη ⟨ἢ⟩ βάναυσος.

10 ἐπὶ γὰρ τῶι πολλὰ καὶ λυσιτελῶς πωλεῖσθαι κατὰ τὴν πόλιν καὶ δαψιλῆ τὰ πρὸς τὸν βίον ὑπάρχειν πᾶσιν, ἐπὶ τούτοις φησὶ μεγαλαυχεῖν αὐτόν.

(9) Gegen Demetrios von Phaleron hat Demochares in seinem Geschichtswerk keine geringen Anklagen erhoben, mit der Behauptung, Demetrios habe als leitender Staatsmann seiner Vaterstadt eine solche Politik getrieben, und rühme sich ihrer auch noch, auf die höchstens vielleicht ein τελώνης oder Banause stolz sein würde. (10) Er prahle nämlich gewaltig damit, daß der städtische Markt reichlich und billig beliefert wurde und daß Lebensmittel in Hülle und Fülle für die Bevölkerung zur Verfügung standen.

Die hier vorliegende Polemik wird besonders dadurch erkennbar, daß sich bei Demetrios »weit ausgedehnte liter(arische) und philos(ophische) Bildung mit Geschick und Rechtlichkeit in der Staatslenkung verband«[80]. Wenn ihn somit Demochares mit einem Abgabenpächter bzw. Banausen verglich, dann wird hier aus dem Blickwinkel eines Aristokraten τελώνης als abfällige Charakterisierung bzw. als Schimpfwort gebraucht.

### 3.2.1.12 Herakleides Kritikos I 7[81]:

Unmittelbar an der Grenze zwischen Attika und Boiotien liegt die Küstenstadt Oropos, von der der Reiseschriftsteller Herakleides (3. Jahrhundert v. Chr.) aufgrund eigener Anschauung sagt:

---

[79] = Polyb. 12,13,9; F. Wehrli, Die Schule des Aristoteles IV, fr. 132. S. noch F. Blass, Att. Beredsamkeit III.2,336–341; R. v. Scala, Studien 153ff.; K. J. Beloch, GrG IV.2,445; H. Bengtson, GrG 367 sowie Plut.mor. 851D; SIG³ 334,34 und Diog.Laert. V 75–85. – Zur Übers. vgl. H. Drexler, Polybios. Zürich/Stuttgart 1963, II 798.

[80] O. Hiltbrunner, KP I 1469,35–37, vgl. Diog.Laert. V 80; anders L. Grasberger, Stichnamen 39.

[81] Ed. F. Pfister, Die Reisebilder des Herakleides (Österr. Akad. der Wiss., Philos.-

Ἡ δὲ πόλις τῶν Ὠρωπίων οἰκεία Θηβῶν ἐστι· μεταβολῶν ἐργασία, τελωνῶν ἀνυπέρβλητος πλεονεξία ἐκ πολλῶν χρόνων ἀνεπιθέτῳ τῇ πονηρίᾳ συντεθραμμένη· τελωνοῦσι γὰρ καὶ τὰ μέλλοντα πρὸς αὐτοὺς εἰσάγεσθαι. οἱ πολλοὶ αὐτῶν τραχεῖς ἐν ταῖς ὁμιλίαις, τοὺς συνετοὺς ἐπανελόμενοι· ἀρνούμενοι τοὺς Βοιωτοὺς Ἀθηναῖοί εἰσι Βοιωτοί.

Die Stadt der Oropier gehört zu Theben. Es blüht hier Krämertätigkeit, eine unübertreffliche Habgier der τελῶναι, seit langen Zeiten großgezogen mit vollendeter Schlechtigkeit. Denn sie erheben schon Zoll von Waren, die zu ihnen erst eingeführt werden sollen. Die meisten von ihnen sind rauh im Verkehr, nachdem sie die Verständigen beiseite geräumt haben. Sie verleugnen die Boioter: so sind sie boiotische Athener.

Möglicherweise spielt Herakleides auf den Grenz- oder Durchgangszoll an, wahrscheinlicher ist jedoch der Einfuhr-(Hafen-)Zoll gemeint. Den τελῶναι wird hier Habgier (πλεονεξία) nachgesagt, in I 25 wird ihnen Gewinnsucht (αἰσχροκερδία) angelastet.

Der Ausdruck ἀνεπιθέτῳ τῇ πονηρίᾳ συντεθραμμένη erinnert an Theophrasts Darstellung des »Bedenkenlosen« und wird näher beleuchtet von den Darstellungen sowohl Platons als auch Aristoteles' über die ideale Lage der Polis[82].

### 3.2.1.13 Ps.Plut. (Apophth.Lac.incert. 65) mor 236B/C[83]:

Der Spott eines unbekannten Spartaners über die athenischen Gewerbetreibenden wird aus diesem Apophthegma deutlich:

Ἕτερος ἐλθὼν εἰς Ἀθήνας καὶ ὁρῶν τοὺς Ἀθηναίους τὸ τάριχος ἀποκηρύττοντας καὶ τὸ ὄψον καὶ τελωνοῦντας καὶ πορνοβοσκοῦντας καὶ ἕτερα ἔργα ἀσχήμονα πράττοντας καὶ μηδὲν αἰσχρὸν ἡγουμένους, ὅτε ἐπανῆλθεν εἰς τὴν πατρίδα, τῶν πολιτῶν πυνθανομένων αὐτοῦ ποῖά τινά ἐστι τὰ ἐν Ἀθήναις,
C    „πάντα" εἶπε „καλά", εἰρωνευόμενος καὶ παριστὰς ὅτι πάντα παρὰ τοῖς Ἀθηναίοις καλὰ νομίζεται, αἰσχρὸν δ' οὐδέν.

---

hist. Kl. 227,2. Wien 1951). S. noch R. REITZENSTEIN, Hellenistische Wundererzählungen, Darmstadt 1974 (= ¹1906) 30 f. (zu Petron. 116); M. GOEBEL, Ethnika 57 ff.; M. I. ROSTOVTZEFF, HW III 1123 Anm. 35 und H. BRAUN, Gott 98 mit Anm. 7. − Die Übers. folgt F. Pfister, ebd. 77. − Zu Xenon s. u. 3.2.5.1.
[82] Zu Theophrast s. o. 3.2.1.9; Plat.leg. IV 704d−705a; Aristot.pol. VII 5 f. (1327 a 3−40, bes. 10 ff.). − Die Auskunft »Die meisten von ihnen sind rauh im Verkehr, nachdem sie die Verständigen beiseite geräumt haben« bezieht sich nicht mehr auf die τελῶναι, wie die Ausführungen bei F. Pfister (S. 134) nahelegen.
[83] Vgl. M. I. ROSTOVTZEFF, Staatspacht 414; G. BUSOLT / H. SWOBODA, Stk. I³ 607 mit Anm. 4; 608 Anm. 1; J. E. KALITSUNAKIS, ΟΨΟΝ und ΟΨΑΡΙΟΝ. Ein Beitr. zur griech. Semasiologie, in: Beitr. zur griech. und lat. Sprachforschung (FS P. Kretschmer). Wien / Leipzig / New York 1926, 96−106.

Als einmal ein Spartaner nach Athen kam, sah er, daß die Athener Pökelfleisch und Fische feilboten, Steuern pachteten, Bordelle hielten und andere schändliche Dinge trieben, dies jedoch nicht als schimpflich ansahen. Nach seiner Rückkehr in seine Vaterstadt erkundigten sich seine Mitbürger bei ihm nach den athenischen Verhältnissen. Er faßte seinen Spott in den Worten zusammen: »Alles ist wohlanständig.« Dann legte er ihnen dar, daß alles bei den Athenern für wohlanständig gilt, als schimpflich dagegen nichts.

Nach Aristoph.equ. 1245–1247 und Plaut.Curc. 462 ff. wurde das Pökelfleisch (τάριχος) an einer sehr anrüchigen Stelle verkauft[84]. Im übrigen war den Athenern der Fisch ein beliebtes Nahrungsmittel. Mancher galt als Delikatesse[85].

›Pökelfleisch und Fische feilbieten‹, ›Steuern pachten‹ und ›Bordelle halten‹ etc. galten einem Lakedaimonier als schändliche Dinge (ἔργα ἀσχήμονα): mit dieser Auskunft dürfte er zugleich den Aristokraten Athens aus der Seele gesprochen haben, wie er andererseits sicherlich mit der Bemerkung recht hat, er sei mit seiner Ansicht, dies seien schimpfliche Gewerbe (αἰσχρόν), bei den übrigen, d. h. Handel treibenden Athenern auf Unverständnis gestoßen[86].

### 3.2.1.14 Sammlungen attizistischer Ausdrücke:

Abschließend zu den Texten aus klassischer bzw. hellenistischer Zeit wenden wir uns einigen Lexika zu, die zwar erst der Kaiserzeit bzw. der byzantinischen Zeit angehören, aber dennoch vorwiegend die klassische Literatur berücksichtigen.

In dem Lexikon zu den Zehn Attischen Rednern des Valerius *Harpokration* aus Alexandreia (2. Jahrhundert n. Chr.) heißt es zu einer Schrift Antiphons von Rhamnus (ca. 480–411 v. Chr.) gegen Demosthenes: Δεκατευτάς· ἀντὶ τοῦ τελώνας τοὺς τὴν δεκάτην ἐκλέγοντας[87]. *Hesychios* von Alexandreia (5. Jahrhundert n. Chr.) setzt unter Verweis auf Demosth. 23,117 die δεκατηλόγοι den τελῶναι gleich[88]. Nach *Photios* (9. Jahrhundert n. Chr.) sollen die bei Menander erwähnten πεντηκοστολόγοι als τελῶναι angesehen werden[89]. In den *Lexica Segueriana* werden die ἐνλιμενισταί als οἱ ἐν τοῖς λιμέσι τελῶναι be-

---

[84] Vgl. V. Ehrenberg, Aristophanes 56: Kleon »muß nun seine Ware am Tor verkaufen, wo sich nur der Abschaum der Bevölkerung herumtreibt.«

[85] Vgl. A. Lesky, Thalatta 20 f. und D'A. W. Thompson, Glossary pass.

[86] Vgl. H. Bolkestein, Wohltätigkeit 192 Anm. 1 zu Hdt. II 167: »von den Griechen (sahen) am meisten die Lakedämonier auf χειρώνακτες herab (am wenigsten die Korinther): bei *den* Griechen sind es überall die Klassen gewesen, die mit den Spartiaten in Lakedämonien auf gleicher sozialer Stufe standen.« – S. noch M. Pohlenz, Hell. Mensch 358 und u. 3.3.2.

[87] Bd. I S. 87,12 ff. (Dindorf).

[88] Bd. I S. 415 Nr. 568 (Latte).

[89] Phot.Lex. I S. 354 (Porson = II 75 Naber) s. v. πεντηκοστολόγοι (vgl. Men.fr. 897 Körte); s. noch Phot.Lex. I S. 226 (Porson) s. v. Μετοίκιον (vgl. Men.fr. 32 Körte).

schrieben[90]. τελώνης kann deshalb als *Oberbegriff* für die verschiedenen Bezeichnungen der Steuereinnehmer angesehen werden.

Noch interessanter ist *Pollux* (= Iulius Polydeukes aus Naukratis, 2. Jahrhundert n. Chr.), der eine Palette von Schmähworten gegenüber τελῶναι anführt (9,32); es folgen mildere, »gewähltere« (φιλοτιμουμένῳ) Ausdrücke und solche des »Lobes« (ἐπαινεῖς; 9,33). Hier wird die Beurteilung des τελώνης beim breiten Volk deutlich. Die Begriffe selbst dürften vornehmlich aus der attischen Komödie stammen, von der bekanntlich nur Bruchstücke erhalten sind. Insgesamt kann man hier lernen, »wie ein attischer Rohrspatz zu schimpfen«[91].

32 Καὶ κακίζων μὲν τελώνην εἴποις ἂν βαρύς, φορτικός, ἄγχων, ληστεύων ληιζόμενος, παρεκλέγων, θαλάττης ἀγριώτερος, χειμῶνος βιαιότερος, καταδύων τοὺς καταχθέντας, ἀπάνθρωπος, ἐπαχθής, ἄπληστος, ἄμετρος, αἰσχροκερδής, βίαιος, ἀποπνίγων, πιέζων, λωποδυτῶν, ἀποδύων, ἁρπάζων, ἀφαιρούμενος, παρεισπράττων, ἰταμός, ἀναίσχυντος, ἀπηρυθριακώς, δυσχερής, ἀνήμερος, ἄγριος, ἄξενος, θηριώδης, ἕρμα, πρόβολος πέτρα, ναυάγιον, θηρίον ἄμικτον, καὶ ὅσα ἐν ταῖς ἤθους λοιδορίαις ἔχεις.

33 φιλοτιμουμένῳ δὲ ἔξεστιν εἰπεῖν Σαλμυδησσός, Καφηρεύς, καὶ ὅσα ἐν θαλάττῃ δύσμικτα καὶ ἄξενα χωρία.

εἰ δ' ἐπαινεῖς τελώνην, εἴποις ἂν ἔννομος, εὔξενος, δίκαιος, ἐνδοτέρω τοῦ νόμου, πραότερος τοῦ λίαν ἀκριβοῦς, κρείττων τοῦ βίου, εἰδὼς αἰδεῖσθαι, παραμυθούμενος τὴν τοῦ πλοῦ δυσχέρειαν, εἰς ὃν ἄν τις ἀναπαύσαιτο, ᾧ τις ἂν ἡδέως προσορμίσαιτο.

(32) Will man einem τελώνης Böses sagen (κακίζων), so nenne ihn: lästig (βαρύς), unverschämt (φορτικός), Würger (ἄγχων), räuberischer, diebischer Plünderer (ληστεύων, ληιζόμενος, παρεκλέγων), wilder als das Meer (θαλάττης ἀγριώτερος), rauher als der Frost (χειμῶνος βιαιότερος), Ersäufer der Ertrinkenden (καταδύων τοὺς καταχθέντας), Unmensch (ἀπάνθρωπος), verhaßt (ἐπαχθής), Nimmersatt (ἄπληστος), maßlos (ἄμετρος), Schmutzseele (αἰσχροκερδής), gewalttätig (βίαιος), Henker (ἀποπνίγων), Unterdrücker (πιέζων), Kleiderdieb (λωποδυτῶν, ἀποδύων), räuberisch (ἁρπάζων, ἀφαιρούμενος), rahmabschöpfend (παρεισπράττων), dreist (ἰταμός), einer, der unverschämt ist (ἀναίσχυντος), bzw. der nicht mehr schamrot wird (ἀπηρυθριακώς), mürrisch (δυσχερής), Rauhbein (ἀνήμερος), wild (ἄγριος), ungastlich (ἄξενος), tierisch (θηριώδης), tückische Klippe (ἕρμα), Felsenriff (πρόβολος πέτρα), Wrack (ναυάγιον), unverfälschte Bestie (θηρίον ἄμικτον), und was einem sonst von vertrauten Schimpfnamen gerade zur Hand ist.

(33) Will man sich besonders gewählt ausdrücken, so sage man: du Salmydessos, du Kaphereus oder andere dergleichen bedenkliche und unwirtliche Küsten- und Meeresstrecken.

Willst du aber einen τελώνης loben, so nenne ihn: gesetzestreu (ἔννομος), freundlich (εὔξενος), gerecht (δίκαιος), milder als das Gesetz (ἐνδοτέρω τοῦ νόμου, πραότερος

---

[90] Bekker, Anecd. Gr. I 251,30, vgl. G. Busolt / H. Swoboda, Stk. I³ 614 Anm. 3.

[91] K. Chr. Burckhardt, Zöllner 321; vgl. noch G. Fridberg, Die Schmeichelworte der antiken Literatur, Diss. phil. Rostock. Berlin 1912, 5.

τοῦ λίαν ἀκριβοῦς), teurer als mein Leben (κρείττων τοῦ βίου), kundig darin, Scham und Scheu zu empfinden (εἰδὼς αἰδεῖσθαι), erholungsreiche Oase nach der Schiffahrt Verdruß (παραμυθούμενος τὴν τοῦ πλοῦ δυσχέρειαν), fröhlicher Ankerplatz (εἰς ὃν ἄν τις ἀναπαύσαιτο, ᾧ τις ἂν ἡδέως προσορμίσαιτο).

### 3.2.1.15 Zusammenfassung:

Mit diesem ironischen Schluß (9,33) verstärkt Pollux die vorwiegend in den Komödien (d. h. bei Aristophanes, Philonides und Apollodor) angetroffenen negativen Auskünfte über den τελώνης. Sicherlich tragen die Komödien schon allein aufgrund ihrer literarischen Gattung einer gewissen, übertreibenden bzw. verzeichnenden Tendenz Rechnung, jedoch wird das von ihnen gezeichnete Bild des τελώνης durch Demosth. 24,59 f. sowie durch Ps. Plut. mor. 236B.842B einigermaßen bestätigt. Allerdings muß zugleich gesehen werden, daß Demosth. 24,59 f. durchaus in der Nähe von Aristot. rhet. 2,23 und Ath. pol. 52,3 steht und somit neben Aischin. 1,119 f. (evtl. auch: Anaxippos) zu den Belegen gehört, die eine neutrale(re) Sicht des τελώνης aufzeigen.

Aus den angeführten Stellen können wir folgern, daß der τελώνης bereits in der klassischen bzw. hellenistischen Zeit ganz überwiegend und zum Teil in sehr scharfer Weise negativ beurteilt wurde. Dennoch darf uns dieses Ergebnis nicht zu der vorschnellen Schlußfolgerung verleiten, der τελώνης sei deshalb allgemein verachtet gewesen. Schon bei der Interpretation von Aristoph. equ. 248 sahen wir, daß das Wort τελώνης in einem Zusammenhang gebraucht wurde, der von dem Gegensatz zwischen Aristokraten und finanzstarker Mittelschicht (»Banausenstand«) – bzw. von deren politischer Intention – bestimmt ist. Vor einer allzu direkten Übernahme der Textaussagen warnt uns eine zunächt belanglos erscheinende Beobachtung: die Zusammenstellung von τελώνης mit βάναυσος bei dem Historiker Demochares. Hierdurch klingt an, daß Demochares auf den unterschiedlichen »Status«[92] anspielt, so daß wir in diesem Zusammenhang auf H. Bolkesteins grundlegende Einsicht verweisen müssen: »Das Urteil über einen Stand wird ganz verschieden lauten je nachdem der Urteilende diesem Stand selbst oder einem höheren oder geringeren angehört.«[93] Schließlich führt uns der Gebrauch von βάναυσος durch Xenophon weiter: wenn Xenophon den aus dem Handwerkerstand stammenden – bzw. den selbst das Bildhauerhandwerk ausübenden – Sokrates in den »Erinnerungen« durchaus im Umgang mit seiner sozialen ›Schicht‹ darstellt[94], ihm dagegen in den Oikonomika abfällige Äußerungen über das Banausentum in den Mund legt[95], dann wird zumindest für die geistige Grundlage von Xenophons Oikonomika erkennbar, daß die subjektive Haltung des Verfassers eine

---

[92] Vgl. M. I. Finley, Wirtschaft 50 f. S. noch Diog. Laert. V 75 ff.
[93] Wohltätigkeit 192, vgl. 196, 198, 199.
[94] Vgl. Xen. mem. 2,7,5 ff.; s. noch 4,2,22 und 1,2,56.
[95] Vgl. Xen. oik. 4,2 f.; 6,5; s. dazu K. Meyers Kommentar (Anm. 33 S. 111) sowie

Rolle spielen kann, die möglicherweise bis zur völligen Verzeichnung des Tatbestandes geht. Dementsprechend ist folglich an die hier angeführten Autoren die Frage zu stellen, von welchen Voraussetzungen aus sie urteilen und beurteilen − eine nicht leichte Aufgabe, die wir dennoch unter 3.3 angehen müssen. Zunächst aber wenden wir uns weiteren Zeugnissen aus der römischen Zeit zu.

### 3.2.2 Texte aus römischer Zeit

In diesem Abschnitt stellen wir vorwiegend solche Texte zusammen, die sich sachlich an die unter 3.2.1 genannten anfügen. Wir handeln somit weiterhin vom *hellenistischen Kleinpächter,* eine örtliche Eingrenzung auf Athen bzw. Griechenland gelingt aber kaum mehr. Ein eigener Paragraph wird deshalb notwendig, weil nicht alle Quellen aus dieser Zeit, die das Wort τελώνης anführen, auf den hellenistischen Kleinpächter zu beziehen sind, sondern durchaus den römischen Großsteuerpächter (publicanus) meinen können. Für eine sachgemäße Interpretation sowohl allgemein des hellenistischen Kleinpächters als auch im besonderen des palästinisch-synoptischen τελώνης ist dies von großer Bedeutung.

### 3.2.2.1 Dion Chr. 14,14[96]:

Auf den möglichen erheblichen Unterschied zwischen Legalität und Moralität stoßen wir bei Dions erster Rede über ›Knechtschaft und Freiheit‹. Wir beschränken uns auf 14,14:

Οὐκοῦν ὅσα μὴ ἀπείρηται ὑπὸ τῶν νόμων μηδὲ προστέτακται, ὁ περὶ τούτων ἔχων αὐτὸς τὴν ἐξουσίαν τοῦ πράττειν ὡς βούλεται ἢ μὴ ἐλεύθερος, ὁ δὲ τοὐναντίον ἀδύνατος δοῦλος. Τί δέ; οἴει σοι ἐξεῖναι, ὅσα μὴ ἀπείρηται μὲν ὑπὸ τῶν νόμων ἐγγράφως, αἰσχρὰ δὲ ἄλλως δοκεῖ τοῖς ἀνθρώποις καὶ ἄτοπα· λέγω δὲ οἷον τελωνεῖν ἢ πορνοβοσκεῖν ἢ ἄλλα ὅμοια πράττειν; Οὐ μὰ Δία φαίην ἂν οὐδὲ τὰ τοιαῦτα ἐξεῖναι τοῖς ἐλευθέροις. καὶ γὰρ περὶ τούτων ἐπίκειται ζημία τὸ μισεῖσθαι ἢ δυσχεραίνεσθαι ὑπὸ τῶν ἀνθρώπων.

»Nun gut, wer in allem, was von den Gesetzen weder verboten noch geboten ist, handeln kann, wie er will, der ist frei, und wer dazu nicht in der Lage ist, ein Sklave.«

Wie, glaubst du alles tun zu dürfen, was von den Gesetzen nicht ausdrücklich verboten ist, im übrigen aber den Menschen als häßlich und verkehrt gilt? Ich meine

---

M. Pohlenz, Hell. Mensch 361 (vgl. 349, 356, 358); O. Neurath, Anschauung I 596 ff. und H. Bolkestein, Wohltätigkeit 199. − Ausführlicher u. 3.3.2. S. noch O. Gigon, Die Sklaverei bei Aristoteles, in: La »Politique« d'Aristote. Fondation Hardt XI, Vabdoevres-Genève 1964, 258 f.

[96] Vgl. W. Schmid / O. Stählin, GgrL, HAW VII 2,1,361 ff.; W. Schmid, Attizismus 72 ff. und M. Pohlenz, Stoa I 363 f. (vgl. II 178 f.). − Übers. nach W. Elliger, Zürich / Stuttgart 1967.

etwa, Abgaben zu pachten, ein Bordell zu halten oder sonst etwas dergleichen zu tun.

»Nein, keineswegs möchte ich behaupten, die Freien dürften so etwas tun. Denn auch das wird bestraft, mit dem Haß und dem Unwillen der Leute.«

Das moralische Urteil (αἰσχρόν bzw. ἄτοπον) erinnert an Demosth. 24,59 f., Aristot. rhet. II 23 und Theophr. char. 6,5; bei letzterem wird τελωνεῖν ebenfalls durch πορνοβοσκεῖν ergänzt (weiteres u. zu 3.2.4).

Dion spricht deutlich vom Haß und vom Unwillen der Menschen, d. h. der Steuerpflichtigen gegenüber den τελῶναι. Zunächst könnte angenommen werden, die τελῶναι hätten die Steuerzahler stets zu übervorteilen gesucht oder sich Rechte angemaßt, die ihnen nicht zustanden (vgl. Ps. Plut. mor. 842B). Es ist deshalb von Interesse, in den unter 3.2.3 und 3.3.1 folgenden Belegen die Kehrseite des μισεῖσθαι bzw. δυσχεραίνεσθαι, nämlich den Schmuggel bzw. die Steuerhinterziehung, etwas näher kennenzulernen.

### 3.2.2.2 Epikt. diss. ab Arr. 3,15,12 (= ench. 29,7)[97]:

Stoiker Epiktet warnt bei seinen Ausführungen zum Thema: »Man muß alles, was man unternimmt, vorher reichlich überlegen« vor dem Stand des Philosophen (vgl. 3,15,5 f.):

9 Ἄνθρωπε, σκέψαι πρῶτον τί ἐστι τὸ πρᾶγμα, εἶτα καὶ τὴν σαυτοῦ φύσιν, τί δύνασαι βαστάσαι. εἰ παλαιστής, ἰδού σου τοὺς ὤμους, τοὺς μηρούς, τὴν
10 ὀσφῦν. ἄλλος γὰρ πρὸς ἄλλο τι πέφυκεν. δοκεῖς ὅτι ταῦτα ποιῶν δύνασαι φι-
λοσοφεῖν; δοκεῖς ὅτι δύνασαι ὡσαύτως ἐσθίειν, ὡσαύτως πίνειν, ὁμοίως ὀργί-
11 ζεσθαι, ὁμοίως δυσαρεστεῖν; ἀγρυπνῆσαι δεῖ, πονῆσαι, νικῆσαί τινας ἐπιθυ-
μίας, ἀπελθεῖν ἀπὸ τῶν οἰκείων, ὑπὸ παιδαρίου καταφρονηθῆναι, ὑπὸ τῶν
ἀπαντώντων καταγελασθῆναι, ἐν παντὶ ἔλασσον ἔχειν, ἐν ἀρχῇ, ἐν τιμῇ, ἐν
12 δίκῃ. ταῦτα περισκεψάμενος, εἴ σοι δοκεῖ, προσέρχου, εἰ θέλεις ἀντικαταλλά-
ξασθαι τούτων ἀπάθειαν, ἐλευθερίαν, ἀταραξίαν. εἰ δὲ μή, μὴ πρόσαγε, μὴ ὡς
τὰ παιδία νῦν μὲν φιλόσοφος, ὕστερον δὲ τελώνης, εἶτα ῥήτωρ, εἶτα ἐπίτροπος
13 Καίσαρος. ταῦτα οὐ συμφωνεῖ· ἕνα σε δεῖ ἄνθρωπον εἶναι ἢ ἀγαθὸν ἢ κακόν·
ἢ τὸ ἡγεμονικόν σε δεῖ ἐξεργάζεσθαι τὸ σαυτοῦ ἢ τὰ ἐκτός· ἢ περὶ τὰ ἔσω
φιλοπονεῖ⟨ν⟩ ἢ περὶ τὰ ἔξω· τοῦτ' ἐστι φιλοσόφου στάσιν ἔχειν ἢ ἰδιώτου.

(9) Menschenskind, untersuche zuerst, was das für ein Geschäft ist, dann deine Fähigkeit und Kräfte, was du zu ertragen imstande bist. Willst du ein Kämpfer werden, so schau erst deine Schultern, deine Hüften, deine Schenkel an! Der eine hat von der Natur zu diesem, der andere zu etwas andrem Fähigkeiten empfangen. (10) Meinst du, du könntest der Philosophie obliegen und noch immer dasselbe tun, was du jetzt tust? Meinst du, du könntest noch ebenso trinken, noch ebenso im Zorn entbrennen, noch gleichermaßen verdrießlich und mürrisch sein? (11) Nächte mußt

---

[97] Vgl. W. Schmid / O. Stählin, GgrL, HAW VII 2,1,358 ff.; A. Bonhöffer, Ethik und M. Pohlenz, Stoa I 327 ff. – Übers. folgt J. G. Schulthess / R. Mücke, Heidelberg 1926.

du durchwachen, arbeiten mußt du, mußt Gelüste überwinden, mußt von deinen
Verwandten und Bekannten wegreisen, mußt dich von deinem Diener verachten
lassen, von den Leuten auf der Straße auslachen lassen, in allem den kürzeren ziehen, in Ehrenstellen, in Rang und Würden, vor Gericht. (12) Darüber denke nach,
und wenn es dir dann noch gut scheint, so gehe an das Geschäft, wenn du um diesen
Preis Seelenruhe, Freiheit, Standhaftigkeit des Gemüts eintauschen willst; wo nicht,
so mache dir keine Mühe, treib keine Kinderpossen, sei nicht heute ein Philosoph,
morgen ein τελώνης, dann ein Redner, und dann ein kaiserlicher Beamter. Dies
taugt nicht zusammen. (13) Du mußt ein einheitlicher Mensch sein, entweder ein
guter oder ein schlechter. Du mußt entweder dein oberstes Seelenvermögen ausbil-
den oder die äußeren Dinge, deine Zeit und deinen Fleiß entweder auf das Inwen-
dige verwenden oder auf das Äußere, das heißt, entweder den Stand eines Philosophen innehaben oder eines Ungebildeten.

Ἀπάθεια, ἐλευθερία und ἀταραξία (15,12) können nur unter Entbehrun-
gen erlangt werden. Mit der Stellung eines Abgabenpächters, Rhetors und
kaiserlichen Beamten läßt sich dieses Ziel nicht vereinbaren, denn diese Berufe
zielen auf die äußeren Güter ab (τὰ ἐκτός), die aber wohl außerordentlich hohe
Einnahmen erbrachten[98]. Ein einheitlicher Mensch zu sein, das bedeutet: entweder Abgabenpächter (usw.) − oder Philosoph. Allein vom letzteren gilt: τὸ
ἡγεμονικὸν ἐξεργάζεσθαι τὸ σαυτοῦ (15,13). Damit wird der τελώνης nicht
prinzipiell abgewertet, aber sein Stand entspricht dem des Ungebildeten
(ἰδιώτης); sein Tun erscheint Epiktet mit der stoischen Lehre und Lebensweise
unvereinbar.

### 3.2.2.3 Diogenes, ep. 36,2[99]:

Eine ähnliche Abwertung des τελώνης zeigt ein unechter Brief des Diogenes von Sinope, den wir an dieser Stelle aufgreifen. Als der Kyniker Diogenes
nach Kyzikos (am Südufer der Propontis) kam, fragte er einen Einwohner
nach der Bedeutung einer Türüberschrift:

1   Ἧκον εἰς Κύζικον καὶ διαπορευόμενος τὴν ὁδὸν ἐθεασάμην ἐπί τινος θύρας
ἐπιγεγραμμένον ὁ τοῦ Διὸς παῖς καλλίνικος Ἡρακλῆς ἐνθάδε κατοικεῖ, μηδὲν
εἰσίτω κακόν. ἐπιστὰς οὖν ἀνεγίγνωσκον καὶ παρερχόμενόν τινα ἠρόμην „τὶς ἢ
πόθεν ὁ ταύτην τὴν οἰκίαν οἰκῶν;" ὁ δέ με δόξας πυνθάνεσθαι διὰ τὰ ἄλφιτα ἀπε-
κρίνατο „φαῦλος ἄνθρωπος, ὦ Διόγενες· ἀλλ' ἀπάναγε ἐνθένδε." κἀγὼ πρὸς ἐμαυ-
τόν „ἀλλ' ἔοικεν" ἔφην „οὗτος, ὅστις ποτ' ἔστιν, ἐξ ὧν λέγει ἑαυτῷ τὴν θύραν ἀπο-
κλεῖσαι." καὶ μικρὸν προελθὼν ἑτέραν θύραν θεωρῶ τὸ αὐτὸ ἰαμβεῖον

---

[98] Vgl. Philostr. VA 8,7,11 ⟨u. 3.2.2.12⟩ sowie D. Nörr, Bewertung 70 mit
Anm. 9; 74, 75 f.

[99] Ed. Hercher, Epistolographi Graeci. Vgl. noch O. Weinreich, Ein Epigramm des
Iulianos Aigyptios und antike Haussegen. ARW 35 (1938) 307−313, S. 311 und H.
Volkmann, Rez. W. Otto / H. Bengtson, Niedergang ... PhW 59 (1939)
Sp. 1007−1016, Sp. 1012 f. sowie H. Herter, Art. Haus I. RAC XIII, Stuttgart 1986,
Sp. 782 ff.

2 ἔχουσαν ἐπιγεγραμμένον. „ἐν ταύτῃ" ἔφην „τίς ἐστιν ὁ κατοικῶν;" „τελώνης" εἶπεν „ἄνθρωπος ἀγοραῖος ὤν." „ταύτην οὖν αἱ τῶν πονηρῶν" ἔφην „θύραι μόνον
ἔχουσι τὴν ἐπιγραφὴν ἢ καὶ αἱ τῶν σπουδαίων;" „πάντων" εἶπεν.

Ich kam nach Kyzikos, und als ich dort die Straße entlangging, erblickte ich eine
Tür, die folgendermaßen überschrieben war: »Hier wohnt der siegreiche Herakles,
der Sohn des Zeus, Böses möge nicht hereinkommen.« Ich blieb also stehen, las
und fragte einen Vorübergehenden, wer der ist und woher er kommt, der in diesem
Haus wohnt? Jener aber glaubte, ich wollte betteln und antwortete: »Ein schlechter
Mensch, o Diogenes, du solltest wahrlich von hier weggehen.« Und ich sagte bei
mir: Jener, wer immer er ist, scheint durch seine eigenen Worte sich selbst die Tür
zu verschließen. Als ich dann ein Stück weiterging, erblickte ich eine andere Tür,
die mit demselben Iambendistichon überschrieben war. (2) »Wer wohnt denn in
diesem Haus«, sagte ich. »Ein τελώνης«, antwortete er, »ein ordinärer Mensch.«
»Haben nun«, fragte ich, »allein die Türen der schlechten Menschen diese Inschrift
oder auch die der rechtschaffenen?« »Alle« antwortete er. ...

Im Zusammenhang mit τελώνης begegnete ἀγοραῖος bei Theophr. char.
6,2; möglicherweise gibt ›sordidus‹ bei Cic. off. 1,150 ebenfalls ἀγοραῖος wieder[100].

### 3.2.2.4 Lukian.(nek.) 38,11[101]:

In dem Stück Μένιππος ἢ Νεκυομαντεία (Die Höllenfahrt des Menippos
oder: Das Totenorakel) sucht Menippos den Seher Tairesias in der Unterwelt
auf, um von ihm zu erfahren τίς ἐστιν ὁ ἄριστος βίος (6, vgl. 21). In § 11 hält
Minos das Totengericht:

Κατ' ὀλίγον δὲ προϊόντες παραγινόμεθα πρὸς τὸ τοῦ Μίνω δικαστήριον· ἐτύγ-
χανε δὲ ὁ μὲν ἐπὶ θρόνου τινὸς ὑψηλοῦ καθήμενος, παρεστήκεσαν δὲ αὐτῷ Ποι-
ναὶ καὶ Ἐρινύες καὶ Ἀλάστορες. ἑτέρωθεν δὲ προσήγοντο πολλοί τινες ἐφεξῆς,
ἁλύσει μακρᾷ δεδεμένοι· ἐλέγοντο δὲ εἶναι τελῶναι καὶ μοιχοὶ καὶ πορνοβοσκοὶ
καὶ κόλακες καὶ συκοφάνται καὶ τοιοῦτος ὅμιλος τῶν πάντα κυκώντων ἐν τῷ
βίῳ. χωρὶς δὲ οἵ τε πλούσιοι καὶ τοκογλύφοι προσῄεσαν ὠχροὶ καὶ προγάστο-
ρες καὶ ποδαγροί, κλοιὸν ἕκαστος αὐτῶν καὶ κόρακα διτάλαντον ἐπικείμενος.

Wir rückten immer vorwärts und gelangten bald an den Ort, wo Minos Gericht zu
halten pflegt. Wir fanden ihn eben auf einem erhöhten Stuhle sitzen, und die Straf-
geister, die Erinnyen und die Rachegenien standen um ihn her. Auf der einen Seite
wurden eine Menge Unglücklicher Mann an Mann an einer langen Kette herbeige-
führt, dem Vernehmen nach lauter τελῶναι, Ehebrecher, Dirnenwirte, Schmeich-
ler, Sykophanten und anderes solches Pack, das alles im Leben in Unordnung

---

[100] Vgl. O. Neurath, Anschauung I 581 f. und H. Bolkestein, Wohltätigkeit 197
mit Anm. 8; 335.
[101] Vgl. W. Schmid / O. Stählin, GgrL, HAW VII 2,2,710−744, bes. 723 f., 739. S.
noch J. Delz, Lukians Kenntnis 133 f. − Übers. nach C. M. Wieland / H. Floerke, Berlin ²1922, II 244 f.

bringt. Auf der anderen Seite kam ein Haufen von Reichen und von schmutzigen Wucherern heran, alle blaß, mit vorhängendem Bauche und podagrischen Füßen, jeder mit einem Halseisen und einer Klammer von zwei Zentnern belastet.

Hier wird der τελώνης ausdrücklich vom πλούσιος unterschieden. Wir können allerdings nicht daraus folgern, daß der τελώνης bei Lukian eine sozial niedrige und moralisch verachtete Stellung innehatte. Denn einerseits begegnet τελώνης in einer »Negativen Reihe« — die hier offensichtlich eine rein literarische Funktion hat[102] —, andererseits muß die Gegenüberstellung zum πλούσιος nicht bedeuten, daß der τελώνης sozial niedrig gestellt oder gar in unserem heutigen Sinn »arm« gewesen sei.

### 3.2.2.5 Lukian. (pseudol.) 51,30[103]:

Im Ψευδολογιστής polemisiert Lukian gegen einen Hyperattizisten, indem er ihm unterstellt, ihm sei das gut attische Wort ἀποφράς gänzlich unbekannt; dieser dagegen warf Lukian, der erst als Erwachsener Griechisch lernte, ›barbarischen‹ Sprachgebrauch vor.

Ἃ μὲν γὰρ ὑπὸ τῆς πενίας ἐλαυνόμενος ποιεῖς, Ἀδράστεια φίλη, οὐκ ἄν τινι ὀνειδίσαιμι. συγγνωστὰ γοῦν εἴ τις λιμῷ πιεζόμενος παρακαταθήκας παρ' ἀνδρὸς πολίτου λαβὼν εἶτα ἐπιώρκησεν ἢ μὴν μὴ παρειληφέναι, ἢ εἴ τις ἀναισχύντως αἰτεῖ, μᾶλλον δὲ προσαιτεῖ καὶ λωποδυτεῖ καὶ τελωνεῖ. οὐ δὴ λέγω ταῦτα· φθόνος γὰρ οὐδεὶς ἐξ ἅπαντος ἀμύνεσθαι τὴν ἀπορίαν. ἐκεῖνο δὲ οὐκέτι φορητόν, πένητά σε ὄντα ἐς μόνας τὰς τοιαύτας ἡδονὰς ἐκχεῖν τὰ ἐκ τῆς ἀναισχυντίας περιγιγνόμενα.

Das, was du von Armut bedrängt tust, will ich dir — bei Adrasteia / Nemesis — nicht zum Vorwurf machen. Es ist z. B. zu verzeihen, wenn jemand von Hunger geplagt das Geld nahm, das er von einem Mitbürger anvertraut bekam, später aber falsch schwörte, ganz gewiß nichts bekommen zu haben, oder wenn einer unverschämt bittet — oder vielmehr bettelt und stiehlt und Abgaben pachtet. Ich werfe dir nichts dergleichen vor. Es ist keinem zu verdenken, wenn er alles versucht und alles wagt, um sich vor der Dürftigkeit zu schützen. Aber das ist unausstehlich, daß ein so armer Teufel, wie du bist, alles, was er mit seiner Unverschämtheit gewonnen hat, auf eine so schandbare Art wieder durchbringen soll!

---

[102] Vgl. Th. W. Rein, Sprichwörter 93, der als Quellen des Lukian Platon, Xenophon und die attische Komödie nennt. — N. Lewis, Notationes legentis 163 übersieht, daß Lukian literarisch abhängig ist, wenn er bemerkt: »›Publicans and sinners‹ have become a staple of papyrological literature through the well-known paper of that title by H. C. Youtie. The quoted phrase is found in each of the synoptic gospels. A strikingly similar pagan text occurs in Lucian — he was born, let us not forget, in Syria — *Menippus* 11 ...« S. noch u. 3.2.4 (»Negative Reihen«).

[103] Vgl. W. Schmid / O. Stählin, GgrL, HAW VII 2,2,721, 733 f. sowie B. Baldwin, Pseudologistes. — Zur Übers. o. Anm. 101.

Ein gewisser Widerspruch scheint sich zwischen dem Anfang des ersten Satzes (»von Armut bedrängt«) und dem Schluß des zweiten (»Abgaben pachten«) zu ergeben, wenn unsere These, der τελώνης habe über einen gewissen Reichtum verfügt, hier ebenfalls Anwendung finden soll. Aber in diesem Zusammenhang dürfte darauf angespielt sein, daß der von Armut Bedrängte mit geliehenem Kapital sein Glück in der Abgabenpacht sucht, welche ihm wegen ihres — möglicherweise — überdurchschnittlichen Gewinns verlockend erscheint[104]. H. C. Youtie meint zur griechischen Abgabenpacht: »There is no doubt that the tax- farmers, who in the Greek cities were local capitalists, abused the absence of control to raise their profit above the usual interest-rate of 12 %. The condition might become unbearable if the collection of a tax fell into the hands of a speculator who was operating on borrowed capital.«[105]

Der eigentliche Vorwurf wird aus ἀναισχυντία sichtbar. Das unverschämte Verhalten des ›Hyperattizisten‹ entspricht dem des τελώνης.

### 3.2.2.6 Artem.oneir. 1,23[106]:

Von den fünf Büchern über »Traumdeutung« des Artemidoros von Ephesos (2. Hälfte des 2. Jahrhunderts n. Chr.) bilden die beiden ersten den ursprünglichen Bestandteil, das dritte ergänzt diesen Grundstock; das vierte Buch, das als Rechtfertigung gedacht ist, führt die drei ersten weiter; das fünfte Buch enthält eine Sammlung von Träumen, die in Erfüllung gingen. Sie sind in attizistischem Stil geschrieben. Artemidor war wahrscheinlich Stoiker. Er gibt uns Einblick in den zeitgenössischen Volks- und Aberglauben[107].

Μέτωπον ὑγιὲς καὶ εὔσαρκον παντὶ ἀγαθὸν καὶ παρρησίαν καὶ εὐανδρίαν σημαίνει, τὸ δὲ ἡλκωμένον ἢ νοσοῦν αἰσχύνην ἅμα καὶ βλάβην δηλοῖ. χάλκεον δὲ ἢ σιδήρεον ἢ λίθινον μέτωπον δοκεῖν ἔχειν τελώναις καὶ καπήλοις καὶ τοῖς μετὰ ἀναιδείας ζῶσιν μόνοις συμφέρει, τοῖς δὲ λοιποῖς μῖσος ἐργάζεται.

Eine gesunde, fleischige Stirn bringt jedem Glück und bedeutet Freimut und Mannestum, während eine durch Wunden entstellte oder kränkliche Schande und Schaden offenbart. Im Traum eine Stirn von Erz, Eisen oder Stein zu haben nützt nur τελῶναι, Schankwirten und Leuten, die sich mit Rücksichtslosigkeit durchs Leben schlagen, allen übrigen bringt es nur Haß ein.

---

[104] Vgl. die Schutzbestimmungen Dig. 39,4,9; 39,4,11,5; 39,4,12 sowie Cic. Verr. II 3,31 (Apronius, nova dignitas publicani) und Theophr.char. 6,1 (ἀπονενοημένος, s. dazu P. Steinmetz, II 89f., vgl. 91).

[105] H. C. Youtie, Publicans 564 (10). — Zu den Zinssätzen in Griechenland s. u. Anm. 188.

[106] Vgl. O. Seeck, Decemprimat 179f. und S. Laukamm, Das Sittenbild des Artemidor von Ephesus. Angelus 3 (1930) 32—71.

[107] Vgl. zur Volksmeinung (obwohl die spätere Zeit betreffend) B. Schmidt, Volksleben (s. noch u. 6.5.5.4). — Die Übers. folgt K. Brackertz, München 1979 (dtv 6111).

Zwei Gesichtspunkte mögen den Vorwurf der ἀναίδεια erklären: Wenige Jahrzehnte später, zu Beginn des 3. Jahrhunderts n. Chr., ging der Jurist Iulius Paulus davon aus, daß diejenigen, welche aus der Abgabenpacht einen sehr großen Gewinn zögen, gezwungen werden sollten, dieselbe nochmals zu der früheren Pachtsumme zu übernehmen, falls bei der darauffolgenden Versteigerung die Steuern nicht ebenso hoch verpachtet werden könnten: Qui maximos fructus ex redemptione vectigalium consequuntur, si postea tanto locari non possunt, ipsi ea prioribus pensionibus suscipere compelluntur[108]. Hier zeigt sich, daß die Abgabenpacht nicht zwangsläufig ein einträgliches Geschäft war.

Ein Zeitgenosse des Iulius Paulus, der Jurist Callistratus, erwähnt ein Reskript des Kaisers Hadrian, in welchem dieser sich gegen die Zwangspacht ausspricht und nach einer Möglichkeit sucht, die Abgabenpacht trotz des damit verbundenen Risikos attraktiv zu gestalten: Valde inhumanus mos est iste, quo retinentur conductores vectigalium publicorum et agrorum, si tantidem locari non possint. nam et facilius invenientur conductores, si scierint fore ut, si peracto lustro discedere voluerint, non teneantur[109].

Diese zunächst divergierenden Aussagen treffen sich darin, daß der Steuerertrag (für den Kaiser) möglichst gleichbleibend sein sollte. Deshalb werden je nachdem Verschärfungen oder Erleichterungen angeordnet. Callistratus weist darauf hin, daß sich zeitweise nicht genügend (Abgaben-)Pächter fanden, weil es keine Garantie für einen stets gleichbleibenden Gewinn gab. Der Text des Paulus läßt erkennen, daß u. U. auch die Abgabenpacht einen großen finanziellen Verlust bedeuten konnte[110].

Von daher muß der Text des Artemidor in zweierlei Hinsicht betrachtet werden. Zum einen gibt Artemidor die gängige Volksmeinung wieder, indem er das übergroße Gewinnstreben der Abgabenpächter anprangert; zum anderen muß — gegen Artemidor — berücksichtigt werden, daß der Abgabenpächter nicht nur von Seiten des Staates unter einem gewissen Druck stand, sondern schließlich auch gegen die Steuerhinterziehung der Steuerpflichtigen anzukämpfen hatte.

---

[108] Paulus, Dig. 39,4,11,5: Diejenigen, die aus der Steuerpacht sehr große Gewinne ziehen, werden gezwungen, falls sie später nicht ebenso hoch verpachtet werden kann, dieselbe zur früheren Pachtsumme selbst zu übernehmen (Übers. in Anlehnung an: Das Corpus Juris Civilis in's Deutsche übersetzt ..., hg. v. C. E. Otto usw. Leipzig 1832, IV, 78).

[109] Callistratus, Dig. 49,14,3,6: Es ist dies eine sehr unmenschliche Sitte, durch die (die) Pächter öffentlicher Steuern und Ländereien abgehalten werden, wenn sie nicht genauso (hoch) verpachtet werden können. Denn es werden sich auch leichter Pächter finden lassen, wenn sie wissen, daß sie, falls sie nach Ablauf der Fünf-Jahres-Frist (die Pacht) aufgeben wollen, nicht gebunden sind. − Vgl. noch W. KUNKEL, Herkunft 235 und u. Kap. 5 Anm. 133.

[110] Zum Risiko einer Abgabenpacht s. o. Anm. 28 und u. Kap. 5 Anm. 22.

### 3.2.2.7 Artem.oneir. 3,58[111]:

Offenbar waren Träume, in denen ein Abgabenpächter vorkam, nicht selten, wie die folgenden fünf Traumgesichter nahelegen:

Τελώνης ἀγαθὸς τῷ χρείαν ἡντιναοῦν ἀπαρτίσαι βουλομένῳ καὶ τελειῶσαι· ἀπὸ γὰρ τοῦ τέλους τὸ συμπέρασμα ἑκάστης χρείας προαγορεύει. καὶ τοῖς κινεῖσθαι προῃρημένοις (ἀεὶ γὰρ πρὸς ταῖς ἐξόδοις ἕστηκε) μικρὰς κατοχὰς προαγορεύσας τὸ λοιπὸν ἐπιτρέπει κινεῖσθαι καὶ πάσῃ ἀποδημίᾳ χρῆσθαι. νοσοῦσι δὲ θάνατον προαγορεύει· „τελευτὴν" γὰρ καὶ τὸν θάνατον καλοῦμεν. πρὸς γάμους δὲ καὶ κοινωνίας εὔνους μὲν εἶναι λέγει τοὺς κοινωνοὺς καὶ τὰς γυναῖκας, στασιώδεις δὲ καὶ μαχίμους διὰ τὰς γινομένας ἑκάστοτε περὶ τῶν τελῶν ἀμφισβητήσεις. τὸ δὲ εὔνουν αὐτῶν καὶ πιστὸν ἀπὸ τοῦ φυλακτικοῦ ἔστι τεκμήρασθαι.

Ein τελώνης bringt jedem Glück, der ein Geschäft abwickeln und erfolgreich abschließen will; denn durch die Entrichtung des τέλος / Zolls prophezeit er den Abschluß eines jeden Geschäftes. Leuten, die fortziehen wollen — immer steht der τελώνης ja an den Toren —, kündigt er kurze Verzögerungen an, läßt sie dann aber ihres Weges ziehen und dorthin reisen, wohin sie wollen. Kranken prophezeit er den Tod; denn telos nennen wir auch den Tod. Im Hinblick auf Eheschließungen und Gemeinschaften besagt er, daß Partner und Ehefrauen einesteils wohlwollend, andererseits zänkisch und streitsüchtig sein werden, weil es bei der Erhebung des τέλος jedesmal zu Auseinandersetzungen kommt. Ihr Wohlwollen und ihre Zuverlässigkeit lassen sich aus der Tatsache erklären, daß τελῶναι einen Wachdienst ausüben.

Im Unterschied zu den bisher behandelten Texten (und auch zu den übrigen Artemidor-Stellen) wird der τελώνης hier durchweg sachlich gesehen; auch die Streitigkeiten bei der Abgabenerhebung werden nicht einseitig nur ihm angelastet. Ein strukturierter Aufbau wird erkennbar: a) In der Rahmung (1. und 5. Traumgesicht) bringt der τελώνης Glück bzw. er verweist auf Wohlwollen und Zuverlässigkeit. b) Ohne jeden moralischen Beigeschmack wird auch im 2. und 4. Gesicht die Begegnung mit dem τελώνης gesehen. c) Im 3. Gesicht wird mit der Polysemie gearbeitet (vgl. auch 1. Gesicht).

Nach Artemidor verarbeiten die Traumgesichte keine Affekte aufgrund von geschehenen Erlebnissen, sondern offenbaren Zukünftiges (1,1).

### 3.2.2.8 Artem.oneir. 4,57:

Da das vierte Buch des Artemidor eine Verteidigungsschrift hinsichtlich der drei ersten Bücher ist, ist anzunehmen, daß die Beispiele besonders sorgfältig ausgewählt wurden und zutreffend sind. Artemidor geht in 4,57 (vgl. 2,25) auf Bäume und Pflanzen ein (περὶ δένδρων δὲ καὶ φυτῶν). Gegen Ende des Abschnitts heißt es:

---

[111] Zur Literatur s. o. Anm. 106.

Ἄκανθαι δὲ καὶ σκόλοπες καὶ παλίουροι καὶ βάτοι πρὸς μὲν ἀσφάλειαν ἐπιτήδεια πάντα διὰ τὸ φραγμοὶ γίνεσθαι καὶ ἕρκη χωρίων, πρὸς δὲ τὰς ἐκπλοκὰς οὐ πάνυ τι ἐπιτήδεια διὰ τὸ καθεκτικόν. τελώναις δὲ καὶ καπήλοις καὶ λῃσταῖς καὶ ζυγοκρούσταις καὶ παραλογισταῖς ἀνθρώποις ἐπιτηδειότερα τῶν ἄλλων γίνεται διὰ τὸ βίᾳ τὰ ἀλλότρια καὶ μὴ βουλομένων ἀποσπᾶν.

Disteln, Dornen, Christdornen und Brombeersträucher sind im Hinblick auf Sicherheit ausnahmslos günstige Vorzeichen, weil sie Wälle und Einzäunungen von Grundstücken bilden, ungünstig dagegen, wenn es gilt, Schwierigkeiten zu entwirren, weil sie undurchdringliche Hindernisse sind. Τελῶναι, Schankwirten, Räubern, Leuten, die mit falschem Gewicht arbeiten und Betrügern bringen sie größere Vorteile als irgend etwas anderes, weil sie fremdes Eigentum mit Gewalt und gegen den Willen der Besitzer an sich reißen.

Artemidor artikuliert hier wie im folgenden Text offenbar die gängige Volksmeinung (vgl. 1,23), die völlig absieht von Schmuggel und Steuerverweigerung[112].

### 3.2.2.9 Artem.oneir. 4,42:

In seiner Darstellung der Traumanalyse kommt Artemidor hier zur Unterscheidung des Wesentlichen vom Unwesentlichen. Er erläutert dies an dem Beispiel eines Mannes, dem träumte, seine Frau sitze in ein Purpurgewand gekleidet vor einem Bordell. Artemidor legt diesen Traum aus, indem er nur das Wesentliche — das Bordell, nicht das Purpurgewand — zur Erklärung heranzieht:

Ἔδοξέ τις τὴν ἑαυτοῦ γυναῖκα ἐπὶ πορνείου καθεζομένην ἐν ἱματίοις πορφυροῖς ὁρᾶν, ⟨καὶ⟩ ἐποιησάμεθα τὴν κρίσιν οὐκ ἀπὸ τῶν ἱματίων οὐδὲ ἀπὸ τῆς καθέδρας οὐδὲ ἀπ' ἄλλου τινὸς ἢ ἀπὸ τοῦ πορνείου μόνου. τελώνης ὁ ἰδὼν ἐγένετο· ἦν γὰρ αὐτῷ ἡ ἐργασία ἄχρωμος, τέχνην δὲ ἢ πραγματείαν τοῦ ἰδόντος τὴν γυναῖκα νομίζομεν εἶναι.

Der Träumende wurde τελώνης, seine Tätigkeit war nämlich schamlos, das Handwerk oder den Beruf des Träumenden aber betrachtet man als Abbild seiner Frau.

### 3.2.2.10 Gal. VIII 587 (De pulsuum differentiis 2,5)[113]:

Der berühmte Arzt Galenos von Pergamon (129—199 n. Chr.) lebte seit 161 n. Chr. in Rom, ausgenommen die Jahre 166—169, als dort die Pest wü-

---

[112] S. u. Abschn. 3.2.3.

[113] Vgl. W. SCHMID / O. STÄHLIN, GgrL, HAW VII 2,2,912—914, 917 f.; W. HERBST, Testimonia 139; L. RYDBECK, Fachprosa 191 f., 196 Anm. 17; K. DEICHGRÄBER, Galen als Erforscher des menschlichen Pulses (SAB 1956/3, Kl. f. Sprache, Literatur und Kunst 1956). Berlin 1957, 31 f.; GG. MISCH, Geschichte der Autobiographie, Frankfurt / M. 1949, I³ 344—347 und F. KUDLIEN, Art. Archigenes, KP I Sp. 507.

tete. In seinem Handbuch zur Pulslehre (Περὶ διαφορᾶς σφυγμῶν) führt er die Forschungen seines Lehrers Agathinos und vor allem des Archigenes von Apameia weiter; letzterer hielt sich zur Zeit Trajans in Rom auf.

Galen tadelt Archigenes, weil dieser verschiedene griechische Dialekte nebeneinander verwende und ›ermahnt‹ ihn zugleich, ebenfalls die Sprache der griechischen Klassiker zu lernen[114]:

Κἀμοὶ συγχώρησον ὡς ἔμαθον διαλέγεσθαι. πατὴρ ἦν ἐμοὶ ἀκριβῶν τὴν τῶν Ἑλλήνων διάλεκτον, καὶ διδάσκαλος καὶ παιδαγωγὸς Ἕλλην. ἐν τούτοις ἐτράφην τοῖς ὀνόμασιν. οὐ γνωρίζω τὰ σά. μήτ᾽ ἐμπόρων μοι, μήτε καπήλων, μήτε τελωνῶν χρῆσιν ὀνομάτων ἔπαγε, οὐχ ὡμίλησα τοιούτοις ἀνθρώποις. ἐν ταῖς τῶν παλαιῶν ἀνδρῶν βίβλοις διετράφην.

Gestehe mir zu, daß ich rede, wie ich es gelernt habe. Ich hatte einen Vater, der die griechische Sprache genau kannte und mein Lehrer und Erzieher im Griechischen war. In dieser Sprache bin ich aufgewachsen. Deine dagegen kenne ich nicht. Führe mir weder den Sprachgebrauch der Kaufleute, Krämer noch der der τελῶναι an; ich verkehre nicht mit derartigen Menschen. Ich wurde mit den Büchern der (griechischen) Klassiker aufgezogen.

Galen erwähnt den Gegensatz zwischen der ›ungebildeten‹ Redeweise der Abgabenpächter und der gewählten Sprache der griechischen Klassiker und der darin erzogenen, ›gebildeten‹ Oberschicht[115]. Damit ist noch nichts über die Bildungsschicht der τελῶναι gesagt. Es ist anzunehmen, daß ihn dabei sowohl die Streitigkeiten zwischen τελῶναι und Steuerpflichtigen als auch der Gebrauch der Koine zu diesem abfälligen Urteil bewogen[116].

### 3.2.2.11 Hermog.inv. 1,2 (S. 102,22−24 R.)[117]:

Hermogenes von Tarsos (ca. 160−225 n. Chr.) widmete sich der Theorie der Rhetorik. In seiner Abhandlung Περὶ εὑρέσεως führt er bei der Behandlung der ὑποδιαίρεσις/Unterabteilung nach einem Beispiel eine »Negative

---

[114] Vgl. W. Schmid/O. Stählin, ebd. 2,913: »Die Titel zeigen Beziehungen zu den lexikalischen Studien der Attizisten, insbesondere auf dem Gebiet der alten Komödie.« S. noch H. Gärtner, Art. Lexikographie, KP III Sp. 611,7 ff.

[115] Literarische Abhängigkeit von Aspasios ist möglich, s. v. Gercke, Art. Aspasios 2, RE II. Stuttgart 1896, Sp. 1722, 58 ff. (einen Schüler des Aspasios hörte Galen, vgl. V 42, Kühn); L. Rydbeck, Fachprosa 195, 198 Anm. 20. − Zu Aspasios s. u. Abschn. 3.2.4.

[116] Vgl. W. Kunkel, Herkunft 249; L. Rydbeck, Fachprosa 186 ff., 195, 198 Anm. 20; M. Wellmann, Schule 20 und z. B. Poll 9,32 f. (s. o. 3.2.1.14).

[117] Ed. RhGr VI (H. Rabe). Vgl. F. Blass, Att. Beredsamkeit II³ 2,266 ff.; L. Rydbeck, Fachprosa 191 f. mit Anm. 14. − Zu dem bei Hermogenes zuvor erwähnten Demades vgl. H. Berve, Alexanderreich II 131−133; P. Treves, Demade. At. NS 11 (1933) 105 ff. sowie FGrHist 227.

Reihe«[118] und dazu ein weiteres Beispiel an; in beiden Fällen geht es darum, daß eine Person wegen ihres anderen — für schlecht und strafwürdig gehaltenen — Lebenswandels zurecht gehaßt und schließlich aus konkretem Anlaß angeklagt wird.

Γίνεται δὲ καὶ ἐπὶ τῶν ἰδιωτικῶν τοῦτο πολλάκις, ἂν ἔχωμεν ἢ μάγον ἢ τελώνην ἢ πορνοβοσκόν.

Es kommt dieses aber auch bei den Ungebildeten oftmals vor, sei es ein Magier, τελώνης oder Dirnenwirt.

Die Charakterisierung des τελώνης als Ungebildetem entspricht der literarisch-rhetorischen Denkart des Hermogenes; dasselbe Urteil finden wir bei Galen (3.2.2.10).

### 3.2.2.12 Philostr. VA 8,7,11 (p. 160 f.)[119]:

Nach 217 n. Chr. veröffentlichte Flavius Philostratos (ca. 160—244 n. Chr.) die Lebensbeschreibung des Neupythagoreers Apollonios von Tyana, die er auf Anregung der Kaiserin Iulia Domna verfaßt hatte (VA 1,3).

Mit der langen Verteidigungsrede des Apollonios vor Domitian in VA 8,7 skizzierte Philostratos in Wirklichkeit einen Herrscherspiegel[120] für den Sohn der Iulia Domna, Caracalla: »Es zeigt sich immer wieder, daß Philostratos im Grunde kein biographisches Werk schreiben wollte, sondern daß die Biographie des legendär gewordenen Wundertäters nur Maske ist, hinter der der pythagoreisch-sokratische Weise sichtbar wird.« F. W. Lenz meint deshalb weiter: »Ich sehe in dieser Rede nicht so sehr eine rhetorische Leistung, sondern ein praktisches Manifest, in dem sich pädagogisch-didaktische Elemente mit politischen mischen, um zu zeigen, wie ein Kaiser nicht sein darf, wenn er auf seine Stellung Wert legt.«[121]

Apollonios berichtet in VA 8,7,2 (p. 154) von seiner Zusammenkunft mit Vespasian, dem Vater Domitians, in Ägypten (69 n. Chr.), bevor dieser Kaiser wurde. Anwesend waren zugleich Euphrates von Tyros und Dion von Prusa — beides Musonios-Schüler —, ersterer ihm feindlich, letzterer freundlich gesonnen (ὁ μὲν πολεμιώτατά μοι ἔχων, ὁ δ᾽ οἰκειότατα). In VA 8,7,3 wird

---

[118] S. u. 3.2.4 (vgl. 6.4.3.5).

[119] Vgl. W. Schmid / O. Stählin, GgrL, HAW VII 2,1,379 ff.; 2,2,772 ff.; R. Reitzenstein, Wundererzählungen (o. Anm. 81) 40 ff., 47 ff.; E. Norden, Agn. Theos 342; E. Meyer, Apollonios; F. W. Lenz, Selbstverteidigung; G. Petzke, Traditionen und E. L. Bowie, Apollonios of Tyana: Tradition and Reality, ANRW II 16.2. Berlin / New York 1978, 1652—1699.

[120] Vgl. F. W. Lenz, Selbstverteidigung; s. noch P. Hadot, Art. Fürstenspiegel, RAC VIII. Stuttgart 1972, Sp. 555—632.

[121] Selbstverteidigung 109 f. — Zu Caracalla und seinem Verhältnis zu den τελῶναι s. u. 3.2.3.6 (zu Plut. mor. 518E) sowie auch noch u. 5.6.2.9 (zu Apokr. XI).

Euphrates, der Rivale des Apollonios, als Personifikation der Geldgier dargestellt[122].

Εἰ γοῦν ἔροιό με πλουσίους ἐνθυμηθεὶς καὶ πένητας, ποτέρου τῶν ἐθνῶν
τούτων ἐμαυτὸν γράφω, τῶν πλουσιωτάτων φήσω, τὸ γὰρ δεῖσθαι μηδενὸς ἐμοὶ
Λυδία καὶ τὸ Πακτωλοῦ πᾶν. πῶς οὖν ἢ τὰς παρὰ τῶν οὔπω βασιλέων δωρεὰς
ἀνεβαλλόμην ἐς ὃν ἄρξειν αὐτοὺς ᾤμην χρόνον ὁ μηδὲ τὰς παρ' ὑμῶν ἑλόμενος,
οἷς βέβαιον ἡγούμην τὸ ἄρχειν, ἢ βασιλειῶν μεταβολὰς ἐπενόουν μηδὲ ταῖς καθ-
εστηκυίαις ἐς τὸ τιμᾶσθαι χρώμενος; καὶ μὴν ὁπόσα γίγνεται φιλοσόφῳ ἀνδρὶ
κολακεύοντι τοὺς δυνατούς, δηλοῖ τὰ Εὐφράτου· τούτῳ γὰρ ἐντεῦθεν τί λέγω
χρήματα; πηγαὶ μὲν οὖν εἰσι πλούτου, κἀπὶ τῶν τραπεζῶν ἤδη διαλέγεται κάπηλος ὑποκάπηλος τελώνης ὀβολοστάτης πάντα γιγνόμενος τὰ πωλούμενά τε καὶ
πωλοῦντα, ἐντετύπωται δ' ἀεὶ ταῖς τῶν δυνατῶν θύραις καὶ προσέστηκεν αὐ-
ταῖς πλεῖω καιρὸν ἢ οἱ θυρωροί, ἀπελήφθη δὲ καὶ ὑπὸ θυρωρῶν πολλάκις,
ὥσπερ τῶν κυνῶν οἱ λίχνοι.

Würdest du (= Domitian) mich fragen, ob ich mich zu der Klasse der Reichen oder
Armen zähle, würde ich antworten: zu den Allerreichsten, denn nichts bedürfen gilt
mir wie ein Lydien und wie alles Gold des (lydischen Flusses) Paktolos. . . . Wie loh-
nend es für einen ›Philosophen‹ ist, den Mächtigen zu schmeicheln, das zeigt des
Euphrates Beispiel. Ihm wurden Güter, ja Ströme von Reichtum zuteil. Am Wech-
seltisch lehrt er, zugleich Krämer und Höker, τελώνης und Wucherer, Verkäufer
und Ware. An den Türen der Mächtigen ist er wie angekettet und verweilt dort länger als die Türhüter, ja er ist öfter von diesen verjagt worden als naschhafte Hunde.

Der Dreistufigkeit in 8,7,3 (ψευδόσοφος, ὑπόσοφος und σοφός)[123] entspricht hier πένης, πλούσιος und πλουσιώτατος. Philostratos läßt Apollonios
behaupten, als σοφός bzw. als πλουσιώτατος habe er mit materiellem Gewinn
nicht zu tun; dagegen habe Euphrates als einer der ψευδόσοφοί τε καὶ ἀγείρον-
τες (8,7,3) Ströme von Reichtum erworben. Seine Geldgier entspreche somit
der des τελώνης und des ὀβολοστάτης.

Für unsere Überlegungen spielt die Frage, ob Euphrates von Philostratos
zutreffend charakterisiert wird[124], kaum eine Rolle. Für die vorliegende Fragestellung ist vielmehr von Bedeutung, daß Philostratos in diesem Herrscherspiegel den τελώνης als Beispiel für Geldgier anführt.

---

[122] Anderes Urteil bei Epikt. 4,8,17 ff.; vgl. E. Meyer, Apollonios 390 (Plin.ep. I
10,6). 401, 407 ff., 412 f., 417; E. Norden, Agn. Theos 342 (nimmt Fälschung an) und
M. Pohlenz, Stoa II 146 f. – Die Übers. folgt E. Baltzer, Rudolstadt 1883 (= Aalen
1970), 352.
[123] Vgl. F. W. Lenz, Selbstverteidigung 104.
[124] Vgl. E. Meyer, Apollonios 407 f. sowie – in bemerkenswerter Naivität – G.
Petzke, Traditionen 223 f. (s. auch 169); s. noch ebd. 227: »Die Zöllner werden negativ
beurteilt in Mt 5,46 und VIII 7,11«.

### 3.2.2.13 Zusammenfassung:

Die in diesem Abschnitt behandelten Texte zeichnen in großer Regelmäßigkeit ein überaus negatives Bild des τελώνης: Haß und Ablehnung (Dion Chr. 14,14; Epikt. diss. ab Arr. 3,15,12), Belästigung und Unruhe (Lukian. 38,11; Artem. 1,23; 4,57), Schamlosigkeit und Geldgier (Artem. 4,42; Philostr. VA 8,7,11), schließlich Reichtum und ordinäres Verhalten (Lukian. 51,30; Diog. epist. 36,2, vgl. Gal. VIII 587 und Hermog. inv. 1,2) sind die einzelnen und sich gegenseitig ergänzenden Aspekte eines abschreckenden Beispiels. Einzig Artem. 3,58 fällt bislang aus dem angeführten Material, das weitgehend die Volksmeinung widerspiegelt und zugleich auch die Ablehnung der Gebildeten gegenüber dem τελώνης zeigt, auffällig heraus.

### 3.2.3 Texte zur Steuerhinterziehung (Schmuggel)[125]

Im folgenden stellen wir einige Belege zusammen, die von der Steuervermeidung bzw. Steuerverweigerung handeln[126]. Schmuggel ruft zwangsläufig schärfere Kontrollen von Seiten der τελῶναι hervor; dies wiederum fördert den Versuch, die Zahlung von Steuern zu umgehen − usw. Eine ausführliche Untersuchung erscheint wünschenswert. Für unseren Zusammenhang ist festzuhalten, daß der *Abgabenpächter* (τελώνης) in engstem Zusammenhang steht mit dem *Steuersystem* und der *Steuerdisziplin*. Zur Verdeutlichung dieser Beziehungen wenden wir uns zunächst einigen finanzpsychologischen Untersuchungen *unserer Zeit* zu.

Nach G. Schmölders »(tritt) die Steuermentalität der Völker ... nicht zuletzt in der Psychologie ihrer Sprache in Erscheinung. Daß das Wort für Steuerpächter (*maltôtier*) in der französischen Sprache zugleich die Bedeutung Wucherer, Erpresser oder einfach Spitzbube hat, während ›*imposteur*‹ neben Steuerbüttel, auch Betrüger bedeutet, ist ebenso bezeichnend für die Steuermentalität der Romanen wie die verächtliche Bezeichnung ›*dodger*‹ für diejenigen, die es mit ihren Steuerpflichten nicht ernst nehmen, im Englischen«[127].

---

[125] Vgl. A. Böckh, Sth. Ath. I³ 397, 407 f.; M. I. Rostovtzeff, Staatspacht 354 mit Anm. 41; J. Hasebroek, Staat 130 mit Anm. 81; S. deLaet, Portorium 437 ff.; C. D. Gofas, Carpologues (o. Anm. 19), bes. 349; M. Wörrle, Myra 289 f. mit Anm. 730; H. Engelmann / D. Knibbe, MonEph § 5 und § 22. Zu beachten ist auch die moderne finanzpsychologische Literatur, wie z. B. K.-G. Holtgrewe, Steuerwiderstand; G. Schmölders, Das Irrationale in der öffentlichen Finanzwirtschaft, Probleme der Finanzpsychologie, Hamburg 1960; G. Schmölders / B. Strümpel, Vergleichende Finanzpsychologie. Besteuerung und Steuermentalität in einigen europäischen Ländern (AAMz 1968, Nr. 4), Wiesbaden 1968; K.-H. Hausmeyer u. K. Mackscheidt, Finanzpsychologie, in: Hb. Finanzwiss. I³. Tübingen 1977, 553−583, bes. § 5 (566 ff.) (Lit. S. 554).

[126] In diesem Zusammenhang muß auf einige schon erwähnte Texte zurückverwiesen werden: Anaxippos ⟨3.2.1.8⟩, Herakleides Kritikos 1,7 ⟨3.2.1.12⟩, Poll. 9,32 f. ⟨3.2.1.14⟩, Artem. oneir. 1,23; 3,58; 4,57 ⟨3.2.2.6−8⟩ und Gal. VIII 587 ⟨3.2.2.10⟩.

[127] Das Irrationale (o. Anm. 125) 72. Kursiv v. F. H.

G. Schmölders und B. Strümpel vertreten die »Hypothese eines ›Nord-Süd- Gefälles‹ (bei) der Einstellung zur Besteuerung ... Hier stehen die Engländer einsam an der Spitze; jeder zweite Brite widersteht der naheliegenden Versuchung, das Steuersystem in Bausch und Bogen der Ungerechtigkeit zu zeihen. In Deutschland und Spanien sind es dagegen etwa drei Viertel, die sich von dem geltenden Steuersystem ausdrücklich distanzieren oder sich ... in dieser Frage als unentschieden bekennen«[128]. Auf die Frage: »Was wäre als Mindeststrafe für eine vorsätzliche Steuerhinterziehung von − sagen wir − DM 2000,− (£ 200,−) angemessen: Sollte der Betreffende nur den hinterzogenen Betrag nachzahlen oder darüberhinaus noch eine Geldstrafe bezahlen?« wurde »in Deutschland ... die Antwort ›nur hinterzogenen Betrag nachzahlen‹ mit 42 % häufig genannt; immerhin plädiert ein Drittel (32 %) wenigstens für eine zusätzliche Geldstrafe. Dazu kommt fast ein Fünftel (19 %) an Antworten, die sich in die Meinungslosigkeit zurückziehen. Selbst wenn man die Aussage dieser Gruppe vorsichtig interpretiert, verbleiben noch immer über 40 % der Befragten, die in ihrem *Ressentiment gegen das Finanzamt und die Steuer* so weit gehen, daß sie die völlige Straffreiheit einer vorsätzlichen Steuerhinterziehung befürworten und damit dem Finanz- und Steuersystem selbst ein Mindestmaß an administrativen Zwangsmitteln verweigern. Ganz anders in England ... Auch die Kritik der Basler Bürger an ihrem Steuerstaat verliert alsbald stark an Einfluß, wenn die Rechtsordnung auf dem Spiele steht; die Antworten der Eidgenossen zeugen von ungebrochenem Respekt vor dem Strafgesetz ... / ... Von den Deutschen wird ... das Steuerdelikt weniger als Betrug gegenüber der Gemeinschaft als vielmehr als gelungener Trick eines wendigen Kaufmanns betrachtet. Ein Steuerpflichtiger, der dem Staat ›durch falsche Angaben Steuern vorenthält‹ und dafür gerichtlich bestraft worden ist, wird seitens der deutschen Gesamtbevölkerung milde, nicht selten beinahe anerkennend beurteilt ... / ... Die ... mindestens entschuldigende, beinahe wohlwollende persönliche Einstellung gegenüber dem Steuersünder entspricht den gesellschaftlichen Normen, die es ohne weiteres gestatten, ein freundschaftliches Verhältnis zu jemandem aufrechtzuerhalten, der seine Buchhaltung fälscht, um das Finanzamt zu hintergehen«[129].

Es mag unentschieden bleiben, ob die für die Neuzeit zutreffenden Sätze: »der Steuermensch ist böse von Jugend auf«[130] sowie: »Ihrem bisherigen Inhalte nach könnte die Finanzwissenschaft mit gutem Rechte zum Motto haben: Alles Menschliche ist mir fremd«[131] auch für die Antike eine Bedeutung haben. Sicherlich gilt dies von O. Veits Bemerkung über den Schmuggel: »Er bildet trotz seines kriminellen Charakters keinen typischen Fall steuerlicher Unmoral, deren Charakteristikum eben gerade der Mangel allgemein anerkannter Kriminalität ist.«[132] Nach J. Hasebroek »(begegnet) die mit allen Mitteln und Listen betriebene Hintergehung des (sc. vorhellenistischen, athenischen) Staates ... als etwas ganz Gewöhnliches. Die Verheimlichung des eigenen Besitzes ist nur eines der vielen Symptome des ei-

[128] Finanzpsychologie (o. Anm. 125) 136.
[129] Ebd. 140 Anm. 1; 140−142 pass. (Sperrung S. 140 F.H.).
[130] O. Veit, Grundlagen der Steuermoral. Eine finanzsoziologische Studie. ZGStW 83 (1927) 318.
[131] R. Goldscheid, Staat, öffentlicher Haushalt und Gesellschaft, in: Hb. Finanzwiss. I. Tübingen 1926, 151.
[132] Grundlagen (o. Anm. 130) 337; vgl. ebd. 334 ff.

genartigen Verhältnisses von Staat zu Individuum in dieser Zeit, des gegenseitigen Kampfes zwischen Staat und Bürger«[133].

Finanzsoziologisch sind im Steuerwesen drei Gruppen zu unterscheiden: Der Steuergesetzgeber, der Steuererheber (bei den Griechen der Abgabenpächter) und der Steuerzahler. Finanzpsychologisch wirkt dabei folgender Regelkreis: »Steuermoral und Steuerbelastung stehen ... in einem Verhältnis wechselseitiger Bedingtheit: allzu hohe Steuerbelastung verschlechtert ceteris paribus den Stand der Steuermoral, deren Absinken wiederum die Steuerbürde des loyalen Steuerzahlers, gleichbleibenden Finanzbedarf vorausgesetzt, entsprechend erhöhen muß.«[134] Schematisiert ergibt sich[135]:

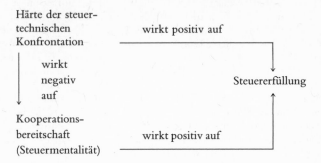

Bezogen auf die Antike gilt festzuhalten, was der große englische Nationalökonom Adam Smith im Jahr 1776 über die Pächter seiner Zeit feststellte: »Pächter einer öffentlichen Einnahme finden die Gesetze niemals streng genug, welche jeden Versuch, einer Steuerzahlung auszuweichen, bestrafen. Ohne jedes Mitleid mit den Pflichtigen, die ja nicht ihre Untertanen sind, würden sie sich wohl kaum darüber Sorgen machen, wenn allesamt Bankrott machten, sofern dies nur am Tag nach dem Auslaufen ihrer Pacht geschehen sollte. Befindet sich der Staat in höchster Not, in welcher der Landesherr um die pünktliche Abführung der Steuereinkünfte natürlich ganz besonders besorgt ist, klagen die Pächter fast regelmäßig, es werde ihnen ohne strengere als die geltenden Gesetze einfach unmöglich sein, auch nur die übliche Pacht zu zahlen. Da man in solchen Augenblicken einer öffentlichen Zwangslage ihre Forderungen schlecht abweisen kann, werden die Steuergesetze nach / und nach immer strenger. Tatsächlich sind die härtesten durchweg in Ländern anzutreffen, in denen die Staatseinnahmen zum größten Teil verpachtet sind, während Länder mit eigener Steuerverwaltung und unmittelbarer Aufsicht des Landesherrn die mildesten haben. Selbst ein schlechter Herrscher hat gewöhnlich mehr Verständnis für seine Untertanen, als es jemals von einem Steuerpächter erwartet werden kann, denn er weiß, daß auf die Dauer das Ansehen seines Hauses vom Wohlstand seines Volkes abhängt, so daß er wissentlich dessen Wohlfahrt niemals

---

[133] J. Hasebroek, Staat 92. – Vgl. noch A. Smith, Wohlstand 758: »Nachdem der Import fast aller Waren stark besteuert wird, schmuggeln unsere Importeure soviel und deklarieren sowenig, wie sie nur können. Unsere Exporteure hingegen erklären mehr, als sie tatsächlich ausführen ...«.

[134] G. Schmölders, Steuermoral und Steuerbelastung. Berlin 1932, 8.

[135] Vgl. G. Schmölders / B. Strümpel, Finanzpsychologie (o. Anm. 125) 145.

ruinieren wird, nur um vorübergehend einen persönlichen Vorteil zu erlangen. Ganz anders verhält sich sein Steuerpächter, dessen Reichtum nicht selten aus dem wirtschaftlichen Niedergang und nicht aus der Prosperität seines Volkes hervorgehen kann.«[136]

Damit stoßen wir auf ein in der bisherigen Literatur wenig beachtetes Phänomen. In dem Dreiecksgeschäft Administration – Abgabenpächter – Steuerpflichtiger ist nicht nur jeweils ein einseitiger Betrug möglich, auch nicht nur ein Bündnis zweier Partner zum Nachteil des Dritten[137]. Wesentlich erscheint, daß sowohl die Administration aufgrund ihrer Steuerethik als auch der Abgabenpächter aufgrund seiner Mittlerrolle nach zwei Seiten hinblicken: der Pächter hat ein Eigen- *und* Staatsinteresse, die Administration ein Eigen- *und* Schutzinteresse. Je nach Steuermoral kann der Steuerpflichtige – er muß aber nicht – auch übergeordnete Interessen zur Geltung kommen lassen.

Die Steuerethik der Administration spiegelt sich in den Steuergesetzen (νόμοι τελωνικοί). Dabei gilt das ›Swiftsche Steuereinmaleins‹[138]: Wenn nämlich das Ertragsoptimum überschritten wird, ist 2 × 2 weniger als 4. »Hohe Abgaben mindern bisweilen den Verbrauch der besteuerten Waren oder ermutigen mitunter den Schmuggel. Sie führen somit durchweg zu öffentlichen Einnahmen, die geringer sind als die, welche bei mäßigeren Steuern zu erzielen sein dürften.«[139] Die Steuergesetze müssen demnach übergroßen Steuerdruck zu vermeiden suchen, ebenso müssen die Tarife übersichtlich und eindeutig sein: »Alle importierten Waren unterliegen irgendwelchen Zollabgaben ... Werden im Tarif nichtaufgeführte Waren eingeführt, so sind sie auf eidesstattliche Angaben des Importeurs hin (sc. im Eng-

---

[136] Wohlstand 777 f. – Vgl. auch J. H. G. v. Justi, Abhandlung (Kap. 1 Anm. 15) 108 (§ 60): »Die allervorsichtigsten Maaßregeln werden niemals verhindern, daß nicht tausend Wege übrig bleiben sollten, wodurch die Accise hintergangen werden kann; und so wie die Accisanten die Accise betrügen können, so werden auch die Einnahmebedienten allemahl tausenderley Gelegenheit haben, Unterschleif zu machen; die weisesten Einrichtungen sind hier vergeblich; und ich möchte sehen, wie man es einrichten wollte, um einen Acciseinnehmer, der keinen Controlleur hat, zu verhindern, daß er nicht wenigstens von allen Fremden, die Accis errichten, einen großen Theil der Einnahme unterschlagen könnte. Der Unterschleif der Accisbedienten ist auch auf verschiedene Art möglich. Alles kömmt hierbey auf ihre Taxe und die Strenge an, womit sie den Accisanten begegnen. Wie will man es demnach verhindern, wenn sie Geschenke nehmen, und durch die Finger sehen ...«. Ebd. 109 f. (§ 61): »Mich deucht, es bedarf keines großen Beweises, daß viele Accisbedienten der Geschenke halber ganz willig ein Auge zu thun. Ich will von den Einnehmern nicht reden, die sonderlich in kleinen Stadten gar öfters Gelegenheit haben, um Gunst, Freundschaft und Genuß halber etwas nachzusehen. Ich will nur meinen Lesern die Thorschreiber und Gü/terbeschauer in Erinnerung bringen. Ich glaube, jedermann wird aus eigener Erfahrung wissen, daß diese Leute fast gar nichts untersuchen, so bald ein Geschenk, oder sogenanntes Trinkgeld fällt; und wenn man sich der mühsamen Auspackung seines Coffres und Sachen entledigen will, so darf man nur dem Herrn Güterbeschauer einen halben Gulden oder vier Groschen in die Hand stecken, so glaubet er uns auf unser Wort, so bald nur der Coffer aufgeschlossen ist ...«.

[137] S. u. Abschn. 5.6.1.18 mit Anm. 124.

[138] Vgl. O. Veit, Grundlagen (o. Anm. 130) 344.

[139] A. Smith, Wohlstand 759.

land des 18. Jahrhunderts) mit vier Schillingen und neunundneunzwanzigstel Pence je zwanzig Schillinge ihres Wertes zu versteuern ... Allerdings ist der Zolltarif recht umfassend, zumal er eine Vielzahl Waren enthält, die wenig gebraucht werden und daher kaum bekannt sind. Es ist deshalb auch häufig ungewiß, unter welcher Rubrik diese oder jene Ware eigentlich eingeordnet und welcher Zoll entsprechend entrichtet werden sollte. Fehler in dieser Hinsicht gehen bisweilen auf Kosten des Zolleinnehmers und verursachen häufig dem Importeur viel Mühe, Kosten und Ärger. Gemessen an Klarheit, Genauigkeit und Bestimmtheit sind also die Zölle den Akzisen weit unterlegen.«[140]

Bei diesem Einblick in finanzsoziologische und -psychologische Untersuchungen neuerer Zeit treffen wir auf die Steuermentalität verschiedener Völker, das Ressentiment gegen Finanzamt und Steuer, den steuertechnischen Regelkreis, das Doppelinteresse von Administration und Abgabenpächter, schließlich im Rahmen der Steuerethik auf den Steuerdruck und die Eindeutigkeit der Tarife. Alle diese Bereiche spielen auch in der Antike eine Rolle.

### 3.2.3.1 Demosth. 21,133[141]:

Demosthenes spielt hier auf den euböischen Feldzug im Jahr 349/8 v. Chr. an:

Καίτοι πότερ' εἰσὶν ὄνειδος, ὦ Μειδία, τῇ πόλει οἱ διαβάντες ἐν τάξει καὶ τὴν σκευὴν ἔχοντες ἣν προσῆκε τοὺς ἐπὶ τοὺς πολεμίους ἐξιόντας καὶ συμβαλουμένους τοῖς συμμάχοις, ἢ σὺ ὁ μηδὲ λαχεῖν εὐχόμενος τῶν ἐξιόντων ὅτ' ἐκληροῦ, τὸν θώρακα δ' οὐδεπώποτ' ἐνδύς, ἐπ' ἀστράβης δ' ὀχούμενος ἀργυρᾶς τῆς ἐξ Εὐβοίας, χλανίδας δὲ καὶ κυμβία καὶ κάδους ἔχων, ὧν ἐπελαμβάνονθ' οἱ πεντηκοστολόγοι; ταῦτα γὰρ εἰς τοὺς ὁπλίτας ἡμᾶς ἀπηγγέλλετο· οὐ γὰρ εἰς ταὐτὸν ἡμεῖς τούτοις διέβημεν.

Wer gereicht aber der Polis mehr zum Schimpf, o Meidias: sind es etwa die, welche in Reih und Glied ausziehen und eine solche Bewaffnung tragen, die denen zusteht, die gegen die Feinde ausrücken und sich mit den Bundesgenossen vereinigen – oder Du, der Du Gelübde tatest, daß Dich doch nur das Los, mit ausrücken zu müssen, nicht treffen möchte, der Du in Deinem Leben keinen Panzer angezogen hast, der Du auf einem in Euböa hergestellten silberbeschlagenen Lehnsattel rittest, mit Kleidern und Fässern und Krügen, die die Pentekostologen in Beschlag nahmen? Diese Nachricht nämlich brachte man zu uns, die wir bei dem schweren Fußvolk dienten.

Meidias wird hier als luxuriös lebender Mensch (vgl. 21,158 f.) geschildert. Dieses ist noch lange kein Grund (vgl. auch 21,167), daß die Pentekostologen (= τελῶναι) das Gepäck konfiszieren. Plausibel erscheint der Zusammenhang, wenn Meidias etwas schmuggeln wollte und die Steuereinnehmer daraufhin das ganze Gepäck beschlagnahmten.

---

[140] Ebd. 758 f.; vgl. P.Princ. II 20 ⟨s. u. 5.6.2.7⟩; P.Oxy. I 36 ⟨u. 5.6.2.8⟩ sowie SIG³ 952 (s. dazu G. KLINGENBERG, Commissum 21–23).

[141] Zur Literatur s. o. Anm. 65; s. noch P. A. BRUNT, Euboea 248 (ff.) sowie grundlegend G. KLINGENBERG, Commissum, 21.

### 3.2.3.2 Aristokles, Peri philosophias[142]:

Dieses von Eus.praep.ev. 15,2,8 überlieferte Fragment enthält verschiedene − nach Ansicht des Aristokles völlig unhaltbare − Vorwürfe, die nicht ernstzunehmende, streitsüchtige und redegewandte Sophisten aus Neid gegenüber Aristoteles erhoben haben. So unterstellte ihm der Pythagoreer Lykon, er habe 74 Erzschalen (nach anderen seien es 300 gewesen) schmuggeln wollen:

Φησὶ γὰρ θύειν ᾿Αριστοτέλην θυσίαν τετελευτηκυίᾳ τῇ γυναικὶ τοιαύτην ὁποίαν ᾿Αθηναῖοι τῇ Δήμητρι καὶ ἐν ἐλαίῳ θερμῷ λουόμενον τοῦτο δὴ πιπράσκειν· ἡνίκα δὲ εἰς Χαλκίδα ἀπήει, τοὺς τελώνας εὑρεῖν ἐν τῷ πλοίῳ λοπάδια χαλκᾶ τέτταρα καὶ ἑβδομήκοντα.

Er behauptet nämlich, Aristoteles habe die Gewohnheit gehabt, das gleiche Opfer, das Demeter von den Athenern dargebracht wurde, seiner verstorbenen Gattin darzubringen und sich in warmem Öl zuerst gebadet und dieses alsbald verkauft zu haben. Als er nach Chalkis fuhr, hätten die τελῶναι 74 Erzschalen (aufgrund einer Durchsuchung) gefunden.

Der letzte Vorwurf kann von den beiden ersten unabhängig betrachtet werden. Demnach galt es (für bessere Kreise) als Schande, etwas zu schmuggeln − oder vielleicht auch nur: beim Schmuggeln ertappt zu werden.

### 3.2.3.3 Diog.Laert. IV 46 (Bion)[143]:

Bion (um 300 v. Chr.) stammte aus Borysthenes (= Olbia) und gehörte der Akademie an. Er sagt über sein Elternhaus:

„᾿Εμοὶ ὁ πατὴρ μὲν ἦν ἀπελεύθερος, τῷ ἀγκῶνι ἀπομυσσόμενος᾿ − διεδήλου δὲ τὸν ταριχέμπορον − γένος Βορυσθενίτης, ἔχων οὐ πρόσωπον, ἀλλὰ συγγραφὴν ἐπὶ τοῦ προσώπου, τῆς τοῦ δεσπότου πικρίας σύμβολον· μήτηρ δὲ οἵαν ὁ τοιοῦτος ἂν γήμαι, ἀπ᾿ οἰκήματος. ἔπειτα ὁ πατὴρ παρατελωνησάμενός τι πανοίκιος ἐπράθη μεθ᾿ ἡμῶν."

»Mein Vater war ein Freigelassener, der sich die Nase am Arm abwischte« − womit er andeutete, daß er ein Salzfischhändler war −, »von Herkunft ein Borysthenit, ohne eigentliches Gesicht, wohl aber mit einer Handschrift im Gesicht, die von der Grausamkeit seines Herrn Zeugnis ablegte. Meine Mutter war von der Sorte,

---

[142] Ed. Mullach, FPG III 219 f. − Aristokles v. Messene war Peripatetiker. − Zum Schmuggel der Hautevolee vgl. P.Cairo Zen. II 59240 ⟨5.6.1.5⟩.

[143] Vgl. A. BOECKH, Sth.Ath. I³ 408; M. I. ROSTOVTZEFF, Staatspacht 334; W. ZIEBELL, Olbia. Diss.phil. Hamburg 1937, 41 ff. und A. ANDREADES, Geschichte 171. − Olbia liegt am Dnjepr. − Die Übers. folgt O. Apelt (Philos. Bibliothek 53), ²1967, 227 f.

wie sie ein Mann dieser Art zu heiraten pflegt — aus einem Bordell. Wegen Hinterziehung von Steuern[144] ward dann mein Vater mit der gesamten Familie verkauft.«

Die überaus harte Strafe, wegen Steuerhinterziehung in die Sklaverei verkauft zu werden, kann sonst nicht belegt werden. Allerdings berichtet der römische Rechtsgelehrte Paulus von der Todesstrafe, die diejenige Schiffsbesatzung trifft, die ohne Wissen des Eigentümers schmuggeln wollte[145].

### 3.2.3.4 Herodas 6,64[146]:

Die τελῶναι erhoben auch außerhalb des Hafens bzw. Marktes Steuern. In dieser Hinsicht ist der sechste Mimiambos des Herodas aufschlußreich. Er spielt in Ephesos, das wahrscheinlich zu dieser Zeit (2. Hälfte des 3. Jahrhunderts v. Chr.) ptolemäisch war[147]. In einem Gespräch zweier vornehmer Damen heißt es von dem Schuster Kerdon, der aus Chios oder Erythrai zuzog (6,58):

Κατ' οἰκίην δ' ἐργάζετ' ἐνπολέων λάθρη,
τοὺς γὰρ τελώνας πᾶσα νῦν θύρη φρίσσει.

In seiner Wohnung arbeitet er und treibt den Handel heimlich. Denn vor den τελῶναι schaudert jetzt jede Tür.

Diese Auskunft über die τελῶναι kann nicht unbesehen damit erklärt werden, daß »die gierige Menge der Steuerpächter ... tief gehaßt (war) und gefürchtet bei allen Bevölkerungsklassen, denn selbst die Zurückgezogenheit des Hauses wurde von ihnen nicht respektiert«[148]. Viel näher liegt die Erklärung, daß der Schuster seine Artikel möglichst unversteuert verkaufen wollte; dies war leichter zu Hause durchführbar als bei einem Verkauf auf dem Markt.

---

[144] Vgl. M. WÖRRLE, Myra 287 ff., bes. Anm. 722, 727—730; H. ENGELMANN / D. KNIBBE, MonEph §§ 5.22 f.; s. noch Ps. Plut. mor 842B ⟨o. 3.2.1.7⟩ und o. Anm. 28. — Das Protogenesdekret (SIG³ 495,49 f.) zeigt, daß in Olbia die Steuern an τελῶναι verpachtet wurden: διὰ τὸ δὲ τὰ χρήματα μὴ δύνασθαι δοῦναι τοὺς ἄρχοντας, ἀλλ' εἶναι παρὰ τοῖς τελώναις. Die Archonten »konnten nicht zahlen, weil die Gelder noch bei den Steuerpächtern waren, diese also noch nicht bezahlt hatten« (E. ZIEBARTH, Vereinswesen 23).

[145] Paulus, Dig. 39,4,11,2: Dominus navis si illicite aliquid in nave vel ipse vel vectores imposuerint, navis quoque fisco vindicatur: quod si absente domino id a magistro vel gubernatore aut proreta nautave aliquo id factum sit, ipsi quidem capite puniuntur commissis mercibus, navis autem domino restituitur.

[146] Ed. I. C. Cunningham, Oxford 1971. — Vgl. z. St. U. WILCKEN, Ostraka I 568 mit Anm. 2; E. SCHÜRER, GJV I 479 Anm. 114 (= V/M I 376 mit Anm. 106); A. ANDREADES, Geschichte 154 mit Anm. 5; M. I. ROSTOVTZEFF, HW I 187 f., 493 mit Anm. 22 (= III 1228) und P. GAUTHIER, Symbola (o. Anm. 8) 122.

[147] Vgl. K. J. BELOCH, Die auswärtigen Besitzungen der Ptolemäer. APF 2 (1903) 244 (seit 281 v. Chr.). S. auch R. S. BAGNALL, Administration 138 f.

[148] M. I. ROSTOVTZEFF, HW I 187 f., vgl. U. WILCKEN, Ostraka I 568 mit Anm. 2.

Demzufolge erhoben die τελῶναι auch Verkaufssteuern von Artikeln, die nicht auf dem Markt verkauft wurden.

### 3.2.3.5 Leukon[149]:

Zenobios, der zur Zeit Hadrians als Rhetor in Rom lehrte, überliefert aus der Komödie des Leukon ›Der schlauchtragende Esel‹ eine illustrative Geschichte zur Steuerhinterziehung. Leukon war Konkurrent des Aristophanes.

Λεύκων γάρ τις γεωργὸς μέλιτος ἀσκοὺς εἰς φορμοὺς ἐμβαλών, ἐκόμιζεν Ἀθήναζε. Κριθὰς οὖν τοῖς φορμοῖς ἐμβαλών, ὡς ὑπὲρ κριθῶν ὀλίγον εἰσπραχθησόμενος τέλος, ἐκόμιζε. Τοῦ δ' ὄνου πεσόντος, οἱ τελῶναι βοηθῆσαι βουλόμενοι, ἔμαθον ὅτι μέλι ἐστί, καὶ ἀπηνέγκαντο αὐτὸ ὡς ἀτελώνητον.

Ein gewisser Bauer Leukon füllte Honigschläuche in Körbe und wollte sie nach Athen bringen. Er schüttete Gerste oben auf die Körbe, da für Gerste eine geringere Steuer erhoben wurde und brachte (so den Honig für eine geringere Steuer durch das Stadttor). Als aber der Esel hinfiel, bemerkten die τελῶναι, die zu Hilfe eilen wollten, daß es Honig war und führten ihn ab wie einen, der die Steuern hinterzogen hat.

Ähnlich wie Artem.oneir. 3,58 (3.2.2.7) entspricht diese Charakterisierung der τελῶναι keineswegs den sonstigen unter 3.2.2 aufgeführten Texten. Weder ist die Rede von Belästigungen noch von schamlosen, geldgierigen Praktiken noch von umständlicher, zeitraubender oder Erbitterung hervorrufender Durchsuchung. Dies bedeutet, daß die in den Quellen überwiegend negativen Aussagen über die τελῶναι nicht immer ohne weiteres zutreffend sein müssen.

### 3.2.3.6 Plut. (curios. 7) mor. 518E[150]:

Durch δυσχεραίνειν und ὁ νόμος δίδωσιν αὐτοῖς klingt nochmals Dion Chr. 14,14 (o. 3.2.2.1) an:

Καὶ γὰρ τοὺς τελώνας βαρυνόμεθα καὶ δυσχεραίνομεν, οὐχ ὅταν τὰ ἐμφανῆ τῶν εἰσαγομένων ἐκλέγωσιν, ἀλλ' ὅταν τὰ κεκρυμμένα ζητοῦντες ἐν ἀλλοτρίοις σκεύεσι καὶ φορτίοις ἀναστρέφωνται. καίτοι τοῦτο ποιεῖν ὁ νόμος δίδωσιν αὐτοῖς, καὶ βλάπτονται μὴ ποιοῦντες.

---

[149] FAttCom I S. 792/794, vgl. Tan Shoftim 10,99a (zu Dt 16,18 ⟨Text auch bei S. LIEBERMAN, Palestine 149 ff.⟩) und yShab 6,9 (8d, 17: *makhsa*; vgl. M. JASTROW, Dict. II 742a s. v. *mokhes*); s. noch CAF I 703; ParoemGr I (Zenob.cent. I 74) und Poetae Comici Graeci (PCG), hg. v. R. Kassel und C. Austin, Bd. V. Berlin/Novi Eboraei 1986, S. 611 sowie A. BÖCKH, Sth.Ath. I³ 394; A. ANDREADES, Geschichte 155 mit Anm. 6 und G. KLINGENBERG, Commissum 23.

[150] Vgl. H. DEGENKOLB, Lex Hieronica 134; C. G. DIETRICH, Beiträge 43 mit Anm. 2; M. R. CAGNAT, Etude 130 mit Anm. 2; O. W. REINMUTH, Prefectural Edicts 156 mit Anm. 134.

Wir zürnen den τελῶναι und sind über sie unwillig, nicht wenn sie das Sichtbare der eingeführten Waren herausnehmen, sondern wenn sie nach Verborgenem suchen und in fremden Gepäckstücken und Frachtgütern das Unterste zuoberst kehren. Freilich, dies zu tun gestatten ihnen die Gesetze, und sie schaden sich selbst, wenn sie es nicht tun.

Allerdings wird hier, über Dion hinaus (vgl. 3.2.3.5) erkennbar, daß das moralische Urteil einer näheren Überprüfung bedarf. Plut.mor. 829C erwähnt die Ansicht der Wucherer (δανεισταί): τὸ τελωνεῖν ὄνειδος ἡγοῦνται, τοῦ νόμου διδόντος (sie halten es für eine Schande, Abgaben zu pachten, obwohl das Gesetz es zuläßt). Sie arbeiten zwar mit denselben oder ähnlichen Methoden, lehnen aber die Abgabenpacht ab, da sie nicht ihrer Standesehre entspricht.

Der letzte Halbsatz von Plut.mor. 518E gibt einen wichtigen Hinweis. Etwas ausführlicher umschrieben lautet er: Abgaben werden nicht gern gezahlt. Dem Staat bzw. der Polis geht kein Geld verloren, wenn etwas geschmuggelt wird, da der τελώνης die entsprechende Summe zuvor an die verpachtende Behörde gezahlt hat. Vielleicht bleibt der Schmuggel unbemerkt; dann ist es gut. Andernfalls treffen den τελώνης Zorn und Haß.

Diese Interpretation entspricht einem Reskript des Kaisers Septimius Severus und seines Sohnes Antoninus (= Caracalla), das der Jurist Marcianus überliefert. Es heißt dort zunächst: Si quis professus apud publicanum fuerit, non tamen vectigal solverit, hoc concedente publicano, ut solent facere, divi Severus et Antoninus rescripserunt res in commissum non cadere. Dies wird folgendermaßen begründet: cum enim, inquiunt, professiones recitantur, commissum cessat, cum poterit satisfieri fisco ex bonis publicanorum vel fideiussorum[151].

### 3.2.3.7 Plaut.Truc. 145 f.:

In den Zusammenhang des Schmuggels bzw. der Steuerhinterziehung gehört auch diese Stelle:

plerique idem quod tu facis faciunt rei male gerentes:
ubi non est scripturam unde dent, incusant publicanos.

---

[151] Marc.Dig. 39,4,16,12: Wenn einer (seine Waren) beim Steuerpächter angezeigt hat, aber trotzdem keine Steuer gezahlt hat − und zwar mit Zustimmung des Steuerpächters (wie sie es zu tun pflegen) −, dann sollen gemäß dem Reskript der Kaiser Severus und Antoninus die Waren nicht an die Staatskasse fallen. − Denn, so sagen sie, wenn die Waren angezeigt werden, (dann) bleibt die Konfiskation aus, weil der Fiskus aus dem Vermögen der Steuerpächter zufriedengestellt werden kann (zur Übers. s. o. Anm. 108). − S. noch u. Kap. 5 Anm. 139, 151.

Wie du, so machen es die meisten, denen es an Vermögen fehlt:
Kann man die Pachtsumme nicht bezahlen, klagt man gleich die Publicani an[152].

### 3.2.3.8 C. Lucilius, 27. Buch, V. 729 f.[153]:

facit idem quod illi qui inscriptum e portu exportant clanculum, ne portorium dent.

Er tut es denen gleich, die Schmuggelware heimlich aus dem Hafen bringen, um keinen Zoll zu zahlen.

### 3.2.3.9 Clemens Alexandrinus

(gest. vor 215 n. Chr.) interpretierte — ein lapsus mentis — das pythagoreische Symbol ἐπὶ γῆς μὴ πλεῖν (man soll auf trockenem Land keine Schiffahrt treiben) in seinen »Teppichen« so: ἐπὶ γῆς μὴ τελεῖν (man soll auf der Erde keine Steuern zahlen) und führte dazu aus: »es bedeutet aber, daß man die Steuern und ähnliche Abgaben, welche Unruhe bringen und unbeständig sind, von sich weisen soll.«[154]

### 3.2.3.10 Zusammenfassung:

Eine Beurteilung der Steuerhinterziehung bzw. der Steuermoral hängt von mehreren Faktoren ab, die — wie erwähnt — einer eingehenden Untersuchung wert wären. Für die Interpretation der angeführten Texte ist jedoch die Frage, ob die Steuermoral der Abgabenpflichtigen hoch oder niedrig war, weniger von Bedeutung. Entscheidender ist, daß es Schmuggel bzw. Steuervermeidung oder Steuerverweigerung gegeben hat, so daß die τελῶναι zu schärferen Kontrollen gezwungen waren; denn nicht der Staat oder die Polis, sondern sie selbst hatten das Defizit zu tragen. Die verschärfte Kontrolltätigkeit führte bei diesem circulus vitiosus zur größeren Aversion.

### 3.2.4 Bemerkungen zu den »Negativen Reihen«

Unter einer »Negativen Reihe« verstehen wir Aufzählungen von Berufen oder Eigenschaften mit negativer Beurteilung, vergleichbar den Lasterkatalogen. Wir behandeln im folgenden nur die Stellen, die τελώνης beziehungsweise τελωνεῖν erwähnen, ordnen alle diesbezüglichen Belege chronologisch[155] und ergänzen sie durch drei weitere Stellen:

---

[152] Vgl. K. Chr. Burckhardt, Zöllner 320. — Die Übers. folgt J. J. C. Donner, Leipzig / Heidelberg 1864.
[153] Bei: Nonius Marcellus (ed. W. Krenkel I 33).
[154] Clem. Alex. strom. V, c. V, 28,3. Übers. nach F. Overbeck, Basel 1936, 439, 737.
[155] Aristoph. equ. 248 ⟨3.2.1.1⟩; Philonides fr. 5 ⟨3.2.1.2⟩; Theophr. char. 6,5

Dion Chr. 4,98:

Ἦ οὐ πολλοὺς τῶν καλουμένων βασιλέων ἰδεῖν ἔστι καπήλους καὶ τελώνας καὶ πορνοβοσκούς;

Aspasios in EN IV 3:

Δηλοῖ δ᾽ ἑξῆς καὶ τίνες εἰσίν οἱ κατὰ τὴν λῆψιν ὑπερβάλλοντες· εἰσὶ δὲ οἱ πανταχόθεν ἀξιοῦντες λαμβάνειν καὶ μηδὲν κέρδος αἰσχρὸν νομίζοντες, οἷον πορνοβοσκοὶ καὶ τελῶναι καὶ οἱ κατὰ μικρὰ δανείζοντες καὶ ἐπὶ πολλῷ τόκῳ· πάντῃ γὰρ οὗτοι αἰσχροκερδεῖς.

Poll. 6,128:

Βίοι ἐφ᾽ οἷς ἄν τις ὀνειδισθείη, πορνοβοσκός, κάπηλος, ὀπωρώνης, ὀπωροπώλης, τελώνης, δεκατώνης, δεκατηλόγος, εἰκοστολόγος, πεντηκοστολόγος, ἐλλιμενιστής, κῆρυξ, ναύτης, πανδοκεύς, πορθμεύς, μαστροπός, ὑπηρέτης, βυρσοδέψης, σκυτοδέψης, ἀλλαντοπώλης.

Die hier zu behandelnden Negativen Reihen reichen von der klassisch-griechischen Zeit (424 v. Chr.) über die hellenistische bis in die hohe Kaiserzeit (Anfang des 3. Jahrhunderts n. Chr.), entstammen also einem Zeitraum von über 600 Jahren. Sie gehören verschiedenen Wirtschaftsepochen an, wobei schon in der hellenistischen Zeit und erst recht nach dem 1. Jahrhundert n. Chr. die alte, vorhellenistische Abgabenpacht Veränderungen unterlag. Darüberhinaus spiegeln sie keineswegs nur die Verhältnisse *eines* Wirtschaftsraumes (beispielsweise Athens oder des Antigonidenreiches) wider. Es liegt deshalb nahe, hierbei insgesamt weniger Gemeinsamkeiten als vielmehr deutliche Unterschiede zu vermuten. So sahen wir uns auch keineswegs genötigt, die entsprechenden Texte, vor allem des Abschnitts 3.2.2 stets nach demselben Muster zu interpretieren. Dennoch zeigt eine erste Durchsicht der Aufstellung, daß die literarische Überlieferung trotz aller Veränderungen im Steuerwesen während der hellenistischen und römischen Zeit relativ gleichbleibende Aussagen macht, insofern als

- der τελώνης am häufigsten mit der öffentlichen Prostitution zusammengebracht wird (die Verbindung von τελώνης mit πόρναι/πόρνοι begegnet 5 bzw. 3 mal von insgesamt 17 mal, vgl. noch πορνοτελώνης),
- der τελώνης zusammengesehen wird mit dem sozial gering geschätzten κάπηλος (vgl. ἔμπορος), was nicht ausschließt, daß er über keineswegs unbedeutende Geldmittel verfügte,

---

⟨3.2.1.9⟩; Apollodor.Kom.fr. 13,10−13 ⟨3.2.1.10⟩; Xenon ⟨3.2.5.1⟩; Ps.Plut.mor. 236B ⟨3.2.1.13⟩; Dion Chr. 4,98; 14,14 ⟨3.2.2.1⟩; Epikt.diss. ab Arr. 3,15,12 ⟨3.2.2.2⟩; Aspasios in EN IV 3; Lukian. 38,11 ⟨3.2.2.4⟩; 51,30 ⟨3.2.2.5⟩; Artem. oneir. 1,23 ⟨3.2.2.6⟩; 4,57 ⟨3.2.2.8⟩; Poll. 6,128; Gal. VIII 587 ⟨3.2.2.10⟩; Hermog.inv. 1,2 ⟨3.2.2.11⟩; Philostr. VA 8,7,11 ⟨3.2.2.12⟩.

– der τελώνης in Verbindung gebracht wird mit Ausdrücken des Raubes (vgl. ἅρπαξ/ἁρπάζειν usw.).

Ein unverändert gültiges Urteil etwa der Art, der τελώνης sei grundsätzlich verachtet oder gefürchtet gewesen, läßt sich den Negativen Reihen – sowie den übrigen negativen Einzelaussagen[156] – nicht entnehmen. Dies gilt nicht nur deshalb, weil die Abgabenverpachtung an Privatpersonen eine staatlich notwendige, alltägliche und in allen griechischen Städten selbstverständliche Angelegenheit war, sondern weil weder der negative Kontext für sich noch die oben angestellte erste Durchsicht der Texte schon hinreichende Urteile ermöglichen. Denn die hier aufgeführten Negativen Reihen *mit* τελώνης werden teilweise erst durch die Gegenüberstellung mit den Negativen Reihen *ohne* τελώνης[157] erklärbar; außerdem muß ihre Tendenz in den Blick genommen werden.

Eine Gegenüberstellung dieser beiden Arten von Negativen Reihen wollen wir allerdings lediglich anhand von Aspasios, einem Peripatetiker um 135 n. Chr. ausführen. Aspasios erweiterte Aristot. NE IV 3 (1121 b 34). Wir zitieren den größeren Zusammenhang von 1121 b 31 bis 1122 a 3[158]:

> »Auf der anderen Seite stehen solche, die beim Nehmen jedes Maß überschreiten: sie raffen, woher sie nur bekommen können und wahllos. Dazu rechnet man alle, die ein schmutziges (ἀνελεύθερος) Gewerbe ausüben: Bordellwirte (πορνοβοσκοί) und alle ähnlichen Berufe (καὶ πάντες οἱ τοιοῦτοι [bei Aspasios: τελῶναι]) und auch die Wucherer (τοκισταί [bei Aspasios: δανείζοντες]), die kleine Darlehen geben und hohen Zins eintreiben. Denn sie alle suchen sich aus unrechten Quellen und durch ungebührlich hohen Gewinn zu bereichern. Als gemeinsamer Zug tritt bei ihnen die schmutzige Gewinnsucht (αἰσχροκέρδεια) zutage. Denn alle zusammen nehmen sie einen schlechten Ruf in Kauf, nur um einen Gewinn, und noch dazu einen kleinen, einzustecken.«

Offenbar war es für Aspasios bei seiner Interpretation von Aristoteles selbstverständlich, statt »alle ähnlichen Berufe« im Zusammenhang mit »Bordellwirt« und »Wucherer« konkret die τελῶναι zu nennen[159]. Wir meinen deshalb, hier auf den literarischen Charakter der Negativen Reihe hinweisen zu müssen. Eine ähnliche Erweiterung begegnet bei Theophilos von Antiochien, einem christlichen Apologeten des 2. Jahrhunderts n. Chr. Er ergänzte in seiner Schrift Ad Autolycum (um 180 n. Chr.) den Text von Mt 5,46 durch ληστής: τοῦτο καὶ οἱ λῃσταὶ καὶ οἱ τελῶναι ποιοῦσιν (Autol. 3,14). Während

---

[156] Vgl. Demochares (FGrHist 75 F 4 ⟨3.2.1.11⟩); Theokrit bei Stob.ekl. III 2,33 ⟨3.2.5.2⟩; Herakleides Kritikos I 7 ⟨3.2.1.12 und 3.3.2.2⟩; Diogenes ep. 36,2 ⟨3.2.2.3⟩ und Plut.mor. 518E ⟨3.2.3.6⟩.

[157] Vgl. z. B. Aischin. 1,91; Polyb. 6,13,6; Plut.mor. 819E und Lukian. 24,15.

[158] Die Übers. folgt F. Dirlmeier, Berlin ⁶1974, 75 f.

[159] Vgl. Aristot.pol. I 10 (1258 b 1 ff.); Plut.mor. 819C; Cic.off. 1,150; 2,89 (s. noch Cic.Rab.Post. 4) sowie die bei H. BOLKESTEIN, Wohltätigkeit 335 f. angegebenen Stellen und J. HASEBROEK, Staat 165.

sich aber bei Aspasios und Theophilos nur vermuten läßt, daß ein literarischer
Topos vorliegt, zeigen sich Galen und Hermogenes ausdrücklich von der literarisch-rhetorischen Schulung abhängig.

Insgesamt lassen die soziale (vgl. κάπηλος/ἔμπορος) und die moralische
Zusammenstellung (vgl. Wortbildungen mit πορν-) bei den Negativen Reihen
mit τελώνης nicht auf eine sachliche Darstellung schließen. Wir gehen abschließend nur auf den Zusammenhang mit κάπηλος/ἔμπορος ein, da die
Tendenz bei den Ausdrücken mit πορν- offenkundig ist.

Daß der κάπηλος usw. (vgl. Poll. 6,128) ebenfalls in den Negativen Reihen
erwähnt wird, kann keinesfalls allein durch Hinweis auf die Übervorteilung
des Kleinhändlers im Unterschied zu dem eher angesehenen Großkaufmann
(ἔμπορος) begründet werden[160]. Plat.leg. XI, 918b−e stellt beide Händler als
»in Verruf gekommen und mit Schimpf und Schande behaftet« dar. Ebenso
nennt Galen sie zusammen in einer Negativen Reihe (VIII 587). Möglicherweise werden deshalb *beide* so gekennzeichnet, weil in der klassischen Zeit »die
Arbeit als unpassend für den Bürger« angesehen wurde[161].

Der κάπηλος galt nicht nur in Griechenland als wenig ehrbar; Jes 1,22 LXX
(vgl. aber den masoretischen Text) und vor allem Sir 26,19 erwähnen ihn im
Zusammenhang mit Betrug und Verschulden (ἁμαρτία). H. Windisch beobachtete hier eine Parallele zum τελώνης[162]. Auf ein selektives Beurteilen macht
Dion Chr. 31,37 aufmerksam[163]:

> Ἀλλὰ τοὺς μὲν καπήλους τοὺς ἐν τοῖς μέτροις κακουργοῦντας, οἷς ὁ βίος ἐστὶν
> αὐτόθεν ἀπὸ αἰσχροκερδείας, μισεῖτε καὶ κολάζετε, τὴν δὲ πόλιν, εἰ δόξει περὶ
> τοὺς ἐπαίνους τῶν ἀγαθῶν ἀνδρῶν πανουργεῖν καὶ τὰς δωρεὰς καπηλεύειν,
> οὐκ αἰσχύνεσθε, παλίμβολα καὶ παλίμπρατα ποιοῦσαν τὰ σεμνά;

> Die Händler, die mit falschen Gewichten arbeiten und von diesem unredlichen Ge-
> winn leben, haßt und bestraft ihr (sc. Rhodier). Wenn sich aber die Stadt, wie man
> den Eindruck hat, an den Lorbeeren verdienter Männer vergreift und mit Geschen-
> ken schachert, dann schämt ihr euch nicht, das Heiligste auszutauschen und wieder
> zu verkaufen?

Gegen die Diffamierung des κάπηλος (vgl. Plat.leg. XI, 918a−919d) sah
Platon ein Gesetz vor (ebd. 919d−920c); Demosth. 57,30f. scheint auf ein solches anzuspielen. Wenn eine solche ausdrückliche Ehrenrettung für die τελώ-

---

[160] Vgl. H. Knorringa, Emporos; J. Hasebroek, Staat 1ff., 36; A. Andreades, Geschichte 147 mit Anm. 3; E. Ziebarth, Kaufmann; M. I. Finkelstein, Emporos; H.
Bolkestein, Wohltätigkeit 335 (»Dass übrigens ἔμποροι im Gegensatz zu κάπηλοι
keine Grosshändler sind«, ebd. Anm. 3); s. ders., Economic Life 107: »the only difference between the two is that the *emporos* is a navigating merchant and that the *kapèlos*
stays at home«.

[161] A. Andreades, Geschichte 147 Anm. 3; vgl. J. Hasebroek, Staat 8.

[162] H. Windisch, Art. καπηλεύω, ThWNT III. Stuttgart 1938, 607,28f.

[163] Übers. nach W. Elliger, Zürich/Stuttgart 1967, 371.

ναι nicht überliefert ist, dann kann man dies entweder als bedeutungslos ansehen oder aber als Beweis des allgemein negativen Ansehens der τελῶναι auffassen. Allerdings ist ein argumentum e silentio selten beweiskräftig; im Hinblick auf Aristot.rhet. II 23 und Artem.oneir. 3,58[164] muß doch wohl eher gefolgert werden, daß sie so verhaßt und verachtet, wie viele Texte nahelegen könnten, nicht waren bzw. daß bei der Urteilsbildung Faktoren eine Rolle spielen, die bisher höchstens angeklungen sind, aber noch nicht im größeren Zusammenhang behandelt wurden.

Bevor wir zu dieser abschließenden Beurteilung der τελῶναι in Griechenland kommen können, wollen wir noch weitere Texte untersuchen; sie gehören überwiegend nicht einer bestimmten Zeit an, sondern sind als Sentenzen überzeitlich.

### 3.2.5 Sentenzen und metaphorischer Sprachgebrauch

Die nun zu behandelnden Texte unterscheiden sich von den bisherigen dadurch, daß sie allgemeinen, überzeitlichen Charakter tragen oder τελώνης metaphorisch verstehen[165].

#### 3.2.5.1 Xenon (CAF III 390)[166]:

Dieses Fragment ist das einzige, was uns von dem Komödiendichter Xenon, der der Neueren Komödie zuzurechnen ist, überliefert wurde; Herakleides Kritikos bringt es im Anschluß an seine o. 3.2.1.12 zitierten Bemerkungen zu Oropos:

Πάντες τελῶναι, πάντες εἰσὶν ἅρπαγες.
κακὸν τέλος γένοιτο τοῖς Ὠρωπίοις.

Alle sind τελῶναι, alle sind Diebe;
ein böses Ende widerfahre den Oropiern!

#### 3.2.5.2 Theokrit bei Stob.ekl. III 2,33:

Bei Ioannes Stobaios findet sich unter der Überschrift περὶ κακίας ein Fragment von Theokrit:

Θεόκριτος ἐρωτηθεὶς ποῖα τῶν θηρίων ἐστὶ τὰ χαλεπώτατα, εἶπεν „ἐν μὲν τοῖς ὄρεσιν ἄρκοι καὶ λέοντες, ἐν δὲ ταῖς πόλεσι τελῶναι καὶ συκοφάνται".

---

[164] S. o. 3.2.1.6 und 3.2.2.7.
[165] Vgl. noch die sinnentstellende, allegorische Umdeutung der Naassener ⟨u. 6.5.5.5⟩.
[166] Zur Literatur s. o. 3.2.1.12.

Als Theokrit gefragt wurde, welche die reißendsten unter den wilden Tieren seien, antwortete er: In den Bergen Bären und Löwen, in den Städten τελῶναι und Sykophanten[167].

Einen Anklang an die Sentenz Theokrits finden wir im babylonischen Talmud (bSan 98b). Es handelt sich hierbei um einen Ausspruch des R.Shim'on ben Laqish (Resh Laqish), einem palästinischen Amoräer gegen Ende des 3.Jahrhunderts n.Chr. (pA 2), der Amos 5,19 erläutert.

בזמן שאדם יוצא לשדה ופגע בו סנטר דומה כמי שפגע בו ארי נכנס לעיר
פגע בו גבאי דומה כמי שפגעו דוב נכנם לביתו ומצא בניו ובנותיו
מוטלין ברעב דומה כמי שנשכו נחש.

... Wenn jemand aufs Feld geht und der Vogt ihm begegnet, so ist es, als ob ihm ›ein Löwe begegnete‹;
tritt er in die Stadt ein und der Steuereinnehmer (*gabbai*)[168] begegnet ihm, so ist es, als ob ihm ›ein Bär begegnete‹;
kommt er in seinem Haus an und findet seine Söhne und Töchter vor Hunger verschmachtend, so ist es, als ob ihn ›eine Schlange bisse‹.

### 3.2.5.3 Makarios der Jüngere (Hist.Laus. c. 18, p. 48,13)[169]:

Eine enkratitische Lebensweise (vgl. Sen.epist. 18,9) finden wir bei Makarios von Alexandrien (gest. um 394 n. Chr.):

Καὶ ὡς διηγεῖτο χαριεντιζόμενος ὅτιπερ Ἐδρασσόμην μὲν πλειόνων κλασμάτων, οὐκ ἠδυνάμην δὲ ὅλους ἐξενεγκεῖν ὑπὸ τοῦ στένου τῆς ὀπῆς· τὸ γὰρ παντελῶς μὴ ἐσθίειν ὁ τελώνης μοι οὐ συνεχώρει.

Er übte sich auf diese Weise: Bekam er von irgend einem guten Beispiel Kunde, so befliß er sich, es nachzuahmen. Als er einmal hörte, daß die Mönche von Tabennä die vierzigtägige Fastenzeit hindurch nichts Gekochtes essen, beschloß er, sieben Jahre nichts mehr zu genießen, was am Feuer zubereitet wird ... Nachdem er sich darin geübt hatte, vernahm er, einer esse täglich nur ein Pfund Brot. Da zerbrach er sein Brot in Brocken, legte sie dann in ein irdenes Gefäß und nahm sich vor, stets nur soviel davon zu essen, als er mit der Hand herausnehmen konnte. Lächelnd hat er uns selbst erzählt: »Wohl nahm ich mehrere Bröcklein, doch war es unmöglich, sie herauszubefördern, denn die Öffnung des Gefäßes war zu eng, und nicht zu essen erlaubte mir mein τελώνης (= mein Magen) keineswegs.

---

[167] Sowohl Frage als auch Antwort liegt offenbar ein Muster zugrunde, vgl. Diog.Laert. VI 51.

[168] In bNed 62b wird der Steuereinnehmer mit einem Löwen verglichen (s. noch u. 3.2.5.4).

[169] Ed. Butler (TaS VI Bd. II). − Die Übers. folgt weitgehend S. Krottenthaler (BKV² 5), 351.

3.2.5.4 Yalq I 182 (Wa'era 7)[170]:

In einer Fabel von einem Löwen, Fuchs und Esel erscheint der τελώνης in der Rolle des Esels:

אמרו משל למה הדבר דומה לארי וחיות ושועל שהיו הולכין בספינה
וחמור גובה מכס מן הספינה. אמ' להם החמור תנו לי מכס. א"ל שועל
לחמור, כמה עזין פניך, אתה יודע שמלך שבחיות עמנו ואתה תשאל מכס.
א"ל מן המלך אני נוטל ולגנזי המלך אני מכניס. א"ל הארי קרבו לי
הספינה, ויצא וטרפו לחמור ונתנו לשועל, א"ל סדר לי איבריו של שוטה
זה. הלך וסידרן. ראה לבו נטלו ואכלו. כשבא הארי מצא איבריו סדורין,
נתוחין א"ל לבו של שוטה זה היכן הוא. א"ל, אדוני המלך, לא היה לו
לב שאם היה לו לב [לא] היה שואל מכס מן המלך.

Sie sprachen: »Womit kann man dies vergleichen?« Mit einem Löwen, Tieren und einem Fuchs, die auf einem Schiff fuhren. Und ein Esel wollte Zoll vom Schiff erheben. Da sprach zu ihnen der Esel: »Entrichtet mir Zoll!« Sprach der Fuchs zum Esel: »Wie unverschämt bist du! Weißt du, daß der König der Tiere bei uns ist?! Und du verlangst Zoll?!« Da sprach der Esel: »Vom König nehme ich, und in seine Schatzkammer gebe ich!« Da sprach der Löwe: »Bringt (ihn) mit zum Schiff!« Da ging er hinaus und riß den Esel und gab ihn dem Fuchs. Er sprach zu ihm: »Ordne mir die Glieder dieses Verrückten!« Da ging der Fuchs und ordnete sie. Da sah er sein Herz, nahm es und fraß es. Als der Löwe kam, fand er seine Glieder geordnet, (das heißt) zerlegt. Er sprach zu ihm: »Das Herz dieses Verrückten, wo ist es?« Er antwortete ihm: »Mein Herr König, er hatte kein Herz! Wenn er nämlich eins gehabt hätte, hätte er keinen Zoll vom König nehmen wollen!«

Im Esel wird ganz allgemein menschliches Verhalten dargestellt. Damit entspricht die Blickrichtung der Fabel nicht unserer Frageintention; denn wir wollen untersuchen, inwieweit sie charakteristische Züge des τελώνης zum Ausdruck bringt. Aber achten wir zunächst auf die Fabel selbst.

Der Esel, der vom König Zoll erheben will[171], veranschaulicht im Typ des Abgabenpächters die Situation des frevelnden Menschen. Er hat zwar eine plausible Begründung (»Vom König nehme ich, und in seine Schatzkammer gebe ich!«), doch übersieht er völlig die realen Gegebenheiten, die der Fuchs zur Sprache bringt: »Wie unverschämt bist du«, und zwar nicht prinzipiell, sondern weil »der König bei uns ist«. Der Löwe nennt das Verhalten des Esels verrückt und befiehlt, seine Glieder zu ›ordnen‹, damit dadurch die verletzte Ordnung wiederhergestellt werde[172].

---

[170] Vgl. L. GINZBERG, Legends V 57 Anm. 190; M. GASTER, Exempla Nr. 244f.165b und B. HELLER, Märchen 319 sowie J. LANDSBERGER (Hg.), Fabeln LXXII—LXXXV und Babrios 95 (= Fabeln der Antike, ed. H. C. Schnur, München 1978, 290ff.). – Zur Ursprungsfrage vgl. H. C. Schnur und B. HELLER, Märchen 320.

[171] Vgl. bSukka 30a ⟨u. 6.4.3.6⟩.

[172] Vgl. zu Herz/Vernunft B. HELLER, Märchen 319, 342 sowie Prov 15,21 (J. LANDSBERGER, Fabeln LXXVIII ⟨Lit.verz. I 1⟩). – Das Herz ist in Ägypten Symbol für das Gewissen.

Übertragen auf unseren Zusammenhang heißt dies: der τελώνης begeht kein Unrecht, wenn er die entsprechenden Abgaben von den Steuerpflichtigen erhebt. Stellt er aber unrechtmäßige Forderungen, dann verdient er eine harte Strafe.

Im Hintergrund der Fabel steht somit zwar der τελώνης als einer, der unstatthaft fordert, aber dies wird nicht als allgemeingültiges Kennzeichen des τελώνης angesehen. Denn genausowenig wie zwangsläufig jeder Mensch frevelt, genausowenig wird hier ein charakteristisches Bild vom τελώνης gezeichnet.

### 3.2.5.5 Ariston von Chios (SVF I 403)[173]:

Ariston von Chios (um 250 v. Chr.), ein Schüler Zenons, nannte den Schlaf einen τελώνης, da er die Hälfte der Lebenszeit stehle:

> Καὶ μὴν ὀλίγου χρόνου καὶ βίου τοῖς ἀνθρώποις δεδομένου ὁ μὲν Ἀρίστων φησὶν ὅτι ὁ ὕπνος οἷον τελώνης τὸ ἥμισυ ἀφαιρεῖ τούτου.

Den Menschen ist eine so kurze Lebenszeit gegeben und der Schlaf nimmt, wie ein τελώνης, die Hälfte davon weg.

Ariston erweiterte dabei ältere Sentenzen vom Schlaf als der Hälfte des Lebens, die sich über Aristoteles[174] und Krates[175] auf Antisthenes[176] zurückverfolgen lassen. Dieses Fragment sagt — wie aus den vorausgehenden Fragmenten ersichtlich wird — offenbar nichts über die ethische Grundeinstellung Aristons, sondern bringt eine populäre Lebensregel[177] zum Ausdruck[178]. Die Verbindung mit dem Zöllner setzt voraus, daß dieser in einen natürlichen Besitzstand eingreift und ihn reduziert. Dabei ist allerdings, wie der Vergleich zeigt, die Zwangsläufigkeit des Eingriffs anerkannt[179].

---

[173] = Plut.mor. 958D. Vgl. W. Schmid / O. Stählin, GgrL, HAW VII 2,2,103; O. Hense, Ariston bei Plutarch, RMP 45 (1890) 546 f.; F. Dümmler, Zu Aristipp …, in: Akademika, Gießen 1889, 169 f.; M. Pohlenz, Stoa I 122 f., 163. — Übers. nach W. Nestle, Nachsokratiker 17.

[174] NE I 13 (1102 b 4 ff.), vgl. Plat.leg. 808b.

[175] Vgl. Stob.flor. 98,72.

[176] Fr. 14 (S. 52 Winckelmann). — Vgl. Plat.pol. 537b und Xenokrates (bei Diog. Laert IV 12).

[177] Vgl. Clem.Alex.paid. II 9,81,5; Lukr. III 1047; Sen.epist. 99,11.

[178] Vgl. O. Hense, Ariston (o. Anm. 173) 547: »Der ὕπνος als τελώνης, der die Hälfte der knapp bemessenen Summe des Lebens für sich heischt, ist eine Vorstellung von dem Schlage wie die φύσις ὀβολοστάτις in dem kynisch durchtränkten Axiochos oder die φύσις als Vermietherin … bei Bion, als Leiherin bei den Stoikern.«

[179] Im Jahr 1649 ging G. Ph. Harsdörffer, Gesprächsspiele (s. Lit.- Verz. I 10) 563 auf die Vorstellung vom Schlaf als einem τελώνης ein:
Die Natur wil uns die Ruhe ertheilen / daß wir den dritten Theil unsers Lebens mit Schlaffen / die zwey Drittel aber mit unsers Berufs Arbeit zubringen sollen. Wie wir

3.2.5.6 Zusammenfassung:

Die pauschale Bezeichnung der Oropier als τελῶναι und Diebe bringt das negative Vorverständnis des τελώνης zum Ausdruck. Die wechselseitige Verwendung mit ›Dieb‹ kennzeichnet zwar den τελώνης als Betrüger, dennoch wird durch die Übertreibung (zweimaliges πάντες) die vorschnell verallgemeindernde Gleichsetzung, alle τελῶναι seien Diebe, in Frage gestellt: »τελώνης« vertritt vielmehr die Kategorie des Abscheu erregenden Menschen.

Theokrit verweist auf den habgierigen τελώνης, dessen Gewinnstreben unübertroffen ist. Resh Laqish sieht in der Begegnung mit dem τελώνης eine äußerst gefährliche Situation. In der Fabel vom Löwen, Fuchs und Esel kommt derjenige τελώνης in den Blick, der überhöhte Forderungen stellt.

Nach Makarios dem Jüngeren fordert der τελώνης unnachgiebig, jedoch nicht mehr als das, was ihm zusteht; ähnlich – aber wohl mit bissigem Spott – wird er bei Ariston gesehen.

Gemeinsam ist diesen Texten, daß sie den τελώνης darstellen als einen, der ohne Rücksichten zur Kasse bittet. Dabei liegt das Gewicht entweder mehr auf der Betonung des ungerechten bzw. habgierigen Forderns oder aber auf seinem legalen Verhalten.


## 3.3 Zur Beurteilung des τελώνης[180]

Aufgrund des angeführten – und des noch zu behandelnden – Quellenmaterials ergibt sich scheinbar zwingend, daß, wie O. Michel formulierte, »die Staatspächter . . . in der ganzen Antike gefürchtet (Herond Mim 6,64) und unbeliebt (waren)«[181]. Dieses Urteil, das für ähnliche steht[182], erscheint jedoch zu wenig differenziert; ebensowenig können wir seiner Deutung zustimmen: »Dies System der Staatspacht trug also die Hauptschuld daran, daß wir über Jahrhunderte hinweg Zeugnisse für den schlechten Ruf der Zollpächter finden.«[183] Wir werden die Frage der Beurteilung des τελώνης unter zwei Haupt-

---

aber mit Essen und Trinken Unordnungen zu thun pflegen / also geben wir auch diesem Zölner unsrer Zeit mehr als ihm gebühret.

F. v. LOGAU, Sinngedichte (s. Lit.-Verz. I 10) 118 Nr. 1 brachte Aristons Bemerkung in einen Vers:

Es sitzt der Schlaf am Zoll, hat einen guten Handel,
Sein ist der halbe Theil von unsrem gantzen Wandel.

[180] Vgl. H. GREEVEN, Hauptproblem; H. BOLKESTEIN, Wohltätigkeit; M. POHLENZ, Hell. Mensch; DERS., Stoa und Stoiker; H. HOMMEL, Ideal; R. VISCHER, Leben.

[181] Art. τελώνης 98,30 f.

[182] Vgl. z. B. M. I. ROSTOVTZEFF, HW I 187: Die τελῶναι »waren tief gehaßt und gefürchtet bei allen Bevölkerungsklassen«. S. auch A. ANDREADES, Geschichte 171.

[183] O. MICHEL, ebd. 100,21–23, vgl. K. J. BELOCH, GrG III 1,335.

gesichtspunkten untersuchen: Klagen über die τελῶναι und: Aristokratische Wertvorstellungen.

### 3.3.1 Klagen über die τελῶναι

Nach Strab. 9,3,4 wurden die Abgaben in Krisa ›unerbittlich‹ erhoben (πικρῶς ἐτελώνουν). Ähnliches wird auch in anderen Quellen zum Ausdruck gebracht[184]. In diesem Zusammenhang kann weiterhin auf die im vorigen Abschnitt dargestellten Sentenzen verwiesen werden, wobei besonders die von Theokrit einerseits und von Ariston und Makarios andererseits hervorzuheben sind; ebenso eindrücklich ist Poll. 9,32 f.

Öfter ist von der Habgier (πλεονεξία, αἰσχροκερδία) der τελῶναι die Rede[185]. Dieser Vorwurf wird vor allem dann zutreffend gewesen sein, wenn sich jemand durch die Abgabenpacht finanziell zu sanieren suchte.

Schließlich finden wir mehrfach Beschwerden über die Durchsuchung der Waren bzw. des Gepäcks. Es ist durchaus denkbar, daß wegen der damit verbundenen Scherereien und der Strafen, die auf Steuerhinterziehung standen, die τελῶναι ›gefürchtet‹ waren[186].

Zugleich muß auch die Gegenseite gesehen werden. Die als πικρῶς oder σκληρῶς bezeichnete Abgabenerhebung muß keineswegs allein zu Lasten des τελώνης gehen. Wir sahen oben zu Aristoph.equ. 248, in welchen Finanznöten Athen wenige Jahre nach Beginn des Peloponnesischen Krieges steckte, wie es sogar als die Stadt, »die sich so gerne rühmte, die gottesfürchtigste in Hellas zu sein, der Nation das Beispiel der Säkularisierung der Kirchengüter« gab, indem »während des Archidamischen Krieges ... die Tempelschätze von Attika fast vollständig für die Bedürfnisse der Kriegführung aufgebracht« wurden[187]. Bevor dieser schwerwiegende Eingriff in die Tempelgüter vorgenommen wurde, wurde sicherlich die Steuerschraube bei den Bundesgenossen ebenso wie im eigenen Volk so weit wie möglich angezogen.

Der Vorwurf der πλεονεξία ist schwer zu beurteilen. Derjenige, der in mühevoller, möglicherweise in schwerer und entsagungsvoller Arbeit sein Leben fristet, kann in dem durchaus normalen und keineswegs überzogenen Gewinn eines Abgabenpächters von 10%, 12% oder mehr[188] Habgier zu erkennen

---

[184] Vgl. z. B. IAssos 28,12 mit Kommentar; OGIS 55,16 f.; Jos.Ant. 17,205.

[185] Vgl. Herakleides Kritikos I 7. 25 ⟨3.2.1.12⟩; Artem.oneir. 4,57 ⟨3.2.2.8⟩ und Suda, s. v. τελώνης, IV 521 Nr. 290 (= Joh.Chrysost., PGM 51,365a). – S. auch K. S. FRANK, Art. Habsucht (Geiz). RAC XIII. Stuttgart 1986, Sp. 227 ff. und u. Anm. 198.

[186] Vgl. o. Abschn. 3.2.3 sowie G. KLINGENBERG, Commissum 21 ff. (zu SIG³ 952). – Eine zusammenfassende Studie – über O. W. REINMUTH, Prefectural Edicts hinaus – erscheint wünschenswert. – S. noch H. ENGELMANN / D. KNIBBE, MonEph §§ 5, 8, 22.

[187] K. J. BELOCH, GrG III 1,447; vgl. 443, 447.

[188] Vgl. H. C. YOUTIE, Publicans 564 (10), s. o. Anm. 105. Vgl. zu den Zinssätzen in

meinen − bzw. eine solche Gewinnspanne so bezeichnen −, ohne daß dieser subjektiv verständliche Vorwurf der Eigengesetzlichkeit des Geldwirtschaftens gerecht würde.

Die Beschwerden über die Durchsuchung der Waren und die ›unerbittliche‹ Erhebung der Abgaben fanden in der Steuerhinterziehung ihr Pendant. Plutarch kann denn auch keineswegs übergehen, daß die rigide Durchsuchungspraxis der τελῶναι in engstem Wechselverhältnis zur Steuervermeidung bzw. zum Schmuggel stehe[189].

Es ergibt sich folglich, daß die Klagen über die τελῶναι auf ein Dreifaches verweisen: auf die Übergriffe der τελῶναι selbst, auf die Finanzforderungen der Poleis bzw. der Diadochenreiche und auf die Steuermoral der Steuerpflichtigen. Wie aus den kurzen Bemerkungen deutlich geworden sein dürfte, sind die entsprechenden Texte nur gelegentlich wirklich eindeutig; weitaus häufiger kommen mehrere Gesichtspunkte zusammen.

### 3.3.2 Aristokratische Wertvorstellungen[190]

Der Gedankengang in Aristot.rhet. II 23 (s. o. Abschn. 3.2.1.6) setzt die Ansicht voraus, das Verpachten der Steuern sei moralisch legitim, nicht aber das Pachten. Eine ähnliche unterschiedliche Bewertung zweier Seiten ein und derselben Sache stellt keine Ausnahme dar[191]. Am deutlichsten dürften in unserem Zusammenhang zwei Stellen aus Plutarchs Periklesdarstellung sein. Es heißt dort[192]: »oft freuen wir uns eines Werkes und verachten den, der es ge-

---

Griechenland (deren Höhe mit dem Gewinn bei der Abgabenpacht vergleichbar sein dürfte) G. BILLETER, Geschichte des Zinsfusses im griechisch-römischen Altertum bis auf Justinian. Leipzig 1898, 9 (10 % der delischen Tempelbank im 5. Jh. v. Chr.); 11 (12 % in Attika in den Jahren 376−366 v. Chr.) sowie 28: »im eigentlich kaufmännischen Verkehr (waren) *Zinssätze über 12 % üblich*«. H. P. KOHNS, Lenkung 160 nennt beim Getreidehandel einen »(allerdings noch mit den Geschäftsunkosten zu belasten-den) Gewinn von 16−17 % ... völlig im Rahmen der damals üblichen Verdienst-spanne« (zu Lys. 22). »Die Großhändler ... erzielten ... gelegentlich ... einen Gewinn von 100 %. Damit bewegten sie sich ... m. E. völlig in einer prinzipiell als maßvoll angesehenen Verdienstspanne«. Vgl. F. M. HEICHELHEIM, WG II 535, 550 ff. mit Anm. 32 (= III 1090) und U. WILCKEN, Ostraka I 535.

[189] S. o. Abschn. 3.2.3.6.

[190] Vgl. O. NEURATH, Anschauung 593 ff.; H. BOLKESTEIN, Wohltätigkeit 181 ff.; D. NÖRR, Bewertung; C. MOSSE, Travail; M. I. FINLEY, Wirtschaft 31 ff. und DERS., Aristoteles, bes. S. 96 ff.

[191] Vgl. Demosth. 37,52 einerseits und 34,51 andererseits, s. H. BOLKESTEIN, Wohltätigkeit 198 mit Anm. 1 f., 336 sowie z. B. W. ECK, Organisation 23 Anm. 64 (= 24): »Bei den Delatoren ergibt sich das insgesamt paradoxe Problem, daß ein und dieselbe Sache in den Gesetzen vorgeschrieben und belohnt, aber in der moralischen Beurteilung abgewertet wird.«

[192] Plut.Per. 1 und 2.

schaffen« und: »Ein Werk mag uns durch seine Schönheit erfreuen. Das heißt aber nicht, daß sein Schöpfer notwendig unsere Achtung verdiene.« Auf unseren Zusammenhang übertragen bedeutet dies: ›Abgaben ja — Abgabenpächter nein!‹ Wer aufgrund dieses Rasters die τελῶναι beurteilt, gehört der sozialen Schicht, die er damit ablehnt, nicht an.

Die drei im folgenden behandelten Themen über σχολή, χρηματισμός und πενία umfassen ausgesprochen weitläufige Gebiete; wir wollen sie, den Erfordernissen unseres Gedankengangs entsprechend, nur kurz erörtern und vorwiegend anhand von Platon und Aristoteles darstellen.

### 3.3.2.1 σχολή:

Im ersten Buch der platonischen ›Gesetze‹ spricht der athenische Fremde zu Kleinias und Megillos von der »Erziehung zur Tugend vom Knabenalter an, welche die Lust und Liebe erweckt, ein vollkommener Staatsbürger zu werden, der es versteht, der Gerechtigkeit gemäß zu herrschen und sich beherrschen zu lassen. *Diese* Art der Bildung sondert unsere Rede heraus ... und nur diese möchte sie jetzt als Erziehung bezeichnen, die Bildung dagegen, die auf Gelderwerb oder auf Körperkraft oder auch auf sonst eine Fertigkeit ohne Vernunft und Gerechtigkeit abzielt, (bezeichnet sie) als handwerksmäßig und eines Freien unwürdig und als überhaupt nicht wert, Erziehung zu heißen«[193].

Der Gegensatz besteht zwischen dem vollkommenen Bürger — dem Aristokraten — und dem Banausen. Aus der platonischen Formulierung geht zugleich hervor, daß auch derjenige Banause ist, der wegen seiner täglichen Mühe um den Lebensunterhalt zwangsläufig den vollkommenen Bürger nicht repräsentieren kann. Demzufolge ist auch der τελώνης Banause[194].

Ähnliches sagt Aristoteles im dritten Buch seiner Politik[195]: Die wirklich Freien sind »von der Arbeit für die Notdurft des Lebens befreit ... Wer sich aber mit der Notdurft plagt, der ist entweder Sklave eines Einzelnen oder arbeitet für die Gemeinschaft und heißt dann Banause und Tagelöhner«. »Denn wer das Leben eines Banausen oder Tagelöhners führt, hat keine Möglichkeit, sich um die Tugend zu bekümmern.« Xenophon äußert sich kaum anders[196]: »Auch gewähren die sogenannten handwerklichen Berufe am wenigsten freie Zeit, sich noch um Freunde oder den Staat zu kümmern, so daß solche Leute unbrauchbar zu sein scheinen für geselligen Umgang und zur Verteidigung des Vaterlandes.« Das Ziel des vollkommenen Bürgers bzw. des wirklich Freien ist die σχολή, die nur haben kann, wer dem Aristokratenstand ange-

---

[193] Plat. leg. I 643e/644a, vgl. XI 919d; rep. IX 590c. Die Übers. folgt K. Schöpsdau, Platon VIII/1. Darmstadt 1977, 57.

[194] S. o. 3.2.1.11.

[195] Pol. III 5 (1278 a 6 ff. bzw. 10 ff. und 20 f.). S. noch VII 9 (1328 b 33 ff.) und Plat. leg. VIII 846d.

[196] Oik. IV 3. Die Übers. folgt K. Meyer, Marburg 1975, 18.

hört, d. h. in klassisch-griechischer Zeit noch: wer Großgrundbesitzer ist, wie Xenophon ausführlich beschreibt (vgl. oik. IV 3). Als solcher ist er imstande und verpflichtet, Leiturgien zu leisten; dagegen steht der τελώνης als Banause im Verdacht, sich nicht nur nicht für die Polis aufzuopfern, sondern auch noch an ihr Gewinn zu haben[197].

### 3.3.2.2 χρηματισμός[198]:

Eine weitere, gleichwohl aus dem zuvor Genannten ableitbare Wertvorstellung verbindet sich mit der Beurteilung des Handels. Platons Idealstaat soll deshalb 80 Stadien von der Küste entfernt liegen, damit der Handel möglichst gering sei[199]. Aristoteles geht in seiner Politik ebenfalls auf die zweckmäßige Lage der (Metro-)Polis ein[200] und nimmt dabei das Argument auf: »Durch den Verkehr auf dem Meere hin und her kommt eine Menge von Kaufleuten zusammen, und dies sei einer guten Verwaltung des Staates hinderlich.«[201]

Bei seiner Reisebeschreibung Boiotiens nennt *Herakleides Kritikos* auch Oropos[202]. Er betont, daß typisch für die Oropier die ›Krämertätigkeit‹ und die ›unübertreffliche Habgier der τελῶναι‹ seien. Zweierlei sollte auseinandergehalten werden: einerseits hatten die griechischen Poleis kein Interesse an einer Kontrolle der τελῶναι[203]. Dementsprechend kam es zu Mißbräuchen. Andererseits kommt der Stelle bei Herakleides Kritikos (I 25) in besonderer Weise eine Schlüsselfunktion zu: die am Meer gelegenen, handeltreibenden Städte Oropos (I 7) und Anthedon (I 23—25) — allerdings nicht Chalkis (I 26—30) — werden als gewinnsüchtig (»πλεονεξία«) dargestellt, nicht aber die Landwirtschaft treibenden Poleis Tanagra (I 8—10) und Theben (I 12—22) im Inneren Boiotiens. Gerade die gegensätzliche Charakterisierung Oropos — Tanagra (I 9: ἀλλότριοι πάσης ἀδίκου πλεονεξίας) verweist offensichtlich auf die Beschreibung des Idealstaates bei Platon bzw. Aristoteles. Ohne den komplizierten Fragen im einzelnen nachzugehen, muß wohl gefolgert werden, daß die bei Herakleides I 7 erwähnte Charakterisierung der Oropier (vgl. »Krämertätigkeit« und die »Habgier« der Abgabenpächter) sehr wahrscheinlich nicht nur auf die diese Berufe Ausübenden zurückfällt, sondern zugleich Gesetzmäßig-

---

[197] Vgl. Demosth. 21,166 ⟨3.2.1.5⟩; o. Anm. 188 und B. LAUM, Geschichte 218: »Die Steuerpacht ist zwar keine Leiturgie im eigentlichen Sinne (der λειτουργος bringt nur Opfer für den Staat, während der Steuerpächter sogar eine Gewinnchance hat), aber sie ist doch der Leiturgie verwandt, insofern der Pächter ein etwaiges Steuerminus aus seiner Tasche zu zahlen hat.«

[198] Vgl. H. BOLKESTEIN, Wohltätigkeit 197; O. NEURATH, Anschauung 599; H.-J. DREXHAGE, Art. Handel II (ethisch). RAC XIII. Stuttgart 1986, Sp. 561 ff.

[199] Leg. IV 704b—705b; vgl. A. LESKY, Thalatta 221 ff.

[200] Pol VII 6 (1327 a 15 ff.).

[201] Die Übers. folgt O. Gigon, München ²1976, 227.

[202] S. o. 3.2.1.12.

[203] Vgl. M. I. ROSTOVTZEFF, Staatspacht 333 (o. Anm. 30).

keiten unterliegt, die sowohl Platon als auch Aristoteles bei ihren Überlegungen über die Lage des Idealstaates berücksichtigten.

### 3.3.2.3 πενία[204]:

Schließlich ist es keine Frage, daß vom aristokratischen Standpunkt aus gesehen — den die (*klassisch-*)griechische *Literatur* überwiegend repräsentiert — der τελώνης zu den πένητες gehört[205]. Dies gilt auch dann, wenn sowohl Platon als auch Aristoteles die handwerkliche Arbeit als erniedrigend darstellen, obschon die meisten Handwerker reich sind[206].

Es soll ausdrücklich — und zwar besonders im Blick auf die Beurteilung der synoptischen Verhältnisse — festgehalten werden, daß der τελώνης zwar aus aristokratischem Blickwinkel — und somit subjektiv durchaus zutreffend — zu den »Armen« gehörte, daß er dennoch nicht nur dem Mittelstand angehörte, sondern auch über (große) Vermögen verfügen konnte. Das Urteil, der τελώνης sei πένης, kann deshalb keineswegs verabsolutiert werden, sondern steht in engem Zusammenhang mit den damit sich verbindenden Wertvorstellungen.

### 3.3.3 Zur moralischen Beurteilung

Die Klagen über die τελῶναι sind nach zwei Seiten hin zu beurteilen. Einerseits gehen sie eindeutig zu Lasten des τελώνης, andererseits werden damit tieferliegende Probleme des Finanzwesens, des Geldwirtschaftens und der Steuererhebung angesprochen, was zu einer differenzierten Beurteilung des τελώνης Anlaß geben sollte.

Mehrere Texte zeigen eine offenkundige Abwertung des τελώνης. Diese beruht zum Teil auf aristokratischen bzw. im weiteren Sinn philosophischen Wertvorstellungen, die geprägt sind vom Gegensatz: vollkommener Bürger — Banause, das heißt vom Gegensatz zwischen demjenigen, der aufgrund seiner gesicherten Existenz sich der σχολή widmen kann, und dem, der in der Sorge um das notwendige Auskommen eine derartige Muße nicht kennt.

### 3.4 Zusammenfassung

Grundlegend für die in diesem Kapitel behandelten literarischen Texte ist der Versuch, den (hellenistischen) τελώνης (Kleinpächter) darzustellen in Un-

---

[204] Vgl. H. Bolkestein, Wohltätigkeit 199.
[205] Vgl. Lukian 38,11; 51,30 ⟨3.2.2.4/5⟩.
[206] Vgl. z. B. Plat.leg. V 741e; Aristot.pol. III 5 (1278 a 24 f.).

terscheidung vom römischen publicanus (Großsteuerpächter), und zwar mit Schwergewicht auf Griechenland (Athen) in klassisch-griechischer und hellenistischer Zeit.

Der (hellenistische) Kleinpächter pachtete im Bereich einer Polis von dieser indirekte und direkte Steuern sowie Gebühren. Er erwarb das Recht der Steuererhebung durch ein Höchstgebot bei der Versteigerung der Abgabenpacht. Der Pachtzeitraum betrug ein Jahr. Wegen der Risiken bei der Abgabenpacht, wegen der notwendigen genauen Kenntnisse und des erforderlichen Personals liegt es nahe anzunehmen, daß ein Pächter – allein oder in Gesellschaftspacht – mehrere Jahre hindurch dieselbe Abgabenpacht innehatte.

Die Quellen zeichnen mit nur wenigen Ausnahmen (vgl. Anaxippos, Ariston und Makarios) ein negatives Bild des τελώνης (besonders Theokrit und Artemidor). Damit stellte sich uns die Aufgabe, die jeweiligen Intentionen bzw. Motive, Denkraster und Beurteilungskriterien herauszuarbeiten. Zugleich sollte die ›Volksmeinung‹ über den τελώνης schärfer gefaßt werden – ein Unterfangen, das im Grunde vor ähnlichen Schwierigkeiten steht wie das Bemühen, die antike ›Volkssprache‹ aufgrund der rhetorischen literarischen Zeugnisse darzustellen.

Es besteht grundsätzlich kein Zweifel, daß es häufig Übergriffe von τελῶναι gab (vgl. Ps.Plut.mor. 842B); diese waren wegen der in den griechischen Poleis fehlenden Kontrolle nur schwer einzudämmen. Allerdings müssen sich die Texte, die einen Vorwurf an τελῶναι enthalten, nicht unbedingt nur auf Übergriffe derselben zurückführen lassen. Vielmehr stellt sich die Frage, ob nicht manche Beschwerde, die angeblich dem τελώνης gilt (vgl. z. B. Herodas 6,64), zuungunsten des Steuerpflichtigen aufgefaßt werden muß (Schmuggel!).

Ein großer Teil der in diesem Kapitel behandelten Zeugnisse sind den »Negativen Reihen« zuzurechnen. Ihre teilweise auffällige Gleichartigkeit bzw. Gleichförmigkeit führt zu der Frage, ob eine literarische Abhängigkeit vorliegt bzw. wie sie im einzelnen verläuft. Wir konnten feststellen, daß zwischen Aristot. NE IV 3, dem Aristoteles-Schüler Theophrast und Aspasios zumindest enge Zusammenhänge bestehen, darüberhinaus auch zu Galen; dieser wiederum ist zugleich von der attischen Komödie beeinflußt, was ebenfalls für Lukian, Pollux und Philostratos gilt.

Die ›Volksmeinung‹ über den τελώνης dürfte am ehesten in den Sentenzen zu fassen sein. Hierbei wird der τελώνης charakterisiert als einer, der rücksichtslos seine Forderungen stellt. Diese grundlegende Feststellung wird durch zwei weitere Urteile ergänzt und präzisiert: entweder wird dabei seine Habgier betont oder seine harten Forderungen werden als berechtigt anerkannt.

Bei der Beurteilung des τελώνης kommen häufig ethische Vorstellungen zum Tragen. So scheint Demosth. 21,166 von dem Vorurteil geprägt zu sein, Meidias bereichere sich als Abgabenpächter an der Polis, währenddessen es vielmehr seine Aufgabe sei, ihr finanzielle Opfer (Leiturgien) zu bringen bzw. sein Leben einzusetzen; Epiktets Urteil über den τελώνης verweist auf seine philosophische Grundhaltung. Dion Chr. 14,14 zeigt die Spannung zwischen Legalität und Moralität.

Eine sozial geringe Einstufung erfuhr der τελώνης durch die aristokratischen Wertvorstellungen, die sich in der Gegenüberstellung: ›vollkommener Bürger — Banause‹ zusammenfassen lassen (vgl. Demochares, so auch schon Aristoph.equ. 248 sowie Aristot.rhet. II 23 und Ps.Plut.mor. 236 B/C). Möglicherweise steht die Abwertung des Handel- bzw. Handwerktreibenden — und somit auch des τελώνης — in enger Wechselbeziehung zum Vorwurf der πλεονεξία. Die Beurteilung des τελώνης als πένης (Lukian 38,11; 51,30 und Philostr. VA 8,7,11) wird aufgrund der Zuweisung zur aristokratischen Sicht erklär- und korrigierbar.

Zusammenfassend ist festzuhalten, daß wir zwischen Texten unterscheiden müssen, die die ›Volksmeinung‹ mehr oder weniger deutlich zur Sprache bringen, und solchen, die philosophischen bzw. aristokratischen Wertvorstellungen verpflichtet sind; der Banausenstand ›schweigt‹, oder äußert sich im Sinne der ›Volksmeinung‹. Diese kann dann ein durchaus sachliches Bild vom τελώνης liefern, wenn diese Texte im Spannungsfeld zwischen der Habgier des τελώνης, seinem legalen Verhalten und der Steuerhinterziehung des Steuerpflichtigen gesehen werden. Dagegen ergeben die Zeugnisse, die sich auf eine Wertvorstellung zurückführen lassen, nicht direkt ein sachliches Bild vom τελώνης.

Somit werden wir bei der Übertragung dieser Ergebnisse auf den palästinisch-synoptischen τελώνης eher auf die Texte zurückgreifen, die der ›Volksmeinung‹ zuzurechnen sind; diejenigen Zeugnisse, die ein Werturteil enthalten, fallen zwar nicht gänzlich aus, können aber nur mit Vorbehalt herangezogen werden. Sie geben jedoch Anlaß zur Frage, inwieweit nicht auch in Palästina der τελώνης unter bestimmten Wertvorstellungen gesehen und beurteilt wurde.

# 4. Die römischen Steuerpächter[1]

In diesem Kapitel geht es uns nicht um allgemeine Untersuchungen über die publicani, die römischen Steuerpächter, sondern wir beschränken uns auf einige, für das historische Verständnis des synoptischen τελώνης wichtige Fragestellungen:

— Wer waren die δημοσιῶναι?
— Wie sind ihnen gegenüber die publicani und die τελῶναι einzuordnen?
— Wer waren die portitores?
— Wie ist deren Verhältnis zu den τελῶναι zu beschreiben?
— Wie werden die römischen Steuerpächter in den Quellen beurteilt?

Wie wir eingangs sahen (1.1.1), beschäftigten diese Fragen schon C. Salmasius (1640). Er beantwortete sie mit dem ihm zur Verfügung stehenden Quellenmaterial. Dies waren allein die literarischen Belege. Th. Mommsen äußerte sich zu diesen Fragen ähnlich wie Salmasius. Die Ansicht Joh. Struckmanns (1750), die völlig zu Recht gegen die Opinio communis seiner Zeit gerichtet war, wurde übergangen. So wurde erst durch die Arbeiten von U. Wilcken und M. I. Rostovtzeff die Voraussetzung dafür geschaffen, den synoptischen τελώνης als hellenistischen Kleinpächter — unabhängig vom römischen Steuerpachtsystem — aufzufassen. Dennoch lassen sich die meisten Aussagen neuerer Darstellungen über den synoptischen τελώνης auf die Ausführungen von C. Salmasius / Th. Mommsen zurückführen, welche von der römischen Pacht als einzigem Pachtsystem in römischer Zeit ausgingen (vgl. 6.1). Eine Kurzfassung dieser Sicht finden wir bei Th. Mommsen in einer Anmerkung seines Römischen Staatsrechts[2]:

---

[1] Vgl. v. a. C. G. Dietrich, Beiträge; ders., Grundlagen; M. R. Cagnat, Impôts; ders., Art. Publicani; J. Marquardt, Staatsverwaltung II² 203 ff., 269 ff., 298 ff.; F. Kniep, Societas; M. I. Rostovtzeff, Staatspacht 367 ff.; ders., HW II 639 ff.; W. Liebenam, Städteverwaltung; O. Hirschfeld, KVB; V. Ivanov, De societatibus; A. Stein, Ritterstand; T. R. S. Broughton, R.A.M.; W. Schwahn, Art. Tributum; D. Magie, R.R.; F. Vittinghoff, Art. Portitor; ders., Art. Portorium; P. A. Brunt, Equites; C. Nicolet, L'ordre; G. Ürögdi, Art. publicani; A. H. M. Jones, Rome; ders., Over-Taxation; ders., Taxation; E. Badian, Command; ders., Imperialism; ders., Publicans; W. Goffart, Caput; W. Eck, Organisation und G. Alföldy, Ritter.
[2] II/1³ 442 Anm. 2; zitiert bei W. Liebenam, Städteverwaltung 359 Anm. 2 und G. Ürögdi, Art. publicani Sp. 1185,51 ff.; vgl. auch O. Michel, Art. τελώνης 93 Anm. 55

»Das technische Lateingriechisch setzt für *publicanus* das eigentlich ungriechische Wort δημοσιώνης (Diodor, Strabon, philox. Glossen); das wirklich griechische τελώνης wird dafür auch gebraucht, entspricht aber genauer dem lateinischen *portitor,* dem subalternen Zöllner.«

Aus dieser seit Salmasius verbreiteten begrifflichen Zuordnung wurde die Schlußfolgerung gezogen, daß der palästinisch-synoptische τελώνης allein als portitor — das heißt als ›subalterner Zöllner‹ — anzusehen sei. Ausgehend von Th. Mommsens Gleichsetzung ergibt sich unsere weitere Darstellung.

## 4.1 Die römische Staats- und Steuerpacht (Vectigalienpacht)[3]

Die römische Vectigalienpacht[4] geht auf die Vorstellung zurück, daß der öffentliche Boden italischer und eroberter Gebiete als römisches Eigentum (publicum) anzusehen sei. »Die Römer bezeichnen sie (sc. die nutzbaren Rechte am öffentlichen Boden) entweder ihrem Rechtsverhältniss nach als *publica,* oder nach dem ältesten dieser Rechte als ›Weiden‹, *pascua,* oder, und am gewöhnlichsten, nach dem wichtigsten als ›Fuhren‹, nehmlich der Ackerfrüchte, *vectigalia*«[5]. Diese publica / pascua / vectigalia[6] wurden von den Censoren auf dem Forum in Rom nach der lex censoria[7] verpachtet[8]. Die Pachtdauer betrug meist fünf Jahre (lustrum)[9]. Der Pächter dieser publica hieß publicanus.

---

sowie J. R. DONAHUE, Tax Collectors 45 (»*ho telōnēs* is properly a toll collector and not a tax collector«), vgl. 54 und u. Kap. 6 Anm. 2.

[3] Vgl. zum folgenden besonders TH. MOMMSEN, St.R. II/1[3] 439–443; M. I. ROSTOVTZEFF, Staatspacht 367 ff.; DERS., HW II 639 ff., 748 ff., 763 ff., 776 ff.; F. W. WALBANK, Commentary (zu Polyb. 6,17 ⟨Bd. I 692–695, s. auch U. WILCKEN, Ostraka I 554⟩); P. A. BRUNT, Equites 175 ff., bes. 184 ff. und G. ÜRÖGDI, Art. publicani Sp. 1186 ff., mit einzelnen Stellenangaben.

[4] Vgl. zum Ausdruck M. I. ROSTOVTZEFF, Staatspacht 381 und pass.; wir sehen dabei von der öffentlichen Lieferung (z. B. Liv. 23,49) ab, vgl. G. ÜRÖGDI, Art. publicani Sp. 1186–1188.

[5] TH. MOMMSEN, St.R. II/1[3] 439.

[6] Vgl. ebd. 434 Anm. 3; G. ÜRÖGDI, Art. publicani Sp. 1190,21 ff. (»*vectigal* ist ein Sammelwort für die verschiedenen staatlichen Gefälle«, ebd. Z. 23–25).

[7] Vgl. M. I. ROSTOVTZEFF, HW III 1297 Anm. 85; 1347 Anm. 48.

[8] Zu »Pacht«, »Kauf«, »Miete« s. C. G. DIETRICH, Grundlagen I 19 ff., DERS., Beiträge 5 mit Anm. 1; F. KNIEP, Societas 93 ff., 231 ff.; TH. MOMMSEN, St.R. II/1[3] 441 Anm. 3; T. R. S. BROUGHTON, On Two Passages (zu Cic. Att. 5,16,2); vgl. noch C. NICOLET, L'ordre 350.

[9] Nach M. I. ROSTOVTZEFF, HW III 1347 Anm. 50 und D. MAGIE, R.R. 165 mit Anm. 17 (= 1054) waren in republikanischer Zeit in der Provinz Asia jährliche pactiones üblich. S. aber Cic. Att. 6,2,5 und T. R. S. BROUGHTON, R.A.M. 537 Anm. 13 sowie P. A. BRUNT, Sulla 19 (vgl. auch u. Kap. 5 Anm. 6).

Für die Pacht des staatlichen Besitzes (*Staatspacht*) kommen drei Bereiche in Frage: die *Fischerei, loca publica* wie Bauplätze, Läden, Marktbuden, Bäder, Aquädukte, Kloaken, Brücken und Wege, schließlich der *ager publicus,* wie zum Beispiel das Weideland (pascua, scriptura), Forste, Gärten, Pechhütten (picariae, cretifodinae, lapicidinae), Bergwerke (metalla), sowohl für Edelmetall als auch für Blei, Eisen und Schwefel. Die Salinenpacht (Salzmonopol) gehört ebenfalls hierher.

Auch für die Pacht der staatlichen Einkünfte (*Steuerpacht*) kann auf die erwähnte Vorstellung des publicum zurückgeführt werden. »Die Alten (sc. Römer) fassen den Hafen- ebenso wie den Wege- und Brücken- und jeden andern Zoll nicht als Hoheitsrecht, sondern als Ausfluss des Grundeigenthums: öffentlich ist er nur, weil der Strand nach der älteren Auffassung im öffentlichen Eigenthum steht ... Der Staat macht das Recht diesen zu betreten ebenso abhängig von der Zahlung des *portorium* wie das die Weide zu betreten von der der *scriptura.*«[10]

Die *direkten*[11] und die *indirekten* Steuern[12] wurden gleichermaßen als ›vectigalia‹ bezeichnet. Demnach findet das lateinische Wort ›vectigal‹ in dem griechischen τέλος/τέλη seine Entsprechung: so wenig wie sich φόροι und τέλη für die klassisch-griechische Zeit in ›direkte‹ und ›indirekte Steuern‹ aufteilen lassen, so wenig ist es möglich, ›tributum‹ und ›vectigal‹ in diesem Sinn zu unterscheiden[13]. Dies bedeutet, daß ›vectigal‹, ebenso wie τέλος/τέλη, eine breite, das heißt alle Abgaben zusammenfassende oder eine enge Bedeutung — beispielsweise ›Zoll‹ — haben kann[14]. Die römische Staats- und Steuerpacht läßt sich deshalb zusammenfassend als Vectigalienpacht beschreiben.

War für einen Einzelpächter das Risiko einer Pacht[15] zu groß oder war überhaupt die erforderliche Pachtsumme zu hoch, konnte er sich mit anderen zu einer Pachtgesellschaft (societas publicanorum) zusammenschließen. Die früheste Erwähnung einer Pachtgesellschaft finden wir bei Livius für das Jahr 215 v. Chr.[16].

---

[10] TH. MOMMSEN, St.R. II/1³ 440 Anm. 2.

[11] Vgl. z. B. φόροι/decuma sowie App.civ. 5,4 und die Interpretation Rostovtzeffs (HW III 1356 Anm. 99), vicesima hereditatium und vicesima manumissionum.

[12] Vgl. z. B. portorium; vectigal maris Rubri (Plin.nat. 6,22,84).

[13] Gegen J. FRIEDRICH / W. PÖHLMANN / P. STUHLMACHER, Zur historischen Situation und Intention von Röm 13,1–7. ZThK 73 (1976) 157 f. und die meisten Kommentare zu Röm 13,6 f. Es besteht keinerlei Anlaß, ›publicanus‹ anders als mit ›Steuerpächter‹ und ›vectigal‹ anders als mit ›Abgabe‹/›Steuer‹ zu übersetzen, vgl. M. I. ROSTOVTZEFF, GuW I 294 Anm. 7 (= 295).

[14] S. o. Anm. 6.

[15] Vgl. Cic. ad fam. 13,9,2; 65,2; T. R. S. BROUGHTON, R.A.M. 538, 539 mit Anm. 27; D. MAGIE, R.R. 165 mit Anm. 20 (= 1055); 400 mit Anm. 72 (= 1255) sowie P. A. BRUNT, Equites 187 Anm. 48.

[16] Liv. 23,48,1 ff. (gemeint ist hier eine societas für öffentliche Lieferung, vgl. F. KNIEP, Societas 12).

An der Spitze einer societas — die nach M. I. Rostovtzeff und P. A. Brunt ähnlich einer heutigen Aktiengesellschaft, nach C. G. Dietrich wohl richtiger wegen der persönlichen Haftung der Kommanditisten ähnlich einer Kommanditgesellschaft organisiert war[17] — stand der manceps als Hauptunternehmer[18]. Er lebte in Rom, verhandelte mit den Censoren und wurde nie publicanus genannt. Jährlich wechselten die magistri (Geschäftsführer). Ihre Stellvertreter in der Provinz waren die pro magistri, in der Provinz Asia mit Sitz in Ephesos[19], in der Provinz Syria vermutlich in Sidon[20]. Weiterhin gehörten einer Steuerpachtgesellschaft die »decumani, hoc est principes et quasi senatores publicanorum« an[21] und als Geldgeber die vor allem in Rom lebenden Mitgesellschafter. Während der Republik werden als Angehörige der familia publicanorum[22] die tabellarii publicanorum erwähnt; die Steuereinnehmer, das heißt die Angestellten beziehungsweise Sklaven der publicani, hießen wohl alle portitores. In der Kaiserzeit begegnet bei der Zollverwaltung eine Vielzahl von Sonderbezeichnungen, so der vilicus (Zollstellenleiter), der arcarius (Kassenführer), als Kassierer der dispensator, actor und coactor, der scrutator (Zollrevisor), contrascriptor (Gegenschreiber / Kontrolleur), vicarius (Aushilfsbeamter) und schließlich der portitor (Erheber).

Im 1. und 2. Jahrhundert n. Chr. verloren die publicani beziehungsweise deren societates im ganzen römischen Reich an Bedeutung und Einfluß. Einzelheiten über die jeweilige Entwicklung sind nicht bekannt. »Augustus is not credited with any change in the use of publicans, and a statement by Tacitus (*Annals* IV 6) ... shows ... that some direct taxes in kind, as well as indirect taxes, were still being collected by *Roman* publican companies after his death ... It is commonly assumed that Tiberius eliminated publicans from the collection of all direct taxes later in his reign, but this cannot be inferred from the text cited«[23]. In ihrer republikanischen Form hielt sich die Steuerpacht länger bei den indirekten Steuern wie den Verbrauchs- und Verkehrssteuern. Am längsten finden wir sie bei der Zollverwaltung, so daß für das 3. Jahrhundert n. Chr. die Steuerpacht mit der Grenzzollpacht gleichgesetzt werden kann[24].

---

[17] M. I. ROSTOVTZEFF, Neue Inschrift 128 mit Anm. 4; P. A. BRUNT, Equites 187.

[18] Dem entspräche der Komplementär der Kommanditgesellschaft. Vgl. Cic. Planc. 33 sowie TH. MOMMSEN, St. R. II/1³ 430 (dazu H. KAUFMANN, Miete 272 f.).

[19] Vgl. Cic. ad fam. 5,20,9 (me omnem pecuniam ... Ephesi apud publicanos deposuisse); Att. 5,13,1; 11,13,1; IEphesos 3045; H. J. MASON, Greek Terms 27 s. v. ἀρχώνης und u. Anm. 67.

[20] Vgl. Jos. Ant. 14,203; M. I. ROSTOVTZEFF, Staatspacht 477 (»Centralverwaltung der Publicanengesellschaft«) sowie DERS., HW II 792 (»Zentralspeicher«). F. VITTINGHOFF, Art. Portorium Sp. 374,56 ff. hält Tyros für möglich.

[21] Cic. Verr. II 2,175.

[22] Zum ἀντιγραφεύς s. u. Kap. 5 Anm. 30.

[23] A. H. M. JONES, Taxation 181. S. noch u. Anm. 70.

[24] Vgl. z. B. M. I. ROSTOVTZEFF, Staatspacht 507 und M. WÖRRLE, Myra 294 (mit Anm. 759, 760).

## 4.2 Die griechischen Äquivalente zu publicanus und portitor

Die zuvor erwähnte Gleichsetzung des publicanus mit δημοσιώνης und des portitor mit τελώνης von Mommsen läßt sich in dieser Form nicht aufrechterhalten. Es ist sicherlich richtig, daß portitor τελώνης, und daß δημοσιώνης publicanus wiedergeben kann[25]. Aber andererseits kann genauso gut τελώνης den römischen Steuerpächter und publicanus den hellenistischen Kleinpächter bezeichnen[26]. Damit fällt eine Plutarchstelle als Beleg für die Übergriffe des synoptischen τελώνης weg[27], da Plutarch ebenso wie Dio Cassius für den römischen Steuerpächter/δημοσιώνης ausschließlich das Wort τελώνης verwenden[28]. Memnon von Herakleia (Pontos), der durch weitere Zeugnisse bestätigt wird[29], meint bei der Beschreibung der Vorgänge in seiner Heimatstadt mit δημοσιῶναι und τελῶναι dieselben Personen[30].

Δημοσιωνίας δὲ τῶν Ῥωμαίων ἐν ταῖς ἄλλαις πόλεσι καθιστώντων, καὶ τὴν Ἡράκλειαν διὰ τὴν εἰρημένην αἰτίαν ταύταις ὑπέβαλλον. Οἱ δὲ δημοσιῶναι πρὸς τὴν πόλιν ἀφικόμενοι παρὰ τὰ ἔθη τῆς πολιτείας καὶ ἀργύριον ἀπαιτοῦντες [233a] τοὺς πολίτας ἐλύπουν, ἀρχήν τινα δουλείας τοῦτο νομίζοντας. Οἱ δέ, διαπρεσβεύσασθαι δέον πρὸς τὴν σύγκλητον ὥστε τῆς δημοσιωνίας ἀπολυθῆναι, ἀναπεισθέντες ὑπό τινος θρασυτάτου τῶν ἐν τῇ πόλει, τοὺς τελώνας ἀφανεῖς ἐποίησαν, ὡς καὶ τὸν θάνατον αὐτῶν ἀγνοεῖσθαι.

Als die Römer in den anderen Städten die Steuerpacht einrichteten, unterwarfen sie ihr auch Herakleia aus dem vorgenannten Grund. Die Steuerpächter (δημοσιῶναι/ publicani) aber, als sie in der Stadt ankamen und gegen die Gewohnheit des Gemeinwesens Geld forderten, versetzten die Bürger in Unmut, die darin den ersten Schritt auf Knechtschaft hin erblickten. Sie sahen sich deshalb gezwungen, eine Gesandtschaft zum römischen Senat zu schicken, um von der Steuerpacht befreit zu werden; unterdessen wurden sie von einem sehr unbesonnenen Bürger in Schlepptau genommen und ließen die Steuerpächter (τελῶναι/publicani) verschwinden, so daß selbst ihr Tod unbemerkt blieb.

---

[25] Vgl. noch u. Anm. 43. H. J. MASON, Greek Terms führt nur τελώνης (= publicanus) an, nicht auch portitor.

[26] Dio Cass. 48,43,1 (38 v. Chr.); Plaut.Truc. 146; s. noch u. Anm. 44 sowie Kap. 5 Anm. 7.

[27] Plut.Luc. 7,6f., vgl. J. WETTSTEIN, Nov. Test. Graec. I 315 (zu Mt 5,46); s. auch Strab. 4,6,7 (205) (LCL 50, S. 277 Anm. 2).

[28] Plut.Sert. 24,5; Luc. 7,6f.; 20,1; Dio Cass. 42,6,3 (vgl. 48,43,1 ⟨o. Anm. 26⟩).

[29] Vgl. SEG XIV 639; M. WÖRRLE, Myra 287; H. ENGELMANN/D. KNIBBE, Das Monumentum Ephesenum. – S. noch die Belege aus Ägypten: P.Hamb. I 84,1; W.Chr. 372,2 (= P.Tebt. II 357); SB I 676; Stud.Pal. XXII 50; P.Princ. III 131; s. auch 5.6.2.2/4/10.

[30] Memnon, FGrHist III 434,38. – Zur bithynischen societas publicanorum s. Cic. ad fam. 13,9 und D. MAGIE, R.R. 164f. mit Anm. 20 (= 1055) und 401 mit Anm. 72 (= 1255). Auf Bithynien bzw. Pontos und die dortigen publicani beziehen sich Diod. 36,3,1; Strab 12,3,40 (562), beidemal δημοσιῶναι; Plut.Luc. 7,6 (τελῶναι); Bell. Alex. 70 sowie Cic.imp.Cn.Pomp. 5, vgl. leg.agr. II 50 (jeweils publicanus).

Andererseits wird telonarius (= telones⟨ / τελώνης⟩) mit portitor gleichgesetzt[31]. Doch wird portitor[32] verschieden erklärt: entweder als Hafenzöllner, entsprechend dem (athenischen) ἐλλιμενιστής[33], dann überhaupt (Steuer-)Einnehmer[34], Fährmann[35] oder Träger, Überbringer und Fuhrmann[36]. Dabei scheint die Bedeutung »Fährmann« die älteste zu sein[37].

Der Fährmann Charon wird öfter als portitor bezeichnet[38]. Aber wenn Nonius zu seiner Erklärung, daß portitor mit telonarius gleichzusetzen sei, auch Verg. Aen. 6,326 anführt, dann fließt hierbei unrichtigerweise die Vorstellung des Fährgeldeinnehmers mit der des Steuereinnehmers zusammen (Non. 24,14f.,28f. ⟨M⟩).

Lukian erwähnt Aiakos als τελώνης[39]; doch bezieht sich τελώνης nicht darauf, daß Aiakos »Einnehmer des Fährzolles« war[40], sondern wohl darauf, daß er nach Lukian. dial. mort. 6 (20),1 Torwächter (πυλωρός) gewesen ist, wobei das Tor (πύλη) als Erhebungsstelle das Mittelglied darstellt[41].

In den Glossaren wird τελώνης mit portitor sowie mit publicanus und δημοσιώνης mit publicanus und τελώνης wiedergegeben[42]. In Ägypten kann

---

[31] Belege o. Kap. 2 Anm. 66.

[32] S. die Belegsammlung in 10.4.

[33] Vgl. Forcellinus III (³1833) S. 434; E. NORDEN, P. Vergilius Maro, Aeneius Buch VI, in: Sammlung wissenschaftlicher Kommentare ..., Leipzig / Berlin ²1916, S. 221 (zu Aen. 6,298); A. WALDE / J. B. HOFMANN, Wb. II 343 s. v. porta sowie Plaut. Asin. 159, 241; Men. 117; Stich. 336; Trin. 794, 810, 1107; Ter. Phorm. 150; Varro Men. 329; Cic. Vatin. 12; rep. 4,7; off. 1,150; ad Q. fr. 1,1,33 (teilweise kann aber auch allgemein der Steuereinnehmer gemeint sein).

[34] Vgl. Cic. leg. agr. 2,61.

[35] Vgl. Forcellinus IV (1868) S. 745; Sen. benef. 6,18,1.

[36] Vgl. A. WALDE / J. B. HOFMANN, Wb. II 343 sowie Colum. 10,155 (nach M. AHLE, Sprachliche und kritische Untersuchungen zu Columella, Diss. phil. Würzburg, München 1915, 11); Lucan. 4,57; Mart. 9,71,7. S. noch Heumanns Handlexikon 439 und Ambr. in Lk 5,90.

[37] Vgl. G. P. SHIPP, Two Notes on the Latin Vocabulary. Glotta 31 (1951) 244f.; E. GJERSTAD, Rez. L. A. Holland, Janus and the Bridge, Rome 1961. JRS 53 (1963) 230.

[38] Vgl. Verg. georg. 4,502; Aen. 6,298,326; Prop. 4,11,7 (nach M. ROTHSTEIN, Die Elegien des Sextius Propertius II, Berlin ²1924, 346); Ov. met. 10,73; Epiced. Drusi 358; Sen. Herc. f. 768; Lucan. 3,17; 7,54; Val. Fl. Arg. 1,784; 6,159(?); Sil. Pun. 9,251; Stat. silv. 2,1,229. − Zu Charon als πορθμεύς vgl. Eur. Alk. 252−259.

[39] 26,2.

[40] So die Übers. nach Wieland / Floerke, Lukian, Sämtliche Werke, in: Klassiker des Altertums, II 120 Anm. 5.

[41] Vgl. SEG VII 570 (s. 6.3.2.4). Πύλη = custom house (vgl. P. Tebt. I 5,34f. ⟨s. dazu die Hg. z. St.⟩ sowie M.-Th. Lenger zu C. Ord. Ptol. 53 ⟨S. 153 z. St.⟩). Vgl. aber K. TALLQVIST, Akkadische Götterepitheta (Stor VII), Helsingfors 1938, 173f. s. v. râbiṣu: »Aufpasser, Wächter ... der Wächter des 6. Höllentores ... Torwächter ... Wächter des Thrones ... der hohe Aufpasser der Götter ... Wächter des Heils und des Bösen«. − S. zu râbiṣu u. 6.5.5.4.

[42] Vgl. L. ROBERT, Enterrements 437 mit Anm. 2 und H. J. MASON, Greek Terms 92a (s. v. τελώνης). 200b (s. v. publicanus).

δημοσιώνης den hellenistischen Kleinpächter bezeichnen[43], wie andererseits Plautus belegt, daß der hellenistische Kleinpächter mit publicanus wiedergegeben wurde[44]. Wir bringen im folgenden eine schematisierte Gegenüberstellung des römischen Großpächters und des hellenistischen Kleinpächters mit den wichtigsten Termini technici, wobei auch der μισθωτής, obwohl wir darauf nicht näher eingehen, der Vollständigkeit halber genannt werden soll. Wir gehen bei dieser Skizze von den lateinischen Begriffen aus:

Römische Großpacht | Hellenistische Kleinpacht

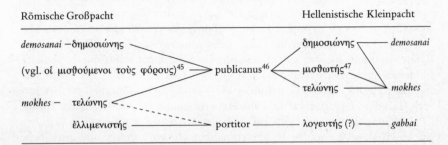

Deshalb empfiehlt es sich, von zwei Pachtsystemen zu sprechen. Nichts deutet darauf hin, daß der palästinisch-synoptische τελώνης in die Hierarchie einer römischen societas publicanorum eingeordnet werden muß.

## 4.3 Die publicani in der römischen Provinz Asia[48]

Im folgenden wenden wir uns speziell den Pächtern in der römischen Provinz Asia beziehungsweise überhaupt im römischen Kleinasien zu, nicht deshalb, weil dieses Gebiet Rom besonders hohe Steuereinnahmen erbrachte,

---

[43] S. die Belegsammlung u. 10.3.3.

[44] Vgl. Plaut. Truc. 146 (s. 3.2.3.7 und o. Anm. 26). Von städtischen τελῶναι spricht Cicero indirekt, s. Cic. ad Q.fr. 1,1,33 (Schluß) und Att. 5,16,2, vgl. M. I. Rostovtzeff, HW II 764 mit Anm. 46 (= III 1346) und T. R. S. Broughton, On Two Passages 173 ff.

[45] App. civ. 2,92, vgl. 2,13.

[46] Vgl. H. J. Mason, Greek Terms 35, 92, 200 f.

[47] So z. B. OGIS 674 (= SB V 8904 = HIRK 63 ⟨90 n. Chr.⟩).

[48] Vgl. T. R. S. Broughton, On Two Passages; ders., R.A.M. 535 ff.; M. I. Rostovtzeff, HW II 644 f., 747 ff., 763 ff.; D. Magie, R.R. 114 f., 141, 164 ff., 250 ff., 325 ff., 382 ff.; P. A. Brunt, Sulla; C. Nicolet, L'ordre 349 ff. – Nach P. A. Brunt, Equites 179 wurde durch C. Gracchus die Steuererhebung in der Provinz Asia »zum Modell für die Steuererhebung in den später erworbenen östlichen Provinzen«. S. noch D. Knibbe, Zeigt das Fragment IvE 13 das steuertechnische Inventar des *fiscus Asiaticus?* Tyche 2 (1987) 75–93.

sondern weil einerseits die Entwicklung der kleinasiatischen Steuerpachtorganisation mit den Vorgängen in Palästina seit 63 v. Chr. verglichen werden kann und weil andererseits gerade die Quellen für die römischen Steuerpächter in Kleinasien für die Beurteilung des publicanus außerordentlich wichtig sind.

Das mit großer Wahrscheinlichkeit um 129 v. Chr. zu datierende Senatus Consultum de agro Pergameno zeigt, daß die publicani nicht erst seit der lex Sempronia de Asia (123 v. Chr.) in die römische Provinz Asia kamen, wie eine Appianstelle nahelegt, sondern schon seit dem Aufstand des Aristonikos (132 v. Chr.) dort tätig waren[49]. Es gab in Kleinasien drei societates publicanorum, jeweils eine für den Zehnten (decuma / φόρος), für das Weide- und Gemeindeland (scriptura) und für die Land- beziehungsweise Hafenzölle (portoria). Diese societates führten jedoch den Steuereinzug nicht selbst durch, sondern schlossen mit den jeweiligen Städten Verträge (pactiones) ab[50]. Die Städte waren dann für die pünktliche Erfüllung der Vertragsbestimmungen verantwortlich. Dabei konnten sie auf ihre alte Steuerorganisation zurückgreifen, auf die städtischen τελῶναι, das heißt auf die hellenistischen Kleinpächter[51]. Kriterien für einen Vertrag ergaben die älteren, aufbewahrten Verträge und gründliche Untersuchungen der Pachtgüter.

Die publicani waren nicht nur in der Steuerpacht einschließlich der Salinenpacht[52] tätig, sondern handelten mit Sklaven, beuteten Tempelgebiete aus und betrieben einen einträglichen Geldverleih[53].

## 4.4 Zur Beurteilung der römischen Steuerpächter

Komplementär zu Th. Mommsens Verständnis des publicanus finden wir bei C. G. Dietrich die traditionelle Meinung über publicani und portitores. Zunächst referiert er: »Während die alten Schriftsteller sonst von den *publicani* nur in den ehrendsten Ausdrücken reden, werden die *portitores* gewöhnlich mit Geringschätzung erwähnt ... Die *portitores* sind identisch mit den im neuen Testament öfter erwähnten verachteten τελῶναι.« Dazu meint er selbst einerseits: »Das Letztere ist unzweifelhaft richtig.« Andererseits stellt er allerdings die traditionell hohe Meinung über die publicani in Frage, denn wir fänden

---

[49] App.civ. 5,4. – Die Frage der Datierung des SC de agro Pergameno wird ausführlich vom Hg. behandelt (Sherk, RDGE 12).

[50] Zu den pactiones vgl. z. B. Cic.Att. 5,14,1; 6,1,16 und M. I. Rostovtzeff, HW II 764 ff.

[51] S. o. Anm. 44.

[52] Vgl. z. B. IPriene 111, 115 und Cic.imp.Cn.Pomp. 16.

[53] Vgl. P. A. Brunt, Equites 189 mit Anm. 59; s. allgemein M. I. Rostovtzeff, Staatspacht 370: »Die eigentlichen Geldgeschäfte waren vielleicht noch einträglicher.«

»auch über die *publicani* als solche mehrfach Aeusserungen der Alten, die Nichts weniger, als schmeichelhaft sind«[54].

Wenn inhaltliche Aussagen über die römischen Steuerpächter zu erkennen sind, dann geben uns die Quellen für den publicanus / τελώνης[55], den publicanus / δημοσιώνης[56] und den portitor[57] fast durchgängig negative Urteile. Andererseits bringt − neben einer Stelle bei Sueton[58] − allein Cicero positive Darstellungen über die publicani. In der Rede für Cn. Plancius aus dem Jahr 54 v. Chr. kann er formulieren: »Die Blüte der römischen Ritter, die Zierde der Bürgschaft, die Stütze unseres Staates: das alles enthält der Stand der Steuerpächter.«[59] Eine derarige Aussage ist unter anderem darauf zurückzuführen, daß Cicero selbst dem ordo equitum entstammte[60], deshalb equites und publicani verteidigte[61] und sich bei den asiatischen societates vectigalium engagierte[62]. P. A. Brunt meinte, daß die beiden positiven Zitate, Cic.imp.Cn. Pomp. 17 und Planc. 23, den publicanus vor der gracchischen Reform beschreiben und deshalb zurecht bestehen[63]. Dagegen erwähnt Livius schon für die ältere Zeit (vor 212 v. Chr.) fraus und avaritia der publicani[64]. Auch die älteste Erwähnung der publicani in der römischen Provinz Asia, das Senatus Consultum de agro Pergameno, leitet die lange Liste der Klagen über das »firmamentum rei publicae« ein[65]. Am Anfang des 1. Jahrhunderts v. Chr.

---

[54] Beiträge 41f., 42, 43; vgl. auch K. Hopkins, Conquerors and Slaves. Cambridge 1978, 43ff.

[55] S. z. B. Liv. 25,1,4; 25,3,9−5,1; 45,18,4; perioch. 70; Plaut.Truc. 146.151; Cic. ad Q.fr. 1,1,32f.; Att. 7,7,5; Brut. 22,85f.; prov. 11; Verr. II 3,18; 3,27; Vell. 2,92,2; Tac.ann. 13,50f.; Iust. 38,7,8; Macr.Sat. 1,14,1. Vgl. G. Ürögdi, Art. publicani Sp. 1194,41f.: »Unsere Quellen berichten hauptsächlich von den Übergriffen der p(ublicani)« sowie A. Andreades, Geschichte 110 Anm. 1.

[56] S. z. B. zur Habgier: Strab. 4,6,7 (205); Diod. 34−35,25,1; 37,5,1.2.4; zu Streitigkeiten: FIR I² Nr. 36 (= RDGE 23 = SIG³ 747 ⟨s. dazu Th. Mommsen, Rechtsstreit⟩); IG XII Suppl. 261.

[57] Vgl. z. B. Plaut.Asin. 159, 241; Men. 117; Trin. 794, 810; Varro Men. 329; Cic. Vatin. 12; rep. 4,7; off. 1,150; ad Q.fr. 1,1,33; Verg.Aen. 6,298 (?); Epiced.Drusi 358; Sen.benef. 6,18,1(?); Lucan. 6,704(?).

[58] Suet.Vesp. 1,2 (ΚΑΛΩΣ ΤΕΛΩΝΗΣΑΝΤΙ).

[59] Flos enim equitum Romanorum, ornamentum civitatis, firmamentum rei publicae publicanorum ordine continetur (33). − Weitere Stellen sind: imp.Cn.Pomp. 17; Verr. II 3,168; ad fam. 13,9,2; ad Q.fr. 1,1,36, vgl. Q.Cic.comm. de pet. 33. − Übers. nach M. Fuhrmann, M. T. Cicero, Sämtliche Reden VI, 243.

[60] Ciceros Vater war Großgrundbesitzer, vgl. Cic.leg. 2,3.

[61] Besonders Gnaeus Plancius, s. dazu P. A. Brunt, Equites 185.

[62] Vgl. Cic.off. 3,88; ad Q.fr. 1,1,6; imp.Cn.Pomp. 4; ad fam. 13,9,2.

[63] Equites 179 Anm. 17, vgl. M. I. Rostovtzeff, HW II 645.

[64] Liv. 25,3,9: Publicanus erat Postumius, qui multis annis parem fraude auaritiaque neminem in ciuitate habuerat praeter T. Pomponium ...

[65] Th. Drew-Bear, Deux décrets stellt S. 450f. den Klagegesang, den die Inschriften über die publicani / δημοσιῶναι verzeichnen, zusammen.

ehrt Priene den Krates, daß er »mit großem Mut und Lebensgefahr ... den mächtigen ... Steuerpächtern (sc. δημοσιῶναι) entgegengetreten ist und seiner Vaterstadt durch sein Auftreten an Ort und Stelle ... und durch Gesandtschaften ihr Recht gewahrt hat«[66]. Eine Gesandtschaft aus Priene ging wegen der Streitigkeiten mit den δημοσιῶναι, die zu Verletzung und Mord (καὶ τραύματα καὶ φόνους) führten, zum Statthalter nach Ephesos[67]. »Das früheste Dekret, das vom Koinon (sc. Asias) erhalten ist, handelt bezeichnenderweise von der Not, welche die Publicani über die Provinz brachten: ἐπεί, τῶν πόλεω[ν καὶ τῶν ἐθνῶν θλιβομένων] ὑπό τε τῶν δημοσιωνῶν καὶ τῶν γεινομένω[ν - - - ]ου καὶ εἰς τὴν ἐσχάτην ἀπόγνωσιν παρ' ἐνίω[ν καθεστηκότων. Das Koinon hatte anscheinend mit Erfolg versucht, sich gegen die Publicani in Rom zu wehren«[68]. So schließen sich zwanglos drei Plutarchstellen an, die von den τελῶναι (= publicani!) handeln[69]:

> Plut. Sert. 24,5:
> Asia wurde wiederum von den Steuerpächtern bedrückt (ἐνοχλουμένων μὲν ὑπὸ τῶν τελωνῶν).

> Plut. Luc. 7,6 f.:
> Ganz Asien ... wurde von den römischen Wucherern und Steuerpächtern (ὑπὸ Ῥωμαϊκῶν δανειστῶν καὶ τελωνῶν) unerträglich bedrückt ... Diese, die wie die Harpyien den Menschen ihre Nahrung wegrafften, jagte Lucullus später fort; jetzt suchte er sie nur durch Vorstellungen zum Maßhalten zu bewegen, um so dem Abfall der Gemeinden Einhalt zu gebieten.

> Plut. Luc. 20,1:
> Die Provinz Asia war von unsäglichen und unglaublichen Leiden heimgesucht, indem sie von den Steuerpächtern (τελῶναι) und Wucherern (δανεισταί) ausgeräubert und geknechtet wurde.

Öfter wird deshalb von Versuchen berichtet, die publicani in ihrer Tätigkeit einzuschränken[70]. Vielleicht bietet das erwähnte Senatus Consultum de agro Pergameno aus dem Jahr 129 v. Chr. den ersten Hinweis; spätestens aber gingen Q. M. Scaevola und sein Legat, der Stoiker P. Rutilius Rufus, im Jahr 94 v. Chr. gegen die publicani vor[71]. Aber erst unter Caesar trat ein grundsätzlicher Wandel ein. Er erließ im Jahr 48 v. Chr. den Bewohnern Kleinasiens ein Drittel ihrer Abgaben (Plut. Caes. 48,1) und verbot den publicani darüberhinaus den Einzug des φόρος. Er übertrug diese Aufgabe den Poleis[72]. Dio Cassius sagt dazu:

---

[66] HILLER VON GAERTRINGEN zu IPriene 111 (S. 97).

[67] IPriene 117,16.

[68] H. ENGELMANN / D. KNIBBE, Das Monumentum Ephesenum 27 f.

[69] Übers. nach K. Ziegler, Bd. II, V.

[70] Vgl. M. I. ROSTOVTZEFF, HW II 643, 645, 753 f., 763, 789; vgl. u. Anm. 72.

[71] Vgl. M. I. ROSTOVTZEFF, HW II 645 mit Anm. 94 (= III 1300); P. A. BRUNT, Equites 179 Anm. 20.

[72] Vgl. IAssos 28 und den Kommentar S. 63.

Τοὺς γοῦν τελώνας πικρότατά σφισι χρωμένους ἀπαλλάξας, ἐς φόρου συντέλειαν τὸ συμβαῖνον ἐκ τῶν τελῶν κατεστήσατο.

Die Steuerpächter (τελῶναι/publicani), die mit den Menschen auf sehr schlimme Weise umgingen, vertrieb er und schlug die Einkünfte aus den τέλη zum φόρος (42,6,3).

M. I. Rostovtzeff bemerkte dazu: »Dies bedeutet natürlich, daß die Städte runde Summen zu zahlen hatten (den hellenistischen φόρος), die eine *adaeratio* des Durchschnittsertrages der δεκάτη darstellten, d. h. der *decuma* oder aller Provinzialsteuern (τέλη), gerade wie es vorher geschehen war, doch wurden sie jetzt nicht an die publicani gezahlt.«[73]

## 4.5 Zusammenfassung

Weder geben die Quellen Anlaß, den synoptischen τελώνης mit dem römischen portitor aufgrund des Verachtetseins oder seiner Übergriffe zu identifizieren, noch muß zwangsläufig der synoptische τελώνης in die Hierarchie einer societas publicanorum eingeordnet werden. Wir müssen vielmehr von zwei verschiedenen Pachtsystemen ausgehen und den römischen Großsteuerpächter (publicanus/τελώνης/δημοσιώνης) vom hellenistischen Kleinpächter (τελώνης, auch: δημοσιώνης, lat. publicanus) deutlich unterscheiden. Die Ausführungen über die Steuerpacht in Kleinasien zeigen, daß der hellenistisch(-attalidisch)e Kleinpächter gegen Ende der Republik und in der frühen Kaiserzeit weiterhin tätig war, was uns Anlaß gibt, dies auch für Palästina im ersten Jahrhundert vor und nach Christus anzunehmen.

Daß sich der hellenistische Kleinpächter auch in römischer Zeit völlig unabhängig vom römischen publicanus bzw. von einer römischen societas publicanorum halten konnte, zeigen die ägyptischen Quellen aus ptolemäischer und römischer Zeit, denen wir uns jetzt zuwenden. Dies hängt u. a. damit zusammen, daß Augustus nach Ägypten als seinem Privatbesitz keine publicani hineinließ und daß er — ebenso wie in anderen Provinzen — das vorgefundene Steuersystem unverändert ließ.

---

[73] HW III 1356 Anm. 99 (zu II 789). S. noch D. MAGIE, R.R. 406 f. mit Anm. 8 (= 1260).

# 5. Τελώνης in Ägypten[1]

Im vorhergehenden Kapitel wurde die These zurückgewiesen, der palästinisch-synoptische τελώνης müsse in die Hierarchie einer römischen societas publicanorum eingeordnet werden und sei von da her zu charakterisieren. Wir wiesen demgegenüber nach, daß er nicht als portitor — als Angestellter der publicani — aufzufassen sei, sondern als hellenistischer Kleinpächter, was wir dann endgültig in Kapitel 6 begründen werden können[2].

Was nun unter einem *hellenistischen Kleinpächter* zu verstehen ist, kann am deutlichsten anhand der ägyptischen Papyri und Ostraka dargestellt werden. Ihnen wenden wir uns jetzt zu, nicht nur, weil die Quellen reichlich fließen, sondern vor allem auch deshalb, weil die Ptolemäer *ihr* System der Abgabenpacht in Palästina einführten.

Allerdings befassen wir uns nicht ausführlich mit der Abgabenpacht in Ägypten, auch nicht umfassend mit den Abgabenpächtern und Steuereinnehmern in ptolemäischer und römischer Zeit, sondern wir beschränken uns darauf, Kriterien für die historische Beschreibung und für die Beurteilung des moralischen Ansehens des palästinischen τελώνης zu gewinnen. Weiterhin braucht uns die Entwicklung des Steuerwesens nach 100 n. Chr. nicht intensiv zu beschäftigen, weil die synoptischen Texte die Verhältnisse des 1. Jahrhun-

---

[1] Vgl. v. a. die Arbeiten von U. WILCKEN (in diesem Kap. abgekürzt: W.) und von M. I. ROSTOVTZEFF (in diesem Kap. abgekürzt: R.) sowie F. PREISIGKE, Girowesen; TH. REIL, Beiträge; F. OERTEL, Liturgie; L. FIESEL, Geleitszölle; A. ANDREADES, Droits; G. M. HARPER, Tax Contractors; H. I. BELL, Egypt; H. C. YOUTIE, Publicans; S. L. WALLACE, Taxation; C. PRÉAUX, L'économie; W. PEREMANS / J. VERGOTE, Handboek (Lit. S. 279 ff.); H. BRAUNERT, Urkunden; DERS., Binnenwanderung; G. HÄRTEL, Verhältnisse; C. B. WELLES, Collection; L. MOOREN, Korruption; W. PEREMANS, Amtsmißbräuche und H. H. SCHMIDT / E. VOGT (Hg.), Kleines Wörterbuch des Hellenismus, Wiesbaden 1988.

[2] Sehr herzlich danke ich Herrn Dr. J. Hengstl, Marburg/L., für seine seit 1976 freundliche und kritische Begleitung dieses Abschnitts sowie Herrn Prof. Dr. P. J. Sijpesteijn, Amsterdam, für seine förderliche Durchsicht des Manuskripts 1980. — Herr Dr. Hengstl schrieb 1976: »Ein besonderer Gesichtspunkt dafür, daß Privatleute, die eine Steuer-, Monopol- oder Zollpacht übernahmen, geringes Ansehen genossen haben sollen, ist für mich nicht erkennbar. Im Gegenteil: In aller Regel gehörte zu einer solchen Pacht ein gewisses Mindestkapital und / oder die Gestellung von Bürgen. Auf den ersten Blick verträgt sich dies nicht gerade mit sozialer Verächtlichkeit.«

derts n. Chr. beschreiben, welche wegen der kleineren oder größeren Veränderungen im Steuerwesen aus zeitgenössischen bzw. älteren Quellen sachgemäßer als aus jüngeren Zeugnissen darzustellen sind.

Bei der Durchsicht des in diesem Kapitel in Betracht kommenden Quellenmaterials ergab sich die Notwendigkeit, zugleich das Wortfeld von τελώνης und die verschiedenen von den τελῶναι gepachteten Abgaben zu untersuchen; beides steht in engster Verbindung mit unserer Übersetzung von τελώνης. Die Ausführungen über die Abgabenpacht − einschließlich der beiden Exkurse über Kontinuität und Herkunft derselben − dienen dazu, das Bild des hellenistischen Kleinpächters, wie es die Papyri liefern, deutlicher zu zeichnen.

Vielzahl und Art der Belege führen zu relativ eindeutigen Aussagen. Von kaum überschätzbarem Wert für unsere Untersuchung des hellenistischen Kleinpächters sind neben einer Inschrift aus Ombos mehrere Papyri, die δημοσιώνης erwähnen[3]. Gewöhnlich wird δημοσιώνης dem römischen Großsteuerpächter gleichgesetzt und dementsprechend gefolgert, die römischen publicani hätten sei 31 v. Chr. (Sieg Octavians bei Actium) auch in Ägypten den Steuereinzug betrieben[4]. Dem ist aber zunächst nicht nur die Einsicht entgegenzuhalten, daß δημοσιώνης sowohl für den römischen Großsteuerpächter (publicanus) als auch für den hellenistischen Kleinpächter (τελώνης) verwendet werden konnte (s. 4.2), sondern daß − abgesehen von den beiden Texten aus dem 1. Jahrhundert n. Chr. − die übrigen Belege für δημοσιώνης dem Ende des 2. beziehungsweise dem Anfang des 3. Jahrhunderts (!) angehören, einer Zeit, in der die societates publicanorum nicht mehr nachzuweisen sind. Schon längst waren an deren Stelle conductores (Einzelpächter) getreten. Vor allem sprechen die beiden aus dem 1. Jahrhundert n. Chr. stammenden Texte selbst gegen die Auffassung, die römischen publicani hätten in Ägypten Steuern eingezogen[5]. In der Inschrift von Ombos und in dem Papyrus aus Oxyrhynchos werden τελώνης und δημοσιώνης wechselweise genannt. Besonders aufschlußreich ist der Papyrusbeleg aus der Zeit Domitians, der uns zugleich Einblick gibt in die Steuerverpachtung der Kaiserzeit: der δημοσιώνης pachtete die Steuern nicht in Rom, sondern bei dem zuständigen Oikonomen des Gaues, er pachtete auch nicht die Steuern einer ganzen Provinz (das heißt: Ägyptens), sondern die eines Dorfes beziehungsweise höchstens eines oder mehrerer Gaue, auch wurde von ihm das Recht des Steuereinzugs nicht auf fünf Jahre (lustrum) erworben, sondern vielmehr nur für ein Jahr[6]. Die Abgabenpächter

---

[3] S. u. 10.3.3.

[4] Vgl. z. B. H. I. Bell, Roman Egypt 349: »The Roman tax-collectors appeared there in 30/29 B.C.«, richtig dagegen schon W., Ostr. I 589: »die Kaiser (haben) nicht etwa das römische Publicanenwesen in Aegypten eingeführt ..., sondern (liessen) das ptolemäische System in den Grundzügen unverändert fortbestehen« (im Original gesperrt).

[5] SB I 676; P.Oxy. I 44 (= W.Chr. 275 = Sel.Pap. II 420 ⟨5.6.2.4⟩).

[6] S. zum lustrum Kap. 4 Anm. 9. − Nach P.Cairo Zen. III 59337,6 betrug der Pacht-

werden zunächst οἱ τὸ ἐγκύκλιον ἀσχολούμενοι und οἱ τὸ ἀγορανόμιον δημοσιῶναι genannt (Z. 6–9), zusammenfassend dagegen später τελῶναι (Z. 14.19)
und ἀσχολούμενοι (Z. 22 f.). Die einzig mögliche Erklärung für diesen Sprachgebrauch ist wohl die, daß wir hier zu Memnon und Plutarch etwa zeitgleiche
Belege für die Austauschbarkeit der Worte haben, nur daß nunmehr der hellenistische Kleinpächter bezeichnet wird, was uns andererseits in zwei Inschriften aus Ephesos und Palmyra wieder begegnet[7].

## 5.1 Zum Wortfeld von τελώνης

Der dargestellte Wechsel in der Bezeichnung für »Abgabenpächter« führt
uns zu der allgemeinen Frage, was unter dem Wort τελώνης zu verstehen ist.
Die deutlichste Auskunft erhalten wir durch die Prosopographia Ptolemaica.
So führen W. Peremans / E. van't Dack unter anderem als »Les Fermiers d'Impôts (Télonai)« an[8]:

| | | | | |
|---|---|---|---|---|
| 1495 | ὁ ἐγλαβών | (vgl. 1493) | SB III 7202 | 265/64 od. 227/26 v. Chr. |
| 1548 | τελώνης | | SB VI 8965 | 4. 9. 264 |
| 1528 | ὁ συνπραγματευόμενος | | P. Tebt. III 915 | 259/58 od. 249/48 |
| 1546 | ὁ τὸ τέλος ἠγορακώς | | P. Cairo Zen. III 59375 | 258/57 od. 257/56 |
| 1564 | ὁ ἐξειληφώς | (vgl. 1659a) | PSI V 509 | 256/55 |
| 1572 | φορολόγος | | P. Cairo Zen. II 59272 | 17. 8. 251 |
| VIII 1528 | ὁ πραγματευόμενος | | P. Sorb. I 21 | 27. 9. 251 |
| 1550 + 1607 | οἱ πρὸς τῇ ὠνῇ | | M. Chr. 180 | 161 |

Offensichtlich können wir keinen streng definierten Sprachgebrauch voraussetzen, vielmehr gilt es, auf die *Funktion* »Abgabenpächter« zu achten. Die
Bezeichnung »τελώνης« (= »Abgabenpächter«) kann als Oberbegriff für die
verschiedenen Abgaben- bzw. Steuerpächter verstanden werden. Somit ist
zum Beispiel der jüdische ἐξειληφὼς τὴν τετάρτην τῶν ἁλιέων (Pächter der
25 %-Fischsteuer) Simon, Sohn des Iazaros, als τελώνης anzusehen[9]. Für eine
umfassende Darstellung des τελώνης in Ägypten kommen folglich keineswegs

---

zeitraum 5 Jahre (vgl. P. Viereck, Gn. 6 ⟨1930⟩ 119), s. noch UPZ III 224 II 8. III 14
und den Kommentar ebd. S. 288 (2 Jahre) sowie P. Coll. Youtie 32.

[7] Vgl. H. Engelmann / D. Knibbe, MonEph § 2 (75 v. Chr.) mit § 40 (augusteisch /
nachaugusteische Zeit); CIS II 3913 ⟨6.3.2.3⟩; s. noch Kap. 4 Anm. 26.

[8] ProsopPtol I 136 ff. (Nr. 1489 ff.); VIII 100 ff. (Nr. 1488a ff.).

[9] C.P.J. I 107, s. 5.6.3. Gleiches gilt auch für die römische Zeit. So wird z. B. P. Sa-
rap. 3 (119 n. Chr.) der Abgabenpächter zunächst ἐξειληφώς, nachher τελ(ώνης) (ἕκτης)
ὄνων genannt, s. auch u. 5.6.2.2.

nur diejenigen Quellen in Frage, die das Wort τελώνης aufführen; auch die oben genannten Bezeichnungen umfassen noch nicht die dabei anzustrebende Quellengrundlage, denn in einem Papyrus wird eine Person mit einem Ausdruck für »Abgabenpächter« genannt, in einem anderen dagegen begegnet dieselbe Person ohne Titel[10]. Andererseits kann jedoch nicht jede Amts- und Berufsbezeichnung, die mit der Steuerpacht bzw. -erhebung verbunden ist, für die Darstellung des τελώνης in Anspruch genommen werden[11].

Angesichts dieses umfangreichen Quellenmaterials müssen wir uns im Rahmen dieser Arbeit beschränken. Die im folgenden dargestellten Themen (5.2–5.5) sowie die Auswahl der Texte (5.6 und 5.7) dienen zur Erklärung der in Kapitel 6. behandelten Quellen.

## 5.2 Bemerkungen zur Abgabenpacht in Ägypten[12]

Von besonderer Bedeutung für die Kenntnis der ptolemäischen Steuerpacht ist vor allem das Steuergesetz des Ptolemaios II. Philadelphos aus dem Jahr 259 v. Chr. (P.Rev.), das Steuergesetz des Ptolemaios V. Epiphanes von 204 v. Chr. (UPZ I 112), die Anweisung (des Dioiketen?) an einen Oikonomos (P.Tebt. III 703)[13] sowie der Tadel eines Oikonomen wegen einer Steuerverpachtung, die nicht unter dem Gesichtspunkt von maximalen Erträgen für den König erfolgte (UPZ II 225)[14]. In P.Rev. 1–22 wird die Steuerverpachtung des ganzen Landes geregelt, in UPZ I 112 die aller Steuern des oxyrhynchitischen Gaues.

In ihren Grundzügen entspricht die ptolemäische Steuerpacht der aus den griechischen Poleis bekannten Abgabenpacht. Vor allem bei Abgaben, die unregelmäßige Einkünfte abwarfen (›lose Steuern‹), griff der König auf einzelne Pachtunternehmer bzw. -gesellschaften zurück. Die Dammsteuer (χωματικόν) dagegen oder die Kopfsteuer (σύνταξις, λαογραφία) wurden beispielsweise nicht verpachtet, sondern von Beamten direkt erhoben[15].

---

[10] Vgl. z. B. P.Amh. II 52 (139 v. Chr., Hermonthis) und P.Amh. II 53 (114 v. Chr., Hermonthis) — s. dazu F. PREISIGKE, Girowesen 250 — sowie O. Bodl. II 652 (14 n. Chr.) mit O. Bodl. II 653 (14 n. Chr.) und W., APF 13 (1939) 222 (zu P.Adler G 13).

[11] Z. B. πράκτωρ, ἐκλογεύς, s. u. 5.3.

[12] Vgl. die in Anm. 1 genannte Lit. sowie A. STEINER, Beitrag; G. M. HARPER, Relation; W. LOTZ, Studien; R. SEIDER, Beiträge; B.-J. MÜLLER; Ptolemaeus 19 ff.; R. S. BAGNALL, Administration; M. KAIMIO, Sureties.

[13] Spätes 3. Jh. v. Chr., s. V. POLÁCEK, P.Teb. 703, its Significance Then and Today (IKP 12 ⟨ASP 9⟩), Toronto 1970, 411–426; W. HUSS, Staat und Ethos nach den Vorstellungen eines ptolemäischen Dioiketes des 3. Jh. Bemerkungen zu P.Teb. III 1,703. APF 27 (1980) 67–77; s. auch W. PEREMANS, Amtsmißbräuche 111: nach 217 v. Chr.

[14] 131/0 v. Chr., vgl. UPZ II 224.

[15] Vgl. UPZ I 112 IV 15 ff. und C. B. WELLES, Collection.

Anhand von P.Rev. und UPZ I 112 stellen wir den Vorgang der Steuerverpachtung etwas ausführlicher dar[16]. Der König Ptolemaios V. Epiphanes
gab bekannt: »Wir wollen verpachten die Steuerpachten im Oxyrhynchitischen Gau … Erwerbt die Pachten auf rechte Weise …«[17]. Als verpachtende
Behörde traten der Oikonomos[18] und der königliche Schreiber (βασιλικὸς
γραμματεύς bzw. ἀντιγραφεύς) als dessen Kontrolleur auf. Die Versteigerung
fand im Versteigerungslokal[19] statt. Das bei der Versteigerung erreichte
Höchstgebot (τὸ εὑρίσκον)[20] wurde für 10 Tage in griechischer und demoti-
scher Sprache am τελώνιον veröffentlicht[21]. In dieser Zeit konnte die erreichte
Versteigerungssumme um mindestens 10% überboten werden. Gleichzeitig
begann für den Pachtanwärter eine Frist von 30 Tagen, in der er in jeweils
sechs Zeitphasen zu je fünf Tagen Bürgen stellen mußte. Konnte er diese Bedingung nicht erfüllen, wurde neu verpachtet (ἐπανάπρασις). Entstand dabei
zwischen dem früheren Höchstgebot (τὸ εὑρίσκον) und dem neuen ein Defizit
(ἀφεύρημα), so mußte dies der erste Pachtanwärter decken (πράσσεσθαι).
Traten dagegen keine Schwierigkeiten auf, erhielt der Pachtanwärter nach
30 Tagen den Zuschlag (κύρωσις) zugesprochen und als sichtbares Zeichen einen Palmzweig (θαλλός). Auch jetzt noch war ein Überbieten möglich, doch
nur bis zur Zahlung der ersten Rate.

Wer Abgabenpächter geworden war, zahlte die Versteigerungssumme zu-
züglich 10% (in R.Rev. nur 5%) des Betrages als Verkehrssteuer bei der Bank
ein. Falls der Pächter seinen Pachtbedingungen während des Pachtzeitraums
uneingeschränkt nachkam, erhielt er die eingezahlte Verkehrssteuer als Vergütung (ὀψώνιον) zurück. Brachte ihm dagegen die Pacht weniger ein, als er bei
der Versteigerung angenommen hatte[22], mußte er nicht nur den Fehlbetrag
aus eigener Tasche decken, auch die Verkehrssteuer ging ihm verloren und fiel
an den König. Es ist deshalb verständlich, daß der Pachtwillige sich vor der
Versteigerung gut informierte. In jedem Fall war aber der König derjenige,

---

[16] Vgl. zum Schema o. 3.1. − Wir gehen im folgenden davon aus, daß die Angaben
von P.Rev. und UPZ I 112 verallgemeinerungsfähig sind; vgl. noch UPZ II 224−226
und BGU X 1917 (247 v. Chr.).

[17] UPZ I 112 I 1 ff. − Die Übers. folgt U. Wilcken z.St.

[18] Vgl. z. B. UPZ II 225; P.Tebt. III 776.

[19] Πρατήριον: UPZ I 112 III 15; τελώνιον: UPZ I 112 VIII 3; ἐμπόριον: P.Rev. 9,2.
− Für die ptol. Strategie »Syrien und Phönizien« erscheint die Verpachtung in Alexandria gut denkbar, s. u. 6.3.1.3.

[20] Vgl. P.Rev. 48,16; UPZ I 114 I 24.39.

[21] P.Rev. 9,3 ff.: οἱ ἐν τῶι ἐμπορίωι λ[ο]γευταὶ [ἐκ]τιθέτωσαν ἐ[ν τ]ῶι τελωνίωι ἐν
ἡμέρα[ις] δέκα τὸν τ[ῆ]ς [ὠνῆς νό]μον γράψαντες γράμμασιν ἑλλη[νικοῖς τε καὶ ἐγχ]ω-
ρίοις …

[22] Vgl. zur ἔγδεια (Defizit) z. B. P.Rev. 17,1 ff.; 34,17; UPZ I 112 I 11; W.Chr.
259,3: ἐπὶ βλάβη[ι] τοῦ τελ[ώνου; UPZ I 114 (s. dazu R., HW III 1267 Anm. 148); II 124
I 9 f.; II 125 und P.Tebt. III 772,2 ff. (236 v. Chr.; Schädigung durch Wanderheu-
schrecke) sowie W., Ostr. I 472 f., 531.

der, vielfach abgesichert, bei diesem Verfahren am meisten profitierte, wie bereits aus den strengen Bestimmungen zur Versteigerung hervorgeht.

Afterpacht war möglich, ebenfalls Mehrfachpacht[23]. Gepachtet wurde meist für ein Jahr, beginnend mit dem 1. Mecheir, dem Anfang des Finanzjahres, der nach dem makedonischen Kalender festgelegt wurde[24]. Gesellschaftspacht war vermutlich üblich, aber nicht zwingend vorgeschrieben, auch nicht in P.Rev.[25]. Die Abgabenpacht in Ägypten kann im Gegensatz zur spätrepublikanischen und frühkaiserlichen Publikanenpacht (Groß- bzw. Provinzpacht) als »*Kleinpacht*« bezeichnet werden, da das Pachtgebiet eines τελώνης stark variierte. Es konnte sich auf ein Dorf[26], auf einen Bezirk (μερίς)[27] oder auf einen Gau (νομός)[28] erstrecken.

Drei Aspekte lassen sich für den Aufgabenbereich des τελώνης angeben. Er garantierte bei verschiedenen Steuern dem König zu Beginn des Finanzjahres den Eingang der Pachtsumme. Der König verschaffte sich weitere Sicherheit, indem er Bürgenstellung verlangte und gegen Zuwiderhandlungen hohe Strafen aussetzte[29]. Der τελώνης war somit *persönlich haftender Garant* verschiedener königlicher Einkünfte (πρόσοδοι).

Der zweite Aufgabenbereich verweist auf seine eigentümliche *Mittlerstellung* beziehungsweise auf seine *Kontrollfunktion*. Einerseits wurde der τελώνης von seinem ἀντιγραφεύς (Kontrolleur)[30] sowie von dem Oikonomen seines Gaues beaufsichtigt; andererseits übte auch der τελώνης Kontrollfunktionen gegenüber dem Oikonomen, seinem eigenen Personal und den Steuerzahlern aus[31].

---

[23] P.Rev. 18,16; UPZ I 112 III 17 f.; R. TAUBENSCHLAG, Afterpacht. − UPZ I 112 VI 4.

[24] Vgl. W., APF 9 (1930) 238 (zu P.dem.Zen. 3); H. FRANK, Beitrag 3; E. BICKERMAN, Chronology 42.

[25] UPZ I 112 VI 10 ff., vgl. R., HW I 257 (». . . Steuerpächter, entweder Einzelpersonen oder Gesellschaften«), s. auch W., Ostr. I 536.

[26] Vgl. P.Rev. 54,12,

[27] Vgl. W.Chr. 262,6.

[28] Vgl. UPZ II 172 4 f. und den Kommentar S. 124. − In römischer Zeit wurde z. B. die καταλοχισμός-Gebühr (vgl. W., Ostr. I 346) für den Arsinoitischen Gau und andere Gaue verpachtet, vgl. P.Hamb. I 84,2; W.Chr. 372,3 (= P.Tebt. II 357) und Stud.Pal. XXII 50,1.

[29] P.Rev. 11; UPZ I 112 VIII 15; vgl. N. LEWIS, Corruption 154 Z. 15 f., 28 f. (und den Kommentar S. 155 z.St.); W. PEREMANS, Amtsmißbräuche 104 f. (f.); s. ebd. 110: »Niemals aber werden die Interessen des königlichen Schatzes geopfert oder vernachlässigt.«

[30] Der Antigrapheus begegnet schon in C.Ord.Ptol. 11,3 (269/68 v. Chr.?) und P.Hib. I 29 (= W.Chr. 259).

[31] Vgl. W., Ostr. I 596, 601 und R., HW I 257 f.

Drittens konnte der τελώνης *selbst* Steuern erheben[32]. Aber diese Aufgabe kam vorzugsweise den Erhebern und anderen Angestellten des τελώνης zu, die »in mancher Hinsicht weit eher Gehilfen des königlichen Beamtenapparates« als vom Abgabenpächter abhängig waren[33]. Nach P.Rev. 10,1 ff. gehörte zu diesem Personal: der ἔφοδος (Aufseher), die λογευταί (Erheber), ὑπηρεταί (Diener) und συμβολοφύλακες (Quittungsbewahrer), die einen festen Lohn (μισθός, P.Rev. 12,14) erhielten und vom Oikonomen, dessen Kontrolleur und dem Abgabenpächter zusammen in ihrer Zahl festgelegt wurden (P.Rev. 13,1 ff.). Das Pächterpersonal wurde ἀπὸ τῶν λογευμάτων (vom Büro) bezahlt, wobei die Erheber — ebenfalls nach P.Rev. — monatlich 30 dr., die Diener monatlich 20 dr., die Quittungsbewahrer 15 dr. und der Aufseher 100 dr. erhielten.

Ein Gewinn stellte sich für den Abgabenpächter dann ein, wenn der Jahresschluß-Kontostand bei seinem Trapeziten (Direktor der Staatskasse) mit dem Betrag der ersteigerten Pachtsumme übereinstimmte oder höher war. In diesen Fällen erhielt er das ὀψώνιον (Vergütung) und den die Pachtsumme übersteigenden Betrag zurück.

## 5.3 *Exkurs:* Zur Kontiniutät in der Abgabenpacht[34]

Zunächst ist von der Kontinuität in den *Grundzügen* der Abgabenpacht zu sprechen. Der νόμος τελωνικός P.Oxy. I 36 (= W.Chr. 273) aus dem 2./3. Jahrhundert n. Chr. (!) findet seine engsten Parallelen in den νόμοι τελωνικοί P.Hib. I 29 (= W.Chr. 259, um 265 v. Chr.!), P.Rev. (259 v. Chr.) und UPZ I 112 (204 v. Chr.), das heißt in drei für die Ptolemäerzeit grundlegenden Texten. Desgleichen ist für Ägypten das Wort τελώνης von Ende des 4. Jahrhunderts v. Chr. bis ins 3./4. Jahrhundert n. Chr. hinein belegbar[35], und zwar ohne erkennbaren Unterschied in der Sache.

Die Fülle der Belege für τελώνης in römischer Zeit[36] spricht gegen die traditio-

---

[32] Vgl. W., Ostr. I 555 ff.; DERS., Gz. 184 f. und Einleitung zu W.Chr. 259,25; R., Staatspacht 340 ff., 349; C. PRÉAUX, L'Economie 450; V. TCHERIKOVER zu C.P.J. I S. 18 und ebd. Anm. 48; J. VERGOTE, Le Nouveau Testament 151 (»Ces fermiers ne sont pas percepteurs«); C. B. WELLES, Collection 10 (»It is not quite clear whether these τελῶναι did any actual collecting through their own agents; certainly they did not always or perhaps usually«), s. noch ebd. 14 Anm. 17 sowie P. J. SIJPESTEIJN, Customs Duties 91 ff.

[33] B.-J. MÜLLER, Ptolemaeus 30, vgl. R., Staatspacht 341.

[34] Vgl. W., Gz. 186 ff., 210 ff.; P. J. SIJPESTEIJN, Teilzahlung 234.

[35] Vgl. SB XVI 12519 (304 v. Chr. ⟨u. 5.6.1.1⟩) einerseits und andererseits z. B. Apokr. XI (200 n. Chr. ⟨u. 5.6.2.9⟩); P.Oxy. XLIII 3104 (228 n. Chr. ⟨u. 5.6.2.10⟩); P.Wisc. 2 (frühes 3. Jh. n. Chr.); SB I 1675 (3. Jh. n. Chr. ?); RP II S. 49 M (= SB VIII 9902 M; s. dazu BL VI S. 160; ZPE 6 ⟨1970⟩ 177 ff.; 7 ⟨1971⟩ 171: 346 n. Chr.).

[36] Die meisten sind in WO, O.Bodl. und O. Leid. zu finden (vgl. den jeweiligen Index), s. auch u. Anm. 52—75 sowie J. SHELTON, List of τελῶναι and ἐπιτηρηταί of the Temple Granary at Thebes. ZPE 78 (1989) 77—84.

nelle These, die Abgabenpacht sei seit Augustus eingeschränkt worden. Wir stimmen uneingeschränkt U. Wilcken zu: »Das Abgabensystem selbst zeigt wohl Weiterbildungen aber keine prinzipiellen Veränderungen«[37].

So sehr die Kontinuität des Abgabenwesens bis in das 2. Jahrhundert n. Chr. hinein betont werden muß, so sehr muß nachdrücklich auch auf die *Unterschiede* im Detail hingewiesen werden. Zunächst sind einige Termini technici für Abgabenpächter bzw. Steuereinnehmer nur für die ptolemäische bzw. nur für die römische Zeit belegbar. Der ἐξειληφώς als Pächter begegnet nur in ptolemäischer Zeit, der ἐκλήμπτωρ nur in römischer. Obwohl ἀπαίτησις/ἀπαιτεῖν schon in P.Rev. erwähnt wird (z. B. 19,14; 35,3), gehört der ἀπαιτητής als Steuereinnehmer bisher ausschließlich der römischen Zeit an[38]. Ebenso wird nur in römischer Zeit μισθωτής parallel zu τελώνης gebraucht. In ptolemäischer Zeit heißt der staatliche Kontrolleur des τελώνης durchgängig ἀντιγραφεύς, in römischer Zeit jedoch ἐπιτηρητής[39]. Desgleichen wird das Amt des πράκτωρ inhaltlich neu bestimmt. War in ptolemäischer Zeit damit der *Zwangseintreiber* gemeint, so ist in römischer Zeit darunter der *zwangsverpflichtete* (liturgische) *Steuererheber* zu verstehen[40]. Auf δημοσιώνης haben wir schon hingewiesen; das Wort begegnet erst seit dem 1. Jahrhundert n. Chr. (s. 10.3). Schließlich kam es in der Kaiserzeit vor, daß πρεσβύτεροι κώμης (Dorfälteste, ggf. auch Vorsteher der Tempel) die Steuern erhoben[41].

Eine Darstellung des τελώνης in Ägypten kann dann auf eine prinzipielle Unterscheidung zwischen ptolemäischer und römischer Zeit verzichten, wenn die Differenzen beachtet werden und wenn vor allem die Belege seit dem (Ende des) 2. Jahrhunderts n. Chr. nur zurückhaltend herangezogen werden. Prinzipiell verdient Beachtung, daß oftmals in der Sekundärliteratur zwischen der ptolemäischen und römischen Zeit unterschieden wird.

## 5.4 *Exkurs:* Zur Herkunft der hellenistischen Kleinpacht[42]

Üblicherweise wird bei der Frage nach der Herkunft der ptolemäischen Abgabenpacht auf Griechenland bzw. auf Athen verwiesen, das den ersten Ptolemäern als Vorbild für die Steuerverwaltung gedient haben soll. Für diese Ansicht sprechen vor allem der jeweilige Versteigerungskauf und die Bildung von Pachtgesellschaften, schließlich auch das Wort ἀρχώνης, das sowohl bei Andokides (1,133 f., 399

---

[37] W., Gz. 186, s. noch o. Anm. 4.

[38] Derzeit frühester Beleg: P.Rein II 135 (129 n. Chr.), vgl. N. Lewis, ICS s. v. ἀπαίτησις, ἀπαιτητής.

[39] Vgl. R., Staatspacht 468; W., Gz. 158, 215; F. Oertel, Liturgie 237 ff.; E. Kiessling, Quittungshomologie … ZSRG.R 74 (1957) 347 mit Anm. 12.

[40] Vgl. W., Gz. 185 mit Anm. 3. Zur Bezeichnung »liturgischer« Steuererheber s. J. Partsch, Rez. F. Oertel, Liturgie.

[41] Vgl. W., Gz. 43; W.Chr. 272 und A. Thomsin, Etude sur les πρεσβύτεροι dans les villages de la χώρα.

[42] Vgl. M. Fritze, Ptolemäer; W. Schur, Vorgeschichte 283 f., 286; F. K. Kienitz, Geschichte 119 ff.; B. Adams, Finanzverwaltung, bes. 93–100; E. Seidl, Ptol. RG 131, 153; H. J. Wolff, APF 17 (1962) 199.

v. Chr., s. 3.1) als auch in dem wichtigen Steuergesetz des Ptolemaios II. Philadelphos (P.Rev., 259 v. Chr.) − und zwar jeweils *nur hier* − begegnet[43].
Demgegenüber verdient Beachtung, daß C. B. Welles eine pharaonische Grundlage der ptolemäischen Verwaltung annimmt[44], H. Bengtson dagegen eine persi-
sche[45]; B. Laum hingegen stellt einen erheblichen Unterschied zwischen dem altorientalischen und griechischen Steuerwesen heraus[46].
Wegen der im Hinblick auf unsere Fragestellung spärlichen Quellen − sowohl
des vorptolemäischen Ägyptens als auch der orientalischen Großreiche vor Alexander dem Großen − fällt eine Entscheidung, welche Folgerungen insgesamt gezogen
werden sollen, recht schwer. Vorstufen können möglicherweise durch das alte,
schon altbabylonisch belegte Wort *mākisu,* das in semitischen Texten der hellenistischen und römischen Zeit dem Wort τελώνης entspricht, angezeigt sein[47]. Allerdings läßt sich die Funktion »Abgaben*pächter*« nicht nachweisen[48], auch nicht durch
das Wort ›*rab ma-ki-si.*MEŠ‹, das später Pendant zu ἀρχώνης geworden sein mag[49].
Das ausgeprägte ptolemäische Steuerwesen scheint ohne direkte Parallelen durch-
organisiert worden zu sein.

## 5.5 Abgaben, die die τελῶναι pachteten

Die Papyri und Ostraka aus ptolemäischer und römischer Zeit geben uns
einen guten Einblick in die Vielfalt der Abgaben, die nachweislich die τελῶναι
pachteten. Wir führen im folgenden die einzelnen Abgaben systematisiert auf.
Dabei beansprucht die Skizze nicht, vollständig zu sein[50]; sie will vielmehr auf
die Breite der von den τελῶναι gepachteten Abgaben hinweisen. Wir folgen

---

[43] Das Wort begegnet erst wieder in kleinasiatischen Quellen aus römischer Zeit,
und zwar als ἀρχώνης λιμένων (= promagister portuum). − Zu ἀρχιτελώνης s. u. 7.8;
τελωναρχεῖν (vgl. J. H. MORDTMANN, Kyzikos 206; E. ZIEBARTH, Vereinswesen 24 mit
Anm. 3 und F. POLAND, Vereinswesen 119 f.) kommt nach der Lesung in IGR I 817
nicht in Frage. Das Wort τελωνάρχης erscheint im 6. und 7. Jh. n. Chr., s. u. Kap. 7
Anm. 262.
[44] Administration; vgl. W., APF 4 (1908) 225 f.; G. MÖLLER, APF 7 (1924) 65.
[45] Staatsverwaltung. − P. Cowley 81 zeigt auf numismatischem Gebiet persischen
Einfluß. S. noch W. SCHUR, Vorgeschichte 283 f.(f.) und M. WÖRRLE, Lykien III 91: »es
zeigt sich . . ., daß die Ptolemäer, die das χειρωνάξιον in Ägypten eingeführt haben
dürften, auch hierbei auf das Vorbild der persischen Reichsverwaltung zurückgegriffen
haben können.«
[46] Geschichte 212: »Der Unterschied z. B. des altorientalischen und athenischen
Steuersystems ist evident.«
[47] Vgl. CAD X/1, 129 f. s. v. *mākisu,* bes. Nr. 2.
[48] S. zwei Texte aus Sidon, ebd. S. 130 Nr. 2.d) und u. Kap. 6 Anm. 20.
[49] S. u. Kap. 7 Anm. 266: In einer Inschrift aus der Zeit Tiglatpileser I. (1112−1074
v. Chr.) wird ein ›*rab ma-ki-si.*MEŠ‹ erwähnt; E. Weidner übersetzt dies mit ›Vorsteher‹; Vorsteher aber setzt noch nicht die Abgaben*pacht* voraus.
[50] Die Belegstellen zu τελώνης können F. PREISIGKE / E. KIESSLING, Wb. III Abschn. 8
s. v. und SLP III 1545 s. v. entnommen werden. − S. auch u. Anm. 52 ff.

dabei fast uneingeschränkt U. Wilcken, der schon in seinen Ostraka (1899) diese – nach neuzeitlichen, steuersystematischen Gesichtspunkten gegliederte – Tabelle anführt[51]. [Vgl. S. 118 f.]

Die Übersicht kann zeigen, daß der τελώνης keineswegs nur mit den indirekten Steuern wie Zöllen, Marktsteuern und Torabgaben zu tun hatte. In Ägypten stehen beherrschend die *direkten* Steuern im Vordergrund; rein numerisch in ptolemäischer Zeit die Verkehrssteuer (ἐγκύκλιον), in römischer Zeit – wegen der vielen Ostraka aus Theben – die Badsteuer (βαλανευτικόν) als Zwangsbeitrag. Dies bedeutet allerdings nicht, daß diese beiden Abgaben die Schwerpunkte der Steuerpacht gewesen sein müssen; rein quantitativ stellen die *Gewerbesteuern* einen bedeutsamen Posten dar. Jedenfalls erhält die Übersetzung von τελώνης mit »Abgabenpächter« hierdurch ihre sachliche Grundlage.

## 5.6 Darstellung ausgewählter Texte

Den weitaus größten Teil der etwa 300 τελώνης-Belege aus Ägypten stellen Quittungen dar, auf denen ausschließlich ein Geschäftsvorgang vermerkt wurde[76]. Sie fallen somit für die uns besonders interessierende Beurteilung der rechtlichen und sozialen Stellung und des Ansehens der τελῶναι aus. Insgesamt bleibt nur eine überschaubare Zahl von Belegen übrig, von denen wir im folgenden die wichtigsten behandeln werden. Die Texte sind chronologisch geordnet; dabei verweist die Ziffer 5.6.1 auf die ptolemäische Zeit, die Ziffer 5.6.2 auf die römische. Unter 5.6.3 gehen wir auf einige Zeugnisse ein, die uns Hinweise zur sozialen Stellung des τελώνης geben.

### 5.6.1 Texte aus ptolemäischer Zeit

#### 5.6.1.1 SB XVI 12519[77]:

In dem »älteste(n), ungefähr datierbare(n) ptolemäische(n) Prostagma . . . , das uns erhalten ist«, werden die τελῶναι im Zusammenhang mit Verkauf von Tempelgebieten erwähnt. Hier dürften demnach Umsatzsteuer-Pächter

---

[51] I 408–410, vgl. ebd. 575–578 und DERS., Gz. 170 mit Anm. 4.

[76] Vgl. z.B. zur Hurensteuer WO 1157 (110 n. Chr.), s. o. Anm. 62: [1][Πελ]αίας καὶ Σωκ(ράτων) τελῶ(ναι) ἑταίρᾳ [2]Θιναβδελλᾷ χα(ίρειν). Ἐπιχορου- [3]μέν σοι τῇ ὑπογε-γραμένη [4]ἡμέρᾳ μεθ᾽ οὗ ἐὰν θέλῃς ἐν- [5]θάδε κοιμᾶσθαι. (Ἔτους) ιδ″ Φαω(φι) ῑ. [6](2.H.) Σωκράτων Σίμω(νος).

[77] = P.Med.Bar. 16 recto; s. G. GERACI, Due nuovi prostagmata tolemaici nell'archivio di Pankrates, ὁ πρὸς τῆι συντάξει, in: Scritti di onore di O.Montevecchi, Bologna 1981, 163–168; D. HAGEDORN, Ein Erlaß Ptolemaios' I. Soter? ZPE 66 (1986) 65–70; K.J. RIGSBY, An Edict of Ptolemy I. ZPE 72 (1988) 273 f.

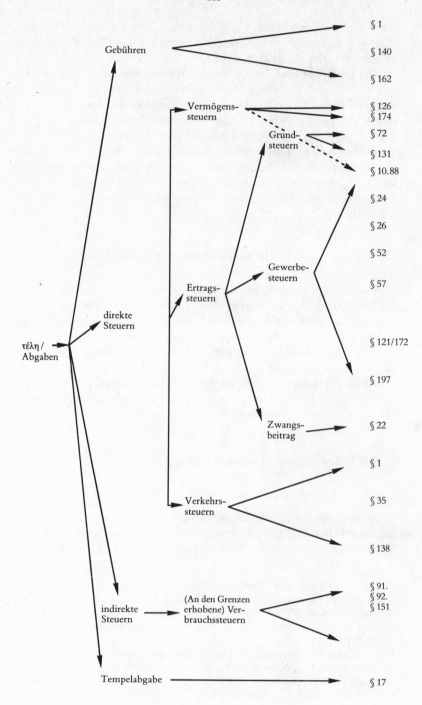

{ τέλος ἀγορανομίας
τελῶναι ἀγορανομίας[52]

τελῶναι ὑπὲρ κληρονομίας
ὑπὲρ τελῶν καταλοχεισμῶν[53]

{ ἡ ἑξηκοστή
vgl. τελῶναι ἕκτης ὄνων[54]

υἱκή (τέλος δελφακίτος)[55]
τέλος καμήλων[56]

{ τέλος λαχ( )
τελῶναι λαχ( )[57]
τελῶναι ν̄ Τωύτ (τέλος φοινίκων)[58]

{ τέλος ἁμαξῶν
τελῶναι ὀνηλασίας καὶ ἁμαξῶν[59]

{ τέλος βαφέων
τελῶναι βαφικῆς[60]

{ τέλος γερδίων
τελῶναι γερδιακοῦ[61]

{ ἑταιρικόν
τελῶναι ἑταιρικοῦ[62]

{ τέλος ἠπητῶν
τελῶναι ἠπητῶν[63]

{ τέλος ταφῶν
τὸ ἱματιοπωλικόν
τελῶναι ἱματιοπωλῶν
τέλος ὀθωνίων ταφῆς
τελῶναι πεντηκοστῆς Μεμνονείων[64]

{ πορθμέων
τελῶναι ὠνῆς πορθμίδων[65]

{ ὑπὲρ βαλανευτικοῦ
φόρος βαλανείου
τελῶναι βαλανήων/βαλανευτικοῦ
τελῶναι θησαυροῦ ἱερῶν[66]

{ τέλος μισθώσεως (vgl. τελῶναι
τελῶναι νήσου (?)[67]    [ἀγορανομίας]

{ τέλος ἐγκύκλιον
τελῶναι ἐγκυκλίου
τελῶναι τέλους ἐγκυκλίου ἀνδραπόδων
τέλος πλοίου[68]    [καὶ πλοίων]

{ τέλος ὠνῆς
πεντηκοστὴ ὠνίων
τελῶναι πεντηκοστῆς ὠνίων[69]

{ πεντηκοστή (ἐξαγωγῆς/εἰσαγωγῆς)
τελῶναι πεντηκοστῆς
τελῶναι ν̄ (= πεντηκοστῆς) (τέλος ἐξαγό-
τελῶναι ν̄ (τέλος εἰσαγωγῆς)[70]    [ντων)
τελῶναι ν̄ Ἑρμώνθει (ἐξάγων)[71]
τελῶναι ν̄ λιμένος Σοήνης[72]
τὸ διαπύλιον[73]
τελῶναι    πύλης (?) Μεμνονείων
(τέλος ἑξηκοστῆς [?] πυροῦ)[74]

ἀπομοῖρα[75]

[52] Steuer für den Unterhalt und die Bezahlung der Agoranomen: WO 1053 (103 n. Chr.); 1419 (113 n. Chr.).

[53] Erbschaftssteuer: BGU I 340 (148/49 n. Chr.).

[54] Ein-Sechstel-(Esel-)Steuer: P.Sarap. 3 (119 n. Chr.), vgl. P.Oxy. XII 1457 (4–3 v. Chr.): τοῖς ἐξειληφόσι τὴν ἐξαδραχμίαν τῶν ὄνων.

[55] Schweinesteuer: WO 1031 (32 n. Chr.).

[56] Kamelsteuer: O.Bodl. II 1095 (69 n. Chr.).

[57] Gemüsesteuer: O.Bodl. II 985 (82 n. Chr.); WO 787 (96 n. Chr.); 1075.

[58] Grundsteuer für Palmenland: O.Bodl. II 1083 (71 n. Chr.); 1084 (84 n. Chr.); O.Camb. 140 (84 n. Chr.); O.Bodl. II 1085 (95 n. Chr.).

[59] Wagen-/Esel(halterei)steuer: O.Bodl. II 1074 (96 n. Chr.); WO 491 (98 n. Chr.); O.Bodl. II 1077 (1. oder 2. Jh.); WO 1054 (105 n. Chr.); 1057 (116 n. Chr.); 1261 (2. Jh.).

[60] Steuer für Färber: P.Oxy. XXXI 2575 (2./3. Jh.).

[61] Steuer für Weber: vgl. neben den verschiedenen Belegen in WO und O.Bodl. I + II (s. den jeweiligen Index) noch SB I 4327; APF 5 (1913) 176 Nr. 23; O.Strassb. 252; SB I 4366; O.Theb. 57; O.Ont. I 27.

[62] Hurensteuer: APF 6 (1920) 219 Anm. 1 (= WO 1157 + BL II/1 S. 94, s. u. Anm. 76 ⟨110 n. Chr.⟩); WO 83 (111 n. Chr.); SB VI 9545 Nr. 33 (= J. Hengstl, Papyri 19 ⟨142 n. Chr.⟩); IV. 7399 (144/45 n. Chr.).

[63] Steuer für Flickschneider: O.Meyer 34 (35 n. Chr.); O.Bodl. II 1037–1044; WO 464 (86 n. Chr.).

[64] Steuer für Kleiderhändler (?): O.Bodl. II 1068; 1069; WO 1062; 1585; 1065.

[65] Steuer für Fährleute: P.Oxy. IV 732 (150 n. Chr.).

[66] Badsteuer: Allein in römischer Zeit. S. neben WO und O.Bodl. I + II noch BL II/1 S. 16 (= SB I 1088); O.Theb. 44; 46; O.Ont. I 13; 26; O.Strassb. 477–481; 440; 486–488; 490; SB X 10425; 10339; 10340; O.Wilb. 44–47.

[67] Pachtsteuer (?): WO 410 (59 n. Chr.).

[68] Umsatzsteuer: P.Vindob.Worp 1 (91/96 n. Chr., s. u. 5.6.2.5); O.Bodl. II 1097 (131 n. Chr.); P.Oxy. XVII 2111 (ca. 135 n. Chr.).

[69] Kaufsteuer: WO 1076 (röm.); SB X 10338 (12 n. Chr.); WO 1056 (113 n. Chr.).

[70] Vgl. zum *Einfuhrzoll* z. B. O.Bodl. II 1082 (65 n. Chr.); WO 1569 (119 n. Chr.); zum *Ausfuhrzoll* vgl. z. B. O.Ont. I 10 (72 n. Chr.); W.Chr. 292 (107 n. Chr.) und P. J. Sijpesteijn, Customs Duties.

[71] Vgl. O.Bodl. II 1087 (106 n. Chr. ?); W.Chr. 292 (107 n. Chr.); WO 806 (114 n. Chr.).

[72] Gebühr für die Benutzung des Hafens: *Syene:* SB V 7580 (128 n. Chr.); WO 150 (129 n. Chr.); vgl. zum *Limen Mempheos* (z. B. P.Cairo Zen I 59031 ⟨u. 5.6.1.4⟩ und) W., APF 5 (1913) 257 (zu P.Strassb. I 10): »... Doch darin stimme ich Preisigke zu, daß mit diesem λιμὴν Μέμφεως der Hafen des berühmten Memphis gemeint ist (so auch Ostr. I 539).« – S. u. Anm. 80.

[73] S. o. Kap. 2 Anm. 77. Zu den Torzollquittungen s. Z. Borkowski, Recus; ders., Toll-Receipts; S. L. Wallace, Taxation 255 ff. und o. Anm. 70. – Zu W.Chr. 2 s. R. S. Bagnall, Correspondence (Kap. 6 Anm. 17).

[74] SB I 1675 (3. Jh. n. Chr.?).

[75] Abgaben für Rebenland und Nutzgärten: P.Rev. 28; 29 (259 v. Chr.).

(τελῶναι ἐγκυκλίου, vgl. Anm. 68) angesprochen sein. D. Hagedorn vermutet, daß dieser königliche Erlaß vom Neujahrstag des Jahres 304 v. Chr., dem 10./11. 2., stammt, dem »erste(n) Tag des 20. Jahres nach dem Tode Alexanders und der Herrschaft des Ptolemaios in Ägypten«[78].

> Βασιλέως προστάξαντος.
> Τεμένη μηδὲ ἱερὰ μηθενὶ ἐξέστω [πωλεῖν]
> μηδ' ἀγοράζειν παρευρέσει μηδεμιᾶ[ι  μηδ' οἱ]
> τελῶναι τέλος τούτων δεχέσθω[σαν]
> 5  μηδ' οἱ ἀγορανόμοι καταγραφέτωσαν  [αὐτὰ]
> μηδ' ἐπισταθμευέτω μηδείς. [᾿Εὰν δὲ τίς τι (?)]
> τῶν διηγορευμένων διὰ τοῦ προσ[τάγματος παρα- (?)]
> πράξῃ, τά τε χρηματισθέντα ἄκυ[ρα ἔστω]
> καὶ προσαποτεισάτω ἱερὰ ᾿Αλεξαν[δρείαι (?)]
> 10      (῎Ετους) κ Δαισί[ου

Z. 9: K. J. Rigsby liest: προσαποτεισάτω ἱερὰς ᾿Αλεξαν[δρείας (δραχμὰς)] x

Auf Anordnung des Königs. Keinem soll erlaubt sein, unter irgendeinem Vorwand Tempelbezirke oder Tempelland zu verkaufen oder zu kaufen, weder dürfen die Abgabenpächter dafür Steuer vereinnahmen, noch dürfen die Agoranomen eine Katagraphe bewirken, noch soll irgendein Soldat dort Quartier nehmen. Wenn aber einer gegen die Bestimmungen des Erlasses verstößt, sollen seine Verfügungen unwirksam sein und er soll einen Fiskalmult in Höhe von x Alexander-Drachmen zahlen. Im 20. Jahr, Daisios ...

### 5.6.1.2  C. Ord. Ptol. 11[79]:

Wie der derzeit älteste ptolemäische τελώνης-Beleg ist auch dieser aus dem Jahr 269 v. Chr. ein Prostagma, ein königlicher Erlaß, hier gerichtet an Beamte und Abgabenpächter. Dieser verbietet ihnen, Steuerbefreiungen zu bewilligen und gestattet den Transport von steuerpflichtigen Gütern und Monopolwaren stromabwärts (d. h. den Nil hinunter) nur bei Vorlage eines Zertifikates (σύμβολον).

> Βασιλέως προστ[άξαντο]ς. Τοὺς πραγματευομένους
> [τ]ι τῶν βα[σιλ]ικῶν [ἢ ± 5 − ]. ζοντας καὶ τοὺς τελώνας ἢ
> τούτων ἀν[τιγραφεῖς] μὴ [. .]η[. . . . .]τ[ησ]ειν μηδ' ἀτελείας
> διδόναι μ[ηδὲ κ]ατάγ[ειν ἐᾶν μ]ηθὲν ἐὰμ μὴ παρὰ
> 5  ᾿Επικύδ[ους τὰ σ]ύμβολα παραγ[έν]η[τ]αι ὧν ἂν καὶ παρὰ ῾Ηρα-
> κλεί[δηι ἀντίγ]ραφα ὑπάρξηι· εἰ δὲ μὴ ἄκυρα αὐτοῖς
> ἔσται.      (῎Ετους) ιδ [᾿Α]ρτεμ[ισ]ίου.

---

[78] Erlaß (s. vorige Anm.) 70. Die Übers. in Z. 9 folgt K. J. Rigsby.
[79] = P. Hib. II 198 Verso 141−147; vgl. C. Préaux, L'économie 377 f. und H. J. Wolff, Justizwesen pass.

Auf Anordnung des Königs. Die königlichen Verwaltungsbeamten oder die, die
... und die Abgabenpächter oder ihre Kontrollbeamten ... weder ... noch werden
sie irgendwelche Steuerfreiheiten bewilligen noch werden sie zulassen, daß irgend-
etwas stromabwärts gebracht wird ohne die von Epikydes ausgestellten Zertifikate,
von denen man Abschriften bei Herakleides hinterlegt finden wird; andernfalls werden sie (die Zertifikate) ungültig sein. Im 14. Jahr, Artemisios.

Möglicherweise war Herakleides bei der Wache in Memphis[80] tätig. Das
Steuergesetz des Ptolemaios II. Philadelphos und ein Zenonpapyrus belegen
die hier erstrebte strenge Regelung für das 3. Jahrhundert v. Chr.[81]. Nur vordergründig stärkt dieses Prostagma die Position des τελώνης. Denn es führt zu
ständigen Konflikten und Vorwürfen und verleitet durch seine rigorose Form
zum Schmuggel. »It is well known that at the same period persons liable for
payment of customs dues attempted to evade it by applying to influential per-
sonages (e. g. P.C.Z. 59060.10−11, 59061.4−6, P.Mich.Zen. p. 14). It is not
therefore surprising to find an attempt being made as early as 272/1 B.C. to
prevent arbitrary acts of exemption.«[82] Aber die Beschränkung des Ermes-
sensspielraumes der τελῶναι reicht nicht aus, um Steuerflucht und ungerecht-
fertigte Vorwürfe an sie grundlegend zu beseitigen.

### 5.6.1.3 P.Hib. I 29 (= W.Chr. 259)[83]:

P.Hib. I 29 (um 265 v. Chr.) stellt einen νόμος τελωνικός dar und handelt
unter anderem von der Schädigung des Abgabenpächters. Wir geben Text
und Übersetzung des Fragmentes a), Recto Z. 1−11[84]:

... Ὅταν δὲ κ . [ . . . . . . . . .] τὸ ἀνδ[ρ]άποδον καὶ [δι]πλοῦ[ν ἀπο]-
τινέτω. Ἐὰν δέ τις ἀλλαχ[ῆι ποιήσητα]ι ὑ[πόθεσι]ν ἢ μὴ ἀπογράψητα[ι διὰ
τῶν]
ἀγορανόμων [ἢ τ]ὰ τέλη [διαφυγών τιν]ι καταφανῆι ἐπὶ βλάβη[ι] τοῦ τελ[ώ-
νου, στε]-
ρέσθω τοῦ ἀ[νδ]ραπόδ[ου, ἐὰν δὲ ἀν]τιλέγηι, κριθήτωσα[ν ἐ]π[ὶ] τοῦ ἀ[ποδε]-

---

[80] Vgl. die Anmerkungen zu UPZ I 125,7 (S. 593) und zu P.Lond. VII 1945,4 (p. 34).
− S. auch o. Anm. 72.

[81] Vgl. P.Rev. 52,25−28 und P.Cairo Zen. III 59375,10f.

[82] So die Hg. zu P.Hib. II 198 (S. 104).

[83] Vgl. W., APF 4 (1908) 181; DERS., Gz. 171; M. I. ROSTOVTZEFF, Kolonat 372; H. J.
WOLFF, Justizwesen 93 und A. I. PAVLOVSKAJA, Die Sklaverei im hellenistischen Ägypten (übers. v. R. Pollach), in: T. V. BLAVATSKAJA / E. S. GOLUBCOVA / A. I. PAVLOVS-
KAJA, Die Sklaverei in hellenistischen Staaten im 3.−1. Jahrhundert v. Chr. (Übers. aus-
ländischer Arbeiten zur antiken Sklaverei, hg. v. H. Bräuer u. J. Vogt, Bd. 3). Wiesbaden 1972, 171−275; BL I 194; II/2, 75; VI 52; VII 68. Der Text Z. 2 folgt E. SCHÖN-
BAUER, Beiträge zur Geschichte des Liegenschaftsrechtes im Altertum. Leipzig/Graz
1924, 89f.

[84] Zur Übers. vgl. A. I. Pavlovskaja (s. vorige Anm.) S. 212f.

5 δειγμένου κ[ρι]τηρίου τῶι [δὲ μη]νύσαντι ἔστω τὸ τρίτον μ[έρος] πραθέ[ντος]
τοῦ ἀνδραπόδου· ἐὰν δὲ ὁ ὑπ[οτε]θεὶς μηνύσηι, ἐλεύθερος ἔστω καταβαλ[ὼν
τὰ γι]-
νόμενα τέλη. Γραφέσθωσαν [δ]ὲ καὶ ταύτας τὰς ὑποθέσεις ὅ τε γραμμ[ατεὺς]
τῶν ἀγοραν[όμ]ων καὶ ὁ ἀντιγραφεὺς καὶ ὁ τελώ[ν]ης, ὁ δὲ τελώνης τὸ [διά]-
γραμμα τ[όδε] γράψας εἰς λεύκωμα μ[ε]γάλοις γράμμασιν ἐκτιθέτ[ω πρὸ]
10 τοῦ ἀγοραν[ομί]ου ἑκάστης ἡ[μ]έρας, ἧι δ' ἂν ἡμ[έρ]αι ἡ ἔκθ[εσις μὴ γίνηται]
[ἀποτινέτω (δραχμὰς). ἐ]πίτιμ[ο]ν, προσαποτινέ[τω] δὲ κα[ὶ . . . . . . . . . .

... wenn ... einen Sklaven, und er soll die doppelte Summe zahlen. Wenn aber
jemand vorschriftswidrig [d. h. nicht vor dem Agoranomenamte] eine Sklavenhy-
pothezierung vornimmt oder keine Apographe erstattet bei den Agoranomen oder
durch Steuerflucht dem Steuerpächter Schaden zufügt, soll der Sklave konfisziert
werden. Wenn aber Einspruch erhoben wird, soll die Angelegenheit bei dem bezeichneten Gericht entschieden werden. Derjenige aber, welcher es meldet, bekommt den dritten Teil (des Wertes) des verkauften Sklaven. Wenn es aber die Gei-
sel meldet, soll sie frei werden, wenn sie die entsprechende Steuer entrichtet. Der
Grammateus der Agoranomen, der Antigrapheus und der Steuerpächter sollen für
sich diese Grundverordnungen aufschreiben, der Steuerpächter aber soll dieses Dokument, nachdem er es mit großen Buchstaben auf eine Tafel aufgezeichnet hat, jeden Tag vor dem Agoranomion zeigen. Wenn aber an irgendeinem Tag (die Tafel)
nicht vorgezeigt wird, soll er zahlen ... Drachmen Strafe und obendrein zahlt er ...
und ...

Die Schädigung des Abgabenpächters wird Z. 3 direkt angesprochen.
Steuerhinterziehung (hier: der Sklavensteuer), Streitigkeiten mit dem Abgabenpächter, Konfiszierung des Sklaven und der Gang zum Gericht stellen die
normale Verfahrensweise dar. P.Hib. I 29 wird durch die lex Hieronica (Cic.
Verr. II 2,32), die ptolemäische Züge trägt[85] beleuchtet: Inter aratores et decu-
manos lege frumentaria, quam Hieronicam appellant, iudicia fiunt ⟨die Prozesse zwischen den Landwirten und Zehntpächtern werden nach dem sogenannten Hieronischen Gesetz über die Getreideversorgung durchgeführt⟩[86].
Die Belohnung des Informanten (μηνύειν, Z. 5) bildet das Gegenstück zum
συκοφαντεῖν[87].

---

[85] Vgl. H. Degenkolb, Lex; H. C. Youtie, Publicans 567 (12); H. Berve, König
Hieron II (ABAW.PPH 47), München 1959; R. T. Pritchard, Cicero and the *Lex Hieronica,* Hist. 19 (1970) 352–368 sowie U. Wilcken (o. Anm. 83).
[86] Die Übers. folgt M. Fuhrmann, M.T. Cicero Sämtliche Reden III. Zürich / Stuttgart 1971, 202 f.
[87] Vgl. bes. C.Ord.Ptol. 21,29 ff.; UPZ I 121,15.25 (s. auch W., APF 12 ⟨1937⟩ 223)
und N. Lewis, Corruption 154 Z. 29 sowie E. Ziebarth, Popularklagen; W. Kunkel,
Verwaltungsakten; H. C. Youtie, Publicans 573 f. (18); R. Taubenschlag, Law 467
(zu P.Rev. 21,10–16); 553 mit Anm. 11; N. Lewis, ΝΟΗΜΑΤΑ ΛΕΓΟΝΤΟΣ. BASP
9 (1972) 64.

Es ist ein günstiger Umstand, daß wir aus der großen *Zenon-Korrespondenz* mehrere zeitlich eng zusammengehörende Papyri haben, die uns weiteren Einblick geben in die Schwierigkeit einer moralischen Beurteilung des Abgabenpächters. Wir stellen mehrere Texte zusammen:

5.6.1.4  P.Cairo Zen. I 59031[88]:

Der Proviantmeister (ἐδέατρος) Poseidonios beklagt sich in diesem Brief vom Jahr 258 v. Chr. bei dem Dioiketen Apollonios wegen eines Übergriffs des Abgabenpächters Sosistratos und seiner Angestellten. Apollonois hielt sich zu dieser Zeit gerade in Memphis, dem Ort des Geschehens, auf:

Ποσειδώνιος Ἀπολλωνίωι
χαίρειν. ἐξ σιτηγοῦ τινος
τῶν ἡμετέρων ἀναπλέοντος
εἰς τὴν χώραν ἐμβάντες ἐμ Μέμφει
5  οἱ π[ε]ρὶ Σωσίστρατον ἐξείλοντο
τὸ[ν σί]δη[ρ]ον ὃν [ἀ]ναγκαῖον ἦν ὑπάρχειν
ἐν τῶι πλοίωι πρὸς τὰς προσπι-
πτούσας χρείας· ἀδύνατον γὰρ
μοι δοκεῖ εἶναι ἄνευ τῶν ἀναγ-
10  καίων σκευῶν πλεῖν τὰ πλοῖα·
καὶ ἐμοῦ αὐτοῖς γράψαντος πλεονάκις
ἀποδοῦναι οὐ προσέσχον, ἀλλ' ἀπέδοντο.
γέγραφα οὖν σοι ὅπως εἰδῆις ὅτι
τοιοῦτοί εἰσι οἱ πρὸς ταῖς φυλακαῖς
15  τεταγμένοι.
      ἔρρωσο. (Ἔτους) κη, Δίου κα.

Verso:
Ποσειδων⟨ί⟩ου          Ἀπολλωνίωι.
ἐδεάτρου περί
Σωσιστράτου
20  τελώνου.

Poseidonios dem Apollonios Gruß! Aus einem unsrer Getreideschiffe, das in die Chora hinauffuhr, nahm Sosistratos und seine Angestellten, die in Memphis zustiegen, das Eisen weg, das hinsichtlich plötzlich eintretender Notfälle unbedingt zur Schiffsausrüstung gehört. Es scheint mir aber unmöglich zu sein, ohne die notwendigen Geräte zu segeln. Und obwohl ich ihm mehrmals schrieb, es zurückzugeben, achteten sie nicht auf mich, sondern verkauften es. Ich habe Dir nun geschrieben, damit Du weißt, was für Leute es sind, die bei den Wachen eingesetzt sind.
Leb wohl. Im 28. Jahr, am 21. Dios.
(Verso:) Von Poseidonios, dem Proviantmeister, bezüglich des Abgabenpächters Sosistratos, an Apollonios.

---

[88] Vgl. R., Estate 34 f.; W., APF 8 (1927) 277 (zu UPZ I S. 593 f.). − Zu Memphis s. o. Anm. 72, 80.

Während Poseidonios den Vorfall dem Abgabenpächter Sosistratos zur Last legen will, weist U. Wilcken auf eine andere, wahrscheinlichere Interpretation hin: »Die Konfiskation erklärt sich wohl auch unter der Annahme, daß das Eisen, das Poseidonios als notwendiger Ballast erklärt, für dies ›Getreideschiff‹ nicht deklariert war«[89]. Falls wirklich ein Schmuggelversuch beabsichtigt war, dann könnte die gleichzeitige Anwesenheit des Dioiketen in Memphis eine Rolle gespielt haben.

### 5.6.1.5 P.Cairo Zen. II 59240[90]:

Unzweideutig von einem Schmuggelvorhaben berichtet in schönen Worten der Brief des Kleanax an Zenon, ebenfalls aus dem Jahr 258 v. Chr., in dem dieser aufgefordert wird, eine Steuerhinterziehung zu unterstützen:

Κλεάν[αξ] Ζήνωνι χαίρειν. περὶ τῶν ἡμιόνων
ὧν ἀπέ[στει]λα πρὸς σὲ τοὺς παῖδας ὅπως ἡμῖν ἀγορασθ[ῶσιν]
καὶ πρὸς σὲ παρακομισθῶσιν καὶ περὶ τῶν παρ' Ἀπολλω[νίου]
                      ἐν Μέμφει
ἀποσταλῶσιν εἰς τὴν δωρεὰν τὴν Ἀπολλωνίου, καλῶς ἂν
5  ποιήσαις εἰ μὲν ἐπιμεμέλησαι, εἰ δὲ μή, φροντίσας ὅπως
ἀσφαλῶς μετὰ τῶν ὑμετέρων ἀποσταλῶσιν ὡς ὄντες
Ἀπολλωνίου, ἵνα μή τι κατὰ τὰ τέλη ἐνοχληθῶσιν,
καὶ ἐὰν μὲν αὐτὸς παραγίνηι, εἰ δὲ μή, γράψας ἡμῖν περὶ
αὐτῶν εἰ προσπεπτώκασιν καὶ ἀπεσταλμένοι εἰσὶν καὶ τίνα
10 οἰκονομίαν προσαγήγοχας, ὅπως εἰδήσωμεν ὅτι ὑπάρχουσιν ἡμῖ[ν]
καὶ διασεσωιμένοι εἰσὶν ἀσφαλῶς· ἐὰν δὲ μήπω προσπεπτωκό-
τες ὦσιν, ἵνα τοῖς παρὰ σοῦ συντάξηις ὡς ἠξιώκαμέν σε οἰκονομῆσαι.
                                      ἔρρωσο. (Ἔτους) λγ, Δαισίου ιγ.

Verso:
[Ἔτους] λγ, Παῦνι ιθ.            Ζήνωνι.
15 [Κλ]εάναξ.

Kleanax dem Zenon Gruß. Bezüglich der Maulesel, derentwegen ich die Sklaven zu Dir geschickt habe, damit sie für uns gekauft und zu Dir gebracht würden — und was (die Esel) von Apollonios anbelangt, so sollen sie (beide) zum Landgut des

---

[89] W., APF 8 (1927) 277; s. aber den Kommentar zu UPZ II 202 I 5 (S. 232): »Ich würde jetzt vielmehr betonen, daß zu den eisernen Gerätschaften, die auf einem Schiff ›notwendig‹ sind, doch jedenfalls auch die Anker gehören, so daß wir wieder einen ἐδέατρος kennen lernen, der sich für die Anker interessiert.«

[90] S. auch P.Lond. VII 1945 (257 v. Chr.), zu dem der Hg. bemerkt (p. 33): »Although not so frankly expressed as in, e.g., P.Cair. Zen. 59240, the real aim of Hierokles was no doubt the evasion of customs duties on the clothing.« Vgl. noch H. HARRAUER / K. A. WORP, Mord und Schmuggel in Oxyrhyncha. ZPE 40 (1980) 139–142 sowie P.Hib. I 59 (= W.Chr. 302 = J. HENGSTL, Papyri 32); P.Tebt. I 39.38 (u. 5.6.1.15/16) und P.Giss.Univ. I 2 (u. 5.6.1.17).

Apollonios in Memphis geschickt werden. Du hast wohl daran getan, wenn Du Dich darum gekümmert hast, wenn aber nicht, trage Sorge, daß sie sicher mit den Eurigen weggeschickt werden — so als seien sie dem Apollonios gehörig, damit sie nicht entsprechend den Steuersätzen belastet werden —, und wenn Du selbst zugegen bist, (so ist es gut,) wenn aber nicht, schreibe uns ihretwegen, ob sie vereinigt und (zusammen) weggeschickt worden sind und welche Maßnahme Du veranlaßt hast, damit wir wissen, daß sie uns gehören und sicher durchgekommen sind. Wenn sie aber noch nicht vereinigt worden sind, sollst Du denen, die bei Dir sind, anordnen, daß Du so verfährst, wie wir gefordert haben.

Leb wohl. Im 33. Jahr, am 13. Daisios.

(Verso:) Im 33. Jahr, am 19. Paynis. Von Kleanax, an Zenon.

Dieser Papyrus ist von großem Wert, weil er einen bewußten Steuerhinterziehungsversuch aufzeigt, und zwar nicht von der einfachen Bevölkerung, sondern von der griechischen Führungsschicht, die dem Dioiketen nahestand. Denn den Brief schrieb ein »well-to-do man, in touch with Appollonios and Zenon«[91], der mit seinem Anliegen aller Wahrscheinlichkeit nach bei Zenon, dem persönlichen Agenten des Dioiketen Apollonios, Gehör fand.

### 5.6.1.6 P. Cairo Zen. I 59093[92]:

Ähnliches zeigt dieser Brief des Herakleitos an Zenon aus dem Jahr 257 v. Chr. Menekles, ein weiterer Agent des Apollonios in Tyros, kam in Schwierigkeiten, als er die Umladung der Waren und der Sklaven, die er von Gaza nach Tyros transportierte und die er dort für den Export neu einzuschiffen hatte, den Abgabenpächtern nicht bekannt gab und ihm darüberhinaus die Ausfuhrerlaubnis fehlte. Die Abgabenpächter bemerkten dieses doppelte Vergehen und konfiszierten die gesamte Schiffsladung. Apollophanes kam ihm daraufhin zu Hilfe und gab an, die Sklaven seien Eigentum des Zenon.

Zu den Praktiken des Apollonios und seiner Agenten, vorzugsweise in Syrien, bemerkt M. I. Rostovtzeff[93]:

> »Our evidence about the affairs of Apollonios in Syria is scanty enough. But I must confess that the impression produced on me by the papyri ... is not a very attractive one. These agents of Apollonius who worked for him ... tried to make the most out of the high position of their master. Syrian oil and slaves ..., just the articles which were not allowed to be imported into Egypt, seem to be the goods in which they dealt by preference. Their worst enemies were the farmers of the custom-duties, men who were certainly subordinates of Apollonius.«

---

[91] So der Hg. C. C. Edgar (p. 93).
[92] Zu Text und Übers. s. 6.3.1.2.
[93] Estate 34.

### 5.6.1.7 P.Cairo Zen. III 59375[94]:

Addaios, ein weiterer Agent des Dioiketen, schrieb im Jahr 258/7 oder 257/6 an Zenon diesen — wegen seiner Lücken nicht immer verständlichen — Brief. Er handelt in Z. 3—8 von einem Übergriff der Abgabenpächter bzw. deren Angestellten.

3         καὶ π[ερὶ τοῦ οἴνου] δὲ ἔγραψά {ἔγραψα} σοι πόσου ἀπεδόμην. γνώριζε οὖν τοὺς

                                                    οὖν      πρὸς

τελώνας ἐστε[ρηκότας] ἡμᾶς. προσῆλ[θ]ον ⟦δὲ καὶ πρὸς⟧ Ἀπολλώνιον τὸν Πυθαγγέλου

5 ἀδελφόν, καὶ ἀνα[καλέσας α]ὐτοὺς [συνέτ]αξεν ἀ[π]οδοῦναι· οἱ δὲ οὐ προσέσχον αὐτῶι·

Πυθάγγελος οὖν π[αρ᾽ ὑμῖν ἐ]στὶν καὶ Ἐπικράτης ὁ τὸ τέλος ἠγορακώς. ἔντυχε οὖν

                                                        ἵνα

αὐτῶι ὅπως ἂν γ[ράψηι ἐπ]ιστολὴν πρὸς Ἀλέξαρχον τὸν ἀδελφόν, ⟦ὅπως ἂν⟧ ἡμῖν ἀποδῶι

8 τὸν οἶνον.

Bezüglich des Weins habe ich Dir geschrieben, für wieviel ich verkauft habe. Du sollst nun wissen, daß die [4] Abgabenpächter uns beraubt haben. Ich ging daraufhin zu Apollonios, dem Bruder des Pythangelos; er lud diese vor und gebot ihnen, (den Wein) zurückzugeben. Sie aber kümmerten sich nicht um ihn. [6] Pythangelos aber ist bei Euch und der Abgabenpächter Epikrates. Bitte nun ihn, daß er einen Brief an seinen Bruder Alexander schreibe, damit er uns den Wein gebe.

Die Bezeichnung des Epikrates als ὁ τὸ τέλος ἠγορακώς ist bisher singulär[94a]. Es läßt sich dem Gesamtzusammenhang nicht entnehmen, daß Epikrates der zuständige Abgabenpächter war, τοὺς τελώνας dagegen seine Angestellten. Auch die Funktion des Apollonios wird nicht deutlich: er kann τοὺς τελώνας zwar zitieren, aber sie leisten seiner Aufforderung keine Folge. Die eigentliche Autorität über die Abgabenpächter scheint dagegen Pythangelos zu haben — oder Epikrates, jedoch soll Alexander den Wein wieder herausgeben. Interessant sind die widerstreitenden Kompetenzen und die ›Verfilzung‹ der griechischen Agenten, Beamten und Pächter.

---

[94] Vgl. ebd. 39, 61 f., 116.
[94a] S. aber M. WÖRRLE, Lykien III 99 f. mit Anm. 102.

5.6.1.8 P.Cairo Zen. I 59130[95]:

Dieser Brief an Zenon trägt das Datum vom 16. 4. 256 oder 254 v. Chr.:

['Επιμελὲς δέ σοι ἔστω, ὅπως μὴ] προ-
νομευ[ώ]μεθα, ὅτι τὴν γῆν
τὴν 'Απολλωνίου γεωρ-
γοῦμεν. καλῶς ἂν οὖν
5 ποιήσαις γράψας Βουβά-
λωι καὶ Σπενδάτηι πε-
ρὶ τοῦ γεωργοῦ ἵνα ἀφε-
θῆι ἕως ἂν οἱ τελῶναι
παραγένωνται, ἵνα βο-
10 τ[α]νίζηται ἡ γῆ. πα-
ρέσομαι δὲ κατὰ τὸ τά-
χος πρὸς σέ. ὑπογέ-
γραφα δὲ καὶ τῆς παρ' 'Α-
πολλωνίου ἐπιστολῆς

15 τὰ ἀντίγραφα. 'Απολ-
λώνιος Θράσωνι Παρα-
μόνωι χαίρειν. τοὺς
γεωργοὺς τοὺς ἐν Τα-
πτεια μὴ ἐνοχλεῖ-
20 [τ]ε περὶ τῆς ἁλικῆς.
ἔρρωσθε.
("Ετους) λ, Περιτίου
ἐμβολίμου, Μεχεὶρ κγ.
φέρει δὲ καὶ Πάτροκ⟨λ⟩ος ὄρ-
25 νιθας ἀγρίους δύο,
ὠὰ χήνεα ς.

Verso:
[Ζήν]ωνι

Trage Sorge, daß wir nicht ausgeplündert werden, denn wir bebauen das Landgut des (sc. Dioiketen) Apollonios. Du (d. h. Zenon) würdest gut daran tun, Bubalos und Spendates zu schreiben wegen des (verhafteten) Bauern, damit er freigelassen werde, bis die Abgabenpächter kommen, damit das Unkraut des Landes ausgejätet wird. Ich werde in Kürze bei dir sein. Ich habe daruntergeschrieben auch die Kopie des Briefes von Apollonios. Apollonios grüßt den Thrason (und) Paramonos. Die Bauern, die in Tapteia (leben), bedrückt nicht wegen der Salzsteuer. Lebt wohl. Im 30. (?) Jahr, im interkalierten Peritios, 23. Mecheir. Es bringt aber auch Patroklos zwei Hühner, sechs Eier.

(Verso:) An Zenon.

Die vier genannten Personen Bubalos, Spendates, Thrason und Paramonos waren nach dem Herausgeber C. C. Edgar Angestellte des Dioiketen Apollonios: »All these persons appear to have been employees of his, and apparently it was part of their duties to collect certain taxes from the peasants on his land and pay over the sum to the regular tax-collectors.«[96]

Die Abgabenpächter selbst haben mit dem ἐνοχλεῖν (Z. 19f., vgl. προνομεύειν Z. 1f.) nichts zu tun. Anders als in P.Cairo Zen. I 59031 sind hier die Einnehmer nicht dem Abgabenpächter untergeben, sondern unterstehen der direkten Weisungsbefugnis des Dioiketen bzw. seines Agenten Zenon. Sie sollen die Salzsteuer bei den γεωργοί (Landpächtern) der Domäne nicht mit unbilliger Härte eintreiben.

---

[95] = SB III 6805; für die Erg. v. Z. 1f. s. W., APF 8 (1927) 66 (zu P.Edg. 90). Zum Datum s. Hg. z.St.

[96] S. 139. – Zu Bubalos s. R., Estate 121 und ProsopPtol I 67, zu Thrason Prosop Ptol I 128.

5.6.1.9 PSI IV 384[97]:

Diese Enteuxis (»Bittschrift«) von Euphamidas aus Alexandreia an Zenon
wurde im Jahr 248/7 v. Chr. geschrieben.

Ζήνωνι χαίρειν Εὐφαμίδας τῶγ Κλεισίου. Ἀδικοῦμαι ὑπὸ
Ἡρακλείδου τινὸς τῶν ὑπό σε τὴν ὑικὴν πραγματευομένου.
ἐγγυησαμένου γάρ μου ἐν τῶι λη (ἔτει) Παᾶπίν τινα ἠπητὴν
τοῦ τέλους, ὃν ἔφη ἀδελφὸν αὐτοῦ εἶναι, ἐξαπέσταλκεν αὐ-
5 τὸν ἐν τῶι Ἀρτεμισίωι μηνὶ εἰς Φιλαδέλφειαν· ἐγὼ δὲ περισπῶ-
μαι ὑπὸ τῶν τελωνῶν καὶ εἰσπράσσομαι τὴν ἐγγύην.
καλῶς ἂν οὖμ ποιήσαις, εἴ σοι φαίνεται, γράψας πρὸς τοὺς ἐκεῖ,
ὅπως ἂν ὁ Παᾶπις καταπεμφθῆι εἰς τὴν πόλιν ἵνα ἐργαζό-
μενος τάσσηται τοῖς τελώναις καὶ μὴ ἀδικῶμαι ὑπ' αὐτῶν.
10   Εὐτύχει.

Zenon Gruß von Euphamidas aus der Abteilung Kleisias. Mir wird Unrecht getan
von Herakleides, einem von denen, die unter Dir stehen, der die Schweinesteuer
gepachtet hat. Denn als ich im 38. Jahr einem gewissen Flickschneider Paapis Bürge
[4] für die Steuer geworden war – nach Aussage (des Herakleides) sei er sein Bruder –, sandte er ihn im Monat Artemisios nach Philadelphia. Ich aber werde belä-
stigt von den Abgabenpächtern und zahle die Bürgschaft. – [7] Du würdest gut
tun, wenn es Dir recht erscheint, denen dort (sc. in Philadelphia) zu schreiben, damit Paapis nach Alexandreia hinabgeschickt würde, damit er durch seine Arbeit die
Bezahlung an die Abgabenpächter leiste, so daß ich von ihnen kein Unrecht er-
leide.     Leb wohl.

Der Text sagt nicht, daß Euphamidas der Bürge eines Abgabenpächters
war[98]; sondern Euphamidas bürgte für den Flickschneider Paapis, daß dieser
seine Gewerbesteuer zahle[99]. Da sich Paapis der Zahlung durch seine Abreise
entzog, mußte Euphamidas für die Steuerschuld des Paapis aufkommen.
Wenn es in Z. 6 heißt, daß die Abgabenpächter die Steuer einziehen wollen, so entspricht dies dem normalen Geschäftsvorgang. Das ἀδικεῖν in Z. 9
bezeichnet jedoch völlig zu Recht ein von ihnen begangenes Unrecht, denn sie
hängen mit Herakleides eng zusammen. In Z. 1 f. wird der eigentliche Grund
genannt: Ἀδικοῦμαι ὑπὸ Ἡρακλείδου τινός.
Herakleides war ebenfalls Abgabenpächter und einer von den Leuten des
Zenon. In einem Komplott nutzte er eine Bürgschaft für seinen Bruder bzw.
Verwandten (ἀδελφός) aus.

---

[97] Vgl. R., Estate 50, 109 f.; Th. Reil, Beiträge 106 f.
[98] Zur Bürgenstellung vgl. M. Kaimio, Sureties sowie z. B. W. Chr. 110; P. Tebt. II
329 und SB VIII 9841,1–14 (= J. Hengstl, Papyri 119); s. noch J. Partsch, Bürgschaftsrecht 322 ff, 396 ff.
[99] Zur Bürgschaft für Lieferung vgl. z. B. J. Hengstl, Paypri 11 (= P. Got. 3, 215/16
n. Chr.!).

## 5.6.1.10 UPZ I 112[100]:

In der Steuerpachtausschreibung des Ptolemaios V. Epiphanes aus dem Jahr 204 v. Chr. für den oxyrhynchitischen Gau heißt es in Kol. I 3—12:

Ἀ[γ]οράζετε δὲ
[τὰς ὠνὰς δικαίως καὶ] μέλλετε μη[θ]ένα συκοφαντήσειν
5 [τῶν ὑποτελῶν (?) μηδὲ] δ̲[ια]βαλ̲[̲λ̲]εῖν. ἀλλ' ἀπὸ τοῦ βελτίστου
[πραγματεύσεσθα]ι κατὰ τοὺς νόμους καὶ τὰ δια-
[γράμματα καὶ τὰ πρ]οστάγματα καὶ τὰ διορθώμεθα (l. ματα)
[τὰ ὑφ' ἡμῶν διατα(?)]οσόμενα ἐφ' ἑκάστης ὠνῆς,
[τὰς δὲ ὠνὰς ἀναπ]ληρώσειν οὐθένα ὑπόλογον
10 [ποιούμενοι πρὸς τὸ] βασιλικὸν παρευρέσει ἡτιν[ι]οῦν
[καὶ μηθὲν ἀπονοσφι(?)]εῖσθαι ὡς καὶ τὰς ἐγδείας πραχθή-
[σεσθε.

Erwerbt (die Pachten auf rechte Weise) und wollet niemanden von den (Steuerzahlern) böswillig anzeigen oder verleumden, sondern aufs beste (eure Sache führen) nach den Gesetzen und Verordnungen und Erlassen und Berichtigungen, die für jede einzelne Steuerpacht (von uns verordnet) werden, (die Pachtbedingungen aber) wollet erfüllen, ohne mit irgendwelchen Finten einen Abzug (zu machen gegenüber) der Königskasse, und wollet (nichts für euch entwenden [?]), da man auch die Defizite von euch eintreiben wird.

In zweierlei Hinsicht wird das Verhalten der Abgabenpächter einzugrenzen versucht:

1) Sie sollen die Steuerpacht rechtmäßig erwerben. Dies ist wohl weniger in Bezug auf Mitbieter gemeint, wie Jos. Ant. 12, 158 ff. nahelegen könnte[101], sondern eher im Sinne von *Maximalerträgen für den König,* wie anhand von UPZ II 225, 16 ff. und 226, 8—14 deutlich wird[102]. Dazu gehört auch, die νόμοι τελωνικοί zu befolgen, das heißt die ordnungsgemäße Stellung von Bürgen, so daß der erste Aspekt dieser Pachtausschreibung vorrangig die Interessen des Königs wahrnimmt.

2) Die Abgabenpächter sollen den Steuerzahler weder böswillig anzeigen (συκοφαντεῖν) noch verleumden (διαβάλλειν). Der König signalisiert sein Schutzinteresse. Wie wir zu UPZ I 113 ausführen werden (s. 5.6.1.13), waren die typischen Klagen über die τελῶναι als »beliehene Unternehmer« ebenso

---

[100] Vgl. P. Rev. ⟨o. 5.2.⟩; UPZ II 225 ⟨u. 5.6.1.14⟩; II 224 und die u. Anm. 111 angegebene Lit. — Zu den Horizontalstrichen unter den Buchstaben vgl. W, APF 10 (1932) 212 Anm. 1: »Nach Ansicht der Editoren trotz größter Verstümmelung sicher gelesen«.

[101] S. u. 6.3.1.3.

[102] S. u. 5.6.1.14 sowie UPZ II 226, 8—14 (die Übers. folgt U. Wilcken z. St.): »... Ich aber bedachte, daß nur wenig im Ganzen zusammenkommen wird ... und ich rief sie heran und unterwies sie über die Grundgedanken der Pacht, ob sie vielleicht noch etwas hinzu auf sich nehmen könnten, und auf Grund vieler Reden habe ich sie mit Mühe überredet, das eine Kupfertalent zu zahlen.«

wie die über die königlichen Beamten (!) συκοφαντία und διασεισμός[103]. Wahrscheinlich wurde in einem entsprechenden Fall vom Abgabenpächter behauptet, der Steuerpflichtige habe falsch deklariert[104] oder er habe seine Steuer noch nicht (vollständig) bezahlt, obwohl dies der Fall war[105]. Der königlichen Behörde waren diese Möglichkeiten des betrügerischen Steuereinzugs bekannt und sie versuchte, dem durch Ermahnung der Pächter und durch Strafandrohung entgegenzuwirken. M. I. Rostovtzeff weist nun auf den Fiskalismus hin, wenn er ausführt[106]:

»Das ptolemäische System der Steuerpacht, das in der Hauptsache auf dem griechischen System beruhte, war eine sinnreiche Erfindung. Durch die Einführung der Mittelsmänner zwischen den Steuerzahlern und den Erhebungsbeamten vermochten die Ptolemäer ihre Interessen sehr wirksam zu schützen. Zwei Gruppen – die Erhebungsbeamten und die Steuerpächter –, beide der Krone verantwortlich, waren damit beschäftigt, aus den Steuerzahlern das Letzte herauszuholen. Ihre Interessen deckten sich in dieser Hinsicht, und ihre Zusammenarbeit machte es den Steuerzahlern praktisch unmöglich, sich ihren Verpflichtungen zu entziehen. Andererseits schädigte jede Unredlichkeit und Nachlässigkeit der Beamten die Interessen der Steuerpächter, die darum eine wirksame Kontrolle über die Beamten ausübten. Die Verlierer waren bei dieser Anordnung die Steuerzahler. Die Beamten und die Steuerpächter waren unter Androhung schwerer Buße verpflichtet, die Abgaben in voller Höhe zu erheben, und es war ihnen gleichgültig, ob der Steuerzahler bei diesem Verfahren zugrunde ging oder nicht. Für den König war dies natürlich eine Sache von großer Wichtigkeit, und er legte Wert darauf, daß die Steuerzahler nicht mißhandelt, ausgeplündert oder betrogen wurden. Doch in der Regel waren Beamte und Steuerpächter vereint stärker als der König.«

Zwar muß sich damit die Beurteilung der Sykophantie und des Diaseismos nicht zu Gunsten des Abgabenpächters verschieben, aber beides läßt sich keineswegs allein und ausschließlich dem τελώνης anlasten. Auch er war ein notwendiger Teil der ptolemäischen Administration und spiegelt deshalb besonders deren Problematik und innere Widersprüche wider.

### 5.6.1.11 P. Tebt. III 776[107]:

Diese Eingabe an den Oikonomen Ptolemaios gehört dem frühen 2. Jahrhundert v. Chr. an.

Πτολεμαίωι οἰκονόμωι ²παρά Σενήσεως τῆς Μενε- ³λάου τῶν κατ[οι]κουσῶν ἐν Ὀξυ- ⁴ρύγχοις τῆ[ς Πολέ]μωνος μερίδος. ⁵συνούσης μ[ο]υ Διδύμωι ⁶Πετει-

---

[103] Vgl. u. zu Anm. 110.
[104] S. z. B. P.Oxy. I 36 (= W.Chr. 273 Kol. II, III) ⟨5.6.2.8⟩.
[105] S. z. B. BGU I 340.
[106] HW I 258. Vgl. überhaupt C.Ord.Ptol. 11–16.
[107] = Sel.Pap. II 271. S. noch J. PARTSCH, Bürgschaftsrecht 62 f.; M., Gz. 131, 200 f.; W., zu UPZ I S. 612; E. LÜDDECKENS, Ägyptische Eheverträge (Ägyptologische Abh. Bd. 1). Wiesbaden 1960. – Zu Herakleides s. ProsopPtol I 1566.

μ[ο]ύθου τῶν ἐκ τῆς αὐτῆς  ⁷κώμης [κα]τὰ συγγραφὴν Αἰγυ- ⁸πτίαν τ[ροφ]ῖτιν ἀργυρίου  ⁹χρυσῶν [.]α κατὰ τοὺς τῆς  ¹⁰χώρας νό[μο]υς, καὶ πρὸς ταῦτα  ¹¹καὶ
τὴ[ν τρο]φήν μου ὑπο-  ¹²κειμ[ένω]ν τῶν ὑπαρχόντων  ¹³αὐτ[ῶι πά]ντων, ἐν οἷς καὶ
οἰκίας  ¹⁴ἐν τῆι προγεγραμμένηι κώμηι,  ¹⁵ὁ ἐγκαλούμενος βουλόμενός με
¹⁶ἀποστερέσαι ἕως μὲν προσ-  ¹⁷πορευόμενος ἑνὶ καὶ ἑκάστωι  ¹⁸τῶν ἐκ τῆς αὐτῆς
κώμης  ¹⁹ἠβούλετο αὐτὴν ἐξαλλοτριῶσαι,  ²⁰τούτων δὲ οὐχ ὑπομενόντων
²¹ἕνεκα τοῦ μὴ συνεπικελεύ-  ²²ειν ἐμέ, μετὰ ταῦτα ἐξείργασται  ²³τοῦ δοῦναι ἐν
διεγγυήματι  ²⁴ὑπὲρ Ἡρακλείδου τελώνου  ²⁵εἰς τὸ βασιλικόν, καὶ κατὰ τοῦτο
²⁶οἴεται ἐκκλ{.}είειν με τῶν δικαίων.  ²⁷διὸ ἀξιῶ σε δεομένη γυνὴ οὖσα  ²⁸καὶ ἀβο-
ήθητον (l. ἀβοήθητος) μὴ ὑπεριδεῖν με  ²⁹ἀποστερηθεῖσαν τῶν ὑποκειμένων ³⁰πρὸς
τὴν φερνὴν διὰ τὴν τοῦ  ³¹ἐγκαλουμένου ῥαιδιουργίαν ἀλλ', ἐὰν  ³²φαίνηται, συν-
τάξαι γράψαι Πτ[ολε-]  ³³μαίωι τῶι ἐπιμελητῆι μὴ π[ρος-]  ³⁴ δέχεσθαι τὴν Διδύ-
μου τοῦ [δη-]  ³⁵λουμένου οἰκίαν ἐν διεγγυή[ματι].  ³⁶τούτου δὲ γενομέ[νου τε]ύ-
ξο[μαι τῆς]  ³⁷παρὰ σοῦ βοηθείας.  ³⁸[εὐτύχει.]

An Ptolemaios, den Oikonomen, von Senesis, Tochter des Menelaos, wohnhaft in
Oxyrhyncha (Faijum) im Bezirk von Polemon. ⟨5⟩ Ich lebe (zusammen) mit Didymos, Sohn des Peteimouthes, wohnhaft ebendort, gemäß einem ägyptischen Un-
terhaltsvertrag in Silber in Höhe von (.)1 Goldstücken nach den Gesetzen des Landes, und dafür und ⟨11⟩ für meinen Unterhalt verpfändet er alles, was ihm gehört,
darunter ein Haus in dem o. g. Dorf. ⟨15⟩ Der Beschuldigte wollte mich berauben
und er wollte eine Zeitlang das Haus veräußern, indem er von einem zum anderen
in dem genannten Dorf lief; ⟨20⟩ als sie sich aber nicht entschließen konnten, weil
ich nicht einwilligte, bewirkte er danach, daß es zum Pfand für den Abgabenpächter
Herakleides ⟨25⟩ in den königlichen Schatz kam, und dadurch glaubt er, mich von
meinen Rechten ausschließen zu können. ⟨27⟩ Deshalb bitte ich Dich, da ich eine
bedürftige und hilflose Frau bin, nicht darüber hinweg zu sehen, daß ich dessen,
⟨30⟩ was im Hinblick auf meine Mitgift verpfändet ist, wegen der Bosheit des Beschuldigten beraubt werde, sondern, wenn es Dir gut erscheint, den Auftrag zu geben, einen Brief an den Epimeleten Ptolemaios zu schreiben, daß er das Haus des
bezeichneten Didymos nicht als Pfand annimmt. ⟨36⟩ Wenn dies geschieht, wird
mir von Dir Hilfe zuteil.  Leb wohl.

Hier liegt kein spezifischer Übergriff eines Abgabenpächters vor, wohl
aber ein Komplott mit dem Ehemann zuungunsten der Frau.

## 5.6.1.12 P.Coll.Youtie I 12:

Dieser Papyrus aus dem Jahr 177 v. Chr. aus Krokodilopolis (Arsinoe)
wurde versehentlich nicht in P.Tebt. I aufgenommen.

```
1        ]. .[
    ὑπ[. . . .]αια ἀπ[ο]λῦσαι αὐτοὺς καὶ τοὺς ἐγγύου[ς]
    τοῦ ἀ[φευρ]έματος· ὅθεν κατ' ἐκεῖνον τὸν χρόνον
4   ἀπελ[ύθησ]αν ἐκ τῆς φυλακῆς [[τοῦ δὲ]] καὶ οἱ ἔγγυοι.
    μετὰ [δὲ ταῦ]τα ἐνέτυχεν κατ' ἐμοῦ Ἀλέξανδρος ὁ [[τε]] ἐπ[ὶ]
    τῶν τ[ελω]νῶν [[ἤδη μεταλλα]] Ἀργείωι τῶι ἐπιμελητῆι
    ἄνευ [ὑπ]ομνήματος ‘ἐν τῶι κε (ἔτει) Μεσορή’ ἐπὶ παραλογισμῶι [. . . . .]η με
```

8   εὐθέως . . . . ⟦δεδωκέναι⟧ κεῖσθαι τὸ διε[γγύημ]α
    α . . . οιου ἀπήγαγέν με ὁ Ἀργεῖος εἰς ⟦.⟧ τὴ[ν ἐν] Κροκο-
    [δί]λων πόλει μεγάλην φυλακ[ὴν . . .] καὶ ἕως τοῦ νῦν
    [ἀπ]ῆγμαι, ἤδη ἔτη εἰσὶν τρία, [οὐκ ἔχ]ων τἀναγκαῖα.
12  [ἀ]λλ’ οὖν πρότερον μὲν ἀπελύ[θημεν ὑ]πὸ Ἀπολλωνίου
    τοῦ διοικητοῦ καὶ μετὰ ταῦ[τα ⟦ἀπε]λύθησαν⟧
    ὑπὸ τῆς βασιλίσσης Κλεο[πάτρας] καὶ βασιλέως
    [Πτο]λε[μαίο]υ τῶν τε ἐνκλημά[των καὶ ἀ]γνοημάτων
16  καὶ [ἀμαρ]τημάτων τῶν ἕως [. . . . . τοῦ] κε (ἔτους)
    καὶ [προσ]έταξαν μηθενὶ ἐξυ. [. . . . . .]. γ ευθη . .
    ὕπαρ[. . . π]ρογεγραμμένον παρευ[ρέσει] ⟦. . .⟧ μηδεμιᾶι.
    ἵνα [οὖν μ]ὴ καταφθείρωμαι ἐν τῆι [φυλακῆι] ἀλογούμενος
20  παρ[ὰ πάν]τα τὰ καλῶς ἔχοντ[α, δέομαί σο]υ μετὰ
    πά[σης] δεήσεως ἐπιτάξ[αι . . . . . .]αι

    . . . sie freizulassen und die Bürgen für das Defizit. Weshalb zu jener Zeit sie und die
    Bürgen aus dem Gefängnis freigelassen wurden. Danach erhob Alexander, der über
    die Abgabenpächter gesetzt ist, mit dem Epimeleten Argeios ohne amtliche Verfü-
    gung fälschlich Klage gegen mich im 25. Jahr, (im Monat) Mesore . . . mich alsbald
    . . . das Pfand zu hinterlegen . . . Argeios führte mich ab ins große Gefängnis in Kro-
    kodilopolis und bis jetzt bin ich gefangengesetzt; schon sind es drei Jahre, und ich
    habe nicht das Lebensnotwendige. ⟨12⟩ Tatsächlich aber waren wir zunächst von
    dem Dioiketen Apollonios freigesprochen worden und danach ⟨13⟩ von der Köni-
    gin Kleopatra II. und König ⟨14⟩ Ptolemaios (sc. VI. Philometor, 180–145
    v. Chr.) sowohl von den Beschuldigungen als auch von den fahrlässig ⟨16⟩ sowie
    vorsätzlich begangenen Verfehlungen freigesprochen worden bis . . . 25 (Jahre) ⟨17⟩
    und sie ordneten an, daß niemand . . . das Vorgenannte unter keinem Vorwand.
    ⟨19⟩ Damit ich nun nicht in dem Gefängnis und entgegen jeder Sitte unbeachtet zu-
    grundegehe, bitte ich Dich auf das dringlichste, anzuordnen . . .

## 5.6.1.13  UPZ I 113[108]:

Aus dem Jahr 156 v. Chr. stammt dieser Erlaß des Dioiketen Dioskurides.
Er schreibt an (den Hypodioiketen des westlichen Deltas?) Dorion:

5   Δωρίωνι. Τοῦ βασιλέως καὶ τῆς βασιλίσσης πρὸ πολλοῦ ἡγουμένων
    πάντας τοὺς ὑπὸ τὴν βασιλείαν δικαιοδοτεῖσθαι, εἰς δὲ τὴν
    πόλιν καταπλεόντων οὐκ ὀλίγων καὶ τῶν μὲν καθ’ ὑμῶν, τῶν
    δὲ κατὰ τῶν ὑφ’ ὑμᾶς τεταγμένων, μάλιστα δὲ κατὰ τῶν
    πρὸς ταῖς τελωνίαις ἐντυγχανόντων περί τε διασεισμῶν
10  καὶ παραλογειῶν, ἐνίων δὲ καὶ συκοφαντεῖσθαι προφερομένων,
                                                    ταῦτα
    βουλόμεθ’ ὑμᾶς μὴ διαλανθάνειν, ὅτι ⟦ταῦτα⟧ πάντα ἐστὶν
    ἀλλότρια τῆς τε ἡμῶν ἀγωγῆς, οὐχ ἧσσον δὲ καὶ τῆς ὑμε-
    τέρας σωτηρίας, ἐπάν τις ἐξελεγχθῆι λελυπηκώς τινα
    τῶν κατὰ μέρος. Διὸ καὶ ὅπως μη̲θὲν̲ ἔτι τοιοῦτο γίνηται

---

[108] Zur Lit. s. u. Anm. 111.

15 μή τε ἀδικῆται μηθεὶς ὑπὸ μηδενός,     μάλιστα δὲ τῶν
συκοφαντεῖν ἐπιχειρούντων τελωνῶν,     αὐτοί τε παρα-
φυλάξασθε καὶ πᾶσι τοῖς κατὰ μέρος διαστείλασθε περὶ τῶν
αὐτῶν μὴ παρέργως.

An Dorion. Während der König und die Königin großen Wert darauf legen, daß
allen in ihrem Königreiche Recht werde, kommen nicht Wenige nach Alexandrien
gefahren, die sich teils gegen Euch, teils gegen Eure Untergebenen, am meisten
aber gegen die Steuerpächter, beschweren wegen Erpressungen und Schröpfungen,
einige auch wegen Verleumdungen. So wollen wir, daß es Euch nicht unbekannt
bleibe, daß alles dies mit unserer Lebensführung nicht vereinbar ist, noch weniger
aber mit Eurem Heil, wenn einer überführt wird, einen von den im Einzelnen in
Betracht Kommenden geschädigt zu haben. Deswegen hütet Euch sowohl selbst,
daß nichts derartiges mehr geschehe, noch irgendeinem von einem andern Unrecht
zugefügt werde, namentlich von verleumderischen Steuerpächtern, als auch ermah-
net alle im Einzelnen in Betracht Kommenden in Bezug auf diesselbe auf's Ein-
dringlichste.

Der Erlaß beabsichtigt, die Übergriffe der Abgabenpächter in Zukunft zu
verhindern bzw. einzuschränken. In der Wendung πάντα ταῦτά ἐστιν ἀλλότρια τῆς ἡμῶν ἀγωγῆς wird eine moralische Wertung erkennbar. Es ist nun
von besonderer Bedeutung, daß diese Ansicht die Meinung des Dioiketen
Dioskurides darstellt, der aber als enger Mitarbeiter des Königs zugleich die
königliche Ansicht widerspiegelt, vgl. Z. 6: πάντας τοὺς ὑπὸ τὴν βασιλείαν δι-
καιοδοτεῖσθαι (daß allen im Königreich Recht werde)[109].

Genauer heißt es, daß Vorwürfe gegenüber verschiedenen Beamten der
königlichen Finanzverwaltung erhoben werden, jedoch μάλιστα δὲ κατὰ τῶν
πρὸς ταῖς τελωνίαις ἐντυγχανόντων (Z. 8 f.). Ein ganz ähnlicher Ausdruck
steht in Z. 15 f., μάλιστα δὲ τῶν συκοφαντεῖν ἐπιχειρούντων τελωνῶν, ist aber
damit nicht gleichzusetzen. Wir treffen in Z. 8 f. auf die Angestellten eines
Steuerbüros, in Z. 15 f. auf den τελώνης selbst. Obwohl sehr genau zwischen
Angestellten des Büros und den Abgabenpächtern unterschieden wird, können beide Gruppen nicht losgelöst von der Beamtenschaft beurteilt werden.
Bestätigt wird dies unter anderem durch UPZ I 110 (164 v. Chr.), P. Tebt. I 43
(ca. 100 v. Chr.) und BGU VIII 1756 (59/8 v. Chr.), in denen Sykophantie und
Diaseismos als Vorwürfe an Beamte genannt werden. Weiterhin kann auf die
Übergriffe der Archiphylakiten, Epitereten, Komarchen, Sitologen und anderer mehr verwiesen werden[110]. Die Übergriffe der Abgabenpächter gehören
somit in diesen weiteren Zusammenhang.

---

[109] Vgl. z. B. BGU VIII 1764,8 f.; P. Tebt. III 703,261 ff., bes. 263 und W., APF 11
(1935) (148-)150; Ep. Ar. 24.127.188 f.; s. noch W. Chr. 262 und R., HW III 1343 f.
Anm. 40.

[110] Vgl. auch UPZ II 161 II 65 f.; 162 V 1; P. Tebt. I 5; P. Oxy. II 284,5; 285,13; III
472,33; P. Giss. 61,10 (= J. HENGSTL, Papyri 29); R. TAUBENSCHLAG, Law 450 f.; H.
E. L. MISSLER, Der Komarch, Diss. jur. Marburg/L. 1970, 122 (mit reichen Stellenan-

Insgesamt ist in UPZ I 113 die ptolemäische Administration selbst angesprochen[111]. Zwischen dem »aufgeklärten Absolutismus« mit Berufung auf
die Gerechtigkeit als theoretische Basis einerseits und dem unnachgiebig
durchgesetzten Fiskalismus andererseits ergibt sich ein Spannungsverhältnis,
das zu Klagen der Bevölkerung beim König über die unerbittliche Eintreibung
der Abgaben durch Pächter und Beamte führt. Dabei geht es jeweils grundsätzlich um die Form des Abgabeneinzugs und nicht um die besonderen Ge-
legenheiten, die ein Abgabenpächter zur eigenen Bereicherung wahrnehmen
könnte. Es entspricht durchaus dem philosophisch geprägten königlichen Ge-
rechtigkeitsideal[112], wenn der König Streitigkeiten zwischen Abgabenpächtern und Steuerzahlern an Gerichte verweist, die Steuererhebung durch Kon-
trolleure (ἀντιγραφεῖς) von überhöhten Forderungen und unberechtigten Beschuldigungen freihalten will, den Geschädigten die uneingeschränkte Peti-
tionsmöglichkeit gibt und − wie hier − in Ermahnungen und Erlassen das Är-
gernis der Steuererhebung geringzuhalten sucht. Aber dies ist nur die eine
Seite. Andererseits ließ sich die königliche Gerechtigkeit mit der finanziellen
Staatsraison, die eine unnachsichtige Steuererhebung forderte, gerade nicht
harmonisieren. Der Konflikt konnte durch eine Ermahnung wie die in UPZ
I 113 vielleicht gemildert werden, in seinem Kern wurde er jedoch keineswegs
beseitigt.

Diese allgemeinen Ausführungen erhalten wesentlich schärfere Konturen,
wenn UPZ I 113 in die zeitgeschichtlichen Ereignisse eingeordnet wird. Es
war eine Zeit der innerägyptischen ταραχαί unter den Eingeborenenvölkern,
d. h. jener Unruhen, die das ptolemäische Reich seit Raphia (217 v. Chr.) aufgrund der Unbotmäßigkeit der Eingeborenenbevölkerung immer wieder er-
schütterten und die die innere Lage Ägyptens in vielfältiger Weise beeinflußte.
So sah sich Philometor schon 163 v. Chr. gezwungen, eine allgemeine Amne-
stie für die zu erlassen, die sich gegen ihn aufgelehnt hatten[113]. Die Lage ver-
besserte sich in den folgenden Jahren nicht. M. I. Rostovtzeff bemerkt völlig
zu Recht[114]:

---

gaben) und W. PEREMANS, Amtsmißbräuche. Vgl. in röm. Zeit z. B. OGIS 665 (=
HIRK 36) und 669 (= HIRK 39 ⟨u. 5.6.2.3⟩) und N. LEWIS, Corruption.

[111] Vgl. z. B. W., Alexander 377 ff.; E. R. GOODENOUGH, Philosophy; W. SCHU-
BART, Königsideal 7; W. L. WESTERMAN, Ptolemies; R., HW II 573−575; H. HUNGER,
Philanthropia; H. KORTENBEUTEL, Rez. U. Wilcken, UPZ, in: Gn. 15 (1939) 497 (zu
UPZ II 196,83 f. ⟨βασιλεύς = νόμος⟩) und H. BENGTSON, Staatsverw. 172 f.

[112] Vgl. die Königstitulatur in W.Chr. 106,8; H. VOLKMANN, Rez. W. Otto / H.
Bengtson, Geschichte, in: PhW 59 (1939) Sp. 1012 f. und F. W. WALBANK, Könige als
Götter. Überlegungen zum Herrscherkult von Alexander bis Augustus. Chiron 17
(1987) 365−382.

[113] Vgl. z. B. P. Kroll (= SB VI 3916 = C.Ord.Ptol. 34), UPZ I 111 und W. OTTO,
Geschichte.

[114] HW II 573 f.; vgl. H. BENGTSON, GrG 425 f.

»Die beunruhigendste Tatsache, der sich die Regierung gegenübersah, war der Rückgang der Einnahmen, eine Folge der Schwierigkeiten bei der Steuererhebung und des Ansteigens der Rückstände. Der natürlichste Weg, dem zu begegnen, bestand für die Regierung in der Anwendung von Gewalt und Zwang. Der König wollte die Steuern und Pachten in voller Höhe erhoben sehen. Er übte einen Druck auf den *Dioiketes* aus, der *Dioiketes* auf seine Untergebenen usw. Die Beamten der Krone, die alle dem König mit ihrer Person und mit ihrem Eigentum hafteten, ... gaben den Druck auf die Bevölkerung weiter, indem sie alle Zwangsmittel anwandten, die ihnen zur Verfügung standen.«

Somit bezeichnen zwar Sykophantie und Diaseismos die typischen Beschwerden über das Verhalten von Abgabenpächtern, aber beide Vorwürfe weisen – zumindest in UPZ I 113 – zugleich und im Grunde viel deutlicher auf die ptolemäische Administration und von daher auf die Zwangslage hin, in der sich ein Abgabenpächter befand. Den »Erfolgszwang«, unter dem er notwendigerweise stand, konnte er durch Druck auf die Steuerzahler mildern, aber hier, an der Basis des Finanzwesens, wurde diese Belastung zugleich als Vorwurf an die Abgabenpächter (bzw. Beamten) artikuliert und veranlaßte die Oberste Behörde, diese für ihre harte »Pflichterfüllung« im Interesse des Königs selbst wieder zu kritisieren.

### 5.6.1.14 UPZ II 225[115]:

In den Jahren 132/1 v. Chr. brach infolge der Thronstreitigkeiten zwischen Euergetes II. und Kleopatra II. ein Bürgerkrieg aus. In dieser Verfügung (χρηματισμός) des königlichen Schreibers Heliodoros an den Oikonomos des perithebischen Gaues Herakleides aus dem zweiten Jahr der Kleopatra II. kommt zum Ausdruck, daß auf ein baldiges Ende der ταραχή gehofft wird.

```
 7  Τῶι τοῦ Περὶ Θήβας οἰκ[ον]όμωι.
    Ἀνενήνοχ[ε]ν ἡμῖν [Π]χορχῶνσις ὁ πρὸς τῆι
    τοπογραμματείαι τὴν (τετάρτην) τῶν ἁλιείων συν-
10  κεχωρῆσθαι Ἀγροίται Γατ[ά?]λου (ταλάντων) κβ. Διὰ δὲ τῆς
    ἀπεσταλμένης ἡμῖν ὑπὸ Ποσειδωνίου τοῦ
    παρ' ἡμῶν πράσεως σημαίνεται ὑφεστάσθαι
    ταύτης Πτολεμαῖον καὶ [νῦ]ν(?) [τάλ. κε] καὶ ⟨προσυφ⟩εστάσθαι, ἐὰν
    τῆς ταραχῆ[ς παυσαμένης ο]ἱ ἁλιεῖς δυνηθῶσι
15  ἀγρεύειν τὸν [αὐτὸν τρόπον, ὃν καὶ] πρότερον
    εἰθ[ι]σμένοι ἐ[ν?] τόποις [ἤ]σαν, ἀξ[ιώτερα(?) θ]ήσεσθαι
    ἢ προσαχθή[σεσ]θαι τὰ εἰ[ς] πλήρωσιν τῆς
    περυσινῆς [ἐγ]λήψεως καὶ    δέοντος
    ἑτέρωι τῆ[ς] ὠνῆς μεταδιοικουμένης
```

---

[115] = W.Chr. 167 (Recto Z. 7–29). S. noch W. Otto / H. Bengtson, Geschichte 23–112, bes. 45 ff. und BL V 152.

20 προσ[υπισ]χνε[ῖσ]θαι μὴ ἐλάσσονος τοῦ ἐπιδεκάτου,
    ὃ δή ἐστιν (τάλαντα) β ῾Τ, ἐκ τῶν ἐναντ[ί]ων ἀποκοπὴν
    ἑτέρων (ταλάντων) γ πεπόηand. ῞Ινα οὖν μὴ συμβαίνηι σε
    ἐκ τοῦ ἰδίου μ[ε]τὰ προστίμου πράσσεσθαι προνοήθητι
    ὡς μάλιστα μὲν συνπληρωθήσεται τὰ τοῦ
25 παρελθόντος ἔτους κεφ[ά]λαια, εἰ δὲ μή γε, οὐκ ἐλάσσω
    τῶν κζ (ταλάντων) καὶ (δραχμῶν) ῾Τ διοικηθήσεται κατὰ τὸ παρὸν
    ἀκολούθως τοῖς ἐσταμένοις, ληφθέντων τῶν
    καθηκόντων διεγγυημάτων τ[α]ύτης τε καὶ τῶν
29 ἄλλων ὠνῶν, καθάπερ καὶ δι’ ἑτέρων σοι γεγράφαμεν.

[7] An den Oikonomos des Perithebischen (Gaues). Berichtet hat mir Pchorchōn-
sis, der Bezirksschreiber, daß die Viertelsteuer der Fischer zugeschlagen sei dem
Agroitas, dem Sohn des Gat[a?]los, für 22 Talente. Aber durch das [11] Versteige-
rungs-Protokoll, das mir von Poseidonios, meinem Untergebenen, zugesandt worden ist, wird gezeigt, daß für diese (Pacht) Ptolemaios auch jetzt (?) [25 Talente] geboten hat, und daß er außerdem das Angebot gemacht hat, daß er, wenn [14] nach
Beendigung der Revolution die Fischer auf dieselbe Weise wie sie es auch früher an
ihren Stellen gewohnt waren, fangen könnten, Wertvolleres ansetzen werde [17]
oder das zur Auffüllung der vorjährigen Pacht (Nötige) hinzubringen werde, und
während es notwendig gewesen wäre, wenn einem anderen die Pacht übertragen
würde, nicht weniger hinzuzubieten als ein Zehntel plus, [21] was 2 Talente und
3000 Drachmen ausmacht, hast Du im Gegenteil einen Abstrich von anderen 3 Talenten gemacht. Damit es sich nun nicht ereigne, daß es [23] aus Deinem eigenen
Vermögen nebst einem Strafgeld von Dir eingetrieben wird, sorge dafür, daß womöglich die Summen des [25] verflossenen Jahres zugleich mit vollgemacht werden, wenn es aber nicht möglich ist, daß die (erwähnten) 27 Talente und 3 Tausend
Drachmen der Finanzverwaltung zufallen, (und zwar) jetzt gegenwärtig gemäß den
Satzungen, nachdem die gebührenden Bürgschaften für diese und die andern Pachten in Empfang genommen sind, wie ich Dir auch andermals geschrieben habe.

Der Pachtbewerber Ptolemaios pachtete im vorhergehenden Jahr die Fischereisteuer (τετάρτη τῶν ἁλιέων) des perithebischen Gaues, jedoch defizitär
wegen der ausgebrochenen Revolution. Im neuen Pachtjahr bemüht er sich
wiederum um diese Steuer, wohl deshalb, um durch wiederholte Pacht das
Defizit auszugleichen (χρεωλυτεῖν). Er bietet 25 Talente, allerdings unter der
Bedingung, daß die Unruhen aufhören. Dem Oikonomos scheint es angesichts dieses Vorbehalts sicherer zu sein, einem weiteren Bewerber, Agroitas,
der nur 22 Talente bietet, den Zuschlag zu geben, da er keine Bedingungen
stellt. Der königliche Schreiber Heliodoros dagegen vertritt eine ganz andere
Auffassung. Es wäre Aufgabe des Oikonomen gewesen (δέοντος), das höchste
Pachtangebot ohne Rücksicht auf die damit verbundene Bedingung anzunehmen, ja vielmehr nach jemandem zu suchen, der es (um 10 % ⟨ἐπιδεκατόν⟩)
überbietet. Deshalb ermahnt Heliodoros den Oikonomen unter Verweis auf
seine Pflicht dem König gegenüber und stellt ihm eine Forderung: Das Defizit
des vergangenen Jahres soll möglichst vom neuen Pächter getilgt werden. Auf
jeden Fall muß die Mindestsumme 27 Talente und 3000 Drachmen betragen,

keineswegs nur 22 Talente. Andernfalls hafte der Oikonom mit seinem Privatvermögen und habe darüberhinaus auch wegen des Steuerausfalls mit einem Strafgeld (πρόστιμον) zu rechnen.

UPZ II 225 gibt Einblick in die unerbittliche Steuerforderung der Verwaltung, die auf die politisch-wirtschaftliche Situation keinerlei Rücksicht nimmt (vgl. κατὰ τὸ παρὸν ἀκολούθως τοῖς ἐσταμένοις), das heißt »(und zwar) gegenwärtig, wie es die Satzungen verlangen«.

Der Grundsatz der Finanzbehörde, maximale Erträge zu erwirtschaften, belastet zunächst den Abgabenpächter. Will dieser keinen Schaden erleiden, muß er notwendigerweise seine Belastung auf den Steuerzahler abwälzen.

### 5.6.1.15 P.Tebt. I 39[116]:

Dieser und der folgende Tebtunis-Papyrus gehören eng zusammen (vgl. noch P.Tebt. IV 1094), weil sie von Pachteinbußen und Schädigungen des Apollodoros, dem Pächter (ἐξειληφώς) des Ölverkaufs und der Ölsteuer des Dorfes Kerkeosiris am Südrand des Faijum wegen Ölschmuggels in den Jahren 114/3 v. Chr. handeln. Der im folgenden Text dargestellte Vorfall ereignete sich wenige Wochen vor dem in P.Tebt. I 38 berichteten Geschehen.

Μεγχεῖ κωμογραμματεῖ Κερκεοσίρεως ²παρ' Ἀπολλοδώρου ἐξειληφότος τὴν ³διάθεσιν καὶ τὸ τέλος τοῦ ἐλαίου τῆς αὐτῆς ⁴τὸ δ (ἔτος). τυγχάνωι καὶ πρότερον ⁵ἐπιδεδωκὼς Πολέμωνι τῶι τῆς ⁶κώμης ἐπιστάτει περὶ τοῦ προσπεσόν- ⁷τος μοι τῆι κζ τοῦ Φαῶφι εἶναι ἐν τῆι ⁸Σισόιτος τοῦ Σεναπύγχιος οἰκίαι τῆι ⁹οὔσηι ἐν τῶι αὐτόθι Θοηριείωι ἐλαϊκὸν ¹⁰ ἐπίτιμον. εὐθέως παραλαβὼν ¹¹Τρύχαμβον τὸν παρὰ τοῦ οἰκονόμου ¹²ἀπεσταλμένον ἐπὶ τὴν διαγραφὴν ¹³δι[ὰ τὸ μ]ὴ βούλεσθαί σε καὶ τοὺς ἐπὶ πρα- ¹⁴ γμάτων συνεκαλουθεῖν ἐπὶ τὴν σημαινο- ¹⁵μένην οἰκίαν καὶ ἐπελθὼν οὕτως, ὁ προ- ¹⁶γεγραμμένος καὶ ἡ τού[το]υ γυνὴ Ταϋσῖρις ¹⁷ἐμπλεκέντες μοι καὶ δόντες πληγὰς ¹⁸πλείους ἐγβιασάμενοι ἀπέ[κλει]σαν ¹⁹τήν τε τοῦ ἱεροῦ κ[αὶ τ]ῆς οἰκ[ία]ς ²⁰θύραν. ὅθεν τῆι δ [τοῦ] Ἀθὺρ [ἐμ]πε- ²¹σόντος μου τῶι Σισόιτ[ι] παρὰ τὸ αὐτόθι ²²Διὸς ἱερὸν καὶ βουλομένου ἀγωγὴν ²³ ποιή-σασθαι, Ἰνείλοτος μαχαιροφόρου ²⁴παρόντος καὶ Τρυχάμβου, ἐπεχυ- ²⁵θέντες ἡμῖν Παϋσῖρις ὁ τούτου ἀδελφὸς ²⁶σακκοφόρος καὶ Βελλῆς καὶ Δημᾶς ²⁷καὶ Μάρων Τακοννῶτος σὺν ἄλλοις ²⁸ὧν τὰ ὀνόματα ἀγνοῶι καὶ ἡμῶν ²⁹ἐγκρατεῖς γενόμενοι ἐμβαλόντες ³⁰ἡμῖν πληγὰς πλείους αἷς εἴχοσαν ³¹κράνοις καὶ ἐτραυμά-τισαν τὴν γυναῖ- ³²κά μου εἰς τὴν δεξιὰν χεῖρα κἀμὲ ³³ὁμοίως, ὥστ' ἂν βλάβος γε-γονέναι τῆι ³⁴ὠνῆι εἰς χα(λκοῦ) (τάλαντα) ι. ἐπιδίδωμί σοι ³⁵ τὸ προσάγγελμα ὅπ[ω]ς συντάξῃς ³⁶οἷς καθήκει ἵν' εἰσπ[ρ]αχθέντες [— — —

Menches, dem Komogrammateus von Kerkeosiris, von Apollodoros, dem Pächter des Ölverkaufs und der Ölsteuer desselben Dorfes für das 4. Jahr. ⟨4⟩ Schon früher habe ich dem Ptolemon, dem Epistaten des Dorfes, einen Bericht übergeben bezüglich des von mir am 27. Phaophi entdeckten Öl-Schmuggelguts im Haus des Sisois,

---

[116] = Sel.Pap. II 276; vgl. W., Gz. 243; L. WENGER, Rechtsurkunden aus Tebtynis. APF 2 (1903) 505 f. – Vgl. zu Nr. 38; 39 und 1094 noch Frgm. I 157 sowie 212.

des Sohnes des Senapunchis, das im Heiligtum von Thoeris hier liegt. ⟨10⟩ Sogleich nahm ich Thrychambos, den Amtsdiener des Oikonomen, der gesandt war wegen der Zahlungsanweisung, mit zu dem bezeichneten Haus, da Du und die anderen Beamten nicht mitkommen wollten. ⟨15⟩ Als ich ankam, gerieten der vorherbezeichnete Sosios und dessen Frau Tausiris mit mir in ein Handgemenge, gaben mir so viele Schläge, drängten mich heraus und verriegelten sowohl die Tür des Tempels als auch des Hauses. ⟨20⟩ Am 4. Athyr traf ich Sisois nahe dem Zeus-Tempel hier und wollte ihn festnehmen; Ineiles, der Schwertträger, war zugegen und Trychambos. Da stürzten sich auf uns Pausiris, der Bruder des Sisois, ein Sackträger, und Belles, Demas, Maron, der Sohn des Takonnos, und andere, deren Namen ich nicht kenne. Als sie uns überwältigt hatten, gaben sie uns mit Kirschbaum-Knütteln, die sie bei sich trugen, viele Schläge und verletzten die rechte Hand meiner Frau und auch die meine. ⟨33⟩ Nun beträgt der Schaden an meiner Abgabenpacht 10 Kupfertalente. ⟨34⟩ Ich habe Anzeige erstattet, damit Du der zuständigen Behörde anordnen mögest, von ihnen zu erheben (die Summe ...).

Weil der Komogrammateus und die anderen Beamten nicht Hilfe leisten wollten, vermutet L. Wenger Kollusion der Beamten mit dem Steuerpflichtigen[117]: »Es wirft dies wieder ein bezeichnendes Licht auf die Eigenmächtigkeit der Beamten, sie standen vielleicht wieder mit dem Beschuldigten auf gutem Fuße und wollten gegen ihren Bekannten nicht vorgehen.«

### 5.6.1.16 P. Tebt. I 38[118]:

Der Dorfschreiber Menches teilt dem königlichen Schreiber Horos eine weitere Anzeige des Apollodoros mit. Der königliche Schreiber ist der höchste Finanz-Kontrollbeamte eines Gaues. Unter Weglassung des Begleitschreibens (Z. 1−9), das den Inhalt der Beschwerde referiert, geben wir den Text der Prosangelia aus dem Jahr 113 v. Chr. wieder:

[10]Παρ' Ἀπολλοδώρου τοῦ ἐξειληφότος τὴν διάθεσι[ν καὶ τὸ τ]έλος τοῦ ἐλαίου [11]τῆς αὐτῆς εἰς τὸ δ (ἔτος). Τῆς ἐγλήμψεως εἰς τέλος καταλελ[ειμμέν]ης χάριν τῶν [12]παρεισφερόντων εἰς τὴν κώμην καὶ παραπωλούντων κολ[πιτ]ικὸν ἔλαιον καὶ κίκι, ὅθεν [13]τῆι ια τοῦ Μεχεὶρ προσαγγελέντες μοι Θρᾶικά τινα οὖ τὸ{ν} [ὄνο]μα ἀγνοῶι τῶν ἐκ Κερκε- [14]σφεως παρεισενηνοχότα ἔλαιον εἰς ὃν ἐνοικεῖ Πετεσο[ῦ-χος σ]κυτεὺς οἶκον καὶ παρα- [15]πωλεῖν Θαήσει τῆι καταγινομένηι ἐν τῆι αὐτῆι οἰκίαι [καὶ . . . . . . ]ιωι χηνοβοσκῶι [16]καὶ τῆι τούτου θυγατρὶ τῶν ἐκ τῆς αὐτῆς κώμης, εὐθέως π[αραλαβὼν τὸ]ν ἐπιστάτην καὶ τὸν [17]παρὰ τοῦ ἀρχιφυλακίτου χάριν τοῦ καὶ σὲ μὴ παρεῖναι ἐπὶ τῶ[ν τόπων ἐ]πὶ τὸν σημαινό- [18]μενον τοῦ σκυτέως οἶκον κατέλαβον τὸν Θρᾶικα ἔνδον ὄντα, τὸ δ' [ἐπίτ]ιμον ἐκτετο- [19]πισπ[έ]-νο[ν. Ἔρ]ευναν δὲ τούτου σὺν αὐτοῖς ποιησάμενος εὗρον ἐν ε[. . . .]ωι ον . . . . . . [20]αὐτῆι [. . . . . . . . ]. κινημένηι ἐλαίου ωσι[. . . . . . . . .] .ι κ[α]ὶ συμμ[.

---

[117] Rechtsurkunden (s. vorige Anm.) 505 Anm. 2. Vgl. in diesem Zusammenhang C. B. WELLES, Collusion 10 (s. u. 5.6.1.18 mit Anm. 124).

[118] = W.Chr. 303, vgl. BL III 240.

. .]ϱιαν δη . . . . ²¹καὶ ἄλλην [37 Buchst.] . [.]ολ . . [. . . . .]. . . . . . τ[ὸ]ν ²²
Θϱᾶικα παϱε[30 Buchst. τοῦ σκυ]τέως κασῆι καὶ μηλωταῖς ²³[44 Buchst. ε]ἶς
φυγὴν ὡϱμηκέναι, τὸ δὲ ²⁴ [ἐ]πίτιμον [34 Buchst. ὁ πϱο]γεγϱαμμένος Θϱᾶιξ οὐ δια-
²⁵[. . .]νει. [27 Buchst. ὥστ' ἂν ἐπιγεγονέναι]ι μοι βλάβος εἰς χα(λκοῦ) (τάλαντα)
ιε. ²⁶Διὸ ἐπιδίδω[μί σοι, ὅπως πεϱὶ ἑκάστων ὑπογϱαφὴν ποιήσηι] πϱοσυποτά-
ξαντα ²⁷ἀντίγϱαφον [οἷς καθήκει.      ]  ²⁸Εὐτύχει.

Verso: Ὥϱωι.

⟨10⟩ Von Apollodoros, dem Pächter des Ölverkaufs und der Ölsteuer desselben
Dorfes für das 4. Jahr. Das Steuerpachtunternehmen hat Einbuße erlitten wegen des
ins Dorf geschmuggelten und unerlaubt verkauften syrischen (= Sesam-)Öls und
Rizinusöls. ⟨13⟩ Am 13. Mecheir wurde mir angezeigt, daß ein gewisser Thraker
aus Kerkesephis, dessen Name ich nicht kenne, Öl geschmuggelt habe in die Wohnung des Lederhändlers Petesuchos und unerlaubt verkaufte dem Thaesis, der in
demselben Haus lebt und dem ..., dem Gänsezüchter und dessen Tochter, Einwohner desselben Dorfes. ⟨16⟩ Sogleich nahm ich den Epistaten und den Diener
des Archiphylakiten[119] — weil Du an Ort und Stelle nicht anwesend warst — mit zu
dem bezeichneten Haus des Lederhändlers. ⟨18⟩ Ich überraschte den Thraker, der
drinnen war; das Schmuggelgut aber war entfernt. Nach einer Nachforschung, die
ich mit ihnen machte, fand ich ...

Der folgende, bruchstückhafte Text spricht vermutlich von der Flucht des
Thrakers und der Beschlagnahmung der Objekte. Die Hg. übersetzen:
... concealed in a hide and sheepskins belonging to the leatherseller.
(Meanwhile the Thracian?) took to flight, and the contraband oil ...

⟨25⟩ ... so daß mein Schaden 15 Kupfertalente beträgt. Deshalb reiche ich Dir (die
Anzeige) ein, damit Du sie unterschreibst und überdies eine Abschrift hinzufügst
für die zuständige Behörde.
Leb wohl.        Verso: An Horos.

Es ist auffällig, wie wenig Autorität Apollodoros hat und wie er beidemal
bemüht ist, die behördliche Hilfe in Anspruch zu nehmen, so, wie es das Gesetz vorsieht[120]. Seine schwache Rechtsposition scheint jedoch keine privaten
Gründe zu haben, sie paßt vielmehr in »die äußerste Unordnung und Verwir-
rung, die man seit dem Ende des 2. Jhdts. kennenlernt«[121].

## 5.6.1.17 P. Giss. Univ. I 2[122]:

Diese Eingabe an den Epistaten von Euhemereia am westlichen Rand des
Faijum gehört der zweiten Hälfte des 2. Jahrhunderts v. Chr. an:

---

[119] D. h. eines Gendarmen (so W. Chr. 303, Anm.).
[120] Vgl. P. Rev. 55,17−56,13, s. auch 49,16 ff.
[121] W. PEREMANS, Amtsmißbräuche 110.
[122] Die Übers. folgt dem Hg. H. Kling. Vgl. W., APF 8 (1927) 79 f.; 11 (1935) 290;
R., Estate 121 mit Anm. 92 (= SB V 7645). S. noch SB V 7612 und P. Tebt. III 873. —
Zu Aristarchos s. ProsopPtol I 1521.

¹ᵃἈπολλωνίωι ἐπιστάτει ²[Εὐη]μερίας παρὰ ³ᵃἈριστάρχου τοῦ Ἀριστάρχου ⁴τοῦ ἐξειληφότος τὴν ⁵μαγειρικὴν καὶ τὸ εἰσαγώ- ⁶γιον τῶν ὑικῶν ἱερείων ⁷τῆς αὐτῆς κώμης ⁸[εἰς τὸ . .] (ἔτος). Ἁρφαήσιο[ς] ⁹τοῦ Σωτηρίχου τῶν ἐκ ¹⁰τῆς αὐτῆς πλεονάκις ¹¹εἰσαγωγὰς ἱερείων πεποιημένου ¹²ἐν τῶι αὐτῶι ἔτει καὶ παρα- ¹³ τεθυκ[ό]τος καὶ πε- ¹⁴πρακότος ἱκανὰ ἱερεῖ- ¹⁵α ἐν τῆι κώ[μ]ηι ¹⁶[ἄν]ευ συντάξεως ¹⁷κ[αὶ] τῆς εἰθισμένης ¹⁸[συνχ]ωρήσεως . φ . . ¹⁹[. .]αδες τῆι ιϛ τοῦ ²⁰[Παχ]ὼν τοῦ αὐτοῦ (ἔτους) ²¹τῶι αὐτῶι τρόπωι [πα]ρ[α-] ²² θύσας ἱερεῖα η[. . . . .] ²³ἐκ τῆς . ενο . [. . . . . . ιε-] ²⁴ρεῖον παραπέπ[ρακε] ²⁵ὄϑ[ε]ν ἐπαγαγ[ὼν] ²⁶. . [. .]ο[.]την[. . . . . . .] ²⁷[. . . .]δειχα[. . . . . .].

Hier bricht der Papyrus ab.

An Apollonios, den Epistaten von Euhemereia, von Aristarchos, dem Sohn des Aristarchos, dem Pächter der Fleischersteuer und des Einfuhrzolls auf die Opfertiere aus der Gattung der Schweine im Bereich des genannten Dorfes für das xte Jahr. Nachdem Harphaesis, Sohn des Soterichos, einer der Bauern des genannten Dorfes, mehrmals Einfuhr von Opfertieren in dem genannten Jahr auf eigene Faust betrieben hat und recht viele Opfertiere zu Unrecht geopfert und im Dorf verkauft hat ohne schriftliche Aufstellung (?) und die übliche Erlaubnis . . .

Der Herausgeber H. Kling bemerkt dazu: »Die Eingabe scheint eine Beschwerde über unerlaubte Einfuhr, Schlachtung und Verkauf von Schweinen zu enthalten«[123], wobei der Pächter der Fleischsteuer (μαγειρική) finanziell geschädigt worden war; denn παρα . . . weist auf widerrechtliches Handeln hin.

### 5.6.1.18 Zusammenfassung:

Als wichtigste Texte dieses Abschnitts erweisen sich diejenigen, die auf die inhaltlichen Voraussetzungen der Steuerpacht eingehen, was vor allem in UPZ I 112 und 113 der Fall ist. Beidemal begegnet der Vorwurf der Sykophantie und des Diaseismos, und beidemal erweist sich der für die Ptolemäer typische Fiskalismus als grundlegend, wie sich auch anhand von UPZ II 225 darstellen läßt. Hinzu kommen finanzielle Schwierigkeiten der Könige, was besonders durch den Übergang von der Silber- zur Kupferwährung im Jahr 210 v. Chr. und durch die Unruhen unter Philometer 163 v. Chr. angezeigt wird. Darüberhinaus muß festgestellt werden, daß der Vorwurf der Sykophantie und des Diaseismos nicht allein für die Abgabenpächter reserviert war, sondern auch ganz allgemein für die ptolemäische Beamtenschaft zutrifft. Dies bestätigt nochmals, wie sehr die ptolemäischen Beamten als auch die Abgabenpächter als »beliehene Unternehmer« in den Fiskalismus eingebunden waren.

Andererseits stoßen wir auf den Schmuggel(versuch), nicht nur des ›kleinen Mannes‹ (so vielleicht P.Hib. I 29; P.Tebt. I 38), sondern auch der high society (z. B. P.Cairo Zen. II 59240; vgl. P.Lond. VII 1945). Es genügt, auf die Ausführungen im Abschnitt 3.2.3 hinzuweisen. Insgesamt beschreiben die

---

[123] S. 7. – Vgl. zur Einfuhr Gau / Stadt P.Vindob.Worp 1 ⟨u. 5.6.2.5⟩.

Texte immer neu das Bemühen, finanziell so schadlos wie möglich zu bleiben, was C. B. Welles folgendermaßen zusammenfaßt[124]:

> »Collusion was still possible but not at the government expense. Tax-farmers and officials might combine to cheat the tax-payers or officials and tax-payers might combine to cheat the tax-farmers, but the government would still receive the expected sum, whether actually collected or not, for the property of the tax-farmers, their associates, and their bondsmen was in pledge.«

Eine Bewertung der Beschuldigungen wird sich deshalb generell nur sehr vorsichtig und behutsam, letztlich offen, durchführen lassen. Das allgemeine Vorzeichen aber ist das königliche Interesse, maximale Erträge zu erhalten. Unter diesem Gesichtspunkt war der Steuerpflichtige ebenso wie auch der Abgabenpächter in einer völlig abhängigen Situation. Zu seinem unkalkulierbaren Nachteil wurde die Steuerpacht in wirtschaftlich schwierigen Zeiten. Dann mußte er gegebenenfalls mit seinem Vermögen haften.

## 5.6.2 Texte aus römischer Zeit

Unter den Ziffern 5.6.2.1 bis 5.6.2.10 behandeln wir Texte zu τελώνης aus römischer Zeit. Nicht aufgeführt werden solche, die von Übergriffen der beamteten Steuereinnehmer handeln und deshalb keineswegs für τελώνης (und seine Synonyme) in Anspruch genommen werden können. So bleiben vor allem die Übergriffe des ἐκλογεύς, die Philo beschreibt[125], sowie die des πράκτωρ, die z. B. von C.P.J. I 150 (20/19 v. Chr.) und P.Oxy. II 284. 285 (ca. 50 n. Chr.) erwähnt werden, unberücksichtigt. Denn noch immer gilt, was U. Wilcken in seinen Ostraka ausführt[126]:

> »Die wichtigste Beamtenklasse, die durch ganz Aegypten mit der directen Erhebung betraut war, sind die πράκτορες. Mit dem alten ptolemäischen πράκτωρ ... haben sie nur den Namen gemein. Während jene als Executoren Rückstände, Strafgelder u. s. w. einkassirten, sind die kaiserlichen Praktoren ... reguläre Steuererheber ... Wir betrachten die Praktoren als kaiserliche Beamte, weil ihnen ihre Aufgabe nicht etwa kraft eines Pachtvertrages, sondern von den kaiserlichen Oberbeamten pflichtmässig übertragen wurde.«

---

[124] Collection 10.

[125] S. u. 5.7 mit Anm. 170; gegen J. Friedrich / W. Pöhlmann / P. Stuhlmacher, Situation (o. Kap. 4 Anm. 13) 154 f.; J. Jeremias, Jerusalem 140 mit Anm. 4 (zu Jos. Ant. 17,308) und V. A. Tcherikover, C. P. J. I S. 18 Anm. 49.

[126] Ostr. I 601, vgl. W., Gz. 215 f. – Unzutreffend E. Seidl, Rechtsgeschichte Ägyptens als römische Provinz, St. Augustin 1973, 90: »Noch gab es Steuerpächter πράκτορες ἀργυρικῶν für die Geldeinkünfte; sie hatten τελῶναι« sowie U. Montevecchi, La Papirologica 146: »I τελῶναι si servivano di essatori (πράκτορες) ed erano sorvegliati da un ἀντιγραφεύς« (... bedienten sich der πράκτορες ...), vgl. ebd. 159.

### 5.6.2.1 BGU IV 1188[127]:

Der Übergriff fand etwa im Jahr 15/4 v. Chr. in Koma im herakleopoliti-
schen Gau (östlich des Faijum) statt.

Ἡρακλείδηι σ[τρα]τηγῶι καὶ ἐπὶ τῶν προσόδων·
παρὰ Κάστορος [γ]υμν[ασι]άρχου Κόμα καὶ τῶν
ἄλλων [τῶ]ν ἐν τῆι κώμηι κατοίκων καὶ τῶν
ἄλλων γεωργῶν καὶ τῶν βασιλικῶν γεωργῶν
5 τ[ῶν] ἐν τῆι κώμηι κατοικούντων. Ἔτι ἀπὸ τοῦ
ις (ἔτους) Καίσαρος τοῦ κατὰ τὴν κώμην ἀγομένου
 τω . . . . .
δημοσίο[υ] διαχώματος, διὰ δὲ τοὺς ἐκ τούτου
γεινομένους διακόπους ὑπάρχει ἡμεῖν ἐν τῆι
κώμηι πορθμῆον, δι᾽ οὗ καὶ τὰ θερινὰ ἔργα κ[αὶ] τὴν
10 ἄλλην κατασπορὰν πᾶσαν ἐν τούτωι διαπορθμευόμενοι
ποιούμεθα. Τ[ε]λοῦντος δὲ τοῦ πορθμέως Πατουώντιος
εἰς τὸ δημό[σ]ιον ὑπὲρ τούτου ἀργυρίου δραχμὰς τριακοσίας
καθαρὰς τιρ . . . . . . τῶν λόγων χρησάμενος Ἀπολλῶς . .
ταγενου παραγενόμενος εἰς τὴν κώμηι σὺν στρατιώτῃ
15 τὴν οἰκίαν α[ὐ]τοῦ ἐνῴκησεν καὶ ἃ εὗρεν ἱμάτια ἐκεῖ
καινὰ δύο ἦρε[ν] καὶ ἀπῆγεν κατὰ μηδὲν αὐτοῦ ὀφείλοντος,
αὐτός τε καταπονούμενος ὑπὸ τῶν τελωνῶν ἀναφορὰν
ἡμεῖν [ἀνήνεγκεν . . .

Hier bricht der Papyrus ab.

An den Strategen und Verwalter der Einnahmen Herakleides, von Kastor, dem
Gymnasiarchen von Koma und von den anderen Dorfbewohnern, von den anderen
Bauern und ›Königs‹bauern, die im Dorf wohnen. Seitdem seit dem 16. Jahr des
Kaisers (Augustus) der öffentliche Damm am Dorf entlang aufgeführt worden ist,
haben wir wegen möglicher Dammbrüche in dem Dorf eine Fähre, mit der wir sowohl die Erntegeräte als auch alle anderen Sachen für die Aussaat übersetzen können. Obwohl der Fährmann Patouontis dafür (sc. die Fähre) 300 dr. ohne Abzug (?)
in die öffentliche Kasse zahlte ... Apollos ... traf mit einem Soldaten in dem Dorf
ein, ging in sein Haus, fand dort zwei neue Kleider, nahm sie und ging (wieder)
weg, und obwohl er ihm nichts schuldete, wurde er von den Abgabenpächtern bedrückt und reichte bei uns eine Eingabe ein ...

Dieser Übergriff Apollos kann als Diaseismos bezeichnet werden. Ausführlich weist der beschwerdeführende Dorfgymnasiarch darauf hin, daß der
Fährmann Patouontis Apollos nichts schuldete. Einen Anlaß für den Übergriff
läßt sich dem Schreiben nicht entnehmen. Die Bezeichnung οἱ τελῶναι (Z. 17)
trifft schwerlich auf Apollos und den Soldaten zu, sie verweist eher darauf,
daß Apollos nur ein Vertreter des »κοινὸν« τῶν τελωνῶν ist.

---

[127] Vgl. BL VI; VII; W., APF 6 (1920) 282; 11 (1935) 296 (zu P.Jand. VII 139); W.,
Gz. 149.

5.6.2.2 P.Gen.inv. 177[128]:

Aus dem oxyrhynchitischen oder hermopolitischen Gau stammt diese Mobiliendeklaration (ἀπογραφή) über Esel und trägt das Datum vom 3. 9. 65 n. Chr.

Ἑρμαῖο(ς) Διογᾶ(τος) τελ(ώνης) (ἑξαδραχμίας) ὄνω(ν)
ια (ἔτους) Νέρωνος τοῦ Κυρίου
Μητόκωι Στράτωνος
4 χα(ίρειν). ἀπέχω παρὰ σοῦ ἃς ὀφείλ(εις)
κατὰ χειρόργα(φον) ἀργ(υρίου) (δραχμὰς) δεκαέξ,
(γίγνονται) (δραχμαὶ) ις, (ἔτους) ιβ Νέρωνος
Κλαυδίου Καίσαρος Σεβαστοῦ
8 Γερμανικοῦ Αὐτοκράτορος
μη(νὸς) Σεβαστοῦ ϛ.

Hermaios, Sohn des Diogas, Abgabenpächter der 6-Drachmen-Steuer für Esel für das 11. Jahr des Kyrios Nero, von Metokos, Sohn des Straton, Gruß! Ich habe empfangen von dir, was du schuldest gemäß des Cheirographon (Handscheins), 16 Silberdrachmen, macht 16 Drachmen, im 12. Jahr des Nero Claudius Caesar Augustus Germanicus Imperator, am 6. August.

P. J. Sijpesteijn erwähnt sieben Texte zur 6-Drachmen-Steuer[129] und bemerkt zu den ἀπαιτηταί in P.Mich.inv. 3304: »in the other texts where collectors of ἑξαδραχμία ὄνων appear they are either styled οἱ ἐξειληφότες τὴν ἑξαδραχμίαν τῶν ὄνων or τελῶναι ἑξαδραχμίας ὄνων. In P. Sarapion 3 and in PSI VII 785, their responsibility is the whole nome«[130].

5.6.2.3 OGIS 669[131]:

In der im Jahr 1818 am Eingang zum Tempel von Hibis aufgefundenen Inschrift, dem Edikt des Präfekten von Ägypten Tiberius Iulius Alexander aus dem Jahr 68 n. Chr., heißt es Z. 10—15:

10 Ἔγνων γὰρ πρὸ παντὸς εὐλογωτάτην οὖσαν τὴν ἔντευξιν ὑμῶν ὑπὲρ τοῦ μὴι
ἄκοντας ἀνθρώπους εἰς τελωνείας ἢι ἀλ-

---

[128] C. Wehrli, Reçu délivré par un τελώνης ἑξαδραχμίας. ZPE 40 (1980) 181—183; vgl. zur 6-dr-Steuer S. L. Wallace, Taxation 90—92 sowie P. J. Sijpesteijn, Three Papyri.

[129] Ebd. 245: P.Oxy. XII 1457; P.Sarap. 3; PSI VII 785; P.Oxy. XII 1438; XXIV 2414; O.Tait II 1078 und SB VIII 9842.

[130] Ebd. 247 (zu P.Mich.inv. 3304, 176/77 oder 208/09 n. Chr.). — Der Hg. meint: »Le papyrus ... n'a pas la forme habituelle d'un reçu fiscal ... il semble donc que notre texte se rapporte plutôt à une transaction privée qu'à l'impôt« (182).

[131] Text nach G. Chalon, L'édit 27 f.; die Übers. folgt HIRK 39. — Zu Ti. Iulius Alexander s. E. Schürer / (V / M) I 456 f.; III.2, 815 mit Anm. 14 (unten).

11 [λ]ας μισθώσεις οὐσιακὰς ~~παρὰ~~ τὸ ~~κοινὸν~~ [ἔ]θος τῶν ἐπαρχειῶν πρὸς βίαν
ἄγεσθαι, καὶ ὅτι οὐκ ὀλ[ίγ]ον ἔβλαψε τὰ πράγματα τὸ πολλοὺς ἀπείρους
ὄντας τῆς τοιαύ-

12 της πραγματείας ἀχθῆναι μετ' ἀνάγκης ἐπιβληθέντων αὐτοῖς τῶν τελῶν. Διό-
περ καὶ αὐτὸς οὔτε ἤγαγόν τινα εἰς τελωνείαν ἦι μίσθωσιν οὔτε ἄξωι,
εἰδὼς τούτο

13 συμφέρειν καὶ ταῖς κυριακαῖς ψήφοις τὸ μετὰ προθυμίας ἑκόντας πραγματεύ-
εσθαι τοὺς δυνατούς· πέπεισμαι δὲ ὅτι οὐδ' εἰς τὸ μέλλον ἄκοντάς τις ἄξει
τελώνας

14 ἦι μισθωτάς, ἀλλὰ διαμισθώσει τοῖς βουλομένοις ἑκουσίως προ⟨σ⟩έρχεσθαι,
μᾶλλον τὴν τῶν προτέρων ἐπάρχων αἰώνιον συνήθειαν φυλάσσων ἦι τὴν
πρόσκαιρόν τινος ἀδικίαν

15 μειμησάμενος.

Vor allem erkenne ich an, daß Eure Eingabe vollkommen berechtigt ist, daß Personen nicht gegen ihren Willen zur Pachtung von Steuern oder zu ⟨11⟩ anderen Pach-
tungen von kaiserlichem Land gegen den allgemeinen Brauch der Provinzen gezwungen werden, und (ich erkenne an), daß der Umstand nicht wenig geschadet
hat, daß viele Personen, die in ⟨12⟩ solchen Aufgaben nicht erfahren waren, dazu
gewaltsam gezwungen wurden, wenn die Pachtung der Steuern ihnen auferlegt
wurde. Daher habe ich meinerseits weder jemanden zur Pachtung gezwungen noch
werde ich ihn dazu zwingen, da ich weiß, daß dies ⟨13⟩ auch dem Einkommen des
Kaisers nützt, wenn fähige Leute freiwillig mit Eifer diese Aufgabe ausüben. Ich bin
davon überzeugt, daß in Zukunft niemand sie gegen ihren Willen zu Pächtern ⟨14⟩
und Mietern macht, sondern daß (der Beamte) diese Aufgabe an die Personen verpachtet, die freiwillig sich stellen, wobei er eher die beständige Gewohnheit der früheren Präfekten beachtet als die gegenwärtige Ungerechtigkeit von irgendeinem
(Beamten) ⟨15⟩ nachahmt.

Das Edikt, das sich an die Bewohner Alexandrias richtet, wurde in wirtschaftlich schwieriger Zeit verfaßt[132]. »Schon daß diese Verordnung an erster
Stelle erscheint, zeugt davon, wie wichtig sie den Alexandrinern und dem Präfekten selbst erschien. Es scheint also, daß die Alexandriner sich allgemein viel
mit Staatspachtungen überhaupt abgegeben haben. Doch wehrten sie sich dagegen, daß aus dem freien Geschäfte eine Leiturgie gemacht wäre. Aus den
Ausführungen des Präfekten ersieht man auch, daß er selbst seiner Sache nicht
ganz sicher ist: er erachtet es für nötig, ausführlich zu erklären, weshalb sein
System der Handlungsweise einiger seiner Vorgänger vorzuziehen ist. Er steht
ganz auf dem liberalen Standpunkte, daß das freie Geschäft unbedingt dem
Zwange vorzuziehen ist. Und kein Zufall ist es, daß kein Geringerer als Hadrian auf demselben Standpunkte beharrt (Dig. 49,14,3,6) ... Doch waren
diese liberalen Tendenzen sowohl in Ägypten wie im ganzen Reiche nur ephe-
mer. Die Politik des Zwanges ... hat auf der ganzen Linie gesiegt, und es war

---

[132] Vgl. H. BRAUNERT, Binnenwanderung 217 ff. – Das Edikt wird nach Neros Tod
und Galbas Regierungsantritt verkündet. Zur Amtszeit von Ti. Iulius Alexander s. G.
BASTIANINI, Lista (u. Anm. 140).

auch natürlich: ein Staat, welcher sich selbst Zweck ist, seine Interessen ausschließlich verfolgt, ein Staat, für welchen die Bevölkerung nur Mittel zum Zweck ist, kann ohne Zwang nicht weiter kommen.«[133] Aber noch war es nicht soweit. Ti. Iulius Alexander, der Neffe Philos, versucht, den Zwang zu vermeiden, gegen den allgemeinen Brauch der Provinzen (παρὰ τὸ κοινὸν ἔθος τῶν ἐπαρχειῶν, Z. 11). Der Präfekt drückt deutlich aus, daß viele, die in der Pacht nicht erfahren waren, dazu gewaltsam gezwungen wurden (μετ' ἀνάγκης, Z. 12), was zweifelsohne zu Schwierigkeiten und Differenzen bei der Pachtausübung führte. Ähnlich wie in UPZ I 113 stoßen wir auch hier auf Verhältnisse, denen ein Abgabenpächter zunächst willkürlich ausgeliefert war.

### 5.6.2.4 P.Oxy. I 44[134]:

Dieser bislang einzige Text aus der Kaiserzeit, der Einblick in die Steuerverpachtung gibt, zeigt, daß das schriftliche Pachtangebot an den Präfekten ging, die Verpachtung selbst von dem betreffenden Gau-Strategen und dem königlichen Schreiber[135] vorgenommen wurde. Der Papyrus ist in die Zeit Domitians (81–96 n. Chr.) einzuordnen.

1  [Πα]νίσκος [. . . . . . . .]λας στρατηγὸς Ὀξυρυ[γ]χ(ίτου)
   [Ἀσ]κληπιάδ[ηι βασιλικῶ]ι γραμμα(τεῖ) τοῦ αὐτοῦ νομοῦ
   χαίρειν.
   Ἐπὶ τῆς γενομένης διαπράσεως τῶν τελωνι
5  κῶν ὑπό τε ἐμοῦ καὶ σοῦ ἐπὶ παρόντων καὶ
   ῾τῶν᾽ εἰωθότων, δυσπειθούντων τῶν τὸ ἐν
   κύκλιον ἀσχολουμένων καὶ {του} τὸ ἀγο
   ρανόμιον δημοσιωνῶν ὡς ἱκανὰ βλαπτο
   μένων καὶ κινδυνευόντων μεταναστῆ
10 ναι, δόξαν ἡμεῖν ἔγραψα τῶι κρατίστωι
   ἡγεμόνι περὶ τοῦ πράγματος. Ἀντιγράψαν
   τος οὖν αὐτοῦ μοι περὶ τοῦ ἐφιδόντα τὰς
   π[ρο]τέρας μισθώσεις κατὰ τὸ δυνατὸν
   [ἀνα]κουφίσαι τοὺς τελώνας ὑπὲρ τοῦ μὴ

---

[133] R., Kolonat 182 Anm. – Vgl. zu Zwang und Zwangspacht G. CHALON, L'édit 101 ff. – Zu Callistratus (Dig. 49,14,3,6) s. o. Kap. 3 Anm. 109.

[134] = W.Chr. 275 = Sel.Pap. II 420. Vgl. W., Ostr. I 590.593 und BL IV 58.

[135] Vgl. W., Gz. 11: »Unter dem Strategen als Haupt der Gauverwaltung steht als seine rechte Hand der βασιλικὸς γραμματεύς, ein Titel, der nichts als eine Übersetzung eines uralten ägyptischen Titels ist. Seine Kompetenzen auf den verschiedenen Verwaltungsgebieten ... erstrecken sich wie die des Strategen auf den ganzen Gau.« S. noch ebd. 38.

15 φυγ[ά]δας γενέσθαι τ[ο]ὺς πρὸς β[ίαν] ἀ[γο]-
μένους, καὶ πρότερόν σοι τὸ ἀντίγρ[αφο]ν
τῆς ἐπιστολῆς μετέδωκα, ἵν' εἰδῇς, καὶ
ὅτι ἀποδημοῦντός σου καὶ τῶν ὠνῶν
μὴ ἐπιδεδεγμένων ὑπὸ τῶν τελωνῶν
20 μηδὲ μὴν ἄλλων προσερχ[ομ]ένων αὐτοῖς [[πολλάκις]] πολλάκις προκηρυχθεισῶν
ἔλαβον χειρογραφείας τῶν τε τὸ ἐνκύ-
{κυ}κλιον καὶ τὸ γραφεῖον ἀσχολουμένων.

Hier bricht der Papyrus ab.

Paniskos ... las, Stratege des oxyrhynchitischen Gaues, an Asklepiades, den königlichen Schreiber desselben Gaues. Gruß! Bei der letzten von mir und Dir abgehal-
tenen Steuerverpachtung ⟨5⟩ in Gegenwart der Kommission, lehnten es die Enky-
klion- und Agoranomion-Pächter nicht nur ab, die Pacht weiter zu übernehmen,
mit der Begründung, daß sie schon genügend Verluste hätten hinnehmen müssen,
sondern schienen auch flüchten zu ⟨10⟩ wollen. Deshalb dachte ich, es sei das Beste,
darüber dem sehr ehrenwerten Präfekten zu berichten. Er bat mich in seiner Antwort, die früheren Pachtkontrakte durchzusehen und soweit es irgend möglich sei,
die Pachtbedingungen zu erleichtern, damit die Abgabenpächter nicht − ⟨15⟩ zur
Pacht gezwungen − fliehen müßten. Ich habe Dir deshalb schon die Kopie seines
Briefes geschickt, um Dich zu informieren, daß ich während Deiner Abwesenheit
− da die (neuen) Kontrakte von den (alten) Abgabenpächtern nicht akzeptiert wurden ⟨20⟩ und da auch keine anderen mit Angeboten hervortraten, so oft auch der
Herold die Pachten ausrief − schriftliche Kaisereide von den Enkyklion- und
Schreibgebühr-Pächtern ...

U. Wilcken weist darauf hin, daß »der Pächtermangel in unserem Papyrus
sich doch wohl nur auf die beiden genannten Steuern beschränkt«[136], von einem allgemeinen Pächtermangel (s. u. zu OGIS 669) nicht die Rede sein kann.
Der Zwang zur Pacht (Z. 15 f.) kann möglicherweise dadurch entstehen, daß
das bei der Pacht eingesetzte Kapital keineswegs den Gewinn abwarf, den sich
der Pächter vorgestellt hatte, so daß er sich zu erneuter Pacht − und damit zu
einem besseren Gewinn − herausgefordert sah. Auch OGIS 669,14 f. zeigt,
daß der Präfekt die Möglichkeit hatte, die Pächter in Abhängigkeit zu halten.

### 5.6.2.5 P.Vindob.Worp 1[137]:

Dieser Papyrus ist zwischen 91 und 96 n. Chr. zu datieren.

---

[136] Einl. zu W.Chr. 275.

[137] Die Übers. folgt weitgehend dem Hg. K. A. Worp (s. BL und folgende Anmerkung). Zu οἱ περί τινα (Z. 6) s. H. C. YOUTIE, Script. I 306 und S. L. RADT, Noch einmal Aischylos ... ZPE 38 (1980) 47 f., vgl. 56. − Zu τελῶναι ἐγκυκλίου vgl. P.Oxy.
XVII 2111 (135 n. Chr.), s. S. L. WALLACE, Taxation 317. Zu weiteren Bezeichnungen
der Enkyklia-Erheber s. Hg. z.St. (S. 9f.).

Ἀντ[ίγραφον ἀντι]γράφων.

2 Ἀντίγραφ[ον ὑπομνηματισμ]οῦ Κλαυδίου Ἀνδροτίμου
[. .]ʹνʹευγρα[          (ἔτους) . (.) Αὐ]τοκράτορος Καίσαρος Δομιττι[α]νοῦ
[Σε]βαστ[οῦ Γερμ]αν[ικο]ῦ Φαρμοῦθι ᾱ. Θέων καὶ Ἡρακλειδη[ς]
                                          ˙ ˙ ου ˙
[τε]λῶνα[ι ἐ]γκυ[κλίο]υ πρὸς Ὧρον καὶ Ἀπύγχιν [. . .] . [. . .].

6 [ἀ]πὸ κώμ[ης] Σ[ο]κνο[πα]ίου τοῦ Ἀρσινοείτου. Τῶν περ[ὶ Θέω]να
καὶ Ἡρακλείδην ε[ἰπ]όντων διὰ Ἀπολλωνίου ῥ[ήτ]ωρος
                    ˙ ω´
τέλος ἀπαιτεῖν κατὰ γν[[ο]]μωνα τὸ μὲν ὡρι[σμέ]νων
ἐπὶ τῶν ὠνουμένων ἐν τῇ μ[η]τροπόλει τ[ὸ] δὲ ἐπὶ

10 τῶν ἐν τῷ νομοῦ, μόνους δὲ τοὺς ἀπ[ὸ] Σοκνοπαίου
ἀ]τέλει{ο}`αʹν ἐπιζη[τε]ῖν [ο]ὐ θέλοντας ὧν ἂν ὠνήσαντο
                                          ˙ ῷ
τὸ κατὰ γνώμονα [δι]δόναι, πάντων τῶν ἐν τῷ νομ[[ου]]
ἀπαιδουμένων [τὰ ὑ]ποπίπτοντα τῇ νομαρχείᾳ

14 τέλη, καὶ τῶν περὶ Ἀπύγχιν διὰ Ἑρμαίου ῥήτορες
φαμένων ἀνατεθεῖσθαι τῷ θεῷ τὴν κώμην καὶ
μηδὲ ἐν τέλει [Σ]ποτοῦν πατέρα Θέωνος τοῦ τελώνου
[ὧν ἐ]πὶ τῆς κώμη[ς ἐών]ηται τέλ[ο]ς μὴ δεδωκέ[ν]αι πρ[ο]σ-

18 [τι]θέντων τε, ὅτι καὶ Ἑρμείας ὁ στρατηγὸς ἀκούσας
[τοῦ] πράγ[μ]ατος ἀπεφήνατο ῥήτορι Ἑρμαί[ῳ οὕτω]ς·
[Οὐ δ]εδώκασι οὐδὲ νῦν ἀποδώσωσι κ[αὶ ἀναγν]όντων
[ca. 8 Buchst.]ατισμὸν Ἑρμείου στρατηγ[οῦ ca. 10 Buchst.]
[Δομιτι]ανοῦ Καίσαρ[ος τ]οῦ [κυρ]ί[ο]υ τ]οῦ Κλ[αύδιος Ἀνδρότιμ]ος


Kopie von Kopien.

Kopie des Gerichtsprotokolls von (Tiberius?) Klaudius Androtimos ... im ... Regierungsjahr des Imperators Kaiser Domitianus Augustus Germanicus am 1. Phar-
muthi. Theon und Herakleides, ⟨5⟩ Abgabenpächter des Enkyklions gegen Horus
und Apynchis ... aus dem Dorfe Soknopaiu (Nesos) aus dem arsinoitischen Gau.
Nachdem Theon und Herakleides durch den Rhetor Apollonios erklärt hatten,
Steuer einzutreiben nach einem Tarif, der festgesetzt sei auf die in der Metropolis
gekauften Güter einerseits und auf die ⟨10⟩ in dem Gau gekauften Güter andererseits, aber daß nur die Einwohner von Soknopaiu (Nesos) Anspruch auf Steuerfreiheit erhöben, während sie sich weigerten, die tarifmäßige Summe für das, was sie
gekauft hatten, zu zahlen, obwohl die der Nomarchie zufallenden Steuern über alle
Gaubewohner erhoben wurden, und nachdem Apynchis durch den Rhetor Hermaios ⟨15⟩ erklärt hatte, daß das Dorf der Gottheit geweiht sei und daß auch der
Vater des Abgabenpächters Theon, nämlich Spotous, im Amt (?) die Abgabe über
das, was er in dem Dorfe gekauft hatte, nicht gezahlt habe, und dem hinzugefügt
hatte, daß der Stratege Hermeias, nachdem er den Sachverhalt gehört hatte, dem
Rhetor Hermaios als sein Urteil folgendes bekannt gegeben habe: ⟨20⟩ »Sie haben
es nicht bezahlt und sie werden es auch jetzt nicht bezahlen« und nachdem sie das
Amtstagebuch[137a] des Strategen Hermias, (datiert) auf das x. Jahr des Herrn Kaiser
Domitianus, gelesen hatten, [erwiderte] Klaudios Androtimos ...

Nach dem Herausgeber K. A. Worp wird die Interpretation dieses Textes dadurch erschwert, daß drei wesentliche Angaben nicht aufgrund weiterer Quellen näher geklärt werden können:

— unterschiedliche Tarife für Metropole und Gau
— trotz der Steuerpflicht für die Nomarchensteuer Anspruch auf (völlige) Steuerfreiheit
— Weihung des Dorfes an den Krokodilgott Sebek[138].

Der Entscheid des Strategen Hermias (Z. 20) geht, wie häufig in der römischen Provinzrechtsprechung, vom Gewohnheitsrecht aus. Möglicherweise waren Theon und Herakleides neue Pächter, die ein Privileg der Bewohner von Soknopaiu Nesos nicht anerkennen wollten[139]. K. A. Worp erwägt, ob die Enkyklion-Pächter nicht auch zugleich die διδραχμία Σούχου erhoben (S. 12).

Der Streit zwischen Abgabenpächtern und Steuerzahlern läßt sich keiner Partei eindeutig zur Last legen. Jede vertrat scheinbar ihre legitimen Interessen.

### 5.6.2.6 P.Oxy. XVII 2111 Z. 13–19:

Eine Frau erhebt beim Präfekten Petronius Mamertinus Klage gegen zwei Abgabenpächter und verlangt aufgrund der lex Laetoria Steuerbefreiung. Petronius Mamertinus war Präfekt in Ägypten vom 11. 11. 133 bis 24. 2. 137 n. Chr.[140].

[. . . . . . . ῥήτωρ ὑπὲρ . . . . . . . . ]ς Κλαυδίας Ζωσίμης τῆς καὶ Ἑρμιόνης εἶπεν·
ἐνέτυχέν σο[ι] διὰ

---

[137a] J. D. Thomas (vgl. BL VII 280) schlägt für Z. 21 als Ergänzung am Anfang [τὸν ὑπομνημ]ατισμόν, und am Ende στρατηγ[οῦ κεχρονισμένον Datum] vor. Herr Dr. J. Hengstl, Marburg, schrieb dazu: »Die Ergänzung in Z. 21 ist um das kechronismenon zu lang, auch das ton am Zeilenanfang ist problematisch«; »datiert« ist demnach zu tilgen.

[138] = Σοῦχος, Hauptgott von Krokodilopolis, vgl. W. J. R. Rübsam, Götter und Kulte im Faijum. Bonn 1974, 12 ff.

[139] Vgl. zur Gewährung von Privilegien durch τελῶναι P.Petr. II 32 (1); III 36 (d); Hadrian gewährt im Jahr 120 n. Chr. den Bewohnern Aphrodisias Zollfreiheit (Text bei: J. Reynolds, Aphrodisias 15; dt. Übers. HIRK 74). – Anders z. B. P.Tebt. I 40,20: τοῖς ἐξ ἀρχῆς ἐθισμοῖς. S. in diesem Zusammenhang Paulus, Dig. 39,4,4,2 (In omnibus vectigalibus fere consuetudo spectari solet); Paulus, Dig. 39,4,9,6 sowie Marcianus, Dig. 39,4,16,12 (o. Kap. 3 Anm. 151). – Vgl. noch zur Zollbefreiung F. A. J. Hoogendijk / P. v. Minnen, Drei Kaiserbriefe Gordians III. an die Bürger von Antinoopolis. P.Vindob. G 25945. Tyche 2 (1987) 41–74; hier: Text B (S. 48 ff.).

[140] Vgl. G. Bastianini, Lista dei prefetti d'Egitto dal 30ᵃ als 299ᵖ. ZPE 17 (1975) 286 ff.

[13 Buchst. ἡ Ζωσίμη ὡς ἀδ]ικουμένη, λέγουσα περιγεγράφθαι καὶ ἀξιοῦσα ἀκου[σθ]ῆναι

15 [24 Buchst.] βοηθεῖσθαι γὰρ ὑπὸ τοῦ Λαιτωρίου νόμου, καὶ ἔσχεν ὑπογραφὴν

[23 Buchst.] νῦν οὖν παροῦσα καὶ ἐπιδεικνύουσα ἑαυτὴν νεωτέραν τῶν νο-[μίμων ἐτῶν, ἐν ἀφηλίκων ἀξιο]ῖ τῇ τάξει γενέσθαι. Πετρώνιος Μαμερτεῖνος ἀπιδὼν εἰς τὴν

18 [Ζωσίμην εἶπεν· . . . . . . . . . .].ει. Κεφαλίωνος καὶ ᾽Απολλωνίου τελωνῶν ἐνκυκλίου Μενδη-[σίου ἀξιώσαντων . . . . . . . . .]ς εἶναι τὴν ζήτησιν, Μαμερτεῖνος εἶπεν· τότε ἐρεῖτε.

Kephalion und Apollonios waren Abgabenpächter der Verkehrssteuer des mendesischen Gaues (Z. 18). »The reply of Mamertius to the τελῶναι in l. 18 indicates that what he said here implied postponement.«[141]

### 5.6.2.7 P.Princ. II 20 Kol. I[142]:

Dieses Edikt aus der Mitte des 2. Jahrhunderts n. Chr. wurde nach O. W. Reinmuth vielleicht ebenfalls von Petronius Mamertius, dem Präfekten Ägyptens zwischen 133 und 137 n. Chr. verfaßt.

[        ἔπαρχος
   Αἰγύπτου       λέγει·
κατηχοῦμαι τοὺς τελώνας
δ⟨ε⟩ι[ν]ῶς σοφίσασθαι τοῖς διερ-
5 χομένοις καὶ ἀπαιτεῖν τὰ
μὴ ὀφ⟨ε⟩ιλόμενα αὐτοῖς ἐπὶ πλεῖ-
ον] καὶ κρατεῖν τοὺς ἐπ⟨ε⟩ιγομέν[ο]υς,
ἵνα] καὶ τὸ τάχιον ἀπ[ο]χωρ⟨ε⟩ῖν τινες ἐξωνήσωνται. παραγγέλ-
10 λω [δὲ] οὖν αὐτοῖς παύσασθαι τῆς
τοιαύ]της πλ[ε]ονεξίας παντ[αχῇ

Spuren einer weiteren Zeile.

... Präfekt von Ägypten, sagt: Ich bin informiert, daß die τελῶναι sehr Listiges ersonnen haben gegenüber den Durchreisenden und weiterhin, daß sie das fordern, was ihnen nicht zusteht und die festhalten, die eilig sind, damit auch einige eine schnellere Abreise erkaufen. Ich aber befehle nun ihnen, von solcher Habgier überall abzustehen...

W. O. Reinmuth ging bei seiner Interpretation davon aus, daß die hier erwähnten τελῶναι mit den römischen publicani gleichgesetzt werden kön-

---

[141] So der Hg. zu Z. 18 (S. 198).
[142] = SB V 8072 = O. W. REINMUTH, Edicts. S. noch W., APF 12 (1937) 232; C. PRÉAUX (u. Anm. 144) und H. C. YOUTIE, Publicans 571 (16).

nen[143]. Obwohl C. Préaux in ihrer Rezension meinte »ce commentaire est excellent«[144], muß aus diesem Grund gefragt werden, ob seine Erklärungen stets zutreffend sind.

So führt W. O. Reinmuth beispielsweise aus: »τελώνης was synonymous with extortion and oppression«[145]. Die in diesem Kapitel bislang behandelten Texte legen diese Interpretation keineswegs nahe. Er selbst wundert sich, wenn er sogleich fortfährt: »this text is almost alone in recording their evil actions in the period of the empire«[146]. Anders verhält es sich, wenn wir auf die römischen publicani / τελῶναι achten und den Abschnitt über die Beurteilung der römischen Steuerpächter (4.4) heranziehen. Weiterhin spricht er davon, die τελῶναι hätten vor allem seit Hadrian nur noch indirekte Steuern eingezogen[147]. – Es würde zu weit führen, an dieser Stelle ausführlich auf seine Darstellung einzugehen, zumal die wesentlichen Fragen in dieser Arbeit bereits angesprochen wurden. Drei Probleme sollen jedoch genannt werden:

– Der römische publicanus bzw. conductor wurde nicht von einem Kontrolleur beaufsichtigt, was aber gerade in Ägypten für den τελώνης in ptolemäischer und römischer Zeit gilt. U. Wilcken bemerkt zu Recht: »Mit grösserer Sicherheit können wir dagegen behaupten, dass die von den Kaisern ausgeübte Controle eine derartig scharfe und belästigende gewesen ist, dass das Pachtgeschäft zum mindesten auf alle diejenigen, die auf unerlaubten Profit ausgingen, die alte Anziehungskraft verloren haben mag.«[148]

– In Ägypten waren die Steuertarife seit ptolemäischer Zeit bekannt. Darauf weist O. W. Reinmuth selbst hin[149] – und er hätte spätestens hier den Widerspruch zu seinen Ausführungen erkennen können. Von der Steuerverwaltung des römischen Reiches berichtet Tacitus, daß Nero aufgrund der Klagen des Volks über die publicani alle indirekten Steuern (cuncta vecti-

---

[143]  Vgl. den Titel seines Aufsatzes (. . . concerning the publicani). Wenn er S. 151 und Anm. 6 J. Marquardt, Staatsverwaltung II 312 ff. heranzieht – das Buch erschien in 2. Aufl. 1884, also zu einer Zeit, als die Papyrologie noch in den Anfängen steckte und dessen Quellengrundlagen naturgemäß die griech.-röm. Profanliteratur und Inschriften sind – und zur Folgerung kommt »The collection of customs duties . . . remaines in the hand of the tax farmers throughout the imperial period, both (sic!) in Egypt (sic!) and elsewhere«, dann ist dies eine These, die sich mit J. Marquardt eben nicht belegen läßt.

[144]  Rez. O. W. Reinmuth, Two prefectural Edicts. CE 23 (1937) 105 f., S. 106.

[145]  Edicts 151.

[146]  Ebd. – S. dazu H. C. Youtie, Publicans 571 (16): »He is able to cite only one other document, a Berlin papyrus ⟨sc. BGU I 340⟩, also of the second century, in which complaint is made that taxfarmers were trying to collect a tax on an inheritance although a receipt for its payment had been issued«. – W., Gz. 219 (und Anm. 1) vergleicht den Übergriff des ἐπιτηρητής P.Amh. II 77 (139 n. Chr. ⟨= W.Chr. 277⟩) mit BGU I 340 (148/49 n. Chr.).

[147]  O. W. Reinmuth, Edicts 151 mit Anm. 5 f.

[148]  Ostr. I 595 f., vgl. 594.

[149]  Edicts 154 und Anm. 16.

galia) habe abschaffen wollen (Tac.ann. 13,50 f.). Schließlich ordnete er aufgrund der Beratung der seniores an, daß die νόμοι τελωνικοί veröffentlicht werden sollten. Bis dahin waren sie occultae, geheimgehalten. In diesem Zusammenhang stellt U. Wilcken fest, in Ägypten habe »dank der Tüchtigkeit der vorhergehenden Herrschaft, von Anfang an bestanden, was im römischen Reich im allgemeinen erst von Nero als etwas Neues eingeführt worden ist, eben die Publizität der Steuergesetze. Vielleicht ist auch hier wieder Ägypten das Muster für das übrige Reich geworden«[150].

– Wohl besonders wegen der Formulierung δεινῶς σοφίσασθαι τοῖς διερχομένοις (Z. 4 f.) möchte O. W. Reinmuth noch Dig. 39,4,16,5 als Beleg verwenden: Licet quis se ignorasse dicat, nihilo minus eum in poenam vectigalis indicere divus Hadrianus constituit (Der göttliche Hadrian hat bestimmt, daß einer, auch wenn er sagt, daß er dies ⟨sc. das Bestehen von Zollvorschriften⟩ nicht gewußt habe, trotzdem der Steuerstrafe verfallen soll)[151]. Es stellt sich aber die Frage, ob dieser Beleg wegen der in Ägypten seit alters bekannten Steuertarife zur Erklärung herangezogen werden kann. Das δεινῶς σοφίσασθαι stellt eine Wertung dar, wobei gefragt werden muß, inwieweit diese zutrifft. Ohne darauf eine eindeutige Antwort geben zu können verweisen wir neben Sen.epist. 117,30 auf Dig. 14,3,2,3 (Ulpian), d. h. auf zwei Stellen, die davon handeln, daß der Eilige keine Zeit hat, die amtlichen Mitteilungen zu lesen[152].

Die Erwähnung, daß sich die Steuerpflichtigen eine schnellere Abreise erkaufen sollen, erinnert allzusehr an die Darstellung von J. H. G. v. Justi aus dem Jahr 1762[153]. Vielleicht ist, trotz ἐπὶ πλεῖον (Z. 6), nur die Schikane und der größere Gewinn der Abgabenpächter gemeint, was es offenbar zu allen Zeiten gegeben hat.

### 5.6.2.8 P.Oxy. I 36[154]:

Dieser νόμος τελωνικός aus dem 2./3. Jahrhundert n. Chr. findet seine engsten Parallelen in den νόμοι τελωνικοί P.Hib. I 29, P.Rev. und UPZ I 112

---

[150] Gz. 211, vgl. W., Ostr. I 574.

[151] Vgl. O. W. Reinmuth, Edicts 156 mit Anm. 30 und Marc.Dig. 39,4,16,12 (o. Kap. 3 Anm. 151), eine Stelle, die in diesem Zusammenhang bislang kaum zutreffend gewürdigt wurde.

[152] Vgl. L. Wenger, Quellen § 26 (= S. 57 mit Anm. 21). Sen.epist. 117,30: Nemo qui obstetricem parturienti filiae sollicitus accersit, edictum et ludorum ordinem perlegit. Ulpian, Dig. 14,3,2,3: Certe si quis dicat ignorasse se litteras vel non observasse quod propositum erat, cum multi legerent cumque palam esset propositum, non audietur.

[153] Vgl. J. H. G. v. Justi, Abhandlung (Kap. 1 Anm. 15) 108 f. (Textauswahl o. Kap. 3 Anm. 136).

[154] Vgl. W., Nomos; H. Kortenbeutel, Südhandel 70. – Zu Kol. III vgl. *rahoṭe*

(alle 3. Jahrhundert v. Chr., s. o. 5.6.1), ein deutlicher Hinweis auf die Kontinuität der Steuer-Gesetzgebung in Ägypten.

Kol. II.

[ἐ]πεὶ δὲ τῶ[ν ε . . . . . . .]. ²μων πάντω[ν . . . . . ὁ ἔμπο]- ³ρος συντι[. . . . .
. . .] ⁴[ὁ] τελώνης [. . . . . . .] ⁵πότερον τὸ τ[. . . . . .] ⁶φορον βούλετα[ι]. Ἐὰν
δὲ ⁷⟨ὁ⟩ τελώνης ἐκφορ[τισθ]ῇ- ⁸ναι τὸ πλοῖον ἐπιζητήσῃ, ⁹ὁ ἔμπορος ἐκφορτι-
ζέ[τ]ω ¹⁰καὶ ἐὰν μὲν εὑρεθῇ τ[ι] ἕτε- ¹¹ρον ἢ ὃ ἀπεγράψατο, στερή- ¹²σιμον ἔστω,
ἐὰν δὲ μὴ εὑ- ¹³ρεθῇ, ὁ τελώνης [τὴ]ν δα- ¹⁴πάνην τῷ ἐμπό[ρ]ῳ τοῦ ¹⁵ἐκφορ-
τισμοῦ ἀποδ[ότ]ω

Kol. III.

καὶ παρὰ τῶν ἐ[γλαβόντων] ²τὰ τέλη χερογραφ[ίαν λαμβ]α- ³νέτωσαν, ἵνα εἰς
τὸ μέλ- ⁴λον ἀσυκοφάντητοι ⁵ῶσιν.

Kol. II Z. 6 ff.: Wenn aber der Abgabenpächter wünscht, daß das Schiff ausgeladen werden soll, soll es der Kaufmann ausladen, und wenn er etwas anderes findet, als was deklariert wurde, soll es konfisziert werden. Wenn aber nichts gefunden wird, soll der Abgabenpächter die Kosten des Ausladens dem Kaufmann zahlen, und sie sollen von den Steuerpächtern eine schriftliche Erklärung (Kaisereid) nehmen, damit sie weiterhin nicht fälschlich beschuldigt werden.

Sehr wahrscheinlich stellte der Abgabenpächter des vectigal maris Rubri diesen schriftlichen Kaisereid aus. Einem Steuerhinterziehungsversuch konnte er hier durch direkte Nachforschung leicht entgegenwirken. Das war für ihn allerdings nicht völlig unproblematisch und damit der Schikane keineswegs Tor und Tür geöffnet, da er bei negativem Ergebnis dem Händler die Unkosten für das Ausladen zu ersetzen hatte. Im Monumentum Ephesenum heißt es § 9: »Wenn einer zur See etwas einführt oder ausführt, so soll er beim τελώνης deklarieren . . .«[155].

### 5.6.2.9 Apokr. XI (Z. 45 ff.)[156]:

Dieses Apokrima des Septimius Severus, das heißt »eine amtliche Erledigung in Form der Antwort«[157], datiert vom 14. 3. 200 n. Chr.

---

*mikhsa* (bShab 78b ⟨Kap. 6 zu Anm. 142⟩): »die Nachläufer wegen Zollerhebung, d. h. die Diener des Zöllners, welche den Reisenden nachlaufen mit der Vorspiegelung, sie hätten noch nicht den Zoll entrichtet«, so J. LEVY, Wb. IV 430b s. v. *rahoṭa;* s. dazu auch P. J. SIJPESTEIJN, Customs Duties 97.

[155] H. ENGELMANN / D. KNIBBE, Das Monumentum Ephesenum § 9 (S. 22).

[156] = P.Col. VI oder P.Col. 123 = SB VI 9526. Vgl. H. C. YOUTIE / A. A. SCHILLER, Second Thoughts; E. SCHÖNBAUER, Reskripte 186 f.; H. BRAUNERT, Urkunden 137.

[157] E. SCHÖNBAUER, Reskripte 195.

Ἰσιδώρῳ Δείου.

τὰ μὲν ὑπὸ Κόμωνος τετολμημένα

Φ⟨ού⟩λουειος Πλαυδιανὸς ὁ κράτιστος ἔπαρχος

τῶν στρατοπέδων καὶ οἰκεῖος ἡμῶν

ἐξετάσι. πρὸς δὲ Ἀπίωνα τὸν τελώνην, εἰ μὴ

κοινωνῖ τῶν ἐκλημ[ά]των Κόμωνι, τὸν

ἡγούμενον τοῦ [ἔ]θνους ἕξεις δικα[σ]τήν.

An Isidorus, Sohn des Dius. Die wagemutigen Unternehmungen von Komon wird Fulvius Plautianus, der erlauchte prätorianische Präfekt und unser Hausgenosse untersuchen. Im Hinblick auf den Abgabenpächter Apion wirst Du, wenn er nicht in die Anschuldigungen des Komon verwickelt ist, den Präfekten der Provinz zum Richter haben.

Einer der Herausgeber, A. A. Schiller, führt dazu aus: »There is no way of determining whether Isidorus was mulcted of money or deprived of property, but the harm must have been outrageous in character since the emperor named the highest officials of the Empire to handle the matter.«[158]

Ob der Abgabenpächter Apion an dem crimen des Komon beteiligt war, bleibt ungewiß. Daß auch ein Verdacht gegen ihn besteht, ergibt sich daraus, daß er vor das Gericht des Präfekten in Alexandria gestellt werden soll. Sollte sich jedoch herausstellen, daß er in die Angelegenheit mit Komon verwickelt ist, soll ein Verfahren gegen ihn vor dem Prätorianerpräfekten Fulvius Plautianus[159] in Rom stattfinden.

Der Text gibt auch Einblick in die soziale Stellung von Komon. Nach E. Schönbauer war »Comon ... offenbar ein höherer Amtsträger«, wobei es sich hier weniger »um eine Abgaben-Hinterziehung oder dergleichen handelte. Wahrscheinlicher lag ein staatspolitisches Verbrechen zugrunde«[160]. A. A. Schiller meint: »Possibly Comon was an individual high in the hierarchy of Egyptian officials. He may have ranked equal with the prefect of Egypt, though that is unlikely for he was a non-Roman, as the name indicates, and non-Romans were rarely if ever included among the highest state dignitaries.«[161] Wie immer die soziale Stellung Komons beurteilt werden mag — er könnte zum Kreis der Alexandriner Gymnasiarchen gehört haben, deren Angelegenheiten häufig vor dem Kaiser verhandelt wurden —, Apion dürfte eine ihm ähnliche soziale Stellung gehabt haben. Es bleibt allerdings offen, ob Apion in seiner Funktion als Abgabenpächter oder aus einem anderen Grund an dem crimen beteiligt war.

---

[158] Zu P.Col. VI S. 82.
[159] Vgl. PIR III Nr. 554.
[160] Reskripte 187.
[161] Zu P.Col. VI S. 83.

5.6.2.10 P.Oxy. XLIII 3104:

Der Papyrus trägt das Datum vom 24. 6. 228 n. Chr.

Αὐρηλίῳ Δη . . . . . νει τῷ
καὶ Δει . .[
[παρά] Αὐρ[ηλίω]ν Δεί[ου τοῦ καὶ
. [. . . . ] χρηματίζ[ο]ντο[ς
5 μητρὸς Τετεύριος καὶ Διοσκό-
ρου Πτολεμαίου τοῦ καὶ Διονυ-
σίου Ἀρχιστρατείου τοῦ καὶ Ἀλ-
θαιέως προσθυραίων λογι-
στηρίου Ὀξυρυγχείτου. εἷς
10 τῶν παραδοθέντων ἡμῖν
τελωνῶν ὑπὸ τῶν δεσ-
μοφυλάκων ἐξ ἐνκελεύ-
σεώς σου τοῦ στρατηγοῦ τῇ
τρίτῃ τοῦ Παχὼν μηνός, Αὐ-
15 ρήλιον Ἐπίνεικον τὸν καὶ
Πετοσορᾶπιν, μισθωτὴν
τεσσαρακοστῆς ἐρεῶν, νο-

σήσας ἔνδον ἐτελεύτησεν
σήμερον ἥτις ἐστὶν τρια-
20 κὰς τοῦ ὄντος μηνὸς Παῦνι. διὸ ἐπιδίδομεν τὸ βι-
βλείδιον φανερὸν ποιοῦν-
τες αὐτὸ τοῦτο πρὸς τὸ εἰδέναι μή πως ὕστερον ἐπιζ[η-
25 τηθῇ. (ἔτους) ζ Αὐτοκράτορος
Καίσαρος Μάρκου Αὐρηλίου
Σεουήρου Ἀλεξάνδρου Εὐσεβοῦς
Εὐτυχοῦς Σεβαστοῦ, Παῦνι λ̄.
(2. H.) Αὐρήλιος Δεῖος ἐπιδέδω[κα.
30 Αὐρήλιος Θέων Θέων[ο]ς
ἔγραψα ὑπὲρ αὐτοῦ μὴ εἰδ[ό-
τος γράμματα. (3. H.) Αὐρήλιο[ς
Διόσκορος ἐπιδ[έ]δωκα.[

An Aurelius De...es, der auch Dei... heißt (, den Strategen des oxyrhynchitischen Gaues), von Aurelius Deius, der auch ... heißt, bekannt unter dem Namen seiner Mutter Teteyris und von Aurelius Dioskoros, Sohn des Ptolemaios, der auch Dionysius heißt, von der archistrateischen Phyle und althaischen Demos, Türhüter des Logisterions des oxyrhynchitischen Gaues. ⟨9⟩ Einer der uns auf Deine, des Strategen, Anordnung hin am 3. des Monats Pachon von der Gefängnisaufsicht übergebenen Abgabenpächter, Aurelius Epinicus, der auch Petosorapis heißt, Pächter der 2½%-Steuer für Wollartikel, wurde krank und starb hier heute am 30. des gegenwärtigen Monats Payni. ⟨21⟩ Deshalb reichen wir diese Eingabe ein und geben dies selbst zur Information bekannt, falls später nachgeforscht würde. ⟨25⟩ (Im Jahr) 7 des Kaisers Caesar Marcus Aurelius Severus Alexander Pius Felix Augustus, am 30. Payni.

(2. Hand) Ich, Aurelius Deius, reichte (die Meldung des Todesfalls) ein. Ich, Aurelius Theon, Sohn des Theon, schrieb für ihn, weil er Analphabet ist. (3. Hand) Ich, Aurelius Dioskoros, reichte (die Meldung des Todesfalls) ein.

Eine Reihe von Abgabenpächtern war verhaftet und dem Finanzbüro des oxyrhynchitischen Gaues anvertraut worden. Die Gründe ihrer Verhaftung sind nicht bekannt. Da ihre Bewacher Angestellte der Finanzverwaltung sind, mag es sich um finanzielle Vergehen gehandelt haben.

Der Abgabenpächter Aurelius Epinicus wird in Z. 11 τελώνης, in Z. 16 μισθωτής der Wollsteuer genannt. Wir stoßen wieder auf die schon unter 5.6.2.2/3/4 beobachtete Austauschbarkeit der Termini technici.

## 5.6.3 Texte zur sozialen Stellung des τελώνης

Die gehobene soziale Stellung des τελώνης kann prinzipiell daraus ersehen werden, daß derjenige, welcher Abgabenpächter werden wollte, kapitalkräftig gewesen sein mußte. Einige Quellen unterstützen diese Feststellung. Zunächst kommt P.Tebt. III 758 aus dem frühen 2. Jahrhundert v. Chr. in Betracht[162]:

Διονυσίωι. Ἔδει σε
ἐν τῶι σῶι τραχήλωι
ἐμπαίζειν, καὶ μὴ ἐν
τῶι ἐμῶι. Φαίνῃ εἰς
5 μανίαν ἐμπεπτω-
κέν[α]ι, διὸ λόγον σαυ-
τοῦ οὐ ποιεῖς κα[ὶ]
ὑπ[ο]μεμένηκας,
ὥ[στ]ε μεθ᾽ ὧν συμ-
10 [παίζει]ς ὑπὸ τού-
[τ]ων μυκτηρίζεσ-
θαι. Γνῶθι διότι

οὐ τελωνίας προέσ-
τηκας ἀλλὰ χειρισ-
15 μοῦ ἀβαστάκτο[υ,]
ὥστε πρὸς ταῦτα
ἔχων κατάλ[ηγε. (?) Εἰ]
ἡδύ ἐστιν τ[ὸ κω-]
θωνίζεσθαι κα[ὶ ἐν]
20 σκέπῃ εἶναι, οὐκ ἐ-
πιλογείζει τὴν αὔ-
ριον.

Verso:
Διονυσί[ωι.]

Dem Dionysios. Spiele den Narren auf Kosten Deines Halses und nicht des meinen. Du scheinst wahnsinnig geworden zu sein, weswegen Du (Dir) überhaupt keine Rechenschaft mehr über Dich abzulegen scheinst und darauf beharrst (, so zu handeln), so daß Du Dich gegenüber jenen zum Narren machst, die Dich an der Nase herumführen. Mach' Dir klar, daß Du kein Abgabenpachtunternehmen leitest, sondern nur einen unerträglichen (= d. h. geringen) Posten hast; daher beschränke Dich auf diesen Stand! Wenn es schön ist, sich zu betrinken und Protektion zu genießen, so vergißt Du das Morgen.          (Verso) Dem Dionysios.

P.Tebt. III 758 ist der einzige uns bekannte *Privatbrief,* der etwas über das Ansehen eines Abgabenpächters aussagt. An Deutlichkeit ist er kaum zu überbieten. Der Adressat soll wissen, daß er nicht die relativ hochstehende Stellung eines Abgabenpächters innehat, sondern nur eine untergeordnete Funktion ausübt[163].

In C.P.J. I 61−63, 90 und 107 wird der Jude Simon, Sohn des Iazaros, genannt. Er war um 154/3 (evtl. auch 143/2) v. Chr.[164] Abgabenpächter der Fischereisteuer (ὁ ἐξειληφὼς τὴν τετάρτην τῶν ἁλιέων)[165] in Theben (Oberägypten).

---

[162] = J. HENGSTL, Papyri 115. Die Übers. folgt J. Hengstl (S. 281).
[163] Vgl. J. HENGSTL, Papyri S. 282. − S. noch P.Yale 55 (= C. B. WELLES, Collection).
[164] Zur Datierung s. P. J. SIJPESTEIJN (zu WO 1233 ⟨S. 465⟩): »Das Ostrakon gehört der Regierung des Philometor an.«
[165] Vgl. P.Rein. II 133,2 (104 v. Chr.) und den Kommentar des Hgs.

C.P.J. I 107 stellt eine von ihm ausgestellte Steuerquittung dar (möglicherweise aus Theben, 154/3 oder 143/2 v. Chr.):

(2. Hand) Μετείλη(φα). ²(1. Hand) Σίμων Ἰαζάρου ὁ ἐξει- ³ληφὼς τὴν τετάρτην ⁴τῶν ἁλιήων (l. ἁλιέων) εἰς τὸ κη (ἔτος) ⁵Μεσοήρει χα(ίρειν). ἔχω παρὰ σοῦ ⁶εἰς τὸ τέλος σου καὶ τῶν υἱῶν ⁷ἐν τῶι Τῦβι μ(ηνὶ) χα(λκοῦ) τετρα- ⁸ κισχιλίας (γίνονται) ᾿Δ. ἔγραψεν ⁹Δελλοῦς Σίμωνος ¹⁰ ἀξιώσαντος διὰ ⟨τὸ⟩ μὴ εἰδέναι αὐτὸν γρά(μματα).

(2. Hand) Ich habe empfangen. (1. Hand) Simon, Sohn des Iazaros, der Abgabenpächter der 25 %-Fischereisteuer für das 28. Jahr, dem Mesoeris Gruß! Ich habe von Dir erhalten für Deine Steuer und (Deiner) Söhne im Monat Tybi 4000 Drachmen in Kupfer, macht 4000. Es hat geschrieben Dellous, auf Bitten von Simon, weil er Analphabet ist.

In C.P.J. I 90 zahlt Simon 90 Artaben Weizen in den Kornspeicher. Dabei wird er ἐξειληφώς (= τελώνης) genannt. Dies geschieht entweder, wie V. Tcherikover vermutet, als Privatmann in Unterscheidung zu einem Namensvetter, oder, wie C. B. Welles annimmt, als Pächter für Getreide[166]:

Ἔτους κη Τῦβι ῑα. με(μέτρηκεν) εἰς τ⟨ὸ⟩ν ²ἐν Διὸς πό(λει) τῆι μεγ(άληι) θη-(σαυρὸν) κη (ἔτους) ³ Σίμων Ἰ⟨α⟩ζάρου ἐ⟨ξ⟩ειληφὼς πυροῦ ⁴ἐνενήκοντα (γίνονται) (πυροῦ) Ϙ′. ⟨Ἀμ⟩βρύων. ⁵(2. Hand) Ἀπολλώνιος με(μέτρημαι) (πυροῦ) ἐνενήκοντα (γίνονται) (πυροῦ) Ϙ′. ⁶(3. Hand) Ἑρμοκράτης (πυροῦ) ἐνενήκοντα (γίνονται) (πυροῦ) Ϙ′.

Im 28. Jahr, 11. Tybi. Es hat zugemessen in den Kornspeicher in Diospolis Magna (= Theben) für das 28. Jahr Simon, Sohn des Iazaros, Abgabenpächter, 90 (Artaben) Weizen, macht (als Summe) an Weizen 90, Ambryon. . . .

V. Tcherikover meint dazu: »The ostrakon in question . . . has . . . great value, being almost the only document giving us some idea of the social position of the persons mentioned in these ostraka. Simon was a tax-farmer, and it is well known that tax-farmers were chosen by the government from among well-to-do persons . . . Another rich man was Σίμων Ὡραίου, who also delivered 90 artabai into the granary . . ., and among the non-Jews we find people delivering even greater amounts . . . These were the ›aristocracy‹ of the payers. «[167]

---

[166] V. A. Tcherikover zu C. P. J. I 90, S. 198; C. B. Welles, Collection 12 f.

[167] Ebd. − Vgl. noch u. 6.5.1 und 6.5.2 sowie R., GuW II 10 (s. u. Abschn. 7.7 mit Anm. 211).

## 5.7 Zur Beurteilung des τελώνης

Bei der Darstellung der Texte aus ptolemäischer und römischer Zeit kam es uns weniger auf Vollständigkeit der zahlreichen hierher gehörenden Belege an, sondern unser Interesse richtete sich eher auf *typische* Aussagen über den τελώνης. Im Grunde kommen wir über die Zusammenfassung der Belege aus ptolemäischer Zeit (5.6.1.18) nicht hinaus, denn diejenigen aus römischer Zeit ordnen sich problemlos in diese abwägende Beurteilung des Abgabenpächters ein. Die Vorwürfe an die Abgabenpächter können insgesamt mit Begriffen wie Sykophantie und Diaseismos umschrieben werden (vgl. UPZ I 113 und P. Princ. II 20). Aber auffälligerweise gilt *diese* Kritik nicht nur dem Abgabenpächter, sondern auch den Beamten einschließlich der von den τελῶναι unabhängig zu betrachtenden Praktoren. Dies bedeutet, daß weder die Abgabenpächter noch die Beamten ausschließlich als Individuen anzusehen sind, vielmehr muß zugleich nach dem zugrundeliegenden königlichen bzw. kaiserlichen *Finanzsystem* gefragt werden, das erst die Voraussetzungen für diese Vorwürfe schuf. Durch die Versteigerung der Abgaben, die Funktion des Abgabenpächters als Garanten der königlichen Einkünfte (πρόσοδοι) und der strengen Bestimmungen der Bürgenstellung sowie durch die Erlasse und Verordnungen (vgl. UPZ I 110) wird erkennbar, daß die Abgabenpacht auf maximale königliche Einkünfte hinauslief. Der Abgabenpächter war, wie schon aus den ältesten Belegen ersichtlich wird (C. Ord. Ptol. 11 ⟨269 v. Chr.⟩; P. Hib. I 29, ⟨um 265 v. Chr.⟩; P. Rev. ⟨259 v. Chr.⟩), einer strengen Kontrolle (Antigrapheus) unterworfen. Falls die gegenseitige Kontrolle funktionierte – sie wird auch in römischer Zeit funktioniert haben, so läßt uns jedenfalls U. Wilcken vermuten[168] –, dürfte ein unrechtmäßiger Gewinn ausgeschlossen gewesen sein (s. aber o. 5.6.1.18 zu C. B. Welles). Dennoch läßt sich fragen, ob in den Augen der *Steuerpflichtigen* ein Unterschied zwischen Abgabenpächtern als ›beliehenen Unternehmern‹[169] und anderen, beamteten Steuereinnehmern (wie z. B. für Getreide, Kopfsteuer und Zwangsgelder) bestand. Vermutlich waren beide in gleicher Weise verhaßt. In diese Richtung weist Philo, der Onkel des Präfekten Ti. Iulius Alexander, der – ein wenig pathetisch – ausführt:

Die Ägypter »entrichten die festgesetzten Steuern und Abgaben nur gezwungen und widerwillig unter bitteren Klagen, sie hassen die Einnehmer der Gelder wie Feinde aller Bürger, schützen die mannigfachsten Ausreden vor und versäumen die Termine«[170]. Ähnliches berichtet ca. 350 Jahre später Ammianus Marcellinus[171]:

---

[168] Vgl. W., Ostr. I 595 f., s. o. zu 5.6.2.7 mit Anm. 148.

[169] P. Handrock, Weisungen (o. Kap. 2 Anm. 68) 62.

[170] Philo, spec. I 143 (M 2,234). Die Übers. folgt L. Cohn usw., Philo v. Alexandria. Berlin ²1962, 50.

[171] Amm. Marc. 22,16,23. Die Übers. folgt W. Seyfarth, Amm. Marc. Bd. III. Darmstadt 1978, 63, 65.

erubescit apud eos, si qui non infitiando tributa plurimas in corpore uibices ostendat (Bei ihnen errötet vor Scham, wer nicht auf seinem Körper zahlreiche Striemen aufweisen kann, weil er Tributzahlungen verweigert hat).

Die schon im pharaonischen Ägypten praktizierte Flucht der Bauern in die Wüste oder in das Dickicht der Nilsümpfe, die sogenannte Anachorese, stellt dazu nur die Kehrseite dar[172].

Um in der Frage der Übergriffe der Abgabenpächter noch ein Stück weiterzukommen, fassen wir die aufgeführten Texte nach Sachgruppen zusammen. Denn nicht überall, wo τελώνης in einem negativen Zusammenhang vorkommt, muß sogleich von einem wirklichen Übergriff oder Rechtsbruch des Abgabenpächters die Rede sein (Tab. s. folgende Seite).

Zunächst zeigt diese Tabelle deutlich, daß sich die Klagen über die τελῶναι (und deren Angestellte) mit dem Vorwurf der Sykophantie o. ä. verbinden. Jedoch müssen − über diese Auskunft der Tabelle hinaus − unsere Ausführungen zu UPZ I 113 hinzugenommen werden. Wir stellten unter 5.6.1.13 fest, daß in diesem − sowohl die Abgabenpächter als auch die Beamten ansprechenden − Mahnbrief der Wunsch des Königs auf vollständige Erfüllung des Steuersolls als Steuerdruck in der Hierarchie der Finanzverwaltung weitergegeben wird und schließlich zum Konflikt zwischen Steuerzahler und Abgabenpächter führt. Was dabei − sachlich zutreffend − als Sykophantie erscheint, muß dennoch nicht einer böswilligen Absicht des Abgabenpächters entspringen.

Vom *Schmuggel* berichten nur wenige Texte, allerdings muß hierbei zweierlei festgehalten werden: erfolgreich durchgeführte Schmuggelaktionen werden kaum literarischen Niederschlag gefunden haben, eher der mißglückte Betrug − wobei naheliegenderweise der Steuerpflichtige versucht haben mag, dem Abgabenpächter unrechtmäßiges Verhalten vorzuwerfen[173]. Weiterhin verdient Beachtung, daß schon in sehr früher Zeit (P.Hib. I 29) in einem νόμος τελωνικός unter Androhung harter Strafen vor der Steuerhinterziehung gewarnt wird (vgl. μηνύειν). Offensichtlich war diese Praxis weit verbreitet, nicht nur beim ›einfachen Volk‹, sondern auch in der Oberschicht[174]. Die Streitigkeiten der Abgabenpächter mit den Kaufleuten[175], die jeweiligen Regelungen in den νόμοι τελωνικοί und gegenseitiges Mißtrauen gewinnen auf diesem Hintergrund an Anschaulichkeit. Schwere steuerliche Belastung, Schmuggel, Steuerflucht und scharfe Kontrollen bedingten einander. Die Tabelle bzw. die herangezogenen Texte verweisen somit nicht nur auf die Vor-

---

[172] Vgl. G. POSENER, L'ânachōrēsis und D. H. SAMUEL, P.Yale inv. 1642, beide in Le monde à grec, Hommage C. Préaux. Brüssel 1975.

[173] Vgl. P.Cairo Zen. I 59031; 59093; V 59804.

[174] Vgl. P.Cairo Zen. II 59240 ⟨o. 5.6.1.5⟩.

[175] Vgl. über P.Cairo Zen. II 59240 und P.Lond. VII 1945 hinaus z. B. H. HARRAUER / K. A. WORP, Mord (o. Anm. 90) sowie P.Hib. I 59 (= W.Chr. 302 = J. HENGSTL, Papyri 32).

| | Sykophantia/Diaseismos etc. | | | | Varia | Streitig-keiten | Interne Differenzen | Schmuggel | Pacht-unwillig-keit |
| --- | --- | --- | --- | --- | --- | --- | --- | --- | --- |
| | des τ. selbst | seiner Angest. | anderer Angest. | unklar | | | | | |
| C.Ord.Ptol. 11 | (×) | | | | | | | (×) | |
| P.Hib. I 29 | | | | | | | | × | |
| P.Cairo Zen. I 59031 | | × | | | | | | × | |
| II 59240 | (×)? | | | | | | | × | |
| I 59093 | | | | | | × | | × | |
| III 59375 | | | | × | | | | (×)? | |
| I 59130 | | | × | | × | | | | |
| PSI IV 384 | × | | | | | | | | |
| UPZ I 112 | × | | | | | | | | |
| P.Tebt. III 776 | | | | | × | | | | |
| P.Coll. Youtie 12 | | | | | | | | | |
| UPZ I 113 | × | | | | | | × | | |
| II 225 | | | | | | | | | × |
| P.Tebt. I 39 | × | | | | | × | | × | |
| I 38 | | | | | | × | | × | |
| P.Giss. Univ. I 2 | | | | | | × | | × | |
| BGU IV 1188 | | | | | | | | | × |
| OGIS 669 | | | | | | | | | × |
| P.Oxy. I 44 | | | | | | | | | |
| P.Vindob.Worp 1 | × | | | | | | | (?) | |
| P.Oxy. XVII 2111 | × | | | × | | | | | |
| P.Princ. II 20 | | | | × | × | | | | |
| P.Oxy. I 36 | × | | | | × | | | × | |
| Apokr. XI | | | | | × | | | | |
| P.Oxy. XLIII 3104 | | | | | | | | | |

würfe an die τελῶναι, sondern zugleich auf verschiedene Möglichkeiten einer finanziellen Einbuße des Abgabenpächters. Wenn wir abschließend H. C. Youtie das Wort geben, dann tun wir dies deshalb, weil seine knappen Worte unsere Darstellung akzentuieren und zusammenfassen[176]:

»Attempts by tax-farmers to abuse their privileges for personal enrichment and complaints by taxpayers must have been frequent in all periods. This is the sort of thing for which a sensible man needs no evidence. History cannot be written without regard to the eternal verities of human nature. The paucity of evidence may be due only to the whims of the capricious goddess who guides the fortune of discoverers. Yet, if several hundred such complaints were preserved, we should be no nearer the truth. A complaint is not proof of the crime. The desire to avoid payment of a tax is little short of universa and concealments of property as well as protests against high assessments are not unknown even in our enlightened age. It should weigh with us somewhat that in the first century of our era the Egyptian government experienced considerable difficulty in getting tax-farmers to take up contracts willingly. The business was not profitable.«

## 5.8 Zusammenfassung

In Ägypten treffen wir während der ptolemäischen und römischen Zeit ausschließlich die hellenistische Kleinpacht an. Τελώνης / ἐξειληφώς und δημοσιώνης (vgl. μισθωτής) sind neben einer Vielzahl anderer Termini technici austauschfähig und bezeichnen jeweils den hellenistischen Kleinpächter. Publicani bzw. römische societates publicanorum konnten wir in Ägypten nicht nachweisen.

Der ägyptische Abgabenpächter hatte mit Gebühren, direkten und indirekten Steuern zu tun, wobei gemäß unserer Tabelle (s. 5.5) die direkten Steuern rein zahlenmäßig im Vordergrund stehen; allerdings ist zu beachten, daß die moderne Steuereinteilung der Antike fremd war: alles waren τέλη / Abgaben.

Die Abgabenpacht war — im Unterschied zu der in Griechenland (Athen) — streng geregelt. Dies wird besonders deutlich an den drei Aufgabenbereiches des Abgabenpächters: Garant der königlichen Einkünfte, Kontrollfunktion und Steuererhebung. Der Abgabenpächter stand als ›beliehener Unternehmer‹ einerseits zwischen den Beamten der Finanzverwaltung und den Steuererhebern, andererseits zwischen den hohen Steuerforderungen des Königs — später des Kaisers — und der Steuermoral der Steuerpflichtigen. Seine technische und finanzpsychologische Stellung hatte zur Folge, daß er sowohl an dem *System der Amtshaftung* — die vorzugsweise für die Beamten galt — Anteil erhielt, als auch an dem ausgeklügelten *Finanzsystem,* das letztendlich in seiner großen Härte den Steuerzahler traf, welcher sich durch Steuerhinterziehung oder Anachorese dieser Belastung zu entziehen suchte. Streitigkeiten

---

[176] H. C. YOUTIE, Publicans 571 (16).

zwischen Abgabenpächtern und Steuerpflichtigen sowie Steuerhinterziehungen und deren Anzeige (vgl. μηνύειν) dürften deshalb häufig gewesen sein. Damit erhält die Frage nach der moralischen Beurteilung der Abgabenpächter eine differenzierte, letztlich offene Antwort. Der Steuerwiderstand, der gewiß allzu oft zu Recht bestand, der aber auch bei der Erklärung des τελώνης als offenbar irrelevant leider allzu häufig übergangen wurde, spielt neben dem allgemeinen Steuerdruck eine nicht zu vernachlässigende Rolle. Es muß auffallen, daß trotz hoher Akzeptanz der Abgabenpacht (vgl. U. Wilcken zu OGIS 669) die Behörde Mühe hatte, Abgabenpächter zu finden (vgl. z. B. UPZ II 225; OGIS 669; P.Oxy. I 44). Die strenge Kontrolle des Abgabenpächters, die Weitergabe des Steuerdrucks (UPZ I 113), Schmuggel und Streitigkeiten mit den Steuerpflichtigen sind die Komponenten, die für die Beurteilung des Vorwurfs der Sykophantie und des Diaseismos mit berücksichtigt werden sollten.

Den hellenistischen Kleinpächter treffen wir nicht nur in Ägypten an, sondern auch in Palästina, in das die Ptolemäer ihre Abgabenpacht einführten. Wir gehen dabei von der These aus, daß der palästinische τελώνης auch des 1. Jahrhunderts n. Chr. vom ptolemäischen τελώνης her am besten erklärt werden kann.

# 6. Abgaben und Abgabenpächter in Palästina[1]

## 6.1 Beispiele bisheriger Zuordnungen des synoptischen τελώνης

In älteren und neueren Untersuchungen zum palästinisch-synoptischen τελώνης begegnen eine Vielzahl von Erklärungen, die sich jedoch auf zwei unvereinbare Ansätze reduzieren lassen:

— auf die Einordnung des palästinisch-synoptischen τελώνης in die Hierarchie einer römischen societas publicanorum. Grundlegend sind C. Salmasius und Th. Mommsen[2];
— auf die Unabhängigkeit des palästinisch-synoptischen τελώνης als hellenistischem Kleinpächter vom römischen publicanus bzw. von einer societas publicanorum. Grundlegend sind M. I. Rostovtzeff und H. C. Youtie[3].

Wie aus dem vorhergehenden Kapitel hervorgeht, kann kein Zweifel darüber bestehen, daß wir auch in diesem Kapitel den Erkenntnissen von M. I. Rostovtzeff und H. C. Youtie über den τελώνης folgen müssen, wobei genauer zu klären sein wird, welche Rolle die römischen publicani spielten, die mit der Eroberung Judäas durch Pompeius im Jahr 63 v. Chr. ins Land kamen.

---

[1] Vgl. E. Schürer / (V/M), GJV; S. Krauss, TA; S. W. Baron, History; V. A. Tcherikover, H.C.; M. Hengel, JuH; ders., JGB; D. Sperber, Art. Tax Gatherer; M. Avi-Yona, Art. Palästina, RE Suppl. XIII, Stuttgart 1973, Sp. 312–454; A. Ben-David, TÖ I; J. Klausner, Economy; H. G. Kippenberg, Religion und H. Kreissig, WuG.

[2] Zu C. Salmasius und Th. Mommsen s. o. 1.1.1 und Kap. 4 Anm. 2, vgl. Leyrer, Art. Zoll; E. Schürer, GJV; L. Goldschmid, Impôts; S. Krauss, TA II 374 f.; H. G. G. Herklots, Publicans 21; S. N. Sakkos, Telonai 55.130; vgl. noch A. Schalit, K.H. 295 ff.; J. Jeremias, Theologie I 112 und O. Michel, Art. τελώνης; s. auch D. Sperber, Art. Tax Gatherer; H. Graetz, Geschichte III 209 sowie J. Klausner, Economy 204.

[3] M. I. Rostovtzeff, Staatspacht 479; H. C. Youtie, Publicans 560 f. (7); 572 f. (17), s. auch K. Chr. Burckhardt, Zöllner 331 f.

## 6.2 Geographische Einordnung der antiken Quellen

Palästina gehörte zur Zeit der Ptolemäer der Provinz »Syrien und Phönizien« an, deren Nordgrenze nördlich von Tripolis am Fluß Eleutheros begann
und über Baalbek nach Damaskus verlief. Unter seleukidischer und römischer
Herrschaft ging die Südgrenze Palästinas von Pelusion bzw. vom Wâdi-el-
Arish an ostwärts. Der folgende, geographisch gegliederte Überblick nennt
Orte, die innerhalb dieser beiden Grenzlinien lagen und die in den Quellen aus
hellenistischer und römischer Zeit zusammen mit Abgabenpächtern bzw. von
ihnen erhobenen Abgaben (τέλη, vectigalia) erwähnt werden.

*Allgemein auf Palästina* bezieht sich MegTaan § 9 (vgl. bSan 91a und Jos.Ant.
14,200 f.), die Vertreibung der publicani (*demosanai* = δημοσιῶναι) durch Caesar
(s. 6.3.4.1).
   Zur Zeit des Kaisers Tiberius (17 n. Chr.) baten nach Tac.ann. 2,42,5 die Provinzen Syrien und Judäa um Verminderung der Steuerlast (et provinciae Syria atque
Iudaea fessae oneribus deminutionem tributi orabant), vgl. Jos.Ant. 15,303 (24
v. Chr.) und 16,64 (14 v. Chr.).

Bei der Darstellung der einzelnen Städte ist zunächst an der Küste *Gaza* zu
nennen. Als alte und bedeutende Handelsstadt hatte es ausgeprägte Handelsbeziehungen, so in persischer Zeit nach Griechenland, in ptolemäischer Zeit besonders nach Ägypten. Es war eine wichtige Zwischenstation für den
Arabienhandel[4]. P.Cairo Zen. V 59804 (258 v. Chr.) zeigt Abgabenpächter,
die eine Umsatzsteuer auf Sklaven erhoben (s. 6.3.1.1). Auf Gaza bezieht sich
auch Plin.nat. 12,65. Für die aus Südarabien (d. h. über Petra in Gaza) ankom-
menden Karawanen, die Weihrauch mit sich führten, gilt[5]:

iam quacumque iter est aliubi pro aqua, aliubi pro pabulo aut pro mansionibus va-
riisque portoriis pendunt, ut sumptus in singulas camelos ✱ DCLXXXVIII ad no-
strum litus colligat, iterumque imperii nostri publicanis penditur.
   Wohin immer ihr Weg geht, sie zahlen hier für Wasser, dort für Futter oder für
Unterkunft und für verschiedene Abgaben, so daß die Kosten für jedes Kamel sich
bis an unsere Küste auf 688 Denare belaufen, und noch einmal wird an die Steuerpächter unseres Imperiums abgegeben.

Möglicherweise wurde in Gaza der römische Außen- bzw. Grenzzoll erhoben (vgl. das vectigal maris Rubri); genausogut könnte hier eine Steuer ähn-

---

[4] Vgl. E. Schürer, GJV II 110 ff. (V/M II 98 ff.); M. Hengel, JuH 82 f. – Zu den
Orten s. E. Schürer, ebd. II 108 ff. (V/M II 97 ff.); M. I. Rostovtzeff, HW II 669 und
S. J. deLaet, Portorium 333 ff.
[5] Vgl. S. J. deLaet, Portorium 333 f.; O. Michel, Art. τελώνης 98, s. noch V. A.
Tcherikover, Palestine 60 ff.; Z. Meshel / Y. Tsafrir, The Nabataean Road from 'Av-
dat to Sha'ar-Ramon. PEQ 106 (1974) 103–118 und Peripl.m.Erythr. § 27 sowie den
Komm. des Hg. B. Fabricius (S. 141 f.). – Zur Übers. vgl. G. C. Wittstein, Leipzig
1881, III 22.

lich der von Palmyra, eine Umsatzsteuer oder eine Einschiffungsabgabe im Blick sein. »Imperii nostri publicanis pendere« muß nicht bedeuten, daß zur Zeit des Plinius d. Ä. (Mitte des 1. Jahrhunderts n. Chr.) oder − da er zum Teil ältere hellenistische Quellen verwendet − zuvor in Gaza römische publicani tätig waren, oder daß dortige τελῶναι deren Angestellte gewesen seien; es spricht nichts dagegen, daß − wie in anderen Städten Palästinas − mögliche Reichssteuern ohne Zwischenschaltung der publicani von hellenistischen Kleinpächtern eingezogen wurden.

Von dem etwas weiter nördlich gelegenen *Askalon* forderte der Steuerpächter Joseph in der Ptolemäerzeit φόροι ein (Jos.Ant. 12,181). M. I. Rostovtzeff vermutet, daß der *mokhes* Ma'yan zur Zeit des Alexander Jannai (103−76 v. Chr.) gleichfalls dort Tribute einnahm[6].

Nach Josephus gehörte in der Zeit vor 66 n. Chr. der τελώνης Johannes in *Caesarea* zu den dort einflußreichen Juden (Bell. 2,287.292). Es liegt kein Grund vor, ihn nur mit dem Hafenzoll in Verbindung zu bringen[7]. Um 300 n. Chr., zur Zeit des R. Safra, erwähnt bAZ 4a eine Marktsteuer[8].

In frühptolemäischer Zeit ist von τελῶναι in *Tyros* die Rede (P.Cairo Zen. I 59093, 257 v. Chr.). Sie nahmen eine Ausfuhrsteuer (?) ein.

Im galiläischen *Kapernaum* wird Levi / Mattäus am τελώνιον sitzend geschildert; später kommen zu einem Gastmahl viele τελῶναι zusammen (Mk 2,14−17 parr.). A. Schlatter erwog − in Anlehnung an OGIS 496,8−10 − »vor allem« den Einzug der Fischsteuer[9].

Joseph, Sohn des Tobias, nahm in ptolemäischer Zeit − wie in allen Städten Palästinas − auch in *Skythopolis* (Bet Shean) den φόρος ein und stieß dort − wie in Askalon − auf Widerstand, den er mit militärischer Gewalt brach (Jos.Ant. 12,183)[10].

Auf *Jerusalem* bezieht sich der Erlaß des Antiochos III. (200 v. Chr.); erwähnt werden Kopf-, Kranz-, Salzsteuer, Einfuhrzoll und φόρος (Jos.Ant. 12,141−144). Der Brief des Demetrios I. Soter vom Jahr 153 v. Chr. stellt den Erlaß des φόρος, der Salz- und Kronsteuer, von Bodenabgaben, des Zehnten und der τέλη in Aussicht (1Makk 10,26ff.). Beim Amtsantritt des Archelaos bat das Volk, die Steuern auf den öffentlichen Verkauf und Kauf abzuschaffen

---

[6] HW I 276 und Anm. 144 (= III 1160 f.). Zu Ma'yan s. u. 6.5.2.

[7] So L. I. Levine, Caesarea 23; s. noch A. Schlatter, Theol.Jdt. 186; J. Jeremias, Jerusalem 346 Anm. 93; A. Schalit, K.H. 296.

[8] Nach L. I. Levine, Caesarea 55 und Anm. 97. − Vespasian befreite die Stadt vom tributum capitis, Titus diese vom tributum soli, s. E. Schürer, GJV II 137 mit Anm. 175 (V/M II 117 f. mit Anm. 171) und L. I. Levine, ebd. 35 mit Anm. 9. − Vgl. noch zu *Joppe,* Jos.Ant. 14,206 und zu *Sidon,* Jos.Ant. 14,203.

[9] A. Schlatter, Mt (zu 9,9) 302; E. L. Hicks, Ephesos Nr. 503 = OGIS 496 = I Ephesos V 1503; vgl. I Ephesos I 20.

[10] Zum Verhältnis der Juden zu den Griechen in Skythopolis vgl. 2Makk 12,29−31; Jos.Bell. 7,364−366; s. auch Polyb. 5,70,5.

(Ant. 17,205). Die Verkaufssteuer auf landwirtschaftliche Produkte wurde von Vitellius im Jahr 36 n. Chr. aufgehoben (Ant. 18,90). Eine Haussteuer wird Ant. 19,299 und bBB 7b/8a erwähnt. Zur Zeit des Florus, das heißt kurz vor dem ersten jüdischen Aufstand, heißt es bei Jos. Bell. 2,405.407[11]:

εἰς δὲ τὰς κώμας οἵ τε ἄρχοντες καὶ βουλευταὶ μερισθέντες τοὺς φόρους συνέλε-
γον.

Die Volksführer und Ratsherren verteilten sich auf die Stadtquartiere[12] und sammelten die Steuern ein.

τοὺς μὲν ἄρχοντας αὐτῶν ἅμα τοῖς δυνατοῖς ἔπεμπε πρὸς Φλῶρον εἰς Καισά-
ρειαν, ἵν' ἐκεῖνος ἐξ αὐτῶν ἀποδείξῃ τοὺς τὴν χώραν φορολογήσοντας.

Agrippa II. sandte ihre Stadtoberhäupter und die einflußreichsten Bürger zu Florus nach Caesarea, damit dieser aus ihrer Mitte die Steuereinnehmer für die Toparchie (sc. Jerusalems) benennen solle.

Angesprochen ist offensichtlich der Einzug des stipendium / tributum / φόρος (vgl. vita 429).

Der ἀρχιτελώνης Zachäus in *Jericho* war Hauptpächter (ἀρχώνης) einer Pachtgesellschaft. Mehr sagt Lk 19,1 ff. über seine Aufgaben nicht aus (s. 7.8).

Schließlich ist noch auf das Fragment eines Steuertarifs aus hellenistischer Zeit hinzuweisen. Dieser überall abgebrochene Stein »is a fragmentary list of taxes, dues, or fees which were collected by a city in Palestine or Syria«. »The nature of the document indicates that it came from a city, and not from Greek-speaking administration of the Hellenistic successors of Alexander.«[13]

Die zitierten Quellen ergeben eher ein zufälliges Bild des palästinischen Abgabenwesens bzw. des palästinischen τελώνης. Dabei finden sich Nachrichten über Abgaben und deren Erhebung über ganz Palästina verstreut, jedoch beziehen sich diese Texte außer auf Jerusalem vor allem auf die größeren Städte an der Küste. Dabei ist für unsere Untersuchung maßgeblich das Auftreten von τελῶναι in Gaza (258 v. Chr.), Tyros (257 v. Chr.) und Caesarea (66 n. Chr.). Dieser Tatbestand bedarf der historischen Interpretation.

## 6.3 Geschichtliche Einordnung der antiken Quellen

Abgesehen von den synoptischen Stellen (s. dazu u. 7.) hat uns die vorige Aufstellung nur wenige Belege für Abgabenpächter in Palästina gebracht (s. auch u. 10.5). Die drei griechischen Belege für τελώνης gewinnen dabei unser

---

[11] Die Übers. folgt O. Michel / O. Bauernfeind, I 263, korrigiert nach G. F. Unger, Zu Josephos 202; s. folg. Anm.

[12] So Unger, s. vorige Anm., vgl. jedoch auch J. Keil / A. v. Premerstein, Bericht 69 f. Zu κώμη = Stadtquartier s. LSJ 1017 f. s. v.

[13] I. L. Merker, Inscription 242. 243.

Interesse. Zwei davon gehören zur Zenonkorrespondenz und stammen aus den Jahren 258 und 257 v. Chr.; die Notiz des Josephus erwähnt einen einflußreichen τελώνης, Johannes in Caesarea, im Jahr 66 n. Chr. Über 300 Jahre trennen diese Belege voneinander. Es liegt deshalb die Annahme nahe, sie seien wegen des großen zeitlichen Abstandes und wegen der veränderten politisch-wirtschaftlichen Verhältnisse für eine Charakterisierung des synoptischen τελώνης unzureichend und damit wertlos.

So verhält es sich jedoch nicht. Gerade der zeitliche Unterschied wie vor allem die Tatsache, daß τελώνης-Belege aus der Zeit des Philadelphos und aus dem 1. Jahrhundert n. Chr. − noch vor dem jüdischen Aufstand − vorliegen, stellt einen glücklichen Umstand dar und wird uns die Möglichkeit geben, den palästinischen τελώνης genauer zu beschreiben. Dabei kommt den beiden Zenonpapyri die Aufgabe zu, auf das ptolemäische Steuerwesen als maßgebliche Grundlage für Palästina hinzuweisen. Denn »die Ptolemäer führten jenes bis ins Detail durchorganisierte Steuer- und Pachtsystem ein, das auch die Seleukiden ... weiterführten und das in seinen Grundlagen bis in die römische Zeit fortdauerte«[14]. Demzufolge liegt nichts näher als anzunehmen, Johannes von Caesarea und die bei den Synoptikern erwähnten τελῶναι seien hellenistische Kleinpächter gewesen.

## 6.3.1 Belege aus ptolemäischer Zeit[15]

In der ptolemäischen Strategie Συρία καὶ Φοινίκη vertrat der »Verwalter der Einkünfte in Syrien und Phönizien« den Dioiketen in Alexandria[16]. Die Steuern der Strategie wurden dort jährlich versteigert[17]. Welche Rolle die Abgaben der Städte im Einzelnen spielten, wird deshalb nicht deutlich, weil die zur Verfügung stehenden Quellen keine genauen Angaben machen[18].

Aus ptolemäischer Zeit sind drei − mit C. Ord. Ptol. 21−22 vier − Quellenbelege bekannt, die zur Auskunft über die Aufgaben des τελώνης herangezogen werden können.

---

[14] M. Hengel, JuH 41; s. noch u. Anm. 38.

[15] Vgl. G. M. Harper, Study; V. A. Tcherikover, Palestine; M. I. Rostovtzeff, HW I 268 ff.; M. Hengel, JuH 32 ff.; J. A. Goldstein, Tales; R. S. Bagnall, Administration und W. Huss, Außenpolitik.

[16] Vgl. J.-D. Gauger, Art. Syrien und Phoiniken, in: Wb. des Hellenismus (o. Kap. 5 Anm. 1), 706.

[17] Vgl. Jos. Ant. 12,168 f. 174; UPZ I 112 I 2 f.; W. Chr. 2 (s. dazu R. S. Bagnall, Ptolemaic Foreign Correspondence in P. Tebt. 8. JEA 61 ⟨1975⟩ 168−180) und M. Wörrle, Lykien I 59.

[18] So weist z. B. Ps. Aristot. oik. II 1,5 (1346a 5 ff.) auf Steuern der Poleis für ihren eigenen Bedarf hin, aber es ist fraglich, ob diese Passage auf (Gaza, Tyros und) Jerusalem zutrifft. − Zu I Iasos 3 vgl. M. Wörrle, Inschr. Herakleia 462.

### 6.3.1.1 P.Cairo Zen. V 59804[19]:

In diesem Brief des Philotas an Zenon vom 6. 9. 258 v. Chr. werden erstmals für das ptolemäische Palästina τελῶναι erwähnt[20]. Krotos, Apollophanes und Philotas waren Agenten des Dioiketen Apollonios. Sie sind hier mit der Ausfuhr von Sklaven befaßt, welche von Gaza nach Ägypten durch den Steuermann Herakleides (Z. 9) transportiert werden sollen. Die Sklaven konnten vor der Einschiffung entfliehen, wurden allerdings durch Philotas wieder eingefangen. Das (zweimalige) Rechtsgeschäft mit dem Abgabenpächter Heroides (vgl. Z. 5.6) läßt sich nicht zufriedenstellend erklären. W. L. Westermann meint im Blick auf den Terminus ὠνή in Z. 6 f., »that the taxes which Philotas is here concerned with were sales taxes rather than the export duties upon slaves«, währenddessen C. C. Edgar argumentiert, daß Verkehrssteuern zum Zeitpunkt des Verkaufs und nicht erst bei Einschiffung der Sklaven zu zahlen waren[21].

Φιλώτας Ζήνωνι χαίρειν. ἠξ[ί]ωσεν ἡμᾶς Κρότος γράψαι πρὸς σὲ περὶ τῶν
σωματίων τῶν ἀποχωρησάντων ἐκ το[ῦ Γα]ζαίων λιμένος. ἐτύγ[χ]ανον γὰρ παρειλημ-
μένος ὑπό τε Ἀπολλοφάνους καὶ αὐτοῦ [ὅπως] ἂν αὐ[τοῖς τὰ π]ερὶ τοὺς τελώνας
συνοικονομήσω καὶ τὸ τάχος ἀπὸ τῆς Γά[ζης σὺν αὐ]τοῖς [ἀποστ]εί[λ]ω. πορευθεὶς οὖν
5  πρὸς Ἡρώιδην τὸν τελώνην κατελάμβανον Ἀπολλοφάνην συγχώρησιν πεποιημένον
πρὸς αὐτὸν τέλους ⊢ π εἰς τὸ Ἀπολλωνίου ὄνομα. ταύτην μ[ὲ]ν οὖν τὴν ὠνὴν ἠρά-
μην, ἄλλην δὲ ποιοῦμαι εἰς τὸ Ἀπολλοφάνους ὄνομα καὶ ἀπὸ τ[ο]ῦ συγκεχωρημένου
τέλους ἀφεῖλον ⊢ μ καὶ συγκατέστησα τὰ σώματα ἐπὶ τὸν λ[ι]μένα καὶ εἰσηγάγομεν
τὰ σώματα πρὸς Ἡρακλείδην καὶ παρεδώκαμεν Ἀπολλοφάνει καὶ [ἔ]φη αὐτὸς φυλάξειν,

---

[19] = P.Col. III 3 + PSI VI 602 + VII 863g. Vgl. R. S. Bagnall, Administration 20.
[20] Zu möglichen Vorläufern vgl. H. W. F. Saggs, The Nimrud Letters, 1952 − Part II. Iraq 17 (1955) 127, s. o. Kap. 5 Anm. 48.
[21] W. L. Westermann zu P.Col. III 3 (S. 10); C. C. Edgar zu P.Cairo Zen. V 59804, S. 4. Text und Übers. nach R. Scholl, Sklaverei in den Zenonpapyri. Eine Untersuchung zu den Sklaventermini, zum Sklavenerwerb und zur Sklavenflucht (THF 4), Trier 1983, 27 ff.

10 ἡμᾶς δὲ οὐκ εἶα πράγματα ἔχειν βουλομένων ἡμῶν συνδιατ[ηρ]εῖν. γέγραφα
    οὖν σοι

ὅπως ἂν εἰδῆις. χαρίζοιο δ' ἄμ μοι περὶ ὧν σοι τὸ ὑπόμνημα ἔδωκα
ἀγοράσας καὶ ἀποστείλας μοι.

καὶ σὺ δὲ γράφε πρὸς ἡμᾶς περὶ ὧν ἂν βούληι· ποιήσομεν γὰρ αὐτό σ[οι]
προθύμως.

ἔρρωσ[ο] (Ἔτους) κη Πανήμου κ̅ζ̅.

Verso:

Φιλώτου.　　　　　　　　Ζήνωνι.

Philotas grüßt Zenon. Krotos hat uns gebeten, Dir betreffs der Sklaven, die aus
dem Hafen von Gaza entlaufen sind, zu schreiben. Denn zufällig wurde ich von
Apollophanes und ihm hinzugezogen, damit ich mit ihnen zusammen die Dinge betreffs der τελῶναι unternehme und schnell (die Sklaven) von Gaza mit ihnen
schicke. Ich reise also ⟨5⟩ zu dem τελώνης Herodes und traf Apollophanes, der eine
Übereinkunft getroffen hatte mit ihm für Steuern von 80 Drachmen auf den Namen des Apollonios. Diesen Vertrag nun hob ich auf und machte einen anderen auf
den Namen des Apollophanes und von dem, was an Steuern vertraglich zugestan-
den worden war, zog ich 40 Drachmen ab und transportierte die Sklaven zum Hafen, und wir brachten die Sklaven zu Herakleides und übergaben sie dem Apollophanes, und er sagte, daß er sie selbst bewachen werde. ⟨10⟩ Denn er ließ nicht zu,
daß wir uns damit belasten, obwohl wir mit ihm Wache halten wollten. Ich habe
Dir nun geschrieben, damit Du informiert bist. Du würdest mir einen Gefallen tun
bezüglich der Dinge, über die ich Dir eine Notiz gemacht habe, wenn Du sie kaufst
und mir schickst. Schreibe aber auch Du an uns über das, was Du willst. Denn wir
werden es für Dich bereitwillig erledigen.
    Leb wohl, im 28. Jahr, am 27. Panemos.
    (Verso): Von Philotas.　　　　　　　　An Zenon


## 6.3.1.2 P. Cairo Zen. I 59093[22]:

Wenige Monate später (257 v. Chr.) berichtet ein Geschäftsfreund des Zenon, Herakleitos, an diesen von einem Steuerhinterziehungsversuch des Menekles und Apollophanes, Agenten des Dioiketen Apollonios, in Tyros, und
fordert ihn auf, darauf zu achten, daß sein Name durch Apollophanes zukünf-
tig nicht mehr mißbräuchlich verwendet wird.

10　　　　　　　　　　　　　　　　καὶ Μενεκλῆς δὲ ὁ ἐν Τύρωι
ἔφη σωμάτιά τινα καὶ φορτία ἀγαγὼ[ν] αὐτὸς ἐκ Γάζης εἰς Τύρον
12 μετεξελέσθαι εἰς Τύρον, οὐ προσαγγεί[λαν]τα τοῖς τελώναις οὐδὲ ἔχοντα

---

22 Vgl. U. Wilcken, APF 6 (1920) 451 (zu Nr. 14); M. I. Rostovtzeff, Estate 33;
ders., HW I 273 mit Anm. 140; H. Liebesny, Erlaß 291; M. Hengel, JuH 39 Anm. 129;
R. S. Bagnall, Administration 20. Text (vgl. Übers.) nach R. Scholl, Sklaverei (s.
vorige Anm.) 46 ff. Die Übers. von Z. 15 folgt G. Klingenberg, Commissum 27. − S.
auch o. 5.6.1.6.

13 ἐξαγωγὴν τῶν σωμάτων, τοὺς δὲ αἰσθομένους στερῆσαι αὐτόν· παραγενόμενος
οὖν ὁ Ἀπολλοφάνης πρὸς τὸν Μενεκλῆν ἔφη τά τε σώματα καὶ τὰ φορτία σὰ
εἶναι·
15 διὸ καὶ ἀντελάβετ' αὐτοῦ ὁ Μενεκλῆς. γέγραφα οὖν σοι ὅπως ἐντείληι τῶι
Ἀπολλοφάνει
μηθὲν εἰς τὸ σὸν ὄνομα ἀπογράφεσθαι, ἀ[λ]λ' εἴ σοι δοκεῖ χρήσιμον εἶναι.

⟨10⟩ Er (sc. Apollophanes) sagte auch, daß Menekles, der in Tyros ist, selbst einige
Sklaven und Frachtgut von Gaza nach Tyros brachte und alles an Land setzte für die
Umladung nach Tyros. Weil er sie nicht den Abgabenpächtern angemeldet hatte
und ⟨13⟩ keine Ausfuhr(erlaubnis) für die Sklaven besaß, haben die (Abgabenpächter), als sie dies merkten, sie beschlagnahmt. Es kam aber Apollophanes zu Menekles und erklärte, daß die Sklaven und die Fracht Dein Besitz seien. ⟨15⟩ Daher erhielt sie Menekles anstelle von ihm. Ich habe Dir geschrieben, damit Du Apollophanes anweist, nur das auf Deinen Namen zu deklarieren, was Dir nützlich erscheint.

»Da der Brief sowohl von einer Nichtdeklaration wie auch vom Nichtbe-
sitz einer Ausfuhrgenehmigung spricht, ist es nicht mehr feststellbar, ob die
Beschlagnahmung aus zollrechtlichen Gründen oder wegen unerlaubten Ex-
portes erfolgte.«[23] Die fehlende Deklaration und damit das Recht auf Konfiskation erinnert an die Bestimmungen im Monumentum Ephesenum: »Die
Declaratio erfolgte beim Leiter der Zollstation, an der man passierte ... Die
Declaratio erfolgte in zwei Schritten: beim προσφωνεῖν rief man den Zöllner
an und erklärte ihm, welche Waren man mitführte; beim ἀπογράφεσθαι listete
man die Waren in schriftlicher Form so auf, wie das Gesetz es erforderte.«[24]
Wenn hier die nachträgliche Deklaration zu einer Freigabe führte, dann dürfte
dies dadurch bedingt sein, daß auch eine behauptete Besitzzuweisung an Zenon das Recht der Abgabenpächter brechen konnte. Nach M. I. Rostovtzeff
spielte Zenon seine Beziehungen zum Finanzminister zum Schaden der Abgabenpächter aus. »These agents of Apollonius who worked for him, one of
whom was Zenon for some time in Syria and Palestine, tried to make the most
out of the high position of their master ... Their worst enemies were the farmers of the custom-duties, men who were certainly subordinates of Apollonius.«[25]

### 6.3.1.3 Jos. Ant. 12,157–185.224[26]:

Innerhalb der Tobiadenerzählung (Ant. 12,157–236) wird in § 157 ff. von
Joseph, Sohn des Feudalherren Tobias, berichtet, der in der zweiten Hälfte des

---

[23] G. Klingenberg, ebd. 26.
[24] H. Engelmann / D. Knibbe, Das Monumentum Ephesenum 24 (zu § 4); vgl. zum
ἀπογράφεσθαι auch die Zollinschrift von Myra (bei M. Wörrle, Myra 287, Z. 3 f. ⟨=
H. Engelmann, Zollinschrift 133⟩).
[25] Estate 34, vgl. 35.
[26] S. o. Anm. 15; 17 und J. Bunge, Untersuchungen 17; A. H. M. Jones, Cities 239

3. Jahrhunderts v. Chr.[27] nach Ägypten reiste, um den ausstehenden φόρος zu zahlen, den sein Onkel Onias II. wegen proseleukidischer Tendenz Ptolemaios III. Euergetes (246–222 v. Chr.) verweigerte. Damit wurde die Gefahr der Enteignung des Landes und der Ansiedlung von Kleruchen (Militärkolonisten) gebannt (§ 159).

Josephs Loyalitätsbekundung fiel nach § 169 zufällig mit der jährlichen Abgabenversteigerung (ἐπὶ τὴν τῶν τελῶν ὠνήν) in Alexandria zusammen, zu der sich dort die Vornehmsten und Archonten der Poleis der Strategie Syrien und Phönizien einfanden.

169 Ἔτυχεν δὲ κατ' ἐκεῖνον τὸν καιρὸν πάντας ἀναβαίνειν τοὺς ἀπὸ τῶν πόλεων τῶν τῆς Συρίας καὶ Φοινίκης πρώτους καὶ τοὺς ἄρχοντας ἐπὶ τὴν τῶν τελῶν ὠνήν· κατ' ἔτος δὲ αὐτὰ τοῖς δυνατοῖς τῶν ἐν ἑκάστῃ πόλει ἐπίπρασκεν ὁ βασι-
170 λεύς. ὁρῶντες οὖν οὗτοι κατὰ τὴν ὁδὸν τὸν Ἰώσηπον ἐχλεύαζον ἐπὶ πενίᾳ καὶ λιτότητι.

In § 175 ff. wird der Vorgang der Versteigerung dargestellt[28]:

175 Ἐνστάσης δὲ τῆς ἡμέρας, καθ' ἣν ἔμελλεν τὰ τέλη πιπράσκεσθαι τῶν πόλεων, ἠγόραζον οἱ τοῖς ἀξιώμασιν ἐν ταῖς πατρίσιν διαφέροντες. εἰς ὀκτακισχίλια δὲ τάλαντα συναθροιζομένων τῶν τῆς κοίλης Συρίας τελῶν καὶ τῆς Φοινίκης καὶ
176 Ἰουδαίας σὺν τῇ Σαμαρείᾳ, προσελθὼν Ἰώσηπος τοὺς μὲν ὠνουμένους διέβαλλεν ὡς συνθεμένους ὀλίγην αὐτῷ τιμὴν ὑφίστασθαι τῶν τελῶν, αὐτὸς δὲ διπλασίονα δώσειν ὑπισχνεῖτο καὶ τῶν ἁμαρτόντων εἰς τὸν οἶκον αὐτοῦ τὰς
177 οὐσίας ἀναπέμψειν αὐτῷ· καὶ γὰρ τοῦτο τοῖς τέλεσι συνεπιπράσκετο. τοῦ δὲ βασιλέως ἡδέως ἀκούσαντος καὶ ὡς αὔξοντι τὴν πρόσοδον αὐτοῦ κατακυροῦν τὴν ὠνὴν τῶν τελῶν ἐκείνῳ φήσαντος, ἐρομένου δὲ εἰ καὶ τοὺς ἐγγυησομένους αὐτὸν ἔχει, σφόδρ' ἀστείως ἀπεκρίνατο· „δώσω γὰρ εἶπεν ἀνθρώπους
178 ἀγαθοὺς καὶ καλούς, οἷς οὐκ ἀπιστήσετε." λέγειν δὲ τούτους οἵτινες εἶεν εἰπόντος, „αὐτόν, εἶπεν, ὦ βασιλεῦ, σέ τε καὶ τὴν γυναῖκα τὴν σὴν ὑπὲρ ἑκατέρου μέρους ἐγγυησομένους δίδωμί σοι." γελάσας δ' ὁ Πτολεμαῖος συνεχώρη-
179 σεν αὐτῷ δίχα τῶν ὁμολογούντων ἔχειν τὰ τέλη. τοῦτο σφόδρα τοὺς ἀπὸ τῶν πόλεων εἰς τὴν Αἴγυπτον ἐλθόντας ἐλύπησεν ὡς παρευδοκιμηθέντας. καὶ οἱ μὲν ἐπανῆκον εἰς τὰς ἰδίας ἕκαστοι πατρίδας μετ' αἰσχύνης.

Am Tage der Steuerverpachtung boten nun die Vornehmsten jeder Stadt auf die Steuern derselben. Achttausend Talente waren schon auf die Abgaben von Syrien, Phoinikien, Judaea und Samaria geboten, (176) als Joseph hinzukam und den Bietern Vorwürfe darüber machte, daß sie so wenig für die Steuern geben wollten. Er

---

mit Anm. 18; s. noch K-W/TB Nr. 14–16. – In der Vorbemerkung von H. G. Kippenberg (ebd. S. 23) wird die Tributzahlung mit dem »System der Staatspacht« (s. dazu o. 1.1.2.1 mit Anm. 35) verquickt, vgl. ebd.: »die Beseitigung dieses Systems (wird) als Ende der Sklaverei gefeiert (1Makk 13,14f. und AJ XIII 213)« – aber dies bezieht sich auf die Grundsteuer, s. u. 6.3.3 mit Anm. 70 und 6.3.4 mit Anm. 78.

[27] Vgl. R. S. BAGNALL, Administration 21.
[28] Die Übers. folgt H. Clementz, Berlin / Wien 1923, II 86.

selbst versprach dann, das Doppelte zu geben und dem König noch dazu den Besitz derjenigen auszuliefern, die sich gegen ihn vergehen würden. Denn dies wurde ebenfalls zugleich mit den Steuern vergeben. (177) Der König vernahm dieses Gebot mit Freuden und gab dem Joseph, der seine Einkünfte so gewaltig vermehren wollte, den Zuschlag, nachdem er ihn noch gefragt hatte, ob er auch Bürgen stellen könne. Joseph beeilte sich, hierauf zu erwidern: »Ich will euch so gute und ehrenwerte Bürgen stellen, daß ihr kein Mißtrauen zu hegen braucht.« (178) Als der König ihn nun ersuchte, dieselben zu nennen, sagte er: »Dich selbst, o König, und deine Gemahlin stelle ich als Bürgen, jeden für eine Hälfte.« Hierüber lachte Ptolemaios und schlug ihm die Steuern ohne Bürgen zu. (179) Das war nun den anderen, die aus den Städten nach Ägypten gekommen waren, gar nicht recht, da sie sich benachteiligt glaubten, und sie kehrten beschämt nach Hause zurück.

Diese Darstellung entspricht in der Sache dem, was wir zu ptolemäischen Abgabenpacht ausgeführt haben (o. 5.2). Wenn bei der Versteigerung 8000 Talente geboten werden (§ 175), so ist dies die runde Summe der jeweils einzeln versteigerten städtischen Abgaben, die von den miteinander konkurrierenden Pachtanwärtern geboten wurde. Falls § 176 nicht irgendeine spätere, sondern schon die erste Versteigerung, an der Joseph teilnimmt, im Blick hat, muß Joseph von Anfang an als Generalsteuerpächter (= ἀϱχώνης?) für die losen (τέλη) und festen Steuern (= Bodensteuern / φόϱοι?)[29] angesehen werden, dem örtliche Abgabenpächter beim Steuereinzug zur Verfügung standen. Er hatte 22 Jahre die Generalsteuerpacht inne. Dies heißt, daß er in diesen Jahren jeweils die höchste Summe bot. Die Erzählung verbindet diese Zeitdauer mit einem erfolgreichen, geradezu märchenhaften sozialen Aufstieg, und zwar von πενία und λιτότης (§ 170, vgl. 168) zu der Stellung eines »›Großbankier(s)‹, der einen ständigen Agenten in Alexandrien unterhielt und dort große Summen deponierte«[30]. Auch wenn der Verweis auf seine Armut wegen der sozialen Stellung seines Vaters wenig glaubhaft erscheint, kann der ausschmückenden Darstellung dennoch entnommen werden, daß ein Abgabenpächter durchaus eine erhebliche Verbesserung seines Sozialstatus erreichen konnte (vgl. Ant. 12,184). Ebenso zutreffend dürfte die Beschwerde der Syrer über Joseph sein, die der Erzähler durch einen Vergleich zum Ausdruck bringt: anläßlich eines Gastmahls häufen die geladenen Gäste die übriggebliebenen Knochen vor Hyrkanos, dem Sohn Josephs, auf, und lassen den Hofnarren Tryphon zum König sprechen:

Siehst du, o König, die Knochen, die vor Hyrkanos liegen? Daraus magst Du ersehen, daß, wie sein Vater ganz Syrien geschunden hat, so hat dieser die (Knochen) vom Fleisch entblößt (§ 212).

---

[29] Vgl. χειϱωνάξιον, s. M. Wörrle, Lykien III 91 ff., 106 ff. Gegen E. Schürers Erklärung (I 477 Anm. 108 ⟨= V/M I 375 Anm. 102⟩): »Aus letzterer Stelle erhellt deutlich, dass es sich nicht um Zölle, sondern um Steuern (φόϱοι) handelte.«

[30] M. Hengel, JGB 49.

Beides, die soziale Aufstiegsmöglichkeit und der Vorwurf der übermäßigen Steuerbelastung hängen engstens mit dem hellenistischen Steuersystem zusammen (s. o. zu UPZ I 113); es wäre vordergründig, sie allein dem Abgabenpächter anzulasten, der andererseits jederzeit aufgrund einer anderen politischen oder wirtschaftlichen Lage mit einer defizitären Abgabenpacht rechnen mußte.

Ein Hinweis auf eine Amts- oder Funktionsbezeichnung Josephs begegnet nur in Ant. 12,167 (προστάτης, vgl. auch § 161: προστασία). Nach M. Hengel nahm der Prostates als Vorsteher des Tempels »die politische Vertretung des jüdischen ἔθνος gegenüber der ptolemäischen Verwaltung« wahr[31]. So avancierte Joseph zur führenden Persönlichkeit nicht nur in Jerusalem, sondern in der ganzen ptolemäischen Strategie. Dem Prostates unterstand zugleich die Marktverwaltung (ἀγορανομία, vgl. 2Makk 3,4), vielleicht in Verbindung mit dem Einzug der Marktabgaben[32].

### 6.3.1.4 Skizzierung des palästinischen τελώνης in ptolemäischer Zeit:

Die beiden Zenonpapyri aus Gaza und Tyros weisen auf den hellenistischen Kleinpächter (τελώνης) hin. Es geht aber aus ihnen nicht deutlich hervor, ob die ptolemäische Abgabenpacht nicht nur für die Küstenstädte, sondern auch für die inneren Verhältnisse vorausgesetzt werden muß. Größere Klarheit erhalten wir durch C. Ord. Ptol. 21–22[33]. Provinzname (22,1 f. 19.24) und Titel (»Verwalter der syrischen und phönizischen Staatseinkünfte«, 22,23 f.) zeigen, daß »eine scharfe Trennung der syrischen Chora von den phönikischen Kommunen ... in der damaligen Verwaltungspraxis der Ptolemäer« nicht angenommen werden kann[34]. Es sind deshalb τελῶναι wahrscheinlich auch anderswo als nur an der Küste vorauszusetzen. Allzu große Unterschiede zwischen der ptolemäischen Abgabenpacht und der der ptolemäischen Strategie ›Syrien und Phönizien‹ sind nicht anzunehmen.

Dies bedeutet für den palästinischen Abgabenpächter zur Zeit des Philadelphos (wie überhaupt für die Zeit bis zur Eroberung Palästinas durch Antiochos III.), daß er als hellenistischer Kleinpächter anzusehen ist. Er verfügt somit über größeren Reichtum und gehört deshalb der sozial gehobenen Schicht an. Er war wohl, ebenfalls wie seine ägyptischen Kollegen, überwiegend im Zusammenhang mit der Einnahme der *direkten* Steuern (vgl. v. a. Gewerbesteuern, s. o. 5.5) beschäftigt. Ob er dabei nur Kontrollfunktionen versah oder ob er sich beim Einzug der Steuern direkt beteiligte, läßt sich nicht exakt be-

---

[31] Ebd. 48, vgl. DERS., JuH 51 mit Anm. 181.

[32] Vgl. CHR. HABICHTS Kommentar z.St. (JSHRZ I 210) und C. L. W. GRIMM, 2Makk 66 ff.

[33] = PER 24552gr. = SB V 8008. H. BENGTSON, Strategie III 166 datiert 262/61 v. Chr.

[34] Ebd. 167.

legen. Möglicherweise traf beides zu[35]. Völlig offen bleibt die Frage, ob er ebenso wie seine ägyptischen Kollegen in der Ausübung seiner Tätigkeit kontrolliert wurde.

## 6.3.2 Belege aus seleukidischer Zeit[36]

Die finanztheoretischen Erörterungen des ersten Teils von *Ps.Aristot.oik. II 1 (1345 b 11–1346 a 25)* gelten in besonderer Weise für das Seleukidenreich. Vier Hauswirtschaftsformen werden dabei unterschieden: die königliche, die satrapische, die städtische und die private. Uns interessieren die satrapische und die städtische Hauswirtschaftsform.

Die satrapische Hauswirtschaft, die für die weiten königlichen Landgebiete in Frage kam, kennt sechs verschiedene Arten von Einkünften (πρόσοδοι):

– ἡ ἀπὸ τῆς γῆς – aus dem Land, d. h. ἐκφόριον und δεκάτη.
– ἡ ἀπὸ τῶν ἐν τῇ χώρᾳ ἰδίων γινομένων – aus den besonderen Bodenschätzen wie χρυσός, ἀργύριον, χαλκός u. a.
– ἡ ἀπὸ τῶν ἐμποριῶν – aus dem Handel.
– ἡ ἀπὸ τῶν κατὰ γῆν τε καὶ ἀγοραίων τελῶν γινομένη – von den Markterträgen der Landwirtschaft.
– ἡ ἀπὸ τῶν βοσκημάτων – aus der Viehhaltung, nämlich ἐπικαρπία, die ebenfalls δεκάτη genannt wird.
– ἡ ἀπὸ τῶν ἄλλων, ἐπικεφάλαιόν τε καὶ χειρωνάξιον – Kopf- und (!) Handwerkersteuer[37].

Die Polis kennt als wichtigste Einnahmen die Abgaben, die auf die Güter des eigenen Landes gelegt werden, sodann die Erträge aus dem Handel und dem Durchgangsverkehr, schließlich die ἐγκύκλια.

Mit dem Sieg am Paneion 200 v. Chr. gelang es Antiochos III. (223–187 v. Chr.) endgültig, die Strategie »Syrien und Phönizien« Ptolemaios V. Epiphanes (204–180 v. Chr.) zu entreißen. Dabei haben er und seine Nachfolger, »soweit sich dies beurteilen läßt, die ptolemäische Verwaltung von ›Syrien und Phönikien‹ in Bausch und Bogen übernommen«[38]. Das Steuerpacht-

---

[35] R. S. BAGNALL, Administration 20 erwägt: »They may in fact have played a more direct role in the collection of taxes than the farmers in Egypt did.«

[36] S. außer der in Anm. 15 genannten Lit. bes. A. MITTWOCH, Tribute; P. HERRMANN, Antiochos; A. H. M. JONES, Taxation; J. BUNGE, Theos; DERS., Oniaden; G. O. NEUHAUS, Quellen; M. WÖRRLE, Lykien III; DERS., Inschr.Herakleia und TH. FISCHER, Seleukiden.

[37] So U. Wilcken bei M. I. ROSTOVTZEFF, Kolonat 242, gegen A. SCHALIT, K.H. 268 Anm. 420, vgl. ebd. 289. S. auch M. WÖRRLE, Lykien III 91 ff., 106 ff., o. Anm. 29.

[38] H. BENGTSON, Strategie II 148, vgl. E. J. BICKERMAN, Inst. 198, 203.

system konnten sie umso leichter übernehmen, da sich dieses in nur geringfügigen Details von dem seleukidischen unterschied[39].

In einem Exkurs befassen wir uns mit weiteren seleukidischen Belegen zu τελώνης.

*Exkurs:* Weitere Texte aus dem Herrschaftsbereich der Seleukiden:

### 6.3.2.1 CIS II 4235[40]:

Diese trilingue Inschrift aus Palmyra datiert vom September 58 n. Chr. (= Jahr 369 sel.).

[*L. S*]pedius Chrysanthus [*vi*]vos fecit sibi et suis
Λούκιος Σπέδιος Χρύσανθο[ς] ζῶν ἐποίησεν ἑαυτῷ καὶ τ[οῖς]
ἰδ[ίοι]ς ἔτους θξτ μηνὸς Γ[ορ]π[ιαίου]

| | |
|---|---|
| 1 | בירח אלול שנת 369 [בנ]ה [לוקי]וס |
| 2 | אספדינ[ס] כריסתוס מכסא בחיוהי [קברא דנה] |
| 3 | לה ולבנוהי ולבני ביתה לי[ק]רה[ון] |

Im Monat Elul des Jahres 369. (Es hat gebaut Luci)us Spedius Chrysanthus, *mksa* (= τελώνης), (dieses Grabmal) für sich und seine Söhne und seine Angehörigen, zu (deren) Verehrung.

### 6.3.2.2 P. Dura 13:

Dieses Pergament- oder Lederfragment aus Dura-Europos stammt aus dem späten 1. Jahrhundert n. Chr. und verweist somit auf das Steuerwesen im Partherreich. Wir nehmen es hier auf, weil die Arsakiden offenbar nicht nur die seleukidische Verwaltungspraxis übernahmen, sondern dem Herausgeber, C. B. Welles, auch auffiel: »The language of the document is reminiscent of Ptolemaic administration« (S. 81).

Die subjektive Stilisierung (vgl. Z. 10, 11) deutet sehr wahrscheinlich auf einen Brief hin (ὁ δεῖνα τῷ δεῖνι χαίρειν· βούλομαι ὠνεῖσθαι ⟨oder: ἐκλαβεῖν⟩ τὰς ὠνάς, κτλ), »in dem das Recht auf Aufsuchen von verhehltem Besitz und andrerseits das Recht, Teilhaber der Pacht hinzuzunehmen, ausgesprochen ist«[41]. An welche Behörde er eingereicht wurde, läßt sich nicht feststellen.

---

[39] Vgl. L. T. Doty, Cuneiform Archives from Hellenistic Uruk, Diss. Yale Univ., New Haven 1977, 315 (er bezieht sich dabei auf M. I. Rostovtzeff, Sel. Bab. 11 ff.): »The single clay seals are similar to clay seals found all over the Hellenistic world«.

[40] = IGR III 1539 = M. Smallwood, Documents I 432.

[41] F. Zucker, APF 17 (1962) 225.

Fragm. a:

]NOI]
]ΤΙΣΣΑΡΑΙΕΡΟ[
]ΙΑΙ καὶ τῶν ἐπιβαλλόντων [
σ]υνδιοικουμένων     σὺν Ν[
5 ? —γ]όραν Καλλαίου, Ζέβιδιν Ἀ.[ —
τούτων ]τῶν ὠνῶν   δραχμαῖς   χιλί[αις.] . [. . . . . .] . [ — — — — ] . . [
]σει κ[αὶ ἀν]αζητήσει καὶ τοῖς λοιποῖς τοῖς ἐξακ[ολουθοῦσι] πρὸς διοίκησιν
[τῶν ὠνῶν
] . δραχμὰς ὀγδοήκοντα, τὰς δὲ πάσας [. . . . . . . . .] τελῶν καὶ ἐννο[μίων
] . Τ . [διὰ] τετραμ[ήν]ου . [. . ἄ]λλοι πρ[ότερον ἐπρ]αγματεύθησαν ἐν το[ῖς
10 . . . [. . . διὰ] τετραμήνου [καὶ ἐ]ξέσται μοι με[τόχ]ους προσλαβ[έσθαι]
τούτων τῶ]ν ὠνῶν ἂν [ἐ]θέλω ΝΥΝΦ[. . .] . [. . . . . . . .] . [. . .]είου ἐνχειριῶ[ν
] . . καὶ ἐξομολογοῦ[μαι] νέ[με]σθαι Β[.]ΥΝ[. . . . . . .] τῶ]ν ὠνῶν ἀπὸ   δυσμ[ῶν
(2. H.)   *vacat* Εἰ[. . . .]ας Ἀρ[. . .]εμίου [ὁ ἐπ]άν[ω ἀ]πεχρημάτ[ισα.

...

...

... und der zukommenden Teile ...
... zusammen mit N...
5 ... Kalleas, Zebidis A...
... dieser Abgabenpachten mit x.000 dr. ...
... und (verhehlten Besitz) aufzuspüren und mit den übrigen, die zur Abgabenpacht gehören ...
... 80 dr., alle aber ... von den Abgaben und den Weidegeldern ...
... vier Monate hindurch ... andere, die früher die Abgabenpacht innehatten unter
denen ...
10 ... vier Monate hindurch und daß es mir erlaubt sei, Teilhaber hinzuzuziehen ...
... der Abgabenpacht wie immer ich will ...
... ich stimme zu zu pachten ... der Abgabenpacht im Westen ...
... (2. Hand) ... Ei(aeib)as, Sohn des Ar...emios, der obere, ich habe ins Amtstagebuch eingetragen ...

## 6.3.2.3 CIS II 3913[42]:

In dem 1881 entdeckten bilinguen Fiskalgesetz von Palmyra — »the queen of the
Palmyrene inscriptions«[43] — wird *mksa(/mokhes)* durch δημοσιώνης und τελώνης

---

[42] = OGIS 629 = IGR III 1056. Literatur bei H. J. W. DRIJVERS / (M. J. VERSTEEGH),
Hatra 840 Anm. 155. S. noch M. G. RASCHKE, New Studies in Roman Commerce with
the East (ANRW II 9.2), 643; J. TEIXIDOR, Le Tarif de Palmyra I. Aula Orientalis 1
(1983) 235—252; DERS., Un Port Romain du Desert: Palmyre (Semitica 34), Paris 1984;
J. F. MATTHEWS, The Tax Law of Palmyra. JRS 74 (1984) 157—180; M. ZAHRNT, Zum
Fiskalgesetz von Palmyra und zur Geschichte der Stadt in hadrianischer Zeit. ZPE 62
(1986) 279—291.

[43] M. I. ROSTOVTZEFF, Sel. Bab. 74 Anm. 2.

wiedergegeben. Die Interpretation von τελώνης war vor allem dadurch erschwert, daß zum Verstehen des palmyrenischen Textes — und somit zur Identifizierung von *mksa(/mokhes)/*τελώνης/δημοσιώνης usw. — zunächst die französische Übersetzung de Vogües aus dem Jahr 1883[44], seit 1922 die lateinische von J.-B. Chabot herangezogen wurde. In letzterer wird *mksa,* τελώνης, δημοσιώνης usw. stets mit ›publicanus‹ wiedergegeben. Damit nahm zwar J.-B. Chabot die Erkenntnis von H. Dessau auf, die Termini μισθωτής, ὁ μισθούμενος, ὁ τελωνῶν, τελώνης, δημοσιώνης und *mksa* seien »ohne Unterschied gebraucht«[45], aber daraus wurden kaum die richtigen Schlüsse gezogen. Das hing vor allem damit zusammen, daß unter ›publicanus‹ allein der römische (Groß-)Steuerpächter verstanden wurde. Von M. I. Rostovtzeff abgesehen erwog niemand, daß mit τελώνης/*mksa* der hellenistische Kleinpächter gemeint sein könnte. Dies läßt sich aber nachweisen. Denn nach dem in CIS II 3913 vorliegenden Text kommt τελώνης vor in gr. I 8/p. I 7 (Rückblick auf die Streitigkeiten zwischen Kaufleuten und Abgabenpächtern), dann erst wieder in IV (160.177?.185.231). Dagegen findet sich δημοσιώνης allein in III und am Schluß (gr. 236/p. 149); die Bestimmung über das Weidegeld (gr. 236/p. 149) scheint ein Anhang aus dem Jahr 137 n. Chr. zu sein. Dann aber läßt sich ohne Schwierigkeiten τελώνης den alten und δημοσιώνης den neuen Bestimmungen zuweisen. Deshalb können wir der Ansicht H. Seyrigs nicht zustimmen: »Le mot τελώνης se trouve aussi dans le décret, mais il n'y désigne que les agents du publicain: ligne 7s.«[46]

Wir schließen uns der gängigen Gliederung an[47]:
1.   gr. 1—93/p. 1—62       neu
2a.  gr. 94—120/63—73     Fiskalgesetz / Marianus
 b.  gr. 121—149/ —         Edikt
 c.  gr. 150—237/74—151   Edikt des C. Licinius Mucianus (66—69 n. Chr.)

Terminus ante quem für das alte Gesetz ist nach gr. 150/p. 74 — hier wird C. Licinius Mucianus, der Statthalter Syriens, erwähnt — etwa 68 n. Chr. Sein um 137 n. Chr. ca. 70 Jahre alte Edikt »includes references to the old law ... There is naturally repetition between the new and old laws, but also some differences of phraseology. The word for ›tax-collector‹ is regularly δημοσιώνης in the new law ..., but τελώνης in ... the proclamation of the *legatus pro praetore*«[48]. Allzu offensichtlich sind bei der Interpretation des Fiskalgesetzes noch manche Fragen offen, wir mei-

---

[44] Vgl. H. Dessau, Steuertarif 487 Anm. 2; D. Schlumberger, Réflexions 283 sowie H. Seyrig, AS 155 Anm. 1.

[45] Steuertarif 492 Anm. 1.

[46] AS 158 Anm. 1

[47] Vgl. M Zahrnt, Fiskalgesetz (o. Anm. 42) 281 f. — Kaum zutreffend ders., ebd. 281 Anm. 7, daß in 2c »der palmyrenische Text sehr viel gedrängter aufgezeichnet und weniger sichtbar gegliedert« sei als der griechische. Hier mißversteht er H. Dessau, Steuertarif 497 f.; daß der griechische Text »folglich (sic!) der ursprüngliche, der palmyrenische nur dessen Übersetzung« sei (ebd.), läßt sich aus den syntaktisch-kalligraphischen Beobachtungen Dessaus nicht ableiten. — Wenn J. Teixidor, Tarif 235 (vgl. ders., Port 59) eine lateinische Vorlage annimmt, u. a. wegen λιμήν = portus, so hat schon M. I. Rostovtzeff, Sel.Bab. 79 f. das Nötige dazu gesagt (vgl. noch J. F. Matthews, Tax Law ⟨o. Anm. 42⟩ 175 Anm. 9).

[48] Vgl. J. F. Matthews; Tax Law (o. Anm. 42) 175 Anm. 6.

nen aber, M. I. Rostovtzeff zustimmen zu können, der darlegt: »It is obvious that it was not the Palmyrenes who invented their system of taxation. Newcomers as they were ..., they no doubt took over the system of taxation which was current in Syria in the first century B.C., the time when Palmyra became a city. If so, this system of taxation was that of the Seleucid Empire«[49].

#### 6.3.2.4 SEG VII 593.591.623.570[50]:

Die Ausgrabungen in Dura-Europos, die 1928/29 durchgeführt wurden, erbrachten einige Inschriften, die das Wort τελώνης enthalten. Sie wurden alle am Palmyra-Tor gefunden, Nr. 570.591 und 593 sind dabei »Inscriptions on the South Wall of the Passage«, Nr. 623 eine Inschrift »on the North Wall of the Passage«. Sie gehören somit enger zusammen.

*SEG VII 593 (vorrömisch?) (= D. 69):*
5 [Ηλι?]όδω|ρος Θεοφ[ί] | λου τοῦ | Λυσίου || [τελ]ώνη[ς].

*SEG VII 591 (nach 165 n. Chr.) (= D. 67):*
- -α - - | Νήφαραχ, Νήφαραχ, |[Ση]λ]αῖος τελώνης | .νεχρωνο--

*SEG VII 623 (nach 165 n. Chr.) (= D. 100):*
5 Σηλαῖος | τελώνης, | Σιλαῖος Βαρνά|οσι (sic), || Νήφαραχ | λβρσ [Ση]λαῖο[ς].

*Vgl. SEG VII 570 (nach 165 n. Chr.) (= D. 41):*
Μνησθῇ Βω . οσ - - | Εὐχαριστῶ τῇ Τύχης (sic) | Δούραν (sic). | Νήφαραχ
5 (sic) τέλος πώρτας· || Βαρνέος, Σηλέος, | Σηλαῖος, Βαρβαρνέος {εος} | τέλος Δού-
ραν (sic) πώρ[τας].

Der Herausgeber J. Johnson bemerkt dazu: »Only reflected light is thrown on the pre-Roman organization of the city. Three public offices appear to us with the signatures of their holders, but these are Roman in date. The longest of these inscriptions, D. 41, includes μνησθῇ and an Grecized Latin word, *porta,* so that Selaios the son of Barnaios, the customs officer (τελώνης), who also commits himself to posterity in D. 3, D. 67, and D. 100, is after 165 A.D.« »It is interesting to find at Dura the familiar τελώνης of Ptolemaic and Roman Egypt and the Palestine of the New Testament« (S. 156).

#### 6.3.2.5 Jambl.Babyl. epit.Phot. 7 und fr. 93[51]:

Diese beiden Fragmente aus Jamblichs Liebesroman über Sinonis und Rhodanes gehören nach U.Schneider-Menzel eng zusammen:

---

[49] Sel.Bab. 76.

[50] Erstherausgabe von J. JOHNSON, Inscriptions, in: P. V. C. BAUR / M. I. ROSTOVTZEFF, Excavations II, 114 ff. Die Abkürzung »D.« bezieht sich auf die Numerierung in dieser Ausgabe.

[51] Vgl. F. ALTHEIM / R. STIEHL, FG 46 f. und U. SCHNEIDER-MENZEL, Jambl. BG. – Jamblichos schrieb den Roman zwar in der 2. Hälfte des 2. Jhs. n. Chr., aber U. Schneider-Menzel läßt S. 80 die Möglichkeit zu, daß ein Motiv aus seleukidischer Zeit verarbeitet wurde. – Die Zusammenstellung und Übers. lehnt sich an Schneider-Menzel 61 an.

Καὶ πιπράσκει Σινωνὶς τά ἱμάτια, καὶ συλλαμβάνεται ὡς τάφον συλήσασα, καὶ ἀναφέρεται εἰς Σόραιχον, ὃς ἦν Σοραίχου τοῦ τελώνου υἱός, ἐπίκλην δὲ αὐτῷ δίκαιος.

Als Sinonis die Kleidungsstücke verkaufen wollte (vgl. fr. 29), wurde sie als Grabräuberin gefangengenommen und zu Soraichos gebracht. Dieser war ein Sohn des τελώνης Soraichos und hatte den Beinamen Gerechter.

Von dessen Vater, dem τελώνης Soraichos, heißt es:

Ἔδωκε τὸν ὅρμον ὁ τελώνης τῷ ἐμπόρῳ. οὐκ ἤδη καὶ λύκοι θήσουσιν ἄρνας ἐκ τῶν στομάτων καὶ λέοντες ἀπὸ τῶν ὀδόντων ἀπολύσουσι νεβροὺς ταῖς μητράσιν, ὁπότε καὶ τελώνης ἀφῆκεν ἄγραν τηλικαύτην;

Der Abgabenpächter gab dem Händler (d. h. dem, der mit ihm darum handelte) die Kette (zurück?). Werden nicht sogar auch Wölfe Lämmer aus ihrem Rachen fallen lassen und Löwen Hirschkälber aus ihren Zähnen frei lassen für ihre Mütter, wenn selbst ein Abgabenpächter einen solchen Fang fahren läßt?

Zu diesen Fragmenten von Jamblichs Babyloniaka führt U. Schneider-Menzel aus: »Soraichos ... trägt einen arabischen Namen, der in den palmyrenischen Inschriften und auch in den Graffitti von Dura-Europos genannt wird ... Man nimmt an, daß dieses Amt (sc. des Abgabenpächters) in Dura nicht erst seit der Besetzung durch die Römer (165 n. Chr.) bestand, sondern bereits aus der parthischen, ja vielleicht sogar seleukidischen Organisation der Stadt stammt ... Es ist durchaus denkbar, daß arabische Vornehme solche Stellen innehatten ... Soraichos (Sohn) gehört von Haus aus zu einer vornehmen Familie. Er ist in der Lage, einen Reisewagen auszurüsten, um Sinonis und Rhodanes zum König zu bringen ... Über seine Tätigkeit wird nichts Bestimmtes gesagt. Man erfährt bei Photios nur, daß er den Beinamen ›Der Gerechte‹ trug. Da bei ihm Klage gegen Sinonis wegen Grabberaubung vorgebracht wird, könnte man an eine richterliche Tätigkeit denken.«[52] Soraichos und sein Sohn erscheinen wie Scheikhs und Feudalherren, sie erinnern an Tobias und Joseph (o. 6.3.1.3).

### 6.3.2.6 Philostr. VA 1,20 (p. 11)[53]:

Sehr wahrscheinlich bedeutet Ζεῦγμα hier nicht allgemein ›Brücke‹, sondern den Namen der Stadt Seleukia am Euphrat. Wie ἀπάγειν zeigt, ist der Grenzzoll ange-

---

[52] S. 80 f.; vgl. noch A. Falkenstein, Die neusumerischen Gerichtsurkunden (AAM.PH NF 39, 40). München 1956, 52 sowie Th. Nöldeke, Geschichte 383 Anm. 3: »Allem Anschein nach war schon der ›Zöllner Jezdîn‹, in dessen Hause in der Hauptstadt von Bêth Garmê ... gegen Ende des 5ten Jahrhunderts eine nestorianische Synode abgehalten ist (Barh., Hist.eccl. II, 71), ein Ahnherr dieser Leute. Der Ausdruck ›Zöllner‹ ist hier in boshafter Weise von dem gegen die Nestorianer giftig erbitterten monophys. Gewährsmann des Barh. gebraucht; natürlich musste ein Mann, bei dem eine constituierende Kirchenversammlung tagte, sehr wohlhabend sein. Vermuthlich hatte also diese syrisch-christliche Familie seit Generationen solche hohe und einträgliche Finanzämter inne«.

[53] Vgl. F. Heichelheim, R.S. 234 mit Anm. 21; F. Altheim / R. Stiehl, FG 47; M.

sprochen. Veranschaulicht wird die Steuerpflicht für mitgeführte Sklav(inn)en, dazu die Verspottung des törichten Abgabenpächters:

Παριόντας δὲ αὐτοὺς ἐς τὴν μέσην τῶν ποταμῶν ὁ τελώνης ὁ ἐπιβεβλημένος τῷ Ζεύγματι πρὸς τὸ πινάκιον ἦγε καὶ ἠρώτα, ὅ τι ἀπάγοιεν, ὁ δὲ ᾿Απολλώνιος „ἀπάγω" ἔφη „σωφροσύνην δικαιοσύνην ἀρετὴν ἐγκράτειαν ἀνδρείαν ἄσκησιν", πολλὰ καὶ οὕτω θήλεα εἴρας ὀνόματα. ὁ δ᾿ ἤδη βλέπων τὸ ἑαυτοῦ κέρδος „ἀπόγρα-ψαι οὖν" ἔφη „τὰς δούλας". ὁ δὲ „οὐκ ἔξεστιν", εἶπεν „οὐ γὰρ δούλας ἀπάγω ταύ-τας, ἀλλὰ δεσποίνας. "

Als sie (sc. Apollonios und seine zwei Begleiter) Mesopotamien betraten, führte der Abgabenpächter bei Zeugma sie zum Anschlagbrett und fragte, was sie bei sich führten. »Ich habe bei mir«, sagte Apollonios, »die Besonnenheit, Gerechtigkeit, Tugend, Selbstbeherrschung, Mannhaftigkeit, Frömmigkeit« und nannte somit viele weibliche Namen. Der Abgabenpächter, seinen Gewinn im Auge habend, sagte: »Deklariere jetzt deine Sklavinnen!« »Das geht nicht«, erwiderte Apollonios, »ich führe diese nicht als meine Dienerinnen mit mir, sondern als meine Herrinnen!«

### 6.3.2.7 Zusammenfassung:

E. Bickerman stellt in seinen Institutions des Séleucides zum Steuereinzug fest: »Dans l'Empire des Séleucides les communes géraient elles-mêmes leurs finances et payaient directement l'impôt collectif à la couronne en apportant l'argent au trésor auquel elles appartenaient.«[54] Wir meinen, C. B. Welles zustimmen zu können, der bei seinen Ausführungen zu P.Dura 13 diese Auffassung »a generalization« nennt. »The Seleucid kingdom possessed a variety which makes it dangerous to generalize about it from our occasional bits of evidence« (S. 80).

»We know very little about the Seleucid tax system« (ebd.). So müssen wir uns damit abfinden, daß wir das Bild, das die ägyptischen Quellen liefern, im Hinblick auf Palästina nur ungenügend korrigieren können. —

Mit Beginn der Seleukidenherrschaft über Palästina wurde der »Stratege und Erzpriester« Ptolemaios, Sohn des Thraseas, der erste Generalstatthalter. Er trug die offizielle Bezeichnung »Stratege von Koile-Syrien und Phöni-zien«[55]. Die Strategie war unterteilt in Hyparchien, Merides (bzw. Meridar-chien) und Toparchien[56].

---

Wörrle, Myra 289 mit Anm. 727; J. WAGNER, Seleukeia 23 f.; J. JOHNSON, Inscriptions (o. Anm. 50) 158. – Zur Übers. s. E. Baltzer, Apollonius von Tyana, Rudolstadt i. Th. 1883, 34.

[54] Inst. 127 f.

[55] Vgl. die Hefzibah-Inschrift bei TH. FISCHER, Zur Seleukideninschrift von Hefzi-bah. ZPE 33 (1979) 131–138 und J. M. BERTRAND, Sur l'inscription d'Hefzibah. ZPE 46 (1982) 167–174. S. noch TH. FISCHER, Seleukiden 205 und J.-D. GAUGER, Wb. (o. Anm. 16); D. GERA, Ptolemy Son of Thraseas and the Fifth Syrian War. Ancient So-ciety 18 (1987) 63–73 datiert 201 oder 199/8 v. Chr. (S. 66 f.).

[56] Vgl. H. BENGTSON, Strategie II 24 ff.; C.Ord.Ptol. 21,1; 22,6.

Nach der Schlacht am Paneion (200 v. Chr.) richtete im selben Jahr König Antiochos III. an Ptolemaios ein amtliches Schreiben bezüglich Jerusalem (*Jos.Ant. 12,138−144*)[57]. Die Echtheit des Briefs kann kaum bezweifelt werden, auch wenn der ursprüngliche Erlaß nur § 138−139, 143−144 umfaßt haben sollte und § 140−142 kurze Zeit später eingefügt wäre. Antiochos bestätigt den Judäern − d. h. den in Jerusalem und Umgebung ansässigen Juden (vgl. Polyb 16,39,4) − ihre überkommenen Rechte (§ 142). Er verspricht Unterstützung des Tempelopfers (§ 140) und gewährt Steuernachlässe für die Tempelerneuerung (§ 141); den Ältestenrat, die Priester, Tempelschreiber und -sänger befreit er von Kopf-, Kranz- und Salzsteuer (§ 142). Er gewährt auf drei Jahre für die Stadt Jerusalem vollständige Atelie (§ 143) und ermäßigt die Tribute (φόροι) um ein Drittel.

Der Erlaß macht deutlich, daß Holz und andere Güter gewöhnlich bei der Durchfuhr durch eine Toparchie bzw. bei der Einfuhr nach Jerusalem steuerpflichtig waren (§ 141). Die *Befreiung* von diesen Steuern setzt eine Besteuerung in ptolemäischer Zeit voraus. Wenn Antiochos auch die Tribute bis auf weiteres um ein Drittel ermäßigt, dann handelt es sich auch hier um Abgaben, die die Ptolemäer beanspruchten, ebenso wie die Kopf-, Kranz- und Salzsteuern.

Demetrios I. Soter (162−150 v. Chr.) versprach im Jahr 160 sel. (= 153 v. Chr.) − während der Thronstreitigkeiten mit Alexander Balas (150−145 v. Chr.) − den Juden weitgehende Steuerfreiheit sowie Gebietszuweisungen, wenn sie sich auf seine Seite stellten (*1Makk 10,25b−45 / Jos.Ant. 13,48−57*)[58].

Auf die Frage, ob dieser ungewöhnlich lange Brief echt und wie sein Verhältnis zu *1Makk 11,30−37 / Jos.Ant. 13,126−128* (Brief des Demetrios II., 145 v. Chr.) zu beschreiben ist, gibt J. G. Bunge zur Antwort: »Will man den Demetrios-Brief nicht einfach *als Ganzes* für eine Fälschung (wessen?) halten, dann bietet sich als Erklärung für die ... Unregelmässigkeiten die Annahme an, dass wir es hier mit einem von der Hasmonäerkanzlei *retouchierten* Dokument zu tun haben. Ziel dieser ›Überarbeitung‹ wäre dann u. a. gewesen, in den Verhandlungen mit Demetrios II. alte hasmonäische Ansprüche ... als schon von Demetrios I. sanktioniert ... auszuweisen.«[59]

Daraus ergibt sich ein weiteres Problem. 1Makk war ursprünglich hebräisch geschrieben, die Briefe des Demetrios I. und II. sind jedoch als seleukidische Königsbriefe original griechische Urkunden. Beide wurden demnach zunächst aus dem Griechischen ins Hebräische übersetzt, dann noch einmal aus dem Hebräischen ins Griechische zurückübersetzt − wobei »die Vulgata ... die altlateinische Übersetzung bietet ..., die nach einem älteren und besseren griechischen Text gefertigt ist, als ihn die uns hier zur Verfügung stehenden griechischen Handschriften enthal-

---

[57] Text und Übers. bei E. J. BICKERMAN, Studies II 105−107 (vgl. DERS., Freibrief 205−207). S. noch TH. FISCHER, Seleukiden 1 ff. und vgl. den hellenistischen Königsbrief aus Telmessos bei M. WÖRRLE, Lykien III.

[58] S. K.-D. SCHUNCK, 1Makk (JSHRZ I) mit Lit.

[59] Oniaden 30 Anm. 90, vgl. 34 mit Anm. 93.

ten«[60]. Dies bedeutet, daß der griechische Text des 1Makk nicht den Archetypus des rückübersetzten griechischen Textes darstellt. Wir werden deshalb in den Königsbriefen des 1Makk die ursprüngliche Terminologie nur bedingt antreffen. Andererseits dürfte die Wiedergabe der Urkunden bei Josephus nicht ausschließlich von 1Makk abhängig sein, wie z. B. C. L. W. Grimm annahm[61], denn Josephus konnte sehr wahrscheinlich den hebräischen Text von 1Makk einsehen[62], was eine eigene stilistische Überarbeitung nicht ausschließt[63]. Auf jeden Fall ergibt sich aus der verwickelten Überlieferung: eine direkte, in allen wesentlichen Punkten zweifelsfreie Rekonstruktion der original griechischen Urkunden ist kaum möglich. Dessen ungeachtet erscheint die Feststellung J. A. Goldsteins »The letter is one of our most valuable sources for the fiscal and political structure of the Seleucid empire at this time«[64] durchaus berechtigt. Für die folgende Darstellung ergeben sich aufgrund dieser Sachverhalte zwei Konsequenzen: zunächst können nur aus einer Synopse zwischen 1Makk 10,28 ff. und Ant. 13,49 f. weiterführende Einsichten zu den Abgaben in seleukidischer Zeit gewonnen werden; darüberhinaus müssen wegen der nicht auszuschließenden hasmonäischen Überarbeitung zugleich 1Makk 11,30−37 / Ant. 13,126−128 (145 v. Chr.) und 1Makk 13,36−40 (142 v. Chr.) mit einbezogen werden.

*I    1Makk 10,25b(28)ff. / Ant. 13,48ff.:*

Brief des Demetrios I. Soter (162−150 v. Chr.) an das jüdische ethnos, 153/2 v. Chr. An Abgaben, die erlassen werden sollen (ἀφέματα), werden genannt:

| | | | |
|---|---|---|---|
| *allgemein:* | 1) | − | Phoroi |
| | | − | Syntaxeis (= Epikephalaion?)[65] |
| *speziell:* | 2) | − | Phoroi |
| (für Jeru- | | − | Salzsteuer (ἀλική) |
| salem und | | − | Krongeld (στέφανος / aurum coronarium) |
| Judäa) | | − | Ein Drittel der Feldfrüchte / Die Hälfte der Baumfrüchte |
| | | − | Epikephalaion |
| *Jerusalem* | 3) | − | Dekate ⎫ als städtische Einnahmen |
| *wird gewährt* | | − | Tele   ⎭ |
| *allen Juden* | 4) | − | keine Angareia |
| *wird gewährt* | | − | Atelie bei hohen Festen. |

---

[60] O. Eissfeldt, Einl. 785, vgl. J. A. Goldstein, I Maccabees (AncB. A 41), Garden City / New York 1976, 176 ff.

[61] Das erste Buch der Maccabäer (KEH 3), Leipzig 1853, Einl. S. XXVIII−XXX.

[62] Vgl. J. A. Goldstein, 1Macc (o. Anm. 60) 14, s. auch ebd. 409 (zu 10,33).

[63] Vgl. M. Segre, Iscrizioni di Licia. Clara Rhodos 9 (1938) 202.

[64] 1Macc (o. Anm. 60) 405.

[65] Vgl. F. Uebel, Salzsteuer 363.

*II   1Makk 11,30–37 (34f.) / Ant. 13,126–128:*

Brief des Demetrios II. an den Hohenpriester Jonathan (161–143/2
v. Chr.), 145 v. Chr. Erlassen werden:

1) Feld- und Baumfrüchte
2) Dekatai, Tele
3) Salzsteuer
4) Krongeld.


*III   1Makk 13,36–40:*

Brief des Demetrios II. an den Hohenpriester Simon (143/2–135/4
v. Chr.) am Anfang seiner Regierung, 142 v. Chr. Erlassen werden:

1) Krongeld
2) Abgaben (V. 39: τελωνεῖν).

Die in 1Makk 10,28ff. / Ant. 13,49f. genannten Steuern sind vielfältiger
Art und entsprechen durchaus den aus dem ptolemäischen bzw. seleukidischen Steuerwesen bekannten Abgaben. Es besteht deshalb kaum Anlaß, an
der großen steuerlichen Belastung, wie sie dem Brief Demetrios' I. entnommen werden kann, zu zweifeln. Simon kann nicht nur mit Regierungsantritt
Demetrios II. den Erlaß von Steuern abtrotzen – Josephus schreibt, daß er im
ersten Regierungsjahr das Volk von der Knechtschaft der Makedonen befreite
ὡς μηκέτι φόρους αὐτοῖς τελεῖν (so daß es ihnen keine Abgaben mehr zahlte,
Ant. 13,213). MegTaan § 6 bestätigt, daß im Jahr 142 v. Chr. die Erhebung
des Krongelds beendet wurde[66]:

> Am 27. Ijjar (= Mai) desselben (sc. Jahres, 142 v. Chr.) wurden die Einkassierer der
> Krongelder (*kalilae* = στέφανοι) aus Jerusalem entfernt.

Als Antiochos III. Palästina den Ptolemäern entriß, übernahm er die in
»Syrien und Phönizien« angetroffene Verwaltung. An neuen Steuereinzugsor-
ganen begegnen nur die Befehlshaber der Jerusalemer Akra (vgl. aber Ant.
12,138). Sie jedoch zogen lediglich den phoros (= Grundsteuer?) ein. Schon
deshalb dürfte es völlig unwahrscheinlich sein, daß mit dem Ende der ptolemäischen Herrschaft auch der hellenistische Kleinpächter (τελώνης) in Palästina durch seleukidische Finanzbeamte abgelöst worden ist[67]. Nicht nur, daß
weitere Texte aus dem Seleukidenbereich den τελώνης erwähnen – wobei eine
große Ähnlichkeit mit dem ptolemäischen τελώνης auffällt –, es gibt darüber-

---

[66] Vgl. E. Schürer, GJV I 242 (V/M I 190); H. Lichtenstein, Fastenrolle 286 und
K. Beyer, AramT 355 (zu II 6).

[67] Vgl. E. J. Bickerman, GM 55: »Die Repartierung und Einziehung dieser Steuer
erfolgte wohl durch die Pächter, unter Mitwirkung der Gemeinde. Eigene Finanzbeamte unterhielt das Reich in Jerusalem anscheinend nicht.«

hinaus keinen Grund, anzunehmen, daß die in den Königsurkunden genannten Abgaben (vgl. Ps. Aristot. oik. II) nicht weitgehend von ihnen erhoben wurden bzw. daß sie nicht bei deren Erhebung mitbeteiligt waren. Demnach kann und muß angenommen werden, daß die seleukidischen τελῶναι als hellenistische Kleinpächter in dem zur Ptolemäerzeit üblichen Rahmen weiterhin tätig waren.

### 6.3.3 Abgaben unter den Hasmonäern[68]

Die Frage, wie die Hasmonäer, als die Juden vom seleukidischen Joch endlich befreit waren, das Steuerwesen handhabten, läßt sich keineswegs befriedigend klären, weil die bisher bekannten Quellen darüber weitgehend schweigen. Vor allem Alexander Jannaj benötigte für seine mannigfachen Feldzüge, die er ebenso wie Hyrkan mit Söldnern bestritt[69], viel Geld.

1 Makk 15,28 ff. berichtet etwa aus dem Jahr 134 v. Chr. — d. h. aus der Zeit zwischen der ersten Befreiung aus seleukidischen Banden (142 v. Chr.) und der endgültigen Souveränität (129 v. Chr.) —, daß sich die Hasmonäer die von ihnen eroberten Gebiete tributpflichtig machten. So heißt es auch von Alexander Jannaj bei Josephus, daß er »Arabien«, d. h. das Ostjordanland, angriff und von den dortigen Galaaditern und Moabitern den phoros einnahm (Bell. 1,89).

Der Loslösung von der »Knechtschaft der Makedonen« (Ant. 13,213) ging die Kontaktaufnahme mit Rom voraus und verlief dann parallel dazu[70]. Im Jahr 161 v. Chr. schloß das römische Volk mit dem jüdischen einen Freundschaftsvertrag (1 Makk 8,23—32; Ant. 12,417 ff.). Eine Gesandtschaft nach Rom zur Zeit des Simon erreichte das Senatus consultum des Valerius (Ant. 14,144—148)[71]. Aus der letzten Zeit des Hyrkan I. ist uns sowohl das Senatus consultum des Fannius (Ant. 13,259—266) als auch das *Pergamenerdekret (Ant. 14,247—255)* bekannt[72]. Dieser antiseleukidische Beschluß bestätigte den Juden ihr Recht gegenüber seleukidischen Ansprüchen und sicherte ihnen territoriale Unabhängigkeit durch Rom zu.

---

[68] Vgl. bes. A. SCHALIT, K.H. 265 ff., 278, 292 f.; DERS., Fall; J. BUNGE, Oniaden und O. MICHEL, Art. τελώνης 95,23 f.

[69] Vgl. Jos. Bell. 1,61, s. auch Ant. 13,249 (= GLAJJ I 88 = K-W/TB 23) und PsSal 17,33; s. noch E. SCHÜRER, GJV I 281 ff. (V/M I 223 ff.).

[70] Vgl. E. SCHÜRER, GJV I 256 ff. (V/M I 200 ff.); E. J. BICKERMAN, GM 82 ff.; A. SCHALIT, K.H. 267 ff.; A. GIOVANNINI / H. MÜLLER, Beziehungen; R. D. SULLIVAN, Dynasty 297 ff. und TH. FISCHER, Rom und die Hasmonäer. Gym. 88 (1981) 139—150.

[71] Vgl. TH. FISCHER, Rom (s. vorige Anm.) 143.

[72] Die Übers. folgt TH. FISCHER, Untersuchungen 78 und DERS., Rom (s. Anm. 70) 144. — Mit König Antiochos ist Antiochos IX. Kyzikenos gemeint. — Zu den verschiedenen Datierungsansätzen s. E. SCHÜRER / (V/M) I 206 Anm. 7 und A. GIOVANNINI / H. MÜLLER, Beziehungen 157 Anm. 3

249 Καὶ περὶ τῶν κατὰ μέρη ἐμφανισάντων ἐδογμάτισεν ἡ σύγκλητος περὶ ὧν ἐποι-
ήσαντο τοὺς λόγους, ὅπως μηδὲν ἀδικῇ Ἀντίοχος ὁ βασιλεὺς Ἀντιόχου υἱὸς
Ἰουδαίους συμμάχους Ῥωμαίων, ὅπως τε φρούρια καὶ λιμένας καὶ χώραν καὶ
εἴ τι ἄλλο ἀφείλετο αὐτῶν ἀποδοθῇ καὶ ἐξῇ αὐτοῖς ἐκ τῶν λιμένων μηδ' ἐξαγα-
250 γεῖν, ἵνα τε μηδεὶς ἀτελὴς ᾖ ἐκ τῆς Ἰουδαίων χώρας ἢ τῶν λιμένων αὐτῶν
ἐξάγων βασιλεὺς ἢ δῆμος ἢ μόνος Πτολεμαῖος ὁ Ἀλεξανδρέων βασιλεὺς διὰ τὸ
εἶναι σύμμαχος ἡμέτερος καὶ φίλος, καὶ τὴν ἐν Ἰόππῃ φρουρὰν ἐκβαλεῖν, καθὼς
ἐδεήθησαν.

⟨249⟩ Es faßte der Senat in der Angelegenheit (der judäischen Gesandten) den (folgenden) Beschluß, König Antiochos, der Sohn des (Königs) Antiochos, solle (den)
mit Rom verbündeten Juden in keiner Weise Unrecht tun und ihnen (die) Festun-
gen, (die) Häfen, (das) Gebiet und (alles), was er ihnen sonst noch weggenommen
(oder: geraubt) habe, zurückgeben. Auch solle es (den Juden) erlaubt sein, von jedermann Hafenzölle zu erheben, ⟨250⟩ (sei es) König oder Volksstaat, der Ausfuhr
aus ihrem Gebiete oder ihren Häfen treibt, ausgenommen allein der König Ptolemaios von Alexandrien, da er unser (gemeinsamer) Freund und Bundesgenosse ist,
und (soll ihnen erlaubt sein,) die ⟨seleukidische⟩ Besatzung von Joppe zu vertrei-
ben, worum sie (den Senat) gebeten hatten.

Das Wirtschaftsinteresse, das in § 250 erkennbar ist, sagt nichts über die
Handelsbeziehungen im einzelnen aus. Es wird nur deutlich, daß Ägypten mit
Judäa wirtschaftlich enger verbunden war. Die Gewährung der Abgabenfrei-
heit für Ptolemaios X. Alexandros I. (107–88 v. Chr.) dürfte auf eine alte
Freundschaft (φιλία καὶ συμμαχία) zwischen Rom und den Lagiden zurückzu-
führen sein[73].

Das Pergamenerdekret setzt nicht nur eine Steuerorganisation zur Erhebung der Ausfuhr- und Hafensteuer, sondern zugleich auch das hierfür notwendige Personal voraus. Das bedeutet, daß der hellenistische Kleinpächter
(τελώνης) weiterhin in Palästina tätig war. Inwieweit er auch mit anderen als
den hier erwähnten Steuern zu tun hatte, läßt sich nicht genauer angeben. So
trifft noch immer zu, was M. I. Rostovtzeff vor über einer Generation schrieb:
»Wir wissen sehr wenig von dem Besteuerungssystem, das die Hasmonäer
schufen, aber es ist sehr wahrscheinlich, daß sie das von den Seleukiden übernommene nicht veränderten und daß Pompeius das gleiche System von ihnen
übernahm.«[74]

---

[73] SEG III 378 B 10. S. dazu E. Olshausen, Rom und Ägypten von 116 bis 51
v. Chr., Diss. phil. Erlangen–Nürnberg 1963, 4f.
[74] HW II 792, vgl. 777.

## 6.3.4 Abgaben und Abgabenpächter in römischer Zeit[75]

### 6.3.4.1 Von der Eroberung Palästinas durch Pompeius bis ca. 70 n. Chr.[76]:

Bevor wir auf die Verhältnisse in Palästina unter römischer Vorherrschaft eingehen, erörtern wir kurz einige frühe Zeugnisse über die Abgabenpacht in der römischen Provinz Syria. Im Jahr 63 v. Chr. setzte Pompeius der Herrschaft der seleukidischen Dynastie ein Ende und unterstellte Syrien einem römischen Statthalter (M. Aemilius Scaurus, bis 62 v. Chr.). Damit kamen auch die römischen negotiatores (Geschäftsleute) und publicani (Großsteuerpächter) ins Land. Wie in der Provinz Asia (o. 4.3), so schlossen die publicani gleichfalls in der Provinz Syria mit den Städten Verträge (pactiones) ab. Die syrisch-seleukidischen Poleis zogen dann durch ihre eigenen Organe (d. h. unter anderem durch städtische τελῶναι) die Steuern ein. Welche Abgaben im einzelnen von den publicani gepachtet wurden, läßt sich aus Mangel an Quellen nicht ermitteln. Sehr wahrscheinlich gehörten der Zehnte (decuma, φόρος), das Weide- und Gemeindeland (scriptura) und die Land- und Hafenzölle (portoria) dazu. Möglicherweise pachteten die publicani auch die Sold- und Kriegsentschädigungssteuer (stipendium).

Seit 57 v. Chr. verwaltete Aulus Gabinius als Prokonsul die römische Provinz Syria und blieb dort bis 54 v. Chr. Während dieser drei Jahre versuchte er, die Macht der publicani einzudämmen, teils in eigenem Interesse, teils zu Gunsten der wirtschaftlichen ausblutenden Städte. So gewährte er den ehemaligen seleukidischen Kleindynasten weiterhin Steuerfreiheit und gab vielen Städten Tyrannenherrschaften. Dabei erhoben »die Tyrannen ... die Steuern ihrer Städte und ihrer Territorien direkt, ohne die Teilnahme der *publicani*. Sie zahlten selbst ihren Tribut an den Statthalter und schlossen mit ihm, nicht mit den *publicani,* ihre *pactiones* ab. Die Stellung der vielen einheimischen Dynasten — zum Teil arabische Häuptlinge — scheint ähnlich gewesen zu sein«[77]. Dieses Vorgehen brachte ihm erheblichen finanziellen Gewinn und beschränkte den Einfluß der publicani, die fast so etwas wie eine Nebenregierung ausgeübt hatten.

---

[75] Vgl. L. Goldschmid, Impôts; A. Gulak, Method; E. Schürer, GJV I 454 ff. (V/M I 243 ff., 267 ff.); F. M. Heichelheim, R.S. 231 ff.; A. Schalit, K.H. 295 ff., 753 ff., 777 ff.; ders., Fall; V. Burr, Rom und Judäa; G. W. Bowersock, Syria; A. H. M. Jones, Taxation; M. Stern, Province; ders., Dynasty 166 ff.; M. Avi-Yona, Art. Palästina (o. Anm. 1); E. M. Smallwood, Jews; S. Applebaum, Judaea und R. MacMullen, Tax-Pressure. S. noch R. Bernhardt, Die Immunitas der Freistädte. Hist. 29 (1980) 190—207.

[76] Vgl. M. I. Rostovtzeff, Staatspacht 475 ff.; ders., HW II 684 f., 775 ff., 791 ff.; B. Kanael, Partition; E. Bammel, Die Neuordnung des Pompeius und das römisch-jüdische Bündnis, jetzt in: Judaica 10—16; ders., The Organization of Palestine by Gabinius, jetzt in: Judaica 17—20; H. Kreissig, Situation.

[77] M. I. Rostovtzeff, HW II 777; vgl. Cic. prov. 10 (= GLAJJ I 70 = K- W/TB 40).

Indem Pompeius Palästina eroberte, beendete er 63 v. Chr. nicht nur die Hasmonäerherrschaft, sondern er legte dem jüdischen Volk auch eine Sold- und Kriegsentschädigungssteuer (stipendium / φόρος) auf. Als Bemessungs-grundlage dieses stipendium diente vermutlich die sehr hohe Grundsteuer un-ter den Seleukiden[78]. Zwar wurde Judäa politisch nicht allzu eng der Provinz Syria angegliedert, gleichwohl bildeten seit Pompeius »Iudaea« und »Syria« einen in Rom zusammen verpachteten Steuerbezirk. Gabinius teilte dann Pa-lästina in fünf Distrikte (Toparchien) ein, wobei jede Toparchie einer Metro-pole zugeordnet wurde. In Judäa waren es Jerusalem, Gazara[79] und Jericho, in Peräa Amathus und in Galiläa Sepphoris[80]. »Mit diesen Distriktshauptstädten schlossen die *publicani* ihre *pactiones* ab, die manchmal von Gabinius annuliert wurden, der daraufhin mit den Städten seine eigenen *pactiones* abschloß.«[81]

Wie in der römischen Provinz Asia (o. 4.3), so bestand auch in »Iudaea« und »Syria« sowohl seit 63 v. Chr. als auch unter Gabinius und seinen Nach-folgern neben der Publikanenpacht die alte, hellenistische Kleinpacht mit ihren städtischen τελῶναι weiter. An diese überkommene Form knüpfte Caesar an, als er, vermutlich 47 v. Chr.[82], die römischen *publicani* ein für allemal aus der Provinz vertrieb. M. I. Rostovtzeffs Interpretation der Nachricht in Ant. 14,200 f. überzeugt noch immer[83]: »Für das neue *lustrum* wurde das *stipendium* von Judäa nicht mehr an die *publicani* verpachtet, und das Besteuerungssystem wurde verändert ... Es ist darum mehr als wahrscheinlich, daß Caesar in Ju-däa ebenso wie in Kleinasien der Tätigkeit der *publicani* ein Ende setzte – zur großen Befriedigung der Juden«. Das Jahr 47 (44?) v. Chr. ist somit als *termi-nus post quem non* für die publicani und deren Personal in »Iudaea« (und mög-licherweise auch in »Syria«) anzusehen.

In MegTaan § 9 heißt es: »Am 25. des Monats (d. h. nach § 7: Siwan ⟨= Mai / Juni⟩) wurden die *demosanai* (= δημοσιῶναι) aus Judäa und Jerusalem beseitigt«; nach bSan 91a soll es der 24. Nisan (März / April) gewesen sein. Ge-wöhnlich wird MegTaan § 9 mit Jos. Bell. 2,315 (= 16. Artemisios ⟨= April / Mai⟩). 403 ff. – d. h. mit dem Beginn des Aufstandes 66 n. Chr. – verbun-

---

[78] Ein Drittel der Feld- und die Hälfte der Baumfrüchte, s. o. zu 1Makk 10,25 ff.

[79] Vgl. aber B. KANAEL, Partition 101, 102 f.

[80] Vgl. B. KANAEL, Partition und E. BAMMEL, Neuordnung (o. Anm. 76).

[81] M. I. ROSTOVTZEFF, HW II 792.

[82] Jos. Ant. 14,202−203.206. – E. M. SMALLWOOD, Jews 41 datiert wohl auf 47 v. Chr. (= Druckfehler!, denn A. MOMIGLIANO, Richerche sull'organizzazione della Guidea sotto il dominio romano 19 f., datiert 56 v. Chr.): »The *publicani* removed in 57, did not return.« A. H. M. JONES, Taxation 181 läßt offen, ob Ant. 14,200 f. 47 v. Chr. oder mit A. Momigliano 56 v. Chr. datiert werden soll. Jedenfalls gilt: »There is no re-cord that publicans ever again collected direct taxes in the east.« – S. noch H. R. MOEHRING, Acta 137 f. mit Anm. 39 sowie E. SCHÜRER, GJV I 346 Anm. 24 (V/M I 273 Anm. 23) und K-W/TB 44.

[83] HW II 792. – Rostovtzeff datiert allerdings Ant. 14,202 ff. auf das Jahr 47 v. Chr., Ant. 14,200 f. auf das Jahr 44 v. Chr.

den[84]. Aber diese Kombination erscheint keineswegs zwingend. Da δημοσιώνης römische Terminologie voraussetzt und nirgendwo vor römischer In-
besitznahme nachweisbar ist, kann MegTaan § 9 nicht auf ein Ereignis *vor*
dem Jahr 63 v. Chr. bezogen werden[85]. Δημοσιώνης bezeichnet entweder den
römischen Großsteuerpächter oder den hellenistischen Kleinpächter (o. 4.2).
Da, wie die rabbinischen Texte zeigen, *mokhsin* / τελῶναι auch nach dem
1. Jahrhundert n. Chr. in Palästina vorauszusetzen sind, ist es nicht wahrscheinlich, daß *demosanai* in MegTaan § 9 den hellenistischen Kleinpächter /
τελώνης bezeichnet, eher den römischen publicanus. MegTaan § 9 und bSan
91a dürften somit auf (eine Zeit zwischen 57 und) 47 (44?) v. Chr. zu beziehen
sein. Die Interpretation von Jos. Ant. 14,200 f. trägt dabei die Hauptbeweislast;
Jos. Bell. 2,405 (o. 6.2) widerspricht dem nicht, ebensowenig die Erwähnung
von τελώνης bei Jos. Bell. 2,287 und bei den Synoptikern.

Dagegen kann Targ. Hab. 3,17 (»die Römer werden nicht mehr eine Steuer
erheben von Jerusalem«) auf das Aufstandsjahr 66 n. Chr. bezogen sein.

Somit läßt sich feststellen: Wenn Caesar ohne publicani auskommen
konnte, dann muß es eine Organisation des Steuerwesens parallel zu oder unabhängig von den publicani gegeben haben. Dieses Steuersystem war aber
keine Erfindung der Hasmonäer, sondern läßt sich auf längst vergangene Zeiten der seleukidischen und ptolemäischen Vorherrschaft zurückführen. Es ist
keineswegs ein argumentum e silentio, sondern ein beweisender Rückschluß,
wenn hellenistische Kleinpächter (τελῶναι) auch in hasmonäischer Zeit bei der
Pacht der verschiedensten Abgaben vorausgesetzt werden.

Zum anderen ist es nicht nötig, mit A. Schalit von den »Beamten des Gabinius« zu sprechen, die »die Festlandszölle von Judäa in den Gebieten der
Synhedrien und die Hafenzölle in Gaza und Joppe« erhoben hätten[86]. Denn einerseits geben die antiken Zeugnisse zu dieser Erklärung keinerlei Anlaß, andererseits wäre zu fragen, wer denn nach 54 v. Chr., als M. Licinius Crassus
die syrische Statthalterschaft übernahm, diese »Zölle« eingezogen hat. Außerdem gestaltete sich der Steuereinzug etwas schwieriger, als daß Gabinius so
kurzfristig seine »Beamten« (sic!) zum Steuereinzug hätte abordern können.

Schließlich werden einige Widersprüche bei A. Schalit erklärbar:

Einerseits waren nach ihm die ἐγκύκλια / ἐπώνια (Steuern auf Kauf / Verkauf) »keine Erfindung des Herodes«, sondern bestanden schon »in der ptolemäischen und mehr noch in der seleukidischen Zeit«; andererseits spreche –
trotz des Fehlens jeglicher Hinweise in den antiken Zeugnissen – »alles dafür …, daß die Hasmonäer diese ebenso wie die meisten seleukidischen
Steuern abgeschafft haben. Herodes dagegen führte die alte Steuer wieder

---

[84] Vgl. M. Hengel, Zeloten 143; K. Beyer, AramT 356.
[85] Gegen A. Schlatter, GI 410 Anm. 108, vgl. noch H. Lichtenstein, Fastenrolle
303.
[86] K.H. 295 (vor Anm. 530).

ein« (287). Demnach wäre ein doppelter *Bruch* im palästinischen Steuerwesen anzunehmen.

Einerseits »ist also die Entwicklung des Zollwesens in Judäa, d. h. die Errichtung eines geschlossenen Netzes von Zollstationen, im Inneren des Landes und an seinen Küsten, in erster Linie eine Leistung des Herodes« (295 f.); andererseits übernahmen »die Hasmonäer ... zweifellos das seleukidische Zollwesen und erhoben Hafenzölle seit dem Hasmonäer Simon und sowohl Festlands- als auch Hafenzölle seit Alexander Jannäus« (292). Demnach wäre *kein* Bruch, sondern eine *Weiterentwicklung* im Zoll- (bzw. Steuer)wesen anzunehmen.

Einerseits erwähnt A. Schalit, daß »das Wirtschafts- und Verwaltungswesen der orientalischen Länder ... ein hohes Maß an Stabilität (hatte) und ... nicht solchen Wandlungen ausgesetzt (war) wie das politische Leben der gleichen Länder« (294) und schließt »das Zollwesen ... während des ganzen Altertums« als »im wesentlichen gleich geblieben« ein (290, vgl. 725 f.), andererseits seien dennoch »die Elemente des Zollwesens« *erst* »in der Zeit des Herodes geschaffen und endgültig festgelegt worden« (297):

> »Es ist eine einfache Überlegung, daß eine so wichtige Einnahmequelle wie das Zollwesen ihre sachgemäße Regelung in einer Zeit gefunden haben muß, wo die wirtschaftliche Verwaltung so geordnet war wie unter Herodes. Aus diesem Grunde darf mit Sicherheit angenommen werden, daß die Elemente des Zollwesens, wie Zollstationen und die Regelung ihrer Verpachtung an einzelne Pächter, *bereits* in der Zeit des Herodes geschaffen und endgültig festgesetzt worden sind. Die Nachrichten des Neuen Testamentes zeigen die Institution des Zollwesens in ihrer vollen Entfaltung: Ihre *Anfänge* dürften also in die Regierungszeit des Herodes fallen.«[86a]

Diese Ausführungen A. Schalits versuchen zwar den verschiedenen antiken Zeugnissen gerecht zu werden — zugleich auch deren geläufigen modernen Interpretationen —, sind aber dennoch von Fehldeutungen und Widersprüchen gekennzeichnet, was bei einer harmonisierenden Interpretation nicht ausbleiben kann. Ein grundsätzlicher Fehler liegt darin, die synoptischen Auskünfte über die τελῶναι allein mit dem modern verstandenen (Grenz-)Zoll in Zusammenhang zu bringen[87], ein weiterer Fehlansatz liegt in der Annahme vor, Herodes habe das Steuerwesen seines Gebietes nach römischem Vorbild organisiert[88]. Die aufgezeigten Widersprüche in der Darstellung A. Schalits lassen sich dann aufheben, wenn — wie er auch selbst zu Recht bemerkt — die Kontinuität des Abgabenwesens beachtet wird.

Viertens verdient Beachtung, daß zur Zeit Jesu die römischen publicani mitsamt ihrem Personal weder in Judäa noch in Galiläa tätig waren und auch keine pactiones mit den jüdischen Institutionen abschlossen. Noch weniger können die palästinisch-synoptischen τελῶναι (vgl. Johannes in Caesarea, Jos.

---

[86a]  Ebd. 297; Sperrung F. H.
[87]  Ebd. 290—298; vgl. o. 1.1.1 mit Anm. 19—22.
[88]  Ebd. 294 ff., s. aber auch 289!

Bell. 2,287 ff.) den römischen portitores gleichgesetzt oder den publicani untergeordnet werden.

Fünftens waren deshalb die synoptischen τελῶναι keineswegs »nur kleine Beamte der Zollpächter«[89]. Da sie hellenistische Kleinpächter waren, die über einen gewissen Reichtum verfügten (s. u.), gehörten sie auch nicht »zu der untersten Classe der Zöllner«[90]. Weder »bezeichnen ἀρχιτελῶναι die wirklichen Zöllner, während τελῶναι deren Unterbeamte waren«[91], noch können die synoptischen τελῶναι von vornherein als Heiden oder als vom Judentum Abgefallene angesehen werden[92]. Überhaupt ist es sachlich unangemessen, den palästinisch-synoptischen τελώνης als ›Zöllner‹ und seine Aufgabe vorwiegend als Einnahme des (Grenz-)Zolls darzustellen. Die ältere Literatur ist hier voller offensichtlicher Fehler und Einseitigkeiten.

Zusammenfassend können wir festhalten, daß die (ptolemäisch-)hellenistische Kleinpacht kontinuierlich über die seleukidische und hasmonäische Zeit bis zumindest gegen Ende des 1. Jahrhunderts n. Chr. in Palästina vorauszusetzen ist. Es gibt keinen Anlaß, einen Bruch im Steuerwesen unter den Hasmonäern bzw. eine Neuorganisation unter Herodes anzunehmen; bestenfalls wechselten die Hebesätze − unter den Hasmonäern mag die Höhe der Steuern geringer gewesen sein −, möglicherweise dauerte der Erlaß der hohen Grundsteuer von einem Drittel der Feldfrüchte und der Hälfte der Baumfrüchte durch Antiochos III. längere Zeit an, keinesfalls aber änderte sich grundlegend das Abgabenwesen. Es gibt weiterhin keinen Grund zur Annahme, daß die palästinischen Kleinpächter nicht als im Judentum verwurzelte Juden anzusehen seien. Diese palästinisch(-synoptisch)en τελῶναι pachteten *Gebühren* und *Steuern*.

### 6.3.4.2 Abgaben in Palästina:

Auf etwa 21 verschiedene *Gebühren* weist U. Wilcken in seiner Gliederung der τέλη Ägyptens hin[93]. Für Palästina lassen sich in diesem Zusammenhang die Marktgebühr (τέλος ἀγορανομίας)[94], das Wegegeld (*halakh /* τὸ ἀποστόλιον)[95], die Gebühren für die Benutzung der Hafenanlagen (ἐνόρμιον)[96] und

---

[89] Ebd. 298 oben.

[90] E. Schürer, GJV I 478 (vor Anm. 113), vgl. V/M I 376: »the lowest class of publicans«!

[91] L. Goldschmid, Impôts 215 Anm. 5 (zitiert nach A. Schalit, K.H. 296 Anm. 534).

[92] Vgl. A. Schlatter, Mt 195 (s. u. 6.5.1).

[93] Ostraka I 408(−410).

[94] Vgl. S. Krauss, Lehnwörter II 11; J. Levy, Wb. I 15.105.190; A. Ben-David, TÖ I 190.

[95] Esra 4,13.20; 7,24; bBB 8a; BGU V/1 § 64.66 und die Erkl. S. 162; V/2 S. 63 f.; OGIS 674 (= IGR I 1183 = SEG XX 668) sowie M. I. Rostovtzeff, ΑΠΟΣΤΟΛΙΟΝ.

[96] Evtl. in Caesarea (Jos. Bell. 2,287), Joppe (Jos. Ant. 14,247 ff. ⟨vgl. auch Gaza und Tyros⟩), Hippos (Kap. 1 Anm. 75) sowie Kapernaum (vgl. Mk 2,14) erhoben.

Fährgebühren (πορθμεία)[97] angeben, vielleicht noch die Wechselgebühr (κόλλυβος)[98]. Möglicherweise wurden auch Bürogebühren (τὰ προσδιαγραφόμενα)[99] und Strafgelder (ὑπὲρ προστίμου)[100] erhoben. Weiterhin läßt sich fragen, ob ebenso wie in Ägypten für Priester und für Opfertiere auch in Palästina Gebühren erhoben wurden[101].

An *Steuern* sind stipendium/tributum/φόρος, Haussteuern (für Fenster und Gebäude), Marktabgaben, Steuern auf Kauf/Verkauf, Akzisen und Zölle (vgl. noch Salzsteuer und Krongeld) zu nennen, daneben Angaria (zwangsweise Einquartierung von Soldaten, Gestellung von Transport)[102] und ähnliches[103]. Üblicherweise werden die Steuern in *direkte* und *indirekte Steuern* unterteilt[104]. Kriterium für die jeweilige Zuordnung ist dabei, ob der Steuerpflichtige seine Steuer überwälzen kann (= indirekte Steuer, vgl. die heutige Umsatzsteuer) oder nicht (= direkte Steuer, vgl. die heutige Einkommensteuer)[105]. In diesem Zusammenhang wird zumeist festgestellt, den »direkten Abgaben« wie stipendium/tributum/φόρος stünden die »indirekten Abgaben, vor allem das portorium« gegenüber[106]. Es ist dabei communis opinio, daß »die direkten Steuern ... in nt.licher Zeit in Judäa nicht verpachtet (wurden)«[107]. »Only the customs, tolls and similar taxes were farmed out to *publicani*«[108]. J. R. Donahue konkretisiert sehr genau: »tax collectors are those who collect the direct taxes, the poll or head tax and the land tax for the current rulers, while toll collectors are those who collect the myriad of minor taxes, sales taxes, customs taxes, taxes on transport.«[109] Es ist aber zu fragen, ob beispielsweise die Gebäudesteuer und die Gewerbesteuern nach obiger Definition direkte oder indirekte Steuern waren, d. h. ob überwälzbar oder nicht. So spricht M. Hengel zu Recht im Zusammenhang mit der Gebäudesteuer (Jos. Ant. 19,299) im Vergleich mit dem stipendium/tributum/φόρος von ei-

---

[97] Vgl. S. Krauss, TA 329 Anm. 111; A. Ben-David, TÖ I 272 ff.

[98] Vgl. J. Levy, Wb. IV 261 s. v. *kolbon* und Mk 11,15.

[99] Vgl. U. Wilcken, Ostr. I 287 f. (f.), § 103, 105.

[100] Ebd. 289 (§ 106, vgl. § 164); s. noch W. Schwahn, Art. Τέλη Sp. 243,29 ff. sowie MTeh 17,2 (63b [= Mon. Tal. V Nr. 297]).

[101] Vgl. M. I. Rostovtzeff, Staatspacht 335 Anm. 11; J. Partsch, Bürgschaftsrecht 324, 326 mit Anm. 1; 400; U. Wilcken, APF 5 (1913) 234 f., s. noch bBB 7b.

[102] S. u. zu mBQ 10,2 a und vgl. D. Sperber, Angaria in Rabbinic Literature. AC 38 (1969) 164–168, s. noch ἐπισταθμεία bei M. Wörrle, Lykien III 89–91.

[103] Zu den religiösen Abgaben s. E. Schürer, GJV II 297 ff. (V/M II 257 ff.) und W. Bunte, Gießener Mischna I 7/8, Berlin 1962, 27 ff.

[104] Vgl. z. B. H. Lietzmann, An die Römer (HNT 8) 113.

[105] S. o. Kap. 2 Anm. 74.

[106] O. Michel, Art. τελώνης 97,20 f.

[107] Ebd. Z. 8 f.; vgl. J. R. Donahue, Tax Collectors 45 mit Anm. 24; 54.

[108] F. M. Heichelheim, R. S. 233 (vor Anm. 15); vgl. J. R. Donahue, Tax Collectors 45.

[109] Ebd. 42.

ner »kleineren *direkten* Steuer«[110] und nach der Gliederung von U. Wilcken bleiben von den angeblichen »myriad of minor taxes« (= indirekten Steuern?) nur wenige übrig, nämlich allein die an den Grenzen und im Inneren des Landes erhobenen Verbrauchssteuern wie z. B. τέλος εἰσαγωγῆς/ἐξαγωγῆς (Ein- und Ausfuhrzoll), διαπύλιον (Torsteuer) und οἴνου τέλος (Ertragssteuer für Weinberge)[111]. Wir verweisen im Einzelnen auf die Skizze der von τελῶναι gepachteten Abgaben (o. 5.5) und fügen an, daß die moderne Steuerterminologie keineswegs ohne weiteres auf die Antike übertragen werden kann, denn diese kannte nur τέλη: Abgaben.

### 6.3.4.3 Gesichtspunkte für die Abgabenpacht in Palästina:

Entgegen dem gängigen Urteil ist für die palästinische Abgabenpacht insgesamt festzuhalten:

- Die römischen publicani pachteten zwischen 63 und 47 (44?) v. Chr. unter anderem die decuma und portoria, vielleicht auch das stipendium, ohne daß damit die hellenistischen Kleinpächter (τελῶναι), die seit der ptolemäischen Zeit in Palästina kontinuierlich für die verschiedensten Abgaben vorauszusetzen sind, überflüssig geworden wären.
- Die hellenistischen Kleinpächter, d. h. die palästinisch(-synoptisch)en τελῶναι pachteten sowohl Gebühren als auch direkte und indirekte Steuern. Wir können vermuten, daß sie – wie in Athen – nicht das stipendium / tributum / φόρος pachteten (vgl. Jos.Bell. 2,405), möglicherweise ›feste Steuern‹ (s. 6.3.1.3), vor allem aber die Abgaben, die unregelmäßige Einkünfte abwarfen (›lose Steuern‹).
- Eine grundsätzliche Änderung des Steuerwesens in Palästina, d. h. eine teilweise oder völlige Ablösung des hellenistischen Kleinpächters durch andere Einzugsorgane, kann weder unter den Hasmonäern noch unter Augustus noch unter Tiberius angenommen werden.
- In der römischen Provinz Judäa waren die tributa (vgl. Tac.ann. 2,42,5) eine schwere Last, schon früher wurden die φόροι unter Herodes als bedrückend empfunden, wie die Steuernachlässe in den Jahren 24 v. Chr. (Jos.Ant. 15,303), 20 v. Chr. (Ant. 15,365) und 14 v. Chr. (Ant. 16,64) zeigen[112]. Im Jahr 36 n. Chr. erließ Vitellius den Jerusalemern die Abgabe auf die Marktfrüchte (Ant. 18,90). Von den Steuern auf Kauf/Verkauf heißt es Ant. 17,205 (4 v. Chr.), sie seien ›unerbittlich eingezogen worden‹ (πρασσόμενα πικρῶς)[113]. Wenn noch die religiösen Abgaben, das Sabbat- und Jobeljahr mitberücksichtigt und die persönlichen Bereicherungen des

---

[110] Zeloten 140. Sperrung F. H.
[111] Vgl. U. WILCKEN, Ostraka I 409 (sowie § 91.92.151.86).
[112] Vgl. M. HENGEL, Zeloten 330 mit Anm. 2 und 3; A. SCHALIT, K.H. 264.274 (ff.).
[113] Vgl. Strab. 9,3,4 (C 419 ⟨o. 3.3.1⟩) und Jos.Ant. 14,272.

Pompeius, Scaurus, Crassus und Cassius hinzugenommen werden, dann ergibt dies das Bild eines wirtschaftlich schwer belasteten Landes[114]. Da die τελῶναι mit den in Ant. 17,205 erwähnten Steuern auf Kauf/Verkauf zu tun hatten, könnte hier ein objektiver Grund für ihre religiöse Diskriminierung vermutet werden; jedoch liegt es viel näher, hierbei die »Rahmenbedingung« des hellenistischen Kleinpächters beschrieben zu finden, welche wir anhand von UPZ I 113 schon näher kennenlernten (o. 5.6.1.13): der unnachgiebig durchgesetzte Fiskalismus. Dieser dürfte auch für die Herrschaft Herodes des Großen sowie für Herodes Antipas anzunehmen sein.

– Eine sachgemäße Einteilung der Abgaben Palästinas zwingt von einer Vielzahl direkter Steuern (stipendium/tributum/φόρος, Gewerbesteuern, Haussteuern usw.) und von (wenigen) indirekten Steuern (z. B. Verbrauchssteuern) zu reden, wobei letztere nicht unergiebig gewesen sein müssen.

Für die Zeit nach dem ersten, besonders aber nach dem zweiten jüdischen Aufstand (70 bzw. 135 n. Chr.) bietet das rabbinische Schrifttum eine Vielzahl von Belegen, die zum Teil die spärlichen früheren Nachrichten ergänzen. Die meisten allerdings stammen aus so später Zeit, daß sie für eine Darstellung der Abgabenpächter im 1. Jahrhundert n. Chr. ausfallen. Wir haben deshalb zu untersuchen, inwieweit die rabbinischen Zeugnisse zur Erhellung der neutestamentlichen τελῶναι herangezogen werden können.

## 6.4 Die rabbinischen Aussagen über die Abgaben und Abgabenpächter[115]

Zur Zeit Jesu wurden in Palästina die Steuern entweder mit Hilfe der hellenistischen Kleinpacht oder direkt erhoben. Möglicherweise betraf die direkte Erhebung nur den Einzug des stipendium bzw. des tributum/φόρος sowie weiterer Bodensteuern, währenddem die Kleinpacht für die Erhebung von Gebühren, direkten und indirekten Steuern einschließlich einiger Bodensteuern in Frage kam. Wie sich seit 70 n. Chr. die Abgabenpacht entwickelte, läßt sich aufgrund der rabbinischen Zeugnisse – die hierfür allein zur Verfügung stehen – ebenfalls nur ungenau angeben. Offenbar wurde sie auch in Palästina allmählich eingeschränkt. Am längsten hielt sie sich bei den Wegegeldern, den Steuern auf Kauf und Verkauf, bei den (Binnen- bzw. Grenz-)Zöllen und den Akzisen, das heißt bei den Gebühren und indirekten Steuern. Aus diesem Grund bedeutet seit dem 2. Jahrhundert n. Chr. *mekhes weitgehend* »Zoll« und

---

[114] Vgl. zur Ausbeutung Judäas M. I. Rostovtzeff, HW II 794 und H. Bietenhard, Dekapolis 237; s. noch K-W/TB Nr. 4.

[115] Vgl. L. Goldschmid, Impôts (s. dazu o. 1.1.1 mit Anm. 21); E. Schürer, GJV I 473 ff. (V/M I 372 ff.); M. Avi-Yonah, Geschichte und o. Anm. 75.

dementsprechend auch *mokhes* »Zollpächter« / »-einnehmer«. Die nicht mehr verpachteten Steuern wurden von liturgischen Steuereinnehmern (= zwangsweise verpflichtete Personen) eingezogen, sei es von vermögenden Ratsmitgliedern (Bouleutai / Dekaprotoi), sei es von anderen wohlhabenden Einzelpersonen[116]. Diese Regelung breitete sich seit Hadrian, besonders aber seit den Severern (193–235 n. Chr.) aus, wobei die Erhebung der alten und neu aufgelegten Steuern in die Hände der Gemeinde gelegt wurde (vgl. schon Jos. Bell. 2,405). Besonders in Zeiten wirtschaftlicher Not – so vor allem im 3. Jahrhundert n. Chr. – suchten sich der Steuerzahler seiner Steuerpflicht und der Begüterte seiner Amtspflicht (vgl. *ḥashivuta* bBekh 31a, Bar) zu entziehen. So kam es öfter vor, daß die liturgischen Steuereinnehmer den festgesetzten Steuerbetrag nicht völlig eintreiben konnten. Dann mußten sie aus ihrem eigenen Vermögen die Steuerschuld auffüllen. Deshalb sträubten sich viele wegen der damit verbundenen finanziellen Einbußen gegen die Übernahme der Liturgie und zogen in äußersten Notfällen sogar die Anachorese (Landflucht) vor[117]. – Wie bereits aus diesen wenigen Hinweisen ersichtlich wird, unterlag das Steuerwesen in Palästina seit dem Beginn des 2. Jahrhunderts n. Chr. starken Veränderungen[118]. Dabei ist es sehr fraglich, inwieweit die rabbinischen Texte die Verhältnisse vor 100 n. Chr. historisch verwertbar wiedergeben. Wenn sie jedoch eher von den speziellen Gegebenheiten späterer Jahrhunderte bestimmt sind, sollten sie für die Darstellung der Verhältnisse im 1. Jahrhundert n. Chr. nicht in Anspruch genommen werden. Somit stellt die Analyse und Datierung der rabbinischen Zeugnisse für die Beurteilung des palästinisch-synoptischen τελώνης zwar eine wichtige, allerdings aber auch eine schwierige Aufgabe dar.

### 6.4.1 Bemerkungen zur zeitlichen Einordnung der rabbinischen Belege

Achten wir auf die Tradenten, die oftmals im Zusammenhang mit verschiedenen Steuern bzw. Abgabenpächtern genannt werden, läßt sich feststellen, daß die zeitlich frühesten auffälligerweise erst Tannaiten der dritten Generation (130–160 n. Chr.) sind. Auch die in den jeweiligen Zusammenhängen verwendete Terminologie gestattet nur sehr bedingt, die wirtschaftlichen und steuerlichen Verhältnisse früherer Zeiten herauszufinden. Dies gilt besonders

---

[116] Zu den Dekaprotoi vgl. z. B. I Klaudiu Polis 29 (S. 45) und H. DEDEOČLU / H. MALAY, A Dekaprotos at Philadelphia in Lydia. EA 10 (1987) 102.

[117] S. o. Kap. 5 Anm. 172 und J. KARAYANNOPULOS, Das Finanzwesen des frühbyzantinischen Staates (Südosteurop. Arb. 52). München 1958.

[118] Vgl. A. H. M. JONES, Taxation 168 sowie ebd. 181: »Augustus is not credited with any change in the use of publicans ... It is commonly assumed that Tiberius eliminated publicans from the collection of all direct taxes later in his reign, but this cannot be inferred from the text cited«. S. noch M. AVI-YONAH, Geschichte 92 ff.

im Hinblick auf die Stellensammlung bei P. Billerbeck[119], weil er die Belege vorzugsweise zur Erhellung der neutestamentlichen Zeit aufführt. Dabei gehen beispielsweise zwar *arnona* (bzw. *anona* / lat. annona, Jahressteuer)[120], *gulgolet* (Kopfsteuer)[121] und *angarya* (ἀγγαρεία, Frondienst)[122] schon auf die frühe Kaiserzeit zurück — bzw. sind noch früher belegbar[123] —, aber dennoch gehören diese Termini vorzugsweise dem 3. Jahrhundert n. Chr. an, wie wir anhand von ›annona‹ zeigen wollen.

Nach S. Krauss soll ARN 28 Vs. A (ed. S. Schechter S. 43a) ein Ausspruch Rabban Gamli'els I., dem Lehrer des Apostels Paulus, sein, das heißt »von hoher Autorität«[124]. S. Schechter bietet allerdings in seiner Ausgabe den Text *rabbi*, er verbindet demnach diese Aussage zu Recht mit dem Enkel, R. Gamli'el II. (T, 90—110 n. Chr.)[125]:

> R. Gamli'el sagte: Mit vier Dingen zehrt dieses Reich (= Rom) an uns: mit seinen Abgaben *(mikhsa'ot)*, Bädern, Theatern und annonae (= Naturallieferungen?).

Dazu führt M. Avi-Yonah aus[126]: »In dem … Ausspruch Gamaliels II. wird zum ersten Male eine neue Steuer erwähnt, die sich im Laufe der Zeit zu einem Hauptinstrument der fiskalischen Bedrückung entwickelte: die *annona (militaris)*, deren Name in den talmudischen Quellen zu *arnona* verballhornt wurde. Anfänglich bezeichnete das Wort *annona* den Befehl des Kaisers an eine Provinz, durch welche die römische Armee zog. In diesem Befehl wurden die Bewohner angehalten, die durchmarschierenden Truppen mit dem Notwendigen zu versorgen. Da im dritten Jh. solche Durchmärsche infolge der Bürgerkriege beinahe täglich erfolgten, entwickelte sich die *annona* zu einer drückkenden Last.« Noch im (früh-)byzantinischen Steuerwesen war die annona die Hauptsteuer[127].

Weiterhin können wir unsere These, daß wir in der rabbinischen Literatur vorwiegend mit den Verhältnissen des 2. und 3. Jahrhunderts konfrontiert

---

[119] I 378 ff., 770 f., vgl. A. Büchler, 'Am 187.

[120] Vgl. J. Levy, Wb. I 111b; 170a; L. Goldschmid, Impôts 206 f.; S. Krauss, TA II 373; M. Avi-Yonah, Geschichte 95.

[121] Vgl. J. Levy, ebd. 330a s.v. Nr. 2); L. Goldschmid, ebd. 202 ff.; S. Krauss, ebd. 373; M. Avi-Yonah, ebd. 95; s. auch Mon. Tal. V Nr. 59 d.

[122] Vgl. J. Levy, ebd. 105a; L. Goldschmid, ebd. 207 f.; S. Krauss, ebd. 374; M. Avi-Yonah, ebd. 93 und o. Anm. 102.

[123] Besonders die Angaria, s. o. Anm. 102 sowie M. I. Rostovtzeff, Angariae und J. Karayannopulos, Finanzwesen (o. Anm. 117) 94 ff.

[124] In: Mon. Tal. V Nr. 396 (S. 164 Anm. 1).

[125] Vgl. M. Avi-Yonah, Geschichte 94 und H. L. Strack / G. Stemberger, Einl. 76 f.

[126] Geschichte 95. Vgl. H. I. Bell, Egypt 361; D. v. Berchem, L'annone militaire dans l'empire romain au IIIᵉ siècle. BSAF 80 (1937) 117—202; M. Segre, The Annona Civica and the Annona Militaris. Byzantion 16 (1942/43) 393—444.

[127] Vgl. J. Karayannopulos, Finanzwesen (o. Anm. 117) 94 ff.

werden, anhand eines weiteren Indizes festigen. In bShab 33b heißt es (alle Tradenten sind Tannaiten der 3. Generation)[128]:

> R. Yehuda (ben El'ai), R. Yose (ben Halafta) und R. Shim'on (ben Yoḥai) saßen beieinander und R. Yehuda, der Proselytensohn, saß bei ihnen. R. Yehuda hob an: Wie schön sind doch die Werke dieser Nation (d. i. Roms): sie haben Märkte, Brükken und Bäder angelegt. R. Yose schwieg. R. Shim'on b. Yoḥai aber sprach: Alles, was sie angelegt haben, haben sie nur für ihre eigenen Bedürfnisse angelegt; sie haben Märkte angelegt, um Buhldirnen dahin zu setzen, Bäder, um sich selbst darin zu ergötzen, Brücken, um von ihnen *mekhes* zu erheben.

Nach S. Krauss wird der Brückenbau immer nur den Römern zugeschrieben[129], die im Zuge ihres großangelegten Straßenbaus die hemmenden Furten und Fähren beseitigten. Wie aus den Inschriften der Meilensteine hervorgeht, sind die frühesten belegbaren römischen Straßen in Palästina unter Nero / Vespasian (d. h. ab 56 n. Chr.) gebaut worden[130], vor allem aber unter Trajan (etwa ab 111 n. Chr.)[131]. Es ist deshalb keineswegs unproblematisch, derartige Äußerungen wie bShab 33b auf die Zeit Jesu zu beziehen, auch wenn der Verkauf auf Märkten und die Benutzung von Fähren sowie gegebenenfalls von Wegen gleichwohl seit alters mit der Erhebung von Steuern bzw. Gebühren verbunden war. Der Tenor von bShabb 33b paßt gut in die Zeit der Antoninen, als Syrien und das nichtjüdische Palästina eine Blüte erlebten.

Als Konsequenz ergibt sich deshalb: die rabbinischen Zeugnisse über die Abgaben und Abgabenpächter verweisen uns sowohl von den Tradentenangaben her als auch im Blick auf die Termini technici *vor allem* auf das 2. und 3. Jahrhundert n. Chr. Die speziellen Verhältnisse dieser Jahrhunderte lassen sich allerdings keineswegs ohne weiteres auf die Zeit Jesu zurückprojizieren. Das Steuerwesen im 1. Jahrhundert n. Chr. kann deshalb nur durch ältere oder zeitgenössische Quellen dargestellt werden, spätere Zeugnisse können die so gewonnenen Ergebnisse allenfalls bestätigen. In diesem Zusammenhang gewinnt die Feststellung A. Büchlers Gewicht, der *mokhes*/τελώνης sei in Palästina erst seit 137 n. Chr. verachtet gewesen, wenn er schreibt, »daß die Ächtung der in römischen Diensten stehenden Juden erst in Ušâ erfolgt ist«[132]. Wir werden darauf zurückkommen (u. 6.4.3.6). Zunächst aber fragen wir, was unter *mokhes* bzw. *gabbai* zu verstehen ist.

---

[128] Die Übers. folgt Bill. I 378; s. noch W. BACHER, AgTann II 73.82 mit Anm. 2; 154.

[129] TA II 324 (323 ff.). 668 f.

[130] Vgl. P. THOMSON, Die römischen Meilensteine der Provinz Syria, Arabia und Palaestina. ZDPV 40 (1917) 1–103; M. AVI-YONAH, Development; A. NEGEV, The Date of the Petra-Gaza Road. PEQ 98 (1966) 89–98; A. BEN-DAVID, TÖ I 265 ff.

[131] Vgl. P. THOMSON, ebd. 13 f., 89 ff.; A. BEN-DAVID, ebd. 266 und H. BIETENHARD, Dekapolis 246.

[132] 'Am 187.

6.4.2 *Mokhes* / τελώνης in der rabbinischen Literatur

Grundlegend für die Bestimmung von *mokhes* (Partizip von *makhas*, dieses denominativ von *mekhes*) ist das akkadische ›miksu‹ = »Abgabe« / »Steuer«[133], welches eine breite Skala von Steuern umschließt[134]. Dementsprechend läßt sich aus der rabbinischen Literatur an verschiedenen Abgaben beispielsweise nennen:

der Passierzoll (yQidd 4,7 ⟨66b,40 ff.⟩; bBB 127b; bSuk 30a)
der Warenzoll (mKil 9,2; bPes 112b; BerR 40,5 ⟨ed. Th.-A. 384⟩)
der Brückenzoll (bAZ 2b; bShab 33b)
die Wegesteuer (bBB 167a)
die Steuer auf Kauf/Verkauf (bBM 65a; bAZ 13a; vgl. Jos.Ant. 17,205)
die Marktsteuer (bBM 65a; vgl. Jos.Ant. 18,90)
die Haussteuer (mBB 1,4 f.; vgl. Jos.Ant. 19,299)[134a].

Demnach muß *mekhes* keineswegs allein den (Grenz-)Zoll meinen, auch wenn die rabbinischen Zeugnisse diese Übersetzung öfter nahelegen. Dies kann damit erklärt werden, daß zum einen die betreffenden Belege aus dem 2. und 3. Jahrhundert (wenn nicht aus noch späterer Zeit) stammen, und daß zum anderen die Abgabenpacht etwa seit dem 2./3. Jahrhundert auf die Gebühren und indirekten Steuern, so vor allem auf die (Grenz- und Binnen-) Zölle eingeschränkt war. Prinzipiell kann *mekhes* ebenso als zusammenfassender Begriff verstanden werden wie τέλος / τέλη (s. o. 2.3.1). Der *mokhes* entspricht, wie auch das bilingue Fiskalgesetz von Palmyra zeigt (o. 6.3.2.3) dem hellenistischen Kleinpächter (τελώνης / δημοσιώνης)[135], wobei möglicherweise *mokhes* zugleich auch für den römischen Großsteuerpächter (publicanus / τελώνης / δημοσιώνης) verwendet wurde[136], keinesfalls jedoch, wie öfter angenommen, für den römischen portitor[137]. Die *gabba'in* sind dagegen von daher zu bestimmen, daß *gabai* »(ein)sammeln« bedeutet und daß deshalb der *gabbai*

---

[133] Vgl. M. WAGNER, Aramaismen 76.
[134] Vgl. F. R. KRAUS, Ein Edikt des Königs Ammi-Ṣaduqa von Babylon (SDIO 5), Leiden 1958, 137.139 ff.; M. ELON, Art. Taxation, EJ XV, Sp. 840. Gegen J. HARMATTA, Irano-Aramaica 395: »Das Wort *mks* heißt jedoch ›Zoll‹ und später ›Beschäftigungssteuer‹«.
[134a] Vgl. F. M. HEICHELHEIM, R.S. 236 mit Anm. 33.
[135] S. neben Leukon (vgl. FAttCom I S. 792/794 mit Tan Shoftim 10,99 a ⟨s. o. Kap. 3 Anm. 149⟩) und CIS II 3913 (gr. I 8/p. I 7; 177/98; 185/106; 231/149) die syrische Übers. des NT und Barhebr.h.eccl. 2,71,1 f. (vgl. dazu TH. NÖLDEKE, Geschichte 383 Anm. 3 ⟨s. o. Anm. 52⟩ und F. ALTHEIM / R. STIEHL, FG 46 mit Anm. 124).
[136] S. o. Skizze zu 4.2. – Vgl. CIS II 3913 gr. 9/p. 7; 72/46; 75/47; 80/53; 236/149.
[137] Vgl. LEYRER, Art. Zoll 652 und S. KRAUSS, in: Mon.Tal. V 297 (S. 129 Anm. 3); s. auch H. BRAUN, Gott 97 f.

dem λογευτής bzw. dem πράκτωρ (vgl. exactor) entspricht[138]. Zwanglos fügen sich die Bedeutungen von *gabbai ṣedaqa* als jüdischem Armensteuereinnehmer[139] und von *gabbai ṭimyon* als Schatzmeister[140] hier ein. Zu der Gleichsetzung von *gabbai* mit πράκτωρ ist darüberhinaus zu bemerken, daß der ptolemäische πράκτωρ »Zwangsbeitreiber staatl(icher) Forderungen, insbes(ondere) von Steuerrückständen« war, der römische πράκτωρ dagegen fungierte als »liturgischer Steuererheber für Geld- und Fruchtsteuern«, beide zogen aber auch Geldbußen ein[141]. In den rabbinischen Texten kann deshalb *gabbai* nicht nur dem ptolemäischen Zwangsbeitreiber entsprechen, sondern auch dem Angestellten des Abgabenpächters, dem liturgischen Steuereinnehmer, dem Armensteuereinnehmer und dem Schatzmeister. Diese verwickelten Bedeutungen soll eine Übersicht verdeutlichen:

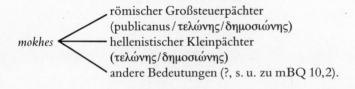

*mokhes*
- römischer Großsteuerpächter
  (publicanus / τελώνης / δημοσιώνης)
- hellenistischer Kleinpächter
  (τελώνης / δημοσιώνης)
- andere Bedeutungen (?, s. u. zu mBQ 10,2).

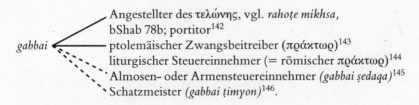

*gabbai*
- Angestellter des τελώνης, vgl. *rahoṭe mikhsa,*
  bShab 78b; portitor[142]
- ptolemäischer Zwangsbeitreiber (πράκτωρ)[143]
- liturgischer Steuereinnehmer (= römischer πράκτωρ)[144]
- Almosen- oder Armensteuereinnehmer *(gabbai ṣedaqa)*[145]
- Schatzmeister *(gabbai ṭimyon)*[146].

Zweimal kommt der Ausdruck *mokhes she'en lo qiṣba* vor[147], zwei Mal ist die Rede von einem nichtjüdischen Abgabenpächter: *mokhes sheni*[148] und *mo-*

---

[138] Vgl. P. SCHROEDER, Inschriften 422; S. FRAENKEL, Fremdwörter 283, gegen A. SCHLATTER, Mt 196 (zu mBQ 10,1). S. noch J. JEREMIAS, Theologie I 112.

[139] Vgl. z. B. bBB 8b/9a; bPesach 13a; 49b; bShab 118b.

[140] Bzw. Fiskus-Beamter, s. Mon.Tal. V 375 und J. LEVY, Wb. I 292 f., II 166.

[141] F. PREISIGKE, Fachwörter 144 f.

[142] Vgl. z. B. mBQ 10,1; bBQ 94b; bSan 25b, 98b; s. noch o. Kap. 5 Anm. 154 und Kap. 2 Anm. 63.

[143] Vgl. z. B. mAv 3,16; yShab 16 (15d, 44); Lk 12,58; tToh 7,6; 8,5 f.; mHag 3,6.

[144] Vgl. z. B. tDem 3,4 (Z. 49,15 ff.); bBekh 31a; BerR 24,1 (S. 299).

[145] Vgl. z. B. mPea 8,7e sowie bBB 8b; tDem 3,17 (Z. 50,26); bPesach 13a, 49b.

[146] S. Anm. 140 sowie WaR 11,7 (233,8 ff.).

[147] Vgl. bNed 28a; bBQ 113a; s. noch J. LEVY, Wb. IV 359a und P.Petr. II 32,16 (s. die Übers. von J. P. Mahaffy).

[148] Vgl. bShab 78b (R. 'Ashi, pA 6, gest. 427 n. Chr.).

*khes kenaʿani*[149], dann von einem Ober- und Untersteuereinnehmer *(mokhes ga-dol* bzw. *qaṭan)*, in einer Textvariante auch von *rav mokhes*[150].

In mBQ 10,2a heißt es[151]: ›Nehmen *mokhsin* ⟨jemandem⟩ seinen Esel weg und geben ihm einen anderen Esel dafür; nehmen Räuber ⟨jemandem⟩ seine Kleidung weg, und geben ihm andere Kleidung dafür, so gehören diese ⟨Dinge⟩ ihm, weil die Eigentümer sie verloren gegeben haben.‹ Dieser Zwangseinzug hat nichts mit dem ›Zoll‹ zu tun, vielmehr ist der Frondienst / Angaria angesprochen, wie mBM 6,3, bBM 78b und andere Stellen zeigen[152]. Es ist demnach nicht ganz zutreffend, den palästinischen Abgabenpächter *(mokhes /* τελώνης) allein mit der Abgabenpacht in Verbindung zu bringen.

### 6.4.3 Zur ethisch-religiösen Beurteilung des *gabbai* und *mokhes /* τελώνης

#### 6.4.3.1 Zum *mokhes*:

Im Zusammenhang mit ›Mörder‹ und ›Räuber‹ wird in *mNed 3,4* der *mokhes* erwähnt[153]:

נודרין להרגין, ולחרמין, ולמוכסין, שהיא תרומה, אף על פי שאינה
תרומה; שהן שלבית המלך, אף על פי שאינן שלבית המלך. בית שמאי
אומרים: בכל נודרין, חוץ מבשבועה; ובית הלל אומרים. אף בשבועה.

Man darf Mördern, Räubern und Abgabenpächtern gegenüber (in Bezug auf etwas) ein Gelübde ablegen, daß es Hebe ist, auch wenn es keine Hebe ist, (oder) daß es königliches Gut ist, auch wenn es keines ist. Die vom Lehrhause des Schammai sagen: Man darf diese Gelübde in jeder Form ablegen mit Ausnahme der Schwurformel. Die vom Lehrhause des Hillel hingegen sagen: (man darf es) auch in der Schwurformel (tun).

Diese Mischna spricht zwar von den Schulen Schammais und Hillels, aber dies berechtigt uns nicht, sie ohne weiteres *vor* das Jahr 70 n. Chr., der Zerstörung des zweiten Tempels, zu datieren. Dennoch stellt sie einen der ältesten datierbaren (!) rabbinischen Belege zu *mokhes /* τελώνης dar.

---

[149] Vgl. bBQ 113a.

[150] S. dazu u. 7.8 mit Anm. 264, 266.

[151] Vgl. O. MICHEL, Art. τελώνης 101,25 ff. – Die Übers. folgt W. Windfuhr, GM IV 1, 79.

[152] S. o. Anm. 122 sowie Jos. Ant. 13,52; CAD X/1 129b s. v. *mākisu* Nr. 1.b): »Not to give donkey(s) to the tax collector« (BBSt. Nr. 6 I 57); P. Tebt. III 768; 785.

[153] Vgl. yNed 3,4 (38a, 37 ff.) = tNed 2,2 (Z. 277,8 f.). – Die Übers. folgt Ch. Horowitz in yNed, Tübingen 1983 (= 1957), 36 f. S. noch S. KRAUSS, TA II 373: Es »begegnen uns ... in den Steuereinnehmern und den Zöllnern die verhaßtesten Menschen der antiken Gesellschaft«.

Etwa 2% der Feld- und Baumfrüchte wurden jährlich von den Juden, die Land besaßen, als *teruma*/Priesterhebe gemäß Num 18,12 (vgl. Traktat Terumot) an die Priester abgegeben. »Diese Abgabe bezog sich nicht nur auf die ›sieben Arten‹ (sc. nach den in Dt 8,8 erwähnten sieben Haupterzeugnissen des Landes: Weizen, Gerste, Trauben, Feigen, Granatäpfel, Oliven, Honig), sondern auf alle Arten von Feld- und Baumfrüchten. Die wichtigsten waren auch hier (sc. vgl. Num 18,8) wieder Getreide, Wein und Öl.«[154] Wenn religionsgesetzlich gestattet wird, gegenüber Mördern, Räubern und Abgabenpächtern etwas fälschlicherweise als Hebe zu bezeichnen (und dies − nach Hillel − durch ein Gelübde zu bekräftigen), so folgt daraus dreierlei: Einerseits hat der Hinweis auf die Priesterhebe nur Sinn, wenn Mörder, Räuber und Abgabenpächter dies respektieren, was voraussetzt, daß sie keine Heiden sondern Juden sind. Andererseits muß auffallen, daß der *mokhes* nicht nur mit solchen Personen in einem Atemzug genannt wird, die existenzbedrohend sind, sondern daß hier darüberhinaus eine halachisch sanktionierte Erlaubnis zur Steuerhinterziehung vorliegt, welche schließlich deutlich darauf hinweist, daß der *mokhes* als ein außerhalb der pharisäischen Gemeinschaft Stehender angesehen wird (s. noch u. 6.4.3.6).

Eine ähnlich scharfe Ablehnung des *mokhes* finden wir in einem Ausspruch R. Shim'ons ben Yoḥai (T 3), einem Schüler 'Aqivas (*bShevu 39a* und *Sifra 20,5 ⟨91c 13⟩*), der seinen Schriftgrund in Lev 20,2.4f. hat. Der größere Zusammenhang von bShevu 39a lautet[155]:

כל עבירות שבתורה נפרעין ממנו וכאן ממנו וממשפחתו וכל עבירות
שבתורה ממשפחתו לא והכתיב ושמתי אני את פני באיש ההוא ובמשפחתו
ותניא אמר ר"ש אם הוא חטא משפחתו מה חטאת לומר לך אין לך משפחה
שיש בה מוכס כולה מוכסין ושיש בה לסטים שאין כולה כולה לסטים
מפני שמחפין עליו התם בדינא אחרינא הכא בדינא דידיה כדתניא רבי
אומר והכרתי אותו מה ת"ל לפי שנאמר ושמתי אני את פני יכול כל
המשפחה כולה בהיכרת ת"ל אותו בהיכרת ולא כל המשפחה.

›Wegen aller in der Tora genannten Sünden bestraft man nur ihn selbst, wegen dieser aber ihn und seine ganze Familie.‹ Wird denn wegen anderer in der Tora genannten Sünden nicht auch die Familie bestraft, es heißt ja: »dann werde ich selbst mein Angesicht gegen einen solchen Menschen und gegen sein Geschlecht kehren«!? Hierzu wird gelehrt: R. Shim'on sagte: Welche Sünde hat denn seine Familie begangen, wenn er gesündigt hat? Dies besagt: Es gibt keine Familie, in der sich ein Abgabenpächter *(mokhes)* befindet, die nicht ganz aus *mokhsin* bestände, und (keine Familie), in der ein Räuber *(lisṭim)* sich befindet, die nicht ganz aus *lisṭim* bestände, weil sie ihn (sc. seine Sünde) beschönigen. − Dies gilt von der allgemeinen Strafe,

---

[154] E. SCHÜRER, GJV II 304 (V/M II 262f.), vgl. A. BEN-DAVID, TÖ I 99−126.

[155] Die Übers. folgt weitgehend L. Goldschmidt, Der Babylonische Talmud, Berlin 1964 z.St.; vgl. Sifra, übers. v. J. Winter (SGFWJ 42), Breslau 1938, 521. − S. noch ySan 1,4 (19b, 19); yKet 2,10 (26d, 32f.); PesK beshallaḥ 80a (Buber) = 176,5 (Mandelbaum).

jenes aber von der direkt ihn treffenden Strafe. Es wird nämlich gelehrt: Rabbi (d. h. Yehuda ha-Nasi) sagte: »ich werde ihn austilgen«, was lehrt dies? Da es heißt: »ich werde selbst mein Angesicht kehren . . .«, so könnte man glauben, seine ganze Familie werde ausgerottet, so heißt es »ihn«, er selbst wird ausgerottet werden, nicht aber seine ganze Familie.

In dem Ausspruch R. Shim'ons wird mit dem *mokhes* zugleich dessen Familie kollektiv diffamiert. Offenbar sollten dadurch Familien gewarnt werden, zuzulassen, daß ein Glied diesen − als zu verachtenden dargestellten − Beruf aufnimmt[156]. Beachtung verdient die in bShevu 39a und Sifra 20,5 R. Yehuda (T 4, 135−217⟨?⟩ n. Chr.) zugeschriebene Entschärfung und Korrektur der Anschauung R. Shim'ons.

In diesem Zusammenhang erwähnen wir drei Tanḥuma-Texte, die von *mokhsin* und ihrem Recht auf Konfiskation bei Steuerhinterziehung handeln (vgl. u. 6.4.3.6).

Zunächst verweisen wir auf die Parallelüberlieferung des attischen Komödiendichters Leukon in Tanḥuma Shoftim (s. o. 3.2.3.5).

Zu Gen 12,10 (»Es kam aber eine Hungersnot in das Land«) führt der Homilien-Midrasch Tanḥuma zu dem Grenzübertritt Abrahams und Saras nach Ägypten aus[156a].

Als sie an das Tor von Ägypten kamen und am Nil standen, sah unser Vater Abraham den Schatten Saras spielen auf dem Strom, wie von den Strahlen der Sonne . . . Wohlan, ich tue dich in einen Kasten, denn ich fürchte um mich, wenn es sein sollte, daß dich die Ägypter sehen. Nachdem er dies getan hatte, wollte er hinüberschreiten, da versammelten sich die *mokhsin*. Sie sprachen zu ihm: was trägst du da in dem Kasten? Er sagte: Gerste! Da sprachen sie: nicht wahr, sondern Weizen! Da sprach er zu ihnen: erhebt den Zoll für Weizen. Da sprachen sie zu ihm: Pfeffer ist drin! Darauf er: erhebt den Zoll für Pfeffer. Da sprachen sie zu ihm: Goldstücke sind drin. So trieben sie ihn in die Enge, öffneten den Kasten und sahen sie der strahlenden Sonne gleich. Da sprachen sie zu ihm: sie ist nicht dazu beschaffen, daß ein gewöhnlicher Mensch sie besitzen dürfte.

In Tanḥuma (ed. Buber) wird ebenfalls von einer gründlichen Durchsuchung und Konfiskation durch *mokhsin* berichtet[156b].

Unsere Lehrer erzählten eine Begebenheit mit einem Schiff, auf dem sich Händler befanden. Und es war dort auch ein Genosse (der Gelehrten). Sie sagten zu ihm: Was ist deine Ware? Er sagte zu ihnen: Sie ist verborgen! Sie sagten zu ihm: Warum zeigst du sie uns nicht? Er sagte zu ihnen: Wenn ich in die Stadt hineingehe, zeige ich sie euch. Sie begannen, im Schiff herumzugehen, fanden sie aber nicht. Sie fingen an, über ihn zu lachen. Sie machten es (so lange), bis die *mokhsin* zu ihnen ka-

---

[156] S. S. KRAUSS, TA II 375: »Das verhaßte Geschäft lag zuweilen durch Generationen in der Hand derselben Familie.«

[156a] Tan Lekh lekha 5; Übers. nach F. Singermann, Berlin 1927, S. 84f.

[156b] TanBu teruma (zu Ex 25,1); Übers. nach H. Bietenhard, Midrasch Tanḥuma B (JudChrist 5), I 386. Vgl. noch A. SCHLATTER, Mt 304.

men und alles nahmen, was sie hatten. Sie gingen in die Stadt hinein (und) sie hatten weder etwas zu essen noch anzuziehen. Der betreffende Genosse (der Gelehrten) ging ins Lehrhaus, wo er sich unter die Menge setzte und sie lehrte. Man begann, ihn zu ehren und ihn zu versorgen. Diejenigen, die mit ihm auf dem Schiffe waren, kamen zu ihm und erbaten von ihm (Unterstützung). Sie sagten zu ihm: Wir bitten dich, weil du uns auf dem Schiff kanntest, lege ein gutes Wort für uns ein! Was verursachte es dir, daß du gerettet wurdest? Die Tora, die in seinem Herzen war. Das ist: »Denn eine gute Lehre« (Prov 4,2).

Alle drei Texte stellen die *mokhsin* keineswegs besonders negativ dar. Sie können keinesfalls zur Stützung der in mNed 3,4 und bShevu 39a anzutreffenden rigiden religionsgesetzlichen Ablehnung des *mokhes* verwendet werden. Die Normalität, die sich mit der fehlenden Deklaration und der Konfiskation verbindet, zeigte G. Klingenberg in seinem „Commissum", jetzt beschreiben sie H. Engelmann und D. Knibbe in ihren Ausführungen zum Monumentum Ephesenum.

### 6.4.3.2 *Mokhes* und *'am ha-areṣ*:

Von einem engen Zusammenhang zwischen *ḥaver* und *mokhes*/τελώνης spricht mit verschiedenen Varianten *tDem 2,17*. Zunächst kann diese R. Me'ir (T 3, 130–160 n. Chr.) zugeschriebene Anekdote als »antithesis between tax collection and *ḥaberut*« verstanden werden »in pointedly ironic terms«[157]:

ר' שמעון בן אלעזר אומר משום ר' מאיר מעשה באשה אחת שנישאת לחבר
והיתה קומעת על ידיו תפילין נישאת למוכס וקשרה על ידיו קשרים.

R. Shim'on b. El'azar sagte im Namen von R. Me'ir: Ein Geschehnis mit einer Frau, die mit einem *ḥaver* verheiratet war und bei ihm Tefillin knüfte; sie wurde (später) mit einem Abgabenpächter (verheiratet) und knüpfte bei ihm Knoten (d. h. Steuerquittungen).

Aber wird dieser Beleg nicht allein aufgrund seines *jetzigen* Zusammenhangs und eines interpretatorischen Vorverständnisses ironisch? Stoßen wir hier nicht grundsätzlich nicht nur auf einen späteren »äußersten Gegensatz«[158] (*ḥaver-mokhes*/τελώνης), sondern *auch* auf eine ursprünglich *innere Verbindung?* Mit nichts wird angedeutet bzw. kann vorausgesetzt werden, daß die Frau von einem Extrem ins andre fällt bzw. geführt wird, vielmehr scheint ursprüngliches konsequentes, problemloses Verhalten naheliegend.

---

[157] S. Spiro, Ḥaber 202.
[158] W.-Fr. Krämer, in: Die Tosefta, Seder I: Zeraim 2: Demai-Schebiit (RT 1). Stuttgart usw. 1971, 40 Anm. 118.

6.4.3.3 *Gabbai* und *mokhes*:

In einer anonymen Baraita in *bSan 25b* heißt es[159]:

הגבאין והמוכסין, מעיקרא סבור. מאי דקיץ להו קא שקלי, כיון דחזו
דקא שקלי יתירא - פסלינהו.

Von den Steuereinnehmern *(gabba'in)* und Abgabenpächtern *(mokhsin)* glaubten sie anfangs, sie nehmen nur das, was ihnen gesetzlich festgesetzt ist, als sie aber sahen, daß sie mehr nehmen, erklärten sie sie als unzulässig.

Offenbar gab es eine Zeit, in der die *gabba'in* und *mokhsin* in Palästina als Zeugen oder Richter (vgl. o. 6.3.2.5) zugelassen, das heißt religiös unverdächtig waren, wobei es grundsätzlich wenig wahrscheinlich erscheint, daß stets nur die festgesetzten Beträge erhoben wurden. Wenn sie ›anfangs glaubten‹, die *gabba'in* und *mokhsin* hielten sich strikt an die Steuertarife, dann mag hierin zum Ausdruck kommen, daß die ersten Pharisäergenerationen ihnen gegenüber positiver eingestellt waren als spätere. Wenn es weiter heißt: ›als sie aber sahen, daß sie mehr nehmen‹, dann liegt als Begründung für den religiösen Ausschluß hier entweder ein Scheinargument zugrunde oder es ist eine wirtschaftlich schwierige Zeit im Blick, etwa die Zeit nach dem zweiten jüdischen Aufstand (135 n. Chr.).

Der Vorwurf der ungesetzlichen und ungerechtfertigten Mehreinnahme ergeht sowohl an den *gabbai* (Steuereinnehmer) als auch an den *mokhes* (Abgabenpächter). Damit werden die Interpretationen hinfällig, die im *gabbai* den römischen publicanus sehen, der sich nichts habe zuschulden kommen lassen, und im *mokhes* den römischen portitor, der die Steuerpflichtigen betrogen habe[160].

Weiterhin ist von Tarifen die Rede (vgl. ›gesetzlich festgelegt‹). Tarife sind in Palästina bereits seit der ptolemäischen Zeit, nicht erst seit Nero, vorauszusetzen[161]. Diese Baraita muß demnach keineswegs auf nach-neronische Verhältnisse anspielen. Andererseits sind Übergriffe vor allem in Zeiten wirtschaftlicher Not besonders häufig, so daß hier vielleicht doch die Situation im 2. Jahrhundert n. Chr. angesprochen ist. Dann wäre aber unter *gabbai* möglicherweise der liturgische Steuereinnehmer und nicht der Angestellte des Abgabenpächters zu verstehen (vgl. o. 6.4.2). Wie auch immer diese Baraita zeitlich einzuordnen ist, sie zeigt jedenfalls, daß *gabbai* und *mokhes* zunächst als religiös vollwertige Personen angesehen wurden, später nicht mehr.

Vorgeworfen werden dem *mokhes*/τελώνης ungesetzliche Mehreinnahmen, also Betrug am Steuerzahler. Andererseits sollte nicht übersehen werden, daß die τελῶναι ihrerseits gegen Schmuggel und Steuerbetrug ankämpfen

---

[159] Vgl. z. B. J. Levy, Wb. III 114 z. St.; J. Jeremias, Jerusalem 338, 345 ff. und O. Michel, Art. τελώνης 102,9 ff.

[160] Vgl. z. B. S. Krauss, TA II 374, 375.

[161] Vgl. U. Wilcken, Gz. 211 (s. o. Abschn. 5.6.2.7 mit Anm. 150).

mußten[162]. Auch wenn diese Baraita nur auf späte Verhältnisse eingehen sollte, so kann sie uns *grundsätzlich* auf die Problematik der *Steuerflucht* aufmerksam machen, die in der Regel ausgeblendet wird, die dennoch *entscheidenden* Einfluß auf das Verhalten der Abgabenpächter hatte[163].

In *mBQ 10,1b = tBQ 10,2a* heißt es[164]:

אין פורטין לא מתבת המוכסין, ולא מכיס שלגבאין, ואין נוטלין
מהם צדקה. אבל נוטל הוא מתוך ביתו או מן השוק.

Man läßt sich nicht [Geld] wechseln weder aus dem Kasten der Abgabenpächter noch aus dem Beutel der Steuereinnehmer. Auch nimmt man daraus kein Almosen an. Aber man darf [Geld] aus seinem Hause oder vom Markte [von ihm] annehmen.

Die *mokhsin* und *gabba'in* werden positiver beurteilt als in bSan 25b Bar. Mit Recht stellt W. Windfuhr fest: »Merkwürdig ist, daß nach der Mischna das Unrecht dem Gelde, und nicht der Person der Beamten anhaftet; doch scheint der mit *aval* beginnende Satz wegen des plötzlich geänderten Numerus hier nicht ursprünglich.«[165] Der *mokhes* wird hier — gegenüber mNed 3,4 — deutlich weniger rigoros abgelehnt.

### 6.4.3.4 Der *gabbai*:

Nur vom *gabbai* handelt die Änderung der rabbinischen Einstellung zu dessen Steuererhebung aus *tDem 3,4 (Z. 49)* mitsamt den Parallelen *yDem 2,3 (23a, 11ff.)* und *bBekh 31a Bar*[166]:

בראשונה היו אומרין חבר ונעשה גבאי דוחין אותו מחבירותו חזרו לומר
כל זמן שהוא גבאי אינו נאמן פירש מגבייתו הרי זה נאמן.

Anfangs sagte man: ⟨Ist einer⟩ ḥaver und wurde zum *gabbai* gemacht, verstößt man ihn aus seiner Ḥaverut (b: + und wenn er es aufgegeben hat, nehme man ihn nicht wieder auf). Man ging davon ab ⟨und⟩ sagte: Solange er Steuereinnehmer ist, ist er nicht beglaubigt; schied er aus seinem Steuereinnehmeramt aus, siehe, so ist er ⟨wieder⟩ beglaubigt (y: siehe, so ist er wie ein ḥaver).

---

[162] S. u. 6.4.3.6 sowie o. S. 200f.; Abschn. 5.7 (mit Skizze) und 3.2.3.

[163] BILL. I 379 setzt gerade andersherum an: »Wie die Zöllner sich durch Überschreitung der Zolltaxe zu bereichern suchten, so suchte sich das Publikum durch Zollhinterziehung schadlos zu halten.« Steuerhinterziehung tritt allerdings auch bei objektiv gerechtfertigter Steuerforderung auf. — S. noch Skizze o. 3.2.3.

[164] Vgl. E. SCHÜRER, GJV I 479 Anm. 116 (V/M I 376 Anm. 108). — Die Übers. folgt W. Windfuhr, GM IV/1, 79.

[165] Ebd. 79 (Anm. zu X 1b).

[166] Vgl. O. MICHEL, Art. τελώνης 101,17ff.; M. AVI-YONAH, Geschichte 101 mit Anm. 67; M. ELON, Art. Taxation (o. Anm. 134) Sp. 842; D. SPERBER, Art. Tax Gatherer Sp. 873. — Die Übers. folgt W. Fr. Krämer (o. Anm. 158) z.St.

Auffällig an dieser Tosefta und ihren Parallelen ist das Passiv *na'ase* ›gemacht werden‹), weiter, daß nur der *gabbai* und nicht auch der *mokhes* genannt wird. Deshalb kann mit *gabbai* am ehesten der zwangsverpflichtete Steuereinnehmer gemeint sein, und nicht, wie sprachlich ebenfalls möglich, der Steuereinnehmer als Angestellter des Abgabenpächters (vgl. o. 6.4.2). W.-Fr. Krämer hat deshalb Recht, wenn er z. St. bemerkt: »Diese Vorschriften liegen auf einer anderen Ebene als die Beurteilung der Zöllner nach dem NT.«[167]

Dem *na'ase* (ni. pass.) liegt ein Zwang zugrunde. Eine Zwangsverpflichtung zum Steuereinzug ist aus Palästina im 1. Jahrhundert n. Chr. nicht bekannt; sie läßt sich jedoch wirtschaftshistorisch besonders nach dem ersten jüdischen Aufstand (nach 70 n. Chr.) vermuten. Ebenfalls vom liturgischen Steuereinnehmer wird unmittelbar anschließend in *bBekh 31a* berichtet. Rabba (bar Naḥmani) und R. Yosef (bar Ḥiyya) kamen zu Rab Huna b. Ḥiyya (alle bA 3, 280–320 n. Chr.) und erfuhren,

> daß er *gabbai* wurde, und ließen ihm sagen: Folge deiner Amtswürde und gehe zu deinem Berufe. Hierauf ließ er ihnen sagen: Ich habe es aufgegeben. R. Yosef ging nicht mehr hin, Rabba ging hin. R. Yosef sagte, wir haben gelernt, wenn er es aufgegeben hat, nehme man ihn nicht wieder auf. Rabba sagte, wir haben gelernt, sie traten zurück und sagten, wenn er es aufgegeben hat, gleiche er jedem andren Menschen[168].

Offenbar ebenfalls vom liturgischen Steuereinnehmer heißt es in *bSan 25b,* in einer Entscheidung R. Yehuda I. ha-Nasi (T 4, gest. 217):

אמר רב יהודה: סתם רועה - פסול, סתם גבאי - כשר.

R. Yehuda sagte: Der unbescholtene Hirt ist unzulässig, der unbescholtene *gabbai* ist zulässig.

Der Patriarch setzt sich für die liturgischen Steuereinnehmer ein, er wendet sich somit gegen die Diffamierung der Oberschicht, der diese angehörten. Da er selbst sehr reich war, wurde er möglicherweise selbst zum Einzug von Steuern gezwungen.

Weiterhin kann auf den Vater des R. Zera (pA 3, um 300) verwiesen werden, der in Babylonien unter sassanidischer Herrschaft 13 Jahre lang nach *bSan 25b* die (liturgische?) Steuererhebung *(gabbayyuta)* betrieb:

אבוה דרבי זירא עבד גביותא תליסר שנין.

Von R. ʿAqiva (T 2, um 130 n. Chr.) wird in *mAv 3,17* ein Gleichnis über das menschliche Leben in der Verantwortung vor Gott überliefert. Das Schicksal des Menschen wird dabei mit den *gabba'in* verglichen[168a].

---

[167] Ebd. 47 Anm. 27.

[168] Übers. nach L. Goldschmidt (o. Anm. 155), XI 539.

[168a] Übers. nach L. Goldschmidt (o. Anm. 155), IX 673 (zu 3,20). – Der *gabbai* entspricht dem πράκτωρ, dem Einnehmer (s. o. 6.4.2).

Alles wird gegen Bürgschaft gegeben (pass. div.) und ein Netz ist über alles Lebende gebreitet (vgl. Koh 9,12). Der Laden ist (d. h. Die Vielfalt des Lebens steht) offen, der Krämer borgt (d. h. Gott gibt Freiheit), das Buch ist aufgeschlagen und die Hand schreibt; wer borgen will, mag kommen und borgen (und muß dann aber die Folgen tragen).

> ... והגבאים מחזירים תדיר בכל יום, ונפרעין מן האדם מדעתו ושלא
> מדעתו, ויש להם על מה שיסמכו.

Die Schuldforderer (*gabba'in*) gehen beständig, jeglichen Tag, umher und treiben vom Menschen Zahlung ein, mag er wollen, mag er nicht wollen, denn sie haben, worauf sie sich stützen. Der Rechtsspruch beruht auf Wahrheit (d. h. Gott urteilt gerecht), und zum Mahle ist alles bereit (d. h. Gott lädt den Menschen ein zur ewigen Gemeinschaft mit ihm).

### 6.4.3.5 Negative Reihen mit *mokhes:*

Wie in der griechischen Profanliteratur so finden wir auch im rabbinischen Schrifttum Negative Reihen mit *mokhes*/τελώνης[169]. Hier wie dort ist *mokhes* eng mit Ausdrücken des Raubs verbunden, darüberhinaus gibt es jedoch kaum weitere gemeinsame Merkmale. Eine ausführliche Untersuchung der Negativen Reihen fehlt auch hier. Die Ausführungen von J. Jeremias zu den verachteten Gewerben − besonders seine Interpretation zu bSan 25b (o. 6.4.3.3) −, führen allenfalls in das Problem ein. Es ist deshalb schwierig, aufgrund der folgenden thematisch eng begrenzten Auswahl der Negativen Reihen die sachlich zutreffenden Schlüsse zu ziehen. Vgl. Tabelle S. 206.

Von mNed 3,4 (Reihe I) und bSan 25b Bar (vgl. Reihe IIa) abgesehen erhalten wir für eine zeitliche Einordnung der Negativen Reihen nur indirekte Hinweise. Die Reihen I−III können möglicherweise alle schon dem 1. Jahrhundert n. Chr. zuzuordnen sein, was von Lk 18,11 her eine gewisse Unterstützung erhält:

V *Räuber* (ἅρπαγες)[181], *Betrüger* (ἄδικοι)[182], *Ehebrecher* (μοιχοί),
  *Abgabenpächter* (τελώνης).

Die Reihen I−IV lassen sich auf zwei Grundmuster (I und II) reduzieren. Dabei kann möglicherweise die auffällige Reihenfolge in DER 2,11 (Reihe III) als ›conflate reading‹ von Reihe I und II angesehen werden; ebenso mag Reihe IId eine weniger schematisierte Aufzählung von Reihe IIa.b sein. Jedenfalls zeigen die Reihen IId und III, daß I und IIa.b.c keinesfalls als normativ anzusehen sind.

---

[169] S. o. 3.2.4 sowie A. VÖGTLE, Lasterkataloge; S. WIBBING, Lasterkataloge und H. CONZELMANN, 1Kor (HNT 5) 121 ff. (zu 1Kor 5,9 ff.).

[181] J. JEREMIAS, Gleichnisse 139 übersetzt: »Spitzbube«, vgl. W. BAUER, Wb. 219 s. v.

[182] J. JEREMIAS, ebd.

## Negative Reihen mit *mokhes*

|  | | | | | |  |
|---|---|---|---|---|---|---|
| I[170] | | | | Mörder (*haragin*) | Räuber (*haramin*) | Abgabenpächter (*mokhsin*) |
| IIa[171] | | Räuber (*gazlanin*) | Gewalttäter (*hamsanin*) | Hirten (*ro'im*) | Steuereinnehmer (*gabba'in*) | Abgabenpächter (*mokhsin*) |
| IIb[172] | | Räuber (*gazlanin*) | Wucherer (*millui ribbiyot*) | Hirten (*ro'im*) | Steuereinnehmer (*gabba'in*) | Abgabenpächter (*mokhsin*) |
| IIc[173] | | | Steuereinnehmer (*gabba'in*) | | Steuereinnehmer (*gabba'in*) | Abgabenpächter (*mokhsin*) |
| IId[174] | | Räuber (*gazlanin*) | | Hirten (*ro'im*) | Gewalttäter (*hamsanin*) | in Geldsachen Verdächtige (*kol haḥodim 'al ha-mamon*) |
| III[175] | | | | Räuber (*haramin*) | Geldwechsler (*portin*) | Abgabenpächter (*mokhsin*) |
| IV[176] vgl. | | | | Bande (*gayyas*) | Räuber (*listim*) | Abgabenpächter (*mokhsin*) |

vgl. weiterhin:

|  | | |
|---|---|---|
| Geldgierige[177] (*oheve mamon*) | Räuber (*gazlanin*) | Gewalttäter (*hamsanin*) |
| Gewalttäter[178] (*hamsanin*) | Räuber (*gazlanin*) | |
| Räuber[179] (*gazlanin*) | Wucherer (*millui ribbiyot*) | |
| Abgabenpächter[180] (*mokhsin*) | Räuber (*listim*) | |

Die Reihe II erklärt sich daraus, daß nach rabbinischer Auffassung die Umkehr *(teshuva)* zum Beispiel für Hirten, Steuereinnehmer und Abgabenpächter schwer *(qashe)* sei, denn sie haben das, was sie durch Diebstahl, Betrug und Erpressung erworben hatten, an ihre Opfer zurückzuerstatten. Ohne Rückerstattung gibt es keine gültige Umkehr. Im Gegensatz zu J. Jeremias sehen wir in den Gewerben der Reihe II keineswegs »den schwersten Makel«, das heißt den Verlust der bürgerlichen Ehrenrechte, denn prinzipiell erscheint eine Umkehr möglich − und durchaus vollziehbar[183]. Die Reihe II besagt noch nicht, daß der Abgabenpächter nicht pharisäischer Genosse *(ḥaver)* sein könne; es heißt vielmehr nur, falls Umkehr aufgrund von Verfehlungen nötig sei, würde ihr konkreter Vollzug sachlich schwierig werden (können), denn möglicherweise (!) kennen die *gabba'in* und *mokhsin* nicht mehr alle, die sie betrogen haben und an denen sie Wiedergutmachung üben sollen. Daß eine Wiedergutmachung prinzipiell möglich erscheint, zeigt u. a. Cicero[184]! Somit kann in Reihe II nicht vom generellen Ausschluß des τελώνης aus der religiösen Gemeinschaft die Rede sein.

Eine viel schärfere Auffassung des *mokhes* / τελώνης begegnet in Reihe I: ›Mörder, Räuber, Abgabenpächter‹. Hier ist nicht mehr von einer möglichen Umkehr die Rede, sondern diese Reihe führt in die Nähe der Kardinalsünden (Götzendienst, Unzucht, Mord, vgl. Verleumdung). In diesem Zusammenhang verdient der Ausspruch R. Shim'ons Beachtung (bShevu 39a ⟨o. 6.4.3.1⟩), zugleich aber auch die völlig entgegengesetzte Auffassung in Sem 2,9 (u. 6.4.3.6), da hier die Steuer*hinterziehung* mit den Kardinalsünden verbunden wird. Wir treffen so auf kein einheitliches Bild − ebensowenig wie bei der Steuerhinterziehung (u. 6.4.3.6).

Drei unterschiedliche Gesichtspunkte werden demnach im Hinblick auf das pharisäisch-rabbinische Verständnis des *mokhes* erkennbar. Sie lassen sich

---

[170] mNed 3,4 = yNed 3,4 (38a, 34) = bBQ 113a. − tNed 2,2 (Z. 277,8) = yNed 3,4 f. (38a, 42) fügen »Heide« an. Vgl. insgesamt A. Büchler, 'Am 172 ff., 185 ff., 248 ff.

[171] bSan 25b Bar (= Erweiterung von mSan 3,3 = mRHSh 1,8).

[172] bBQ 94b.

[173] tBM 8,26 (Z. 390,3).

[174] tSan 5,5 (Z. 423,25); vgl. Bill. I 1001; II 114.

[175] DER 2,11.

[176] mBQ 10,2a; tBM 8,25 (Z. 389,32; 390,1.2).

[177] MekhSh zu Ex 22,26 (S. 212,12 f.).

[178] MekhY zu Ex 23,1b (S. 322,12 f.).

[179] bSan 27a Bar.

[180] bShevu 39a Bar.

[183] J. Jeremias, Jerusalem 345 mit Anm. 77; gegen Bill. II 248. S. noch O. Michel, Art. τελώνης 101,31 ff.; 103,1 ff.

[184] Cic. Att. 6,2,5; ausführlicher u. 7.8.

wohl alle (schon) für das 1. Jahrhundert n. Chr. wahrscheinlich machen oder gar nachweisen:

a) Die Umkehr ist (zwar gelegentlich schwer, aber prinzipiell) möglich, je- doch nur bei *Wiedergutmachung* (vgl. Reihe II/Lk 19,8, s. aber auch Lk 3,13).

b) Zwischen dem *ḥaver* und dem *mokhes* besteht ein grundsätzlicher Gegensatz (vgl. tDem 2,17), aber bei Berufsaufgabe ist *ḥaverut* möglich.

c) Der Gegensatz Pharisäer-Abgabenpächter (*mokhes / τελώνης*) ist *unüber- brückbar* (vgl. Reihe I / s. auch Lk 18,14a).

### 6.4.3.6 Zur Steuerhinterziehung[185]:

Den Pharisäern des 1. Jahrhunderts n. Chr. waren verschiedene betrügeri- sche Handlungen bekannt (bBB 89b), auch, daß steuerpflichtige Gegenstände in gehöhlten Gegenständen geschmuggelt wurden (mKel 17,16). Diese zum Schmuggel geeigneten Gegenstände sind deshalb unrein. Von R. Yoḥanan b. Zakkai (gest. um 80 n. Chr.) heißt es in *tKel BM 7,9 (Z. 586,27)*[186]:

ועל כולן אמר רבן יוחנן בן זכאי אוי לי אם אומר אוי לי אם לא
אומר אם אומר עכשיו מלמד אני את הרמאין לרמות אם לא אומר עכשיו
אני מונע את התלמוד ואטמא את הטהרות.

Über dies alles hat R. Yoḥanan b. Zakkai gesagt: wehe mir, wenn ich es sage; wehe mir, wenn ich es nicht sage. Wenn ich es sage, so lehre ich jetzt die Betrüger betrü- gen; wenn ich es nicht sage, so ziehe ich jetzt von der Lehre ab (*ani moneʿa et ha-tal- mud*) und mache das Reine unrein.

Schmuggel(-versuche) gibt es zu allen Zeiten. Zutreffend dürfte deshalb A. Schlatter deuten, R. Yoḥanan habe diese Lehre von »rein und unrein schon im Unterricht, den er empfing«, übernommen[187]. Es ist weniger wahrscheinlich, daß sie erst mit den wirtschaftlichen Schwierigkeiten nach dem ersten jüdi- schen Krieg ausgebildet worden sei.

R. ʿAqiva (T 2, gest. um 135 n. Chr.) und R. Shimʿon b. Yoḥai (T 3, um 150 n. Chr.) halten nach *bBQ 113a* die Steuerhinterziehung für erlaubt:

R. Shimʿon sagte im Namen R. ʿAqivas, man dürfe den Zoll wohl hinterziehen (*mutar lehivriaḥ et ha-mekhes*).

Nach *bBB 127b* ist die Hinterziehung von Sklavensteuer erlaubt: wenn je- mand an einem τελώνιον vorübergeht und sagt: er ist mein Sohn, und später

---

[185] Zu mNed 3,4 s. o. 6.4.3.1; s. noch o. Anm. 162 und 163.

[186] Vgl. A. SCHLATTER, Jochanan B. Zakkai 30 f. (hiernach auch Übers.); J. JEREMIAS, Jerusalem 140 mit Anm. 7. – Leider geht J. NEUSNER, Formation 30–32 auf den Schmuggel nicht näher ein.

[187] Ebd. 31.

sagt er, er ist mein Knecht, so ist er glaubhaft (*ne'eman*). Nach *PesK 164a,* tradiert von R. Yoshia (pA 3, um 280 n. Chr.), wird jemand der Steuerhinterziehung (*eḥad shegonev et ha-mekhes*) überführt.

Auf *mNed 3,4* haben wir schon hingewiesen (o. 6.4.3.1). Andererseits finden wir als offenbar (?) alte Mischna *mKil 9,2c,* die die Steuerhinterziehung verbietet[188]:

> Mischgewebe darf man auch vorübergehend nicht anlegen, nicht einmal über zehn ⟨anderen Kleidern⟩, auch nicht zur Hinterziehung des Zolles (*afilu lignov et ha-mekhes*).

Derselbe R. Shim'on b. Yoḥai, der im Namen R. 'Aqivas die Steuerhinterziehung erlaubte (vgl. o. zu bBQ 113a), sagt *bSukka 30a*[189]:

> משל למלך בשר ודם שהיה עובר על בית המכס אמר לעבדיו תנו מכס
> למוכסים אמרו לו והלא כל המכס כולו שלך הוא אמר להם ממני ילמדו
> כל עוברי דרכים ולא יבריחו עצמן מן המכס.

Ein Gleichnis. Als einst ein König aus Fleisch und Blut an einem τελώνιον vorüberging, sprach er zu seinen Dienern: ›τέλος τελεῖτε τοῖς τελώναις‹. Da sprachen sie zu ihm: ›Ist nicht der Zoll vollständig Dein?‹ Darauf erwiderte er ihnen: ›Von mir sollen alle anderen Reisenden lernen, keinen Zoll zu hinterziehen.‹

Ganz eindeutig lehnt *Sem 2,9* die Hinterziehung von Steuern ab, allerdings gehört diese Quelle spätestens in die letzten Jahrzehnte des 3. Jahrhunderts n. Chr., gibt aber sehr wahrscheinlich frühere tannaitische Traditionen wieder[190]:

> הרוגי מלכות, אין מונעין מהן לכל דבר. מאימתי מתחילין להן למנות?
> משעת שנתיאשו מלשאול, אבל לא מלגנוב. כל הגונב, הרי זה שופך
> דמים, ולא כשופך דמים בלבד - אלא כעובד עבודה זרה, ומגלה עריות,
> ומחלל שבתות. כיוצא בו, הגונב את המכס הרי זה שופך דמים, ולא
> כשופך דמים בלבד - אלא כעובד עבודה זרה, ומגלה עריות ומחלל
> שבתות. כיוצא בו, הגונב את החרם הרי זה שופך דמים, ולא כשופך
> דמים בלבד - אלא כעובד עבודה זרה, ומגלה עריות, ומחלל שבתות.

Man versage denen nichts, welche von der Regierung zum Tode verurteilt wurden. Wann beginnt die rituelle Trauer um sie? Von der Zeit an, wo man die Hoffnung aufgegeben hat, die Herausgabe der Leiche durch Bitten zu erwirken, obgleich es noch möglich wäre, sie heimlich zu entwenden. Wer etwas entwendet, ist wie einer, der Blut vergießt, ja nicht nur wie einer, der Blut vergießt, sondern auch wie einer, der Götzendienst treibt, in Blutschande lebt und die Sabbate entweiht.

---

[188] Übers. nach L. Goldschmidt (o. Anm. 155), I 339; s. auch K. Albrecht, GM I 4, 71.

[189] Übers. nach L. Goldschmidt (o. Anm. 155), III 340; vgl. I. ZIEGLER, Königsgleichnisse 132.

[190] So D. ZLOTNICK, The Tractate ›Mourning‹, New Haven 1966, 9; vgl. J. WINTER / A. WÜNSCHE, Litteratur I 609 ff. (danach Übers.); A. BÜCHLER, Studies 197 f. und M. ELON, Art. Taxation (o. Anm. 134) Sp. 842.

Ebenso ist, wer Steuern hinterzieht (*ha-gonev et ha-mekhes*) wie einer, der Blut vergießt, und nicht nur wie einer, der Blut vergießt, sondern auch wie einer, welcher Götzendienst treibt, in Blutschande lebt und die Sabbate entweiht. Ebenso ist, wer etwas von demjenigen, was im Tempel geweiht wurde, entwendet, wie einer, der Blut vergießt, und nicht allein wie einer, der Blut vergießt, sondern auch wie einer, der Götzendienst treibt, in Blutschande lebt und die Sabbate entweiht.

Im 3. Jahrhundert n. Chr. gab R. Yehuda I. ha-Nasi (T 4, gest. 217) um 215 n. Chr. seinem Sohn den Rat *(bPes 112b):*

Begehe keine Steuerhinterziehungen (*'al tivriaḥ 'azmekha min ha-mekhes*)!

Der Patriarch, der höchste Repräsentant des Judentums, stand der römischen Regierung sehr nahe, ihn verband möglicherweise eine Freundschaft mit Caracalla.

Mar Shemu'el (bA 1, gest. 254 n. Chr.) anerkannte die Gesetze der um 227 n. Chr. zur Herrschaft gelangten sassanidischen Monarchie für die babylonischen Juden *(bNed 28a; bBQ 113a/b)*[191]: »Der Rechtsausspruch der (nichtjüdischen) Regierung ist ein vollgültiges Recht *(dina de-malkuta dina)!*«, d. h. die Abgaben und Steuern sind (auch?) an die neue Regierung zu zahlen.

Die Stellung zur Steuerhinterziehung ist keineswegs einheitlich, was besonders R. Shim'on deutlich macht (vgl. bBQ 113a mit bSukka 30a). Zunächst überrascht, daß mNed 3,4 sowie R. 'Aqiva / R. Shim'on die Steuerhinterziehung als durchaus legitim ansehen, da die von τελῶναι erhobenen Steuern / Zölle nicht nach Rom, sondern in kommunale Kassen flossen. Somit wurde die eigene kommunale Verwaltung geschädigt. Die Erlaubnis zur Steuerhinterziehung wäre verständlicher, wenn diese Texte nach dem Bar-Kokhba-Aufstand anzusetzen wären, denn diesem folgte, da die Sozialstruktur Judäas völlig zerbrochen war, eine Zeit des ›nackten Überlebens‹.

Wenn wir die Negativen Reihen und die Erlaubnis zur Steuerhinterziehung zusammennehmen und festhalten, daß zumindest gegen Ende des 1. Jahrhunderts n. Chr. eine deutliche Ablehnung des *mokhes* pharisäischerseits festzustellen ist, dann wird A. Büchler kaum rechthaben, wenn er meint, »daß die Ächtung der in römischen Diensten stehenden Juden erst in Ušâ erfolgt« sei[192]. Denn das Lehrhaus in Usha (Untergaliläa) vertrat einerseits keine homogene Meinung (vgl. R. Shim'on!), andererseits dürften für seine Stellung (bzw. für R. Shim'on) die zeitgeschichtlichen Ereignisse mit ihren Folgen für das Steuerwesen eine ähnliche Rolle gespielt haben, wie wir es bei der Interpretation von UPZ I 113 sahen (o. 5.6.1.13). Dies bedeutet, daß infolge des Bar-Kokhba-Krieges die Steuern unregelmäßig oder überhaupt nicht gezahlt wurden, das Finanzwesen in Unordnung geriet und der Steuerzahler letztendlich der Leidtragende war.

Darüberhinaus gibt es keinen Grund, dem *mokhes* / τελώνης Kollaboration

---

[191] Zur Übers. vgl. J. Levy, Wb. I 398 s. v. *dina.*
[192] 'Am 187, vgl. ebd. 250.

mit Rom vorzuwerfen[193]. Auf diese Weise wird zwar versucht, die äußerst negative Beurteilung des τελώνης durch Pharisäer / Rabbinen verständlich zu machen, doch das ist ein Irrweg. Darauf wies auch schon A. Büchler hin, wenn er beobachtet[194]:

> »Für die Lehrer als die geistigen Führer des Volkes wäre es von großer moralischer Bedeutung gewesen, diese mit den römischen Behörden verkehrenden wohlhabenden Juden für das religiöse Leben und für die Synagoge zu gewinnen.«

Diese kritische Bemerkung A. Büchlers zur ethisch-religiösen Haltung der Rabbinen führt uns schon in den exegetischen Teil. Zuvor jedoch wollen wir die Frage, inwieweit die palästinischen τελῶναι als außerhalb des Judentums stehend aufgefaßt werden müssen, in einigen exkursartigen Abschnitten untersuchen.

## 6.5 Weitere antike Zeugnisse zum palästinischen τελώνης

Gegen die These, die palästinisch(-synoptisch)en τελῶναι seien allgemein verachtet gewesen oder vom jüdischen Glauben abgefallen, spricht die Erwähnung des angesehenen τελώνης Johannes in Caesarea und die Erzählung von der großen Trauergemeinde bei der Beerdigung des (Sohnes des) *mokhes* Ma'yan / Ba'yan in Askalon.

### 6.5.1 Johannes in Caesarea (Jos. Bell. 2,287 ff.)[195]

Die Auseinandersetzungen um die jüdische oder hellenistische Vorherrschaft in Caesarea (vgl. Jos. Bell. 2,266−270 ⟨= Ant. 20,173−178⟩) führten dazu, daß der kaiserliche Prokurator Antonius Felix die Vornehmsten der Kontrahenten zu Nero schickte, damit der Kaiser selbst ihren Streit beende (Bell. 2,270). Nero traf die Entscheidung zugunsten der Hellenen (Bell. 2,284). Als daraufhin den Juden der Zugang zu ihrer Synagoge durch schikanöse Baumaßnahmen eines »Syrers« erschwert und gewalttätige Abhilfe durch die Truppen des Gessius Florus vereitelt wurde, »versuchten die vor-

---

[193] Vgl. F. HERRENBRÜCK, Kollaboration.

[194] 'Am 187 f. Vgl. L. RAGAZ, Gleichnisse 112: »Der Pharisäer ist schuld am Zöllner; er hat ihn in die religiöse und soziale Knechtung gestoßen«; J. MOLTMANN, in: Lukaspredigt. Stuttgart 1977, 102: »Der Pharisäer ... wird zu einem ›Abgesonderten‹ nur durch seine Distanz von ... Sündern und Zöllnern. Er wird zu einem ›Besonderen‹ nur durch seine Verurteilung der anderen, die nicht so sind wie er.«

[195] Vgl. E. SCHÜRER, GJV I 476 mit Anm. 104 (V/M I 374 mit Anm. 98); A. SCHLATTER, Theol. Jdt. 186; DERS., Mt 196; F. HEICHELHEIM, R.S. 233; J. JEREMIAS, Jerusalem 346 Anm. 93; O. MICHEL, Art. τελώνης 98; A. SCHALIT, K.H. 296 mit Anm. 532 und L. I. LEVINE, Caesarea 23.

nehmen Juden, unter denen der τελώνης Johannes war, in ihrer Verlegenheit, den Florus mit acht Talenten Silber zu bewegen, er möchte den Bau einstellen lassen« (Bell. 2,287)[196]:

> Ὡς δὲ τούτους εἶϱγεν τῆς βίας Φλῶϱος, ἀμηχανοῦντες οἱ δυνατοὶ τῶν Ἰουδαίων, σὺν οἷς Ἰωάννης ὁ τελώνης, πείθουσι τὸν Φλῶϱον ἀϱγυϱίου ταλάντοις ὀκτὼ διακωλῦσαι τὸ ἔϱγον.

In § 292 heißt es nochmals: »Die vornehmen Juden aber, zwölf an der Zahl, mit Johannes an der Spitze, begaben sich zu Florus nach Sebaste ...«:

> Οἱ δὲ πεϱὶ τὸν Ἰωάννην δυνατοὶ δώδεκα πϱὸς Φλῶϱον ἐλθόντες εἰς Σεβαστὴν ἀπωδύϱοντο πεϱὶ τῶν πεπϱαγμένων καὶ βοηθεῖν ἱκέτευον, αἰδημόνως ὑπομιμνήσκοντες τῶν ὀκτὼ ταλάντων.

Die Judenschaft in Caesarea kann keineswegs als »hellenisiert« angesehen werden, denn sonst hätte sich der Konflikt mit den ›Syrern‹ nicht ergeben. In der Frage der Unverletzlichkeit der Synagoge sowie der Torarollen und in der Abwehr des heidnischen Kultes nahmen sie durchaus einen strengen Standpunkt ein; sie zogen sich bei diesem Konflikt mit den Torarollen nach Narbata zurück (Bell. 2,291). Wie ist nun einerseits die Funktion, andererseits die Religiosität des Johannes zu beschreiben?

Der Ausdruck οἱ δυνατοὶ τῶν Ἰουδαίων, σὺν οἷς Ἰωάννης ὁ τελώνης (§ 287) erfordert besondere Aufmerksamkeit. A. Schlatter meint, »der Zöllner gehörte nicht zu den δυνατοί, den πϱῶτοι der Gemeinde, war aber in der Stadt ein mächtiger Mann und hatte Einfluß auf den Statthalter«[197]. In diesem Zusammenhang führt er aus, daß »der Zöllner ... besonders deutlich den jüdischen Freisinn mit seiner geschwächten Religiosität (repräsentiere)«[198]. Wenn die Juden von Caesarea wirklich im ernsten Kampf mit ihren Gegnern lagen, werden sie kaum einen Apostaten zum Führer ihrer Gesandtschaft (§ 292) gewählt haben, nicht einmal deshalb, weil er Einfluß auf Florus hatte.

Es ist die Frage, ob σὺν οἷς Johannes den δυνατοί zuordnet oder ihn nur mit den δυνατοί zusammenstellt. Eine Erklärung erlaubt § 292 (s. o.): οἱ πεϱὶ τὸν Ἰωάννην weist Johannes als Führer der δυνατοί und zugleich als einen der δυνατοί aus[199]. Es erscheint somit nicht geboten, zwischen Johannes und den δυνατοί der jüdischen Gemeinde zu unterscheiden. Johannes war ein »mächtiger Mann« (A. Schlatter, s. o.) und vertrat seinen unbeeinträchtigten jüdischen Glauben. Er gehörte zu den führenden Köpfen der jüdischen Gemeinde von Caesarea.

---

[196] Die Übers. folgt O. Michel / O. Bauernfeind z. St.

[197] Mt 196.

[198] Ebd. 195.

[199] Vgl. W. BAUER, Wb. Sp. 1300 s. v. πεϱί 2aδ; S. L. RADT, Aischylos (o. Kap. 5 Anm. 137) 48, vgl. 47, 56.

Der von A. Schlatter für die palästinischen τελῶναι in Anspruch genom-
mene »Freisinn mit seiner geschwächten Religiosität« kann folglich nicht bewiesen werden. Dem widerspricht nicht, daß Johannes bei diesem Konflikt
eine *Schutzfunktion* ausübte, was allerdings keineswegs auf rein jüdische Orte
in Galiläa oder Judäa übertragen werden kann, jedoch erscheint für gemischte
Orte wie Tiberias oder Sepphoris eine solche Schutzfunktion durchaus ebenso
möglich. In jedem Fall gehört Johannes fest zur jüdischen Gemeinde, wie gerade der Ausdruck οἱ περὶ αὐτόν anzeigt. Offenbar war die angesehene Stellung des Johannes nur deshalb möglich, weil, wie A. Schlatter an anderer
Stelle zutreffend bemerkt, zu jener Zeit die dortige Judenschaft noch nicht
pharisäisch beeinflußt war[200].

## 6.5.2 Ma'yan oder Ba'yan?

Mit den folgenden Ausführungen soll nicht behauptet werden, daß wegen der
Ähnlichkeit bzw. Gleichheit der Namen auch weitergehende Schlußfolgerungen
gezogen werden müssen. Wohl aber soll zur Diskussion gestellt werden, ob sich
dem dargestellten Material nicht anfangsweise eine Klärung der Überlieferung entnehmen läßt.

### 6.5.2.1 Der *mokhes* Ma'yan in Askalon[201]:

Nach H. Gressmann bieten von den verschiedenen Versionen dieser Geschichte yHag 2,2 (77d, 42–57) und ySan 6,9 (23c, 30–43) die älteste Fassung[202]. Wir geben Text und Übersetzung von yHag[203]:

תרין חסידין חוון באשקלון אכלין כחדא ושתין כחדא ולעיי באוריתא
כחדא. דמך חד מנהון ולא אתגמול ליה חסד. מית בריה דמעין מוכס
ובטילת כל מדינתא מיגמול ליה חסד. שרי ההוא חסידא מצטער אמר ווי
דלית לשנאיהון דישראל כלום.
אתחמי ליה בחילמא ואמר ליה. לא תבזי בני מריך. דין עבד חדא חובא
ואזל בה ודין עבד חדא טיבו ואזל בה. ומה חובא עבד ההוא חסידא. חס
ליה לא עבד חובא מן יומוי אלא פעם אחת הקדים תפלין של ראש לתפלין
של יד. ומה טיבו עבד בריה דמעין מוכס. חס ליה לא עבד טיבו מן יומוי
אלא חד זמן עבד אריסטון לבולבטייא ולא אתון אכלוניה אמר ייכלוניה

---

[200] Theol.Jdt. 186. Vgl. D. E. Aune, Orthodoxy.

[201] Vgl. A. Schlatter, GI 158; ders., Mt 196; H. Gressmann, VrMann; R. Bultmann, GST 193, 212 f.; M. Gaster, Exempla Nr. 332 (S. 119 f. 243); B. Heller, Märchen 320, 325; H. Brunner, Wertung; M. Avi-Yonah, Geschichte 94 mit Anm. 37; J.
Neusner, Traditions I 100–102; M. Hengel, Legende.

[202] VrMann 9 f.; vgl. H. Brunner, Wertung 336 ff. und B/C, RTB 237 (S. 141).

[203] Die Übers. folgt G. A. Wewers, Hagiga. Festopfer. Übers. des Talmud Yerushalmi II/11, 52 f. (s. zum Text H. Gressmann, VrMann 10 Anm. 2). ySan hat durchgängig Bar Ma'yan.

מיסכיניייא דלא ליקלקל. ואית דאמרין בשוקא הוא עבר ונפל מיניה חד
עיגול וחמא חד מיסכן ונסב ליה ולא אמר ליה כלום בלין דלא מסמקי
אפוי.
בתר יומין חמא ההוא חסידא לחסידא חבריה מטייל גו גנין גו פרדסין
גו מבועין דמוי. וחמא לבריה דמעין מוכס לשונו שותת על פי הנהר בעי
ממטי מיא ולא מטי.

Es waren zwei Fromme in Askalon; die haben zusammen gegessen, zusammen ge-
trunken und zusammen die Lehre studiert. Einer von ihnen starb, aber es wurde
ihm nichts Frommes getan. Als (aber) der Sohn von Ma'yan dem Abgabenpächter
starb, hörte die ganze Stadt (mit der Arbeit) auf, um ihm Frommes zu tun. Jener
(andere) Fromme begann, sich zu grämen und sagte: weh, daß die Hasser Israels (=
Kakophemismus für Israeliten) gar nichts haben! Ihm erschien im Traum (der ver-
storbene Fromme) und sagte zu ihm: verachte nicht die Kinder deines Herrn (=
Gottes)! Dieser hat *eine* Sündenschuld getan, und er ist ihr entgangen; aber jener hat
*eine* gute Sache getan, und er ist ihr entgangen. Und welche Sündenschuld hat jener
Fromme getan? Bewahre, daß er zu seinen Lebzeiten eine (schwere) Sündenschuld
getan hätte! Aber einmal hat er die Kopfgebetsriemen den Armgebetsriemen vor-
angehen lassen. Und welche gute Sache hat der Sohn von Ma'yan dem Abgabenpächter getan? Bewahre, daß er zu seinen Lebzeiten (wirklich) eine gute Sache getan
hätte! Aber einmal hat er ein Frühstück (griech. »ariston«) für die Ratsmitglieder
(griech. »bouleutes«) (seiner Stadt) gegeben, aber die kamen nicht, um es zu essen.
Er sagte: es sollen die Armen kommen, damit es nicht verderbe! Und manche sagten: er ging (einmal) auf dem Markt vorüber, und ein Brotlaib fiel ihm herunter.
Ein Armer sah das, nahm ihn, und er sagte gar nichts (dagegen), ⟨um nicht sein Gesicht (vor Scham) erröten zu lassen⟩.
    Nach (einigen) Tagen schaute jener Fromme den (verstorbenen) Frommen, sei-
nen Genossen, wie er in Gärten, in Gartenanlagen, an Wasserquellen ging. Und er
schaute den Sohn von Ma'yan dem Abgabenpächter, wie er seine Zunge an das
Ufer eines Stroms legte: er wollte das Wasser erreichen, erreichte es aber nicht.

Die Erzählung behandelt die Frage der Theodizee bzw. der Vergeltungs-
lehre. Gott ist gut und gerecht, weil jede Tat den ihr gemäßen Lohn findet: die
gute Tat des *mokhes* und die Gebotsübertretung des *ḥasid* einerseits sowie die
Frömmigkeit des letzteren und die Gottlosigkeit des ersteren andererseits müssen jeweils zusammen gesehen werden. In dieser *religiösen Unterweisung*[204]
wird ein bestimmter Akzent gesetzt: Der *ḥasid* als Vorbild, dagegen der *mokhes*
als Abschreckung. Zugleich stoßen wir auf den Gegensatz *ḥasid – mokhes*.
Weiterhin wird die exakte Erfüllung der Lehre betont: die Schuld des *ḥasid* besteht darin, daß er die Gebetsriemen in umgekehrter Reihenfolge anlegte (vgl.
Dt 6,8 und yMSh 56c,43–46), die des *mokhes,* daß er verbotenerweise Brot
unter dem Arm trug (vgl. yTer 45d,6).
    Somit will die Erzählung bestimmte religiöse Werte zur Anerkennung
bringen bzw. verteidigen. Über diese Tendenz hinaus ergeben sich weitere

---

[204] Vgl.: »verachte nicht die Kinder deines Herrn!«, s. H. Gressmann, VrMann 72
Anm. 5 sowie U. Kellermann, Überwindung des Todesgeschicks ... ZThK 73 (1976)
275 ff. und B. Heller, Märchen 325.

Einsichten: der jüdische *mokhes* war reich und bei der ganzen Stadt — bzw. bei der jüdischen Gemeinde — angesehen. Nichts veranlaßt uns, die Gemeinde als hellenisiert zu bezeichnen. Wenn der *mokhes* ein Frühstück schließlich an die Armen austeilen ließ (vgl. Mt 22,1—10 = Lk 14,15—24; ThEv 64), dann zeigt sich hier das soziale Verhalten des τελώνης[205].

Auffälligerweise kennt die ägyptische Rezension (vgl. Jesu Gleichnis) nur den Gegensatz ›Armer — Reicher‹[206], die Thematik ›*ḥasid — mokhes*‹ scheint dagegen allein für Palästina typisch zu sein; das Wort *ba'ya* weist keineswegs auf »eine spezifisch babylonische Färbung« hin[207], wie sogleich deutlich wird:

### 6.5.2.2 Yehonatan, Sohn des Ba'yan[208]:

In bSan 44b wird die Erzählung aus yHag 2,2 bzw. ySan 6,9 nur kurz angedeutet (*ki hahu ma'ase deba'ya mikhsa*): »Ähnlich wie die Geschichte des Abgabenpächters Ba'yan.« Dieser Name kommt im übrigen rabbinischen Schrifttum nicht mehr vor; er findet sich allerdings in einigen im Jahr 1960 entdeckten Bar-Kokhba-Briefen, und zwar in griechischer, aramäischer und hebräischer Sprache. Diese Briefe, gegen Ende des Aufstandes geschrieben (134—135 n. Chr.), sind vor allem an Yehonatan Bar Ba'yan und an Masabbala Bar Shim'on gerichtet. Es wäre reizvoll, wenn nachgewiesen werden könnte, daß Yehonatan selbst *mokhes* oder der Sohn des *mokhes* Ma'yan aus ›Askalon‹ gewesen wäre. Aber das mag auf sich beruhen. In jedem Fall erscheinen H. Gressmanns Erklärungen nicht mehr zwingend:

— Aller Wahrscheinlichkeit nach muß — wie es in bSan 44b heißt — statt von Ma'yan von Ba'yan die Rede sein.
— Die Erzählung vom *mokhes* Ba'yan zeigt — da der Name in Palästina nachweisbar ist — keine »spezifisch babylonische Färbung«.
— Offenbar wurde ein verbreitetes Motiv von den Pharisäern dazu benutzt, den Gegensatz ›*ḥaver — mokhes*‹ darzustellen und vor dem Beruf des Abgabenpächters zu warnen (vgl. bShevu 39a ⟨o. 6.4.3.1⟩).

Aufgrund unserer Ausführungen zur ethisch-religiösen Beurteilung des *mokhes* müssen wir schon für das 1. Jahrhundert n. Chr. von drei unterschied-

---

[205] Vgl. H. GRESSMANN, VrMann 13, 60, gegen W. SALM, Beiträge zur Gleichnisforschung, Diss. theol. masch., Göttingen 1953, 145 f.

[206] Vgl. H. GRESSMANN, VrMann 7 f., 59 und H. BRUNNER, Wertung 336 ff.; zum Text s. jetzt E. BRUNNER-TRAUT, Märchen 192 ff. (Nr. 434) 298—300. S. noch R. F. HOCK, Lazarus and Micyllus: Greco-Roman Backgrounds to Luke 16:19—31. JBL 106 (1987) 447—463.

[207] H. GRESSMANN, VrMann 9.

[208] Texte bei K. BEYER, AramT 350 ff. Vgl. auch SB VIII 9843,1—3:
¹Σου[μαῖ]ος ᾿Ιωναθῆι ²Βαιανοῦ καὶ Μα- ³[σ]αβάλα χαίρειν.
Soumaios dem Yehonatan Bar Ba'yan und Masabala Gruß! — Damit ist H. GRESSMANN, VrMann 8 Anm. 3 hinfällig.

lichen Anschauungen ausgehen. Die Erzählung von dem *mokhes* Ba'yan kann als Werbung für das pharisäische Frömmigkeitsideal aufgefaßt werden, wobei die ethisch-religiöse Auffassung des *mokhes* entweder der Forderung der Berufsaufgabe oder der völligen Ablehnung zuzuordnen ist (o. 6.4.3.5). Auffällig ist die Ortsangabe Askalon. Sie war die einzige Stadt in Palästina, die die Hasmonäer nicht eroberten.

### 6.5.3 *Exkurs:* Zur ethisch-religiösen Beurteilung der jüdischen τελῶναι in Ägypten[209]

Der jüdisch-palästinische *mokhes* / τελώνης wird in der pharisäisch-rabbinischen Literatur zum Teil religiös diffamiert (vgl. Reihe I, o. 6.4.3.5). Direkte Hinweise für diese kategorische Deklassierung erhalten wir nicht, denn der Verweis auf den Verdacht des Betruges, der ihm wie dem Hirten nachgesagt wurde, gehört der obigen Reihe II und nicht der Reihe I an. Eine fragliche levitische Reinheit kann auch nicht Anlaß für die scharfe Ablehnung des *mokhes* gewesen sein[210]. Weiterhin scheint er in hadrianischer Zeit denselben – vordergründigen und dennoch zutreffenden – Vorwürfen zu unterliegen wie die τελῶναι Ägyptens in der Mitte des 2. Jahrhunderts v. Chr., als Unruhen im Land die normale Steuererhebung behinderten (o. 5.6.1.13 und 6.4.3.6). Aber dies erklärt nicht, warum der palästinische τελώνης schon im 1. Jahrhundert n. Chr. mit Mördern und Räubern in einem Atemzug genannt wurde (vgl. Reihe I). Um in dieser Frage eine Kontrolluntersuchung durchführen zu können, müssen wir uns der ethisch-religiösen Beurteilung der jüdischen τελῶναι in Ägypten zuwenden.

Neuere Arbeiten zum Diasporajudentum in Ägypten gehen auf unsere spezielle Fragestellung nicht ein[211]. Deshalb werden wir uns mit einem schon 1890 erschienenen Aufsatz über die jüdischen Steuereinnehmer von A. H. Sayce und dem Amt des Alabarchen in Alexandria befassen, das Alexander, der Bruder Philos – und später auch der Jude Demetrios – innehatten.

### 6.5.3.1 Zum jüdischen τελώνης in Ägypten[212]:

A. H. Sayce legte seinen Ausführungen verschiedene Ostraka zugrunde, die mittlerweile in verbesserter Lesung vorliegen. Sayce meinte vor allem, aufgrund des Wortes »Mesore« einen griechischen Mitpächter Simons annehmen zu sollen, darüberhinaus, daß die Ostraka über die Steuerpacht des Juden Simon »prove that the

---

[209] Vgl. L. H. FELDMAN, Orthodoxy; E. SCHÜRER, GJV III 24 ff., 135 ff. (V/M III 38 ff. 138 ff.).

[210] Vgl. J. JEREMIAS, Theol. I 113 mit Anm. 16; A. BÜCHLER, 'Am 187.

[211] Vgl. L. H. FELDMAN, Orthodoxy; S. APPLEBAUM, Status. S. noch Art. Egypt. EncJud VI Sp. 487: »Cases of actual apostasy were rare«.

[212] Vgl. A. H. SAYCE, Tax-gatherers; U. WILCKEN, Ostrake II (mit Nachträgen II 430 ff. von P. J. Sijpesteijn). S. noch E. SCHÜRER, GJV III 49 f. (V/M III 57).

Jew who accepted the office was already on the road to disowning both his faith and his nationality«[213].

Aber »Mesore« bezeichnet nicht einen Mitpächter, sondern einen Steuerpflichtigen, dem Simon eine Steuerquittung ausstellte. Insgesamt läßt sich den Ostraka weder eine religiöse Liberalisierung entnehmen noch können sie als negative Folie zum Makkabäeraufstand benutzt werden. V. A. Tcherikover stellt mit Recht zu der Publikation von A. H. Sayce fest, daß sie »far from correct« sei[214]. Es gibt somit keinen Anlaß, bei den jüdischen τελῶναι Ägyptens irgendwelche Hinweise auf eine laxe religiöse Haltung anzunehmen. Im Gegenteil: die Juden waren ein Fremdkörper, da sie ihre religiöse Eigenart durchhielten. Die jüdischen τελῶναι waren religiös und sozial integriert.

## 6.5.3.2 Zum Alabarchenamt[215]:

»It is now generally accepted that the term *alabarches* . . . and the *arabarches* . . . are identical«[216]. Für unsere Fragestellung ist nicht sehr wesentlich, die genaue Funktion dieses Amtes zu beschreiben; aufgrund des Tarifs von Koptos (OGIS 674 = HIRK 63) aus dem Jahr 90 n. Chr. scheint der Arabarchos für die Pächter der Straßengebühr in Koptos verantwortlich zu sein.

Wesentlich für unsere Untersuchung der ethisch-religiösen Beurteilung des τελώνης ist, daß Alexander, der Bruder Philos (vgl. Demetrios, Jos. Ant. 20,147), dieses Amt innehatte[217] und nicht ihm, sondern seinem Sohn Tiberius Iulius Alexander, der in römische Dienste trat, Apostasie vorgeworfen wurde (Ant. 20,100)!

Insgesamt werden die jüdischen τελῶναι Ägyptens von ihren Volksgenossen religiös keineswegs auffällig beurteilt. Es erhebt sich dabei die Frage, ob das ägyptische Judentum wegen seiner besonderen Stellung als Diasporajudentum ›weitherziger‹ als das palästinische Judentum sein mußte[218]. Eine größere Liberalität läßt sich kaum beweisen, vielmehr wurden die ethisch-religiösen Normen von den Pharisäern ab dem 1. Jahrhundert n. Chr. verschärft! Darüberhinaus war das Judentum vor 70 n. Chr. nicht »orthodox«[219]. Die Desintegration, die Reihe I aufzeigt, muß somit Gründe haben, die für Palästina spezifisch sind.

---

[213] Tax-gatherers 405.

[214] In: C.P.J. I 194.

[215] S. E. Schürer, GJV III 132–134 (V/M III 136 f.) und M. I. Rostovtzeff, HW III 1199.

[216] E. Schürer (V/M) III 136 Anm. 43.

[217] Vgl. Jos. Ant. 18,159.259; 19,276; 20,100.

[218] Vgl. E. Schürer, GJV III 50 (V/M III 58), s. auch ebd. 45 (fehlt V/M III 52). S. noch A. Schlatter, Mt 195 (o. 6.5.1); L. H. Feldman, Orthodoxy 301, 303 f. und H. Hegermann, Das griechischsprechende Judentum, in: LRFJ, 338 ff.

[219] Vgl. D. E. Aune, Orthodoxy.

### 6.5.4  Zu Dt 23,18 LXX[220]

Der masoretische Text von Dt 23,18 (»Unter den Töchtern Israels darf es keine Hierodule geben, und unter den Söhnen Israels darf es keinen Hierodulen geben«) wird von LXX erweitert:

Οὐκ ἔσται πόρνη ἀπὸ θυγατέρων Ισραηλ, καὶ οὐκ ἔσται πορνεύων ἀπὸ υἱῶν Ισραηλ· οὐκ ἔσται τελεσφόρος ἀπὸ θυγατέρων Ισραηλ, καὶ οὐκ ἔσται τελισκόμενος ἀπὸ υἱῶν Ισραηλ.

Tertullian und Hieronymus (u. 6.5.5.3) geben den LXX-Zusatz mit »non erit vectigal pendens ex (filiis) Israel« wieder (»Es soll von den Kindern Israel keiner Steuern zahlen«). W. Schwahn geht von dieser lateinischen Übersetzung aus, wenn er bemerkt: »Die Pächter waren reich ... (sc. Lk 19,2) und erhoben vielfach mehr als den vorgeschriebenen Satz ...; aber nicht nur diese Übergriffe und Betrügereien, sondern überhaupt die Erhebung von Steuern (gegen Deuteron. 23,18) machten sie beim Volk verhaßt.«[221]

Jedoch weist schon Philo die Wortgruppe τελεσφόρος / τελίσκεσθαι zutreffend dem Dirnenwesen zu (spec. 1,104.280). In neuerer Zeit stellt U. Wilcken zu τελεσφόρος fest: »In der Bedeutung von Hure findet sich das Wort ... in LXX Deuteron. 23,17.«[222] Angesprochen ist demnach in Dt 23,18 allein die kultische Prostitution. Mit der Steuererhebung hat der LXX-Zusatz überhaupt nichts zu tun.

### 6.5.5  *Exkurs:* Τελώνης in der Alten Kirche[223]

Da S. N. Sakkos eine Vielzahl an Belegen anführt[224], können wir uns auf einige Fragestellungen beschränken, wobei prinzipiell festgehalten werden soll, daß die altkirchlichen Belege für eine historische Erhellung des palästinisch-synoptischen τελώνης leider fast gänzlich ausfallen, weil mit zunehmendem zeitlichen und örtlichen Abstand eine Kenntnis der hellenistischen Kleinpacht Palästinas im 1. Jahrhundert n. Chr. nicht mehr vorhanden ist. Weiterhin reproduzieren sie weitgehend ein vordergründig-negatives Verständnis des synoptischen τελώνης, einmal dadurch

---

[220]  Vgl. Tert. pudic. 9,5; Hier. epist. 21,3,2 (s. u.); P. Grenf. II 41,9; Philo spec. I 104 (M 2,228). 280 (M 2,264). S. auch P. Burmann, De vectigalibus 126; J. J. Wettstein, NovTest I 315; U. Wilcken, Ostraka I 219 mit Anm. 1; 587 ff.; ders., APF 5 (1913) 282; M. I. Rostovtzeff, Staatspacht 481 mit Anm. 329; E. Schürer, GJV I 478 Anm. 113 (V/M I 376 Anm. 105); F. Zucker, APF 17 (1962) 225; G. Delling, ThWNT VIII 60,3; S. Legasse, Jesus 138 Anm. 10.

[221]  Art. Tributum 47,37 ff.

[222]  Ostraka I 219 Anm. 1; s. noch S. Legasse, Jesus 138 Anm. 10.

[223]  Vgl. H. Seipel, Kirchenväter; S. N. Sakkos, ΤΕΛΩΝΑΙ; F. Hamm, Steuermoral; M. Hengel, Eigentum und J. Frickel, Zöllner.

[224]  ΤΕΛΩΝΑΙ 132 ff.

bedingt, daß sie von den Perikopen als Ganzheit ausgehen, andererseits deshalb, weil sie von den Vorstellungen und Gegebenheiten ihrer Zeit weit eher beeinflußt sind als von dem Bestreben, historische Kenntnisse zu vermitteln, was J. Frickel veranlaßt, von den Zöllnern als »Vorbild der Demut und wahrer Gottesverehrung« zu sprechen.

### 6.5.5.1 Die ältesten Stellen:

Außerhalb der Synoptiker taucht das Wort τελώνης weder im übrigen NT noch bei den Apostolischen Vätern noch im Thomas-Evangelium auf. Erst Justinus erwähnt in seiner ersten Apologie, die er um 150/155 n. Chr. verfaßte, in einer ganz unspezifischen Zitierung von Mt 5,46 den τελώνης (apol. I 15,10)[225]. Der nächste Beleg (Thphl. Ant.'Autol. 3,14, um 180 n. Chr.) bezieht sich ebenfalls auf Mt 5,46, stellt aber bezeichnenderweise den τελώνης mit dem λῃστής zusammen (τοῦτο καὶ οἱ λῃσταὶ καὶ οἱ τελῶναι ποιοῦσιν). Kelsos nennt die τελῶναι verschrien, verdorben, verkommen (Aleth.logos 1,62; 2,46 = GLAJJ II 375). Clem. Alex. erwähnt ihn mehrmals, u. a. zitiert er dabei den Stoiker Ariston von Chios[226]. Zu Tertullian, Hippolyt und Origenes s. u.

### 6.5.5.2 Zu publicanus / portitor:

In den lateinischen Kirchenväter-Texten wird τελώνης stets mit ›publicanus‹ wiedergegeben − abgesehen von der interessanten »Transkription« ›telonearius‹ bzw. ›telones‹[227]; portitor heißt ›Träger‹[228].

### 6.5.5.3 Zu Tert. pudic. 9,4−7 und Hier. epist. 21,3,2 f.[229]:

Im folgenden führen wir den lateinischen Text und dessen deutsche Übersetzung dieser beiden Kirchenväter-Stellen an (zur Frage, ob die τελῶναι Heiden gewesen seien, s. o. 6.3.4.1 mit Anm. 92 sowie 6.4.3.1; zur Übersetzung von Dt 23,18 LXX s. o. 6.5.4; zum Verständnis der Formel »Zöllner und Sünder« s. u. 7.1). Tertullian ist ein schönes Beispiel dafür, daß die ›Zöllner‹-Texte des NT in ihrer historischen Bedeutung und Einordnung nicht mehr verstanden wurden und die Auslegung den Skopus verfehlte.

*Tert. pudic. 9,4−7 (CCL II 2):*

4   Et duo utique filii illuc spectabunt, quo et drachma et ouis. Quibus enim cohaerent, eandem habent causam eandemque utique mussitationem Pharisaeorum erga

---

[225]   Text bei K. ALAND, Synopsis 84 Z. 46 (zu Mt 5,46). Vgl. noch apol. I 27,2.

[226]   SVF I 403 = paid. II, c. IX, 81,5 ⟨3.2.5.5⟩; SVF I 376 = Strom. I, c. XX, 98,1. Zu Strom. V, c. V, 28,3 vgl. Mk 10,23 und o. 3.2.3.9. S. noch zu Lk 3,12: paid. III, c. XII, 91,2; zu Lk 19,1 ff.: Strom. IV, c. VI, 35,2 (= H/S I⁵ 307). Zum Reichtum der τελῶναι q.d.s. 13,5. − Zu Strom. IV, c. XVIII, 117,2 s. u. 6.5.5.4.

[227]   S. o. Kap. 2 Anm. 66, 67.

[228]   S. o. Kap. 4 Anm. 36.

[229]   Vgl. o. Anm. 220.

commercium Domini et ethnicorum.   5 Aut si quis dubitat ethnicos fuisse publicanos apud Iudaeam usurpatam iam pridem Pompeii manu atque Luculli, legat Deuteronomium: *Non erit uectigal pendens ex filiis Israel*.   6 Nec tam execrabile esset nomen publicanorum apud Dominum, nisi extraneum, uendentium ipsius caeli et terrae et maris transitus. Peccatores autem cum adiungit publicanis, non statim Iudaeos ostendit, etsi aliqui fuisse potuerunt.   7 Sed unum genus ethnicorum alios ex officio peccatores id est publicanos, alios ex natura id est non publicanos, pariter ponendo distinxit. Ceterum nec denotaretur cum Iudaeis communicans uictum, sed cum ethnicis, quorum mensam Iudaica disciplina depellit.

4   Und jedenfalls werden die beiden Söhne (sc. das Gleichnis von den beiden Söhnen) sich auf dasselbe beziehen wie das Gleichnis von der Drachme und das Gleichnis vom verlorenen Schaf. Denn sie sind mit diesen verbunden, sie haben als dieselbe Ursache jedenfalls das Murren der Pharisäer im Hinblick auf den Umgang des Herrn mit den Heiden.   5 Oder falls aber einer daran zweifelt, daß die τελῶναι in Judäa, das schon längst durch Pompeius und Lucullus gewaltsam angeeignet war, Heiden gewesen sind, der lese Dt 23,18 LXX: »Es soll von den Kindern Israel keiner Steuern zahlen.«   6 Auch wäre der Name der τελῶναι beim Herrn nicht so fluchwürdig, wenn er nicht fremdländisch wäre, da sie den Zugang selbst zum Himmel, Erde und Meer verkaufen. Wenn er aber die Sünder mit den τελῶναι verbindet, weist er nicht zugleich auf die Juden hin, auch wenn einige es gewesen sein konnten.   7 Aber er unterschied das eine Geschlecht der Heiden, indem er die einen als Sünder aufgrund ihres Berufs, d. h. die τελῶναι, und die anderen aufgrund ihrer natürlichen Abstammung, d. h. die nicht τελῶναι waren, gleichermaßen dazu rechnete. Im übrigen würde er auch nicht bezeichnet als einer, der mit den Juden Mahlgemeinschaft pflegte, sondern mit den Heiden, mit denen Tischgemeinschaft zu haben das jüdische Gesetz verwehrt.

*Hier.epist. 21,3,2f. (CSEL 54):*

... sic in publicanorum peccatorumque paenitentia omnium debere esse laetitiam, quibus non sit necessaria paenitentia.   2 unde uehementer admiror Tertullianum in eo libro, quem de pudicitia aduersum paenitentiam scripsit et sententiam ueterem noua opinione dissoluit, hoc uoluisse sentire, quod publicani et peccatores, qui cum domino uescebantur, ethnici fuerint dicente scriptura: *non erit uectigal pendens ex Israhel;* quasi uero et Mattheus non ex circumcisione fuerit publicanus et ille, qui cum pharisaeo in templo orans oculos ad caelum non audebat erigere, non ex Israhel fuerit publicanus ac non Lucas memoret ... (folgt Lk 7,29; Mt 5,17 [vgl. Mt 10,6; 15,24]; Mt 15,26; Mt 10,5).   3 ex quibus omnibus edocemur in publicanis non tam gentilium quam generaliter omnium peccatorum, id est, qui erant et de gentibus et de Iudaeis, accipi posse personas. ille autem ... frustra argumentatus est publicanos Iudaeos non fuisse, ut in persona eorum gentilium tantum populus possit intellegi.

... so müsse über die Buße der τελῶναι καὶ ἁμαρτωλοί Freude sein bei allen, die die Buße nicht nötig haben.   2 Von daher verwundere ich mich sehr über Tertullian in dem Buch, das er über die Sittsamkeit im Hinblick auf die Buße schrieb und in dem er die alte Ansicht durch die neue Meinung ablöste, dies habe sagen wollen, daß die τελῶναι καὶ ἁμαρτωλοί, die mit dem Herrn aßen, Heiden gewesen seien, da die Schrift sagt: »Aus Israel wird keiner Steuern zahlen.« Als ob nicht Mattäus als Jude τελώνης gewesen sei und jener, der mit dem Pharisäer im Tempel betete und nicht wagte, die Augen zum Himmel zu erheben, nicht ein τελώνης aus dem Volk Israel gewesen sei, und als ob Lukas nicht berichtete ... 3 Aus diesem allen lernen wir, daß unter τελῶναι nicht so sehr Heiden als allgemein alle Sünder verstanden werden können, d. h. solche, die sowohl aus den Heiden als auch aus den Juden stammten. Jener aber ... hat vergeblich behauptet, die τελῶναι seien keine Juden gewesen, so daß unter jenen nur das Volk der Heiden verstanden werden könne.

## 6.5.5.4 Der Aufstieg der Seele[230]:

Erst ab dem 2. bzw. 3. Jahrhundert n. Chr. taucht der Topos auf, daß die gen Himmel reisende Seele (ψυχή)[231] an der Grenze zwischen sichtbarer und unsichtbarer Welt oder nach jeder Parasange oder bei den sieben Stationen der Vervollkommnung in die Gewalt von τελῶναι/*mokhsin*[232] (vgl. δαίμονες bzw. τελώνιαι[233]) komme, die sie bedrängen, aufhalten, fesseln, daß aber der Weg weiter nach oben durch einen Brief frei werde oder durch gute, reine Taten[234]. Die Verbindung zur Steuererhebung liegt nicht nur nahe, sie bildet geradezu die Konkretion dieser Vorstellung. Die beiden frühesten, genauer datierbaren Belege gehören dem Anfang des 3. Jahrhunderts n. Chr. an: Tert.pudic. 9,6 (uendentium ipsius caeli et terrae et maris transitus ⟨o. 6.5.5.3⟩) und Clem.Alex.Strom. IV 117,2[235]:

---

[230] Vgl. A. F. SEGAL, Heavenly Ascent in Hellenistic Judaism ... (ANRW II 23,2). Berlin / New York 1980, 1333—1394 (mit Lit. 1388 ff.). — Die jüdische Vorstellung der Himmelsreise (der Seele) kennt zwar Gefährdungsmotive — von dämonischen Mächten, Engeln, Torwärtern —, aber nicht die Vorstellung von Telonia als Geistern der Luft, s. J. MAIER, Gefährdungsmotiv, bes. S. 30 mit Anm. 37; J. NEUSNER, Development; A. GOLDBERG, Vortrag 20.

[231] Vgl. Hermipp. de astrol. 16,121 (ed. Kroll / Viereck 26,7 ff.): ὄνομα (ausführlicher Text und Übers. u. Anm. 242).

[232] Völlig verfehlt ist die Ableitung von aram. *ṭelane* bei WM. O. WALKER, Jesus 237: »A translator of the Aramaic traditions about Jesus in Greek, perhaps being unfamiliar with the apparently not widely used Aramaic term, may have simply assumed that the reference was to tax collectors.« Die aramäische Jesusüberlieferung bot für τελώνης *mokhsa*, eine ›Fehldeutung‹ erscheint abwegig, vgl. noch die bilingue Inschrift CIS II 3913 ⟨o. 6.3.2.3⟩ und die o. Kap. 2 Anm. 66. 67 und 85 aufgeführten Texte. Wie die vorige und die folgende Anm. zeigen, verhält es sich gerade umgekehrt: Die Telonia wurden erst etwa mit dem 2. bzw. 3. Jh. n. Chr. zu Geistern der Luft: in diesem Zusammenhang gibt es dann *ṭelane* (= »Schattendämonen«, vgl. J. LEVY, Wb. II 161b; DERS., Chald. Wb. I 305a und M. JASTROW, Dict. I 538a s.v.).

[233] Vgl. DU CANGE, Glossarium I (Lugduni 1688 ⟨s. Lit.-Verz. II⟩) Sp. 1541 s. v. ΤΕΛΩΝΑΙ; B. SCHMIDT, Das Volksleben der Neugriechen und das hellenische Altertum. Leipzig I 1871, 171 ff. (s. dazu W. KROLL, Orakel 637 Anm. 4 ⟨= 638⟩).

[234] Vgl. z. B. Orig. in Luc.hom. 23,960 (GCS 49, S. 144,17 ff.) und GR I 19,13 (Lidzb. 21,1—18). — GL I 2 (433,9—13 = Die Gnosis II 352); III 9 (515,11—16), vgl. Jb 50 (Lidzb. I 184 f. II 180 f.). — GL III 15 (533,11—21 = Die Gnosis II 342); III 22 (546,15—20; 547,5—7); III 36 (564 f.,12 ff.); 1ApkJac NHCod V 32 (= Umwelt des Urchristentums II Nr. 361). — Jb 55 (Lidzb. I 206; II 199,7—15). GL III 9 (519,11—16).

[235] Die Übers. folgt O. Stählin, BKV II 19, 80.

Τοὺς μὲν γὰρ ἐπαγομένους τινὰ τῶν κοσμικῶν κατέχουσιν οἱ τὸ τέλος ἀπαιτοῦντες τοῖς σφετέροις βαρουμένους πάθεσι, τὸν δὲ γυμνὸν μὲν τῶν ὑποπιπτόντων τῷ τέλει, πλήρη δὲ γνώσεως καὶ τῆς ἐξ ἔργων δικαιοσύνης συνευχόμενοι παραπέμπουσι, τὸν ἄνδρα σύν καὶ τῷ ἔργῳ μακαρίσαντες.

Diejenigen, die weltliche Dinge mit sich führen, werden von den Engeln zurückgehalten, die den Zoll einzufordern haben, da sie mit ihren eigenen Leidenschaften beschwert sind; wer aber nichts Zollpflichtiges mit sich führt, dagegen mit Erkenntnis und der durch Werke bewiesenen Gerechtigkeit reich ausgestattet ist, den lassen sie mit Segenswünschen ziehen und preisen den Mann samt seinem Werk selig.

In den Thomasakten erscheint eine Verschonung der Seele von den τελῶναι und den ἀπαιτηταί (vgl. o. zu Clem.Alex.Strom. IV 117,2), d. h. den Steuereinnehmern[236], möglich[237]:

Laß nicht die Mächte und Gewalten mich wahrnehmen und laß sie nicht über mich Beschluß fassen! Laß nicht die τελῶναι und die ἀπαιτηταί Forderungen an mich stellen! Laß nicht die Niedrigen und Bösen mich verspotten ⟨mich, den Tapferen und Gütigen⟩! Und wenn ich emporgeführt werde, laß sie sich nicht erkühnen, mir in den Weg zu treten, durch deine Macht, o Jesus, die mich umkränzt. Denn sie fliehen und verbergen sich; sie können dich nicht ansehen. Denn plötzlich fallen sie über die her, die ihnen hörig sind ... Gewähre mir nun, daß ich in Ruhe vorübergehe und mit Freude und Frieden hinübergehe und vor dem Richter stehe. Und laß den Verleumder nicht auf mich blicken; seine Augen laß geblendet werden durch dein Licht, das du in mir hast wohnen lassen. Verstopfe seinen Mund, denn nichts hat er gegen mich.

Hinweise dieser Art finden sich in gnostischer[238], manichäischer[239], mandäischer[240] und christlicher Literatur[241] sowie im astrologischen Schrifttum[242]. Dies weist auf die weite Verbreitung dieser Vorstellung hin. Vor allem ist in diesem Zusammen-

---

[236] S. o. Kap. 5 Anm. 38.

[237] ActThom 148 (p. 257,11 ⟨= H/S II⁵ 360⟩), vgl. 167 (p. 281, 10 ⟨= H/S II⁵ 366 = Die Gnosis I 467⟩). Die Übers. folgt H/S II⁵ 360.

[238] Vgl. die Thomasakten (vorige Anm.) und 1ApkJac NHCod V 32 (o. Anm. 234).

[239] Vgl. G. WIDENGREN, Mesoptamian Elements 82 ff.

[240] Vgl. GL I 2 (433,9–13 ⟨o. Anm. 234⟩) sowie Jb 72 (Lidzb. I 261; II 234,24–26); GL II 13 (Lidzb. 476,31–39); II 28 (503,1–6); III 45 (121,22; 573,17 f.), vgl. dazu GR 219,22 ff.; 221,9 ff.; GL 66,23 ff.; Jb 189,3. – Haus der Zöllner: GR I 19,13 (21,16–18); GL III 1 (509,18 f.); III 3 (512,7–10); III 8 (517,30 f.); III 9 (520, 30–33); III 15 (533,21 = Die Gnosis II 342); III 37 (566,13 f.).

[241] Vgl. Clem.Alex.Strom. IV 117,2 (s. o.); Makarios / Symeon, Reden und Briefe I, Logos 14,15 (u. Anm. 245); Ps.Cyr.hom.div. 14 (MPG 77 ⟨1864⟩ 1073A–1076A).

[242] Vgl. Hermipp. (o. Anm. 231 ⟨s. dazu W. KROLL, Orakel 637 Anm. 4⟩):

διὰ τοῦτο καλῶς ἡμῖν θεῖοι καὶ ἱεροὶ ἄνδρες ἐθέσπισαν ἐναλλάττειν τὰ τῶν ἀποιχομένων ὀνόματα, ὅπως τελωνοῦντας αὐτοὺς κατὰ τὸν ἐναέριον τόπον λανθάνειν ἐξῇ καὶ διέρχεσθαι.

»Deshalb haben uns göttliche und heilige Männer geoffenbart, die Namen der Gestorbenen zu verändern, damit sie denjenigen verborgen entweichen, die von ihnen an dem Ort in der Luft Zoll erheben wollen, und durchkommen.«

hang Origenes (gest. 253/4 n. Chr.) aufschlußreich[243]. Im Anschluß an das wörtliche Zitat aus Lk 3,12 führt er nach einer kurzen Erklärung aus, daß es noch andere τελῶναι gäbe, die an den Grenzen der Welt säßen (ἐπὶ τοῖς τέρμασι τοῦ κόσμου καθεζόμενοι), die Seele durchsuchten und aufhielten, damit nicht ihnen Gehöriges von ihr über die Grenze mitgenommen würde. Weiterhin geht er auf diejenigen ein, die unerbittliche Forderungen stellen und bemerkt über den »princeps saeculi huius«: »quasi publicanus esse«; von ihm habe Jesus gesagt (vgl. Jh 14,30): es kommt der Fürst dieser Welt (ἔρχεται ὁ ἄρχων τοῦ κόσμου τούτου), aber er wird bei mir nichts finden (καὶ ἐν ἐμοὶ εὑρήσει οὐδέν). Schließlich führt Origenes die gründliche Durchsuchung der Zelte Jakobs durch Laban an, was geradezu an die Durchsuchungspraxis der τελῶναι erinnere[244].

Den Vergleich zwischen den τελῶναι und den δαίμονες finden wir deutlich bei Makarios / Symeon (Ende 4. Jahrhundert n. Chr.) ausgesprochen[245]:

Ὥσπερ εἰσὶν οἱ τελῶναι καθεζόμενοι εἰς τὰς στενὰς ὁδοὺς καὶ κατέχοντες τοὺς παριόντας καὶ διασείοντες, οὕτως καὶ οἱ δαίμονες ἐπιτηροῦσι καὶ κατέχουσι τὰς ψυχὰς καὶ ἐν τῷ ἐξέρχεσθαι αὐτὰς ἐκ τοῦ σώματος· ἐὰν μὴ τελείως καθαρισθῶσιν, οὐκ ἐπιτρέπονται ἀνελθεῖν εἰς τὰς μονὰς τοῦ οὐρανοῦ καὶ ἀπαντῆσαι τῷ δεσπότῃ αὐτῶν· καταφέρονται γὰρ ὑπὸ τῶν ἀερίων δαιμόνων.

Wie die τελῶναι an den Engpässen sitzen und die Vorübergehenden anhalten und bedrängen, so lauern auch die Dämonen auf die Seelen und halten sie auf; und sind sie bei ihrem Austritt aus dem Leib nicht vollkommen rein, so lassen sie dieselben nicht in die Wohnungen des Himmels eingehen und zu ihrem Herrn gelangen. Sie werden von den Dämonen der Luft zurückgehalten.

Bei der Vorstellung von der Himmelsreise der Seele begegnet eine Neufassung der alten ägyptischen Version des Totenrichters. Das Totengericht findet jetzt nicht mehr in der Unterwelt, sondern im Zusammenhang der gefahrvollen Himmelsreise statt. U. E. konnte sich, solange die τελῶναι eine Vielzahl an Abgaben einnahmen (s. o. 5.5), der Topos von der gen Himmel reisenden Seele, die von τελῶναι bedrängt wird, nicht herausgebildet haben. Erst die Einschränkung der Steuerpacht auf die indirekten Steuern (v. a. [Grenz-]Zölle, s. o. 6.4) ermöglichte wohl die Verbindung der Himmelsreise der Seele mit den sie belästigenden τελῶναι. Deshalb sind die nicht datierbaren Texte kaum älter als die datierbaren[246]; sie gehören frühestens dem 2. Jahrhundert n. Chr. an, ebenso ihr Gedankengut.

---

[243] Orig. in Luc.hom. 23,960 f. (GCS 49, S. 144 f.).
[244] Vgl. Orig. (ebd. S. 145, Z. 8: ἐρευνώντων τὰ πάντα) mit Gen 31, 33–37 (V. 35: ἠρεύνησεν δὲ Λαβαν ἐν ὅλῳ τῷ οἴκῳ καὶ οὐκ εὗρεν τὰ εἴδωλα).
[245] Makarios / Symeon, Reden und Briefe I (GCS, ed. H. Berthold, Berlin 1973), Logos 14, 15 (S. 166,16 ff.). Vgl. H. Dörries / E. Klostermann / M. Kroeger, Die 50 geistlichen Homilien des Makarios (PTS 4). Berlin 1964, 43,9 (S. 290,134 ff.). – Die Übers. folgt D. Stiefenhofer (BKV 10), 311.
[246] Tert.pudic. 9,6 und Clem.Alex. Strom. IV 117,2, s. noch o. Anm. 236.

## 6.5.5.5 Verschiedenes:

Die Tätigkeit des Levi verbindet Ambrosius in seinem Lukas-Kommentar nicht allgemein mit der Erhebung von Abgaben, sondern nennt konkret die Einnahme der ›*Fischsteuer*‹[247]: itaque ille prius auare de mercedibus, dura de laboribus periculisque nautarum emolumenta conuertens uerbo uocatus propria derelinquit, qui rapiebat aliena.

Vom *sozialen Neid,* der sicherlich nicht erst am Ende des 4. Jahrhunderts aufkam, spricht Johannes Chrysostomos[248]:

Sage mir, was ist schlechter als ein τελώνης? Aus fremder Not zieht er seinen Gewinn, bei fremden Arbeiten nimmt er Anteil am Nutzen; er kümmert sich nicht um die Arbeit, am Nutzen beteiligt er sich, so daß die Sünde des τελώνης eine sehr große ist. Denn τελώνης sein heißt nichts anderes, als offene Gewalt brauchen, gesetzlich Unrecht begehen und nehmen unter dem Schein des Rechtes. Denn was ist schlechter, als ein τελώνης, der am Wege sitzt und die Früchte fremder Arbeiten erntet, und der, wo es Arbeit gibt, sich darum nicht im Mindesten kümmert, wo aber Gewinn ist, seinen Anteil von dem nimmt, was er nicht durch Arbeit errungen gen?

Nicht nur Tertullian (gest. 220 n. Chr.) hatte keinen historischen Zugang mehr zu den hellenistischen Kleinpächtern (o. 6.5.5.3), nicht nur wurden die τελῶναι als »die die Menschen versklavenden überirdischen Mächte« »herrschaftskritisch«[249] dargestellt ⟨6.5.5.4⟩; auch die Naassener entwickelten ein völlig neues Verständnis. Hippolyt führt ihre allegorische Umdeutung an in seiner ›Widerlegung aller Häresien‹ (zeitlich befinden wir uns im 2. Jahrhundert n. Chr.)[250].

Καὶ πάλιν, φησίν, εἴρηκεν· „οἱ τελῶναι καὶ αἱ πόρναι προάγουσιν ὑμᾶς εἰς τὴν βασιλείαν τῶν οὐρανῶν". τελῶναι γάρ, φησίν, εἰσὶν οἱ τὰ τέλη τῶν ὅλων λαμβάνοντες, ἡμεῖς δέ, φησίν, ἐσμὲν οἱ τελῶναι, „εἰς οὓς τὰ τέλη τῶν αἰώνων κατήντηκε". τέλη γάρ, φησίν, εἰσὶ τὰ ἀπὸ τοῦ ἀχαρακτηρίστου εἰς τὸν κόσμον κατεσπαρμένα σπέρματα, δι᾽ ὧν ὁ πᾶς συντελεῖται κόσμος· διὰ γὰρ αὐτῶν καὶ ἤρξατο γενέσθαι.

Jesus hat gesagt: ›Die τελῶναι und πόρναι gehen euch voran in das Himmelreich‹ (Mt 21,31). Τελῶναι sind nämlich nach ihm die, die das Ziel des Alls erlangen; wir, sagt er, sind die τελῶναι, auf die das Ziel der Äonen gekommen ist‹ (1Kor 10,11).

---

[247] Ambr in Lk 5,16: »Nun folgt die geheimnisvolle Berufung des τελώνης, dem der Herr befiehlt ihm nachzufolgen, nicht mit leiblichen Schritten, sondern in der geistigen Gesinnung. Derselbe hat zuvor habsüchtig Abgaben vom Verdienst der Schiffer, drückende Abgaben aus ihren Mühen und Gefahren eingehoben. Auf den Ruf des Wortes nun verläßt er, der fremde Habe erpreßte, die eigene, verzichtet auf jenen verächtlichen Zollstuhl und folgt in seinem ganzen geistigen Wandel dem Herrn nach.« – Übers. nach J. E. Niederhuber (BKV 21), 212 f.

[248] Joh.Chrysost.poenit. 2. Vgl. noch ders., hom. in Mt 30 (zu 9,9–13): ›Raub unter einem gesetzlichen Schein‹ sowie ders., MPG 51,365a = Suda s. v. τελώνης (IV S. 521 Nr. 290, zu Lk 18,9 ff.). – Die Übers. folgt J. Chr. Mitterrutzner (BKV I), 376.

[249] K. RUDOLPH, Das Problem einer Soziologie und »sozialen Verortung« der Gnosis. Kairos 19 (1977) 39 f.

[250] Hipp.haer. V 8,28 f. (GCS 26, ed. P. Wendland, Leipzig 1916); Übers. nach Die Gnosis I 353. – Vgl. J. FRICKEL, Zöllner 379 f.

Die ›Ziele‹ sind nach ihm die Samenkörner, die von dem Ungeprägten in diese Welt gesät sind, durch die die ganze Welt ihr Ziel erreicht, denn durch sie (die Samenkörner) begann sie auch zu werden.

Hier wird das Wort τελ–ώνης ( = Abgabenpächter, von τέλος / Abgabe und ὠνεῖ-σθαι/kaufen) aufgrund von Polysemie nicht nur mit neuem Inhalt gefüllt, indem als Bedeutung von τέλος ›Ende‹ / ›Ziel‹ angenommen wird (vgl. Philo[251]), sondern auch positiv auf die Glaubenden angewandt: *wir* sind die τελῶναι! Diese Interpretation hat ebensowenig für die Beurteilung des palästinisch-synoptischen τελώνης eine Bedeutung wie Tertullians Deutung und das daimonisierte Verständnis der τελῶναι bei der Himmelsreise der Seele.

## 6.6 Skizzierung des palästinisch-synoptischen τελώνης (= Zusammenfassung des historischen Teils)

Die eingangs gestellte Frage, wer die neutestamentlichen »Zöllner« waren, mit denen Jesus Umgang hatte, kann nunmehr mit dem eindeutigen Hinweis auf den *hellenistischen Kleinpächter* (τελώνης / *mokhes*, vgl. δημοσιώνης / publicanus) beantwortet werden. Damit sind diejenigen Auffassungen überholt, die den synoptischen τελώνης in die römische Steuerpacht einordnen und ihn dem portitor gleichsetzen; ebenfalls irrelevant werden die Gleichsetzungen des synoptischen τελώνης mit dem *gabbai*.

Die Aufgaben des hellenistischen Kleinpächters (τελώνης) lassen sich besonders deutlich anhand der Papyri und Ostraka aus ptolemäischer und römischer Zeit aufzeigen. Diese Quellen korrigieren einerseits das Bild, das die literarischen Belege über die griechisch-hellenistischen τελῶναι liefern (s. besonders die Beurteilung des τελώνης), andererseits ergänzen sich beide Arten von Quellenbelegen (vgl. die Abgabenversteigerung).

Der hellenistische Kleinpächter muß besonders im Hinblick auf die Pachtgesellschaft, das Pachtgebiet, die Pachtdauer und die für ihn spezifischen Übergriffe deutlich vom römischen publicanus (vgl. portitor) unterschieden werden. Dies trifft auch dann zu, wenn rein sprachlich ein weitgehend synonymer Gebrauch der Bezeichnungen für den hellenistischen Kleinpächter und den römischen Großsteuerpächter vorauszusetzen ist ⟨4.2⟩.

Als deutsche Übersetzung von τελώνης / δημοσιώνης / publicanus (= hellenistischer Kleinpächter) wird in Unterscheidung zum römischen Großsteuerpächter (publicanus / τελώνης / δημοσιώνης) »Abgabenpächter« vorgeschlagen (vgl. engl. »tax contractor«, frz. »fermier des impôts / taxes« ⟨Kap. 2⟩. Der hellenistische Kleinpächter war weder Beamter noch ›Staatspächter‹, sondern

---

[251] Vgl. Philo migr. 139 (M 1,457) und her. 120 (M 1,489), zu Num 31,28; vgl. I. Heinemann z.St. (in: Philo von Alexandria, Die Werke in deutscher Übers., hg. v. L. Cohn usw., V, Berlin 1962, S. 189 Anm. 2; vgl. S. 250 Anm. 5). – S. noch o. Kap. 2 Anm. 12.

›beliehener Unternehmer‹ ⟨Kap. 2 Anm. 68⟩. Die Übersetzung mit »Zöllner« erscheint nur in Ausnahmefällen geeignet, so besonders hinsichtlich des neutestamentlichen Sprachgebrauchs; sie kann aber leicht dazu verleiten, von der eingeengten Vorstellung ›Zoll‹ = Grenzzoll auszugehen ⟨1.1.1⟩. Wichtig ist die Funktion des Abgaben»kaufens« ⟨3.1 und 5.2⟩, was den τελώνης mit anderen Termini technici für die *Funktion Abgabenpächter* verbindet, zugleich aber auch von einigen Bezeichnungen für Steuereinnehmer (vgl. πράκτωρ, ἐκλογεύς) unterscheidet ⟨5.3 und 6.4.2⟩.

Der τελώνης hatte sowohl in Griechenland und Ägypten als auch in Syrien / Palästina mit einer Vielzahl von Steuern bzw. Abgaben zu tun, so mit Gebühren, direkten und indirekten Steuern, in Ägypten auch mit der *apomoira* ⟨5.5⟩, in Palästina mit der *angaria* ⟨6.4.2⟩.

Τελώνης wurde, wer bei der jährlichen Versteigerung der lokalen Abgaben am höchsten bot. Die versteigernde Behörde konnte somit mit maximalen Einnahmen rechnen ⟨3.1 und 5.2⟩. Allerdings konnte die Versteigerung durch Absprachen zwischen den Pachtwilligen bzw. durch Bildung von Pachtgesellschaften unterlaufen werden. In Ägypten war die Abgabenpacht besonders streng geregelt. Das zeigt sich u. a. daran, daß der τελώνης vor allem eine Kontrollfunktion ausübte und wiederum kontrolliert wurde. Der Gewinn, der in Griechenland bei 12 % gelegen haben mag, war in Ägypten genau festgelegt ⟨5.2 und 5.8⟩.

Die Vielzahl der von den τελῶναι erhobenen Abgaben ⟨5.5⟩ setzt verschiedene Kleinpächter an einem Ort voraus oder läßt dies zumindest sehr wahrscheinlich erscheinen.

Der palästinisch(-synoptisch)e τελώνης muß eingeordnet werden in die Charakerisierung des ptolemäischen bzw. seleukidischen Abgabenpächters. Nur während einer kurzen Zeit traten die römischen Großsteuerpächter (publicani) in Palästina auf, schon für das Ende des 1. Jahrhunderts v. Chr. (!) sind nur noch hellenistische Kleinpächter in Palästina vorauszusetzen ⟨6.3.4.1⟩.

Schon unter Caesar, besonders aber ab dem 2. Jahrhundert n. Chr. gab es Veränderungen im Steuerwesen — allgemein im römischen Reich und speziell in Palästina (vgl. z. B. die Ablösung der societates publicanorum durch Einzelpächter / liturgische Steuererheber / Dekaprotoi). Die Abgabenpacht wurde auf den (Grenz-)Zoll und andere indirekte Steuern begrenzt ⟨4.1 und 6.4⟩. Erst dem 2. bzw. 3. Jahrhundert n. Chr. gehört die Vorstellung an, die gen Himmel reisende Seele könnte von τελῶναι aufgehalten werden ⟨6.5.5.4⟩.

Im Blick auf das soziale und religiöse Ansehen des τελώνης scheint die Wendung τελῶναι καὶ ἁμαρτωλοί (vgl. ›publicans and sinners‹) alles auszudrücken ⟨s. dazu 7.1⟩. Es wäre jedoch vordergründig, die negativen Äußerungen über die τελῶναι unbesehen für bare Münze zu nehmen und nicht nach den Beurteilungskriterien zu fragen, die den Texten zugrundeliegen. Wegweisend hierzu wurde H. C. Youtie ⟨1.1.2.1⟩. Sicher ist unbestreitbar, daß sich die τελῶναι vieler Übergriffe schuldig machten, vor allem dort, wo sie nicht wie in Ägypten streng kontrolliert wurden und wo keine Tarife bekannt waren. Aber andererseits muß auf das ausgeklügelte Finanzwesen, die drückende Steuerlast und die Steuerflucht verwiesen werden ⟨3.2.3; 5.7 und 6.4.3.6⟩; weiterhin gilt es, die in der griechischen Profanliteratur anzutreffenden aristokratischen Wertvorstellungen als tendenziös zu erkennen ⟨3.3.2⟩.

Für den palästinischen τελώνης stellen wir drei unterschiedliche Gesichtspunkte seiner religiösen Beurteilung fest ⟨6.4.3.5⟩. Sie alle können für das 1. Jahrhundert n. Chr. in Palästina vorausgesetzt werden. Sie verweisen einerseits auf unterschiedliche Meinungen innerhalb der Pharisäerschaft, andererseits bestätigen uns einige Texte, daß jüdische τελῶναι durchaus religiös und sozial integriert waren ⟨6.5.2⟩; dieses Ergebnis wird durch eine Untersuchung des sozialen und religiösen Ansehens jüdischer Abgabenpächter in Ägypten bestätigt ⟨6.5.3⟩. Die Desintegration des palästinischen τελώνης muß deshalb Gründe haben, die für Palästina spezifisch sind.

Abgesehen von solchen, die durch die Abgabenpacht sozial aufsteigen wollten und die dabei ein nicht unerhebliches finanzielles Risiko eingingen, läßt sich sagen, daß der palästinische τελώνης − ebenso wie der griechisch-hellenistische, der ptolemäische und seleukidische − reich war und der sozial gehobenen Schicht angehörte ⟨3.3.2.3; 5.2 mit Anm. 22; 5.6.2.7; 5.6.3; 6.5.1; 6.5.2⟩.

Wenn wir uns im folgenden den synoptischen Texten zuwenden, dann ist vorzugsweise zu klären, warum die palästinischen τελῶναι schon im 1. Jahrhundert n. Chr. religiös − und damit auch sozial − diffamiert wurden. Das außerpalästinische Quellenmaterial gibt uns dafür keine Erklärung.

# 7. Τελώνης in der synoptischen Überlieferung

Die τελῶναι begegnen uns im Neuen Testament ausschließlich in den synoptischen Evangelien, dort aber in allen Quellenschichten: Q, Mk, SMt und SLK[1]. Bereits dieser Tatbestand − wie auch die Bedeutungslosigkeit der Zöllner-Tradition in der Urgemeinde und im frühen Christentum (vgl. 6.5.5) einerseits und die rabbinische Disqualifizierung der *mokhsin* (vgl. 6.4.3) andererseits − zeigt, daß das Problem der τελῶναι in der Synoptischen Tradition auf Jesus selbst zurückweist[2]. Die Nachrichten über sie finden sich in ganz verschiedenen Einheiten, die durch eine Vielfalt an Formen gekennzeichnet sind[3]:

− Streitgespräch (Mk 2,13ff.)
− biographisches Apophthegma (Lk 19,1ff.)
− Logion (Mt 5,46)
− Gemeinderegel (Mt 18,17; Lk 3,12)
− Ich-Wort (Mk 2,17)
− Gleichnisse (Lk 18,9ff.; Mt 11,18f. / Lk 7,34; Mt 21,28ff.).

Alle diese Texte gehören gemäß R. Bultmanns Einteilung der »Wortüberlieferung« an. Es fallen nach seiner Nomenklatur bei der Nennung der τελῶναι nur die prophetisch-apokalyptischen Worte[4] aus.

Die folgenden exegetischen Ausführungen verfolgen zwei Ziele: einerseits sollen alle synoptischen Stellen, an denen τελώνης erwähnt wird, behandelt und auf ihre Aussage hin untersucht werden, andererseits wollen wir die oben (6.4.3.6 Schluß) aufgeworfene Frage nach der Marginalisierung und Stigmatisierung des *mokhes /* τελώνης zu beantworten versuchen. Damit hoffen wir die Rolle, die die τελῶναι in der Wirksamkeit Jesu spielten, sachgemäß beantworten zu können. − Auf spätere Veränderungen oder Erweiterungen der Texte gehen wir deshalb nur gelegentlich ein.

---

[1] Q: Mt 5,46f. / vgl. Lk 6,32f.; 11,16−19/7,31−35. *Mk:* 2,13−17 (= Mt 9,9−13; Lk 5,27−32); *SMt:* 18,15−17(18); 21,28−32. *SLk:* 3,12−14; 7,29f.; 15,1(ff.); 18,9−14; 19,1−10.

[2] Gegen M. N. EBERTZ, Charisma 7 mit Anm. 37.

[3] Vgl. R. BULTMANN, GST 7*.

[4] Vgl. ebd. 113ff. − Mt 3,7 sy^c stammt aus Lk 3,12.

## 7.1 Zur Formel (οἱ) τελῶναι καὶ ἁμαρτωλοί[5]

Die Wendungen οἱ τελῶναι καὶ αἱ πόρναι (Mt 21,31), οἱ τελῶναι καὶ οἱ ἁμαρτωλοί (Lk 15,1) und ὁ ἐθνικὸς καὶ ὁ τελώνης (Mt 18,17) erinnern wegen des zweimaligen Artikels an die »Negativen Reihen« (o. 3.2.4 und 6.4.3.5). Im Unterschied zu diesen Ausdrücken finden wir sowohl in Mk 2,16b als auch in Lk 7,34 (Q) die Wendung (οἱ) τελῶναι καὶ ἁμαρτωλοί. Dabei kommt es nicht nur darauf, daß an die Funktionsbezeichnung τελώνης ohne Artikel καὶ ἁμαρτωλοί angeschlossen ist, sondern der — feststehende — Ausdruck stammt auch beidemal aus dem Mund der Gegner Jesu[6]: in einer polemischen Situation wird eine neutrale Berufsbezeichnung religiös klassifiziert. Offensichtlich liegt hierbei eine Kennzeichnungsabsicht vor.

Der Versuch einer Interpretation soll anhand des schwierigen Textes Mk 2,15—17parr erfolgen (vgl. 7.2). Was bedeutet jeweils der Begriff ἁμαρτωλός in Mk 2,15f.,17b? In Mk 2,17b kommt ἁμαρτωλός allein vor, in Mk 2,15f. dagegen im Zusammenhang mit den τελῶναι.

E. Schweizer will »und Sünder« in Mk 2,15f. von der Formulierung »(οἱ) τελῶναι καὶ ἁμαρτωλοί« abtrennen und als dreimalige aktualisierende Hinzufügung der Gemeinde zur Zeit des Mk verstehen[7]. Da V. 17a in V. 17b einen erklärenden Zusatz der Gemeinde habe, die hier ohne τελώνης auskomme, sei »und Sünder« in V. 15f. als Aktualisierung erwiesen. »Sünder« wäre demnach der allgemeine christlich-ethische Begriff.

Diese Auskunft befriedigt nicht. Zum einen stellt Mk 2,16a die Worte um

---

[5] S. besonders die Aufsätze von I. ABRAHAMS, Publicans (1917); W. H. RANEY, Sinners (1930); J. JEREMIAS, Zöllner I (1931). II (1963) (s. dazu o. Abschn. 1.1.2.2); H. C. YOUTIE, Publicans (1937); R. MEYER, 'Am (1947) sowie allgemein E. K. DIETRICH, Umkehr; E. SJÖBERG, Gott und neben den Komm. z.St. sowie der Lit. zu 7.2. z. B. noch S. KRAUSS, TA II 375 und W. BAUER, Jesus 27.

[6] Vgl. E. FUCHS, Jesus 71: »Mt 11,19 ist ein im Munde der Gegner hämisch formulierter Satz (und insofern historisch allerdings gut zu gebrauchen)«; unzutreffend I. ABRAHAMS, Publicans 55: »The association in the Gospels of the two expressions Publicans and Sinners is parallel to the combination of ›publicans and robbers‹ in the Rabbinic literatur«, und E. ARENS, Sayings 228 Anm. 31: »the terms φίλος and ἁμαρτωλός suggest a non-Jewish composition.« — S. noch H. BRAUN, Jesus 73f., 144 (»Schimpfwort der Gegner«); J. JEREMIAS, Theologie I 122f. (vorösterliche Beschimpfung) und E. STAUFFER, Jesus 93 (zu Mt 11,18f. ⟨Q⟩): »Das dictum stand schon in der Logienquelle und gehört zum Sichersten, was wir über Jesus von Nazareth wissen.« — S. noch u. Anm. 14 sowie Abschn. 7.5.1 (mit Anm. 157).

[7] Mk 34f.; vgl. J. KIILUNEN, Vollmacht 130 Anm. 18 (Schluß); D. LÜHRMANN, Mk 59. — S. noch C. H. DODD, History 64ff. (o. 1.1.2.3 mit Anm. 66); J. JEREMIAS, Zöllner I 300 (vgl. aber ebd. 295 ⟨s. u. Anm. 13⟩)!, und F. BOVON, Lk 382 (»die Q-Formulierung mit ihrer merkwürdigen Assoziation ...«).

(vgl. Mt 11,19)[8], zum anderen kann die gegebene Erklärung nicht für Lk 7,34 (Q) herangezogen werden[9].

Weiter führt W. H. Raney mit der Erläuterung, »the term ἁμαρτωλός seems to refer to a class of socially inferior people«; »οἱ ἁμαρτωλοί ... are probably to be identified with the 'Am-hă-ăretz, or with a similar class afterward so designated in the rabbinical writings«[10]. Da nach ihm sowohl die τελῶναι als auch die ἁμαρτωλοί »social classes« sind, erhält der schwierige Ausdruck in Mk 2,15a.16b eine einheitliche Interpretationsgrundlage[11].

Die rabbinische Literatur bietet allerdings keinen Anlaß, die τελῶναι *neben* den ἁμαρτωλοί als »social class« anzusehen; erstere sind nach ihr vielmehr den letzteren gleichzusetzen[12].

Nach E. Klostermann weist der *eine* Artikel auf *eine* Kategorie hin[13]. E. Lohmeyer stellt »festen polemischen Ausdruck« fest[14]. Da nun Mk 2,16b und Lk 7,34 (Q) beidemal Vorwürfe an Jesus sind, dürfte aufgrund derselben Sprecherintention ein Terminus technicus bzw. eine *Formel* anzunehmen sein, die abfällig und polemisch den Berufsstand religiös präzisiert und ihm einen Makel anhängt[15]. In der Formel (οἱ) τελῶναι καὶ ἁμαρτωλοί ist daher das καί am besten *epexegetisch* aufzufassen[16]. Der Ausdruck meint somit »*die sündigen Zöllner*« und bedeutet deshalb nichts anderes als die Wendung in Lk 19,7:

---

[8] Οἱ ἁμαρτωλοὶ καὶ τελῶναι; vgl. Orig.comm. in Joh. VI 57 (GCS Orig. 4); Greg.Naz.epist. 249,24 (GCS 53); Hier. in Math. I zu 9,13 (CCL 77, S. 56,1305).

[9] Gegen S. SCHULZ, Q 384, da apologetisch und sachlich nicht überzeugend.

[10] Sinners 579, 580; vgl. C. G. MONTEFIORE, Gospels I 54 ff.

[11] S. noch ebd. 579: »The publicans or tax gatherers (τελῶναι) were a well-known class of public officials despised on account of their occupation; and it seems most natural to assume that the ἁμαρτωλοί, standing in association with them, constituted another social class.« — Anders E. LOHMEYER, Mk 55: »Der zweite Satz (sc. Mk 2,16) ist als Erzählung sprachlich unmöglich: ›Sünder‹ sind keine Klasse oder kein Stand neben ›Zöllner‹.« Vgl. DERS., Soziale Fragen 69: »Man darf unter den ›Sündern‹ eine ganz bestimmte soziale und religiöse Schicht vermuten, die des Amhaarez«.

[12] S. o. 6.4.3.5. — Vgl. noch C. S. MANN, Mark 230, der ἁμαρτωλοί mit »nonobservant Jews« übersetzt. »The older, common translation of ›sinners‹ simply will not suffice.«

[13] Mk 26; vgl. J. JEREMIAS, Zöllner I 295 (s. aber o. Anm. 7!).

[14] Mk 55; vgl. K. H. RENGSTORF, ThWNT I 131,13 (»Formel«); H. TÖDT, Der Menschensohn in der synoptischen Überlieferung, Gütersloh 1959, 107 (fast formelhafte Verbindung) und W. GRUNDMANN, Lk 168 (»Schlagwort«).

[15] Vgl. z. B. die kollektive Diffamierung bShevu 39a (o. 6.4.3.1).

[16] Vgl. zum epexegetischen καί BL.-D.-R., Gramm. § 442,6 und W. BAUER, Wb. 797 s. v. καί Nr. 3. — S. noch den Ausdruck ἔκτη καὶ δεκάτη (ein Sechstel, d. h. ein Zehntel) bei U. WILCKEN, Ostraka I 160 (zu P.Petr. II 43b). — Leider begründet J. KIILUNEN, Vollmacht 154 Anm. 27 seine Ablehnung nicht. — Mt zerstört in 11,19 wegen besserer Stilistik die Formel, vgl. O. LINTON, Parable 164 mit Anm. 2.3 und E. ARENS, Sayings 228 Anm. 30 und 229 Anm. 35 (Widerspruch!), gegen A. JÜLICHER, Gleichnisreden II 29 und S. SCHULZ, Q 380.

ἁμαρτωλὸς ἀνήρ[17]. Sachlich angemessen bringt Lk 5,29 an dieser Stelle die Formel nicht.

*Exkurs:* Zum sozioreligiösen Hintergrund der Formel (οἱ) τελῶναι καὶ ἁμαρτωλοί (nach M. N. Ebertz)[18]

»Im ... Kapitel über den sozioökonomischen Kommunikations- und Handlungszusammenhang der Jesusbewegung hat sich der Eindruck scharfer jüdisch-palästinischer Binnenkämpfe weiter erhärtet und zugleich ... eine weitere negative Bezugsgruppe und Konfliktlinie der Jesusbewegung herausgeschält ...: der Konflikt der Jesusbewegung mit der damals zwar nicht konkurrenzlosen, aber öffentlich zunehmend tonangebenden, politisch auch abgestützten, einflußreichen und ökonomisch aufstrebenden, spezifisch religiösen Gruppe der Pharisäer und ihren theologischen Experten, die sich als Garanten und Hauptträger des Bundes mit Jahwe, also auch als seine diesseitigen Vertreter, als die Definitoren und Interpretatoren seiner überlieferten Offenbarung, des ›heiligen Wissens‹, verstanden, sich als solche präsentierten und ihren damit verbundenen religiösen Herrschaftsanspruch durchzusetzen versuchten«(197f.). Diesem Konflikt lag weit voraus die »Herausbildung ›frommer‹ Zirkel, die sich vorwiegend aus ›Laien‹, sozialstrukturell gesehen, aus städtischen Ackerbürgern, Handwerkern und Händlern zusammensetzten, – ›in der typischen antiken Art‹ – anti-aristokratisch und anti-klerikal eingestellt waren, mosaisches Gesetz und Prophetentexte studierten sowie betont die jüdischen Traditionen pflegten, um sich der überlegenen jüdischen Sonderstellung, also der überlieferten Kollektividentität zu versichern« – der *Ḥasidim,* »zumindest ideell von der breiten Volksmasse unterstützt« (202/3). »Zum anderen hatten die Leistungsanforderungen der aus diesem Kampf erwachsenen Probleme zu einer defensiven Ausdifferenzierung, Spezialisierung und Profilierung einer religiösen Expertenrolle, der des ›Schriftgelehrten‹, geführt – vermutlich anfänglich ausgehend und sich herauslösend aus dem Tempelverband. Ihm kam als intellektueller Apologet und Systematiker der jüdischen Weltansicht, Erzieher, Berater und Leiter dieser traditionalistischen Frommen ›bei der Formierung der antihellenistischen Opposition und des späteren Pharisäertums eine entscheidende Bedeutung zu‹« (202f.).
Im Zusammenhang mit dem makkabäischen Befreiungskampf wurde das religiöse Erziehungs- und Bildungsprogramm »von den Chasidim, dem ›Hauptträger der nun beginnenden Entwicklung der jüdischen Religiosität‹, unter der theologischen Ägide der Schriftgelehrten betrieben« (205). »Der Vorgang, daß sich neben den zentralistischen Tempelkult die Tora, genauer gesagt, der sich vom Priestertum ›emanzipierende‹ Umgang mit ihr zunehmend in den Mittelpunkt der religiösen Praxis und Vorstellungswelt breiter jüdischer Bevölkerungskreise schob, indiziert bereits die anhebende scharfe Binnenkonkurrenz um die Definition und Repräsentation des Judentums, wenn nicht sogar einen ›tiefe(n) und unheilbare(n) Riß‹ in der jüdischen Weltauffassung, der sich vor und während der Makkabäerkämpfe ... ent-

---

[17] Richtige Tendenz bei L. GOPPELT, Theologie I 178: »Demnach will die im Kern der Überlieferung ... auftretende Wendung ›Zöllner und Sünder‹ sagen: die Zöllner sind Sünder.«
[18] M. N. EBERTZ, Charisma (besonders 84f., 153ff., 197ff., 256ff.); s. noch F. HERRENBRÜCK, Kollaboration 191ff.

lang der sozialstrukturellen Linie zwischen dem städtischen Kleinbürgertum und der Priester- und Laienaristokratie zu bilden begann und weiter vertiefte« (206).

»Die Konsequenz waren heftige jüdische Binnenkämpfe einerseits unter den neuen spezifisch religiösen Gruppen, die − etwa als Essener oder Pharisäer − ›in bewußter und reflektierter Weise die Frömmigkeit zu ihrer Lebensaufgabe machten‹, und andererseits zwischen diesen Laiengruppen mit ihren jeweiligen Führern, Experten und Vergesellschaftungsformen hier und den Sadduzäern als aristokratische Repräsentanten der hierarchisch differenzierten Priesterorganisation dort. Dabei ging es um die Geltung religiöser Programme und Weltanschauungsinterpretationen« (208). Sadduzäern und Essenern »stand deutlich, gestützt auf das dezentrale und kollegial organisierte Institut der Synagoge, repräsentiert im Genossen ›Chaber‹ und konzentriert um eine elitäre ›Schicht von Wissenden‹, welche als Schriftgelehrte die Tora auslegten, ihr Wissen ›erwarben‹ und andere, etwa prophetisch-apokalyptische Offenbarungsweisen des Zugangs zum ›heiligen Wissen‹ ablehnten, ein anderer Versuch gegenüber: das pharisäische Konzept der Abschottung von der heidnischen Umwelt durch die ständige kasuistische Heiligung bzw. ›Sazerdotalisierung‹ des Alltags, auch und gerade des Laien. Der ›unter der Souveränität der Vergangenheit‹ stehende, deshalb in seiner Enderwartung traditional gezügelte, strikt anti-apokalyptisch eingestellte Pharisäismus hatte die Absicht − und hierbei kommt eine laikal-antiklerikale Spitze zum Ausdruck −, orientiert sozusagen an der Idee des ›allgemeinen Priestertums‹, Priester- und Laienethik zu nivellieren, und zwar dadurch, daß sie ›die Reinheitsvorschriften und Speiseregeln, die in der Tora den diensttuenden Priestern auferlegt waren, zur Norm auch für das Alltagsleben der Priester und für das Leben des gesamten Volkes‹ postulierten. Die Tora sollte den Tempelkult zwar nicht beseitigen, aber in seiner primären Heilsvermittlungsfunktion ablösen, und ihre ›unantastbaren Normen sollten gegenüber den sich verschiebenden Bedürfnissen ... durch Umdeutung praktisch anwendbar erhalten‹ werden. Deshalb sollten mündliche Sinnobjektivationen, auch ›mündliche Tora‹ genannt, gleichsam als ›dogmatisch‹-nomistischer ›Zaun‹ neben der theoretisch-defensiven Stützung der Tora-Geltung auch zur kognitiven und normativen Handlungsorientierung, zur ständig fortschreitenden religiös-kasuistischen Durchstrukturierung des gesamten jüdischen Alltags dienen« (211 f.).

»Die Jesusbewegung brach somit in einer Bevölkerung auf, deren ›Weltunbefangenheit‹ vermutlich weitgehend vernichtet war, die sich dem Dauerproblem, aus der Heterogenität der religiösen Vorstellungsversionen und Erwartungen eine verbindliche Regel jüdischer Lebensführung zu erkennen und ›auszuwählen‹, also einem Zustand kognitiver und normativer Verunsicherung konfrontiert sah, insofern sich konkurrierende binnenjüdische Weltauffassung, unfähig, die politisch gestützte hellenistisch-römische Fremdkultur theoretisch und praktisch zu eliminieren, im feindseligen Kampf um die religiöse Vorherrschaft wechselseitig in Frage stellten« (212). »Dem Pharisäismus gelang es zwar um die Zeitenwende ... noch nicht, seine Version der jüdischen Weltauffassung auf der Basis seiner Institutionen als alleinige kognitive und normative Konkretisierung des Judentums gegen diejenigen des Sadduzäismus durchzusetzen und den Alltag der breiten jüdischen Bevölkerung Palästinas ethisch zu reglementieren. Doch zusammen mit der verbündeten Mehrheit der Schriftgelehrten hat er es im Verlauf der Jahrzehnte seit den Spaltungen der antihellenistischen Front in einem ... Machtbildungsprozeß zunehmend erreicht, seinem Anspruch, ›letzte religionsgesetzliche Instanz zu sein‹, Gehör und besonders in städtisch-kleinbürgerlichen Bevölkerungskreisen auch Geltung zu verschaffen« (213 f.).

»Obwohl ›Pharisäer‹ und ›Schriftgelehrte‹ kategorial auseinandergehalten werden müssen, war deren personelle, organisatorische und funktionale Verflechtung offensichtlich. Nicht nur waren ›die Führer und die einflußreichen Mitglieder der pharisäischen Gemeinschaften *Schriftgelehrte*‹, Pharisäer waren auch ›bei weitem in der Überzahl unter den Schriftgelehrten‹ sowie deren Multiplikatoren« (216). »Mittel und Folge der religiösen Machtbildung des Pharisäismus einschließlich seiner Theologen waren neben seiner schroffen Distanzierung von der sich erbcharismatisch legitimierenden sadduzäischen Tempelaristokratie und von den anderen innerjüdischen Sekten in wachsendem Maße auch die Absonderung wie Legitimation gegenüber der breiten Masse der jüdischen Bevölkerung ... Gelehrsamkeit wurde zu der entscheidenden sozioreligiösen Determinante des sozialen Status« (217). Durch die Pharisäer wurde der Ausdruck *'am ha-'areṣ* »zu einem ›ideenpolitischen Begriff‹, das heißt zu einer delegitimierenden und diskriminierenden Vokabel im binnenreligiösen Macht- und Herrschaftskampf, deren revolutionäre Intention darin besteht, daß sie sich nicht um herkömmliche Rang- und Statusunterschiede kümmert, ›sondern glatt die alte geheiligte theokratische Ordnung über den Haufen wirft‹. *'am ha-'areṣ* wurde zu einem diskreditierenden ›Schlagwort, mit dem die pharisäisch-rabbinischen Kreise den Kampf gegen alle die um die Verwirklichung ihres Zieles führen, die diesen Weg nicht mitgehen wollen‹, in offensiver Distanz zu ihm stehen; aber auch zum inferiorisierenden Stigma-Terminus an die Adresse derjenigen, die den verschärften religiös-nomistischen Leistungsanforderungen der Pharisäer nicht genügen können, sie schlechterdings ignorieren, ihnen indifferent, in defensiver Distanz gegenüberstehen oder schlicht unwissentlich – ohne ein spezifisches Normbewußtsein – von ihnen abweichen ... Auf diese Weise wird seitens einer sich neu definierenden kulturell-religiösen Leistungselite im Dienste ihrer eigenen Aufwertung und religiösen Macht- und Herrschaftssicherung die große Mehrheit der jüdisch-palästinischen Bevölkerung als religiös unzulänglich kategorisiert, inferiorisiert, ›für minderwertig‹ erklärt« (219 f.).

»Es fällt auf, daß der seitens der sich neu etablierenden ›Heilsaristokratie‹ sozial konstruierte und definierte und mit dem Stigma-Terminus *'am ha-'areṣ* zum Ausdruck gebrachte Defekt, die mangelnde Tora-Bildung, eine weitere Dimension aufweist, seine Besetzung mit Schuldqualitäten. Fehlende religiöse Bildung wurde auch als ›Schuld vor Gott‹ dargestellt. Damit wird dieses Stigma jedoch nicht nur zum Zeichen, daß der Mangel verschuldet ist, sondern zugleich zum Anlaß, seinen Träger moralisch zu verurteilen, als gottlos zu verachten und auszugrenzen. Er ist ›mit dem Makel behaftet, ein Sünder zu sein‹« (220). »So wurde dem defektiv und kulpativ mit *'am ha-'areṣ* Stigmatisierten auch der Zugang zu Heil und Erlösung, sein Anteil am höchsten Glück, erschwert, wenn nicht faktisch in Frage gestellt« (221). »Die religiöse Profilierung des Pharisäismus sowie – komplementär dazu – die Deklassierung des *'am ha-'areṣ* einschließlich seines Ausschlusses vom künftigen Heil wurde sozial konkret und am wirksamsten dort vor Augen geführt, wo der Sozialkontakt der Pharisäer mit ihnen aufs schärfste eingeschränkt und vermieden wurde, sich der Gegensatz sogar ›bis zur Kastenabsonderung der Pharisäer‹ steigerte ... und damit ... gleichsam eine ›Ekelschranke‹ installiert. Die Masse der jüdischen Bevölkerung Palästinas wird somit auch intrakulturell, paradoxerweise seitens einer ›auf die Leitung des Volksganzen gerichteten‹ religiös virtuosen Minderheit sozial marginalisiert, in Rand- und Außenseiterlagen abgedrängt: sie wird hart an die Grenze zum ›Heidentum‹ definiert, eben zu ›Halbheiden ... gestempelt‹.«[19]

---

[19] M. N. EBERTZ, Charisma 222; zur ›Leitung des Volksganzen‹ vgl. A. BÜCHLER,

»Die Jesusbewegung brach also auch und vor allem in einer in der ›Vertikalen‹ religiös gespaltenen Bevölkerung auf, in der eine quantitative Minderheit, aber qualitativ an Relevanz gewinnende Gruppe von religiösen ›Virtuosen‹ die Strategie verfolgte, in einem Konkurrenzkampf religiöser Eliten sich selbst durch die Setzung und Erfüllung hoher Leistungsanforderungen zu profilieren und die Mehrheit unter Kontrolle und in Abhängigkeit zu bringen, diese dabei jedoch sowohl faktisch aus der religiösen Heilsgemeinschaft ausschloß ... als auch öffentlich negativ bewerteten, die sozioreligiöse Identität beschädigenden Attributen unterwarf« (223).

Schließlich kann M. N. Ebertz den »Versuch der Jesusbewegung, die Entstigmatisierung des galiläischen und palästinischen *'am ha-'areṣ* mit der Entstigmatisierung derer zu verbinden, die in der öffentlichen Meinung der gesamten jüdisch-palästinischen Gesellschaft als schwerste ›Sünder‹ gebrandmarkt und ausgestoßen waren«, eng mit der »jesuanische(n) Strategie der verschärften Selbststigmatisierung mit dem Makel der ›Zöllner und Sünder‹« zusammensehen (255). Er stellt in der Jüngerschaft für Sadduzäer, Schriftgelehrte und Pharisäer keine »hochgradig integrierte und somit ernstzunehmende Gegnerschaft« fest, sondern eine, »die wegen ihrer sozialen Heterogenität leicht zu spalten war: Nämlich genau durch die konsequente Mobilisierung des diskriminierenden Sanktionspotentials der jüdisch-palästinischen Moral, sozusagen der ›Zähne‹ der zeitgenössischen Gesellschaft, die Jesus ... ausbrechen wollte. ›Mit Zöllnern und Sündern ißt er‹ ... − ›Siehe, ein Fresser und Weinsäufer, Freund mit Zöllnern und Sündern‹ ... − nachhaltige Anstrengungen dieser Art, dem möglicherweise einzigen integrativen Faktor in der heterogenen jesuanischen Anhängerschaft, der Person des Propheten selbst, ein solches Etikett zuzuweisen, daß er in der öffentlichen Meinung als krimineller ›charismatischer Verführer‹ gelten mußte, der ›nicht nur darauf ausgeht übel zu tun, sondern sich mit anderen zum Übeltun verbindet‹, weil er ›moralisch gestört (ist), aber nicht so krankhaft, daß die Schuldfähigkeit ausgeschlossen‹ werden könne, der also dem ›Teufel des Aufruhrs‹ gegen die heilige Ordnung verfallen wäre, ›wovon das Prassen und Zechen nur das sichtbarste Kennzeichen‹ darstellte, sollten deshalb in ihrer Wirksamkeit, die Anhängerschaft des Jesus an ihrem empfindlichsten Punkt zu treffen und zu teilen, um ihm eine breite Legitimitätsressource zu entziehen oder gar diese in Sanktionsressourcen umzumünzen, nicht unterschätzt werden ...« (256 f.).

Somit ist als Ursache für die Marginalitätserfahrung des τελώνης und für die Vorwürfe an sie von dem schriftgelehrt-pharisäischen Legitimationsbestreben auszugehen, das in Palästina seit der »Zeitenwende«[20] verbunden ist mit heftigen innerjüdischen Kämpfen um religiöse Kompetenz. Infolge der nicht mehr sachorientierten, sondern religiösen Bewertung von Person und Beruf wird der τελώνης zum *'am ha-areṣ*. Er wird damit aber nicht nur moralisch verurteilt, sondern zugleich als gottlos verachtet und sozial marginalisiert. In dieses von M. N. Ebertz gezeichnete Bild können wir die bislang dargestellte Skizzierung des *mokhes* / τελώνης problemlos einzeichnen. Darüberhinaus weist er auf die Grundsätzlichkeit des Umgangs Jesu mit den Zöllnern

---

'Am 187 f. (o. 6.4.3.6 mit Anm. 194); A. Schlatter, GI 141; zum Halbheiden s. Mt 18,17 (u. 7.3.1) und Anm. 207.

[20] Wir benutzen diesen unscharf determinierenden Begriff von M. N. Ebertz, Charisma (z. B. 198).

hin – wenn er hierbei auch »Jesusbewegung« sagt (z. B. S. 167. 181), dann verortet er sie damit keineswegs in die Urgemeinde oder frühen Kirche, vielmehr ist Jesus selbst gemeint, mit seiner Anhängerschaft.

## 7.2 Berufung und Zöllnergastmahl (Mk 2,13–17)[21]

Mk 2,13–17 ist zumindest mit den beiden folgenden ›Streitgesprächen‹ (2,18–22.23–28) enger verbunden[22]. Eine sachliche Nähe zu Lk 7,31–35 (Q) läßt sich nicht übersehen. J. Roloff spricht deshalb von einer »szenische(n) Illustration« des Q-Wortes in Lk 5,27 f. (= Mk 2,13 ff.)[23]. Nach T. Schramm ist in Lk 5,27–32 eine eigenständige Tradition »nicht auszuschließen, aber doch wenig wahrscheinlich«[24]; M. F. Cain vermutet wohl kaum zu Recht ursprüngliches Q-Gut, das Lk am besten widerspiegle[25].

In der Auslegung von Mk 2,13–17parr hat sich die Aufteilung in zwei – scheinbar ursprünglich voneinander unabhängig überlieferte – Erzählungen, V. 13 f. (Berufung) und V. 15–17 (Zöllnergastmahl), weitgehend durchgesetzt.

– Der Text der Berufungsgeschichte (V. 13 f.) stamme entweder nur in V. 13 oder gänzlich (V. 13 f.) aus der redaktionellen Arbeit und sei somit sekundär[26].

Zum »Zöllnergastmahl« (V. 15–17) werden an Erklärungen angeboten:

– V. 15 f. haben entweder mit V. 17 nichts zu tun[27] oder V. 15 f. werden jeweils mit V. 17b[28] bzw. V. 17c[29] verbunden, schließlich auch V. 15.16a mit

---

[21] Zur Lit. vgl. R. Pesch, Mk L 13 (= S. 169 f.) sowie H. Simonsen, Frage 7–9; P. v. d. Osten-Sacken, Streitgespräch; E. Arens, Sayings 28–63; W. Thissen, Erzählung; J. Dewey, Debate; G. Theissen, Nachfolge; ders., Schatten 155 ff.; M. Völkel, Freund 4–6; M. Theobald, Primat; M. Trautmann, Handlungen; J. Kiilunen, Vollmacht; D. Lührmann, Mk; C. S. Mann, Mark; R. A. Martin, Criticism 47 ff.

[22] Vgl. F. G. Lang, Kompositionsanalyse 10.12; J. Calloud, Analysis; L. Schenke, Aufbau 67, 70 f. – Zur (vormk.) ›Streitgesprächsammlung‹ s. K. Berger, Gattungen 1305 ff. und D. Lührmann, Pharisäer 180 mit Anm. 35. – S. noch K. Berger, Einl. 60 f.

[23] Kerygma 237, vgl. H. Schürmann, Lk 292 f.

[24] Mk-Stoff 104.

[25] Sources 401, vgl. 402, 404.

[26] Vgl. J. Kiilunen, Vollmacht 128 f.(f.) mit Anm. 5 f.(f.); 135.

[27] Vgl. R. Bultmann, GST 16.

[28] Vgl. B. M. F. vanIersel, Vocation 217 ff.; E. Arens, Sayings 40 ff.

[29] Vgl. J. Sundwall, Zusammensetzung 15 f.; E. Lohmeyer, Mk 56; R. Pesch, Zöllnergastmahl 74 ff.

V. 16b, wobei dann V. 17b und V. 17c als isolierte Logien aufgefaßt werden[30].

– V. 17b stelle alte Tradition dar[31] oder sei autoritative Klärung der griechischsprechenden Gemeinde[32] oder sekundär[33], V. 17c sei entweder Explikation von V. 17b[34] oder freies Logion[35] oder überhaupt sekundär[36].

– Schließlich werden V. 15 (f.) als Einschub in V. 13–17 verstanden[37]. Andererseits soll die Perikope erst mit V. 15b angefangen haben[38].

Die bis in die neueste Zeit hineinreichende Vielfalt der Meinungen und die Unvereinbarkeit der exegetischen Resultate lassen vermuten, daß die Endergebnisse der Analysen durch fehlerhafte exegetische Vorentscheidungen bedingt waren. Es erscheint deshalb wenig aussichtsreich, sich einer der erwähnten Deutungen anzuschließen.

Auffallend an Mk 2,13 ff. ist jedenfalls der syntaktisch schwierige Text, vor allem die »unklare Subjektsangabe« in V. 15; dem entsprechen die offenkundigen Erleichterungen bei Lk. »Die Szene ist sachlich geschlossen, aber *historisch* unanschaulich.«[39]


### 7.2.1 Der Text in Sinn-Zeilen (nach J. A. Kleist)[40]

13 Καὶ ἐξῆλθεν πάλιν παρὰ τὴν θάλασσαν·
   καὶ πᾶς ὁ ὄχλος ἤρχετο πρὸς αὐτόν,
   καὶ ἐδίδασκεν αὐτούς.

14 Καὶ παράγων εἶδεν Λευὶν τὸν τοῦ Ἀλφαίου
   καθήμενον ἐπὶ τὸ τελώνιον,

---

[30] Vgl. E. HAENCHEN, Weg 108 ff.

[31] Vgl. M. TRAUTMANN, Handlungen 458 f. (= Anm. 81). – S. noch B/C, RTB 22 (S. 36).

[32] Vgl. E. SCHWEIZER, Mk 34.

[33] Vgl. M. TRAUTMANN, Handlungen 153.

[34] Vgl. E. SCHWEIZER, Mk 34; s. noch J. KIILUNEN, Vollmacht 145 Anm. 9; 148.

[35] Vgl. E. HAENCHEN, Weg 108 ff.; B. M. F. VANIERSEL, Vocation 217 ff.; E. ARENS, Sayings 40 f. (mit Anm. 64), 47 ff.

[36] Vgl. C. H. DODD, Parables 117 f.

[37] Vgl. W. L. KNOX, Sources I 13; vgl. M. DIBELIUS, FG 61 mit Anm. 61; B. M. F. VANIERSEL, Vocation 220.

[38] Vgl. E. ARENS, Sayings 28, 38, 43; s. auch M. THEOBALD, Primat 182, 185.

[39] L. GOPPELT, Theologie I 179. – S. noch W. SCHENK, Einfluß 151.

[40] Gospel 10; vgl. M. THEOBALD, Primat 165, 172. – Interessanterweise kommt M. Theobald nach seinen linguistischen Untersuchungen auf S. 185 zu fast identisch rekonstruierter Überlieferung von V. 15b–17a wie in der maschinenschriftl. Fassung dieser Arbeit vorgestellt. Nunmehr ist die Suche nach dem genauen Wortlaut des ältesten rekonstruierbaren (vormk.) Textes aufgegeben.

καὶ λέγει αὐτῷ·
ἀκολούθει μοι.
καὶ ἀναστὰς ἠκολούθησεν αὐτῷ.

15 Καὶ γίνεται κατακεῖσθαι αὐτὸν ἐν τῇ οἰκίᾳ αὐτοῦ,
καὶ πολλοὶ τελῶναι καὶ ἁμαρτωλοί
συνανέκειντο τῷ Ἰησοῦ καὶ τοῖς μαθηταῖς αὐτοῦ·
ἦσαν γὰρ πολλοὶ καὶ ἠκολούθουν αὐτῷ.

16 καὶ οἱ γραμματεῖς τῶν Φαρισαίων
ἰδόντες ὅτι ἐσθίει μετὰ τῶν ἁμαρτωλῶν καὶ τελωνῶν
ἔλεγον τοῖς μαθηταῖς αὐτοῦ·
ὅτι μετά τῶν τελωνῶν καὶ ἁμαρτωλῶν ἐσθίει;

17 καὶ ἀκούσας ὁ Ἰησοῦς λέγει αὐτοῖς ὅτι·

οὐ χρείαν ἔχουσιν    οἱ ἰσχύοντες ἰατροῦ
ἀλλ᾽    οἱ κακῶς ἔχοντες·

οὐκ ἦλθον καλέσαι    δικαίους
ἀλλὰ    ἁμαρτωλούς.

## 7.2.2 Grundeinsichten

7.2.2.1: Schon vor längerer Zeit stellte R. Meyer fest, daß — wie bei den anderen Berufungsgeschichten in Mk und Q — dem Text Mk 2,13 ff. das Berufungs*schema* der Elisa-Berufung (Vorübergehen-Berufung-Gastmahl) zugrunde liege[41].

- Damit ist V. 14 mit V. 15 verbunden[42].
- Es liegt dem Schema eine Argumentation zugrunde, die als Polemik — und zwar gegen die Schriftgelehrten der Pharisäer — verstanden werden muß[43].

---

[41] Prophet 33, vgl. P. Benoit / M.-E. Boismard, Synopse II 110; U. Luz, Jesusbild 364 Anm. 43. S. noch u. Anm. 47. — Die drei Einwände J. Kiilunens, Vollmacht 130 Anm. 18 sind uns nicht verständlich, zumal sich R. Meyer, Prophet 32−34, keineswegs unverständlich ausdrückt. (Vgl. noch Kiilunens eigene Erkenntnis »des gemeinsamen Aufbaus« ⟨132⟩ von Mk 1,16 und 2,14). — Zu Kiilunens Lösung (ebd. 130 Anm. 18 Schluß) s. o. 7.1 und u. Anm. 74.

[42] Beharrlich behauptet wird, καὶ γίνεται + AcI »markiert einen alten Erzählanfang« (R. Pesch, Mk I 164, mit Verweis auf M. Johannessohn, Geschichte 197 und K. Beyer, Syntax I 29 ff., bes. 51 Anm. 2, vgl. D. Lührmann, Mk 59; M. Trautmann, Handlungen 452 Anm. 20). Aber M. Johannessohn (l.c., vgl. Zitat bei R. Pesch, Zöllnergastmahl 71 Anm. 2) sagt dies genausowenig wie K. Beyer (vgl. ders., Syntax I 51: »nur noch rhetorische Floskel«). Im Zusammenhang mit Mk 2,14/15 verdient ebd. 30 Anm. 6 Beachtung: »Im AT steht es (sc. *way*ᶜ*hi*) fast doppelt so häufig innerhalb (sic!) einer Erzählung, wie am Anfang . . .«. Vgl. zu Mk 2,14/15 die ebd. 31 Anm. 5 erwähnten Stellen: Mk 4,4; Lk 1,41; 2,46; 9,33; 17,14; 19,15; 24,4.15.30.51: Das Märchen eines ›alten Erzähl*anfangs*‹ mag mit diesem Hinweis ein Ende finden.

[43] J. Kiilunen, Vollmacht 141 f., stellt völlig Eindeutiges in Frage, vgl. J. Jeremias,

– Wir haben es nicht mit einem rein darstellenden Text zu tun, sondern mit einer Situationsverarbeitung, die das Handeln Jesu durch den Bezug auf die Elisa-Berufung legitimiert und auf diese Weise eine konkrete Handlung des irdischen Jesus mit seiner Sendung verbindet.

7.2.2.2: Die weisheitlich geformten Antworten Jesu (V. 17b.c) bilden mit dem Argumentationsschema (V. 14 f.) zusammen die theologische Grundstruktur des Textes.

– Die pharisäischen *soferim,* die sich selbst als *ḥakhamim* bezeichnen, sind als Schriftkundige, weil sie die Schrift kennen und auch erfüllen, *ṣaddiqim*[44].
– Die Logien Jesu setzen in ihrer schroffen Antithese diesen Anspruch voraus.

7.2.2.3: Die Perikope ist nicht nur durch das Argumentationsschema und die Antworten Jesu polemisch. Die pharisäische Aussage V. 16b enthält ebenfalls Polemik, da sie die τελῶναι und Jesus auf die Ebene der Sünder bzw. der *'amme ha-areṣ* stellen will[45]. Wir stoßen hier auf einen grundsätzlichen Konflikt zwischen Pharisäern und Jesus bezüglich der τελῶναι und im Blick auf die Sendung Jesu.

– Anfang (Berufungsschema V. 14 f.) und Ende (antithetische Logien V. 17b.c) entsprechen einander, wobei zugleich beides auf die Pharisäeranfrage (V. 16) in der Mitte bezogen ist.
– Die pharisäischen Gegner (V. 16) werden andererseits abgewiesen durch das Argumentationsschema (V. 14 f.) und die zweigliedrige weisheitliche Antwort Jesu (V. 17b.c).
– Die ganze Perikope ist so formal und theologisch durchaus sinnvoll aufgebaut.

7.2.2.4: Daß hier ein Schluß mit einem zweigliedrigen Maschal vorliegt wird umso wahrscheinlicher, je mehr man sich von der Vorstellung befreit, diese Geschichte sei als Streitgespräch eine ›ideale Szene‹, die auf ein Apophthegma *zulaufe*[46]. Schon das Argumentationsschema verrät einen konstruierten, wechselseitigen Aufbau.

---

Jerusalem 269 Anm. 2 (vgl. ebd. 276, 289); J. WELLHAUSEN, Pharisäer 20; D. LÜHRMANN, Pharisäer 178 (»Die Pharisäer hatten ihre Schriftgelehrten ...«) und M. N. EBERTZ, Charisma 216 f. (o. Exkurs zu 7.1). – S. noch C. M. MARTINI, Scribes; H.-W. BARTSCH, Problematik und S. H. SMITH, Role. – Gegen A. EHRHARDT, Framework 126 Anm. 3, s. M. HENGEL, Bergpredigt 375.

[44] Vgl. M. HENGEL, Bergpredigt 346 Anm. 35.

[45] Zutreffend folgert deshalb J. JEREMIAS, Theologie I 120 Anm. 43 (zu Mk 2,16): »Die Frage ... ist nicht eine harmlose Bitte, sondern die Aufforderung an die Jünger, Jesus abzusagen«; vgl. M. N. EBERTZ, Charisma 256 f. (o. Schluß des Exkurses zu 7.1).

[46] Vgl. R. BULTMANN, GST 40; K. BERGER, Gattungen 1103.

– Das Schwergewicht liegt in Mk 2,14−17 nicht allein auf V. 17b oder
V. 17c, sondern V. 17b antwortet auf V. 16b, V. 17c (δίκαιοι) auf V. 16a (οἱ
γραμματεῖς τῶν Φαρισαίων) sowie auf V. 14 f. (καλεῖν und Tischgemeinschaft), wie umgekehrt V. 14 f. auf V. 16 (Pharisäeranfrage) bezogen sind.

– Demzufolge gehört ἁμαρτωλοί in V. 17c weniger zu (καὶ) ἁμαρτωλοί in der
Formel V. 16b, sondern verweist vielmehr auf den Gegensatz zu δίκαιοι
und entspricht κακῶς ἔχοντες.

– V. 17b.c erscheint folglich als Zweizeiler im synthetischen Parallelismus;
die beiden Sprüche dürften aber zunächst von V. 14−16 unabhängig überliefert worden sein.

Die Perikope hat demnach folgende Struktur[47]:

| Schema | Konflikt | weisheitliche Antworten |
|---|---|---|
| V. 14 f. | V. 16 | V. 17b.c |
| Vorübergehen – | Aufruf zum Abfall | legitimiert Situation; |
| Berufung – | | allgemeine Sendung. |
| Gastmahl | | |

## 7.2.3 Weitere Beobachtungen am Text

Mk 2,15a wird von vielen so verstanden, daß ursprünglich das Mahl im
Haus des Berufenen stattfand[48]. Das entspräche sowohl dem Schema der
Elisa-Berufung als auch möglicherweise dem ursprünglichen Geschehen[49], da
die τελῶναι (vgl. Mk 2,15b) aufgrund ihrer höheren sozialen Stellung einen
starken Binnenkontakt gehabt haben dürften.

---

[47] Vgl. M. Völkel, Freund 5 (»für den ersten und methodisch sichersten Schritt …
kann nicht davon abstrahiert werden, daß dem Zöllnermahl die Berufung des Zöllners
Levi vorausgeht«) und H. Zimmermann, Methodenlehre 179: »In der ursprünglichen
Überlieferung gehören die drei Formelemente − Handlung Jesu, Frage der Gegner,
Antwort Jesu − notwendig zusammen«. S. noch J. Dewey, Debate 48 f.

[48] R. Pesch, Mk I 167 begründet dies mit Jesu »Status als Wanderprediger (vgl. Mt
8,20)«. − G. Rau, Markusevangelium 2094 Anm. 171 meint: »Wie das Haus des Petrus, so dürfte auch das Haus des Levi eine lokale Bedeutung als Gemeindezentrum gehabt haben.« Demnach gab es zwei Gemeindezentren in Kapernaum − wenig glaubhaft.

[49] G. Theissen, Lokalkolorit 127 f. (vgl. ders., Schatten 155 ff.) versucht nachzuweisen, daß es sich bei dieser »Zollstation nur (sic!) um eine Grenzstation gehandelt haben«
kann (127). Aber τελώνιον heißt nun einmal nicht nur Grenz-Zollstätte, vgl.
z. B. P.Rev. 9,3, um nur *eine* Stelle zu nennen (vgl. ⟨in Verbindung mit ›Wachlokal‹⟩
U. Wilcken, Ostraka I 568); eine ebenso verfehlte Deutung bietet W. Schenk, Mt 442
s. v.; s. noch o. 1.1.1 mit Anm. 20 und F. Herrenbrück, Kollaboration 186 Anm. 6.

Andererseits könnte im Sinne einer Einladung Jesu mit dem Hinweis argumentiert werden, daß in der synoptischen Tradition Jesus mehrfach als ›Einladender‹ erscheint (vgl. noch καλεῖν Mk 2,17c), wobei das Vorbild der einladenden Weisheit (Prov 8 f.) im Hintergrund steht (s. noch Mt 11,28; Lk 7,34 f. ⟨Q⟩)[50]. In diesem Fall könnte das weisheitlich-theologische Motiv der Einladung (V. 15) wider die historische Situation streiten.

Von vielen wurde richtig erkannt, daß die Aussage über die Jünger in Mk 2,15c vom Evangelisten hinzugefügt wurde[51]. Für Mk ist in 2,15 der Zwölferkreis noch nicht konstituiert; das geschieht erst in 3,16. Der Kreis wächst sukzessiv[52].

Der Name des Berufenen ist umstritten. Ein Sohn des Alfäus mit Namen Levi wird in den Apostellisten nicht erwähnt, wohl aber ein Jakobus (Mk 3,18). C. S. Mann meint, ›Levi‹ sei kein Name, sondern Übersetzung: »*a Levite, Son of Alphaeus*«[53]. Möglicherweise ist der Berufene ein Jünger des größeren Jüngerkreises Jesu. Mt verarbeitete in 9,9 irgendeine Schultradition, wenn er den Evangelistennamen einsetzt[54].

Ebenfalls wird jetzt auch Mk 2,16a (ὅτι ἐσθίει …) mit Recht als spätere Auffüllung gesehen, wie vor allem die Umstellung »die Sünder und Zöllner« anzeigt[55]. Lk 5,29 (τελῶναι καὶ ἄλλοι) zeigt, daß Mk 2,15b (τελῶναι καὶ ἁμαρτωλοί) eine inclusio — dazu mit Inversion in V. 16a — mit V. 16b (der ursprünglichen Formel) bildet[56]. Auch Mk 2,13 ist der Redaktion zuzuschreiben[57].

---

[50] Die Ortsangabe ›Haus Jesu‹ »sprengt die Normalform des ort- und zeitlos erzählten ›idealen‹ Streitfalles« (R. PESCH, Zöllnergastmahl 76) und weist auf Weisheitstradition, vgl. 11Q Ps 154 = Ps 154,5−9.12−15 (Preislied auf die Weisheit); vgl. den Kommentar des Hg.s A.S.v.d.Woude (JSHRZ IV 44, Anm. zu V.8a). S. noch W. SCHENK, Logienquelle 151.

[51] Vgl. schon M. DIBELIUS, FG 61 Anm. 1.

[52] Zur mk. Jüngerdarstellung s. R. C. TANNEHILL, Disciples; E. BEST, Mark's Use of the Twelve. ZNW 69 (1978) 11−35 und G. RAU, Markusevangelium 2094 Anm. 170.

[53] Mark 229. − Vgl. zum Namen ›Levi‹ J. LEVY, Wb. II 484 s. v. *lwy/lwa* (»anhangen«, »begleiten«) und ebd. s. v. *lwai (shem lwai:* »Beiname«). − Vgl. noch E. BEST, Markus 400 und R. PESCH, Levi.

[54] Als τελῶναι werden in der Tradition genannt: Mattäus (Mt 9,9; 10,3); Bartolomäus (Ev.Barth. IV 49 ⟨H/S I⁵ 434⟩); Levi (b. Alfäus) (Mk 2,14; Lk 5,30); Jakobus b. Alfäus (v. l. Mk 2,14; Joh.Chrys. 32. hom. in Mt, zu 10,5); Taddäus (J. A. CRAMER, Catenae Graecorum Patrum in Novum Testamentum, Oxonii I 1844, S. 74 ⟨zu Mt 10,2⟩); Zachäus (Lk 19,10). − E. Nestle/K. Aland²⁶ geben zu Mk 2,14: ›Jakobus‹ jetzt auch Tatian an; in Tatians Diatessaron (E. Preuschen, Heidelberg 1926) wird die Berufung zweimal erwähnt (S. 81: Mattäus; S. 82, 83: Levi); ›Jakobus‹ konnte nicht verifiziert werden.

[55] Zur Sprachanalyse s. M. TRAUTMANN, Handlungen 136 pass. und R. A. MARTIN, Criticism 47−50.

[56] Vgl. M. REISER, Alexanderroman 142; s. auch K. BERGER, Einl. 29.

[57] Vgl. W. EGGER, Frohbotschaft 151−153.

## 7.2.4 Die theologische Aussage

Die Darstellung einer Jüngerberufung mit Hilfe des elianischen Berufungs-
schemas dient der Legitimation — zur Zeit der Abfassung des Abschnitts!
Denn dadurch wird nicht nur behauptet, daß die Berufung eines τελώνης zum
μαθητής/ *talmid* toragemäß und legitim sei, sondern es wird auch durch die
Form der Darstellung gegenüber Kritikern ›bewiesen‹, daß hier Jesus recht
handelt. Demnach »will Markus nicht nur die Jesus-Tradition sachgemäß wiedergeben«[58], es ist andererseits unzureichend, wenn die »Kontroversen mit
den Pharisäern ... freilich nicht mehr strittig (scheinen) für christliche Gemeinden der Zeit des Mk«[59]. Jesus war nicht nur um 30 n. Chr., sondern auch
später noch vielen eine völlig fragwürdige, fast lächerliche Gestalt[60].

Die Tischgemeinschaft wird zwar nur beiläufig, aber prägnant dargestellt,
denn κατακεῖσθαι/(συν)ἀνακεῖσθαι weisen auf den *festlichen* Charakter des
Mahles[61]. Die Mahlszene ergibt sich aus der Übernahme des Berufungsssche-
mas sowie aus der Tatverkündigung Jesu, die seine Wortverkündigung beglei-
tete. Die Tischgemeinschaft »verbindet nicht nur Menschen untereinander,
sondern sie verbindet sie miteinander *vor Gott* und *mit Gott*. Tischgemeinschaft
ist immer ›religiöse Gemeinschaft‹, ... eine gottesdienstliche Handlung«[62].
Dieser sakrale Charakter kommt ebenso auch im Tischgebet vor der Mahlzeit
und im Dankgebet danach zum Ausdruck. Andererseits ist die Tischgemeinschaft mit Jesus »die Gewährung und Zueignung der Vergebung Gottes und
die Verheißung und Vorweggabe des eschatologischen Mahles in der Königsherrschaft Gottes«[63]. Die Berufung eines τελώνης in den Jüngerkreis Jesu erhält somit auch ein scharfes religiöses Profil (vgl. Lk 18,14a). Die knappe Aufforderung zur Nachfolge trägt zwar kaum Züge einer Wort-*Verkündigung*
(vgl. Lk 19,9f.), diese ist aber aufgrund der Tat-Verkündigung ausführlicher
vorauszusetzen[64]. Nun stimmen nicht nur Wort und Tat Jesu überein, sondern
die Darstellung der Berufung setzt auch die messianische Vollmacht Jesu voraus[65]. Im alttestamentlichen Denken stellt die Übereinstimmung von Wort
und Tat ein Gottesprädikat dar[66].

---

[58] M. HENGEL, Probleme 225; s. auch E. BEST, Markus 402.

[59] D. LÜHRMANN, Pharisäer 183.

[60] Vgl. D. DAUBE, Testament 22f.; J. MAIER, Jesus von Nazareth in der talmudischen
Überlieferung (EdF 82), Darmstadt 1978, 249ff.

[61] Vgl. J. JEREMIAS, Theologie I 116 mit Anm. 25.

[62] O. HOFIUS, Tischgemeinschaft 11, vgl. E. G. GULIN, Freude 60f.

[63] O. HOFIUS, ebd. 20; vgl. B. F. MEYER, Aims 159; D. FLUSSER, Gleichnisse 170f.

[64] Vgl. P. FIEDLER, Formel 55 mit Anm. 52. — Vgl. noch B. F. MEYER, Aims 161:
»Word and act illuminate one another«.

[65] Vgl. M. HENGEL, NuC 19: »Nach Darstellung der Synoptiker geschieht er (sc.
Jesu Ruf in die Nachfolge) kraft eigener — *messianischer* — *Vollmacht*.«

[66] Vgl. G. BORNKAMM, Jesus 74; U. LUCK, Weisheit 50f. sowie z. B. Jes 55,11. Eine

Der Konflikt mit den Schriftgelehrten kann nicht ausbleiben, denn es stellt sich unweigerlich die Frage nach der exousia Jesu[67]. Die Schriftgelehrten *(soferim)*, Torakundigen, d. h. die Theologen, Juristen und Gesetzeslehrer, gehörten zur Zeit Jesu entweder zu den Sadduzäern, oder sie waren die geistigen Führer der pharisäischen *ḥavurot*, oder sie waren an keine Gruppe gebunden. In jedem Fall hatten sie aufgrund ihrer Bildung hohes Ansehen und bestimmten die religiösen Normen. Es spricht alles dafür, daß pharisäische Schriftgelehrte die Formel »(οἱ) τελῶναι καὶ ἁμαρτωλοί« bildeten, wobei das καί explikativ zu verstehen ist (»die sündigen Zöllner«). Damit schließt sich der Kreis der religiösen Diffamierung der τελῶναι / *mokhsin* im pharisäischen Bereich (vgl. 6.4.3.5). Demnach war die Berufung eines τελώνης zum μαθητής für sie theologisch ein unerhörter Vorgang. Wenn sie sich an die Jünger Jesu wandten, dann ist dies nicht so sehr ein Hinweis auf die spätere Diskussion ›der Gemeinde‹ mit den Pharisäern – denn in der frühen Alten Kirche war die Auseinandersetzung bzw. der Umgang mit ihnen kein Problem mehr (vgl. 6.5.5) –, sondern vielmehr die Aufforderung an die Jünger zum Bruch bzw. Abfall von Jesus[68]. Dahinter steht ihr Anspruch, als Torakundige zugleich *ḥakhamim* und *ṣaddiqim* zu sein.

Die Antwort Jesu in V. 17b.c weist die pharisäische Interpretation der τελῶναι als ἁμαρτωλοί / *rsha'im*[69] zurück: nicht fragwürdige Kumpanei mit den τελῶναι, sondern ihre ›Rettung‹ / σωτηρία sei sein Auftrag[70]. Neben der Tat-Verkündigung verweist auch das Bild vom Arzt[71] auf die σωτηρία / ›Heilung‹, d. h. auf den Zuspruch der Vergebung, der hier wie andernorts (z. B. Mk

---

Trennung zwischen Wesen und Existenz erscheint nicht möglich, s. A. SCHLATTER, Theologie I 332.

[67] Vgl. D. LÜHRMANN, Pharisäer 182.

[68] Vgl. D. DAUBE, Testament 23, o. Anm. 45 und u. 7.5 mit Anm. 143 f. – F. BELO, Mk 144, kann die Tischgemeinschaft Jesu mit *mokhsin* »als Subversion des jüdischen Symbolfeldes« charakterisieren.

[69] Vgl. B. F. MEYER, Aims 160 f.

[70] Vgl. ebd. 166 (zu ἦλθον); s. auch E. ARENS, Sayings 51 ff. und M. SATO, Q 297.

[71] Vgl. z. B. *Plut.mor. 230F:* Die Ärzte pflegen sich nicht bei den Gesunden aufzuhalten, sondern dort, wo die Kranken sind.

*Dion Chr. 8,5:* Wie der pflichtbewußte Arzt dort helfe, wo die meisten Kranken sind, so müsse der Mann, der eingesehen habe, worauf es im Leben ankommt, dort sich aufhalten, wo die meisten Menschen ohne diese Einsicht lebten, um ihnen ihren Unverstand vorzuhalten und sie von ihm zu überzeugen.

*Antisthenes fr. 186:* (Auf den Vorwurf, daß er mit schlechten Leuten verkehre:) Auch die Ärzte gehen mit den Kranken um, aber sie bekommen das Fieber nicht.

*Epikt.diss. ab Arr. III 23,20:* Eine Arztstube, ihr Männer, ist das Lehrzimmer des Philosophen: Ihr müsset nicht lustig, sondern betrübt von dannen gehen.

*Artem. 4,22:* Denn man muß nicht die Gesunden sondern die Kranken heilen.

*Plut.Phok. 10,15:* Als seine Freunde ihm Vorwürfe machten, weil er einem schlechten Menschen vor Gericht beistand, sagte er, die Guten brauchten keine Hilfe.

Weitere Stellenangaben bei E. ARENS, Sayings 40 Anm. 63.

1,16 ff.) nicht ausgeführt, sondern vorausgesetzt wird. Aus diesem Grund erscheint der Satz »Heil vollzieht sich, ob Sündenvergebung mit Worten zugesprochen wird ... oder nicht«[72] als sachliche Verkürzung, denn im Hintergrund steht nicht irgendeine − eher überflüssige − Morallehre, sondern der inkriminierende Vorwurf, die heilige Ordnung zu verletzen (vgl. Prov 17,15; CD 1,19 und u. 7.5). »Sünder« / *rsha'im* bezeichnet nun in V. 16b die, die sich der pharisäischen mündlichen Tora nicht unterwerfen; für ein Motiv der Heidenmission gibt es überhaupt keinen Anlaß[73]. In V. 17c sind allerdings diejenigen gemeint, die zur basileia qualifiziert sein wollen[74]. Jesus beansprucht, in die Not des Menschen vor Gott wie ein Arzt helfend eingreifen zu können. Nach Ps 103,3 wird damit zugleich ein messianischer Anspruch deutlich, weil Jesus so an Gottes Stelle handelt. Jesus verkündet umfassende, endzeitliche Gnade in der Bindung an seine Botschaft von der anbrechenden Gottesherrschaft.

Der Aufbau der Perikope legt den Gedanken nahe, daß in V. 14−17 verschiedene Einzelaspekte sinnvoll und kunstvoll zusammengefügt sind[75]. Wenn sich demnach δίκαιοι auf οἱ γραμματεῖς τῶν Φαρισαίων bezieht, dann beinhaltet Jesu Sendungsauftrag (... nicht gekommen) nicht einen Affront gegen die Pharisäer schlechthin, sondern einzig eine schroffe Ablehnung der *so* argumentierenden Pharisäer.

Jesus weist die pharisäische Sicht des τελώνης / *mokhes* als des in besonderer Weise der Sünde verfallenen *'am ha-areṣ* ab. Er begegnet ihm als einem, der des Erbarmens Gottes bedarf − und der auch umzukehren bereit ist (Lk 3,12 f.). Er gewährt ihm Gemeinschaft, da er sich vor Gott als rettungsbedürftig erkennt. Der vor Gott kranke Mensch, der Sünder, erhält Anteil an der messianischen Freude (s. o. zu κατακεῖσθαι).

---

[72] E. Schweizer, Art. Jesus Christus I, TRE 16, Berlin / New York 1987, 720,20 f., vgl. B. F. Meyer, Anm. 161.

[73] Gegen J. Kiilunen, Vollmacht 149, 152 ff.; G. Rau, Markusevangelium 2230 und viele andere, vgl. M. Hengel, Probleme 242. Bei J. Kiilunen u. a. macht sich negativ bemerkbar, daß die Schärfe der Auseinandersetzung nicht wahrgenommen wird (vgl. ebd. 155 mit Anm. 32 und u. 7.5).

[74] Deshalb drückt »und Sünder« in der Formel (o. 7.1) niemals eine Erweiterung ›der Gemeinde‹ aus. Vielmehr konnte die Gemeinde vom Sünder-Verständnis in V. 17c her Weisung empfangen.

[75] Vgl. J. Dewey, Debate 79 f., 84. − S. auch J. Roloff (o. Anm. 23) sowie u. Abschn. 8.1.

## 7.3 Zum Ausdruck: »ἔστω σοι ὥσπερ ὁ ἐθνικὸς καὶ ὁ τελώνης (Mt 18,17b, vgl. Mt 5,46 f.)

### 7.3.1 Mt 18,17b[76]

Wenn Lk 7,34 (Q) und Mk 2,14—17 sowie die SLk-Stücke (18,10 ff.; 19,1 ff.) mit SMt 18,17b (ὁ ἐθνικὸς καὶ ὁ τελώνης) und Mt 5,46 f. (Q) verglichen werden, legt sich der Gedanke nahe: »Jesus would hardly have spoken so harshly of the ›tax-collector‹.«[77]

Der Sinn des Ausdrucks in Mt 18,17b läßt sich durch eine Kontextbetrachtung, ausgehend vom Gleichnis vom verlorenen Schaf (Mt 18,12—14 / Lk 15,4—7 ⟨Q⟩), klären[78]. Die Intention dieses Gleichnisses liegt in der Sorge um den, der sich verfehlt hat. Dabei weist Lukas durch ἀπολλύναι auf die Aufgabe Jesu und damit auf die Freude der Umkehr (V. 6), Mattäus hat mit πλανᾶν die Aufgabe des Jüngers und damit die Erfahrung des sich verfehlenden Mitgläubigen im Blick.

Lukas leitet das Bildwort 15,4 ff. durch 15,1—3 (vgl. 5,29 f.) redaktionell ein. Der Artikel vor ἁμαρτωλοί deutet darauf hin, daß οἱ τελῶναι καὶ οἱ ἁμαρτωλοί selbst weder Formel ist noch zusammenfassende Beschreibung derer, die zu Jesus kommen, sondern ein Ausdruck, der sich auf οἱ τελῶναι oder auf οἱ ἁμαρτωλοί allein reduzieren läßt. Beides paßt je für sich auf den Vorwurf der Pharisäer und Schriftgelehrten, die Jesu Annahme der 'amme ha-areṣ und seine Tischgemeinschaft mit ihnen ablehnen.

Mattäus dagegen nimmt im Anschluß an das Bildwort vom verirrten Schaf in 18,15 die Q-Vorlage (vgl. Lk 17,3) auf und erörtert in V. 15—17.18 das Thema »Zurechtweisung«, in V. 21 ff. das Thema »Vergebung«. Der Aufbau ist klar erkennbar, so daß V. 17b — unabhängig davon, wie τελώνης bzw. der ganze Ausdruck überhaupt[79] zu verstehen ist — deutlich vom Ausschluß aus der Gemeinschaft spricht. Demnach dienen ὁ ἐθνικός und ὁ τελώνης als Beispiel für diejenigen, mit denen keine religiöse Gemeinschaft möglich ist. An dieser eindeutigen Aussage kann auch der sehr wahrscheinlich zutreffende

---

[76] Vgl. R. BULTMANN, GST 151 mit Erg.H.; D. LÜHRMANN, Redaktion 111—114; DERS., Feinde; W. SCHENK, Mt 442 f. und B/C, RTB 204 (S. 123).

[77] C. G. MONTEFIORE, Gospels II 251, vgl. W. TRILLING, Israel 115 f. und W. PESCH, Gemeindeordnung 186.

[78] Vgl. J. JEREMIAS, Tradition; DERS., Sprache 243 ff.; s. auch W. TRILLING, Israel 112 ff.; D. LÜHRMANN, Redaktion 115.

[79] Nichts zur Erklärung trägt P.Oxy. I 126 aus dem Jahr 572 n. Chr. bei, in welchem ἐθνικός als ›tax-collector‹ erscheint (Z. 13); s. den Komm. der Hg. B. P. Grenfell / A. S. Hunt: »a term not elsewhere applied to a collector«. — Mt 18,17b dürfte kaum allein für Jerusalem und Judäa spezifisch gewesen sein, gegen N. PERRIN, Jesus 113 (vgl. J. R. DoNAHUE, Tax Collectors 59—61); völlig verfehlt seine Übertragung: »... Juden, die sich selbst zu Heiden gemacht haben« (117, vgl. 133).

Hinweis, Mt 18,17b liege ein Sprichwort zugrunde[80], nichts ändern. Mt 18,15—17 steht dabei in sachlichem Zusammenhang nicht nur mit dem Liebesgebot (Lev 19,17f.), mit Bestimmungen aus Qumran (vgl. z. B. 1QS 5,10—6,1; CD 9,2—8 ⟨23⟩; Tempelrolle 64,8), sondern auch mit Anweisungen für die (pseudo-)paulinische Gemeinde (vgl. 1Kor 5,5.9ff. sowie Tit 3,10)[81]. Allen diesen Texten ist gemeinsam, daß es um Maßnahmen geht, die die Gemeinschaft der Glaubenden gewährleisten sollen, und daß derjenige ausgeschlossen wird, der diese in Gefahr bringt.

In Mt 18,15—17(18) sehen wir den Skopus des Gleichnisses aus Q sowohl *aufgenommen* als auch in besonderer Weise *akzentuiert*. Der Skopus — die Sorge um den Verirrten — wird aufgenommen, indem der Betreffende, falls er sich nicht wieder in die Gemeinschaft eingliedern will, von der Gemeinde »als ein außerhalb der *Gemeinschaft* Stehender angesehen werden soll«[82]. Die Aussagen in 1Kor 5,5 und Tit 3,10 kommen dieser Art von Gemeindezucht am nächsten. — Der Skopus wird jedoch interpretiert insofern, als der Ausgestoßene ὥσπερ ὁ ἐθνικὸς καὶ ὁ τελώνης angesehen werden soll (vgl. ebenfalls 1Kor 5,5 und Tit 3,10). Was Mattäus damit sagen will, wird besser erkennbar, wenn der Gedankengang umgekehrt wird: In 1Kor 5,9ff. sind solche Personen aufgezählt (πόρνος, πλεονέκτης, εἰδωλολάτρης, λοίδορος, μέθυσος, ἅρπαξ), die nur dann in der christlichen Gemeinde akzeptabel sind (vgl. ἐάν τις ἀδελφὸς ὀνομαζόμενος), wenn sie ihr Verhalten völlig geändert haben. Diese Forderung findet sich in ähnlicher Weise ebenfalls in Mt 18,17b wieder: der »Nichtmehr- Heide« und der »Nicht-mehr-Zöllner« werden in die Gemeinde aufgenommen, dagegen hat sich diese nach der hier zugrundeliegenden Auffassung vom Heiden und Zöllner nicht nur zu unterscheiden, sondern völlig zu scheiden. Die Nähe dieser Haltung zu der durch tDem 2,17 (o. 6.4.3.2) bezeugten pharisäischen Ansicht über den τελώνης ist auffallend; eine religiöse Gemeinschaft mit diesem ist nicht möglich, es sei denn, er gibt seine Tätigkeit auf: in Mt 9,9ff. wird ein τελώνης berufen, der nach Mt 10,3 Apostel wurde und seinen Beruf aufgab[83]. In Mt 11,18 (Q) kann, ebenso wie in Mt 21,28—32 (vgl. πόρναι) ebenfalls die Berufsaufgabe vorausgesetzt werden. Die Forderung, der τελώνης müsse seinen Beruf aufgeben, läßt sich andererseits weder für Jo-

---

[80] Vgl. M. I. Rostovtzeff, Staatspacht 481; W. Trilling, Hausordnung 45 und M. Hengel, Zeloten 144 Anm. 1. — Wenn das Sprichwort aus der Zeit zwischen 63—47 v. Chr. stammt (vgl. 6.3.4.1), könnte möglicherweise mit τελώνης der römische publicanus bzw. seine Helfershelfer und mit ἐθνικός der Römer als Vertreter des verhaßten Rom (s. M. Hengel, Zeloten ⟨Reg. s. v. Römerhaß und Rom⟩) gemeint sein; vgl. noch M. Borg, A New Context for Romans XIII. NTS 19 (1972/73) 206.

[81] S. noch 2Kor 2,6ff.; 1Tim 5,19f. sowie Sh. E. Johnson, Quotations 141ff. und W. Trilling, Israel 120.

[82] W. Trilling, Israel 116.

[83] Mt 18,15—17 betrifft den, der sich von der Gemeinschaft lösen, Mt 18, 12—14.21f.23—35 den, der in der Gemeinschaft bleiben will, gegen Sh. E. Johnson, Quotations 143; D. Lührmann, Redaktion 116 und G. Barth, Gesetzesverständnis 78.

hannes den Täufer (vgl. Lk 3,12ff.) noch für Jesus (vgl. Lk 18,10ff.; 19,1ff.) behaupten, auch wenn in den bei Q und Mk berichteten Berufungsgeschichten die Nachfolge mit der Aufgabe eines *jeden* Berufs verbunden ist.

Mt 18,17b unterscheidet sich in seiner Tendenz nicht von der Schärfe der Aussage in 1Kor 5,5.9ff. und Tit 3,10 − es ist somit keineswegs untypisch für eine christliche Gemeindeleitung −, einzig die Formulierung des ἔστω σοι ὥσπερ ὁ ἐθνικὸς καὶ ὁ τελώνης weist auf die Übernahme einer volkstümlichen pharisäischen Forderung hin, die sich mit der Haltung Jesu nicht in Übereinstimmung bringen läßt. Andererseits kann für die schriftgelehrte Gemeindeleitung in Mt 18 allerdings nicht die Auffassung von mNed 3,4 (o. 6.4.3.1) − der prinzipielle religiöse Ausschluß des τελώνης − veranschlagt werden.

### 7.3.2  Mt 5,46f.[84]

Mt 18,17b gibt zu erkennen, daß für die spätere judenchristlich geprägte Gemeinde in Syrien[85] eine religiöse Gemeinschaft mit dem τελώνης offenbar nur nach Aufgabe seines Berufs möglich war. In Mt 5,46f. jedoch finden wir trotz der offenkundigen Ähnlichkeit der Texte einen anderen Bezugsrahmen.

Mit C. F. Burney nennt S. Schulz den Aufbau von Mt 5,44−48 zu Recht kunstvoll[86].

> Diese Spruchkomposition »enthält in Mt V 44 nach der prophetischen Einleitung λέγω ὑμῖν zunächst in V 44b einen Doppelzeiler, in Vv 45.46 und 47 je einen Dreizeiler und in V 48 wiederum einen Doppelzeiler.
>
> *Inhaltlich* ergibt sich folgender Gedankengang: Auf die beiden Imperative folgt ›die finale Begründung‹. Mt 5,46 und 47 bringen zwei rhetorische Fragen, fast gleichlautend und mit dem eindrücklichen Refrain: ›Tun nicht auch die Zöllner bzw Heiden dasselbe‹? Dagegen lenkt Mt V 48 offensichtlich zu V 45 zurück.
>
> Dieser inhaltliche Überblick gibt bereits einen Hinweis auf die *traditionsgeschichtlichen* Entstehungsverhältnisse dieser größeren Komposition. Die beiden rhetorischen Fragen Vv 46f. unterbrechen nämlich den zusammengehörigen Gedankengang von Vv 45 und 48 und dürften als traditionsgeschichtlich spätere Erläuterung und weiterbildende Schilderung anzusehen sein. Allerdings muß das in sehr frühem Stadium der Überlieferung geschehen sein«[87].

---

[84] Vgl. R. Bultmann, GST 82f.85.92.110 mit Erg.H. S. 35; M. Black, Appr./ Mspr. 179−181; S. Schulz, Q 127ff.; J. Galot, Publicain; L. Schottroff, Gewaltverzicht; G. Theissen, Gewaltverzicht; G. Strecker, Bergpredigt; H. Weder, Rede; M. Hengel, Bergpredigt.

[85] Vgl. M. Hengel, Bergpredigt 341 Anm. 25.

[86] Vgl. C. F. Burney, Poetry 67.113f.; S. Schulz, Q 131; G. Strecker, Antithesen 66; M. Black, Appr./Mspr. 179ff.

[87] S. Schulz, Q 131f.

Nach D. Zeller befremden jedoch »rhetorische Fragen ... in weisheitlicher Argumentation nicht«[88]. Wichtig ist darüberhinaus seine Beobachtung, daß V. 46 f. »hypothetisch einen Gegenfall annehmen«[89]. Sie unterbrechen deshalb weder »den zusammengehörigen Gedankengang von Vv 45 und 48« noch müssen sie »als traditionsgeschichtlich spätere Erläuterung« angesehen werden. Wir folgen weitgehend dem Textvorschlag D. Zellers und schließen V. 48 an[90]:

44 Ἀγαπᾶτε τοὺς ἐχθροὺς ὑμῶν
    καὶ προσεύχεσθε ὑπὲρ τῶν ἐπηρεαζόντων ὑμᾶς,
45 καὶ ἔσεσθε υἱοὶ τοῦ θεοῦ,
        ὅτι τὸν ἥλιον αὐτοῦ ἀνατέλλει ἐπὶ πονηροὺς καὶ ἀγαθοὺς
        καὶ βρέχει ἐπὶ δικαίους καὶ ἀδίκους.
46 εἰ γὰρ ἀγαπᾶτε τοὺς ἀγαπῶντας ὑμᾶς,
        τίνα μισθὸν ἔχετε;
        οὐχὶ καὶ οἱ τελῶναι τὸ αὐτὸ ποιοῦσιν;
47 καὶ ἐὰν ἀσπάσησθε τοὺς ἀδελφοὺς ὑμῶν,
        τί περισσὸν ποιεῖτε;
        οὐχὶ καὶ οἱ ἐθνικοὶ τὸ αὐτὸ ποιοῦσιν;
48 ἔσεσθε οὖν τέλειοι
    ὡς ὁ πατὴρ ὑμῶν τέλειός ἐστιν.

V. 46 f. können kaum eine eigenständige Überlieferung darstellen. Sie entwickeln in einem synthetischen Parallelismus die synonymen Aussagen von V. 44. Damit stellt sich die Frage, was mit ἐχθρός / ἐπηρεάζειν, ἐθνικός und ἀγαπᾶν / ἀσπάζεσθαι gemeint ist.

Ersteres läßt sich leicht erklären. Nach J. Jeremias meint ἐχθρός »den persönlichen Feind, den Widersacher, nicht den Nationalfeind«[91]. Dies bedeutet, daß mit οἱ ἐπηρεάζοντες ebenfalls nicht die Nationalfeinde (= Römer) angesprochen sind. Gilt dies ebenfalls von οἱ ἐθνικοί? An Erklärungen für ἐθνικός werden u. a. vorgeschlagen:

- (abwertend) der Heide (vgl. Mt 6,7)[92]
- die Römer[93]
- eine jüdische Interpretation des aramäischen Ausdrucks »sharka de'enasha«, den Lk 11,2 (D) zutreffend mit οἱ λοιποὶ (τῶν ἀνθρώπων) wiedergebe[94].

---

[88] Mahnsprüche 103, vgl. L. Schottroff, Gewaltverzicht 216 Anm. 88.
[89] Mahnsprüche 102.
[90] Ebd. 102 f.; vgl. zu V. 47 (μόνον) K. Beyer, Syntax I 126 Anm. 4 und G. Strecker, Antithesen 68 Anm. 100. Zu V. 48 (ὑμεῖς) s. S. Schulz, Q 130.
[91] Theologie I 206 Anm. 44.
[92] Vgl. G. Strecker, Antithesen 67 Anm. 98; L. Schottroff, Gewaltverzicht 217 Anm. 91: »Nichtchristen«.
[93] Vgl. M. Borg, Context (o. Anm. 80) 206.
[94] Vgl. M. Black, Appr. / Mspr. 176 f.

Es erscheint am nächstliegenden, hier in ἐθνικός den *goi,* d. h. ganz allgemein den Heiden zu sehen und folglich anzunehmen, daß in V. 46 f. die ältere jüdische Formel von 18,17b aufgenommen wurde.

Am schwierigsten ist ἀγαπᾶν / ἀσπάζεσθαι zu erklären. E. Klostermann bemerkt[95]: »ἀσπάζεσθαι wohl nicht allgemein von Betätigung freundlicher Gesinnung, ... sondern von dem orientalischen Gruß, der eigentlich mehr als eine Höflichkeit, nämlich einen Segenswunsch bedeutet.« Die rabbinischen Belege (s. u.) legen diese Deutung nahe, aber sie muß nicht immer zutreffen, wie (Ps.-)Meleager (vgl. Mt 5,47b) zeigt, denn hier trägt der Gruß keinen weiteren Inhalt. Es heißt hier von Eukrates' Sohn Meleagros[96]:

ὃν θεόπαις ἤνδρωσε Τύρος Γαδάρων θ' ἱερὰ χθών·
Κῶς δ' ἐρατὴ Μερόπων πρέσβυν ἐγηροτρόφει.
ἀλλ' εἰ μὲν Σύρος ἐσσί, „Σαλάμ“, εἰ δ' οὖν σύ γε Φοῖνιξ,
„Αὐδονίς“, εἰ δ' Ἕλλην, „Χαῖρε“, τὸ δ' αὐτὸ φράσον.

Gadaras heiliges Land und die göttliche Tyros erzog ihn,
Merops' liebliches Kos hat ihn im Alter ernährt.
»Audonis« grüß ich Phoiniker; doch bist du ein Grieche, dann »Chaire«;
wenn du ein Syrer, »Salam«. Sag dann das gleiche auch mir!

›Grüßen‹ bedeutet für den Semiten »fragen nach dem Frieden oder Wohlergehen *(shlm)* von«[97]. In bBer 17a wird von R. Yoḥanan b. Zakkai (gest. um 80 n. Chr.) berichtet, »daß ihm niemals jemand mit einem Gruß zuvorgekommen sei, nicht einmal ein Nichtjude auf der Straße«[98]. Das Gegenbild zu Ps.-Meleager stellt yBer 8,8 (12c,57 ff.) dar[99]:

תנא גוי שבירך בשם עונין אחריו אמן. אמר רבי תנחומא אם בירכך גוי ענה
אחריו אמן. דכתיב ברוך תהיה מכל העמים. גוי אחד פגע את ר' ישמעאל
ובירכו. א״ל כבר מילתך אמירה. פגע אחרינא וקיללו. א״ל כבר מילתך
אמירה. אמרו לו תלמידיו רבי כמה דאמרת להדין אמרת להדין. אמר לון
כן כתיב אורריך ארור ומברכיך ברוך.

Es wurde gelehrt: Wenn ein Heide eine Benediktion unter Erwähnung des Gottesnamens gesprochen hat, darf man »Amen« respondieren. R. Tanḥuma (bar Abba, pA 5) sagte:

---

[95] Mt 51, vgl. J. Jeremias, Theologie I 206 und D. Zeller, Mahnsprüche 103.

[96] AP VII 419,7; die Übers. folgt H. Beckby, Anthologia Graeca II, 2. Aufl. München o. J., S. 249. Vgl. dazu J. Wellhausen, Mt 23 und M. Hengel, JuH 156 sowie THAT I 359 f. und die Lehre des Amenophis, vgl. K. Berger, Einl. 197.

[97] M. Black, Appr. / Mspr. 181. Vgl. noch SifDev § 277 (zu 24,12 ⟨Bietenhard 632⟩).

[98] Die Übers. folgt L. Goldschmidt (bT I 73), vgl. Bill. I 380 f. (f.); A. Schlatter, Mt 333 (zu 10,12).

[99] Die Übers. folgt Ch. Horowitz (yT I 1, 214), s. noch Bill. I 384 Buchst. o mit par. – Zu den Rabbinen s. H. L. Strack / G. Stemberger, Einl. 100.78. – Vgl. auch Jos. Bell. 6,307.

Wenn dich ein Heide gesegnet hat, darfst du »Amen« respondieren, denn es steht geschrieben: *Du wirst gesegnet werden von allen Völkern* (Dt 7,14). Ein Heide begegnete einst dem R. Yishmaʻel (ben Elisha, T 2) und segnete ihn; darauf entgegnete ihm dieser: Das, was du gesagt hast, steht bereits geschrieben. Nach einiger Zeit begegnete ihm ein anderer (Heide), der ihm fluchte; darauf entgegnete ihm dieser: Das, was du gesagt hast, steht bereits geschrieben. Da sagten seine Schüler zu ihm: Rabbi, du hast doch diesem (= dem ersten Heiden, der dich gesegnet hat) dasselbe gesagt, was du diesem (= dem Heiden, der dir geflucht hat) gesagt hast! Darauf entgegnete er ihnen: Es heißt doch: *Wer dir flucht, sei verflucht und wer dich segnet, sei gesegnet* (Gen 27,29).

Zu ἀγαπᾶν kann auf MekhSh zu Ex 22,26 verwiesen werden[100]:

היה ר׳ שמעון אומר אוהבי ממון אוהבין זה את זה והגזלנין אוהבין
זה את זה והחמסנין אוהבין זה את זה ומלוי רבית אוהבין זה את זה
למי נאה ליפרע מכל אלו אני הוא שאין בי אחת מכל המדות הללו.

Die das Geld lieben, lieben einander, die Räuber lieben einander, die Gewalttätigen lieben einander, die Geldverleiher auf Zinsen lieben einander ...

Von diesem religionsgeschichtlichen Vergleichsmaterial ausgehend dürfte die Folgerung unausweichlich sein, daß Mt 5,46f. überhaupt keine zutreffende Information über den τελώνης/ἐθνικός liefert, sondern vielmehr ein »Feindbild« aufgreift, denn dies ist unbestritten: der τελώνης in V. 46 ist eine negative Figur. Der Sprecher greift hier die Vorstellung seines Gegenübers auf, in der Annahme, daß dieser eine Identifikation mit dem ungeliebten bzw. verhaßten τελώνης auf jeden Fall vermeiden will. Angesprochen sind demnach diejenigen Juden (vgl. πλήσιος/ἐχθρός/ἐπηρεάζοντες), die den τελώνης religiös und sozial diffamieren.


### 7.3.3 Beurteilung

Die Meinung, Mattäus falle in 5,46f. und 18,17b hinter Jesus zurück, ist weit verbreitet. Wir stellen demgegenüber fest, daß er in 18,17b im Blick auf die Gemeinde in Syrien am Ende des 1. Jahrhunderts n. Chr. die Intention der Sendung Jesu zu den τελῶναι aufnimmt und durch ›katechetisches Übersetzen‹[101] in der ihm gemäßen Art fördert — auch wenn sich hierbei die Formulierung der Gemeindeordnung und Jesu Ansatz offensichtlich widersprechen. — Gerade im Vergleich zu den umkehrbereiten τελῶναι in SLk wird deutlich, daß in Mt 5,46f. vom τελώνης aus der Sicht eines Juden, der die τελῶναι religiös ablehnt, die Rede ist. So könnte gemäß der gegebenen Erklärung das Q-Stück Mt 5,46f. (bzw. 44—48) durchaus auf Jesus zurückgehen.

---

[100] Die Übers. folgt A. Büchler, ʻAm 250.
[101] Vgl. H. Schürmann, TU 265.

## 7.4 Τελῶναι und στρατευόμενοι (Lk 3,12–14)[102]

Im Gegensatz zu der schroffen Aufforderung Johannes des Täufers zur Umkehr am Anfang von Q (Mt 3,7–10 / Lk 3,7–9) – nach Mt adressiert an die Pharisäer und Sadduzäer, nach Lk an das jüdische Volk – folgen in SLk 3,10–14[103] ethische Ermahnungen an die ὄχλοι (V. 10f.), an die τελῶναι (V. 12f.) und an die στρατευόμενοι (V. 14). Von den τελῶναι heißt es ausdrücklich, daß »auch sie kamen, um sich taufen zu lassen«.

Die τελῶναι reden Johannes den Täufer mit διδάσκαλος / *rabbi,* der üblichen Anrede, an. Wenn J. Wellhausen in V. 10–14 einen Zusatz zu Q »mit eigentümlichen griechischen Ausdrücken« feststellt[104], dann ist zunächst festzuhalten, daß die Ausdrücke in V. 12–14 in der klassischen Profangräzität gut zu belegen sind. Aber so üblich beispielsweise (τέλη) πράσσειν sein mag, es ist auch in den ägyptischen Papyri stehender Ausdruck für den Steuereinzug (vgl. πράκτωρ)[105], und Lk 3,12–14 kann völlig problemlos von den in den ptolemäischen Papyri bezeugten Verhältnissen erläutert werden[106].

Die στρατευόμενοι können, wenn wir P. Joüon folgen, die die τελῶναι begleitenden Soldaten sein[107]. Wenn beide nebeneinander aufgeführt werden, so kann dies auf die enge Zusammenarbeit zwischen Soldaten mit Polizeifunktion und Abgabenpächtern hinweisen (vgl. Jos. Ant. 12,180 ff.) – und erleich-

---

[102] Vgl. R. Bultmann, GST 155.158 f. mit Erg. H. S. 59; H. Sahlin, Früchte; A. Kretzer, Herrschaft 67; M. Dömer, Heil 29 f.; J. Ernst, JhdT 93 ff.; weitere Lit. bei F. Bovon, Lk 162 f.

[103] Gelegentlich wird vorgeschlagen, daß Lk 3,10–14 ebenfalls aus Q stamme, s. J. Ernst, JhdT 93 mit Anm. 44, 45. – M. Black, Appr. / Mspr. 106 stellt für Mt 3,7–10par einen rhythmischen Aufbau fest; dieser fehlt in Lk 3,10–14. – Zu ὁ ἔχων vgl. K. Beyer, Syntax I 208 f.

[104] Lk 5.

[105] S. neben J. H. Moulton / G. Milligan, Vocabulary 533 f. s. v. πράσσω und ebd. 533 s. v. πράκτωρ vor allem N. Lewis, Corruption 155a (»πράττω and its derivatives and compounds are part of the regular terminology of the collection of debts, taxes, etc.«).

[106] Gegen R. Bultmann, GST 155 und alle, die ihm in scholastischer Einseitigkeit nachfolgten. R. Bultmann nahm nicht nur die Qumran-Texte nur spärlich zur Kenntnis (vgl. ders., Theologie VII), sondern er ging, als er 1921 die erste Aufl. von GST schrieb, auch an den Papyri vorbei, obwohl die Papyrologie in Deutschland damals eine Blütezeit erlebte. – Auch A. Schlatter interessierte die Papyrologie leider nicht.

[107] P. Joüon, Verbum Salutis V 310 f., vgl. J. Jeremias, Theologie I 55 Anm. 19; 112 mit Anm. 9; J. Ernst, JhdT 95 Anm. 58. – Zu στρατευόμενοι s. C. Ord. Ptol. 22,17 f. (260 v. Chr.) und den Komm. von H. Liebesny, Erlaß 274; u. Anm. 112 sowie neben OGIS 151,3 (2. Jh. v. Chr.) und P. Tebt. I 5,168 (vgl. den Komm. des Hg.s M. I. Rostovtzeff S. 47 f.); s. auch P. Ryl. II 189,5 (128 n. Chr.): ... τῶν ἐν τῇ Ἰου{α}δαίᾳ στρατευομένων. – Unzureichend ist S. V. McCashland, Soldiers; H. Zwicky, Zur Verwendung des Militärs in der Verwaltung der römischen Kaiserzeit, Diss. phil., Zürich, Winterthur 1944, 86, führt nicht weiter. – S. noch u. Anm. 129.

tert die Beurteilung der Übergriffe von τελῶναι keineswegs[108]. In der sprachlich engsten Parallele zu den von Soldaten begleiteten Steuerpächtern werden zwar die römischen publicani erwähnt (Dio Cass. 48,43,1), jedoch dürften die publicani die im hellenistischen Osten angetroffene Begleitung bzw. Unterstützung der τελῶναι durch Amtspersonen übernommen haben[109]. Weiterhin würde deutlich, daß hier die τελῶναι selbst keine Vollmacht zur Zwangsvollstreckung gehabt hätten.

Allerdings erscheint diese Interpretation nicht als die einzig denkbare, denn die στρατευόμενοι könnten auch unabhängig von den τελῶναι zu sehen sein, weil auch »die (sc. ptolemäischen) Beamten manchmal von Gendarmen begleitet sind«[110].

Die beiden Verben διασείειν und συκοφαντεῖν haben sehr anschauliche Parallelen in den Papyri[111]. Gemäß Lk 19,8, Theokrit (o. 3.2.5.2) und Lukian

---

[108] Besonders interessant ist P.Oxy. II 240 aus dem Jahr 37 n. Chr. (die Ortsangabe in Z. 2 fehlt): Der Komogrammateus leistet einen Eid:

[. . . . . . . . . . . . κω]μογραμματεὺς
[. . . . . . . . . . . . . ]τοου Ἐρήμου.
[ὀμνύω Τιβέριον Κα]ίσαρα Νέον Σεβαστὸν Αὐτοκράτορα
[θεοῦ Διὸς Ἐλευθε]ρ[ίου] Σεβαστοῦ υἱὸν εἰ μὴν
5  [μὴ συνε]ιδέναι με μηδενὶ διασεσεισμέ-
[νωι ἐπὶ] τῶν προκειμένων κωμῶν ὑπὸ
[. . . . . ]ος στρατιώτου καὶ τῶν παρ' αὐτοῦ.
[εὐορκοῦ]ντι μέμ μοι εὖ εἴη, ἐφιορκοῦντι δὲ
[τὰ ἐναν]τία. (ἔτους) κγ Τιβερίου Καίσαρος Σεβαστοῦ,
10                      Μεχ(εὶρ) ιζ.

Z. 3–7: Ich schwöre bei Tiberius Caesar Novus Augustus Imperator, Sohn des göttlichen Jupiter Liberator Augustus, daß ich keinen kenne, der in den zuvor genannten Dörfern von dem Soldaten ... oder seinen Helfern mißhandelt worden wäre.
J. H. MOULTON / G. MILLIGAN, Vocabulary II 153 s. v. διασείω verbinden mit diesem Beleg Lk 3,12ff. und bemerken: »This unknown soldier might have come almost fresh from the Baptist's exhortation!«, wohl kaum glaublich. In jedem Fall erscheint F. Bovon, Lk 174, problematisch: »Zöllner sollen und können ehrlich sein; das ist die ... Frucht ihrer Buße.«

[109] Vgl. M. I. ROSTOVTZEFF, Staatspacht 344, 396f., 401, 404; DERS., HW II 786; III 1337 Anm. 17; UPZ I 112 VI 21 und U. Wilckens Komm. S. 518; G. WIRTH, συντάξεις 97f. Zum vorptolemäischen Ägypten vgl. U. WILCKEN, Gz. 182 Anm. 3. S. noch Strab. 14,1,41 (648) sowie SH. L. WALLACE, Taxation 313 (er verweist auf BGU I 8; II 9; P.Oxy. IX 1185, alle 3. Jh. n. Chr.).

[110] W. PEREMANS, Amtsmißbräuche 114 (mit Anm. 64). Vgl. dazu z. B. OGIS 665 (= HIRK 36), u. 7.8 mit Anm. 276.

[111] Vgl. J. H. MOULTON / G. MILLIGAN, Vocabulary II 153; VII 596; L.S.J. 411,1671; W. BAUER, Wb. Sp. 373,1537 und SLP jeweils s. v.; s. weiterhin J. KEIL / A. v. PREMERSTEIN, Dritte Reise S. 11 Nr. 9; S. 25 Nr. 28 (vgl. S. 12, 28f.); L. ROBERT, Papyrus und N. LEWIS, Corruption sowie UPZ (Reg. s. v., s. bes. I 112, 113 sowie II 162 V 1; VIII 13 ⟨= P.Tor. 1 = M.Chr. 31⟩); P.Tebt. I 41,10 (s. dazu L. WENGER, Rechtsurkunden

(o. 3.2.2.4) könnte es so aussehen, daß die Sykophantie nur dem τελώνης zukomme, der den säumigen Steuerpflichtigen bei den Behörden anzeige. Demgegenüber ist – neben vielen anderen Belegen[112] – auf einen Papyrus aus dem Jahr 42 n. Chr. hinzuweisen, in dem wie hier die στρατευόμενοι bzw. die μαχαιροφόροι (Soldaten / Polizisten) als μηνῦτες (Denunzianten) angeführt werden[113].

Unsere These, Lk 3,12–14 werde auf dem Hintergrund der ptolemäischen Papyri verständlich, wird weiterhin gestützt durch ὀψώνιον. Es ist hier – im Zusammenhang mit den ›Soldaten‹ – nicht die Tantieme des Abgabenpächters gemeint, die er dafür erhielt, daß er seinen Pachtbedingungen vollkommen nachkam (vgl. UPZ I 112 V 3), sondern an »a policeman's *pay*«[114]. Dieser Sprachgebrauch läßt sich in den klassisch-griechischen Texten nicht belegen[115].

Der Ausdruck »Komparativ + παρά c. Acc.« ist für Lukas nicht typisch[116], ebensowenig τί ποιήσωμεν[117]. Das διατεταγμένον weist auf Tarife hin[118].

Wir sehen uns gerade auch durch Lk 3,12–14 in der Annahme bestätigt, daß der palästinisch-synoptische τελώνης noch durchaus die Züge des ptolemäischen bzw. überhaupt des hellenistischen Kleinpächters trug und deshalb keineswegs in die römische Steuerpacht eingeordnet und als ›portitor‹ aufgefaßt werden muß. Die kurze Episode der römischen publicani in Palästina unmittelbar nach der Eroberung durch Pompeius konnte daran nichts ändern (o. 6.3.4.1). Weiterhin dürften J. Kosnetter und H. Sahlin Recht haben, wenn sie in Lk 3,(10)12–14 historisch zutreffende Angaben sehen[119]. Nichts deutet dar-

---

514 und E. Berneker, Sondergerichtsbarkeit 78 f.); 43,26.36 (= M.Chr. 46, s. dazu L. Wenger, Rechtsurkunden 507 und E. Seidl, PRG 99 f.); BGU VIII 1756,11; 1850,13.20.24 f.; P.Coll.Youtie I 16 und C.P.J. II 150,8 (dt. Übers. bei J. Leipold / W. Grundmann, UU II Nr. 268); OGIS 665 (u. Anm. 276). – Zu 'ashaq s. z. B. P.Cowley 16,8 (vgl. 27,15).

[112] Vgl. o. 5.6.1.13 mit Anm. 110 und bes. H. E. L. Missler, Komarch (o. Kap. 5 Anm. 110) 122.

[113] P.Lond. III 1171 c 7 S. 107.

[114] L.S.J. 1283b s. v. Nr. 2; vgl. J. H. Moulton / G. Milligan, Vocabulary V 471 f.; W. Bauer, Wb. s. v. (Sp. 1217 f.) und den Komm. U. Wilckens zu UPZ I 112 V 3; S. Krauss, Lehnwörter II 111.

[115] Vgl. J. H. Moulton / G. Milligan, Vocabulary V 471: »This interesting word ... which is banned by the Atticists«. »It is very common in the papyri and inscrr.«; s. noch IG IX 2,1109,27 (Thessalien 2./1. Jh. v. Chr.).

[116] Vgl. J. Jeremias, Sprache 108 f., vgl. Bl.-D.-R., § 185,3 mit Anm. 5.

[117] S. K. Aland, Synopsis z. St., vgl. aber ApkMos 9; ApkEsr 7,4 (= christl. Einschub); EvThom L. 11 (s. dazu H. Schürmann, TU 239 mit Anm. 68) und A. Schlatter, Sprache 133 (= 112/402): »die als Ausdruck der Ratlosigkeit stabile Formel«.

[118] Vgl. o. 6.2 mit Anm. 13; 6.4.3.3 Anm. 161. S. noch BGU IV 1022,17 und P. Oxy. IV 718,25 (jeweils 2. Jh. n. Chr.).

[119] Vgl. J. Kosnetter, Die Taufe Jesu (ThSLG 35), Wien 1936, 19; H. Sahlin, Früchte 58 mit Anm. 3.

auf hin, daß hier »eine relativ späte hellenistische Bildung« vorliege, »die aus dem überlieferten Wort V. 11 ... herausgesponnen ist«, eine ausgesprochen scheinkritische Behauptung, die sich durch eine Untersuchung des zeitgeschichtlichen Hintergrunds nicht bestätigen läßt –, ebensowenig die Auffassung, das eigentlich Jesus zuzuweisende Stück sei wegen seiner radikalen Ansicht Johannes dem Täufer in den Mund gelegt worden[120].

Die von den τελῶναι und στρατευόμενοι gestellte Frage nach dem Willen Gottes beantwortet Johannes der Täufer unter Bezugnahme auf ihren Beruf. Frage und Antwort lassen erkennen, daß die Johannes-Taufe Konsequenzen zur Folge hatte (vgl. »Früchte« V. 8a.9b). Die Taufwilligen sollen sich in der Ausübung ihrer Tätigkeit des Betrugs und der ungerechten Bereicherung enthalten[121]. In diesem Zusammenhang wüßten wir gern mehr über das »System der Abgabenpacht« in Palästina. Legt die Erwähnung der τελῶναι und der στρατευόμενοι nahe, daß zwar gegenseitige Kontrolle beabsichtigt war, diese aber durch eine betrügerische Absprache (Kollusion) umgangen wurde? Was waren im Einzelnen die Übergriffe der τελῶναι, wenn Tarife vorauszusetzen sind? Es lassen sich vier Gründe für Mehrforderungen anführen:

– Am Anfang des Pachtjahres konnten die τελῶναι trotz aller Erfahrung nicht überblicken, ob sie auf den erwünschten Jahresbetrag kommen würden (›Vorsorge‹).
– Blieben sie gegen Ende des Pachtjahres hinter dem erwarteten Betrag zurück, könnten sie als Ausgleich mehr verlangt haben (›Verlustreduktion‹).
– Von vornherein sahen sie in der Abgabenpacht ein lukratives Geschäft (›Habgier‹, bzw. sozialer Aufstieg).
– Sie zeigten den Steuerzahler, obwohl er seinen Pflichten nachgekommen war, bei den Behörden als einen an, der die Steuerzahlung verweigert (›Sykophantie‹).

Für Johannes den Täufer stellte sich die Frage nicht, ob ein τελώνης, der sich keine ungerechte Bereicherung und keinen Betrug zuschulden kommen ließ, dennoch ›gesetzlich Unrecht begehe und Abgaben einfordere unter dem Schein des Rechtes‹[122]. Die johanneische Botschaft an die Zöllner war eine Botschaft der Umkehr, der Abkehr vom Unrecht und der Rückkehr zu Gottes Recht. Sie ging an einzelne Zöllner und bezog auch die ein, deren Ansehen im jüdischen Volk keine uneingeschränkte Zustimmung fand.

---

[120] R. BULTMANN, GST 155; vgl. H. THYEN, ΒΑΠΤΙΣΜΑ 101. – F. BOVON, Lk 173 mit Anm. 33 (= Verweis auf R. Bultmann), wiederholt diese These; anders J. ERNST, JhdT 93 f.: Es empfehle »sich jedoch, mit voreiligen Zuweisungen zurückhaltend zu sein«.

[121] Vgl. H. SAHLIN, Früchte 55: »In beiden Fällen wird nicht der Beruf an sich ins Auge gefasst, sondern die Versuchungen zum Missbrauch der Möglichkeiten des Berufs. Es gilt, im Rahmen des Berufs die zehn Gebote zu halten.«

[122] Joh. Chrysost. poenit. 2 (s. o. 6.5.5.5 mit Anm. 248).

Wenn kein Grund vorliegt, Lk 3,12—14 als redaktionell zu erklären[123], wenn »hier nur die konkreten, situationsfremden Berufsangaben (Schwierigkeiten bereiten)«[124], wenn es unabweisbar ist, daß zu der ›gewaltigen Menschenmenge‹, die zu Johannes strömte und seiner prophetisch-charismatischen Scheltrede Gehör schenkte[125], auch τελῶναι gehörten, dann dürfte zumindest die Folgerung unausweichlich sein, daß der jüdisch-palästinische τελώνης, von Pharisäern als *'am ha-areṣ* stigmatisiert, keineswegs »besonders deutlich den jüdischen Freisinn mit seiner geschwächten Religiosität (repräsentiert), da für ihn die natürlichen Begehrungen das Leben füllen und er von Gott nicht mehr erwartet, als daß er ihn nicht störe, vielleicht auch daß er ihn unterstütze mit Glück und langem Leben«[126]. Zugleich wird die These fraglich, daß Lukas »die Überlieferung für die Zeit der Kirche angemessen aktualisiert« habe, wenn er die τελῶναι »positiv heraus(stelle)«, in ihnen »Exempel der Bußfertigkeit« sehe[127]. »Die wohl aus einer Sonderüberlieferung stammende sog. ›Standespredigt‹«[128] überrascht nicht nur mit ihren »situationsfremden Berufsangaben«, sondern die katechetische Lehrunterweisung erweist sich auch als »ethischer Gemeinplatz des gesamten Urchristentums, der weit in die alttestamentliche und jüdische Geschichte hineinreicht«, und stellt offenbar »Erinnerung an die Täuferpredigt« dar. Wenn die »Gruppe, die hinter dem breit angelegten und thematisch eigenwillig gestalteten Sondergut des Lukas« judenchristlich gewesen sein dürfte[129], dann ist sie — anders als Mattäus — nicht von der pharisäischen Ablehnung und Stigmatisierung des τελώνης beeinflußt; denn Johannes fordert noch nicht einmal die Berufsaufgabe.

---

[123] Vgl. J. ERNST, JhdT 93ff., s. ebd. 96: »Die Zuweisung des gesamten Komplexes zur Redaktion bereitet jedenfalls größere Schwierigkeiten als die Annahme einer wie immer auch einzuordnenden Vorlage.«

[124] Ebd. 95 f.

[125] Jos.Ant. 18,118, vgl. E. SCHÜRER, GJV I 436ff. (V/M I 345ff.).

[126] A. SCHLATTER, Mt 195.

[127] H. MERKEL, Art. τελώνης Sp. 838.

[128] M. DÖMER, Heil 29.

[129] J. ERNST, JhdT 96.94.96. — Es gibt keinen (quellenmäßig belegbaren) Grund, die Zöllner »der judenchristlichen«, die Soldaten »der hellenistischen Gemeinde« zuzuweisen, so F. BOVON, Lk 174. Wenn F. Bovon ebd. Anm. 41 auf J. H. MOULTON / G. MILLIGAN, Vocabulary hinweist, dann zieht er leider nur sehr pauschale und keineswegs quellenspezifische Folgerungen aus dem darin vorgestellten Material; Moulton / Milligan verweisen ebd. II 153 s. v. διασείω u. a. auf P.Tor. I 1 (= UPZ II 162 ⟨117 v. Chr.⟩); P.Tebt. I 41 (119 v. Chr.) und I 43 (118 v. Chr.) sowie auf P.Oxy. II 284, 285 (50 n. Chr.); ebd. VII 596 s. v. συκοφαντέω u. a. auf P.Par. 61 (= UPZ I 113 ⟨156 v. Chr.⟩), was Anlaß geben sollte, eine »Situation« ›des Friedens …‹ (174) nur sehr zurückhaltend zur Sprache zu bringen. S. o. 5.6.1.13 und OGIS 665 (u. 7.8 mit Anm. 276).

## 7.5 Anklage und Rechtfertigung der Weisheit
## (Lk 7,29 f. 31−35)

### 7.5.1 Lk 7,31−35 (Q)[130]

Den Q-Text Mt 11,16−19 / Lk 7,31−35 rekonstruierte W. J. Cotter. Wir folgen ihm mit kleinen Abweichungen[131].

31a Τίνι (δὲ) ὁμοιώσω τὴν γενεὰν ταύτην
 b (καὶ τίνι εἰσὶν ὅμοιοι);
32a ὁμοία ἐστὶν παιδίοις καθημένοις ἐν ἀγορᾷ
 b καὶ προσφονοῦσιν τοῖς ἑτέροις
 c ἃ λέγει·
 d ηὐλήσαμεν ὑμῖν καὶ οὐκ ὠρχήσασθε,
 e ἐθρηνήσαμεν καὶ οὐκ ἐκόψασθε.
33a ἦλθεν γὰρ Ἰωάννης
 b μήτε ἐσθίων μήτε πίνων,
 c καὶ λέγουσιν· δαιμόνιον ἔχει.
34a ἦλθεν ὁ υἱὸς τοῦ ἀνθρώπου
 b ἐσθίων καὶ πίνων,
 c καὶ λέγουσιν· ἰδοὺ ἄνθρωπος φάγος καὶ οἰνοπότης,
 d φίλος τελωνῶν καὶ ἁμαρτωλῶν.
35 καὶ ἐδικαιώθη ἡ σοφία ἀπὸ τῶν τέκνων αὐτῆς.

Die zweiteilige lukanische Einleitung dürfte wegen des semitischen Parallelismus membrorum ursprünglich sein[132]. Mattäus dagegen verkürzt. In V. 32 ist l^e + Dativ zwar typisch für jesuanische Gleichniseinführungen[133], aber V. 31 könnte ebenfalls ursprünglich zu V. 32ff. gehören. Lukas füllt die Gleichniseinleitung V. 31 allerdings durch τοὺς ἀνθρώπους auf[134]. Das ergibt sich daraus, daß die beiden Vorwürfe in V. 33ff. (λέγετε) nicht von allen Men-

---

[130] Vgl. A. JÜLICHER, Gleichnisreden II 23−36; R. BULTMANN, GST 22, 177−179, 186, 219 Anm. 1 (und Erg.H.); J. JEREMIAS, Gleichnisse 160−162; H. LJUNGMAN, Sifretext; M. BLACK, Appr. / Mspr. 95, 107, 304, 311, 328−330; D. LÜHRMANN, Redaktion 29−31; P. HOFFMANN, Studien 96, 196ff., 224ff.; S. SCHULZ, Q 379−386; O. LINTON, Parable; E. ARENS, Sayings 221ff.; D. ZELLER, Bildlogik; M. MAGASS, Verständnis; D. FLUSSER, Gleichnisse 62, 75, 151−155; W. SCHENK, Synopse 45−47; W. J. COTTER, Children; J. ERNST, JhdT 72ff., 170ff.; weitere Lit. bei F. BOVON, Lk 367f.

[131] Children 293. − Zu V. 32b.c vgl. K. BEYER, Syntax I 280 und M. BLACK, Appr. / Mspr. 304, gegen A. HUCK / H. GREEVEN, Synopse 64 z.St. − Zu V. 34d: W. J. COTTER, Children 292 und J. ERNST, JhdT 73 verkennen die Formel (s. noch u. Anm. 144). − Die Gliederung folgt F. NEIRYNCK, Q-Synopsis.

[132] Vgl. R. BULTMANN, GST 186; W. J. COTTER, Children 290, anders A. SCHLATTER, Lk 495, vgl. R. RIESNER, Jesus 332; G. SCHWARZ, Jesus 262 (ff.).

[133] Vgl. J. JEREMIAS, Gleichnisse 99−102; anders A. SCHLATTER, Mt 372.

[134] Vgl. A. JÜLICHER, Gleichnisreden II 24.

schen »dieses Geschlechts«[135], sondern nur von einer bestimmten Gruppe der Juden formuliert wurden. Nach Mt 23,37 / Lk 13,34 (Q) entspricht die γενεὰ αὔτη »Jerusalem« und nach Mt 11,25 / Lk 10,21 (Q) entspricht sie den σοφοί und συνετοί. Hier sind − wie die Jesus-Beschimpfung »Freund der sündigen Zöllner« anzeigt − ursprünglich Pharisäer (und deren Schriftgelehrte, vgl. Mk 2,16) angesprochen.

E. Arens[136] nimmt an, daß Mt 11,16 f. (= Lk 7,31 f.) semitisch, Mt 11,18 f. (= Lk 7,33 f.) hellenistisch geprägt sei (222); auf alle Fälle sei V. 19c (= 7,34d) eine Zufügung (228.243). Dies zeige δαιμόνιον ἔχει[137], φάγος[138], φίλος[139], ἁμαρτωλοί[140] und die fehlende (bzw. geringere) sprachliche Bezeugung in LXX (235). Angesichts des rabbinischen Materials scheint seine Erklärung schwerlich zutreffend, ebensowenig seine Schlußfolgerung:

> »After closely studying the saying of v. 18−19b in its presumably earliest form, we saw that this uncomplementary statement could hardly have originated anywhere but in Jesus' surroundings and very probably in Jesus himself, although not in its present Hellenistic wording. Here we are hearing Jesus' *ipsissima vox* (not *verba*)« (243).

---

[135] Vgl. U. WILCKENS, Art. σοφία, ThWNT VII, 516. S. noch Prov 6,12; 1QS 11,9; SifDev § 1 (zu 1,1 ⟨H. Ljungman / ⟩H. Bietenhard 4); Tan toledot 6 (Übers. bei F. Singermann, Berlin 1927, 166) und J. CALVIN, Evangelien-Harmonie (GA XII). Neukirchen-Vluyn 1966, I 328: »Er meint nicht alle seine Zeitgenossen, sondern er spricht im besonderen von den Schriftgelehrten und ihren Anhängern«.

[136] Sayings 222 ff., bes. 228, 235.

[137] Ebd. 222, vgl. S. SCHULZ, Q 381 mit Anm. 28 und R. BULTMANN, Jh 209 Anm. 1. Aber diese These bedarf des Beweises, vgl. z. B. bSan 59b (BILL. I 115); R. Zeʿira (pA 3, um 300 n. Chr.) wird »rasender Drache« genannt; bBekh 44b (vgl. J. LEVY, Wb. III 322a); bSota 22a; ShemR wayyera 10,4 (22b), s. A. SCHLATTER, Jh 240 (zu Jh 10,21) sowie BerR toledot 65,41b (S. 726,3 f.) und Jes 13,21 (mit LXX); P. JOÜON, Notes 346; BILL. IV 501 ff.; O. BÖCHER, Dämonenfurcht; Art. Demon, Demonology. EJ V, Jerusalem 1971, Sp. 1521 ff., bes. 1525 f. und H. KRUSE, Das Reich Satans. Bibl. 58 (1977) 29−61, bes. 34 f. S. noch TPsJ Num 6,24, Text nach K. E. GRÖZINGER, Midraschisch erweiterte Priestersegen in Qumran. FJB 2 (1974) 39:
Der Herr segne dich in allen deinen Beschäftigungen und bewahre dich vor Nachtdämonen, Schreckdämonen, Mittagsdämonen, Schadegeistern und Kobolden (*ṭelane*, s. o. Kap. 6 Anm. 232).

[138] Zum Essen / Trinken vgl. L. KOEHLER, Problems; A. LUMPE, Art. Essen, RAC VI, Stuttgart 1966, Sp. 612−635; R. SMEND, Essen; H. C. CAVALLIN, Leben nach dem Tode … (ANRW II 19.1, 1979), 321 mit Anm. 574. − S. noch Dt 21,20 (mit TPsJ z. St. ⟨s. u. Anm. 143⟩); Prov 9,5; 23,20 f.; 28,7; Sir 15,3; Jub 2,31; AssMos 7,4.7 f. (u. Anm. 163); Sifra behar 3,4 zu Lev 25,19 (s. J. LEVY, Wb. I 313b); Philo spec. I 173 f. (M II 239) sowie bBeza 25b Anf. (vgl. G. DALMAN, Jesus 136 mit Anm. 10); J. LEVY, Wb. I 355 f.; IV 458b; BILL. I 604.

[139] Vgl. zu φίλος / *reʿa* z. B. ARN 6,19 (s. A. SCHLATTER, Mt 373), BILL. II 564 f. und G. STÄHLIN, Art. φίλος, ThWNT IX 155,15 ff.

[140] Es überrascht (nicht), daß ἁμαρτωλός Indiz für hellenistische Sprache sei; Belege? Insgesamt s. dagegen neben A. JÜLICHER, Gleichnisreden II 29 f. v. a. O. LINTON, Parable 164 mit Anm. 5.

E. Arens übersieht, daß die Vorwürfe in Mt 11,18f. (= Lk 7,33f.) Zitate im Munde Jesu sind.

Der Q-Abschnitt 7,31–35 enthält zunächst die Gleichniseinleitung mit Kinderreim (V. 31.32), darauf folgt eine Begründung (V. 33–34) und ein Weisheitswort (V. 35), das die Sequenz abschließt. ›Kommentarwort‹ (V. 33f.) und ›Zusatz‹ (V. 35) sollen »at a later time« zugefügt worden sein[141]. W. J. Cotter folgert wegen verschiedener festgestellter ›Unstimmigkeiten‹[142]: »Thus, Q 7:31–35 is the result of an attempt by later Christian communities to interpret the parable of The Children in the Marketplace, which they had received.«

Aber auch wenn der Kinderreim und seine Anwendung Schwierigkeiten bereiten mögen (s. u.), die Folgerung, daß die Q-Gemeinde hier interpretiere, erscheint keineswegs zwingend. Denn dem Vorwurf gegen Jesus liegt, wie D. Daube erkannt hat, implizit ein Zitat zugrunde, und zwar Dt 21,20: »Dieser unser Sohn ist widerspenstig und ungehorsam und gehorcht unserer Stimme nicht und ist ein Schlemmer und Trunkenbold«[143].

D. Daube kann nunmehr den Vorwurf gegen Jesus vom Strafprozeß her erklären[144]: »Die von den Eltern erhobene Hauptanklage gegen einen verdorbenen Sohn hat ihren Höhepunkt in ›er ... ist ein Schlemmer und Trunkenbold‹. Daß die Feinde Jesu nicht bloß ein gerade zur Hand befindliches Schimpfwort aufgreifen, sondern dieses Gesetz zitieren, wird klar, wenn wir dessen damals akzeptierte Auslegung heranziehen – mit dem Ergebnis, daß die Bestimmung nicht schlechthin einen Zecher bezeichnet, sondern einen Zecher, der sich mit gottlosen Genossen umgibt. Für Philon ist das Schlimmste bei einem solchen Menschen, daß ›er nicht nur darauf ausgeht, übel zu tun, sondern sich mit anderen zum Übeltun verbindet‹. Gegen 300 n. Chr. geht Abahu so weit zu erklären, daß der Gesetzgeber die Strafe nur dann vollzogen haben will, wenn der Übeltäter sich ausschließlich mit liederlichen Kerlen umgibt. Genau im Hinblick auf diese Auslegungsrichtung wird ›ein Fresser und ein Weinsäufer‹ ergänzt durch ›ein Freund von Zöllnern und Sündern‹« (22f.).

»Der springende Punkt ist nicht der Gegensatz zu Johannes. Die Zielscheibe des Angriffs ist Jesus und sind nicht seine Schüler. Er wird nicht wegen Vernachlässigung von Selbstkasteiung zurechtgewiesen und ebensowenig wegen extremer Genußsucht im wörtlichen Sinne: Es ist nicht vorzustellen, daß man daran überhaupt je hätte denken können. Dargestellt ist er als der vom Deuteronomium angeprangerte, störrische und widersetzliche Sohn, dessen Vergehen in einer grundsätz-

---

[141] Vgl. W. J. Cotter, Children 293. – Zu υἱὸς τοῦ ἀνθρώπου s. u. Anm. 164, 289.

[142] Ebd. 294.

[143] Testament 22f., vgl. TPsJ z.St. (= Bill. II 529). – Es geht schwerlich nur um den »Lebensstil« (F. Bovon, Lk 381).

[144] Vgl. M. N. Ebertz, Charisma 256 (s. o. Schluß des Exkurses zu 7.1). S. noch o. Anm. 68 und u. Anm. 163. – Statt rigorosen Streichens der Formel in V. 34d (vgl. E. Arens, Sayings 228; G. Schwarz, Menschensohn 218; W. J. Cotter, Children 303 Anm. 58) erscheint D. Daubes Erklärung, die keine sekundäre Anfügung der in Q fest verankerten Formel voraussetzt, plausibler.

lichen, bewußten, unverbesserlichen Herausforderung der heiligen Ordnung besteht, wovon das Prassen und Zechen nur das sichtbarste Kennzeichen ist. Es ist behauptet worden, daß die talmudische Jurisprudenz diesen Sohn größtenteils so auffaßt, wie Psychiater seit Philip Pinel den Soziopathen beschreiben, nämlich moralisch gestört, aber nicht so krankhaft, daß die Schuldfähigkeit ausgeschlossen wäre. ... Die gesamte Aussage stellt sich als sehr pointiert heraus: Johannes wurde verworfen als jemand, der dem Teufel der Melancholie, und Jesus, der außer Kontrolle geratene Sohn, als jemand, der dem Teufel des Aufruhrs verfallen war« (23).

Johannes und Jesus wird beidemal der Vorwurf gemacht: δαιμόνιον ἔχει, das heißt, sie werden strikt abgelehnt. Ihrer Botschaft darf kein Gehör geschenkt werden, ja noch mehr: Wer einem Teufel verfallen ist, der darf nicht nur kein Gehör finden, dessen Rede, Verhalten, ja ganzer Person muß widerstanden werden. Wie aber läßt sich eine Brücke zu V. 31 f. schlagen? Ist es nicht vielmehr so, daß V. 33 f. von V. 31 f. interpretiert werden müssen[145]? Bevor wir diese Frage beantworten, soll der Kinderreim (V. 32 d. e) näher betrachtet werden.

Der Zweizeiler »is probably a folk proverb«. »Its translation to the Old Syriac gospels gives not only a perfect parallelism but also grammatical rhyme and paronomasia: *raqqedetōn − 'arqedtōn.*«[146] Doch mit dieser Erkenntnis sind die Schwierigkeiten keineswegs beseitigt. D. Flusser gibt Hilflosigkeit zu[147]: »Sprichwörtliche Redensarten passen, auch wenn sie bildhaft sind, selten genau auf das, was sie ausdrücken wollen.« Paralleltexte helfen auch kaum weiter. »Merkwürdigerweise wird die Absicht Jesu, die er mit dem kleinen Gleichnis von den spielenden Kindern ausdrücken wollte, angesichts des vielen und mannigfaltigen Vergleichsmaterials nicht ganz eindeutig.«[148] In Betracht kommen: Sach 12,10 LXX / Targum[149], eine äsopische Fabel[150], ein Vergleich bei Epiktet[151] und drei rabbinische Texte[152].

---

[145] Vgl. W. J. Cotter, Children 295, 302 f. − Zu F. Bovons Lösung, der den gegnerischen Vorwurf (Lk 7,33c.34c.d) als »Deutung« »urchristliche(r) Propheten« ansieht (Lk 373), s. u. (zu Anm. 155).

[146] S. Segert, Structures 1452. − Den aram. Text der Peschitta und Vetus Syra gibt M. Black, Appr. / Mspr. 161 wieder. − Anders G. Schwarz, Jesus 264.

[147] Gleichnisse 151.

[148] Ebd.

[149] Und ich will über das Haus Davids und über die Bewohner Jerusalems einen Geist der Gnade und des Flehens ausgießen. Und sie werden auf mich hinschauen, weil sie (triumphierend) getanzt haben, und sie werden über ihn klagen, wie man um den einzigen Sohn klagt. Und sie werden bitterlich weinen, wie man weint über den Erstgeborenen; vgl. W. Rudolph (KAT XIII/4), 1976, 218; D. Flusser, Gleichnisse 152.

[150] Hdt. 1,141 = Aesop. 11 (Halm 27): Ein Flötenspieler sah Fische im Meer und fing an zu spielen, weil er meinte, sie würden an Land kommen. Als er sich aber in seiner Hoffnung getäuscht sah, nahm er ein großes Netz, fing damit eine große Menge Fische und zog sie heraus. Als er sie zappeln sah, sagte er zu den Fischen: »Hört nur auf zu tanzen! Als ich blies, habt ihr doch auch nicht herauskommen und tanzen wollen« (Übers. nach J. Feix, Hdt. I 135); s. B/C, RTB 173 (S. 110).

Als Lösung bietet sich die Einsicht an, daß der Kinderreim V. 32d/e ebenfalls die *völlige Verweigerung* ausdrückt[153]. Er steht mit antithetischem Parallelismus chiastisch verbunden mit V. 33/34. ›Tanzen und Klagen‹ sowie ›Bußklage und Freudenbotschaft‹ umschreiben als semitischer Dualismus die Gesamtheit möglichen Verhaltens. Wer Johannes und Jesus ablehnt, lehnt folglich *alle* Boten Gottes ab[154]. Somit gibt es keinen Hinweis auf ein später angefügtes ›Kommentarwort‹. Zentrum des Abschnitts bildet nicht nicht das Gleichnis, sondern die Vorwürfe V. 33c/34c.d, die Jesus zitiert. Von hier aus ergibt sich die Lösung, was sich bestens mit der Logik verträgt.

In seinem kürzlich erschienenen Lukas-Kommentar greift F. Bovon allerdings auf die übliche überlieferungsgeschichtliche Auslegung zurück[155]: »Einem Gleichnis des historischen Jesus (VV 31—32) gaben urchristliche Propheten eine erste Deutung (VV 33—34), welche die beiden Situationen (verpaßte Freude und Tränen) an die Hauptgestalten der frühen Bewegung anknüpft.« Dazu muß festgestellt werden:

— Das ›Gleichnis‹ Jesu (V. 32) wird völlig unanschaulich — dementsprechend die »Assoziation mit den Zöllnern« ›merkwürdig‹ (382) —, wenn V. 33f. »Deutung« »urchristlicher Propheten« sein soll[156].

---

[151] Epikt. III 15,5—7 verweist auf das Zuvor-Bedenken einer Sache: Sonst sollst du sehen, daß du dich aufführst wie die Kinder, die bald Athleten, bald Fechter spielen, jetzt Trompete blasen, dann schauspielern, sobald sie diese Sachen gesehen und den Kopf davon voll haben (Übers. nach J. G. Schulthess / R. Mücke, Heidelberg 1926). — Forts. bei D. Flusser, Gleichnisse 154.

[152] *SivDev § 12 (zu 1,12):* Mose sagte zu ihnen: Ging ich mitten durch, so tat ich nicht recht euch gegenüber; ging ich außen herum, so tat ich ⟨auch⟩ nicht recht euch gegenüber (Übers. nach ⟨H. Ljungman /⟩ H. Bietenhard, Sifre ⟨RT II/4⟩ 29).

*SemH 3,5 (ed. M. Higger 222):* R. Shim‘on b. Eleazar (T 4, 2. H. 2. Jh.) sagte ein Gleichnis: Wem gleicht die Sache? Kindern gleicht sie, die mit Fruchtkörnern spielen. Immer wenn im Verlaufe des Spiels ein Kind seinem Spielgefährten ein Fruchtkorn wegnimmt, kommt dieses und zerreißt ihm die Kleider. Wenn sie aber zu spielen aufgehört haben, gehen sie und werfen die Fruchtkörner weg (Übers. nach D. Flusser, Gleichnisse 154).

*EkhaR Pet 12 (S. Buber 12a):* Welchen Gesang auch immer einer singt, er geht nicht ein in die Ohren der Tanzenden, welchen Gesang auch immer einer singt, der verstockte Sohn hört es nicht (Übers. nach D. Zeller, Bildlogik 256).

[153] Vgl. J. Ernst, JhdT 73: »Das Gleichnis ... kritisiert generell Verweigerung.« — Zum Vorwurf Lk 7,33c vgl. Jh 10,20f. (F. Bovon, Lk 382 Anm. 81).

[154] Gegen R. Walker, Heilsgeschichte 37: »Der Terminus ›dieses Geschlecht‹ gewinnt also ... drei verschiedene Aspekte. Er beschreibt das Israel des Täufers, das Israel Jesu und der Jesus-Boten«, vgl. F. Christ, Jesus Sophia 68 Anm. 233. Tertium comparationis ist nicht der launische Eigensinn (so A. Jülicher, Gleichnisreden II 27; D. Lührmann, Redaktion 29; S. Schulz, Q 381, vgl. W. Grundmann, Lk 167), sondern die Verweigerung und Ablehnung. S. noch u. Anm. 158.

[155] Lk 373.

[156] Ebd. — Aber er scheint »die von Lukas übernommene ›Lösung‹ in den VV

– Wieso kann bzw. muß V. 33 f. dem Konstrukt ›urchristlicher Propheten‹ unterworfen werden, wenn in V. 33c und V. 34c.d ausdrücklich Fremd-meinungen (›sie sagen‹) aufgenommen werden? Wieso müssen diese Fremdmeinungen »für das Urchristentum« bedeutend sein (372), wenn es keinerlei Quellenbelege für diese These gibt[157]?

– Wenn er in 7,34 »die Gesprächspartner Jesus nach einem moralischen Ge-sichtspunkt (Kritik des Exzesses)« beurteilen läßt (382, vgl. 381: »Lebens-stil«), verkennt er die Schärfe der Auseinandersetzung. Diejenigen, die ihn als einen »widerspenstigen Sohn« (vgl. Dt 21,20) identifizierten und stig-matisierten, waren Jesu »Partner« sicherlich nicht.

Weiterhin entdeckte W. J. Cotter, daß mit »καθημένοις ἐν ἀγορᾷ we have a description of court process, i. e. judgement«. »The parable does not draw us into the world of children, but into the world of adults, and in particular the centres of civic justice, the courts.« »The parable is designed to expose self-righteousness as so much sham.«[158]

V. 35 – »wahrscheinlich einfach ein Sprichwort«[159] – kommentiert das Vorhergehende. »Weisheit« wird hier positiv verstanden, und zwar in enger Verbindung zum Heilsratschluß Gottes (*razon*)[160]. Johannes und Jesus sind als Gesandte Gottes, als *letzte* Boten zu ›diesem Geschlecht‹ zu verstehen[161]. Da die Sendung der Boten von ›diesem Geschlecht‹ als von den eigentlichen Kin-dern der Weisheit abgelehnt wird, erweist sich V. 31 ff. als Drohwort gegen ›dieses Geschlecht‹. Dieses aber sagt: δαιμόνιον ἔχει! Zugleich mit der Ableh-nung der Boten durch ›dieses Geschlecht‹ ereignet sich deren Annahme durch die νήπιοι[162]. Dies wird deutlich durch die Diffamierung Jesu als ›Fresser und

---

33–34« (ebd. 380) auf S. 380 f. dann doch zur Grundlage seiner Auslegung genommen zu haben. – Vgl. noch R. BULTMANN, GST 219 Anm. 1 (»Da Mt 11,16 f. nicht wider-spruchslos zu deuten ist«); J. ERNST, JhdT 75 (»Das Bild ist trotz seiner Unschärfe . . .«).

[157] S. o. 6.5.5 und Kap. 7 mit Anm. 2 und 6.

[158] Children 302. Damit ist O. LINTON, Parable 175 (vgl. F. BOVON, Lk 380 Anm. 70) sachlich weitergeführt.

[159] D. FLUSSER, Gleichnisse 151. – Zu τέχνων/ἔργων s. C. COLPE, ThWNT VIII, 461 Anm. 390: »vorlukanische Übersetzungs- oder aram Überlieferungsvariante.«

[160] Vgl. A. FUCHS, Untersuchungen 180; J. JEREMIAS, Theologie I 21 (pass. div.); zur Lit. s. o. Anm. 130 sowie G. KLEIN, Miscellen; A. T. BURBRIDGE, Justification; D. VÖL-TER, Conjectur; J. M. BOVER, Iustificata; M.-J. LAGRANGE, Iterum; E. LÖVESTAM, Till föståelsen; F. CHRIST, Jesus Sophia 64, 79 mit Anm. 286; M. J. SUGGS, Wisdom 33 ff.; W. SCHENK, Synopse 46 f.; J. ERNST, JhdT 76 f.

[161] Vgl. J. JEREMIAS, Gleichnisse 161; DERS., Theologie I 142; D. LÜHRMANN, Redak-tion 30 (»letzte Entscheidung«); L. GOPPELT, Theologie I 92 (»Wer Jesu Umkehrruf ab-lehnt, lehnt auch den des Täufers wie der ganzen Prophetie ab«).

[162] Vgl. A. SCHLATTER, Mt 374 ff.; A. BENGEL, Gn. z. St. (Lk 7,35) sowie P. Katz bei U. WILCKENS, ThWNT VII 516 Anm. 351 und U. LUCK, Weisheit 49 Anm. 49. – S. noch SivDev § 307 (zu 32,4 ⟨Bietenhard 741⟩).

Säufer‹[163] sowie als ›Freund der sündigen Zöllner‹. Die Zusammenstellung der beiden Vorwürfe ist kaum als Abundanz des Stils zu betrachten, sie verweist vielmehr auf den erbitterten Widerstand gegen Jesu Verhalten: die Zuwendung Jesu zu den τελῶναι ist somit nur der pointierte Ausdruck für die Zuwendung Jesu zu den νήπιοι / *'anawim* (vgl. Mt 11,25 ff.) bzw. zu den *'amme haareṣ*. Wer aber die Zeichen der Zeit und die Boten Gottes erkennt, wird ›Kind der Weisheit‹ genannt. Er bekommt Heil und Leben (von Gott) zugesprochen; er wird − so gerechtfertigt − gemeinschaftsfähig. Die Zuwendung Jesu zu den Zöllnern wie überhaupt zu den vor Gott Schuldigen − und zugleich seine Ablehnung durch die σόφοι / *ḥakhamim* − umschreibt das Geheimnis Jesu. Die geschenkte Gemeinschaftsfähigkeit der ›Unmündigen‹ gibt die Perspektive für den Heilsratschluß Gottes.

Der Q-Abschnitt lautet in deutscher Übersetzung[164]:

31 a  Womit soll ich dieses Geschlecht vergleichen?
   b  (Wem gleichen sie?)
32 a  Kindern gleichen sie, die zu Gericht sitzen,
   b  wobei sie einander anschreien,
   c  wie man sagt:
   d     Wir haben für euch geflötet, und ihr habt nicht getanzt.
   e     Wir haben für euch gewehklagt, und ihr habt nicht getrauert.
33 a  Denn Johannes kam,
   b  der weder aß noch trank,
   c  und sie sagen: »In ihm haust ein Dämon.«
34 a  Der Menschensohn kam,
   b  der ißt und trinkt,
   c  und sie sagen: »Siehe, ein Fresser und Weinsäufer,
   d  Freund der sündigen Zöllner.«
35  Aber dennoch hat die Weisheit Gottes recht bekommen von denen,
    die ihre Kinder wurden.

---

[163] Vgl. AssMos 7,4.7 f. (JSHRZ V 74): Sie sind betrügerische Leute, sich selbst zu Gefallen lebend, verstellt in ihrem ganzen Verhalten und zu jeder Tageszeit Liebhaber von Gastmählern, unersättliche Schlemmer. ⟨7⟩ ... Gottlose, voll Frevel und Ungerechtigkeit vom Morgen bis zum Abend, ⟨8⟩ welche sagen: »Wir wollen Festgelage und Überfluß haben, wollen essen und trinken und uns für Fürsten halten!« − »Eine Abfassung nur wenig nach 6 n. Chr. (ist) höchstwahrscheinlich« (E. Brandenburger, ebd. 60). − AssMos 5,5 f. sei gegen den (frühen) Pharisäismus gerichtet (ebd. 65, vgl. J. Jeremias, Jerusalem 284).

[164] Vgl. M. Black, Appr. / Mspr. 161, 329; J. Jeremias, Theologie I 249 (s. dazu M. Black, Jesus 13 ff.); W. Schenk, Synopse 46; H. Bietenhard, Menschensohn 274, 309; G. Schwarz, Jesus 265; ders., Menschensohn 220.

7.5.2 Lk 7,29 f.

In Lk 7,29 f. weisen νομικός und ἠθέτησαν εἰς ἑαυτούς auf zugrundeliegendes Quellenmaterial hin[165], allerdings *nicht* (direkt) auf Mt 21,32[166]. Insgesamt machen V. 29 f. den Eindruck redaktioneller Arbeit, wobei Lukas wesentliche Vorstellungen aus V. 31–35 bezog[167]. Lukas stellt mit eigenen Worten voraus, was seiner Meinung nach seine Vorlage in V. 31–35 (und 3,10–14) sagten: *Das einfache Volk* – verdeutlicht an den Zöllnern – *gab Gott recht*[168], nicht aber die Pharisäer und (deren) Schriftgelehrten. Die Johannes-Taufe wird in diesem Zusammenhang als vollgültig anerkannt (anders Apg 19,2 ff.). Lukas betont damit die Sendung des Täufers als dem Boten in letzter Zeit, vor der βασιλεία und Jesu Tischgemeinschaft mit den Zöllnern. Βουλή meint den Heilsratschluß Gottes (*razon*), vgl. V. 35[169]. Die Ablehnung des Täufers ist gleichzusetzen mit der Ablehnung des Heilsratschlusses Gottes und zugleich auch mit der Weigerung, auf die Botschaft Jesu zu hören.

## 7.6 Das Tun des Willens Gottes (Mt 21,28–32b)[170]

Wenn V. 28–31 dem mt. Sondergut zuzuordnen wären und V. 32a–c der Logienquelle, sekundär gestaltet aus Lk 7,29 f.[171], stünden wir vor der Schwierigkeit, daß in V. 28–30 das Thema »Sagen / Tun« angesprochen ist, in V. 31a (vgl. 31b) dagegen nur das »Tun«. Darüberhinaus stellten wir fest, daß Lk 7,29 f. vorwiegend aus Lk 7,31–35 (Q) von RLk formuliert sein dürfte.

---

[165] Vgl. H. SCHÜRMANN, TU 316 mit Anm. 49; DERS., Lk 379 Anm. 1; 421 ff.; M. BLACK, Appr. / Mspr. 103 (»verwarfen den Ratschluß Gottes *für sich*«), 104; F. CHRIST, Jesus Sophia 77 ff.; J. JEREMIAS, Theologie I 170. J. WELLHAUSEN, Lk 30 weist auf das änigmatische ἀκούσας hin.

[166] Vgl. A. JÜLICHER, Gleichnisreden II 384; P. HOFFMANN, Studien 194 f. S. noch F. Bovon (folg. Anm.) und u. Anm. 171.

[167] H. SCHÜRMANN, Lk 379 Anm. 1; 421 spricht zutreffend von »Vorbauten«, vgl. ebd. 423, 428. S. noch M. DÖMER, Heil 15 ff. und F. BOVON, Lk 372, 378.

[168] Vgl. M. BLACK, Appr. / Mspr. 103 (dat.eth.) und H. SCHÜRMANN, Lk 422 mit Anm. 96.

[169] S. o. Anm. 157 sowie A. JÜLICHER, Gleichnisreden II 34; P. HOFFMANN, Studien 195 Anm. 22; F. BOVON, Lk 379.

[170] Vgl. A. JÜLICHER, Gleichnisreden II 365–382; R. BULTMANN, GST 192 mit Erg.H.; J. SCHMID, Problem; DERS., Gleichnisse; S. LEGASSE, Jesus; H. WEDER, Gleichnisse 230–238; D. FLUSSER, Gleichnisse 32, 39, 57, 73 f., 148 f.; J. GIBSON, Hoi telōnai; H. GIESEN, Handeln 41 ff.; E. BAASLAND, Beispiel; J. ERNST, JhdT 179 ff.

[171] Vgl. J. D. M. DERRETT, Parable 77; M. DÖMER, Heil 17 Anm. 18; anders H. GIESEN, Handeln 44 f. mit Anm. 107.

Eine andere Lösung schlägt H. Weder vor. Er begrenzt die Parabel auf V. 28–31a, wobei die Einleitungsfrage »Was dünkt euch?« ebenfalls sekundär sei[172]. Die Parabel könne Jesus nicht abgesprochen werden[173]:

> »Es ergibt sich die ... *traditions- und redaktionsgeschichtliche Hypothese:* Die ursprüng-liche Parabel wurde von der *vormatthäischen Gemeinde* mit der Anwendung von *V. 31b* versehen. Ebenfalls von ihr, bzw von *Matthäus* selbst stammt der Bezug auf Johannes den Täufer in V. 32. Die so verstandene Parabel wurde von Mt in den Kontext von Vollmachtsfrage und Parabel von den bösen Weinbergpächtern einge-ordnet. «[174]

H. Merkel unternahm den Versuch, Mt 21,28–32 insgesamt als mattäische Re-daktion zu erweisen[175]. Wir stimmen ihm jedenfalls darin zu, daß »die in V. 31b enthaltene Polemik das Ziel des Gleichnisses (sei); dieses Wort kann vom Gleichnis nicht abgetrennt werden. Das Gleichnis ist somit von Haus aus eine ›Gerichtspara-bel‹. Dann aber wird es fraglich, ob man V. 32 wirklich als eine unpassende sekun-däre Erläuterung des Gleichnisses ansehen darf, wie es seit Jülicher und Wellhausen immer wieder geschieht«.

Ebenso sind wir mit ihm einer Meinung, daß »das Gleichnis ... die Vollmachts-frage Mt. xxi.23–7 weiterführen (will), wie schon die Tatsache zeigt, daß in V. 28 kein neuer Adressat genannt ist, sondern die in V. 23 genannten ›Hochpriester und Ältesten des Volkes‹ apostrophiert werden. Jesus wendet die anscheinend offenge-bliebene Vollmachtsfrage von der rein theoretischen auf die praktische Ebene«.

Doch was H. Merkel als »Verlegenheitsauskunft« erklärt[176] – die mat-täische Überarbeitung einer Quelle –, kommt u. E. der exegetischen Einsicht näher als seine allzu kühn erschlossene und keineswegs gesicherte These einer durchgängigen redaktionellen Gleichniserfindung[177]. Denn wenn das Gleich-nis mitsamt Erläuterung grundsätzlich redaktionell wäre, wäre ein klarer, ge-schlossener Aufbau zu erwarten. Wie J. Schmid zeigt, führte das Mißverständ-nis eines »Zusammenhangs zwischen der Parabel und dem von Mt angefügten V. 32« zu dem heute vorliegenden komplizierten textkritischen Problem[178]. Dieser schwierige Abschnitt wird aber leichter verständlich, wenn davon aus-gegangen wird, daß der Text bearbeitet wurde, als wenn angenommen wird, daß Mattäus hier ein selbstgeformtes, unscharfes Gleichnis einfügte, das dar-

---

[172] Gleichnisse 233.

[173] Vgl. ebd. 235 mit Anm. 126.

[174] Ebd. 234 f.

[175] Gleichnis. Die beiden folgenden Zitate ebd. 259. – Die »recht enge rabbinische Parallele« (ebd. 260) ShemR Yitro 27,9 (49c) (= Bill. I 865, vgl. E. Klostermann, Mt 169 f. und N. Perrin, Jesus 131 f.) hält E. Schweizer, Mt 269 für unvergleichbar; s. noch J. Dupont, Les deux fils 23 mit Anm. 7. A. Jülicher, Gleichnisreden II 381 führt Yalq behar 25 (211a) an; vgl. noch SifDev § 28 (zu 3,25 ⟨H. Ljungman /⟩H. Bietenhard 66).

[176] Gleichnis 260 Anm. 61.

[177] Vgl. J. Jeremias, Gleichnisse 78 f.; R. Hummel, Auseinandersetzung 22 mit Anm. 40; V. Hasler, Amen 93.

[178] Problem 84.

überhinaus schlecht in den Zusammenhang paßt. Da V. 28 ff. ebenso wie
V. 33 ff. (= Mk 12,1–12, vgl. noch Mt 20,1 ff.) ein Weinbergsgleichnis ist,
wäre weiterhin in dem doppelten (mit Mt 20,1 ff. sogar dreifachen) Thema
eine Ungeschicklichkeit zu erblicken. Aber die wiederholte Thematik wird
gut verständlich, wenn Mattäus aus seinem Sondergut eine Gerichtsparabel zu
Mk 12,1 ff. / Mt 21,33 ff. ad vocem Ἰωάννης hinzufügte, die darüberhinaus
noch in seinen Aufbau von Kap. 21–25 paßt[179].

Nach M.-J. Lagrange und H. Merkel soll V. 32 der ›Schlüssel zur Parabel‹
sein[180]. Demnach müßte sich von V. 32 her die Parabel ohne Schwierigkeiten
erklären lassen. Das ist aber nicht der Fall. Die Strukturanalyse ergibt folgendes Bild[181]:

|  |  |  |  |
|---|---|---|---|
| | V. 28: | | Τί δὲ ὑμῖν δοκεῖ; |
| | | | ἄνθρωπος εἶχεν τέκνα δύο. |
| | | A  a | καὶ προσελθὼν τῷ πρώτῳ εἶπεν· |
| Gleichnis | | b | τέκνον ὕπαγε σήμερον ἐργάζου ἐν τῷ ἀμπελῶνι. |
| | V. 29: | c | ὁ δὲ ἀποκριθεὶς εἶπεν· οὐ θέλω, |
| | | d | ὕστερον δὲ μεταμεληθεὶς ἀπῆλθεν. |
| | V. 30: | A’  a’ | προσελθὼν δὲ τῷ ἑτέρῳ εἶπεν· |
| | | b’ | ὡσαύτως. |
| | | c’ | ὁ δὲ ἀποκριθεὶς εἶπεν· ἐγώ, κύριε, |
| | | d’ | καὶ οὐκ ἀπῆλθεν. |
| | V. 31: | | τίς ἐκ τῶν δύο ἐποίησεν τὸ θέλημα τοῦ πατρός; |
| | | B | λέγουσιν· ὁ πρῶτος. |
| Anwendung des Gleichnisses | | | λέγει αὐτοῖς ὁ Ἰησοῦς· |
| | | | ἀμὴν λέγω ὑμῖν |
| | | | ὅτι οἱ τελῶναι καὶ αἱ πόρναι προάγουσιν ὑμᾶς εἰς |
| | | | τὴν βασιλείαν τοῦ θεοῦ. |
| | V. 32: | | ἦλθεν γὰρ Ἰωάννης πρὸς ὑμᾶς ἐν ὁδῷ δικαιοσύνης, |
| | | | καὶ οὐκ ἐπιστεύσατε αὐτῷ, |
| | | B | οἱ δὲ τελῶναι καὶ αἱ πόρναι ἐπίστευσαν αὐτῷ· |
| | | B’ | ὑμεῖς δὲ ἰδόντες οὐδὲ μετεμελήθητε ὕστερον |
| | | B | τοῦ πιστεῦσαι αὐτῷ. |

Als Einstieg in die Auslegung empfiehlt sich, von dem Ziel der Parabel,
von dem der Parabel jedenfalls zugehörigen V. 31b auszugehen[182].
V. 31b wird eingeleitet durch die jesuanische Wendung (ἀμὴν) λέγω

---

[179] Vgl. A. Jülicher, Gleichnisreden II 381 ff.; E. Schweizer, Gemeinde 117 f.; R.
Walker, Heilsgeschichte 66 ff.
[180] Vgl. H. Merkel, Gleichnis 259 mit Anm. 52; anders J. Schmid, Gleichnisse 431.
[181] Vgl. H. Giesen, Handeln 42. S. auch M. A. Tolbert, Perspectives 76 f.
[182] So auch E. Klostermann, Mt 169 und V. Hasler, Amen 93; nach J. Jeremias,
Gleichnisse 78 f. schloß V. 31b ursprünglich das Gleichnis ab.

ὑμῖν[183]. Die Zusammenstellung οἱ τελῶναι καὶ αἱ πόρναι erfolgt innerhalb der synoptischen Tradition nur an dieser Stelle (vgl. V. 32b). Wie der ganze Halbvers, so setzt auch προάγειν einen weiteren Kontext voraus. Βασιλεία τοῦ θεοῦ ist ganz unmattäisch und weist auf eine Vorlage hin[184]. Wir sehen keinen Grund, V. 31b nicht einer vormattäischen Tradition oder, was noch zu erhärten wäre, Jesus zuzuweisen.

Eine Überlieferung von V. 31b allein läßt sich nicht denken, zumal προάγειν[185] in seiner exklusiven Bedeutung nur durch den größeren Zusammenhang verständlich wird. Wenn A. Kretzer, H. Merkel und andere — größtenteils zutreffend — darauf hinweisen, daß V. 28—31a mattäischen Sprachgebrauch aufweist, so verstehen wir dies aufgrund der Einsicht, daß Mt 21,28—32 in einen vorgegebenen Zusammenhang (vgl. Mk 11,27—12,12parr) eingegliedert wurde. Aber nicht nur V. 28—31a.b, auch V. 32 ist von Mattäus bearbeitet (vgl. V. 25 = Mk 11,31parr). Läßt sich folglich eine sinnvolle Aussage zu den Versen 28—32 nur dann machen, wenn der ganze Vers 32 als späterer Zusatz gesehen wird?

In den Versen 28—30.31 geht es um das »Sagen / Tun« bzw. »Tun«, in V. 32 um das Glauben bzw. Nichtglauben und Bereuen. Auf den ersten Blick ist — trotz der von H. Giesen erkannten ›Ringkomposition‹[186] — ein geschlossener Gedankengang von V. 28—32 nicht anzunehmen.

Der »Sagen / Tun-Zusammenhang« gibt gewöhnlich die notwendige Interpretationshilfe für V. 28—31a.b/32. Auf diesem Hintergrund parallelisiert J. Schmid zunächst die Pharisäer (als Jasager) und die Zöllner und Dirnen (als anfängliche Neinsager) mit dem Vers 32, in dem die Pharisäer (als Neinsager) und die Zöllner und Dirnen (als Jasager) erscheinen. Weil aber der Kontrast zwischen »Sagen« und »Tun« in V. 32 aufgehoben werde, sei V. 32 als sekundär anzusehen[187].

Nach C. G. Montefiore[188] (vgl. z. B. noch E. Klostermann und J. Jeremias[189]) kann V. 32 ebenfalls nicht ursprünglich sein, da »the ›tax-collectors and harlots,‹ so far as we know, did not at first refuse to believe in John, and

---

[183] Vgl. V. Hasler, Amen; K. Berger, Amen-Worte; ders., Geschichte. — Gegen V. Hasler, Amen 93 f., vgl. J. Jeremias, Gleichnisse 79 mit Anm. 1; ders., Theologie I 43 f. mit Anm. 34, 38 und H. Merkel, Gleichnis 256 mit Anm. 28.

[184] Vgl. C. G. Montefiore, Synoptic Gospels II 284; W. Grundmann, Mt 458: »Auffällig ist, daß vom Reiche Gottes und nicht vom Reich der Himmel gesprochen wird, was darauf hinweist, daß Gleichnis und Spruch vormatthäischer Überlieferung angehören.« — Gegen M. D. Goulder, Midrash 414.

[185] Vgl. dazu A. Jülicher, Gleichnisreden II 372; E. Lohmeyer, Mt 308 Anm. 2; J. Jeremias, Gleichnisse 125 mit Anm. 5; ders., Theologie I 42, 118.

[186] Handeln 42 f.

[187] Gleichnisse 430 f.

[188] Synoptic Gospels II 284.

[189] E. Klostermann, Mt 171; J. Jeremias, Gleichnisse 78.

then afterwards believe in him and amend their lives; nor did the priests first believe in him and then reject him.«

Bei dieser Interpretation muß V. 32 als mattäischer Zusatz aufgefaßt werden; es liegt dabei nahe, einen literarkritischen Zusammenhang zu Lk 7,29 f. herzustellen. Jedoch wird ein geschlossener Gedankengang von Mt 21,28–32 dann sichtbar, wenn wir V. 32c als späteren Zusatz (abhängig von V. 25: οὐκ ἐπιστεύσατε αὐτῷ, V. 30b und das Urteil in V. 31b betonend) ansehen[190], von ποιεῖν τὸ θέλημα τοῦ πατρός ausgehen[191] und erkennen, daß dieser Ausdruck in προάγειν εἰς τὴν βασιλείαν τοῦ θεοῦ weitergeführt wird. Damit läßt sich die Einsicht von J. Jeremias verbinden, daß in V. 28//30 und V. 32a//b ein antithetischer Parallelismus vorliege – allerdings stimmt seine Bemerkung, ἀμὴν λέγω ὑμῖν sei »ursprünglicher Gleichnisschluß«, kaum[192]. Der Vergleichspunkt ist demnach nicht das »Sagen / Tun« allgemein, sondern *das Tun des väterlichen / göttlichen Willens in einer ganz bestimmten, ›heilsgeschichtlichen‹*[193] *Situation*. Weder ist das Gleichnis auf ein jeweils zeitlich verschiedenes Verhalten zu Johannes dem Täufer bezogen (so C. G. Montefiore), noch redet Jesus nur von sich selbst (so J. Schmid[194]), vielmehr ist es als Krisis-Gleichnis zu verstehen: als Johannes auf Gottes Willen verwies (vgl. »er kam zu euch mit dem Weg der/zur Gerechtigkeit«[195]), sagten die, die ihn zu tun vorgaben, ›Nein‹, dagegen die, die ihn bis dahin zu tun ablehnten, ›Ja‹[196]. So kommt Johannes dem Täufer eine entscheidende, allerdings nicht einzigartige Rolle zu. Mit der Annahme bzw. mit der Ablehnung seiner Verkündigung – und, so ist zu ergänzen: mit der Annahme bzw. mit der Ablehnung der Botschaft Jesu[197] – ergibt sich das endgültige, eschatologische Urteil (V. 31b; vgl. Lk 7,29 f.).

Der ›Schlüssel der Parabel‹ liegt demnach nicht nur in Vers 32a.b, sondern auch in Mt 11,16–19 / Lk 7,31–35 (Q). Wir treffen in Mt 21,28–32b ebenfalls auf eine Überlieferungsschicht, die zum ältesten Traditionsgut über Jesus und

---

[190] So S. van Tilborg, Leaders 53 f., der näher auf J. Jeremias, Gleichnisse 79 und G. Strecker, Weg 153 eingeht. Vgl. E. Lohmeyer, Mt 311.

[191] Vgl. SifBam § 11 (zu 5,18 ⟨Kuhn 51 Anm. 22⟩); § 42 (zu 6,26 ⟨Kuhn 129 Anm. 11⟩).

[192] S. o. Anm. 182.

[193] Vgl. L. Goppelts Definition dieses Ausdrucks in ders., Theologie I 82; anders J. Jeremias, Gleichnisse 88.

[194] Gleichnisse 431, vgl. W. Grundmann, Mt 458 und R. Hummel, Auseinandersetzung 23.

[195] Vgl. dazu H. Giesen, Handeln 41 ff. – S. noch K. Beyer, Syntax I 279; P. Coll. Youtie I 16 (S. 156): ὁδὸς τῆς πόλεως = Weg zur Stadt (weiteres s. d.).

[196] Zu Recht sprechen von einer Gerichtsparabel J. Schmid, Gleichnisse 430 und H. Merkel, Gleichnis 259; vgl. E. Lohmeyer, Mt 308: »einer der härtesten Sprüche Jesu für die Anschauung des Judentümes« und J. Jeremias, Theologie I 150: Jesus war »am Ende überzeugt ..., daß sein Ruf vergeblich sein würde«.

[197] S. o. Anm. 168.

die Zöllner gehört. An beiden Zeugen, an Johannes dem Täufer und an Jesus, entscheidet sich das Verhältnis zur βασιλεία.

Das Gleichnis legt den Schluß nahe, die Zöllner hätten vor dem Auftreten Johannes des Täufers den Willen Gottes abgelehnt (vgl. V. 30b). Dieser (Rück-)Schluß bedarf aber einer genaueren Überprüfung. Was sagt der Text über die religiöse und moralische Haltung der Zöllner aus?

Die Zöllner (und Dirnen) seien »Repräsentanten eines dem göttlichen Willen direkt entgegengesetzten Lebenswandels«. Hier sei von »der Bekehrung des Abschaums« die Rede[198]. Es ließen sich leicht weitere derartige Zitate anführen.

Dagegen beobachtet V. Hasler[199]: »Den Zöllnern und Huren wird nicht als Sündern das Reich Gottes zugesprochen, sondern im Gegensatz zu den jüdischen Repräsentanten betont Mt ihre Bereitschaft, auf die eschatologische Predigt zu hören, der Verkündigung der Ankunft des Messias zu glauben und Reue zu bezeugen.« Demnach sind die Zöllner (und Dirnen) im Gegensatz zu den »jüdischen Repräsentanten« genannt. E. Schweizer dürfte deshalb recht haben: »Falls das Gleichnis von Jesus stammt, ist es in die Situation Pharisäer / Zöllner hineingesprochen worden«[200]. Als zu den Pharisäern gesprochenes Gleichnis wird es in seiner Ausgangsposition – der Verständigungsebene, wie die Zöllner zu beurteilen seien – einen vom pharisäischen wenig oder gar nicht unterschiedenen Standpunkt einnehmen. Die hier zu erwartende Auskunft über die Zöllner gibt somit die Sicht von Pharisäern wieder, die die τελῶναι / *mokhsin* religiös und moralisch ablehnen.

Lk 3,12–14 zeigt denn auch eine ganze andere religiöse und moralische Beurteilung der Zöllner. Wir erwähnten, daß Mattäus – nicht aber Jesus – vom Zöllner im Zusammenhang mit der Berufsaufgabe spricht. Diese legt der Ausdruck »Zöllner und Dirnen« in diesem Zusammenhang aber unbedingt nahe.

---

[198] So z. B. E. KLOSTERMANN, Mt 171, vgl. A. JÜLICHER, Gleichnisreden II 370. Vgl. auch SifBam § 3 (zu 5,7 ⟨Kuhn 18 Anm. 5⟩).

[199] Amen 93.

[200] Mt 268.

## 7.7 Jesu Auftrag und Gottes Urteil (Lk 18,9–14)[201]

Das Gleichnis[202] vom ›Pharisäer und Zöllner im Tempel‹ aus SLk steht am Ende des Reiseberichts 9,51–18,14. Das nächste Sondergut-Stück ist Lk 19,1–10 (Jesus und Zachäus). Dazwischen folgt Lukas – von Mk 10,35–45 abgesehen – dem Aufriß Mk 10,13–52. Schon in Lk 17,11 wird Jerusalem als Ziel der Reise angedeutet. Allerdings hat die Stellung des Gleichnisses im Aufbau des Lukasevangeliums für die Gleichnisauslegung selbst keine weitere Bedeutung, da es zeitlich nicht mit der Passion (vgl. die Leidensankündigungen Lk 17,25; 18,32) in Verbindung gebracht werden muß. Möglicherweise ist es in Jerusalem gesprochen werden.

Die bisherige Auslegung des Gleichnisses war durch das traditionelle Verständnis des Zöllners erschwert. Auch die Figur des Pharisäers gab zu mehreren Deutungen Anlaß (z. B. Karikatur). Die Schwierigkeiten bei der Interpretation dieses Gleichnisses lassen sich aber ohne weiteres beheben, wenn von dem in dieser Arbeit vorgestellten Verständnis des Abgabenpächters ausgegangen wird.

Zum Rahmen bemerkt T. Aurelio[203]: »Das übliche Texteröffnungssignal 18,9 wird allgemein als redaktionell anerkannt; ebenso 18,14b, das, wahrscheinlich ein ursprüngliches Wanderlogion, von Lukas hier kontextuiert wird.« Er selbst meint, daß »der redaktionelle V. 9 ... genau den Sinn des Gleichnisses (treffe)« (162).

Eine Strukturskizze stellt H. Merklein vor[204]. »Die Verse 10–14a zeigen eine deutlich ausgeprägte Struktur, die sich aus der kontrastierenden bzw. oppositionellen Korrespondenz ihrer Elemente ergibt. Solche Korrespondenz ist zwischen Anfang und Schluß der Geschichte (V. 10 bis V. 14a) und im Mittelteil zwischen V. 11f und V. 13 zu beobachten« (34). Der Vers 14a korrespondierende, einleitende Vers 10 gibt den Verstehenshorizont an. Der Sprecher des Gleichnisses würde von vornherein sein Ziel verfehlen, wenn er beim damaligen Hörer nicht voraussetzen könnte, daß ein τελώνης zu einem privaten

---

[201] Vgl. A. Jülicher, Gleichnisreden II 598–608; R. Bultmann, GST 193 mit Erg.H.; L. Ragaz, Gleichnisse 105 ff.; J. Jeremias, Gleichnisse 139–143; E. Linnemann, Gleichnisse 64 ff.; L. Cerfaux, Rehabilitations 53–55; M. Black, Appr. / Mspr. 59, 108, 176 f., 253, 299; P. Stuhlmacher, GG 244–246; N. Perrin, Jesus 134 f.; L. Schottroff, Erzählung; T. Aurelio, Disclosures 155 ff.; H. Merklein, Gottesbild; M. Völkel, Freund 8; F. Schnider, Ausschließen; D. Flusser, Gleichnisse 57, 217 f. – Weitere Lit. zu den Gleichnissen bei M. Rese, Lukas-Evangelium 2324 (Nr. 12).

[202] Zur Terminologie vgl. H. Merklein, Gottesbild 41 Anm. 1 und W. Harnisch, Gleichniserzählungen 68, 91.

[203] Disclosures 155.

[204] Gottesbild 35. S. auch M. A. Tolbert, Perspectives 76 f. – B/C, RTB 240 (S. 144) verweisen auf 4Esr 8,47b–50.

Gebet zum Tempel hinaufgeht[205]. Dies heißt aber nichts anderes, als daß in Palästina zur Zeit Jesu der Beruf eines Abgabenpächters ein glaubensmäßig qualifiziertes und das heißt an die Tora gebundenes Jude-Sein nicht ausschloß[206]. Erst recht kann hier kein Hinweis gefunden werden, daß der τελώνης in römischen Diensten stand − und daß deshalb der Pharisäer allein das genuine Judentum vertrete[207]. Der τελώνης war, wie im 6. Kapitel gezeigt wurde, eine im jüdischen Palästina seit Jahrhunderten vertraute Gestalt, »neither more nor less honest than other men«, wie H. C. Youtie betont. »The tax-farmers whom Jesus knew seem to be, like those of Egypt, local men, bourgeois, respectable business men, such as business men usually are, sometimes truly wealthy, sometimes with only the façade of wealth, now honest, now dishonest, occasionally sheer speculators.«[208] Was heute betont werden muß, war damals keinem zweifelhaft: »The tax-farmers were men of wealth, and perhaps men of wealth par excellence since they literally bought money with money . . . I hope I have shown that their morals and manners were not inferior to those of other business men of their time.«[209] Dies − und nicht »Er ist ein Sünder«[210] − ist der sozial(-religiös)e Hintergrund, der noch schärfer gefaßt werden kann. M. I. Rostovtzeff schrieb schon im Jahr 1929, was geflissentlich übersehen wurde[211]:

> »Der Typ des wohlhabenden Mannes in Judäa ist der reiche Besitzer von Grund und Boden oder von großen Schaf- und Ziegenherden oder der Steuereinnehmer (τελώνης). Der Typ des gemeinen Mannes ist entweder der Bauer, der sein Feld oder seinen Garten und seine Weinpflanzung bestellt, oder der kleine Dorfhandwerker, der Zimmermann, Schmied, Flickschuster und dergleichen.«

Da die Pharisäer eher den Handwerkerstand repräsentierten[212], den »Typ des gemeinen Mannes«, und sich dadurch im Gegensatz zu dem »Typ des wohlhabenden Mannes«, unter anderem dem τελώνης, befanden, können durch diese Typisierung soziale Spannungen zwischen Pharisäern und Abga-

---

[205] Vgl. M. Hengel, Gerechtigkeit 1; s. noch J. Jeremias, Theologie I 182 (Nachmittagsgebet).

[206] Vgl. R. Meyer, 'Am 172 ff., gegen W. Michaelis, Gleichnisse 241 und W. Harnisch, Gleichniserzählungen 90 mit Anm. 116.

[207] Vgl. E. Linnemann, Gleichnisse 66. − Zur Allegorisierung s. bei A. Jülicher, Gleichnisreden II 607. − Die Bestimmung des Zöllners als ›Heiden‹ (s. z. B. L. Ragaz, Gleichnisse 107; N. Perrin, Jesus 100 ⟨»Heidensünder«⟩; J. Becker, Gottesbild 109 ⟨»Quasiheide«⟩) entbehrt des Anhalts im Text, denn der Zöllner betet zu Jahwe; er müßte − wenn überhaupt! − als Proselyt angesehen werden.

[208] Publicans 573 (18); 572 (17).

[209] Ebd. 574 f. (19).

[210] H. Merklein, Gottesbild 36b.

[211] GuW II 10 (vgl. noch o. Abschn. 5.6.3 mit Anm. 167).

[212] Vgl. Bill. II 745 und J. Jeremias, Jerusalem 279: »Soziologisch sind die Pharisäer . . . zweifellos nicht zur Oberschicht zu rechnen«.

benpächtern angenommen werden. Wie die ›Negativen Reihen‹ zeigen, wurden die τελῶναι/*mokhsin* von Pharisäern religiös diffamiert. In Lk 18,11 stoßen wir ebenfalls auf eine ›Negative Reihe‹ (o. 6.4.3.5). Das macht die Erklärung des Pharisäer-Gebets sehr unwahrscheinlich, daß »man es kaum hochmütig nennen (könne). Der Pharisäer erhöht sich nicht. Was er sagt, trifft zu«[213].

M. N. Ebertz kann die soziale und religiöse Diffamierung des τελώνης durch Pharisäer mit heftigen innerjüdischen Kämpfen um religiöse Kompetenz und schriftgelehrt-pharisäischem Legitimationsbestreben erklären. Er spricht von Stigmatisierung, Marginalisierung und Deklassierung[214]. Für ihn enthält Lk 18,10—14a einen deutlichen Hinweis auf eine Korrektur bildungsaristokratischer Stigmatisierung in eine auch für den Pharisäer notwendige kulpative Selbststigmatisierung[215], falls wirklich er an der soteriologischen Frage interessiert ist. D. Daube weist auf die Nihilierung bzw. Dämonisierung der Person Jesu hin, wenn er den Vorwurf ›Fresser und Weinsäufer, Freund der sündigen Zöllner‹ (Lk 7,34 Q) mit dem Vorwurf des »außer Kontrolle geratene(n) Sohn(es) . . ., der dem Teufel des Aufruhrs verfallen war« erklärt[216].

Die Exposition des Gleichnisses setzt diese sozio-religiöse Position einer nicht näher identifizierbaren Gruppe von Pharisäern voraus, die, wie der Hörer weiter wußte, engstens mit deren Theologumena zusammenhing. Der Sprecher des Gleichnisses will demnach zu diesen religiösen Grundansichten Stellung nehmen.

Beide, der Pharisäer und der Zöllner, beten. A. Schlatter ist zuzustimmen, daß »im Gebet das Innerste sichtbar wird«[217]. Deshalb eignet sich das Gebet für eine grundsätzliche Klärung der Gottesbeziehung der beiden gegensätzlichen Personen. Die in V. 11a für den Pharisäer angegebene Gebetshaltung (ὁ Φαρισαῖος σταθεὶς πρὸς ἑαυτὸν ταῦτα προσηύχετο) trägt keine auffälligen Züge, sondern wird als Semitismus mit: ›er stellte sich sichtbar hin und sprach folgendes Gebet‹ zu übersetzen sein[218]. Beide, Pharisäer und Zöllner, beginnen ihr Gebet mit ὁ θεός. Der Pharisäer spricht im Wesentlichen ein echtes Dankgebet. Vers 12 weist auf das Verhalten des Pharisäers zur *Ehre Gottes;* seinetwillen nimmt er diese Belastung auf sich[219]. Der Zöllner spricht ein Bittgebet.

---

[213] H. Merklein, Gottesbild 36b.

[214] Charisma 220, 222.

[215] Ebd. 233 f.

[216] Testament 23.

[217] Lk 398; so auch A. Jülicher, Gleichnisreden II 607.

[218] So J. Jeremias, Gleichnisse 139; vgl. B. Reicke, ThWNT VI 723 Anm. 9. S. noch J. C. Hawkins, Horae 51; M. Black, Appr. / Mspr. 103 f., 229; W. Bauer, Wb. 427 s. v. ἑαυτόν 1i und A. Schlatter, SprH 72 (= 51) zu Jh 3,29: »Die Hervorhebung des Stehens da, wo wir sie nicht für nötig halten, gehört zum palästinensischen Stil«, vgl. 111 (= 90) zu 7,37 und SifBam § 42 (zu 6,26 ⟨Kuhn 128 Anm. 2⟩) und SifDev § 352 (zu 33,12 ⟨Bietenhard 861 Anm. 87⟩).

[219] Vgl. R. Meyer, 'Am 174 f. (tBer 7,18 ⟨Z. 16,21 ff.⟩); J. Jeremias, Gleichnisse 141 f.; ders., Theologie I 147, 181. – Vgl. neben yBer 4,7d,31 und bBer 28b (Bill. II

Es enthält Anklänge an verschiedene alttestamentliche Stellen[220]. Mit ἁμαρτωλός bezeichnet er sich als einen vor Gott Schuldigen, mit ἱλάσκεσθαι bringt er zum Ausdruck, daß er des Erbarmens Gottes bedarf[221]. Auf eine Berufsaufgabe oder auf eine Wiedergutmachung wird nicht reflektiert; aus dem Fehlen dieser Aussagen können keine weiteren Schlüsse gezogen werden.

Der Zöllner bezeichnet sich im Gebet, vor Gottes Angesicht, als ἁμαρτωλός. Die Auffassung, der Mensch sei vor Gott Sünder, entspricht der allgemeinen alttestamentlich-jüdischen Anthropologie, der insgesamt auch die Pharisäer zustimmten. Wenn der Pharisäer ein Dankgebet spricht, der Zöllner ein Buß- und Bittgebet, dann beten beide so, wie es die jüdischen Zuhörer – wer immer sie auch genau sein mögen – erwartet haben.

Nach L. Schottroff ist der Pharisäer eine Karikatur[222]: »Im Sinne des Erzählers soll die Gestalt des Pharisäers nicht als zuverlässige Information über das Wesen des Pharisäismus aufgefaßt werden, sondern als eine übertrieben und karikierend dargestellte Modellfigur, an der dem Hörer etwas klargemacht werden soll.« »σταθείς und πρὸς ἑαυτόν (ganz gleich, wie πρὸς ἑαυτόν aufzufassen ist) werden nur erwähnt, um dem Hörer schon im voraus klarzumachen, daß mit diesem Beter nicht alles stimmt, – sonst wären diese Worte in einer solchen Erzählung überflüssig. Wenn das Gebet keine Karikatur sein wollte, müßten diese Worte fehlen. Dann würde es nämlich genügen, den Beter sein (dem Hörer akzeptabel erscheindendes) Gebet sprechen zu lassen.« »Lk 18,11 f. ist eine Karikatur, und das häufig als rabbinische Parallele herangezogene Gebet (b.Ber. 28b ...) ist keine Karikatur ... Beide Texte sind unvergleichbar oder nur so vergleichlich wie Frömmigkeit und Frömmigkeitskarikatur.«

»Die wenigen Interpreten, die die Pharisäergestalt als Karikatur verstanden, sind – geleitet von ihrem Bild des Pharisäismus – dem literarischen Charakter des Tex-

---

240); 1QH 7,34 f., Jos.c.Ap. II 197 sowie Cic.Verr. II 3,4: »Denn man verlangt von jedermann, daß er sich selbst vor allem von den Fehlern freihalte, die er an anderen rügt. Du klagst einen *Dieb* oder *Räuber* an: dann mußt du stets jeden Verdacht der Habgier meiden. Du führst einen *gewalttätigen* oder *brutalen Menschen* vor Gericht: dann mußt du dich in acht nehmen, daß du dich nie auch nur ein wenig hart oder rücksichtslos erzeigst. Oder einen *Verführer*, einen *Ehebrecher* ...« (Übers. nach M. Fuhrmann, Cicero IV, 15, Sperrung F. H.). – Gegen R. BULTMANN, Jesus 137; G. BORNKAMM, Jesus 77 f.; H. BRAUN, Jesus 67 und L. SCHOTTROFF, Erzählung 448 ff.

[220] Vgl. ψ 24,11; 50,3 (ff.); 78,9; Esth 4,17h; Dan θ 9,19 und P. STUHLMACHER, GG 245 mit Anm. 6.

[221] Vgl. BILL. II 247 z.St. und SB V 8511 (Kaiserzeit; + σῴζειν); J. HERRMANN, ThWNT III 315,12 f. Der Dativ τῷ ἁμαρτωλῷ ist adversativ zu verstehen, vgl. J. JEREMIAS, Theologie I 163 Anm. 27. Zu οὐκ ἤθελεν vgl. M. BLACK, Appr. / Mspr. 253; J. JEREMIAS, Theologie I 152 mit Anm. 9 sowie Sir 7,5; 10,28 f.

[222] Erzählung 448 ff., dagegen schon A. JÜLICHER, Gleichnisreden II 602, vgl. H. MERKEL, Pharisäer 205. Die Ausführungen von L. Schottroff lesen sich als Spiegel zu E. LINNEMANN, Gleichnisse 64 ff. – Die drei folgenden Zitate stehen ebd. 448, 449, 451. – Zu σταθείς s. o. Anm. 218, zu πρὸς ἑαυτόν vgl. SifDev § 78 (zu 12,27 ⟨Bietenhard 252 Anm. 6⟩).

tes gerecht geworden.«[223] Sie verweist dabei auf C. G. Montefiore und L. Ragaz und führt zur Bestätigung auch W. Harnisch an[224]. Leider versäumt sie es, das »Bild des Pharisäismus« von C. G. Montefiore und L. Ragaz kurz zu charakterisieren[225]. W. Harnisch freilich nahm – damals[226] – nur anhangsweise – und mit ausdrücklichem Hinweis auf L. Ragaz – an: »Ergänzend wäre vielleicht (sic!) das Pharisäergebet Lk 18,11 f. zu nennen – ein Gebet, das die Figur des Sprechers offenbar bewußt karikiert, wie Ragaz betont«[227]. L. Ragaz aber führt die Ironie auf Jesu »*prophetische* Gestalt« zurück. »Die Ironie ist gewissermaßen die eigentliche Sprache des Propheten«[228], was aber erst noch in dieser Allgemeinheit bewiesen werden müßte.

Hinsichtlich ihrer Ausführungen zur Gebetskarikatur bezieht sich L. Schottroff auf O. Weinreich und H. Kleinknecht[229]. Eine ins Einzelne gehende Darstellung von (Gebets-)Karikatur und Parodie muß nun keineswegs erfolgen. Es genügen kurze Hinweise, denn O. Weinreich bezieht sich ausdrücklich auf die ›griechische Welt‹[230] und H. Kleinknecht sagt inhaltlich das Gegenteil dessen, was L. Schottroff belegen will. Anhand weniger Zitate sei dies augenfällig gezeigt: »Aus diesem Verhältnis von Komik und Religiosität bzw Kult müssen wir nun die entsprechenden *Folgerungen für den griechischen Gottesbegriff* ziehen.« »*Gebetsparodie heißt: von Gott so reden oder mit Göttlichem so umgehen, als ob Gott einen Spaß verstünde.* Dem entspricht nun im Griechischen tatsächlich die Rolle des γέλως in bezug auf das Wesen der Gottheit und auch im Kult ...« »Diese Götter sind ... ›wesentliche Mächte und zugleich die *Ironie* über das, was sie tun wollen‹. Damit ist ... ein charakteristischer Zug griechischer Religiosität ausgesprochen. Denn Judentum und Christentum kennen im Wesen ihrer Religion, in ihrem Gottesbegriff, weder Komik noch Humor.« »Gott lacht nicht, auch nicht über seine Schöpfung, weil es unmöglich ist, daß Gott je, was er selbst gemacht hat, ironisiere. Ironisieren hieße ja mit der Möglichkeit spielen, daß das, was geschaffen ist, auch nicht geschaffen oder vielleicht besser gemacht sein könnte ... Darum kann der Christ auch nicht als Mittel einer

---

[223] Ebd. 452.

[224] Ebd. Anm. 47.

[225] Vgl. G. Lindeskog, Jesusfrage 105 f. Ähnlich wie C. G. Montefiore, Synoptic Gospels II 556 (»But this is not to say that the Pharisee of the story is the usual or characteristic product of the Rabbinic religion. He is the characteristic caricature or perversion of that religion«) auch I. Abrahams, Studies I 57 (»Luke's Pharisee ... must have been an exceptional case, one of the weeds of ritualism, not one of its ordinary or natural fruits«), vgl. ebd. 57 f.

[226] S. jetzt ders., Gleichniserzählungen 90 mit Anm. 117 – ohne Einschränkung.

[227] W. Harnisch, Ironie 428 f.

[228] Gleichnisse 107; s. dazu H. Kleinknecht (u. Anm. 231) und W. Harnisch, Ironie 427: »Ragaz vermutet (sic!) ironische Tendenzen vor allem dort, wo die Gleichniserzählung moralisch verwerfliche Situationen vor Augen führt.« »Wie Ragaz betont, dient die ironische Verkleidung der Aussagen einem pädagogischen Interesse« (ebd. 428). In Lk 18,10 ff. dürfte kaum eine ›moralisch verwerfliche Situation‹ vorliegen. – Es ist nicht deutlich, was genau unter ›Ironie‹ verstanden werden soll (vgl. W. Harnisch, Ironie 421 f., 428 mit Anm. 32 und H. Kleinknecht ⟨folg. Anm.⟩). Das Gleichnis ist nicht ›ironisch‹ zu nennen, wenn unter ›Ironie‹ »die Sprache der göttlichen Überlegenheit« verstanden wird (L. Ragaz, Gleichnisse 107).

[229] Erzählung 448 Anm. 35; 450 Anm. 40.

[230] Gebetsegoismus 15.

positiv gemeinten Kritik die Gebetsparodie verwenden. Denn es ist in der Gebetsparodie trotz alledem *Gott* angerufen. Gott kann ich nicht ironisch anrufen«[231]. Somit stützen die von L. Schottroff herangezogenen profanen Belege weder ihre Beweisführung noch ist es nicht »ganz gleich«, »wie πρὸς ἑαυτόν aufzufassen ist« (449). Daß diese Worte fehlen müßten (!), erscheint aus der »oppositionelle(n) Korrespondenz von V. 11 f. und V. 13«[232] nicht ableitbar.

L. Schottroff ist allerdings darin zuzustimmen, daß »der Unterschied zwischen einem ernstgemeinten Gebet und einer Gebetskarikatur ... feststellbar (bleibt)«[233]. Aber Lk 18,11 f. ist ebensowenig eine Karikatur wie bBer 28b, wobei der deutliche Hinweis H. Kleinknechts Beachtung verdient, den griechischen Gottesbegriff nicht mit dem jüdisch-christlichen gleichzusetzen.

L. Schottroffs Frage »Was macht er (sc. der Pharisäer) also falsch?«[234] kann am besten mit den Ausführungen von A. Schlatter beantwortet werden. Es gehe nicht darum, die pharisäische »Tugend als verwerflich zu beschreiben«, sondern »die Enge ihres Sehfeldes, die ihnen nur das eigene Ich zeigt, (solle) durch die Versichtbarung des göttlichen Willens gesprengt« werden[235].

Das Dankgebet des Pharisäers und das Buß- und Bittgebet des Zöllners kann als sachlich angemessen verstanden werden. Als jeweilige Einzelgebete rufen sie keine Aufmerksamkeit hervor. Die Hörer würden zustimmen, wenn ein Pharisäer ein Dankgebet als Zeichen des Innersten seines Herzens betet[236], und sie würden ebenfalls bejahen, wenn ein Zöllner ein Bittgebet zu Gott spricht. Pharisäische Zuhörer würden erwarten, daß das Gebet des Pharisäers von Gott angenommen wird, und daß das Gebet des Zöllners unter der Voraussetzung der vollzogenen Umkehr − d. h. der Berufsaufgabe und Wiedergutmachung − ebenfalls von Gott angenommen werden kann.

Nach der Exposition (V. 10) und der Ausführung (V. 11 f. 13) kommt der Sprecher des Gleichnisses in V. 14a zu dem Urteil: ›Als Gerechter ging hinab

---

[231] Gebetsparodie 119−122; die Zitate befinden sich auf S. 119, 119 f., 120, 121. Sie zeigen, daß L. Schottroffs Rekurs auf zwei Beispiele »der nichtbiblischen antiken Gebetsreflexion« (Erzählung 448) methodisch nicht akzeptabel ist. S. noch W. HORN, Gebet.

[232] H. MERKLEIN, Gottesbild 36a.

[233] Erzählung 451. Wäre L. Schottroff konsequent, müßte sie bei ihrem Verweis auf H. KLEINKNECHT, Gebetsparodie 55, folgern, das Gebet des Pharisäers (!) sei »völlig ironisch gemeint und in Wirklichkeit keineswegs dazu angetan, ihm Erhörung zu erwirken« (DERS., ebd. 55, vgl. 56) − eine Konsequenz, die für ihr Anliegen, »kein Feindbild vom Pharisäismus« zu zeichnen (L. SCHOTTROFF, ebd. 452 Anm. 46) gerade nicht förderlich wäre.

[234] Erzählung 451.

[235] Christliche Ethik 16 f.; vgl. auch DERS., Lk 149.

[236] Vgl. das Dankgebet des R. Neḥonja b. Haqana (T 1) beim Verlassen des Lehrhauses yBer 4,2 (7d, 35 ff. ⟨Horowitz, yT I 121 / BILL. II 240)⟩. Auf tBer 7,18 (Z. 116) weist R. MEYER, ʿAm 174 f. hin und nennt die dritte Benediktion (»Gepriesen sei, der mich nicht als Ungebildeten ins Leben rief«) »eine genaue Sachparallele zur Haltung des Pharisäers im Gleichnis Jesu ... Luk. 18,11« (ebd. 175).

in sein Haus der Zöllner, nicht der Pharisäer.[237] Erst hierdurch wird die bisherige Gegenüberstellung zum Gleichnis. Welche Intention des Sprechers im Blick auf die Hörer liegt in V. 10—14a vor?

Das Urteil V. 14a soll den Hörer nicht dahin bringen, daß er Haltung und Gebet des Zöllners übernimmt. Denn der Sprecher bedient sich nicht der Kunst der Überredung[238]. Das Urteil im Passivum divinum gibt für den jüdischen Hörer den Entscheid Gottes selbst wieder (vgl. λέγω ὑμῖν). Der Sprecher des Gleichnisses setzt sich nicht an Gottes Stelle[239], sondern *er sagt Gottes Urteil* — kraft seiner messianischen Vollmacht — *an*. Die Angesprochenen werden aufgefordert, dem Urteil als dem Urteil Gottes zuzustimmen. *Der Sprecher, Jesus, begründet somit vor den Angesprochenen, den Pharisäern, seinen Auftrag und konkretisiert ihn im Blick auf die Zöllner.* Es ist nicht seine Gesetzlosigkeit (vgl. Lk 7,34 Q), sondern es ist Gottes Wille, wenn er Zöllner in seinen Jüngerkreis aufnimmt und mit ihnen Tischgemeinschaft hält. Lk 18,10—14a gibt offenbar eine Replik Jesu wieder, da er »in der öffentlichen Meinung als krimineller ›charismatischer Verführer‹« disqualifiziert wurde[240]. Deshalb argumentiert Jesus auch keineswegs moralisch, genausowenig wie er die fehlende Bitte des Pharisäers um Vergebung moralisch abwertet: denn dies war von dessen Standpunkt aus — in einem Dankgebet — begründet. Das Gleichnis wirbt um die Zustimmung der Frommen, und das heißt zugleich auch darum, daß sie sich auf Jesu Botschaft selbst einlassen. Ihre Stellungnahme wird nicht berichtet. Allein die Aussage am Schluß, daß der Pharisäer als ›nicht gerecht‹ vom Tempel weggehe, obwohl er als Pharisäer ṣaddiq (gerecht) sein will, zeigt die Schärfe der Konfrontation.

Die Rahmung (V. 9.14b) erweist sich als Adaption eines historisch exponierten Überlieferungsgutes an die spätere Gemeindesituation. Dadurch konnte dieses Gleichnis unverändert tradiert werden. Der Vorwurf ›Freund der sündigen Zöllner‹, den J. Jeremias zutreffend die vorösterliche Beschimpfung Jesu nennt[241], der auch hier im Hintergrund steht, war offenbar am Ende

---

[237] Vgl. J. JEREMIAS, Theologie I 22 mit Anm. 22 (pass. div.); 26 Anm. 10; 118, 120 f., 146, 150; A. SCHLATTER, Lk 402 z. St. und BILL. II 247 ff. Zum exklusiven *min* vgl. J. WELLHAUSEN, Einl. 21; M. BLACK, Appr. / Mspr. 117. S. noch SifBam § 95 (zu 11,24—26 ⟨Kuhn 256 Anm. 29⟩): Gott sprach zu den 70 Ältesten: »Ihr habt euch erniedrigt; ich werde euch erhöhen mehr als sie alle« (vgl. ebd. S. 696).

[238] Zur Überredung vgl. M. POHLENZ, Hell. Mensch 39: »Die πίστις aber, mit der die Christen ihren auf die Offenbarung gegründeten Glauben bezeichnen, ist für den Hellenen immer ein Fürwahrhalten, das sich auf ›Überredung‹, nicht auf Belehrung und klare Erkenntnis verläßt«. — Der Vf. des Gleichnisses gehörte kaum einer hellenistischen Rhetorenschule an.

[239] Vgl. J. JEREMIAS, Theologie I 242: »Jesus (rechtfertigt) sein Verhalten mit Gottes Verhalten; er handelt gleichsam als Gottes Stellvertreter.« S. auch P. STUHLMACHER, GG 245. — Zum λέγω ὑμῖν vgl. J. JEREMIAS, Tradition 182 (zu V. 7).

[240] M. N. EBERTZ, Charisma 256.

[241] Theologie I 122 f.

des 1. Jahrhunderts historisch verblaßt, wie auch Mattäus durch Veränderung der Formel Lk 7,34 Q anzeigt. Jesus stellt sich in Lk 18,10—14a als messianisch bevollmächtigter Bote dar, der Gottes Barmherzigkeit als Zeichen der anbrechenden Gottesherrschaft dem zusagt, der sich auf diese allein einläßt.

## 7.8 Eine alte Erzählung von Jesu Verhalten gegenüber einem τελώνης (Lk 19,1—10)[242]

Die Erzählung von Zachäus aus dem Sondergut des Lukasevangeliums scheint in V. 8 einen »moralisierende(n) Zusatz des Lk«[243] und in V. 10 ein angehängtes Logion zu haben (vgl. Lk 9,56a; Mt 18,11)[244]. Die Einfügung von V. 8 in V. 1—9 als »eine Szene einheitlicher Konzeption«[245] deutet nach E. Arens auf eine Lukas vorliegende schriftliche Quelle hin[246]. A. Schlatter dagegen weist V. 1—10 insgesamt der Lukas vorliegenden Quelle zu, die hier alle ihre Merkmale zeige. Den »Jubel der Vergebung, die Verdammung des eigensüchtig verwalteten Besitzes, die Erfüllung des Jesus suchenden Glaubens, die Verheißung für die Gebenden«[247].

E. Arens erneuerte die Sicht R. Bultmanns, V. 8 und V. 10 seien von RLk der Geschichte zugefügt worden[248]. Der ursprüngliche Schluß sei nach V. 7 in V. 9b zu finden. E. Arens nennt dabei an Gründen: V. 8 unterbreche den Erzählfluß. Die Antwort Jesu in V. 9 erfolge nicht wegen der Aussage des Zachäus in V. 8, sondern wegen Jesu Eintritt in die Haus des Zachäus. V. 9 richte sich nicht an Zachäus, sondern an seine Kritiker. Die Wiedergutmachungsaussage des Zachäus käme völlig unerwartet. Jesus werde in V. 8 als χύριος angeredet. Schließlich entspräche V. 8 mit seinem ethischen Thema nicht dem soteriologischen Schluß. »It has a didactic purpose in mind«[249].

Weiterhin meint E. Arens, V. 9 sei nur in dem Wort über Zachäus als Sohn Abrahams ursprünglich[250].

---

[242] Vgl. R. Bultmann, GST 33f., 164 mit Erg.H.; E. Schweizer, Sonderquelle; N. M. Watson, Zacchaeus; A. P. Salom, Zacchaeus; A. M. Cocagnac, Zachée; J. Jeremias, Theologie I 48f., 210f., 214f.; K. Löning, Platz; W. P. Loewe, Interpretation; E. Arens, Sayings 161ff.; F. W. Hobbie, Luke; W. Vogels, Analysis; J. O'Hanlon, Story; H. R. Graham, Rich Man.

[243] H. Braun, Radikalismus II 27 Anm. 1.

[244] Vgl. E. Arens, Sayings 166—180 und R. Bultmann, GST 34; anders E. Klostermann, Lk 184.

[245] R. Bultmann, GST 34, vgl. 33f.

[246] Sayings 163; s. auch u. Anm. 257, 258.

[247] Lk 403; vgl. E. Arens, Sayings 162.

[248] Sayings 161ff.; R. Bultmann, GST 33f.

[249] Sayings 164 (mit Anm. 16).

[250] Ebd. 164—166.

Zu V. 10 führt er aus, dies sei ein nachösterliches Logion, das ursprünglich selbständig war und durch καὶ σῶσαι aufgefüllt wurde. Die Tendenz entspräche urchristlicher Gemeindetradition und sei in der Ich-Form (ἦλθον ζητῆσαι τὸ ἀπολωλός) ipsissima vox (nicht verba) Jesu[251].

Die Darstellung von Arens kann vor allem die Schwierigkeiten von V. 9a lösen. Weiterhin scheinen die neue Satzkonstruktion in V. 8 und der κύριος-Titel + Artikel seine Ergebnisse zu bestätigen. Allerdings fällt im Zusammenhang weiterer SLk-Stücke auf, daß die hier vorausgesetzte Quellenbearbeitung sowie die Quellenerweiterung kaum in der angegebenen Weise beschrieben werden können.

In SLk 7,13; 13,15 und 5,8; 9,54; 18,41 finden wir ὁ κύριος/κύριε. Eine sehr enge Parallele zu SLk 19,8 begegnet in SLk 10,39 f. (ὁ κύριος, κύριε)[252].

In SLk 9,54 f.; 10,40 f.; 13,14; 17,17 — vgl. 5,3.8; 18,40 — erscheint mitten in der Erzählung, die wie 19,1 ff. vorwiegend mit καὶ ... καί durchgeführt wird, an einem Wendepunkt der Geschichte Part. Aor. + δὲ + εἶπεν o. ä.[253].

Weitere Einzelheiten wie unbetontes καὶ αὐτός (7,12; 14,1; 1,12)[254], καὶ ὡς[255] sowie υἱὸς/θυγάτηρ Ἀβραάμ (13,16) und anderes mehr[256] weisen darauf hin, daß in SLk 19,1–10 weder V. 8 von RLk eingeschoben noch V. 10 später von ihm angehängt sein müssen.

Dies bedeutet nichts anderes, als daß mit einem durchgehenden Text — einer bearbeiteten[257] Quelle[258] — gerechnet werden muß. Auf diese »hebraisierende« Quelle wies ausdrücklich E. Schweizer hin[259]. Neben den von ihm hierzu genannten Aspekten ist zusätzlich der Gebrauch von ἀρχιτελώνης anzuführen.

---

[251] Ebd. 166 ff., 172, 174, 175 f.

[252] S. dazu J. C. HAWKINS, Horae 43; E. KLOSTERMANN, Lk 88 (zu 7,13) und H. SCHÜRMANN, TU 224 f. sowie J. O'HANLON, Story, der allerdings SLk ausblendet.

[253] S. zu σταθείς o. Anm. 218.

[254] Vgl. J. C. HAWKINS, Horae 41 sowie M. BLACK, Appr./Mspr. 83; H. SCHÜRMANN, TU 223 f.; J. JEREMIAS, Tradition 175 (zu V. 14).

[255] Vgl. J. C. HAWKINS, Horae 49 f.

[256] Zu καλούμενος und ὀνόματι vgl. ebd. 42, 44. Zu ἡλικία vgl. G. SCHWARZ, BN 8 (1979) 23 f. Nach ihm war »die Urfassung der Perikope aramäisch« (ebd. 24 Anm. 12).

[257] Vgl. neben E. ARENS, Sayings 163 (»The great number of Lkan terms and expressions make it extremely difficult to recover the text of his source«) zu πρός τινα (V. 5.8.9): J. C. HAWKINS, Horae 45 f. (sowie u. mit Anm. 284); zu σήμερον (V. 5.9): H. SCHÜRMANN, TU 267; zu χαίρων (V. 6): J. C. HAWKINS, ebd. 49; J. JEREMIAS, Tradition 183 f.; zu τὰ ὑπάρχοντα (V. 8): H.-J. DEGENHARDT, Lk 73; zu εἶπεν δέ (V. 9): J. C. HAWKINS, ebd. 39; J. JEREMIAS, Tradition 180, 187; zu οἶκος (V. 9): J. C. HAWKINS, ebd. 44 und zu σῴζειν (V. 10): H.-J. DEGENHARDT, Lk 151.

[258] Vgl. M. BLACK, Appr./Mspr. 116 (zu ἔμπροσθεν, V. 4); H.-J. DEGENHARDT, Lk 51 f. (zu πλούσιος, V. 2); E. ARENS, Sayings 163; J. JEREMIAS, Theologie I 16 mit Anm. 18. — Zur Lit. s. M. RESE, Lukas-Evangelium 2320 (Nr. 3).

[259] Sonderquelle 168.

In der Profangräzität ist ἀρχιτελώνης bisher nicht belegt, nach E. Klostermann nur zufällig nicht[260]. F. Vittinghoff spricht deshalb zu Recht von einer unklaren Stellung der ἀρχιτελῶναι in Judäa[261]. Das gelegentlich im Zusammenhang mit ἀρχιτελώνης erwähnte Wort τελωνάρχης bzw. τελωναρχεῖν läßt sich vor dem 4./5. Jahrhundert n. Chr. nicht belegen, die ältesten profanen Belege sind drei Papyri aus dem 6. und 7. Jahrhundert n. Chr., der älteste christliche Beleg ist etwa um 400 n. Chr. zu datieren[262]. Eine Neuschöpfung des Lukas zu Steigerung, zur Darstellung »of the culminating, paradigmatic character of the pericope« dürfte kaum anzunehmen sein[263], nicht nur deshalb, weil sich Lukas sonst nicht sprachschöpferisch betätigte. Als hebräisches Äquivalent sah man gelegentlich *mokhes gadol* in bShab 78b an[264]. M. I. Rostovtzeff vermutet hinter ἀρχιτελώνης den ἀρχώνης, den Vorsteher einer Pachtgesellschaft[265]. Es dürfte in Lk 19,2 in der Tat der ›Vorsteher einer Pachtgesellschaft‹ gemeint sein, auch wenn ἀρχιτελώνης nicht unbesehen mit ἀρχώνης sprachlich gleichgesetzt werden kann. Ἀρχιτελώνης kann am besten als genaue Übersetzung von *rav mokhes* verstanden werden[266]. Hierbei drückt ἀρχι – bzw. *rav* nicht eine Spitzenstellung, sondern eine kollegiale Stellung aus[267]. *Rav mokhes,* wörtlich übersetzt mit ἀρχιτελώνης, ist primus inter pares, und entspricht durchaus dem aus der hellenistischen Pacht bekannten ἀρχώνης.

Wir erhalten demnach ein zweifaches Zwischenergebnis. Einerseits liegt in Lk 19,1–10 eine »hebraisierende« Quelle vor, andererseits lassen sich in der Perikope Anzeichen von Überarbeitung erkennen, die für SLk häufiger feststellbar sind. Die Frage, wie weit die hebraisierende Quelle reicht, läßt sich

---

[260] Lk 184: »die vielleicht nur zufällig nicht belegte Würde eines ἀρχιτελώνης«.

[261] Art. Portorium Sp. 389,33 f., vgl. W. SCHWAHN, Art. Tributum Sp. 47,35 ff.

[262] Vgl. SB VI 9525,20 (6. Jh. n. Chr., Faijum); Stud.Pal. III 82,1.6 (6. Jh. n. Chr., Arsinoe); P.Got. 14,2 (7. Jh. n. Chr., Ort unbekannt). – Ps.Cyrill. MPG 77,1073B/ 1074A, vgl. Orig. in Luc.hom. 23,960 f. (ὁ ἄρχων τοῦ τελωνίου / princeps telonii ⟨vgl. o. 6.5.5.4 mit Anm. 243⟩).

[263] W. P. LOEWE, Interpretation 331, vgl. M. VÖLKEL, Freund 10.

[264] So z. B. LEYRER, Art. Zoll 653; vgl. noch L. GOLDSCHMID, Impôts 202 Anm. 3; 216: *resh ha-mokhsin*.

[265] Staatspacht 480 Anm. 323.

[266] Vgl. E. WEIDNER, Die Feldzüge und Bauten Tiglatpilesers I. AfO 18 (1941) 344 Z. 51: »... der Vorsteher der Zolleinnehmer« (rab ma-ki-si[meš]); BerR 50,3 (32a) ed. Wilna (im Text); ed. Th.-A. II 519 Z. 5 (als v. l.); GL II 26 (Lidzb. 552,1.21); III 45 (Lidzb. 121,22) und G. WIDENGREN, Mesopotamian Elements 93. Vgl. noch A. R. BELLINGER / C. B. WELLES, Contract 137 f. und F. M. HEICHELHEIM, R.S. 239 mit Anm. 43.

[267] Vgl. akk. *rab-šāqū* (Obermundschenk, so H. ZIMMERN, Fremdwörter 6 s. v.) und οἰνοχόος (Jos.Ant. 14,333). S. auch W. RUDOLPH, Jeremia (HAT I 12), Tübingen 1968, 245 (zu 39,3 Buchst. f). – Neben ›princeps publicanorum‹ (Vulgata und z. B. Ambr.Lk VIII 86) begegnet ›maior publicanorum‹, z. B. AU Ps 75,9,28 (1043); s. 113,3 (649); s Lam 1,1 (105A,1), (103,84); s Lam 5 (107A), (274,104); vg 36 (277,3); QU s 3,4 (122, 229) (Belege von Herrn Dr. I. Peri, Beuron).

kaum durch ein Reduktionsverfahren (vgl. R. Bultmann / E. Arens) klären.
Dies gilt auch dann, wenn erkannt wird, daß es gegen Schluß der Erzählung
immer »theologischer« wird (vgl. ›Achtergewicht‹). Darauf läuft offensichtlich die ganze Darstellung spätestens mit V. 3 hinaus[268]. Uns stellt sich die
Aufgabe, den Text erneut durchzugehen.

Eine doppelte Bewegung — Jesu Durchzug durch die ›Jericho‹ genannte
Stadt und die Absicht des Zachäus, Jesus zu sehen — liegen der Erzählung zugrunde. Von seinen Mitbürgern scheint Zachäus nicht sonderlich geachtet
worden zu sein, wie A. Schlatter feststellt[269]. Sie hätten ihm sonst kaum den
Weg versperrt. Das Interesse des Zachäus an Jesus wird stark herausgestellt
(V. 4); ebenso das Interesse Jesu an dem »sündigen Menschen« (V. 5, vgl. δεῖ).
Wenn alle (πάντες V. 7) murren, dann dürfte dies weniger darauf hinweisen,
daß eben ein Abgabenpächter bei seinen Mitbürgern religiös oder sozial prinzipiell verhaßt war, vielmehr kann πᾶς als eine für Lukas gebräuchliche Wendung verstanden werden[270].

Die Begegnung mit Jesus ändert das Verhalten und die Einstellung des Za-
chäus. »Moralisierend« kann V. 8 nicht genannt werden (vgl. SLk 3,12—14).
Die vierfache Wiedergutmachung des Zachäus bedarf einer grundsätzlichen
Klärung[271]:

> U. Wilcken bemerkt zu P.Rev. 11 (259 v. Chr., Ägypten)[272]: »Nach Rev.-P. 11
> stand diesem Personal das Recht der Steuereintreibung (πράσσειν) zu (ebenso wie
> dem Pächter selbst ...), doch mußten sie über jede πρᾶξις dem ἀντιγραφεύς berich-
> ten, widrigenfalls sie das Fünfzigfache des nicht Gemeldeten an die königliche Kasse
> zu zahlen hatten. Derselben hohen Strafe verfiel andererseits der ἀντιγραφεύς,
> wenn er über einen ihm angezeigten Steuereingang nicht an den Oikonomos und
> seinen ἀντιγραφεύς berichtet hatte«.

> Aus dem Jahr 203/2 v. Chr. stammt UPZ I 112 (o. 5.6.1.10). In Kol. VIII Z. 15
> wird eine sehr harte Strafe genannt: »Wenn aber bei irgendwelchen (Steuern) ein
> Aushang nicht erfolgt ist, und (der Oikonom und der königliche Schreiber) dem
> Dioiketen und dem Epimeleten nicht sofort Bericht erstattet haben, so wird für je-
> des Höchstgebot (sc. das sie nicht ausgehängt haben und über das sie nicht berichtet
> haben) der fünffache Betrag der zu verpachtenden Steuer von ihnen eingetrieben
> werden.«[273] In seinem Kommentar schreibt U. Wilcken z.St.: »Die Strafe, die hier

---

[268]  Vgl. W. VOGELS, Analysis 486 ff.

[269]  Lk 403.

[270]  Vgl. J. C. HAWKINS, Horae 45; F. CHRIST, Jesus Sophia 79 mit Anm. 286; J. JERE-
MIAS, Tradition 185 (»Lukas hat eine Vorliebe für Wendungen mit πᾶς«), gegen M.
VÖLKEL, Freund 10.

[271]  Grundlegend R. DÜLL, Wertersatz. — Zu L. SCHOTTROFF, Hoffnung 19 f. vgl.
Dig. 39,4,1 (in duplum / in simplum), s. dazu 34,4,1,3 (mitius) und 39,4,9,5 (per vim
vero extortum cum poena tripli restituitur). — S. noch B. JANOWSKI, Auslösung ver-
wirkten Lebens. ZThK 79 (1982) 27 f.

[272]  Grundz. 184 f., vgl. M. I. ROSTOVTZEFF, Staatspacht 344 mit Anm. 19.

[273]  Übers. nach U. WILCKEN, UPZ I 509 (zu Nr. 112 VIII 15 ff.). — Vgl. auch P.Hib.
I 29 (= W.Chr. 259 ⟨o. 5.6.1.3⟩).

dem Oikonom und dem königlichen Schreiber angedroht wird, ist eine außerordentlich hohe: das Fünffache der gesamten Steuer!«[274]

Bei Unterschlagung (bzw. Bestechung) muß nach Aristoteles der Verurteilte zehnfachen Ersatz (bzw. Strafe) leisten[275]. Der Präfekt von Ägypten Cn. Vergilius Capito gab im Jahr 49 n. Chr. ein Edikt heraus, das Amtspersonen bei Erpressung ebenfalls zehnfache Strafe androht[276]:

»Und nun habe ich . . . erfahren, daß (Amts)personen ohne Furcht zu ihrem Nutzen Erpressung begehen, und daß Gelder gleichsam als geschuldete Leistungen für ihren Aufwand (Z. 20) und ihre Bewirtung aufgebracht werden, obwohl es solche Leistungen nicht gibt und nicht geben darf, und daß gleichfalls Leistungen erbracht werden unter dem Vorwand ›Transport‹. Daher erteile ich den Befehl, daß Soldaten, Reiter, Polizisten, Centurionen, Tribunen und alle übrigen Personen, die durch die Gaue reisen, nichts beschlagnahmen noch Transportleistungen fordern, sofern sie nicht (Z. 25) Diplome von mir haben; nur diese Durchreisenden sollen gastlich aufgenommen werden, und niemand darf Leistungen fordern über die hinaus, die von Maximus aufgestellt wurden. Aber falls jemand etwas zahlt oder eine Zahlung gleichsam als gegeben rechnet und sie von Staats wegen eintreibt, dann werde ich von dem Täter das Zehnfache einziehen von dem, was er aus dem Gau erpreßt hat, und ich werde dem, der es zur Anzeige bringt, (Z. 30) den vierfachen Teil von dem Vermögen des Verurteilten geben.«

Cicero erwähnt für Sizilien unter Verres eine Klage auf das Achtfache, wenn ein Zehntpächter mehr einzog, als ihm zustand (Edictum de iudicio in octoplum, Cic. Verr. II 3,26, vgl. 28.34), und eine Klage auf vierfachen Ersatz (ebd. 34.70).

Cato[277] überliefert die Bestimmung aus dem Zwölftafelgesetz VIII 18b: Maiores – in legibus posiuerunt furem dupli condemnari, feneratorem quadrupli.

Der römische Rechtsgelehrte Iulius Paulus berichtet von dreifachem Ersatz (Dig. 39,4,9,5: per vim vero extortum cum poena tripli restituitur); wird Klage gegen die publicani erhoben, müssen diese gegebenenfalls doppelten oder – nach Jahresfrist – einfachen Ersatz leisten (Praetor ait: ›Quod publicanus eius publici nomine vi ademerit quodve familia publicanorum, si id restitutum non erit, in duplum aut, si post annum agetur, in simplum iudicium dabo‹)[278].

Nach SifBam § 4[279] soll unrechtmäßig erworbenes Gut nach dem Tod des eigentlichen Besitzers mit einem Fünftel Aufschlag und einem Schuldopfer den Priestern gezahlt werden.

Eine Dirne gab nach SifBam § 115[280] den dritten Teil ihres Vermögens der römischen Regierung, den dritten Teil den Armen ('aniim), ein Drittel behielt sie für sich.

---

[274] Ebd. 519.
[275] Ath. pol. 54,2.
[276] OGIS 665 (= IGR I 1262 = Smallwood I Nr. 382). Die Übers. folgt H. Freis (HIRK 36), S. 64. – Zur Denunziation s. P. Hib. I 29 (s. o. Anm. 273).
[277] De r. r. praef. (= FIR I² S. 61).
[278] Ulpian, Dig. 39,4,1.
[279] Zu 5,8 (Kuhn 20 mit Anm. 4).
[280] Zu 15,41 (Kuhn 355).

Cicero schrieb an Atticus aus Laodikeia im Jahr 50 v. Chr. (Att. 6,2,5): »in den Gemeinden stieß ich auf riesige Unterschlagungen durch die Griechen selbst, Unterschlagungen, die ihre eigenen Beamten gemacht hatten. Ich nahm mir selbst die Leute vor, die in den letzten zehn Jahren ein Amt geführt hatten. Sie gaben es offen zu und brachten somit ohne sich beschämt zu fühlen der Bevölkerung eigenhändig ihr Geld wieder.«[281]

Diese letzte Stelle zeigt deutlich, wie sachfremd die Feststellung zu werten ist, Zachäus habe nur schwer wissen können, wen er überhaupt betrogen habe[282]. Insgesamt fügt sich Lk 19,8 inhaltlich und formal gut in den Aufbau der Erzählung ein.

Die Verse 9f. führen die doppelte Bewegung von V. 1–6, die in V. 7 in ihrer Brisanz artikuliert und in V. 8 mit Hilfe der persönlichen Aussage des Zachäus weitergeführt wird, zu einem Abschluß, der nicht nur an Zachäus, sondern vor allem an seine Kritiker gerichtet ist.

Üblicherweise wird in V. 9a übersetzt: ›Jesus sagte zu ihm ...‹. Εἶπεν πρὸς αὐτόν kommt nochmals in V. 5 (vgl. V. 8) vor, und hier ist in der angegebenen Weise zu übersetzen. In V. 9a richtet sich allerdings die Aussage Jesu an die Kritiker des Zachäus (vgl. τούτῳ und καὶ αὐτός). Text- und literarkritische Folgerungen (vgl. E. Arens) sollten erst dann gezogen werden, wenn sich keine andere Verstehensmöglichkeit bietet. Nun kann aber πρός + Akk., wie allein schon ein Blick in W. Bauers Wörterbuch zeigt, »im Hinblick auf«, »mit Rücksicht auf« bedeuten[283]. Die deutlichste Parallele zu Lk 19,9 dürfte Mk 12,12 (= Lk 20,19, vgl. 12,41) sein (»sie erkannten, daß er im Hinblick auf sie das Gleichnis gesprochen hatte«[284].

Wenn deshalb Lk 19,9a übersetzt wird: »Jesus aber sagte im Hinblick auf ihn (sc. Zachäus): heute ...«, erhält die Erzählung einen geschlossenen Zusammenhang. Darüberhinaus paßt diese Übersetzung gut zur inneren Argumentation von V. 9.

In V. 9f. kommt somit die Sendung Jesu als Sendung zu Israel zum Ausdruck. V. 9b unterstreicht dies durch den Hinweis auf die Sohnschaft Abrahams[285], V. 10 durch das Ezechiel-Zitat. »Das ἦλθον-Wort (steht) am Schluß eines Apophthegmas und begründet das besondere Verhalten Jesu. Der Struktur nach ist das ἦλθον-Wort ... Legitimationsausweis des Boten, der Gehor-

---

[281] Übers. folgt H. Kasten, München ²1976, 355, vgl. noch Cic.Flacc. 20.

[282] Vgl. Bill. II 248 (250f.; I 1029 zu Mt 27,7 ⟨bBes 29a⟩); L. Goldschmid, Impôts 327 Anm. 41; J. Jeremias, Jerusalem 345f. und R. Düll, Wertersatz 216f. – tBQ 10,14 (Z. 367) steht in jedem Fall in Spannung zu Cic.Att. 6,2,5. Die Kombination bei Bill. II 248 mit tBM 8,26 (Z. 390) scheint allerdings nahezuliegen. S. insgesamt o. 6.4.3.5.

[283] Wb. 1423 s. v. 5a.

[284] Gegen R. Bultmann, GST 33: »Das πρὸς αὐτόν V. 9 kann nicht heißen: ›mit Bezug auf ihn‹, sondern nur ›zu ihm‹.« Warum? – Vgl. noch E. Mayser, Grammatik II 2,2,505f., Nr. 6.

[285] Merkwürdig J. O'Hanlon, Story 7 (ff.).

sam für seine Botschaft verlangt bzw. sein Verhalten als im Einklang mit seinem Auftrag befindlich erklärt.«[286] Die Erzählung spiegelt demnach — ebenso wie die Formel Lk 7,34d (Q) und das Gleichnis Lk 18,10—14a — die beanstandete Stellung Jesu zum Zöllner wider.

Wenn V. 8 zur ursprünglichen Geschichte dazugehört, erhalten V. 9 f. (σωτηρία / σῶσαι) nicht mehr den Anschein der »radikalen Gnade« — die auch in den übrigen Zöllner-Texten nicht vorausgesetzt werden kann —, vielmehr ist hier von der ›umfassenden Gnade‹ zu sprechen[287]. Die Rettung[288] in V. 9a korrespondiert mit der Rettung in V. 10 (»Rettung erfahren«), schließt aber zugleich auch eine neue ethische Orientierung (vgl. V. 8) ein. Der Ausdruck »Menschensohn« steht ebenfalls wie Lk 7,34a (Q) in dem ἦλθον-Wort (vgl. Mk 2,17c) und ist wohl, da beidesmal dem *bar 'enash* ein korrespondierender Name (Johannes der Täufer ⟨7,33a⟩; Jesus ⟨19,9⟩) vorausgeht, mit »ich« zu erklären[289]. An einen Titel und somit an sekundäre Gestaltung zu denken bietet sich keine Veranlassung.

---

[286] J. Bühner, Der Gesandte und sein Weg im 4. Evangelium (WUNT II 2), Tübingen 1977, 147, vgl. 145, 151. S. noch L. Schottroff, Hoffnung 162 Anm. 12.

[287] Vgl. Lev 5,26b: *kol* / »alles«. — Ἐγένετο (V. 9) nach J. Jeremias, Theologie I 21 als pass. div. — Gegen R. Bultmann, GST 59: »Lk 19,1—10 tröstet den trostbedürftigen Sünder«, vgl. noch J. Jeremias, ebd. I 55 Anm. 20; 173. — E. Stauffer, Jesus 94 (mit Anm. 750—753), deutet die ›vido forte‹ in auffälliger Einseitigkeit; wenn die *mokhsin* »Thoraverächter« gewesen sein sollen, dann wird hier einzig pharisäische Stigmatisierung reformuliert.

[288] Vgl. C. Westermann, Schöpfung (ThTh 12). Stuttgart / Berlin 1983, 164 f.; ders., Theologie des Alten Testaments in Grundzügen (GAT 6). Göttingen 1978, 33 (ff.).

[289] Vgl. R. Leivestad, Jesus (mit Lit. S. 257 ff.); H. Bietenhard, Menschensohn (mit Lit. S. 346 ff.); G. Schwarz, Jesus 216 (mit Lit. S. 333 ff.).

## 8. Δικαιοῦν τὸν θεόν – Gott Recht geben.
## Zusammenfassung der Synoptiker-Exegese

Die synoptischen Texte über die τελῶναι gehören traditionsgeschichtlich nicht alle ein und derselben Stufe an. Sehr wahrscheinlich ist zur ältesten Schicht zu rechnen das Gleichnis vom Pharisäer und Zöllner (SLk 18,10–14a), das Q-Stück Lk 7,31–35par sowie das letzterem strukturell ähnliche Gleichnis von den ungleichen Söhnen (Mt 21,28–32b). In sachlich größter Nähe zu diesen ältesten Zeugnissen steht SLk 19,1–10, eine alte, palästinische Erzählung von Jesu Umgang mit einem τελώνης und der Rechtfertigung seiner Sendung. In dem (vormarkinischen?) »Streitgespräch« Mk 2,14–17parr sind die Formel (»Freund der sündigen Zöllner«) und das ἦλθον-Wort in einer jüngeren, weil argumentierenden, insgesamt reflektierteren Komposition zusammengestellt.

### 8.1 Die theologische Darstellung der τελῶναι
### in der synoptischen Tradition

Markus kann durch seine Komposition (Schema-Konflikt-weisheitliche Antworten) in komprimierter Weise verschiedene Gesichtspunkte der »Jesus-Tradition sachgemäß wiedergeben«[1]; im einzelnen wäre zu nennen:

– Aufnahme eines *mokhes* in den Jüngerkreis,
– Tischgemeinschaft mit *mokhsin,* damit Gemeinschaft »vor Gott und *mit Gott*«, »Gewährung und Zueignung der Vergebung Gottes«, »Vorweggabe des eschatologischen Mahles in der Königsherrschaft Gottes«[2],
– schärfste Kontroverse mit pharisäischen Schriftgelehrten,
– Aufruf zum Abfall von Jesus,
– Versuch der Spaltung des Jüngerkreises,
– Stigmatisierung Jesu als dem »außer Kontrolle geratene(n) Sohn, als jemand(em), der dem Teufel des Aufruhrs verfallen war« (vgl. Dt 21,20)[3],
– Aufnahme von volkstümlicher, kynisch geprägter Jesus-Tradition,

---

[1] M. Hengel, Probleme 225, s. o. Kap. 7 Anm. 58.
[2] O. Hofius, Tischgemeinschaft 11.20, s. o. Kap. 7 Anm. 62, 63.
[3] D. Daube, Testament 23, s. o. 7.5.1 mit Anm. 143, 144.

– Hinweis auf prophetische Sendung,
– Aufnahme von Weisheits-Tradition.

So stellt *Markus* mit Hilfe dieser Komposition souverän[4] einerseits die messianische Vollmacht Jesu dar, andererseits den grundsätzlichen Konflikt Jesu mit »einer ›auf die Leitung des Volksganzen gerichteten‹ religiös virtuosen Minderheit«[5] und weist schließlich auf die in Galiläa beginnende, in Jerusalem endgültig durchgeführte Verneinung Jesu hin. *Lukas* gibt sein Traditionsgut in 18,10–14a (vgl. 3,12–14) ohne erkennbare Bearbeitung, in 7,31–35 (Q) mit wenigen Ergänzungen bzw. Veränderungen wieder (vgl. 5,27–32), allerdings setzt er seine Akzente in der Rahmung (7,29f.; 18,9.14b) bzw. überarbeitet die Erzählung 19,1–10. Ebenfalls der redaktionellen Tätigkeit entstammt 15,1, faßt aber sachlich zutreffend die theologischen Aussagen von Kap. 15 zusammen. Lukas ist allerdings hier wie in 5,32 eher am Sünder-Begriff interessiert. *Mattäus* unterstreicht Jesu messianische Sendung, wenn er in 10,3 einen τελώνης in den engsten Jüngerkreis berufen sein läßt. Andererseits zeigen 5,46f. und 18,17 ein durch Umkehr *und* Berufsaufgabe bestimmtes, pharisäisch beeinflußtes Verständnis des Zöllners. Aber hier wie auch durch die Einfügung von 9,13a[6] hat es den Anschein, daß Mattäus um pharisäisch eingestellte Menschen wirbt.

Die synoptischen Zöllner-Texte weisen unterschiedlichste Formen auf (Gleichnis, Streitgespräch usw., s. o. 7.). Dies deutet auf eine ursprünglich viel umfassendere Überlieferung hin. Die frühe Kirche (s. o. 6.5.5) interessiert sich dagegen überraschenderweise nicht für die Zöllner, die eine so außerordentlich bedeutsame Rolle für das Schicksal Jesu spielten. Dies bestätigt, daß es sich in der ältesten Schicht der Zöllner-Texte keineswegs um die spätere Diskussion ›der Gemeinde‹ handeln kann. Vielmehr repräsentieren diese Texte noch einigemaßen gut herausschälbares historisches ›Urgestein‹.

Diese Aussage steht allerdings keineswegs im Konsens mit der gegenwärtigen Forschung. Aus formgeschichtlichen Gründen wird nach Trägerkreisen für die Überlieferung gesucht[7]. Die bisher vorgelegten Ergebnisse sind aller-

---

[4] Vgl. J. A. KLEIST, Gospel 108: »we notice great diversity of structure coupled with great simplicity.« »Here everything is simple, direct, graphic, and intensely interesting to the speaker.« Vgl. ebd. 110: »The result ... is admirable: our Lord's dictum is placed before us in an unforgettable form.«

[5] M. N. EBERTZ, Charisma 222 (s. o. Exkurs zu 7.1).

[6] Vgl. J. NEUSNER, PuTJdt 29, der auf ARN 4 A – in ANR 4,2 A wird Hos 6,6 behandelt – hinweist.

[7] Vgl. K. BERGER, Exegese § 32 (S. 220ff.); § 33 (S. 226ff.) sowie o. Kap. 7 Anm. 48. S. auch M. RESE, Lukas-Evangelium 2288 (ff.). – Wenn in der Formgeschichte methodisch absichtlich nach dem Sitz im Leben einer *Gemeinschaft* gefragt wird, kann nicht erwartet werden, daß die formgeschichtliche Arbeit Ergebnisse zum ›historischen‹ Jesus zeitigt.

dings wenig vertrauensfördernd[8]. Weiterhin kommt der redaktionsgeschicht-
lichen Analyse ein sehr hoher Stellenwert zu. So sollen beispielsweise die drei
Verben in Lk 3,14b die »Situation« »des Friedens, genau die des römischen
Reiches zur Zeit des Evangelisten« beschreiben[9], also die Situation etwa in den
Jahren 80–90[10], was nur als überzogene Deutung verstanden werden kann.
Als ein Schibbolet für die Exegese erweist sich die Frage, ob Lk 7,33 f. ⟨Q⟩
»Deutung« »urchristlicher Propheten« ist bzw. der jüngeren Q-Schicht ange-
hört[11], oder ob von hier aus das Gleichnis Lk 7,32 in engster, ursprünglicher
Beziehung steht. Da in V. 33c und V. 34c.d ausdrücklich Fremdmeinungen zi-
tiert werden, die nicht anders als aktuelle Vorwürfe verstanden werden können (›sie sagen …‹), führt sich das Konstrukt ›urchristlicher Propheten‹ selbst
ad absurdum. Die ›kritische‹[12] Forschung schlägt aber offenbar lieber den
Doppelweg eines historischen ›ignoramus‹ und gleichzeitig blühender Phanta-
sie ein[13].

An ›Titeln‹ Jesu begegnen neben dem späteren, präzisierenden ὁ χύριος in
SLk 19,8a nur »Menschensohn« (Lk 7,34c ⟨Q⟩; SLk 19,10). Beidemal ist
»Menschensohn« aber nicht als Titel zu verstehen, sondern kann am besten
mit »ich« übersetzt werden, was in dem ursprünglich aramäischen Kontext
keineswegs auffällig ist. Das Fehlen nachösterlicher Theologumena spricht
vollends dagegen, ›die Gemeinde‹ habe in den Zöllner-Texten ihre Gegen-
wartsprobleme historisierend verarbeitet. Es gibt zugleich keine überzeugenden Gründe für die Annahme von S. Schulz, erst die Mk- und Q-Gemeinden
hätten »die Zöllner und Sünder in Israel in den Gottesbund hereingeholt«, »die
Heimholung der Zöllner und Sünder (sei) der jüngeren Q-Tradition« zuzuweisen und »echte Jesusworte (könnten) nicht in den Q-, Mk und Lk-Sonder-
gut-Traditionen zugleich vorkommen, hier (könne) nur alternativ verfah-

---

[8] Vgl. R. Laufen, Doppelüberlieferung 386 f.: »… Diese Feststellung läßt Skepsis
aufkommen gegenüber einer Zersplitterung der Urkirche in Gemeindebereiche mit unterschiedlichen kerygmatischen Entwürfen« und M. Hengel, Bergpredigt 348: »Die
vielgenannten ›Gemeinden‹ des Mt oder von Q sind Verlegenheitslösungen, die nur unser Nichtwissen kaschieren.« S. noch u. zu S. Schulz.

[9] F. Bovon, Lk 174.

[10] Ebd. 23. S. noch o. Kap. 7 Anm. 129.

[11] Vgl. ebd. 373; S. Schulz, Frage 38 f. (u. Anm. 14); s. auch W. Schenk, Sprache
443.

[12] Vgl. M. Rese, Lukas-Evangelium 2312, der trotz »der wachsenden Produktion in
immer kürzeren Zeiträumen« nur bedingt akzeptable Ergebnisse feststellen kann (s.
auch ebd. 2307). – Vgl. noch F. Belo, Mk 128 f., zur »bürgerlichen Exegese«.

[13] Vgl. M. Rese, Lukas-Evangelium 2307. Es wird »mit Nachdruck gefordert, nun
erst einmal sorgfältig exegetisch zu arbeiten, ehe man weitere systematische Konstruk-
tionen errichtet«. M. Rese zitiert darauf zustimmend W. C. v. Unnik (in: L. E. Keck /
J. L. Martin ⟨Hg.⟩, Studies in Luke-Acts. Nashville / New York 1966, 28): »… *much
work is still ahead of us, particularly in the field of exegesis; I cannot help confessing that the
exegetical basis for many statements in the modern approach to Luke-Acts is often far from con-
vincing, at least highly dubious in my judgment*«.

ren werden«[14]. Vielmehr verweist die Formel ›Freund der sündigen Zöllner‹ in wünschenswerter Deutlichkeit auf die *vor*österliche Beschimpfung — ja Verwerfung — Jesu. Die Traditionen stimmen überein[15]. Weiterhin kann die These, »daß erst Lk den ›idealen‹ Zöllner geschildert ha(be)«[16] als Trugschluß abgelehnt werden, denn nicht »erst« Lukas verweist auf eine Norm, sondern »schon« Q und Markus: pharisäische Schriftgelehrte inkriminieren Jesu Umgang und Tischgemeinschaft mit den Zöllnern, weil sie den Umgang Jesu mit ihnen, der diese nicht nur zur Umkehr und in die Nachfolge führt, sondern auch in eine neue Gottesbeziehung stellt, »als Subversion des jüdischen Symbolfeldes«, empfinden[17]. Es hieße somit die Dinge auf den Kopf stellen, sollte andererseits die Beurteilung des Zöllners, wie er in Mt 5,46f. und 18,17 begegnet, als ursprünglicher, unbestreitbarer Maßstab angenommen werden, den Lukas dann im Blick auf den ›idealen‹ Zöllner umgestaltet habe.

Die Frage, wie die synoptischen Texte den Umgang Jesu mit den Zöllnern beschreiben, läßt sich damit beantworten, daß sie Jesu Sendung zu ganz Israel artikulieren. Es geht darum, ob die pharisäische Halacha allen Juden zur religiösen Norm werden soll. Die Zöllner — und alle anderen, die der pharisäischen Norm nicht entsprechen konnten oder wollten — wären andernfalls aus der Volksgemeinschaft ausgeschlossen. Andererseits warb Jesus um die Zustimmung der Pharisäer zu seiner Botschaft von der basileia, allerdings, wie Lk 18,14a und Mt 21,31b zeigen, mit negativem Ergebnis. Von den τελῶναι aber heißt es: ἐδικαίοσαν τὸν θεόν. Aufgrund der Tradition (vgl. Mt 21,31b.32a.b; Lk 18,14a) und auch rückblickend (vgl. Mt 21,32c/Lk 7,29f.) muß die Frage, ob sich die Pharisäer und deren Gesetzeskundige mit Recht *ṣaddiqim*/δίκαιοι nennen (vgl. Mk 2,17b), negativ entschieden werden.

## 8.2 Überlegungen zum Stellenwert der Zöllner-Texte innerhalb einer neutestamentlichen Theologie

Allgemein werden die Zöllner-Texte in verschiedenen ntl. Theologien im Zusammenhang der »Sünder« abgehandelt. Die Zöllner gelten als Exponenten der Sünder (vgl. z. B. »notorische Sünder«[18]). Wie gezeigt werden konnte, sind die τελῶναι eng mit der Sendung Jesu zu ganz Israel, d. h. zu Pharisäern und Nicht-Pharisäern (= νήπιοι/ʻamme ha-areṣ) verbunden. Die Zöllner sind

---

[14] S. SCHULZ, Frage 38, 39, vgl. L. SCHOTTROFF, Hoffnung 161 Anm. 38, 48.

[15] Vgl. L. SCHOTTROFF, ebd. 49: »markante inhaltliche Kongruenz«.

[16] E. LOHMEYER/W. SCHMAUCH, Mt 148 (zu 5,46), vgl. L. SCHOTTROFF, ebd. 47f. mit Anm. 88 (= 158) und H. MERKEL, Art. τελώνης Sp. 838.

[17] F. BELO, Mk 144, s. noch u. Anm. 31.

[18] S. z. B. J. JEREMIAS, Theologie I 55 (zu Lk 3,12; Mk 2,16), vgl. ebd. 112: »Typus der ἁμαρτωλοί sind in den Evangelien *die Zöllner*«.

deshalb nicht die Exponenten der Sünder, sondern vielmehr der νήπιοι / '*amme ha-areṣ*), sie stehen beispielhaft für den religiösen Gegensatz Pharisäer / Nicht-Pharisäer.

D. Daube zeigt, daß der Vorwurf »Fresser und Weinsäufer, Freund der sündigen Zöllner« (Lk 7,34c.d ⟨Q⟩, vgl. Mk 2,16d) aufgrund von Dt 21,20 strafrechtliche Relevanz beinhalte und den Vorwurf der Besessenheit einschließe[19]. M. N. Ebertz führt diesen Gesichtspunkt weiter und beschreibt den Vorwurf besonders für den Jüngerkreis als eine auf Desintegration angelegte Polemik, die auf den »Zusammenbruch des charismatischen Legitimitätsglaubens« Jesu hinauslaufe[20]. Die Dämonisierung und Kriminalisierung Jesu – und damit die abgrundtiefe Ablehnung und Verneinung Jesu – steht deshalb in engstem Zusammenhang auch mit den τελῶναι. Die Zöllner-Texte geben den Sendungsauftrag Jesu deutlich zu erkennen (vgl. SLk 18,10–14a; s. auch 19,10 und Mk 2,17 sowie Lk 7,34 ⟨Q⟩ und SMt 21,31.32a.b). Sie gehören demnach zu den zentralen Texten einer Darstellung von Jesu Verkündigung und Tun[21].

## 8.3 Bemerkungen zur theologischen Verwendung der Zöllner-Texte

In letzter Zeit wurde es weithin üblich, christlich-soziales Engagement mit dem Hinweis auf Jesu Zuwendung zu den »sozial und religiös Deklassierten« – und das heißt auch und vor allem zu den verachteten τελῶναι – zu begründen. Diese Auslegung erweist sich als konsequente Fortführung der These, die Zöllner seien als ›notorische Sünder‹ aufzufassen. Dadurch war es möglich, das Sünder-Sein des Menschen zu relativieren und sich an Jesu »offenen Lebensformen (Mk 2,13–17)« zu orientieren[22]. Wesentlich weiter führt F. W. Hobbie, der zu Lk 19,1–10 ausführt[23]:

> »The story left in Jericho is relatively harmless, but not so when placed in the life of the twentieth-century church. These words call into question for preacher and

---

[19]  Testament 22 f.

[20]  Charisma 257.

[21]  Vgl. A. Schlatter, Lk 149: Jesus »selbst begegnet dem in die Natur versunkenen Menschen mit der Vollmacht des Vergebens. Das vertieft aber die Kluft, die die Pharisäer von ihm trennt, noch mehr, da sie nichts Höheres kennen als das Gesetz und sich darum der Gnade Jesu widersetzen. Darum vollendet Jesus seine Sendung dadurch, daß er, während Jerusalem fällt und vernichtet werden muß, den zum Zöllner gewordenen Sohn Abrahams und den am Kreuz endenden Empörer rettet ... Das ist der einheitliche, fest gefügte Bericht, durch den dieser Evangelist zeigte, wie aus der Geburtsgeschichte die Kreuzigung Jesu entstand.«

[22]  J. Ernst, JhdT 76. S. auch o. Anm. 18 und Abschn. 7.2.4 mit Anm. 72.

[23]  Luke 289 (Sperrung F.H.).

congregation the mission of the church. They remind us that the reason for our existence is to take our place in the search for all the lost and outcast who are without value or meaning or identity. *Nothing else* the church does may take precedence over this mission to seek the lost and to announce divine mercy. But what is perhaps more disturbing in this scene is its reminder of our loss of the dimension of repentance. We have forgotten what our forefathers called ›fruits of repentance.‹ Calvin described them as ›the duties of piety toward God and of charity toward men, with sanctity and purity in our whole life.‹ *Nothing* needs more reflection in the scene than Zacchaeus' joyful response in spontaneity of gratitude to God ... And what is our response to the divine grace as affluent churches and individuals surrounded by those in need?«

Seine Ausführungen können allerdings nicht unbesehen übernommen werden. Zunächst einmal liegt in dem Satz »to take our place in the search for all the lost and outcast ...« eine Verengung vor, denn tendenziell sind Randgruppen im Blick, nicht alle vor *Gott* Verlorenen. Zachäus kann weiterhin keineswegs als Angehöriger einer sozial niederen Randgruppe in Anspruch genommen werden. Die Reflexion über die Rolle der »affluent churches and individuals« muß als Gedankensprung aufgefaßt werden, denn es geht bei Zachäus gerade nicht um den Gegensatz arm / reich und den ›gerechten Ausgleich‹, sondern um die der Umkehr entsprechende (Berufs-)Ethik. Weiterhin ist der dialektische Aufbau (nothing else / nothing) fragwürdig, denn Jesu Hinwendung zu den religiös Deklassierten entsprang nicht einem ethischen Bedürfnis, sondern ist unausweichliche Folge seiner Sendung – die von Paulus zutreffend im Rahmen des Kreuzesgeschehens als ὑπὲϱ ἡμῶν bezeichnet wird. Die Tischgemeinschaft Jesu mit den Zöllnern steht in engstem Zusammenhang mit der Gemeinschaft »*vor Gott* und *mit Gott*«, mit der »Gewährung und Zueignung der Vergebung Gottes«, mit der »Vorweggabe des eschatologischen Mahles in der Königsherrschaft Gottes«, worauf O. Hofius hinweist[24].

Deshalb muß über F. W. Hobbie hinaus die Dialektik in eine Akzentsetzung umgewandelt werden, was etwa bedeutet: sollen heute in theologisch angemessener Weise die Zöllner-Texte ausgelegt und angewandt werden, so gilt es, das Anliegen Jesu, Menschen zur *Rechtfertigung Gottes* zu führen, aufzunehmen. Dabei transzendiert das ›Gott-Recht-Geben‹ diejenigen Denkweisen, die im engagierten Eintreten für den Nächsten bzw. im befreienden Handeln für den Unterdrückten eine zureichende Beschreibung des christlichen Glaubens sehen.

Weiterhin können den Zöllner-Texten gerade im Hinblick auf sozio-ökonomische Untersuchungen wichtige Hinweise entnommen werden. Bezüglich einer ›materialistischen Bibellektüre‹, die sich souverän[25] nicht nur des soziologischen Instrumentariums bedient, sondern auch die methodischen Grenzen ihres Ansatzes im Auge behält, ließe sich insbesondere bei dem Thema

---

[24]  Tischgemeinschaft 11.20, s. o. Anm. 2 und o. Abschn. 7.2.4 mit Anm. 62, 63.
[25]  Vgl. aber G. THEISSEN, Soziologie 9 Anm. 1. – S. auch folg. Anm.

»Jesus und die Zöllner« eine sinnvolle Förderung der Erkenntnisse vermuten — auch wenn dabei ungeschmälert marxistische Interessen zur Geltung kommen sollten[26]. Allerdings kann das Erdenwirken Jesu nicht einzig und allein auf die Praxis-Ebene verschoben werden. Wenn Jesus die Tischgemeinschaft als gottesdienstliche Handlung handhabt, wenn Wort und Tat Jesu übereinstimmen und deshalb ein Gottesprädikat darstellen (o. 7.2.4), dann muß die Feststellung einer ›impliziten Christologie‹ bzw. eines ›qualifizierten Gottesverhältnisses Jesu‹[27] auch ausdrücklich getroffen werden. Beides läßt sich weder allein auf sozio-ökonomischer noch auf ideologischer Basis (»Klassenkampf«) verrechnen.

Darüberhinaus muß den antiken Quellen über die hellenistischen Kleinpächter (τελῶναι) entnommen werden, daß sie aufgrund ihrer finanziellen Verhältnisse zur gehobenen Mittelschicht oder gar Oberschicht gehörten. Das gesamte diesbezügliche Quellenmaterial macht die Annahme einer ökonomischen Armut unmöglich[28]. Nun aber wird »Armut« auch in übertragenem, unspezifischen Sinn verwendet, nämlich in der Bedeutung »verachtet«, »diskriminiert«[29]. Dieser Sprachgebrauch erscheint überzogen und führt zu Unklarheit, weil »arm« eine ökonomische Bezeichnung darstellt, keine soziologische; in unserem Fall, weil die palästinischen Zöllner zwar soziologisch ›arm‹, nicht aber ökonomisch arm waren. Die gesellschaftliche Beurteilung des τελώνης hatte sehr verschiedene Gründe. Für Palästina muß jedenfalls dem Eindruck gewehrt werden, daß *mokhsin* prinzipiell religiös und sozial diffamiert und stigmatisiert wurden[30]. D. Daube und M. N. Ebertz bestätigen F.

---

[26] S. Vorwort zu M. Clevenot, Bibel 10 (von G. Theißen). — Wenn F. Belo, Mk 305 f., die materialistische Ekklesiologie u. a. von den »theoretischen Begriffe(n) des historischen Materialismus« (306) bestimmt sein läßt, dann ist dies nicht weiter auffällig, denn die »bürgerliche Exegese« hat ebenfalls ihr Vorverständnis (s. ebd. 128 f., vgl. o. Anm. 12). — Wenn er allerdings schreibt: »das Theologische muß von Anfang an in den christlichen Texten am Werk gewesen sein, so daß auch nach den klassenbedingten Veränderungen des Apparates eine bestimmte (schon deformierte) Lektüre weiterbestehen konnte. Aus diesem Grund kann der Widerspruch zwischen Theologischem und Messianischem mit Recht als der zentrale Gegenstand einer materialistischen Ekklesiologie angesehen werden« — und dies mit der ›Konstantinischen Wende‹ begründet (305), dann verläßt er den Boden rationaler Argumentation und flüchtet in eine Irrationalität, die mit Exegese nichts mehr zu tun hat.

[27] Vgl. D. Wiederkehr, Konfrontationen und Integrationen der Christologie, in: Theol. Berichte II, hg. v. F. Furger, Zürich usw. 1973, 24 (ff.), 30 (ff.).

[28] Vgl. M. I. Rostovtzeff, GuW II 10 (o. 7.7 mit Anm. 211).

[29] Vgl. L. Schottroff / H. Stegemann, Hoffnung (o. 1.1.2.4) und H. Braun, Jesus 105: »Die ›Zöllner und Sünder‹, mit denen Jesus umgeht . . ., sind materiell keineswegs arm; im Gegenteil«; ebd. 167: »Dem armen und schuldigen Menschen begegnet hier auf Erden Zuwendung. Jesus steht in der Mitte der Armen und Zöllner und Sünder.«

[30] Vgl. L. Schottroff, Hoffnung 16: »Auch bei den Problemen der Zöllnerverachtung . . . wird sich die Notwendigkeit einer Differenzierung insofern ergeben, als nicht die *gesamte* Bevölkerung dieselben (Vor)Urteile hat.«

Belo, daß Jesu Umgang und Tischgemeinschaft mit *mokhsin* »als Subversion des jüdischen Symbolfeldes« aufgefaßt wurde[31], wobei pharisäische Schriftgelehrte Anspruch auf Normativität erhoben. G. W. Buchanan mag mit seiner Vermutung zu Lk 18,10 ff. Recht haben: »›The Pharisee and Tax Collector‹ were probably *both* wealthy men with different attitudes«[32]. Er verweist damit eher auf eine soziale Rivalität, die sich aufgrund pharisäischen Legitimationsbestrebens als religiöse Stigmatisierung auswirkte (vgl. die Formel ›sündige Zöllner‹) als auf den Klassenkampf — falls ein Interesse daran besteht, verschiedene Tatbestände auch unterschiedlich zu bezeichnen.

Für die theologische Reflexion erhalten wir im Hinblick auf die Zöllner-Texte durchaus eindeutige — wenn auch stets neu zu überprüfende — Ergebnisse. Die in dieser Arbeit vorgetragenen Einsichten entziehen sich durchweg einem (naiven) sozio-ökonomischen Dualismus. Denn die biblische Textwelt[33] sprengt das proletarische bzw. klassen-gegnerische Freund-Feind-Denken (vgl. Mt 5,44—48) und ruft *jeden* dazu auf (vgl. Lk 18,10—14a), Gott Recht und Ehre zu geben. Dies bedeutet, Gemeinde im Namen Jesu Christi zu bilden, in der der ›Zöllner‹ und der ›Pharisäer‹ als gerechtgesprochene Sünder gemeinsam beten und Gott durch gerechtes Tun ehren.

---

[31] F. BELO, Mk 144, vgl. D. DAUBE, Testament 22 f.; M. N. EBERTZ, Charisma 223, 233 ff.

[32] Jesus 205. Sperrung F. H. S. o. Abschn. 7.7 mit Anm. 212.

[33] Vgl. P. RICŒUR, Philosophische und theologische Hermeneutik, in: P. RICŒUR / E. JÜNGEL, Metapher, EvTh Sonderh., München 1974, 32.

# 9. Schlußthesen

Eine Untersuchung des Themas »Jesus und die Zöllner« hat vor allem die Aufgabe, folgende drei Fragestellungen zu behandeln:

- Wer waren die τελῶναι, mit denen Jesus Umgang hatte?
- Wie wurden sie ethisch-religiös beurteilt – und warum *so?*
- Wie ist das Verhältnis Jesu zu den Zöllnern zu beschreiben und welche Konsequenzen ergeben sich daraus für die exegetisch-theologische Arbeit?

Mit der Zusammenfassung in Thesen sollen die in dieser Arbeit an verschiedener Stelle aufgeführten Ergebnisse übersichtlich und leicht zugänglich gemacht und zur Diskussion gestellt werden.

## 9.1 Zur historischen Bestimmung des synoptischen τελώνης

Das gegenwärtige (exegetische) Zöllner-Verständnis ist *geprägt* zum einen durch eine unreflektierte Übernahme wirtschafts- und sprachgeschichtlich überholter Vorstellungen, zum anderen von unzureichender oder völlig fehlender Beachtung des papyrologischen Materials. Dies heißt mit anderen Worten: weder wird die sprachgeschichtliche Entwicklung von τελώνης zu Zöllner bzw. von τέλος zu telonium / toln / Zoll einerseits und die im 18. Jahrhundert erfolgte Ablösung des umfassenden Begriffs »Zoll« durch »Abgabe« / »Steuer« bzw. des Wortes Zöllner durch Steuereinnehmer / Steuerbeamter etc. andererseits beachtet, noch werden die papyrologischen Texte und deren grundlegende Interpretation durch U. Wilcken, M. I. Rostovtzeff und H. C. Youtie sachgemäß aufgenommen ⟨1.1.1; 1.1.2.1; 2.3⟩.

9.1.1 M. Luther bemühte sich um ein historisches Verständnis des synoptischen τελώνης. Er hielt allerdings fälschlicherweise die τελῶναι (in der Vulgata: publicani!) für römische Großsteuerpächter (publicani). Seine Wiedergabe mit »Zöllner« dagegen kann für seine Zeit als zutreffend angesehen werden ⟨2.3.2⟩.

9.1.2 Mit C. Salmasius (1640) wurde die historische Fragestellung weitergeführt und einer kritischen Beurteilung unterworfen. Da die (römischen) publicani gewöhnlich aus dem Ritterstand (ordo equitum) kamen, können die synoptischen τελῶναι (vgl. Mt 10,3; Lk 19,9) keine publicani gewesen sein. Zur Identifizierung diente C. Salmasius das Verachtet- und Verhaßtsein der

römischen portitores einerseits und der jüdisch-palästinischen *mokhsin* / τελῶναι andererseits ⟨1.1.1⟩. Noch Th. Mommsen (1876) bekräftigte diese scho-
lastisch gewordene Sicht, indem er ausdrücklich den (klassisch-)griechischen
τελώνης dem römischen portitor und den römischen publicanus dem griechischen δημοσιώνης gleichsetzte ⟨1.1.1; 4⟩. J. Struckmann, der schon 1750 allein
aufgrund der antiken literarischen Quellen die Kriterien der ›kritischen‹ Forschung anzweifelte, wurde nicht beachtet ⟨1.3⟩; auch M. I. Rostovtzeff kannte
ihn nicht.

9.1.3 Gegen Ende des 19. und zu Beginn des 20. Jahrhunderts wurde das
antike Steuerwesen in vielerlei Hinsicht untersucht. Zwei einschneidende Faktoren müssen berücksichtigt werden:

Zum einen führte E. Schürer (1886) den synoptischen τελώνης als *Grenz-
zöllner* ein; ihm folgte L. Goldschmid. Es fällt dabei auf, daß die Identifizierung des τελώνης mit Grenz-Zöllner unreflektiert im Anschluß an den einge-
schränkten Sprachgebrauch des Wortes Zöllner seit dem 17./18. Jahrhundert
erfolgte ⟨vgl. Exkurs 2.3.2⟩.

Zum anderen brachten die Papyri durch die wegweisenden Forschungen
von U. Wilcken und M. I. Rostovtzeff den für Palästina maßgeblichen historischen Sachverhalt zu Tage. Der synoptische τελώνης findet aufgrund dieses
Materials seine engsten Parallelen nicht mehr in der griechisch-römischen Profanliteratur, sondern in den ptolemäischen (und seleukidischen) papyrologischen und epigraphischen Quellen (vgl. H. C. Youtie) ⟨1.1.1; 5.5; 5.6; 6.3⟩.

9.1.4 Die neutestamentliche Forschung nahm den bahnbrechenden Ansatz
von U. Wilcken und M. I. Rostovtzeff / H. C. Youtie nicht auf. Vor allem
durch die Arbeit von S. deLaet, der seinerseits von L. Goldschmid abhängig
ist sowie von J. Jeremias, der die rabbinischen Texte eher systematisierte als
auf ihre zeitliche Einordnung untersuchte, wurde der synoptische τελώνης
wieder und weiterhin als Angestellter einer römischen societas publicanorum,
nämlich als portitor, angesehen (vgl. O. Michel) ⟨1.1.2 (1.1.2.1/3); 6.4.3.5⟩.

9.1.5 Demgegenüber konnte dargestellt werden, daß der synoptische
τελώνης / *mokhes* als hellenistischer Kleinpächter aufzufassen ist ⟨6.3.1.4; 6.3.3;
6.3.4.1; 6.4.2⟩ und sich keineswegs in die Hierarchie einer römischen societas
publicanorum einordnen läßt. Vielmehr muß von zwei grundverschiedenen
Pachtsystemen ausgegangen werden ⟨4.2⟩. Allein die inhaltliche Klärung gestattet ein Urteil, welchem Pachtsystem jeweils ein Begriff zuzuordnen ist.
Weiterhin zeigen die Papyri, daß der τελώνης Gebühren, direkte und indirekte
Steuern sowie Naturalsteuern einziehen konnte ⟨5.5⟩. Eine Orientierung anhand der römischen Begrifflichkeit − wobei ›vectigal‹ die direkte und ›portorium‹ die indirekte Steuer bezeichnen soll − muß prinzipiell abgelehnt werden, da diese grobe Vereinfachung keinerlei Anhalt in den entsprechenden
Texten selbst hat. So entspricht τελ-ώνης durchaus der breiten Bedeutung von
τέλος / Abgabe ⟨2.3.1⟩. Im Gegensatz zum römischen publicanus (Steuerpächter) wird deshalb als Übersetzung von τελώνης »Abgabenpächter« vorgeschlagen ⟨2.3 Ende⟩. Die Bezeichnung ἀρχιτελώνης (Lk 19,2) kann als wörtliche

Wiedergabe von *rav mokhes* verstanden werden; sie entspricht dem aus der griechischen Pacht bekannten ἀρχώνης ⟨7.8⟩.

9.1.6 Der τελώνης war in aller Regel reich, da er den gesamten Betrag der Abgabenpacht im voraus zahlen mußte.

## 9.2 Zur ethisch-religiösen Beurteilung des τελώνης

9.2.1 In Griechenland, Ägypten und Palästina spielen jeweils übereinstimmend die ›Steuerethik‹ des Gesetzgebers, die (damit korrespondierende) Steuermoral der Steuerpflichtigen und schließlich die Übergriffe der τελῶναι selbst eine − oftmals verquickte − Rolle ⟨3.2.3; 3.3; 5.7; 6.4.3, vgl. 6.5.3⟩. In der Regel ist es schwierig, wenn nicht unmöglich, die Vorwürfe gegen die τελῶναι genauer zu klären, zumal auch die Klagen über sie nicht objektiv sein müssen (vgl. z. B. beim Schmuggel⟨versuch⟩). Am ehesten läßt sich eine Beurteilung des τελώνης konkretisieren, entweder wenn er sich mit geliehenem Kapital finanziell zu sanieren suchte oder wenn es eine Zeit der Krisen und gesellschaftlichen Umwälzungen war, wie z. B. in Ägypten zur Zeit Ptolemaios VI. Philometor (180−145 v. Chr.) ⟨5.6.1.13⟩ oder in Palästina vor dem zweiten jüdischen Aufstand. Sicherlich im ptolemäischen Ägypten, möglicherweise auch in Palästina mußten dann die τελῶναι zu härteren Maßnahmen greifen, nicht aus Habgier oder Gewinnsucht, sondern wegen der Zwangshaftung, der sie unterlagen ⟨vgl. 5.6.2.3/4⟩.

9.2.2 Neben dem finanzpsychologischen Gesichtspunkt lassen sich in der rabbinischen Literatur sowie in den synoptischen Texten drei verschiedene Aspekte geltend machen ⟨6.4.3.5⟩:

− Die Wiedergutmachung.
− Die Forderung der Berufsaufgabe.
− Die religionsgesetzliche, rigorose Ablehnung.

Die Wiedergutmachungsforderung gehört zum Gemeingut der Antike. Die Forderung der Berufsaufgabe dagegen läßt sich möglicherweise mit zweifelhafter Verzehntung und der fehlenden levitischen Reinheit begründen und trägt somit spezifisch pharisäische Züge. Die strikte religiöse Ablehnung des τελώνης aus zelotischen Tendenzen zu erklären, erscheint verlockend. Allerdings verweisen die hierfür in Betracht kommenden Texte nicht auf die Kollaboration mit Rom, sondern auf wirtschaftlich schwierige Zeiten sowie wiederum auf pharisäische Grundsätze ⟨6.4.3.6; 6.5.1⟩.

9.2.3 Die Wertvorstellungen, die eine philosophisch oder religiös begründete Ablehnung des τελώνης beinhalten, sind von besonderem Interesse ⟨3.3.2, vgl. 6.4.3.5⟩.

Die philosophische Ablehnung gründet auf der aristokratischen Wertvorstellung eines Lebens ohne materielle Not, ohne Handarbeit. In unserer Zeit, in welcher der homo oeconomicus einen hohen Stellenwert einnimmt, erscheint eine solche Haltung wenig verständlich. Andererseits ist zu bedenken, daß materielle Gesichtspunkte nur wenig zur (Aus-)Bildung der Persönlichkeit beitragen.

Die religiöse Ablehnung des τελώνης/*mokhes,* die in den rabbinischen Quellen sowie im Neuen Testament als Spiegel pharisäischen normativen Anspruchs begegnet, unterscheidet sich auffallenderweise von der philosophischen Ablehnung nur geringfügig: der τελώνης entspricht nicht einer bestimmten Norm. Darüberhinaus dürfte die religionsgesetzliche Ablehnung des palästinischen τελώνης spezifisch palästinische Gründe haben. Eine Erklärung wird möglich, wenn die in den klassisch-griechischen Texten für den τελώνης, κάπηλος und βάναυσος angetroffenen aristokratischen Werturteile einerseits und die Auseinandersetzung Jesu mit den Pharisäern auf weisheitlichem Gebiet (vgl. z. B. Lk 7,35 ⟨Q⟩) sowie die Diffamierung durch pharisäische Schriftgelehrte (vgl. Mk 2,16; Lk 7,34 ⟨Q⟩) andererseits strukturell herangezogen werden und als gemeinsamer Fluchtpunkt die Bildungsaristokratie pharisäischer Schriftgelehrter angenommen wird ⟨7.1⟩.

## 9.3  Exegetisch-theologische Einsichten

9.3.1 Grundlegend für das Verhältnis Jesu zu den Zöllnern ist das Gleichnis SLk 18,10−14a (Jesu Auftrag und Gottes Urteil), das Gleichnis SMt 21,28−32b (schon an Johannes dem Täufer entscheidet sich das Verhältnis zu Jesus und der mit ihm gekommenen basileia) sowie die vorösterliche Beschimpfung Jesu in Lk 7,34 (Q) (Jesus als Freund der sündigen Zöllner), vgl. Mk 2,14−17 und SLk 19,1−10.

9.3.2 Johannes der Täufer und Jesus werden in der synoptischen Tradition theologisch eng mit den τελῶναι verbunden: nach Lk 7,31−35 (Q) sind sie die beiden letzten Boten vor dem Gericht und nehmen sich aufgrund dieses Sendungsauftrags der Zöllner an (vgl. Mt 21,28−32b). Gemäß dieser Tradition sind die (umkehrbereiten) τελῶναι als Exponenten der νήπιοι/*'amme ha-areṣ* anzusehen, die als Kinder der Weisheit in die basileia eingehen. Damit ist der Konflikt mit den Pharisäern, die die Berufsaufgabe bzw. den religiösen Ausschluß fordern, vorgegeben.

9.3.3 Die Zöllner-Texte verdeutlichen Jesu Sendung zu ganz Israel, und zwar mit Schwerpunkt auf Tischgemeinschaft und Umkehrruf. Den Gegenpol dazu bilden nach Lk 18,14a und Mt 21,31 diejenigen Pharisäer (vgl. Mk 2,16; Lk 7,34 ⟨Q⟩), die Gott nicht Recht geben, weil sie die Zöllner ablehnen.

9.3.4 Für die heutige Auslegung und Verwendung der Zöllner-Texte stehen die Versöhnung schaffende Gemeinschaft, die gemeinsame Umkehr, das rechte Tun und somit die Rechtfertigung sowohl des Sünders als auch Gottes im Mittelpunkt. Es geht nicht um die Frage, wer das Sagen hat, sondern daß und wie Gott, der Vater Jesu Christi, zur Sprache kommt.

# 10. Anhang

## 10.1 Joh. Struckmann, De portitoribus seu publicanis, Lemgoviae 1750, S. 48–54

*Übersetzung:*

### §. V.   Stand der Diskussion

Aber es bringt nichts, Zeit darauf zu verwenden, dieselben (sc. in §. IV. genannten) Meinungen der Gelehrten ausdrücklich aufzuzählen. Wir wollen lieber an die Bedeutung des gelehrten Streites selbst herangehen und fragen, ob diese weit verbreitete Ansicht über die τελῶναι des N. T. zu Recht besteht. Die Frage ist, ob die τελῶναι der Evangelien selbst *publicorum redemtores* (Staatspächter) waren oder Gehilfen und Sklaven derer, die öffentlich die Abgaben gepachtet hatten. Letzteres stellen Gelehrte fest, deren Zeugnisse wir zuvor wiedergegeben haben, und empfehlen diese ihre Meinung unter der Hülle der Begriffe *portitores* und *publicani* oder, wenn man so sagen darf, in einer verwirrenden Untersuchung. Aber wir streiten nicht um Begriffe, sondern um die Sache selbst. Meine Meinung ist jedenfalls die, daß unseren τελῶναι Unrecht geschieht, wenn wir sie zu sklavenhaften, den Staatspächtern zur Verfügung gestellten Helfershelfern herabwürdigen, da sie vielmehr selbst Staatspächter waren und durch Ansehen und Reichtum einflußreiche Leute.

### §. VI.   Das erste Argument der Gegner

Damit diese unsere Meinung den Lesern umso leichter eingehe, werden wir, nachdem wir zuerst die Argumente der Gegner erörtert haben, unsere Ansicht sodann mit den von beiden Seiten ausersehenen Argumenten glaubhaft machen. Ich glaube, daß ich hierbei mein Anliegen sehr gut durchführen werde, da ich die kleine Schrift des hochgelehrten Krebs darlegen werde, der sich herausnahm, mit Fleiß diese Sache durchzugehen, während *Burmann* und die übrigen dies gewissermaßen im Vorbeigehen erledigt haben. Der Reihe nach will ich also alles wiederholen. Das erste Argument, mit dem sie die Steuerpächter angreifen, geht davon aus, daß nur römische Ritter Steuern pachteten. Dazu schreibt Krebs folgendermaßen:

»Keinem aber, der sich in der antiken Literatur auch nur ein wenig auskennt, kann dies unbekannt sein, daß nicht erlaubt wurde, daß irgendein wertloser oder schänd-

licher Menschentyp oder irgend jemand aus dem Plebejerstand, sondern nur hoch-
angesehene Männer aus dem Ritterstand zur Pacht dieser Aufgaben zugelassen wurden. Dazu gibt es eine berühmte Stelle bei Dio, der folgendes schreibt: πασαι τελωναι δι' επ̄πεων εγενοντο.«

Diese Worte dienen uns als Hinweis darauf, daß nicht der geringste Zweifel aufkommt gegenüber den τελωναι der Evangelien, daß nur die römischen
Ritter Steuern pachteten, nicht die Juden; aber die Entgegnung wird sehr leicht
sein. Erstens geben wir zu, daß eine so große Menge Geld, wie sie für die
Pacht der öffentlichen Abgaben erforderlich war, nur bei den römischen Rittern am ehesten zu suchen ist, wobei sie freilich die Abgaben einer ganzen Provinz und deren Einzelarten pachteten. Aber wer kann sich überhaupt vorstel-
len, daß die Ritter alle und jegliche Abgaben in einer übergroßen Provinz (nur)
durch ihre Gehilfen haben verwalten können? Ist es nicht am wahrscheinlich-
sten, daß ihnen andere unterstellt waren, die die öffentlichen Abgaben der einzelnen Ortschaften pachteten? Von daher bleibt jedoch der Grundsatz Dios bestehen, daß die römischen Abgaben durch die römischen Ritter verwaltet
würden, freilich in dem Sinn, daß sie selbst diese von den Censoren, das heißt
vom Staat gepachtet hatten, wobei freilich andere wiederum die Steuer dieses
oder jenes Ortes von ihnen pachteten. Zweitens antworte ich, daß es auch unter den Juden nicht an Männern von hochangesehener Abstammung und hoher gesellschaftlicher Stellung fehlte, denen es ebenfalls nicht an Geld man-
gelte. Als Beispiel dienen uns *Levi* und *Zachäus,* über deren nicht zu verachtenden Reichtum uns die heiligen Schriften ausführlich Kenntnis geben. Und
zwar von ersterem, daß ein reichlich herrliches Mahl hergerichtet worden sei,
bei dem viele Gäste anwesend waren. Bezüglich letzterem erwähnt Lukas
wahrhaft wortreich, daß er reich war und sich viele Reichtümer gesammelt
hatte, so daß er ohne eigenen Nachteil die Hälfte seiner Güter den Armen
überließ und daß er, wo er etwas zu Unrecht eingenommen hatte, dies vier-
fach zurückerstattete. Was also hindert uns daran zu glauben, daß von den Juden Steuern gepachtet wurden und daß sie nicht nur Steuereintreiber, sondern
auch Steuerpächter waren. Sogar der Verfasser der jüdischen Geschichte, Josephus, überliefert uns, daß es unter den Juden auch ziemlich einflußreiche Leute
gegeben habe, die durch ihre gesellschaftliche Stellung aus ihrem Volk heraus-
ragten, die das Amt von τελωναι innegehabt hätten; namentlich erwähnt er einen Steuerpächter, Johannes mit Namen, einen Menschen, der eine nicht allzu
geringe Stellung innehatte. Allerdings gelang es mir beim Aufschlagen dieses
äußerst bedeutsamen Verfassers der Geschichte seines Vaterlandes nicht, solche Leute zu entdecken, die aus dem jüdischen Volk römische Ritter waren,
wie sie gleichwohl Lardner, jener hochberühmte Engländer, aus jener Stelle
herausfinden wollte. Man kann jedoch hinreichend günstig folgern, daß,
wenn die einflußreicheren Juden τελωναι waren, diese Männer gewiß nicht zur
untersten Schicht gehörten oder Gehilfen und Sklaven der Steuerpächter waren, sondern daß sie, was sich von daher überaus deutlich ergibt, Pächter äußerst bedeutender Abgaben waren. Schließlich beharre ich auch dabei, daß es

noch nicht feststeht, ob die τελῶναι der Evangelien, wie ja natürlich die Galiläer, unter römischer Zivilgerichtsbarkeit standen oder nicht. Es diskutieren
erstaunlicherweise die Gelehrten, ob diese τελῶναι Pächter römischer Abgaben gewesen sind oder (nur) völlig bedeutungslose Eintreiber? Niemand aber
zweifelt daran, ob die Römer diese Abgaben in Galiläa erhoben oder nicht?
Warum hatte der Vierfürst Herodes, ein König, der bisweilen auch um der
Ehre willen gegrüßt wurde, nicht die wichtigeren Teile dieser Einkünfte?
Wenn aber jene τελῶναι nicht Pächter der römischen Steuer waren, dann kann
man über sie auch nicht aufgrund der Einrichtungen und Gepflogenheiten der
Römer urteilen, was, wie ich feststelle, trotzdem leichtfertig sehr oft ge-
schieht.

### §. VII.   Das zweite Argument

Ich will genauer den Spuren von KREBS, jenes berühmten Mannes, folgen,
der einen zweiten Grund für die allgemeine Meinung hinsichtlich der τολῶναι
des N. T. vorbringt.

»Portitores«, sagte er, »seien diejenigen von den Steuerpächtern gewesen, die, wie
es bei den Römern hieß, im Hafen den Steuerpächtern zur Verfügung standen.«

Den springenden Punkt freilich dieser Argumentation durchschaue ich
überhaupt nicht. Die τελῶναι sind völlig bedeutungslose Steuereintreiber,
weil es bei den Römern Leute gab, die den Steuerpächtern im Hafen zur Verfügung standen. Was ist dies für ein Zusammenhang? Sodann wüßte ich gern,
wo ein *Hafen* gewesen ist in Galiläa, in dem unsere allerärmsten – wie man
meint – telonarii Dienste taten und ihr Leben mit Dienen zubrachten? Man
mag sich an RELANDUS wenden, man mag sich an andere Gelehrte wenden,
man mag sich an geographische Karten und die äußersten Winkel des galiläischen Meeres wenden, man wird nicht die geringste Spur eines Hafens finden.
Trotzdem sollen sie im Hafen den Steuerpächtern zur Verfügung gestanden
haben. Schließlich stützt sich die ganze Schrift auf die fiktive Unterscheidung
zwischen publicanus und portitor, wozu wir uns in der oben genannten Bemerkung geäußert haben.

### §. VIII.   Das dritte Argument

KREBS fährt fort:

»Da diese portitores beim Einziehen der Abgaben, die für einen jeden Gegenstand
festgesetzt waren, ihren Herren nichts hinterziehen und unterschlagen konnten,
trotzdem aber aus dieser Sache, wie es in der Regel geschieht, einen kleinen Gewinn
erzielen wollten, glaubten sie, ihrem Wunsch am bequemsten genügen zu können,
wenn sie nicht nur scharf, sondern sogar ungerecht und unfair die Steuererhebun-
gen durchführten. – – Gerade dieser Umstand war auch in der Tat daran schuld,
daß die portitores bei allen anständigen Menschen in solchen Haß gerieten.«

Also nicht die publicani, sondern deren Diener, wegen ungerechter Eintreibungen in schlechtem Ruf stehend, sollen unsere τελῶναι gewesen sein, weil sie den Menschen verhaßt waren. Aber waren denn nicht auch die publicani selbst den Menschen verhaßt, wenn sie ihre Angelegenheiten schlecht durchführten? Wir haben in der obigen Stellungnahme hinreichend viele Gründe für diesen Haß angeführt; von daher ist es offenkundig, daß man nicht sogleich an die allernichtsnutzigsten Eintreiber denken muß, wenn von dem Haß die Rede ist, von dem alle ordentlichen Leute diesem Menschenschlag gegenüber entbrannt waren. Und ebensowenig kann aus diesem Haß geschlossen werden, daß unsere τελῶναι Angelegenheiten der Römer ausgeführt haben, da dieser Lebensstil überhaupt bei den Menschen in üblem Ruf stand und alle, die mit Steuern zu tun hatten, überall auf der Welt verhaßt waren. Also haßten die Juden unsere publicani nicht, weil sie die römische Herrschaft verabscheuten, sondern eben wegen ihres Amtes, das den Menschen verhaßt und lästig ist; wenn all das, was die Juden haßten, römisch gewesen wäre, wären auch die übrigen αμαρτωλοι, die im N. T. erwähnt werden, und die πορναι Römer(innen) gewesen.

## §. IX.   Die richtige Ansicht über die τελῶναι

Nach der Diskussion dieser Punkte also rät allerdings der gesunde Menschenverstand, über die τελῶναι nicht zu denken wie über die Gehilfen der Römer und auch nicht wie über die römischen publicani und portitores selbst. Denn folgendes stelle ich fest und halte dafür, daß man es nach richtiger Gewichtung aller Umstände feststellen muß, daß die τελῶναι der Evangelien Personen waren, die durch ihre öffentliche Aufgabe auffielen und dem König oder Fürsten von Galiläa unterstellt waren, die die öffentlichen Abgaben gepachtet hatten und erhoben. Denn zur Zeit Christi war dieses Land dem Herodes unterworfen, was genau wie alle die Verfasser des Lebens Christi als bewährte und vertrauenswürdige Zeugen versichern. Sie selbst geben an, daß Herodes in seiner Gewalt das Recht über Leben und Tod hatte. Dies wird daraus deutlich, daß er die Macht hatte, Johannes ins Gefängnis zu werfen und ihn zu töten. Mit dieser Vollmacht ausgestattet setzte Herodes alles in seiner Macht Stehende daran, auch Christus zu töten, weshalb es in der heiligen Geschichte von einigen Pharisäern heißt, daß sie den Heiland warnten (Lk 13,31). Von daher veranlaßte auch Pilatus, um Wohlwollen zu gewinnen, daß Christus, fälschlicherweise von seinen Feinden angeklagt, zu Herodes geschickt wurde, damit er dadurch gewissermaßen wüßte, was er hinsichtlich seines Mitbürgers beschließen wollte. Wenn aber der König oder Vierfürst von Galiläa derartige königliche Rechte hatte, gehörten zweifellos auch die staatlichen Einkünfte ihm, wenn auch zu Recht zugegeben wird, daß er, gleichsam als Wohltat dafür, daß er die Herrschaft in jenen Gebieten innehatte, auch den Römern seine Abgaben habe entrichten müssen. Da also die Steuern zu diesen öffentlichen Einkünften gehörten, war Galiläa dem Herodes, nicht den Römern steuerpflichtig, und so werden die telonae der Evangelien, die wir freilich fast alle in Galiläa finden, zu Recht nicht für Pächter der kaiserlichen, sondern der königlichen Abgaben gehalten. Es spricht nichts dagegen, daß, nach dem Zeugnis des JOSEPHUS, zur Zeit von Pompeius dem Großen Judäa tributpflichtig wurde (Jos.Bell. 1,154). Denn die Art der Verhältnisse in Palästina zur Zeit des Pompeius war bei weitem außerordentlich verschieden von der Art und Weise der Verhältnisse, die in das öffentliche Auftreten Christi unter der Herrschaft des Kaisers Tiberius fallen. Schließlich gebraucht JOSEPHUS allzu allgemeine Umschreibungen, so daß im Einzelfall nichts eindeutig Besonderes daraus gefolgert werden kann.

Ferner waren solche mit der richtigen Bezeichnung unsere publicani, weil sie τελῶναι heißen. Denn der Gebrauch dieses Wortes bei den Profanschriftstellern ist derart, daß es den Pächter oder Einnehmer der Steuern bezeichnet, nicht die Gehilfen der publicani. Richtig sehen das jene, die die entgegengesetzte Meinung unterstützen. Um sich ein Hintertürchen offenzuhalten, lieben sie folgenden Grundsatz:

> »Τελῶναι werden, wenn nicht von Römern, sondern von Griechen die Rede ist, die Pächter der Steuern selbst genannt.«

Dies wird freilich ohne jeden Nachweis behauptet. Wenn es aber vom Gegenteil her zu Recht geschehen kann, dann können wir mit demselben Recht in ähnlicher Weise behaupten: *wo (die Bezeichnung) τελῶναι im Hinblick auf die königlichen Bürger Galiläas begegnet, sind sie selbst Pächter der Steuern.* So verwenden wir die Waffe, die von den Gegnern gegen uns gerichtet ist, für uns und gegen sie.

## 10.2 Profane Belege für τελώνης
### (außerhalb Ägyptens und Palästinas)

### 10.2.1 Literarische Belege:

Aischin. 1,119 f.
Anaxippos, Enkalyptomenos (CAF III S. 297 Z. 31.40, Kock).
Anecd.Gr. I S. 251 Z. 30; S. 308 Z. 7 (Bekker).
Antiphon, gegen Demosth. (bei Harp. s. v. Δεκατευτάς).
App.civ. 5,130.
Aristokles (FPG III 219b ⟨= Euseb.praep.ev. 15,2,8⟩).
Ariston von Chios (SVF I 376 ⟨= Clem.Alex.strom. I c. XX 98,1⟩);
          (SVF I 403 ⟨= Plut.mor. 958D⟩).
Aristoph.equ. 248.
Aristot.Ath.pol. 52,3;
    rhet. II 23 (1397 a 25).

Artem. 1,23; 3,58; 4,42.57.
Aspasios in EN IV 3 (CAG 19,1 S. 102 Z. 21).

Demochares (FGrHist 75 F 4 ⟨= Polyb. 12,13,9⟩).
Demosth. 24,41.59 f. 100.
Dio Cass. 39,59,2; 42,6,3; 48,43,1.
Diogenes ep. 36,2 (Hercher).

Epikt. diss. ab Arr. 3,15,12 (= ench. 29,7).

Gal. VIII 587; IX 804 (Kühn).

Herakleides Kritikos I 7 (Pfister).
Hermog. inv. 1,2 (S. 102 Z. 23 ⟨Rabe⟩).
Herodas 6,64.
Hesych. Nr. 553.564.566.1106 (Latte).

Iambl. Babyl. fr. 45.93;
            epit. Phot. 7 (Habrich).

Leukon (FAttCom I 792/794).
Lukian. contempl. 2 (= 26,2);
      nek. 11 (= 38,11).

M. Aur. I 16,18.
Memnon (FGrHist 434,38).
Men. fr. 32.107.897 (Körte);
   Sikyonios (= Recherches de Papyrologie III S. 154 XII B Z. 17).

Philonides fr. 5 (CAF I S. 255 ⟨Kock⟩).
Philostr. VA 1,20; 8,7,11 (p. 161 Anf.) (Kayser).
Plut. mor. 518E (= curios. 7);
    Alk. 5;
    Sert. 24,5;
    Luc. 7,6 f; 20,1;
    Pomp. 25,6.
Ps. Plut. (X orat. vitae, Lykurgos) mor. 842B
    (vgl. Plut. Tit. 12,7; Phot. bibl. cod. 268).
Poll. 6,128; 9,29.32 f.

Theokrit. bei Stob. ekl. III 2,33 (Wachsmuth/Hense).

Vett. Val. 1,1.

Xenon (CAF III S. 390 ⟨Kock⟩).

Zu Zenob. cent. I 74 (ParoemGr I S. 26) s. o. s. v. Leukon.

## 10.2.2 Epigraphische Belege (chronologisch geordnet):

SIG$^3$ 495 Z. 51.163

| | |
|---|---|
| Olbia | 3. oder frühes 2. Jh. v. Chr. |

Monumentum Ephesenum (ENGELMANN / KNIBBE) § 2.4.6.9.10 usw.

| | |
|---|---|
| Ephesos | 75 v. Chr. |

SEG 14,639 B 16   Kaunios/Karien    1. Jh. n. Chr.

J. REYNOLDS, Aphrodisias Nr. 15 (= HIRK 74)

| | |
|---|---|
| Aphrodisias | 120 n. Chr. |

OGIS 484 Z. 58 (= ABBOTT-JOHNSON, Adm. 81)

| | |
|---|---|
| Pergamon | 125 n. Chr. (?) |

CIS II 3913 (vgl. OGIS 629; IGR III 1056; ABBOTT-JOHNSON, Adm. 89)

| | |
|---|---|
| Palmyra | vor 137 und 137 n. Chr. |

| | | |
|---|---|---|
| SEG 7,593 | Dura-Europos | vorrömisch (?) |
| SEG 7,591.623 | Dura-Europos | nach 165 n. Chr. |

*Anmerkung:* Die papyrologischen Belege für τελώνης können F. PREISIGKE / E. KIESSLING, Wb. III 169 und — solange Bd. VI noch nicht erschienen ist — dem Spoglio Lessicale Papirologico (hg. v. S. Daris, Mailand 1968) III 483 entnommen werden (s. auch Skizze zu 5.5).

# 10.3 Belegsammlung für δημοσιώνης:

## 10.3.1 Literarische Belege

Diod. fr. 34/35,25,1. 38,1; 36,3,1; 37,5,1−4.
Memnon (FGrHist III 434,38).
Strab. 4,6,7 (205); 12,3,40 (562); 14,1,26 (642).

## 10.3.2 Epigraphische Belege (chronologisch geordnet):

SHERK, RDGE 12 (= IGR IV 262)

| | |
|---|---|
| Pergamon | 129 v. Chr. (?). |

IPriene 111 Z. 113.118.134.140
Priene                                    Anfang 1. Jh. v. Chr.

IPriene 117 Z. 14.22.22f
Priene                                    1. Jh. v. Chr.

BCH 96 (1972) 444 Z. 2
Kleinasien                                nach 80 v. Chr. (?).

SHERK, RDGE 23 Z. 5.23.24.29.32.33f.65 (= IG VII 413; SIG³ 747)
Oropos                                    74/73 v. Chr.

IG Suppl. S. 208 Nr. 11 (= R. K. SHERK, Senatus Consultum)
55 v. Chr.

SHERK, RDGE 58,53 (= FIRA I² 55)
35/31 v. Chr.

IG XII Suppl. 261    Andros               1. Jh. v. Chr.

Monumentum Ephesenum (ENGELMANN / KNIBBE) § 23.28.31 usw.
Ephesos                                   nach 31 v. Chr.

SEG XXVII 1159    Apollonia (Cyrenaica)    48 n. Chr.

CIS II 3913 (= OGIS 629; IGR III 1056; ABBOTT-JOHNSON, Adm. 89)
Palmyra                                   vor 137 und 137 n. Chr.

SEG XXXV 1439 (= WÖRRLE, Myra 287)
Myra                    ·               frühes 2. Jh. n. Chr.

SEG XXVIII 1171 Z. 2
Metropolis                                2. Jh. n. Chr.

emendatio ad Dig. 14,2,9 (vgl. MASON, Greek Terms 35 s. v.)


Vgl. δημοσιωνία:

OGIS 440,9 (= ILS 8770; IGR IV 194; ABBOTT-JOHNSON, Adm. 14)
Ilion (Troas)                             89 v. Chr.

Memnon (FGrHist III 434,27,5−6)
Herakleia                                 74 v. Chr.

SHERK, RDGE 25, Z. 10 (= IG XII Suppl. 11)
Mytilene (Lesbos)                         55 v. Chr.

Monumentum Ephesenum (ENGELMANN / KNIBBE) § 45 usw.
Ephesos                                   ab 12 v. Chr.

Vgl. δημοσιώνιον:

Plut. mor. 820C.
SEG XXXV 1439 (= Wörrle, Myra 287 Z. 5.7).

Vgl. δημοσιωνικὸς νόμος:

SEG XIV 639      Kaunos                    1. Jh. n. Chr.
SEG XXXV 1439  Myra                      frühes 2. Jh. n. Chr.
s. auch Monumentum Ephesenum (Engelmann / Knibbe) § 57.

## 10.3.3 Papyrologische Belege (chronologisch geordnet):

| | | |
|---|---|---|
| SB I 676 | Ombos | 1. Jh. n. Chr. |
| P. Oxy. I 44,8 (= W. Chr. 275) | Oxyrhynchos | Ende 1. Jh. n. Chr. |
| P. Berl. Leihg. I 10,17f (so P. Heid. IV 325) | | 120 n. Chr. |
| SB IV 7379,8 | Faijum | 177 n. Chr. |
| P. Lond. Inv. 1897,6 (= APF 6 ⟨1920⟩ 106) | | 177 n. Chr. |
| P. Mich. VI 364,1 | Faijum | 179 n. Chr. |
| P. Mich. Inv. 5262a (vgl. L. C. Youtie, Receipt 273) | | 179 n. Chr. |
| P. Mich. Inv. 6185 (vgl. L. C. Youtie, Receipt 273) | | 181 n. Chr. |
| P. Hamb. I 84,1 | Faijum | 183/192 n. Chr. |
| P. Princ. III 131,1 | Oxyrhynchos | 196 n. Chr. |
| P. Tebt. II 357,2 (= W. Chr. 372) | Faijum | 197 n. Chr. |
| SB VI 9210,2 | ? | 2./3. Jh. n. Chr. |
| P. Harris 77,1 | Faijum | 202/203 n. Chr. |
| Stud. Pal. XXII 50,1 | Soknopaiu Nesos | 204 n. Chr. |
| P. Heid. IV 325 | | 215 n. Chr. |

## 10.4 Belegsammlung für portitor:

Ps.-Ascon. in div. § 33.
Caecil. com. 191.
Cic. ad Q. fr. I 1,33;
    leg. agr. 2,61;
    off. 1,150;
    rep. 4,7;
    Vatin. 12.
Colum. 10,155.
Epiced. Drusi 358.

Lucan. 3,17; 4,57; 6,704.
Mart. 9,71,7.
Non. p. 24 (M); p. 37 (M).
Ov.met. 10,73.
Plaut.Asin. 159.241;
    Men. 117;
    Stich. 366;
    Trin. 794.810.1107.
Prop. 4,11,7.
Sen.benef. 6,18,1;
    Herc.f. 768.
Sil.Pun. 9,251.
Stat.silv. 2,1,229;
    Theb. 1,693; 4,479; 12,559.
Suet.rhet. 1 (Roth S. 269,31); 25,7.
Ter.Phorm. 150.
Val.Fl.Arg. 1,784; 6,159.
Varro, Men. 329.
Verg.Aen. 6,298.326;
    georg. 4,502.

## 10.5 Datierbare Belege für Steuer- und Abgabenpächter in Palästina (Syria und Iudaea)

| | | | |
|---|---|---|---|
| κωμομισθωτής | C.Ord.Ptol. 21–22 | | 260 v. Chr. |
| κωμομισθωτής | PSI VI 554 | Bet Anat | 258 |
| τελώνης | P.Cairo Zen. V 59804 | Gaza | 6.9.258 |
| τελώνης | P.Cairo Zen. I 59093 | Tyros | 257 |
| ? | Jos.Ant. 12,157ff. | | vor 222 |
| τελῶναι<br>= publicani | Dio Cass. 39,59,2<br>(vgl. Cic.prov. 10) | röm. Provinz Syria | 55 |
| societates earum<br>provinciarum | Caes.civ. 3,3,2 | röm. Provinz Syria | 49 |
| publicani | Caes.civ. 3,31,2; 32,6 | röm. Provinz Syria | |
| exactores | Caes.civ. 3,32,4 | röm. Provinz Syria | |
| societates/familiae<br>societatum | Caes.civ. 3,103,1 | röm. Provinz Syria | 48 |
| publicani | Plin.nat. 12,65 | Gaza | ? (vor 47 v. Chr.?) |
| demosanai | MegTaan § 9; bSan 91a | | vor 47 (44 ⟨?⟩) v. Chr. |
| τελώνης | synoptische Belege | | |
| τελώνης | Jos.Bell. 2,287 | Caesarea | 66 n. Chr. |
| mokhes | { ySan 6,9 (23c, 30–43)<br>{ yHag 2,2 (77d, 42–57) | Askalon | |

# Literaturverzeichnis

*Vorbemerkung:* Die Artikel aus Sammelwerken (RE, KP, RAC, RGG, ThBLNT, ThWNT usw.) sind im Sekundärliteraturverzeichnis unvollständig aufgeführt; erwähnt werden nur die wichtigsten. Die übrigen sind jeweils in den entsprechenden Anmerkungen angegeben. Vgl. zu den Abkürzungen IATG und TRE.

## I. Primärquellen

1. Wegen der Fülle der hier verwendeten Primärquellen sei für die *griechisch-römische Profanliteratur* (einschließlich der Sammelausgaben) auf die Quellenangaben bei L. S. J. (Oxford 1940 = 1973), S. XVI–XXXVIII und L. S. J. Suppl., S. VII–X einerseits und Oxford Latin Dictionary, Bd. I. Oxford 1968, S. IX–XX andererseits verwiesen. Neure Ausgaben führen OCD ([2]1972 = 1973) und P. Kroh, Lexikon der antiken Autoren (KTA 366). Stuttgart 1972, an. In schwierigen Fällen wird die Ausgabe angegeben.

*Neuere Ausgaben:*

Aristotelis Ars Rhetorica, ed. R. Kassel. Berlin usw. 1976.
Herodas Mimiambi, ed. I. C. Cunningham. Oxford 1971.
Luciani Opera, ed. M. D. Macloed. Oxford 1972 ff.
Philostratos, Das Leben des Apollonios von Tyana, hg., übers. und erl. v. V. Mumprecht. München / Zürich 1983.
Xenophon, Vorschläge zur Beschaffung von Geldmitteln oder Über die Staatseinkünfte, hg. u. übers. v. E. Schütrumpf (TzF 38). Darmstadt 1982.
GLAJJ: Greek and Latin Authors on Jews and Judaism, hg. v. M. Stern, Bd. I–III. Jerusalem [2]1976. 1980. 1984.
Vgl.: Matle deSuphus. Die Fabeln des Sophos. Syrisches Original der griechischen Fabeln des Syntipas, hg. v. J. Landsberger. Posen 1859.

2. *Alttestamentliche Texte* werden nach Biblia Hebraica, ed. R. Kittel, Stuttgart [3]1937 (= 1962) bzw. Biblia Hebraica Stuttgartensia, ed. K. Elliger et W. Rudolph, Stuttgart 1967 / 77 und Septuaginta, ed. A. Rahlfs, Bd. I, II. Stuttgart [8]1965 zitiert, *neutestamentliche* nach E. Nestle / K. Aland, Novum Testamentum Graece. Stuttgart [26]1979.

S. C. E. Legg, Novum Testamentum Graece. Secundum Textum Wescotto-Hortianum. Evangelium secundum Marcum. Oxford 1935.

P. S. GRILL, Das Neue Testament nach dem syrischen Text. Sonderlesungen der Peschitto gegenüber dem griechischen und lateinischen Text. Klosterneuburg / München 1955.

A. S. LEWIS, The Old Syriac Gospels (o. O. u. J.).

3. Zu den Textausgaben der *Apokryphen und Pseudepigraphen* vgl. L. ROST, Einleitung in die alttestamentlichen Apokryphen und Pseudepigraphen einschließlich der großen Qumran-Handschriften. Heidelberg 1971; E. HENNECKE / W. SCHNEEMELCHER, Neutestamentliche Apokryphen, Bd. I, II. Tübingen ⁵1987. ⁵1989; A.-M. DENIS, Introduction aux Pseudépigraphes grecs d'Ancien Testament (SVTP 1). Leiden 1970; P. RIESSLER, Altjüdisches Schrifttum außerhalb der Bibel. Heidelberg ²1966 und Jüdische Schriften aus hellenistisch-römischer Zeit, hg. v. W. G. KÜMMEL, Bd. I–V. Gütersloh 1973 ff. (JSHRZ).

4. Vgl. zu den *Qumran-Texten* L. ROST, Einleitung (s. o. zu I 3); CHR. BURCHARD, Bibliographie zu den Handschriften vom Toten Meer, Bd. I, II (BZAW 76.89), Berlin usw. 1957. 1965 und E. LOHSE, Die Texte aus Qumran. Darmstadt 1964.

K. BEYER, Die aramäischen Texte vom Toten Meer. Göttingen 1984.

5. Über die *rabbinischen Texte* informiert H. L. STRACK / G. STEMBERGER, Einleitung in Talmud und Midrasch. München ⁷1982.

The Mischnah with variant readings, ed. by Institute for the complete Israeli Talmud. Jerusalem 5732 (1972) ff.

6. Zu den *keilschriftlichen Texten* vgl. AHw. I und CAD I.

7. Für die *altkirchliche Literatur* s. G. W. H. LAMPE, Lexicon S. XI–XLV und B. ALTANER / A. STUIBER, Patrologie. Freiburg usw. ⁹1981.

J.-R. VIEILLEFOND, Les »Cestes« de Julius Africanus (Publications de l'Institut Français de Florence, Ière série. Collection d'études d'histoire, de critique et de philologie. Nr. 20). Florenz / Paris 1970.

Gregorii Barhebraei chronicon ecclesiasticum, hg. v. J. B. Abbeloos und Th. J. Lamy, Bd. I–III. (Paris /) Löwen 1872–1877.

Geschichte der Perser und Araber zur Zeit der Sasaniden. Aus der arabischen Chronik des Tabari übers. v. Th. Nöldeke. Leyden 1879 (Nachdr. 1973).

8. Zu den Angaben über *epigraphische und numismatische* Quellen vgl. K. CHRIST, Antike Numismatik (Die Altertumswissenschaft). Darmstadt 1972, bes. S. 40, 44 ff. sowie G. PFOHL, Das Studium der griechischen Epigraphik. Darmstadt 1977.

E. GABBA, Iscrizioni greche e latine per lo studio della Bibbia (in: Sintesi dell'oriente e della Bibbia. Monografie dirette da G. Rinaldi 3). Marietti 1958.

IAssos: Die Inschriften von Assos, hg. v. R. Merkelbach (Inschriften griechischer Städte aus Kleinasien, Bd. 4). Bonn 1976.

IEphesos: Die Inschriften von Ephesos (Inschriften griechischer Städte aus Kleinasien, Bd. 11–17). Bonn 1979 ff.

IKlaudiou Polis: Die Inschriften von Klaudiou Polis (Inschriften griechischer Städte aus Kleinasien, Bd. 31). Bonn 1986.

HIRK: Historische Inschriften zur römischen Kaiserzeit: von Augustus bis Konstantin, übers. und hg. v. H. Freis (TzF 49). Darmstadt 1984.

Inscriptions Reveal. Documents from the time of the Bible, the Mishna and the Talmud, ed. R. Hestrin, Y. Israeli, Y. Meshorer, A. Eitan. Jerusalem [2]1973.

S. KLEIN, Jüdisch-palästinisches Corpus Inscriptionum (Ossuar-, Grab- und Synagogeninschriften). Wien / Berlin 1920.

RDGE: R. K. Sherk, Roman Documents from the Greek East. Baltimore 1969.

J. REYNOLDS, Aphrodisias and Rome. London 1982.

STAATSVERTRÄGE: Die Verträge der griechisch-römischen Welt von 700 bis 338 v. Chr. Unter Mitw. v. R. Werner bearb. v. H. Bengtson (Die Staatsverträge des Altertums, hg. v. H. Bengtson, Bd. II). München / Berlin 1962. – Die Staatsverträge des Altertums. Dritter Bd. Die Verträge der griechisch-römischen Welt von 338 bis 200 v. Chr. Bearb. v. H. H. Schmitt. München 1969.

9. Die *griechischen Papyri* werden zitiert nach *J. Hengstl* (Hg.), Griechische Papyri aus Ägypten. München 1978, S. 391–421.

Aramaic Papyri of the fifth century B. C., hg. v. A. Cowley. Oxford 1923.

10. *Neuere Primärquellen:*

Goethes Werke, hg. im Auftrage der Großherzogin Sophie von Sachsen, Bd. XI; XXXIV/1; XXXV. Weimar 1892, 1902, 1892.

Georg Philipp Harsdörffer, Frauenzimmer Gesprächspiele, hg. v. I. Böttcher (Deutsche Neudrucke, Reihe: Barock 20). Tübingen 1969 (= Nürnberg 1649).

Friedrichs von Logau Sämmtliche Sinngedichte, hg. v. G. Eitner (in: Bibliothek des Litterarischen Vereins in Stuttgart CXIII). Tübingen 1872.

D. Martin Luthers Werke, Kritische Gesamtausgabe, Bd. X/3; XXXIV/1; XXXVI. Weimar 1905, 1908, 1909.

Hans von Schweinichen, Denkwürdigkeiten. Breslau 1878.

Johann Heinrich Voss, Antisymbolik, Bd. I, II. Stuttgart 1824, 1826.

## II. Wörterbücher, Hilfsmittel etc.

ADELUNG, J. CHR., Versuch eines vollständigen grammatisch-kritischen Wörterbuches der hochdeutschen Mundart, mit beständiger Vergleichung der übrigen Mundarten, besonders aber der Oberdeutschen, Fünften und letzten Theils Erste Hälfte. Leipzig 1786.

–, Grammatisch-kritisches Wörterbuch der Hochdeutschen Mundart (ed. F. X. Schönberger), Bd. IV. Wien [2]1808.

AHw.: VON SODEN, W., Akkadisches Handwörterbuch, Bd. II. Wiesbaden 1972.

ALAND, K., Synopsis quattuor Evangeliorum. Stuttgart [3]1965.

ALTANER, B. / A. STUIBER, Patrologie. Freiburg / Basel / Wien [9]1981.

BAUER, W., Griechisch-Deutsches Wörterbuch, Hg. v. K. und B. Aland. Berlin / New York [6]1988.

BE: Brockhaus Enzyklopädie in zwanzig Bänden. 17. völlig neubearbeitete Auflage des Großen Brockhaus, Bd. I, XII, XX. Wiesbaden 1966, 1971, 1974 (vgl. GB).

BENOIT, P.-M. / E. BOISMARD, Synopse des quatre évangiles en français avec parallèles des Apocryphes et des Pères, Bd. I, II. Paris 1972.

B-C/RTB: Religionsgeschichtliches Textbuch zum Neuen Testament von K. Berger und C. Colpe (Texte zum NT 1/NTD). Göttingen / Zürich 1987.

Biblia Patristica: Index des citations et allusions bibliques dans la littérature Patristique. Des origines à Clément d'Alexandrie et Tertullien (Centre d'analyse et de documentation Patristiques). Paris 1975.

Bill.: (Strack, H. L. /) P. Billerbeck, Kommentar zum Neuen Testament aus Talmud und Midrasch, Bd. I–VI. München 5.31969.

Blaise, A., Lexicon Latinitatis Medii Aevi praesertim ad res ecclesiasticas investigandas pertinens. Turnholti 1975.

Bl.-D.-R.: Blass, F. / A. Debrunner, Grammatik des neutestamentlichen Griechisch, bearb. v. F. Rehkopf. Göttingen 141975.

BRL: Biblisches Reallexikon, hg. v. K. Galling. Tübingen 21977.

Joannis Buxtorfii (Pater) Lexicon Chaldaicum, Talmudicum et Rabbinicum in quo omnes voces Chaldaicae, Talmudicae et Rabbinicae ... a Johanne Buxtorfio filio. Basileae 1639.

CAD: The Assyrian Dictionary of the Oriental Institute of the University of Chicago, ed. M. Civil et alii. Illinois / Glückstadt 1956 ff.

DS: Dictionnaire des Antiquites Grecques et Romaines par Ch. Daremberg, ed. E. Saglio, Bd. IV. Paris 1907.

Demetrakos, D., Mega Lexikon tes hellenikes Glosses, Bd. VIII. Athen 1952.

Diefenbach, L., Glossarium Latino-Germanicum mediae et infimae aetatis supplementum lexici mediae et infimae latinitatis, conditi a Carolo Dufresne Domino du Cange. Francofurti ad Moenum 1857.

DISO: Jean, Ch.-F. / J. Hoftijzer, Dictionnaire des inscriptions sémitiques de l'ouest. Leiden 1965.

Du Cange, Glossarium ad Scriptores mediae et infimae Graecitatis ed. Carolo Du Fresne, Domino Du Cange, Bd. I, II. Lugduni 1688 (Nachdr. Graz 1958).

–, Glossarium mediae et infimae Latinitatis conditum a Carolo Dufresne Domino du Cange cum supplementis integris monachorum ordinis S. Benedicti D. P. Carpenterii Adelungii, aliorum, suisque digessit G. A. L. Henschel, Bd. VI. Parisiis 1846 (Nachdr. Graz 1954).

EBrit: Encyclopaedia Britannica, Bd. XVIII, XXI. Chicago usw. 1962.

Edwards, R. A., A Concordance to Q (SBibSt 7). Missoula 1975.

EJ: Encyclopaedia Judaica, Bd. I–XVI. Jerusalem 1972.

EWNT: Exegetisches Wörterbuch zum NT, hg. v. H. R. Balz und G. Schneider. Stuttgart usw. 1980–1983.

Io. Augusti Ernesti Clavis Ciceroniana ... Halae 41777.

Frisk, H., Griechisches etymologisches Wörterbuch, Bd. I–III (Indogermanische Bibliothek 2. R.). Heidelberg 1960–1972.

GB: Der Große Brockhaus. Handbuch des Wissens in zwanzig Bänden. 15. völlig neubearbeitete Auflage von Brockhaus' Konversations-Lexikon, Bd. XX. Leipzig 1935 (s. BE).

(GB): Der große Brockhaus, Bd. XII. Wiesbaden 161957.

Ausführliches Lateinisch-Deutsches Handwörterbuch ..., ed. K. E. Georges et H. Georges. Hannover 141976.

Wilhelm Gesenius' hebräisches und aramäisches Handwörterbuch über das Alte Testament, bearb. v. F. Buhl. Berlin / Göttingen / Hamburg 171962.

GLE: Grand Larousse encyclopédique, Bd. VIII. Paris 1963.

Grimm, C. L. W., Lexicon Graeco-Latinum in Libros Novi Testamenti. Leipzig 31888.

GWB: Deutsches Wörterbuch von Jakob Grimm und Wilhelm Grimm, Bd. I–XVI. Leipzig 1854–1954; Quellenverz. Leipzig 1971.

HAL: Hebräisches und aramäisches Lexikon zum Alten Testament von L. Koehler und W. Baumgartner, neu bearb. v. W. Baumgartner. Leiden I³ 1967, II³ 1974.

HATCH, E. / H. A. REDPATH, A Concordance to the Septuagint and the other Greek versions of the Old Testament, Bd. I, II. Oxford 1897. Suppl. Oxford 1906 (Nachdr. Graz 1954).

Hb. Finanzwiss.: Handbuch der Finanzwissenschaft, hg. v. F. Neumark, Bd. I³. Tübingen 1977.

Heumanns Handlexikon zu den Quellen des römischen Rechts, ed. E. Seckel. Jena ⁹1914.

HUCK, A., Synopse der drei ersten Evangelien, hg. v. H. Lietzmann. Tübingen ¹⁰1950. –, hg. v. H. Greeven. Tübingen ¹³1981.

IATG: Schwertner, S., Internationales Abkürzungsverzeichnis für Theologie und Grenzgebiete. Berlin / New York 1974.

JASTROW, M., A Dictionary of the Targumim, the Talmud Babli and Yerushalmi, and the Midrashic Literature, Bd. I, II. London / New York 1903.

KASSOVSKY, H. J., Concordantiae totius Mischnae, Bd. II. Frankfurt/M. 1927.

–, Thesaurus Tosephthae, Bd. IV (ed. M. Kasowski). Hierosolymis 1961.

KOSOWSKY, B., Otzar Leshon Hatanna'im. Thesaurus »Sifrei« Concordantiae verborum, Bd. V. Hierosolymis 1974.

KBL: Lexicon in Veteris Testamenti Libros, ed. L. Koehler / W. Baumgartner. Leiden 1958.

KINNAVEY, R. J., The Vocabulary of St. Hilary of Poitiers as contained in Commentarius in Matthaeum (PatSt 47). Washington D. C. 1935.

K-W/TB: Textbuch zur neutestamentlichen Zeitgeschichte, hg. v. H. G. Kippenberg / G. A. Wewers (GNT 8). Göttingen 1979.

KLUGE, F., Etymologisches Wörterbuch der deutschen Sprache, bearb. v. W. Mitzka. Berlin ¹⁷1957.

KP: Der kleine Pauly, Lexikon der Antike, hg. v. K. Ziegler und W. Sontheimer, Bd. I–V. Stuttgart 1964–1975.

LAMPE, G. W. H., A Patristic Greek Lexicon. Oxford 1961.

LEON-DUFOUR, X., Wörterbuch zum Neuen Testament. München 1977.

LÉVY, J., Chaldäisches Wörterbuch über die Targumim und einen grossen Theil des rabbinischen Schrifttums, Bd. I, II. Leipzig ³1881.

–, Wörterbuch über die Talmudim und Midraschim, Bd. I–IV. Berlin / Wien ²1924 (Nachdr. Darmstadt 1963).

LexÄgypt: Lexikon der Ägyptologie, begr. v. W. Helck u. E. Otto, hg. v. W. Helck u. W. Westendorf, Bd. I, II, Index. Wiesbaden 1975 ff.

L. S. J.: LIDDELL, H. G. / R. SCOTT / H. ST. JONES, A Greek-English Lexicon. Oxford ⁹1940 (= 1973), Suppl. Oxford 1968 (= 1973).

LIGHTFOOT, J., Horae Hebraicae et Talmudicae, impensae in Evangelium S. Matthaei etc., o. O. u. J. (1658 ff.) (Nachdr. Grand Rapids 1979).

MASON, H. J., Greek Terms for Roman Institutions. A Lexicon and Analysis (ASP XIII). Toronto 1974.
  *Rez.:* Th. Drew-Bear, CP 76 (1976) 349–355.
  *Rez.:* Chr. Habicht, Phoenix 30 (1976) 394–397.

MAYSER, E., Grammatik der griechischen Papyri aus der Ptolemäerzeit mit Einschluß der gleichzeitigen Ostraka und der in Ägypten verfaßten Inschriften, 2 Bde. in 6 T. (Berlin und) Leipzig 1906 ff. (unv. Nachdr. Berlin 1970, Bd. I² 1 bearb. v. H. Schmoll).

MeyLex: Meyers Lexikon, Bd. XII. Leipzig ⁷1930.

MENGE, H. / O. GÜTHLING, Griechisch-Deutsches und Deutsch-Griechisches Wörterbuch, Teil I. Berlin-Schöneberg ²1913.

MORGENTHALER, R., Statistik des neutestamentlichen Wortschatzes. Zürich / Stuttgart ²1973.

MOULTON, J. H. / G. MILLIGAN, The Vocabulary of the Greek Testament illustrated from the Papyri and other non-literary Sources. London (/ New York / Toronto) 1914−1929 (Nachdr. Grand Rapids 1980).

MOULTON, W. F. / A. S. GEDEN, A Concordance to the Greek Testament. Edinburgh ⁴1964 (= 1970).

NEIRYNCK, F., Q-Synopsis. The Double Tradition Passages in Greek (SNTA 13). Leuven 1988.

PASSOW, F., Handwörterbuch der griechischen Sprache, Bd. I, II. Leipzig ⁵1841−1857 (Nachdr. Darmstadt 1970).

PIR: Prosopographia Imperii Romani Saec. I, II, III, ed. E. Groag et A. Stein, Pars I−IV. Berlin (und Leipzig) 1933−1966; V/1 (hg. v. L. Petersen). Berlin 1970.

PREISIGKE, F., Fachwörter des öffentlichen Verwaltungsdienstes Ägyptens. Göttingen 1915.

−, Namenbuch. Heidelberg 1922.

PREISIGKE, F. / E. KIEßLING, Wörterbuch der griechischen Papyrusurkunden, Bd. I−IV. Berlin 1925−1944; Suppl. I (1940−1966). Amsterdam 1971.

ProsopPtol: PEREMANS, W. / E. VAN'T DACK, Prosopographia Ptolemaica, Bd. I−VIII (StHell 6.8.11.12.13.17.20.21). (Paris et) Louvain 1950−1975.

RE: Paulys Realencyclopädie der classischen Alterthumswissenschaft. Neue Bearb., hg. v. K. Ziegler (1. R.; 2. R.; Suppl.). Stuttgart 1893 ff.

Real-Encyclopädie des Judentums, hg. v. J. Hamburger, Bd. I, II. Leipzig 1896.

REINMUTH, O. W., A Working List of the Prefects of Egypt 30 B. C. to 299 A. D. BASP 4 (1967) 75−128.

RGG³: Die Religion in Geschichte und Gegenwart, hg. v. K. Galling u. a., Bd. I−VI. Tübingen ³1957−1962.

ROSCHER, W. H., Ausführliches Lexikon der griechischen und römischen Mythologie. Leipzig (und Berlin) 1884−1937.

SPERBER, D., A Dictionary of Greek and Latin Legal Terms in Rabbinic Literature. Jerusalem 1984.

SchwLex: Schweizer Lexikon in sieben Bänden, Bd. VII. Zürich 1948.

SLP: Spoglio Lessicale Papirologico a cura di S. Daris, Bd. I−III. Milano 1968.

SMALLWOOD, E. M., Documents Illustrating the Principates of Gaius Claudius and Nero. Cambridge 1967.

−, Documents Illustrating the Principates of Nerva, Trajan, and Hadrian. Cambridge 1966.

STRACK, H. L. / G. STEMBERGER, Einleitung in Talmud und Midrasch. München ⁷1982.

SUICERUS, J. C., Thesaurus ecclesiasticus, e Patribus Graecis ordine alphabetica exhibens, Bd. I. Amstelaedami ²1728.

ThBLNT: Theologisches Begriffslexikon zum Neuen Testament, hg. v. L. Coenen u. a., Bd. I−III. Wuppertal ³1972.

ThGL: Thesaurus Graecae Linguae ab Henrico Stephano constructus, ed. C. B. Hase, G. et L. Dindorfius, Bd. I–VIII. Parisiis (o. J.).

ThWNT: Theologisches Wörterbuch zum Neuen Testament, hg. v. G. Kittel u. G. Friedrich, Bd. I–X/2. Stuttgart 1933–1979.

TRE: Theologische Realenzyklopädie, hg. v. (G. Krause u.) G. Müller. Berlin / New York 1977 ff.

WALDE, A. / J. B. HOFMANN, Lateinisches etymologisches Wörterbuch, Bd. I–III. Heidelberg [3]1938, [3]1954, 1956.

WETTSTEIN, J., Novum Testamentum Graecum, Bd. I, II. Amsterdam 1752 (Nachdr. Graz 1962).

WINER, G. B., Biblisches Realwörterbuch, Bd. I, II. Leipzig 1848.

Wörterbuch der deutschen Gegenwartssprache, hg. v. R. Klappenbach und W. Steinitz (Akademie der Wissenschaften der DDR. Zentralinstitut für Sprachwissenschaft), Bd. VI. Berlin 1977.

ZIMMERN, H., Akkadische Fremdwörter als Beweis für babylonischen Kultureinfluß. Leipzig [2]1917.

## III. Sekundärliteratur

ABRAHAMS, I., Publicans and Sinners, in: Studies in Pharisaism and the Gospels I. Cambridge 1917, 54–61.

ALBECK, CH., Einführung in die Mischna (SJ 6). Berlin / New York 1971.

ALBERTZ, M., Die synoptischen Streitgespräche. Ein Beitrag zur Formengeschichte des Urchristentums. Berlin 1921.

ALFÖLDY, G., Römische Sozialgeschichte. Wiesbaden 1975.

–, Die Stellung der Ritter in der Führungsschicht des Imperium Romanum. Chiron 11 (1981) 169–215.

ALT, A., Galiläische Probleme, in: KS II. München [3]1964, 363–435.

–, Die Stätten des Wirkens Jesu in Galiläa, ebd. 436–455.

ALTHEIM, F. / R. STIEHL, Finanzgeschichte der Spätantike. Frankfurt/M. 1957.

ANDREADES, A., Geschichte der griechischen Staatswirtschaft, Bd. I. München 1931 (Nachdr. Hildesheim 1965).
   *Rez.:* F. Oertel, in: ders., KS 167–172.

–, Des droits de douane prélevés par les Lagides sur le commerce extérieur. Mélanges G. Glotz I. Paris 1932, 7–48.

ANTWEILER, B., Art. Zollwesen, in: Staatslexikon, hg. v. H. Sacher, Bd. V. Freiburg i. Br. [5]1932, Sp. 1653–1664.

ANZ, W., Zur Frage nach dem Ursprung des Gnostizismus. Ein religionsgeschichtlicher Versuch (TU 15,4). Leipzig 1897.

APPLEBAUM, SH., Economic Life in Palestine, in: The Jewish People in the First Century (CRINT II). Assen / Amsterdam 1976, 631–700.

–, Judaea as a Roman Province; the Countryside as a Political and Economic Factor (ANRW II 8). Berlin / New York 1977, 355–396.

APTOWITZER, V., Rabbinische Parallelen und Aufschlüsse zur Septuaginta und Vulgata. ZAW 29 (1909) 241–252.

ARAI, S., Individual- und Gemeindeethik bei Lukas. AJBI (Tokyo) 9 (1983) 88–127.

ARDANT, G., Histoire de l'impôt. Livre I. De l'Antiquité au XVIIe siècle. Paris 1971.

ARENS, E., The 'HΛΘON-Sayings in the Synoptic Tradition. A historico-critical investigation (OBO 10). Freiburg (Schweiz) / Göttingen 1976.

AUNE, D., Orthodoxy in First Century Judaism? JSJ 7 (1976) 1–10.

AURELIO, T., Disclosures in den Gleichnissen Jesu. Eine Anwendung der disclosure-Theorie von I. T. Ramsey, der modernen Metaphorik und der Theorie der Sprechakte auf die Gleichnisse Jesu (RStTh 8). Frankfurt am Main usw. 1977.

AUSTIN, M. M. / P. VIDAL-NAQUET, Economic and Social History of Ancient Greece: An Introduction. Berkeley / Los Angeles 1977 (= Paris 1972).

AVI-YONA, M., The Development of the Roman Road System in Palestine. IEJ 1 (1950/1) 54–60.

–, Geschichte der Juden im Zeitalter des Talmud. In den Tagen von Rom und Byzanz (SJ II). Berlin 1962.

–, Historical Geography, in: The Jewish People in the First Century (CRINT I). Assen 1974, 78–116.


BAASLAND, E., Zum Beispiel der Beispielerzählungen. Zur Formenlehre der Gleichnisse und zur Methodik der Gleichnisauslegung. NT 28 (1986) 193–219.

BAATZ, D., »Gebt dem Kaiser, was des Kaisers ist«. Steuern im Römerreich, in: Mit dem Zehnten fing es an. Eine Kulturgeschichte der Steuer (hg. v. U. Schultz). München 1986, 38–50.

BACHER, W., Die Agada der Tannaiten, Bd. I, II. Straßburg ²1903, 1890 (Nachdr. Berlin 1965, 1966).

–, Tradition und Tradenten in den Schulen Palästinas und Babyloniens. Leipzig 1914 (Nachdr. Berlin 1966).

BADIAN, E., Q. Mucius Scaevola and the Province of Asia. At. 34 (1956) 104–123.

–, Rome and Antiochus the Great: A Study in Cold War, in: Studies in Greek and Roman History. Oxford ²1968, 112–139.

–, Sulla's Cilician Command, ebd. 157–178.

–, Publicans and Sinners. Private Enterprise in the Service of the Roman Republic. Oxford 1972.

BAGNALL, R. S., The Administration of the Ptolemaic Possessions Outside Egypt (Columbia Studies in the Classical Tradition). Leiden 1976.
   *Rez.*: H. Heinen, Gn. 52 (1980) 386 f.

BALDUS, H. R., Der Helm des Tryphon und die seleukidische Chronologie der Jahre 146–138 v. Chr. JNG 20 (1970) 217–239.

BALDWIN, B., The Pseudologistes of Lucian. ClR 76 (N. S. 12) (1962) 2–5.

BAMMEL, E., Judaica (WUNT 37), Tübingen 1986.

BARNETT, P. W., ›Under Tiberius all was Quiet‹. NTS 21 (1974/75) 564–571.

BARON, S. W., A Social and Religious History of the Jews, Bd. I–III. New York 1937, ²1952/53.

BARTH, G., Das Gesetzesverständnis des Evangelisten Matthäus, in: G. Bornkamm / G. Barth / H. J. Held, Überlieferung und Auslegung im Matthäusevangelium (WMANT 1). Neukirchen-Vluyn ⁶1970, 54–154.

BARTSCH, H.-W., Zur Problematik eines Monopoltextes des Neuen Testaments. Das Beispiel Markus 2, Vers 15 und 16. ThLZ 105 (1980) Sp. 91–96.

BAUER, W., Jesus der Galiläer, in: FG f. A. Jülicher. Tübingen 1924, 16–34.

BAUMBACH, G., Der sadduzäische Konservativismus, in: LRFJ. Würzburg 1973, 201–213.

BAUR, P. V. C. / M. I. ROSTOVTZEFF, The Excavations at Dura-Europos. Preliminary Report of First Season of Work, Spring 1928. New Haven (London / Oxford) 1929.

–, Bd. II: Preliminary Report of Second Season of Work, October 1928–April 1929. New Haven (London / Oxford) 1931.

Bean, G., Notes and Inscriptions from Caunus. JHS 73 (1953) 10–35; 74 (1954) 85–110.

Behrend, D., Attische Pachturkunden. Ein Beitrag zur Beschreibung der μίσθωσις nach den griechischen Inschriften (Vestigia Bd. 12). München 1970.

Beilner, W., Der Ursprung des Pharisäismus. BZ NF 3 (1959) 235–251.

Bell, H. I., Notes from Papyri in the British Museum. APF 6 (Heft 1/2, 1913 [= 1920]) 100–113.

–, Egypt under the early Principate, CAH X (1934 = $^5$1976), 284–315.

–, Roman Egypt from Augustus to Diocletian. CE 13 (1938) 347–363.

–, The *Constitutio Antoniniana* and the Egyptian Poll-Tax. JRS 37 (1947) 17–23.

Belo, F., Das Markus-Evangelium materialistisch gelesen. Stuttgart 1980.

Beloch, K. J., Griechische Geschichte. Bd. I.1–IV.2. Straßburg bzw. Berlin und Leipzig $^2$1912–$^2$1927.

Ben-David, A., Jerusalem und Tyros. Ein Beitrag zur palästinensischen Münz- und Wirtschaftsgeschichte (126 a. C.–57 p. C.). Basel / Tübingen 1969.

–, Talmudische Ökonomie. Die Wirtschaft des jüdischen Palästina zur Zeit der Mischna und des Talmud, Bd. I. Hildesheim / New York 1974.
*Rez.:* J. Jeremias, JSJ 6 (1975) 96–100.

Bengtson, H., Die Strategie in der hellenistischen Zeit, Bd. I–III (MBPF 26, 32, 36). München 1937, 1944, 1952 (verb. Nachdr. 1964, 1967).

–, Die ptolemäische Staatsverwaltung im Rahmen der hellenistischen Administration. MH 10 (1953) 161–177.

–, Griechische Geschichte von den Anfängen bis in die römische Kaiserzeit (HAW III.4). München $^5$1977.

Beranger, J., La date de la Lex Antonia de Termessibus et le tribunat syllanien, in: Mélanges d'archéologie et d'histoire offerts à André Piganiol édités par Raymond Chevallier (Ecole pratique de hautes études – VIe section, centre de recherches historiques), Bd. II. Paris 1966, 723–737.

Berger, K., Die Amen-Worte Jesu. Eine Untersuchung zum Problem der Legitimation in apokalyptischer Rede (BZNW 39). Berlin 1970.

–, Zur Geschichte der Einleitungsformel »Amen, ich sage euch«. ZNW 63 (1972) 45–75.

–, Hellenistische Gattungen im Neuen Testament (ANRW II 25.2). Berlin / New York 1984, 1031–1432, 1831–1885.

–, Exegese des Neuen Testaments. Neue Wege vom Text zur Auslegung (UTB 658). Heidelberg $^2$1984.

Berneker, E., Die Sondergerichtsbarkeit im griechischen Recht Ägyptens. Mit rechtsvergleichenden Ausblicken (MBPF 22). München 1935. *Ergänzung und Berichtigung:* E. Balogh, Die richterliche Kompetenz des Dioiketen Apollonios nach den Zenonpapyri, in: IKP V. Bruxelles 1938, 21–70.
*Rez.:* K. Fr. W. Schmidt, PhW 56 (1936) Sp. 1391 f.

Bernhardt, R., Die Immunitas der Freistädte. Hist. 29 (1980) 190–207.

–, Immunität und Abgabenpflichtigkeit bei römischen Kolonien und Munizipien in den Provinzen. Hist. 31 (1982) 343–352.

Best, E., Markus als Bewahrer der Überlieferung, in: R. Pesch (Hg.), Das Markus-Evangelium (WdF 411). Darmstadt 1979, 390–409.

Betz, H. D., Lukian von Samosata und das Neue Testament. Religionsgeschichtliche und paränetische Parallelen (TU 76). Berlin 1961.

BEVAN, E. R., The Jews. CAH IX (1932 = 1971) 397–436.

BEYER, K., Semitische Syntax im Neuen Testament. Bd. I (StUNT 1). Göttingen 1962.

BEYSCHLAG, K., Herkunft und Eigenart der Papiasfragmente (StPatr IV, TU 79). Berlin 1961, 268–280.

–, Zur Geschichte der Bergpredigt in der Alten Kirche. ZThK 74 (1977) 291–322.

BICKERMAN, E. J., Beiträge zur antiken Urkundengeschichte. APF 8 (1927) 216–239; 9 (1930) 24–46, 155–182.

–, Art. Makkabäerbücher, RE XIV. Stuttgart 1928, Sp. 779–800.

–, La Charte séleucide de Jérusalem. REJ 100 (1935) 4–35 (Nachdr.: Der seleukidische Freibrief für Jerusalem, in: Zur Josephus-Forschung, hg. v. A. Schalit [WdF 84]. Darmstadt 1973, 205–240); überarb. jetzt in: ders., Studies II, 44–85.

–, Der Gott der Makkabäer. Untersuchungen über Sinn und Ursprung der makkabäischen Erhebung. Berlin 1937.
  *Rez.:* K. Galling, OLZ 42 (1939) 225–228.

–, Institutiones des Séleucides (BAH 26). Paris 1938.

–, Chronology of the Ancient World (Aspects of Greek and Roman Life). London 1968, repr. 1969.

–, The Jewish Historian Demetrios, in: Christianity, Judaism and other Greco-Roman Cults. Studies for Morton Smith at Sixty. Part Three (Judaism before 70), (SJLA 12). Leiden 1975, 72–84.

–, Studies in Jewish and Christian History I–III (AGAJU 9). Leiden 1976, 1980, 1986.

BIEDER, W., Die Berufung im NT. Zürich 1961.

BIETENHARD, H., Die syrische Dekapolis von Pompeius bis Traian (ANRW II 8). Berlin/New York 1977, 220–261.

–, »Der Menschensohn« – ὁ υἱὸς τοῦ ἀνθρώπου. Sprachliche und religionsgeschichtliche Untersuchungen zu einem Begriff der synoptischen Evangelien. I. Sprachlicher und religionsgeschichtlicher Teil (ANRW II 25.1). Berlin/New York 1982, 265–350.

BINGEN, J., Reçu bancaire de taxe de transmission, in: P. Coll. Youtie I. Bonn 1976, 103–106.

BLACK, M., An Aramaic Approach to the Gospels and Acts. Oxford [3]1967.
  *Rez.:* J. Jeremias, ThLZ 74 (1949) Sp. 527–532;
  *Rez.:* J. F. Fitzmyer, CBQ 30 (1968) 417–428;
  *Rez.:* N. Turner, ExT 79 (1968) 282 f.
  dt. Ausg.: Die Muttersprache Jesu. Das Aramäische der Evangelien und der Apostelgeschichte (BWANT 115). Stuttgart usw. 1982.
  *Rez.:* P.-R. Berger, ThRv 82 (1986) Sp. 1–18.

–, Jesus and the Son of Man. JSNT 1 (1978) 4–18.

BLASS, F., Die attische Beredsamkeit, Bd. III/1.2. Leipzig [2]1893. [2]1898.

BLOCH, G. / J. CARCOPINO, Histoire Ancienne. Troisième Partie. Histoire Romaine, Tome II. La république Romaine de 133 avant J.-C. à la mort de César. Des Gracques à Sulla (Histoire Générale). Paris 1940.

BLÜMNER, H., Fahrendes Volk im Altertum (SBAW.PPH 1918,6). München 1918.

BÖCHER, O., Dämonenfurcht und Dämonenabwehr. Ein Beitrag zur Vorgeschichte der christlichen Taufe (BWANT 90 bzw. 10). Stuttgart usw. 1970.

–, Aß Johannes der Täufer kein Brot? Lk 7,33. NTS 18 (1971/72) 90–92.

BÖCKH, A., Die Staatshaushaltung der Athener, hg. v. M. Fränkel, Berlin I[3] 1886.

BOLKESTEIN, H., Wohltätigkeit und Armenpflege im vorchristlichen Altertum. Ein Beitrag zum Problem »Moral und Gesellschaft«. Utrecht 1939.

–, Economic Life in Greece's Golden Age (hg. v. E. J. Jonkers). Leiden 1958.

BONHÖFFER, A., Die Ethik des Stoikers Epictet. Stuttgart 1894.

BORKOWSKI, Z., Reçus d'octroi provenant de l'Arsinoite. CE 45 (1970) 328–333.

–, Toll-Receipts for ἑκατοστή, ᾧ καὶ ν and ἐρημοφυλακία from Berlin. JJP (Warschau) 21–22 (1971) 131–139.

BORNKAMM, G., Jesus von Nazareth. Stuttgart usw. [8]1968.

BOUSSET, W., Die Himmelsreise der Seele. ARW 4 (1901) 136–169, 229–273 (Nachdr. Darmstadt [Libelli 71] 1960).

–, H. GRESSMANN: Die Religion des Judentums im späthellenistischen Zeitalter (HNT 21). Tübingen [3]1926 (= [4]1966).

BOVER, I. M., Iustificata est sapientia a filiis suis. Mt. 11.19. A filiis an ab operibus? Bib. 6 (1925) 323–325.

LAGRANGE, M.-J.: Iterum Mt. 11,19: A filiis an ab operibus?, ebd. 461–463.

–, Responsio, ebd. 463–465.

BOVON, F., Das Evangelium nach Lukas (EKK III/1). Zürich / Neukirchen-Vluyn 1989.

BOWERSOCK, G. W., Syria under Vespasian. JRS 63 (1973) 133–140.

BOWKER, J., Jesus and the Pharisees. Cambridge 1973.

BOWMAN, A. K., The Crown-Tax in Roman Egypt. BASP 4 (1967) 59–67.

–, Some Aspects of the Reform of Diocletian in Egypt. IPK XIII, hg. v. E. Kießling u. H.-A. Rupprecht. München 1974, 43–51.

BRANDT, H., Die Zollinschriften von Myra und Kaunos und ein neues Zeugnis aus Xanthos. EA 10 (1987) 91–94.

BRANDT, W., Das Schicksal der Seele nach dem Tode nach mandäischen und parsischen Vorstellungen. JPTh 18 (1892) 405–438, 575–603.

BRAUN, H., Spätjüdisch-häretischer und frühchristlicher Radikalismus. Jesus von Nazareth und die essenische Qumransekte, Bd. I, II (BHTh 24). Tübingen [2]1969.

–, Jesus. Der Mann aus Nazareth und seine Zeit (ThTh 1). Stuttgart / Berlin [2]1969.

–, Gott, die Eröffnung des Lebens für die Nonkonformisten. Erwägungen zu Markus 2,15–17, in: FS E. Fuchs (70). Tübingen 1973, 97–101.

BRAUNERT, H., Die griechischen Urkunden, in: Zum gegenwärtigen Stand der juristischen Papyrusforschung. ZVRW 60 (1957) 117–183.

–, Die Binnenwanderung. Studien zur Sozialgeschichte Ägyptens in der Ptolemäer- und Kaiserzeit (BHF 26). Bonn 1964.

–, Der römische Provinzialzensus und der Schätzungsbericht des Lukas-Evangelium. Hist. 6 (1957) 192–214.

–, Omnium provinciarum populi Romani ... fines auxi. Ein Entwurf. Chiron 7 (1977) 207–217.

BRAUNERT, H. / U. BUSKE, Eingaben an den Strategen Apollonios aus der Bonner Papyrussammlung. JJP (Warschau) 23 (1974) 39–53.

BRINGMANN, K., Steuern und Fremdherrschaft. Judäa zur Zeit Jesu, in: Mit dem Zehnten fing es an. Eine Kulturgeschichte der Steuern (hg. v. U. Schultz). München 1986, 51–63.

BROER, I., Die Antithesen und der Evangelist Mattäus. BZ NF 19 (1975) 50–63.

BROUGHTON, T. R. S., Roman Landholding in Asia Minor. TPAPA 65 (1934) 207–239.

–, On Two Passages of Cicero Referring to Local Taxes in Asia. AJP 57 (1936) 173–176.

–, Roman Asia Minor, in: ESAR IV (hg. v. T. Frank). Baltimore 1938, 499–950.

BRUNNER, H., Die Lehre des Cheti, Sohnes des Duauf (ÄF 13). Glückstadt und Hamburg 1944.

–, Die religiöse Wertung der Armut im Alten Ägypten. Saec. 12 (1961) 319–344.

BRUNNER-TRAUT, E., Altägyptische Märchen (Die Märchen der Weltliteratur 42). Düsseldorf/Köln 1963.

BRUNT, P. A., Sulla and the Asian Publicans. Latomus 15 (1956) 17–25.

–, Die Equites in der späten Republik (1962), in: Zur Sozial- und Wirtschaftsgeschichte der späten römischen Republik, hg. v. H. Schneider (WdF 413). Darmstadt 1976, 175–213.

–, The ›Fiscus‹ and its Development. JRS 56 (1966) 75–91.

–, The Administrators of Roman Egypt. JRS 65 (1975) 124–147.

BUCHANAN, G. W., Jesus and the Upper Class. NT 7 (1964/65) 195–209.

BUDESHEIM, T. L., Jesus and the Disciples in Conflict with Judaism. ZNW 62 (1971) 190–209.

BÜCHLER, A., Die priesterlichen Zehnten und die römischen Steuern in den Erlässen Cäsars. FS M. Steinschneider (80). Leipzig 1896, 91–109.

–, Die Tobiaden und die Oniaden im II. Makkabäerbuche und in der verwandten jüdisch-hellenistischen Litteratur (Untersuchungen zur Geschichte der Juden von 220–160 und zur jüdisch-hellenistischen Litteratur). Wien 1899 (Nachdr. Hildesheim/New York 1975).

–, Der galiläische 'Am-ha'areṣ des zweiten Jahrhunderts. Beiträge zur innern Geschichte des palästinischen Judentums in den ersten zwei Jahrhunderten. Wien 1906 (Nachdr. Hildesheim 1968).

–, Studies in Sin and Atonement in the Rabbinic Literature of the First Century (JCP 11). Oxford/London 1928.

BÜCHNER, R., Art. Beiträge, in: Hb. Finanzwiss. II (hg. v. W. Gerloff/F. Neumark). Tübingen ²1952, 225–238.

–, Art. Umsatzsteuern, ebd. 566–600.

BULTMANN, R., Die Geschichte der synoptischen Tradition (FRLANT NF 1.2). Göttingen ⁷1967. ErgH. ⁴1971.

–, Theologie des Neuen Testaments. Tübingen ⁶1968.

–, Exegetica. Aufsätze zur Erforschung des Neuen Testaments. Tübingen 1967.

–, Die Erforschung der synoptischen Evangelien, jetzt in: ders., Glauben und Verstehen IV. Tübingen ²1967.

–, Jesus. München/Hamburg ³1967.

BUNGE, J. G., Untersuchungen zum zweiten Makkabäerbuch. Quellenkritische, literarische, chronologische und historische Untersuchungen zum zweiten Makkabäerbuch als Quelle syrisch-palästinensischer Geschichte im 2. Jh. v. Chr., Diss. phil. Bonn 1971.

–, »THEOS EPIPHANES«. Zu den ersten fünf Regierungsjahren Antiochos' IV. Epiphanes. Hist. 23 (1974) 57–85.

–, Zur Geschichte und Chronologie des Untergangs der Oniaden und der Aufstieg der Hasmonäer. JSJ 6 (1975) 1–46.

BURBRIDGE, A. T., The Justification of Wisdom. JThS 5 (1904) 455–458.

BURCKHARDT, K. CHR., Zöllner und Sünder, in: Schriften und Vorträge. Basel 1917, 307–335.

BURGSMÜLLER, A., Der 'am ha-'ares zur Zeit Jesu. Diss. theol. Marburg/L. 1964.

BURIAN, J., Zur Verwaltung der Provinzen in der Krisenzeit der römischen Republik, in: Sozialökonomische Verhältnisse im Alten Orient und im Klassischen Altertum (hg. v. H. J. Diesner/R. Günther/G. Schrot). Berlin 1961, 76–79.

BURKITT, F. C., ›Levi son of Alphaeus‹. JThS 28 (1927) 273 f.

BURNEY, C. F., The Poetry of Our Lord: An Examination of the Formal Elements of Hebrew Poetry in the Discourses of Jesus Christ. Oxford 1925.

Burr, V., Rom und Judäa im 1. Jh. v. Chr. (ANRW I 1). Berlin / New York 1972, 875–886.

Busolt, G. / H. Swoboda, Griechische Staatskunde Bd. I, II (HAW IV 1,1,1.2). München ³1920 (Nachdr. 1963, 1972).

Cagnat, M. R., Etude historique sur les impôts indirects chez les Romains jusqu'aux invasions des Barbares, d'après les documents littéraires et épigraphiques. Paris 1882.

–, Art. Publicani, Publicum. DS IV. Paris 1907, 752 f.

–, A new Roman Customs List. JRS 4 (1914) 143–146.

Cain, M. F., An Analysis of the Sources of Mc 1,1–3,25 and Parallels, Diss. Duke Univ. Durham (N. C.) 1971.

Calderini, A., ΘΗΣΑΥΡΟΙ, Ricerche di topografia e di storia della pubblica amministrazione nell'Egitto Greco-Romano, in: Studi della scuola papirologica, Bd. IV/3. Milano 1924 (Nachdr. 1972).

Calderini, R., Ricerche sul doppio nome personale nell'Egitto greco-romano. Aeg. 21 (1941) 221–260.

Calloud, J., Towards a Structural Analysis of the Gospel of Mark, in: Semeia 16, Perspectives on Mark's Gospel (hg. v. N. R. Petersen). Missoula 1980, 133–165.

Casey, P. M., The Son of Man Problem. ZNW 67 (1976) 147–154.

–, The Use of the Term ›Son of Man‹ in the Similitudes of Enoch. JSJ 7 (1976) 11–29.

Caspari, W., Das Alter des palästinischen Kolonats. Archiv für Sozialwissenschaft und Sozialpolitik 49 (1922) 54–107.

Cavaignac, E., L'économie grecque. Paris 1951.

Cerfaux, L., Trois réhabilitations dans l'Evangile, in: Recueil L. Cerfaux. Etudes d'Exégèse et d'Histoire Religieuse de Monseigneur Cerfaux II. Gembloux 1954, 51–59.

Chalon, G., L'édit de Tiberius Julius Alexander. Etude historique et exégétique (Bibliotheca Helvetica Romana 5). Olten / Lausanne 1964.
*Rez.:* D. Nörr, ZSRG.R 83 (1966) 431–436.

Christ, F., Jesus Sophia. Die Sophia-Christologie bei den Synoptikern (AThANT 57). Zürich 1970.

Christ, K., Krise und Untergang der römischen Republik. Darmstadt 1979.

Clemen, C., Religionsgeschichtliche Erklärung des Neuen Testaments. Die Abhängigkeit des ältesten Christentums von nichtjüdischen Religionen und philosophischen Systemen. Gießen ²1924.

Clevenot, M., So kennen wir die Bibel nicht. Anleitung zu einer materialistischen Lektüre biblischer Texte. München 1978.

Cocagnac, A. M., Zachée, l'Eglise et la maison des pécheurs, Lc 19,1–10. ASeign 62 (Paris 1970) 81–91.

Conzelmann, H., Die Mitte der Zeit. Studien zur Theologie des Lukas (BHTh 17). Tübingen ⁶1977.

–, Geschichte des Urchristentums (GNT 5). Göttingen 1969.

Cotter, W. J., The Parable of the Children in the Market-place, Q (Lk) 7:31–35: an Examination of the Parable's Image and Significance. NT 29 (1987) 289–304.

Cumont, F., Die orientalischen Religionen im römischen Heidentum. Leipzig ³1931 (Nachdr. Darmstadt ⁷1975).

–, The Frontier Provinces of the East, CAH XI (1936 = ⁴1975) 606–648.

–, Lux perpetua. Paris 1949.

Dar, S. / S. Applebaum, The Roman Road from Antipatris to Caesarea. PEQ 105 (1973) 91–99.

DAUBE, D., The New Testament and Rabbinic Judaism. London 1956.

–, Das Alte Testament im Neuen – aus jüdischer Sicht (Xenia 10). Konstanz 1984.

DAVIES, W. D., Die Bergpredigt. München 1970.

DEGENHARDT, H.-J., Lukas, Evangelist der Armen. Stuttgart 1965.

DEGENKOLB, H., Die Lex Hieronica und das Pfändungsrecht der Steuerpächter. Beitrag zur Erklärung der Verrinen. Berlin 1861.

DEISS, L., La loi nouvelle. Mt 5,38–48; cf. Lc 6,27–38. ASeign 38 (Paris 1970) 60–78.

DEIẞMANN, A., Licht vom Osten. Das Neue Testament und die neuentdeckten Texte der hellenistisch-römischen Welt. Tübingen [4]1923.

–, Der Name Jesus, in: Mysterium Christi, hg. v. G. K. A. Bell u. A. Deißmann. Berlin 1931, 13–41.

DELLING, G., Perspektiven der Erforschung des hellenistischen Judentums. HUCA 45 (1974) 133–176.

DERRETT, J. D. M., The Parable of the Two Sons. StTh 25 (1971) 109–116, jetzt in: ders., Studies in the New Testament I. Leiden 1977, 76–84.

DESSAU, H., Der Steuertarif von Palmyra. Hermes 19 (1884) 486–533.

DEWEY, J., The literary Structure of the Controversy Stories in Mark 2:1–3:6. JBL 92 (1973) 394–401.

–, Marcan Public Debate. Literary technique, concentric structure, and theology in Mark 2:1–3:6 (SBLDS 48). Ann Arbor 1977.

DIBELIUS, M., Die urchristliche Überlieferung von Johannes dem Täufer. Göttingen 1911.

–, Die Formgeschichte des Evangeliums. Tübingen [5]1966.

–, Fragments of an unknown Gospel and other early Christian Papyri ... DLZ 57 (1936) Sp. 3–11.

DIETRICH, C. G., Beiträge zur Kenntnis des römischen Staatspächtersystems, Diss. phil. Leipzig 1877.

–, Die rechtlichen Grundlagen der Genossenschaften der römischen Staatspächter, Teil 1.2, in: Jahresbericht der Fürsten- und Landesschule St. Afra in Meissen ... Meissen 1889, Progr. Nr. 516, 1–25; ebd. 1898, Progr. Nr. 567, 1–23.

DIETRICH, E. K., Die Umkehr (Bekehrung und Buße) im Alten Testament und im Judentum bei besonderer Berücksichtigung der neutestamentlichen Zeit. Stuttgart 1936.

VON DOBSCHÜTZ, E., Matthäus als Rabbi und Katechet. ZNW 27 (1928) 338–348.

DODD, C. H., Jesus als Lehrer und Prophet, in: Mysterium Christi. Berlin 1931, 69–86.

–, The Parables of the Kingdom. Welwyn [15]1958.

–, History and the Gospel. London [1]1938, [2]1964.

DÖLLSTÄDT, W., Griechische Papyrusprivatbriefe in gebildeter Sprache aus den ersten vier Jahrhunderten nach Christus, Diss. phil. Jena, Borna / Leipzig 1934.

DÖMER, M., Das Heil Gottes. Studien zur Theologie des lukanischen Doppelwerkes (BBB 51). Köln / Bonn 1978.

DONAHUE, J. R., Tax Collectors and Sinners. An Attempt at Identification. CQB 33 (1971) 39–61.

*Rez.:* B. Jongeling, JSJ 3 (1972) 80.

DORMEYER, D. / H. FRANKEMÖLLE, Evangelium als literarische Gattung und als theologischer Begriff ... (ANRW II 25.2). Berlin / New York 1984, 1543–1704.

DOWNEY, G., The Occupation of Syria by the Romans. TPAPA 82 (1951) 149–163.

DREW-BEAR, T., Deux décrets hellénistiques d'Asie Mineure. BCH 96 (1972) 435–471.

–, / W. ECK / P. HERRMANN, Sacrae Litterae. Chiron 7 (1977) 355–383.

DREWES, P., Die Bankdiagraphe in den gräko-ägyptischen Papyri, Diss.jur. Freiburg/Br. 1970.

DRIJVERS, H.J. W., Hatra, Palmyra und Edessa ... (Palmyra zus. mit M.J. VERSTEEGH) (ANRW II 8). Berlin / New York 1977, 799—906.

DROYSEN, J. G., Die griechischen Beischriften von fünf ägyptischen Papyren zu Berlin, in: KS zur Alten Geschichte I. Leipzig 1893, 1—39 und Anhang 39—41.

DSCHULNIGG, P., Rabbinische Gleichnisse und das Neue Testament. Die Gleichnisse der PesK im Vergleich mit den Gleichnissen Jesu und dem Neuen Testament (Jud Christ 12). Bern usw. 1988.

DÜLL, R., Zum vielfachen Wertersatz im antiken Recht, in: Scritti in onore di C. Ferrini pubblicati in occasione della sua beatificazione (Edizioni dell' Università Cattolica del S. Cuore, Pubblicazioni, NS XXIII) Bd. III. Milano 1948, 211—230.

DÜMMLER, F., Zu Aristipp und zur Geschichte der Hedonik und des Sensualismus, in: Akademika. Beiträge zur Litteraturgeschichte der sokratischen Schulen. Gießen 1889, 166—188.

DUKES, L., Rabbinische Blumenlese. Leipzig 1844.

DUNGAN, D. L., Mark — the Abridgement of Matthew and Luke, in: Jesus and Man's Hope, Bd. I, A Perspective Book, Pittsburgh Theological Seminary 1970, 51—97.

DUNST, G., Die Wörter des Schimpfens und Spottens in der älteren griechischen Komödie, Diss. Berlin 1953.

DUPONT, J., Les Béatitudes, Bd. I. Paris ²1969.

—, Les deux fils dissemblables Mt 21,28—32. ASeign 57 (1971) 20—32.

—, (Hg.), Jésus aux origines de la christologie (BEThL 40). Gembloux 1975.


EBERTZ, M. N., Das Charisma des Gekreuzigten. Zur Soziologie der Jesusbewegung (WUNT 45). Tübingen 1987.
*Rez.:* G. Baumbach, ThLZ 114 (1989) Sp. 556—558.

ECK, W., Zur Erhebung der Erbschafts- und Freilassungssteuer in Ägypten im 2. Jh. n. Chr. ZPE 27 (1977) 201—209.

—, s. unter Drew-Bear, Sacrae Litterae 365—385.

—, Die staatliche Organisation Italiens in der hohen Kaiserzeit (Vestigia 28). München 1979.

EDGAR, C. C., A Group of Inscriptions from Demerdash. BSAA 4 (1914) 32—38.

EDWARDS, R. A., A Theology of Q. Eschatology, Prophecy, and Wisdom. Philadelphia 1976.

EHRENBERG, V., The People of Aristophanes. A Sociology of Old Attic Comedy. Oxford 1951, New York ³1962.

—, Aristophanes und das Volk von Athen. Eine Soziologie der altattischen Komödie. Zürich / Stuttgart 1968.

EHRHARDT, A., Dike am Tor des Hades, in: Studi in memoria di Emilio Albertario II. Milano 1953, 545—572.

EHRHARDT, A., The Framework of the New Testament Stories. Manchester 1964.

EISLER, R., ΙΗΣΟΥΣ ΒΑΣΙΛΕΥΣ ΟΥ ΒΑΣΙΛΕΥΣΑΣ. Die messianische Unabhängigkeitsbewegung vom Auftreten des Täufers bis zum Untergang Jakobs des Gerechten nach der neuerschlossenen Eroberung von Jerusalem des Flavius Josephus und den christlichen Quellen ... (RWB 9), Bd. I, II. Heidelberg 1929, 1930.

EISSFELDT, O., Einleitung in das Alte Testament. Tübingen ³1964.

EITREM, S., A Few Remarks on σπονδή, θαλλός, and Other Extra Payments in Papyri. SO 17 (1937) 26—48.

ENGELMANN, H., Die Zollinschrift von Myra. ZPE 59 (1985) 113—119.

–, / D. KNIBBE, Das Monumentum Ephesenum. Ein Vorbericht. EA 8 (1986) 19–31.
ENSLIN, M. S., John and Jesus. ZNW 66 (1975) 1–18.
EPPSTEIN, V., When and How the Sadducees Were Excommunicated. JBL 85 (1966) 213–224.
ERNST, J., Johannes der Täufer. Interpretation – Geschichte – Wirkungsgeschichte (BZNW 53). Berlin/New York 1989.
ERXLEBEN, E., Die Rolle der Bevölkerungsklasse im Außenhandel Athens im 4. Jahrhundert v. u. Z., in: Hellenische Poleis, hg. v. E. Ch. Welskopf, Bd. I. Berlin 1974, 460–520.
EVANS, J. A. S., The Poll Tax in Egypt. Aeg. 37 (1957) 259–265.

FALKE, J., Die Geschichte des deutschen Zollwesens. Von seiner Entstehung bis zum Abschluß des deutschen Zollvereins. Leipzig 1869.
FASCHER, E., Die formgeschichtliche Methode. Eine Darstellung und Kritik. Zugleich ein Beitrag zur Geschichte des synoptischen Problems (BZNW 2). Gießen 1924.
FELDMANN, L. H., The Orthodoxy of the Jews in Hellenistic Egypt. JSocS 22 (1960) 215–237.
FELTEN, J., Neutestamentliche Zeitgeschichte oder Judentum und Heidentum zur Zeit Christi und der Apostel, Bd. I. Regensburg 1910.
FIEBIG, P., ἀγγαρεύω. ZNW 18 (1917/18) 64–72.
FIEDLER, P., Die Formel »und siehe« im Neuen Testament (StANT 20). München 1969.
–, Jesus und die Sünder (BET 3). Frankfurt am Main/Bern 1976.
FIESEL, L., Geleitszölle im griechisch-römischen Ägypten und im germanisch-romanischen Abendland (NGWG.PH 1925). Berlin 1926, 57–107.
  *s. dazu:* N. Y. Clauson, Aeg. 9 (1928) 240 ff.
FINKEL, A., The Pharisees and the Teacher of Nazareth. A Study of their background, their Halachic and Mishnaic teachings, the similarities and differences (AGSU 4). Leiden/Köln 1964.
FINKELSTEIN, L., The Pharisees. The sociological background of their faith, Bd. I, II. Philadelphia ³1962.
  *Rez.:* R. Meyer, OLZ 44 (1941) Sp. 70–72.
FINKELSTEIN, M. I., Ἔμπορος, Ναύκληρος and Κάπηλος: A Prolegomena to the Study of Athenian Trade. CP 30 (1935) 320–336.
FINLEY, M. I., The Ancient Economy. Berkeley/Los Angeles ²1975.
–, Die antike Wirtschaft (dtv WR 4277). München 1977.
  *Rez.:* W. Günther, Gn. 51 (1979) 607–609.
FISCHER, T., Untersuchungen zum Partherkrieg Antiochos' VII. im Rahmen der Seleukidengeschichte, Diss. phil. München 1970.
–, Seleukiden und Makkabäer. Beiträge zur Seleukidengeschichte und zu den politischen Ereignissen in Judäa während der 1. Hälfte des 2. Jahrhunderts v. Chr. Bochum 1980.
–, Rom und die Hasmonäer. Ein Überblick zu den politischen Beziehungen 164–37 v. Chr. Gym. 88 (1981) 139–150.
FITZMYER, J. A., Methodology in the Study of the Aramaic Substratum of Jesus' Sayings in the New Testament, in: Jésus aux origines de la christologie (BEThL 40). Gembloux 1975, 73–102.
–, Der semitische Hintergrund des neutestamentlichen Kyriostitels, in: Jesus Christus in Historie und Theologie, FS H. Conzelmann (60). Tübingen 1975, 267–298.
FLACH, D., Die Bergwerksordnung von Vipasca. Chiron 9 (1979) 399–448.

FLUSSER, D., Die rabbinischen Gleichnisse und der Gleichniserzähler Jesus. 1. Teil: Das Wesen der Gleichnisse (JudChrist 4). Bern usw. 1981.
*Rez.:* H.-J. Klauck, ThRv 78 (1982) Sp. 23 f.

FOAKES JACKSON, F. J., Josephus and the Jews. The Religion and History of the Jews as Explained by Flavius Josephus. London 1930.

FOERSTER, W., Neutestamentliche Zeitgeschichte. Hamburg 1968.

FOUCART, P., La formation de la province Romaine d'Asie (MINF 37). Paris 1904, 297—339.

FRAENKEL, S., Die aramäischen Fremdwörter im Arabischen. Leiden 1886 (Nachdr. Hildesheim 1962).

FRANCOTTE, H., L'administration financière des cités Grecques. Mémoires couronnés et autres mémoires publiés par l'académie royale des sciences, des lettres des beaux-arts de Belgique, Bd. 53. Bruxelles 1903/4.

–, Finances des Cités Grecques. Paris 1909.

FRANK, H., Ein Beitrag zur Ptolemäerchronologie des III. Jahrhunderts v. Chr. APF 11 (1935) 1—56.

FRANK, T., On the Export Tax of Spanish Harbours. AJP 57 (1936) 87—90.

FRASER, P. M., Ptolemaic Alexandria, Bd. I—III. Oxford 1972.

FRICKEL, J., Die Zöllner. Vorbild der Demut und wahrer Gottesverehrung, in: Pietas. FS B. Kötting (JAC.E 8), Münster/Westf. 1980, 369—380.

FRIEDLAENDER, L., Darstellungen aus der Sittengeschichte Roms in der Zeit von Augustus bis zum Ausgang der Antonine, Bd. I. Leipzig [10]1922.

FRISK, H., Le périple de la mer Erythrée suivi d'une étude sur la tradition et la langue (GHA 33, 1927, 1). Göteborg 1927.

FRITZE, M., Die ersten Ptolemäer und Griechenland, Diss. phil. Halle-Wittenberg, Halle a. S. 1917.

FUCHS, A., Sprachliche Untersuchungen zu Matthäus und Lukas. Ein Beitrag zur Quellenkritik (AnBib 49). Rom 1971.

FUCHS, E., Gesammelte Aufsätze, Bd. I—III. Tübingen [2]1965.

–, Jesus, Wort und Tat. Tübingen 1971.

FUCHS, H., Der geistige Widerstand gegen Rom in der antiken Welt. Berlin 1938, [2]1964.
*Rez.:* J. Vogt, Gn. 15 (1939) 382—384.

FUCHS, L., Die Juden Ägyptens in ptolemäischer und römischer Zeit (Veröffentlichungen der Dr. A. S. Bettelheim Memorial Foundation). Wien 1924.


GAJDUKEVIČ, V. F., Das bosporanische Reich. Berlin / Amsterdam 1971.

GALLING, K., Der Ehrenname Elisas und die Entrückung Elias. ZThK 53 (1956) 129—148.

GALOT, J., »Qu'il soit pour toi comme le païen et le publicain«. NRTh 96 (1974) 1009—1030.

GAMBA, G. G., Considerazioni in margine alla redazione di Mc 2,13—17. DT(P) 72 (1969) 201—226.

GASTER, M., The Exempla of the Rabbis. Being a collection of exempla, apologues and tales culled from Hebrew manuscripts and rare Hebrew books, Bd. I—III. London / Leipzig 1924 (Nachdr. New York 1971).

GAUDEMET, J., Institutions de l'Antiquité. Paris 1967.

GAUTHIER, H., Monuments et fragments appartenant à l'institut français d'archéologie orientale du Caire. BIFAO 12 (1916) 125—144.

GELZER, T., Tradition und Neuschöpfung in der Dramaturgie des Aristophanes, in: Aristophanes und die alte Komödie, hg. v. H.-J. Newiger (WdF 265). Darmstadt 1975, 283–316.

GERLOFF, W., Ursprung und Anfänge öffentlicher Finanzwirtschaft, in: Hb. Finanzwiss. I. Tübingen ²1952, 202–210.

GIBSON, J., Hoi telōnai kai hai pornai. JThS N. S. 32 (1981) 429–433.

GINSBURG, M. S., Rome et la Judée. Paris 1928.
  *Rez.:* E. Bickermann, Gn. 6 (1930) 357–361.

GINZBERG, L., The Legends of the Jews I–VII. Philadelphia 1909 ff. (mehrere Nachdr.).

GIOVANNINI, A. / H. MÜLLER, Die Beziehungen zwischen Rom und den Juden im 2. Jh. v. Chr. MH 28 (1971) 156–171.

GNILKA, J., Die Kirche des Matthäus und die Gemeinde von Qumran. BZ 7 (1963) 43–63.

GOEBEL, M., Ethnica. Pars Prima, Diss. phil. Vratislaviae 1915.

GOFFART, W., Caput and Colonate: Towards a History of Late Roman Taxation (Phoenix, Journal of the classical association of Canada, Suppl. Bd. XII). Toronto 1974.
  *Rez.:* R. MacMullen, CP 71 (1976) 187 f.

GOLDBERG, A., Form und Funktion des Ma'asse in der Mischna. FJB 2 (1974) 1–38.

–, Der Vortrag des Ma'asse Merkawa. Eine Vermutung zur frühen Merkawamystik. Jud. 19 (1973) 4–23.

GOLDSCHMID, L., Les impôts et droits de douane en Judée sous les Romains. REJ 34 (1897) 192–217.

GOLDSTEIN, J. A., The Tales of the Tobiads, in: Christianity, Judaism and other Greco-Roman Cults. Studies for M. Smith at Sixty. Part Three (Judaism before 70), in: Studies in Judaism in Late Antiquity, hg. v. J. Neusner, Bd. XII. Leiden 1975, 85–123.

GOODENOUGH, E. R., The Political Philosophy of Hellenistic Kingship. YCS 1 (1928) 55–102.

GOPPELT, L., Typos. Die typologische Deutung des Alten Testaments im Neuen. Gütersloh 1939 (Nachdr. Darmstadt 1969).

–, Die Freiheit zur Kaisersteuer (Zu Mk. 12,17 und Röm. 13,1–7), in: Ecclesia und Res Publica, hg. v. G. Kretschmar u. B. Lohse. Göttingen 1961, 40–50.

–, Theologie des Neuen Testaments I. Göttingen 1975.

GRÄßER, E., Der Mensch Jesus als Thema der Theologie, in: Jesus und Paulus, FS W. G. Kümmel (70), hg. v. E. E. Ellis u. E. Gräßer. Göttingen ²1978, 129–150.

GRAETZ, H., Geschichte der Juden, Bd. III: Von dem Tode Juda Makkabis bis zum Untergang des jüdischen Staates. Leipzig ²1863.

–, Die judäischen Ethnarchen oder Alabarchen in Alexandria. MGWJ 25 (1876) 209–224, 241–254, 308–320.

GRAF, K. H., Die zollpolitischen Zielsetzungen im Wandel der Geschichte (Veröff. des Schweizerischen Instituts f. Außenwirtschafts- u. Marktforschung an der Hochschule St. Gallen, Bd. 23), Diss. St. Gallen, Winterthur 1970.

GRAHAM, H. R., Once there was a rich man. BiTod 26 (1988) 98–103.

GRAMS, W. E., Der deutsche Zoll. Von der germanisch-römischen Begegnung bis zur Gegenwart. Karlsruhe 1954.

GRANT, F. C., The Economic Background of the Gospels. London 1926.

GRASBERGER, L., Die griechischen Stichnamen. Ein Beitrag zur Würdigung der Alten Komödie und des Attischen Volkswitzes. Würzburg ²1883.

GREEVEN, H., Das Hauptproblem der Sozialethik in der neueren Stoa und im Urchristentum (NTF R. 3, H. 4). Gütersloh 1935.

GRESSMANN, H., Vom reichen Mann und armen Lazarus. Eine literargeschichtliche Studie (APAW.PH 1918, Nr. 7). Berlin 1918.

GRIMAL, P., Deux figures de la *Correspondance* de Pline: le philosophe Euphratès et le rhéteur Isée. Latomus 14 (1955) 370–383.

GRUNDMANN, W., Das Evangelium nach Matthäus (ThHK I). Berlin ⁴1975.

–, Das Evangelium nach Markus (ThHK II). Berlin ⁷1977.

–, Das Evangelium nach Lukas (ThHK III). Berlin ⁷1974.

GUELICH, R., The Antitheses of Matthew V. 21–48: Traditional and / or Redactional? NTS 22 (1975/76) 444–457.

GÜTTGEMANNS, E., Offene Fragen zur Formgeschichte des Evangeliums (BEvTh 54). München ²1971.

GULAK, A., Boulē und stratēgia. Tarb. 11 (1/1939) 119–122 (hebr.).

–, The Method of Collecting Roman Taxes in Palestine, in: Sefer Magnes / Magnes Anniversary Book, hg. v. F. I. Baer usw. Jerusalem 1938, 97–104 (hebr.); engl. Zusammenfassung S. XXI–XXIII.

GULIN, E. G., Die Freude im Neuen Testament. I. Teil: Jesus, Urgemeinde, Paulus (AASF Ser. B, Tom. 26,2). Helsinki 1922.

–, Zum Ursprung der Sünderliebe Jesu (AAAbo.H. VII.10). Abo 1931.

GUNNEWEG, A. H. J., Geschichte Israels bis Bar Kochba (ThW 2). Stuttgart usw. 1972.


HABICHT, C., Eine Urkunde des arkananischen Bundes. Hermes 85 (1957) 86–122.

–, Die herrschende Gesellschaft in den hellenistischen Monarchien. VSWG 45 (1958) 1–16.

–, New Evidence on the Province of Asia. JRS 65 (1975) 64–91.

–, Royal Documents in Maccabees II. HSCP 80 (1976) 1–18.

HADAS-LEBEL, M., La fiscalité romaine dans la littérature rabbinique. REJ 143 (1984) 5–29.

HÄRTEL, G., Sozialökonomische Verhältnisse im ptolemäischen Ägypten, in: Sozialökonomische Verhältnisse im Alten Orient und im Klassischen Altertum (hg. v. H.-J. Diesner / R. Günther / G. Schrot). Berlin 1961, 106–118.

HAGEDORN, U. u. D., Eingabe an einen Strategen, in: P. Coll. Youtie I. Bonn 1976, 152–159.

–, Quittungen für Weidegeld, in: ebd. 169–171.

–, Abrechnung von Steuereinnehmern, in: ebd. 275–280.

HAGEDORN, D. / J. C. SHELTON, Zur Höhe des Steuersatzes bei ΜΕΡΙΣΜΟΣ ΑΔΡΙΑΝΕΙΟΥ. ZPE 14 (1974) 283 f.

HAHN, F., Probleme historischer Kritik. ZNW 63 (1972) 1–17.

–, Christologische Hoheitstitel (FRLANT 83). Göttingen ⁴1974.

O'HANLON, J., The Story of Zacchaeus and the Lucan Ethic. JSNT 12 (1981) 2–26.

HARMATTA, J., Irano-Aramaica. Zur Geschichte des frühhellenistischen Judentums in Ägypten. AAH 7 (1959) 337–409.

–, Zur Wirtschaftsgeschichte des frühptolemäischen Ägyptens, in: Sozialökonomische Verhältnisse im Alten Orient und im Klassischen Altertum (hg. v. H.-J. Diesner / R. Günther / G. Schrot). Berlin 1961, 119–139.

HARNISCH, W., Die Ironie als Stilmittel in Gleichnissen Jesu. EvTh 32 (1972) 421–436.

–, Die Sprachkraft der Analogie. Zur These vom ›argumentativen Charakter‹ der Gleichnisse Jesu. StTh 28 (1974) 1–20.

–, Die Gleichniserzählungen Jesu. Eine hermeneutische Einführung (UTB 1343). Göttingen 1985.

324 *Literaturverzeichnis*

HARPER, G. MCLEAN, A Study in the Commercial Relations Between Egypt and Syria in the Third Century Before Christ. AJP 49 (1928) 1−35.

−, Village Administration in the Roman Province of Syria. YCS 1 (1928) 103−168.

−, Tax Contractors and their Relation to Tax Collection in Ptolemaic Egypt. Aeg. 14 (1934) 49−64.

−, The Relation of Ἀρχώνης, Μέτοχοι, and Ἔγγυοι to each other, to the Government and to the Tax Contract in Ptolemaic Egypt. Aeg. 14 (1934) 269−285.

HASEBROEK, J., Zum griechischen Bankwesen der klassischen Zeit. Hermes 55 (1920) 113−173.

−, Staat und Handel im alten Griechenland. Untersuchungen zur antiken Wirtschaftsgeschichte. Tübingen 1928 (Nachdr. Hildesheim 1966).
*Rez.:* F. Oertel, in: ders., KS 150−160.

HASLER, V., Amen. Redaktionsgeschichtliche Untersuchungen zur Einführungsformel der Herrenworte »Wahrlich ich sage euch«. Zürich / Stuttgart 1969.

HAWKINS, J. C., Horae Synopticae. Contributions to the Study of the Synoptic Problem. Oxford ²1968.

HEICHELHEIM, F., Roman Syria, in: ESAR IV (hg. v. T. Frank). Baltimore 1938, 121−257.

−, Wirtschaftsgeschichte des Altertums, Bd. I−III. Leiden 1969 (Neudr. der Ausg. 1938).

HEINEN, H., Die politischen Beziehungen zwischen Rom und dem Ptolemäerreich von ihren Anfängen bis zum Tag von Eleusis (273−168 v. Chr.) (ANRW I 1). Berlin / New York 1972, 633−659.

HEINZE, R., Xenokrates. Leipzig 1892 (Nachdr. Hildesheim 1965).

HELLER, B., Das hebräische und arabische Märchen, in: J. Bolte / G. Polívka. Anmerkungen zu den Kinder- und Hausmärchen der Brüder Grimm, Bd. IV. Leipzig 1930, 315−418.

HENDERSON, M. I., The Establishment of the Equester Ordo. JRSt 53 (1963) 61−72.

HENGEL, M., Die Zeloten (AGAJU 1). Leiden / Köln ²1976.

−, Nachfolge und Charisma (BZNW 14). Berlin 1968.

−, Judentum und Hellenismus (WUNT 10). Tübingen ³1988.

−, Proseuche und Synagoge. Jüdische Gemeinde, Gotteshaus und Gottesdienst in der Diaspora und Palästina, in: Tradition und Glaube. FS K. G. Kuhn (65). Göttingen 1971, 157−184.

−, Eigentum und Reichtum in der frühen Kirche. Aspekte einer frühchristlichen Sozialgeschichte. Stuttgart 1973.

−, Juden, Griechen und Barbaren. Aspekte der Hellenisierung des Judentums in vorchristlicher Zeit (SBS 76). Stuttgart 1976.

−, Probleme des Markusevangeliums, in: Das Evangelium und die Evangelien, hg. v. P. Stuhlmacher (WUNT 28). Tübingen 1983, 221−265.

−, Rabbinische Legende und frühpharisäische Geschichte. Schimeon b. Schetach und die achtzig Hexen von Askalon (AHAW.PH 1984, Abh. 2). Heidelberg 1984.

−, Zur matthäischen Bergpredigt und ihrem jüdischen Hintergrund. ThR 52 (1987) 327−400.

HENNIG, D., Untersuchungen zur Bodenpacht im ptolemäisch-römischen Ägypten, Diss. phil. München 1967.

HENSE, O., Ariston bei Plutarch. RMP 45 (1890) 541−554.

HERBST, W., Galeni Pergameni de Atticissantium studiis testimonia. Leipzig 1911.

HERING, J., Lateinisches bei Appian. Diss. phil. Leipzig 1934, Weida i. Thür. 1935.

HERKLOTS, H. G. G., Publicans and Sinners. A Study of the Ministry of Jesus. London 1956.

HERRENBRÜCK, F., Wer waren die ›Zöllner‹? ZNW 72 (1981) 178–194.

–, Zum Vorwurf der Kollaboration des Zöllners mit Rom. ZNW 78 (1987) 186–199.

HERRMANN, J., Zum Begriff γῆ ἐν ἀφέσει. CE 30 (1955) 95–106.

–, Bemerkungen zu den ΜΙΣΘΩΣΙΣ-Urkunden der Papyri Michaelidae. CE 32 (1957) 121–129.

–, Betrachtungen zur Staatspacht in der Prinzipatszeit, in: IKP IX (Oslo 1958). Oslo 1961, 246–256.

–, Studien zur Bodenpacht im Recht der graeco-ägyptischen Papyri (MBPF 41). München 1958.

HERRMANN, P., Antiochos der Grosse und Teos. Anadolu (Anatolia) 9 (1965) 59–160.

HERTER, H., Die Soziologie der antiken Prostitution. JAC 3 (1960) 70–111.

HEUSS, A., Stadt und Herrscher des Hellenismus in ihren staats- und völkerrechtlichen Beziehungen. Klio.B 39 (NF H. 26). Leipzig 1937.

HINRICHS, F. T., Die lex agraria des Jahres 111 v. Chr. ZSRG.R 83 (1966) 252–307.

HIRSCH, E., Frühgeschichte des Evangeliums, Bd. I, II. Tübingen 1941.

HIRSCHFELD, O., Die kaiserlichen Verwaltungsbeamten bis auf Diokletian. Berlin ²1905.

HOBBIE, F. W., Luke 19: 1–10. Interp. 31 (1977) 285–290.

FREIHERR VON HOCK, C. F., Betrachtungen über die Aufhebung *aller* Zölle vom Standpunkt der Besteuerung. ZGStW 21 (1865) 359–367.

HOEHNER, H., Herod Antipas (MSSNTS 17). Cambridge 1972.

HÖPPENER, H., Halieutica. Amsterdam 1931.

HOFFMANN, P., Studien zur Theologie der Logienquelle (NTA 8). Münster 1972.

HOFIUS, O., Jesu Tischgemeinschaft mit den Sündern (CwH 86). Stuttgart 1967.

HOLLEAUX, M., Inscription trouvée à Brousse, in: ders., Etudes II, 73–125.

–, Antiochos Mégas. Note sur une inscription de Délos, in: ders., Etudes III, 159–163.

–, La première expédition d'Antiochos-le-Grand en Koilé-Syrie, in: ders., Etudes III, 311–315.

–, La chronologie de la cinquième guerre de Syrie, in: ders., Etudes III, 317–335.

–, Etudes d'épigraphie et d'histoire Grecques, Bd. I–V. Paris 1938–1957 (Nachdr. 1968), Bd. VI (hg. v. L. Robert). Paris 1968.

HOLTGREWE, K.-G., Der Steuerwiderstand. Berlin 1954.

HOLTZCLAW, B., A Note on Matthew 5, 21–48, in: FS W. Gingrich, hg. v. E. H. Barth und R. E. Cocroft. Leiden 1972, 161–163.

HOLTZMANN, O., Leben Jesu. Tübingen / Leipzig 1901.

HOMMEL, H., Das hellenische Ideal vom einfachen Leben. StGen 11 (1958) 742–751.

HOPFNER, T., Das Sexualleben der Griechen und Römer von den Anfängen bis ins 6. Jahrhundert nach Christus auf Grund der literarischen Quellen, der Inschriften, der Papyri und der Gegenstände der bildenden Kunst systematisch-quellenmäßig dargestellt, 1. Bd., 1. Hälfte. Prag 1938.

HORN, W., Gebet und Gebetsparodie in den Komödien des Aristophanes (Erlanger Beitr. zur Sprach- und Kunstwissenschaft, Bd. 38). Nürnberg 1970.

HUMMEL, R., Die Auseinandersetzung zwischen Kirche und Judentum im Matthäusevangelium (BEvTh 33). München ²1966.

HUNGER, H., Die Logistie – ein liturgisches Amt (Pap. Graec. Vindob. 19799/19800). CE 32 (1957) 273–283.

–, Φιλανθρωπία. Eine griechische Wortprägung auf ihrem Wege von Aischylos bis Theodoros Metochites. AÖAW.PH 100 (1963) 1–20.

Huss, W., Untersuchungen zur Außenpolitik Ptolemaios' IV (MBPF 69). München 1976.

van Iersel, B. M. F., La vocation de Lévi (Mc., II, 13–17, Mt., IX, 9–13, Lc., V, 27–32), in: De Jésus aux Evangiles, FS I. Coppens (70), Bd. II (BEThL XXV). Gembloux 1967, 212–232.
von Inama-Sternegg, K. Th., Der Accisenstreit deutscher Finanztheoretiker im 17. und 18. Jahrhundert. ZGStW 21 (1865) 515–545.
Ivanov, V., De societatibus vectigalium publicanorum populi Romani (Zapiski archeol. obščestva, klassič. Otd. 6). St. Petersburg 1910.

Jenny, B., Der römische Ritterstand während der Republik, Diss. phil. Zürich. Affoltern am Albis 1936.
Jeremias, J., Zöllner und Sünder. ZNW 30 (1931) 293–300 (abgek.: Zöllner I).
–, Die Abendmahlsworte Jesu. Göttingen 1935. ⁴1967.
–, Jerusalem zur Zeit Jesu. Göttingen 1937, ³1969.
–, Die Gleichnisse Jesu. [Zürich 1947] Göttingen ⁹1977.
–, Unbekannte Jesusworte [BFChTh 45/2. Zürich 1948]. Gütersloh ³1963 = ⁴1965.
–, Art. Zöllner und Sünder, RGG³ VI. Tübingen 1963. Sp. 1927 f. (abgek.: Zöllner II).
–, Neutestamentliche Theologie. Teil 1: Die Verkündigung Jesu. Gütersloh 1971.
–, Tradition und Reaktion in Lukas 15. ZNW 62 (1971) 172–189.
–, Die Sprache des Lukasevangeliums. Göttingen 1980.
Johannessohn, M., Das biblische καὶ ἐγένετο und seine Geschichte. ZVSF 53 (1925) 161–212.
–, Der Wahrnehmungssatz bei den Verben des Sehens in der hebräischen und griechischen Bibel. ZVSF 64 (1937) 145–260.
–, Das biblische καὶ ἰδού in der Erzählung samt seiner hebräischen Vorlage. ZVSF 66 (1939) 145–195; 67 (1942) 30–84.
Johnson, J., Inscription, in: P. V. C. Baur / M. I. Rostovtzeff, The Excavations at Dura-Europos, Bd. II. New Haven (London / Oxford) 1931, 114–171.
Jones, A. H. M., The Aerarium and the Fiscus, in: Studies in Roman Government and Law. Oxford 1960, 99–114.
–, The Cities of the Eastern Roman Provinces. Oxford ²1971.
–, Rome and the Provincial Cities. TRG 39 (1971) 513–551.
–, Over-Taxation and the Decline of the Roman Empire, in: The Roman Economy. Studies in Ancient Economic and Administrative History (hg. v. P. A. Brunt). Oxford 1974, 82–89.
–, Taxation in Antiquity, ebd. 151–185.
Joubin, A. / A. Wilhelm, Inscriptions de Chalkis. BCH 16 (1892) 89–120.
Joüon, P., Notes philologiques sur les évangiles. RSR 18 (1928) 345–359.
–, Verbum Salutis V. L'Evangile de Notre-Seigneur Jésus-Christ. Traduction et commentaire du texte original Grec, comte tenu du substrat sémitique. Paris 1930.
Jülicher, A., Die Gleichnisreden Jesu, Teil I, II. Tübingen ²1910 (Nachdr. Darmstadt 1976).
Jüngel, E., Paulus und Jesus (HUTh 2). Tübingen ³1967.
Juster, J., Les Juifs dans l'empire Romain. Bd. I, II. Paris 1914.

Kahrstedt, U., Syrische Territorien in hellenistischer Zeit (AGWG.PH 21,2). Berlin 1926.

–, Staatsgebiet und Staatsangehörige in Athen. Studien zum öffentlichen Recht Athens, Teil I (GöF 4). Stuttgart / Berlin 1934.

KAIMIO, M., On the Sureties of Tax Contractors in Ptolemaic Egypt, in: IKP XVI (ASP 23). Chico 1981, 281–287.

KANAEL, B., The Partition of Judea by Gabinius. IEJ 7 (1957) 98–106.

KAUFMANN, H., Die altrömische Miete. Ihre Zusammenhänge mit Gesellschaft, Wirtschaft und staatlicher Vermögensverwaltung (Forschung zum Römischen Recht 18). Köln / Graz 1964.

KECK, L. E., The Poor among the Saints in the New Testament. ZNW 56 (1965) 100–129.

KEIL, J. / A. v. PREMERSTEIN, Bericht über eine dritte Reise in Lydien und den angrenzenden Gebieten Ioniens (DAWW.PH 57,1). Wien 1914.

KELBER, W. H., Markus und die mündliche Tradition. LingBibl 45 (1979) 5–58.

KIENITZ, F. K., Die politische Geschichte Ägyptens vom 7. bis zum 4. Jahrhundert vor der Zeitwende. Berlin 1953.

KIILUNEN, J., Die Vollmacht im Widerstreit. Untersuchungen zum Werdegang von Mk 2,1–3,6 (AASF 40). Helsinki 1985.

KIPPENBERG, H. G., Religion und Klassenbildung im antiken Judäa. Eine religionssoziologische Studie zum Verhältnis von Tradition und gesellschaftlicher Entwicklung (StUNT 14). Göttingen 1978.
*Rez.:* J. Waardenburg, VF 26 (1981) 14 f.

KLAUCK, H.-J., Allegorie und Allegorese in synoptischen Gleichnistexten (NTA 13). Münster 1978.

KLAUSER, T., Aurum Coronarium. MDAI.R 59 (1944 [ersch. 1948]) 129–153.

KLAUSNER, J., The Economy of Judea in the Period of the Second Temple, in: WHJP I 7: The Herodian Period (hg. v. M. Avi-Yonah und Z. Baras). Jerusalem 1975, 179–205.

KLEIN, G., Miscellen. 4) »Kinder« oder »Werke« Mt 11,19. Lc 7,35. ZNW 2 (1901) 346 f.

KLEINKNECHT, H., Die Gebetsparodie in der Antike (TBAW 28). Stuttgart / Berlin 1937.
*Rez.:* E. Wüst, PhW 59 (1959) Sp. 1164–1168.

KLEIST, J. A., The Gospel of Saint Mark. Presented in Greek Thought-units and Sense-Lines. With a Commentary. New York usw. 1936.

–, Greek or Semitic Idiom? A Note on Mt. 21:32. CBQ 8 (1946) 192–196.

KLEMM, H. G., Die Gleichnisauslegung Ad. Jülichers im Bannkreis der Fabeltheorie Lessings. ZNW 60 (1969) 153–174, jetzt in: Gleichnisse Jesu, hg. v. W. Harnisch (WdF 366). Darmstadt 1982, 343–368.

KLINGENBERG, G., Commissum. Der Verfall nichtdeklarierter Sachen im römischen Zollrecht (Grazer Rechts- und Staatswissenschaftliche Studien 35). Graz 1977.
*Rez.:* K. Hackl, Gn. 52 (1980) 293–295.

KLOTZ, M., Der talmudische Tractat Ebel rabbathi oder S'machoth, Diss. phil. Königsberg. Berlin 1890.

KLUGE, F., Lobhudeln. Zs. für dt. Wortforschung 7 (1905/06) 40–43.

KNIEP, F., Societas Publicanorum, Bd. I. Jena 1896.

KNORRINGA, H., Emporos. Data on trade and trader in greek literature from Homer to Aristotle, Diss. Utrecht 1926. Amsterdam 1926.
*Rez.:* F. Oertel, Gn. 6 (1930) 35–39.

KNOX, W. L., The Sources of the Synoptic Gospels, Bd. I, II. Cambridge 1953, 1957.

Kocis, E., Apokalyptik und politisches Interesse im Spätjudentum. Jud. 27 (1971) 71–89.

Kock, T., Ausgewählte Komödien des Aristophanes II, Die Ritter. Leipzig 1853; III, Die Frösche. Berlin 1856.

Koenen, L., Eine ptolemäische Königsurkunde (P. Kroll) (KPS 19). Wiesbaden 1957.

Köster, H., Synoptische Überlieferung bei den Apostolischen Vätern (TU 65). Berlin 1957.

–, Überlieferung und Geschichte der frühchristlichen Evangelienliteratur (ANRW II 25.2). Berlin/New York 1984, 1463–1542.

Kohler, J., Bemerkungen zu den aramäischen Urkunden von Elephantine. ZVRW 27 (1912) 142–144.

Kohns, H. P., Die staatliche Lenkung des Getreidehandels in Athen (Zu Lysias, or. 22), in: Studien zur Papyrologie und antiken Wirtschaftsgeschichte. FS F. Oertel (80). Bonn 1964, 146–166.

Kolbe, W., Die Kleon-Schatzung des Jahres 425/4. SPAW.PH 1930, 333–354.

–, Thukydides und die Urkunde IG I² 63. SPAW.PH 1937, 172–188.

Kornemann, E., Die unsichtbaren Grenzen des römischen Kaiserreichs, in: ders., Staaten, Männer, Völker (in: Das Erbe der Alten 2,24, hg. v. O. Immisch). Leipzig 1934, 96–116.

–, Die historischen Nachrichten des Periplus maris Erythraei über Arabien. Ein Beitrag zur neronischen Orientpolitik, in: Janus. Arbeiten zur Alten und Byzantinischen Geschichte, begr. v. R. v. Scala, H. 1: FS C. F. Lehmann-Haupt (60), hg. v. K. Regling und H. Reich. Wien/Leipzig 1921, 55–72.

Kortenbeutel, H., Der ägyptische Süd- und Osthandel in der Politik der Ptolemäer und römischen Kaiser, Diss. Berlin 1931.

Koskenniemi, H., Studien zur Idee und Phraseologie des griechischen Briefes bis 400 n. Chr. (STAT, Ser. B, Tom. 102,2). Helsinki 1956.

Kränzlein, A., Eigentum und Besitz im griechischen Recht des fünften und vierten Jahrhunderts v. Chr. (Berliner Jur. Abh. 8). Berlin 1963.

Krauss, S., The Jews in the Works of the Church Fathers. JQR 5 (1893) 122–157.

–, Notes to the J. Q. R., X. JQR 10 (1898) 725 f.

–, Griechische und lateinische Lehnwörter im Talmud, Midrasch und Targum, Bd. I, II. Berlin 1898/99.
*Rez.:* A. Thumb, APF 2 (1903) 406 f.

–, Le nom de Jésus chez les juifs. REJ 55 (1908) 148–151.

–, Talmudische Archäologie, Bd. I–III. Leipzig 1910–12 (Nachdr. Hildesheim 1966).

Kreissig, H., Zur sozialen Zusammensetzung der frühchristlichen Gemeinden im ersten Jahrhundert u. Z. Eirene 6 (1967) 91–100.

–, Die landwirtschaftliche Situation in Palästina vor dem Judäischen Krieg, in: AAH 17 (1969) 223–254.

–, Die sozialen Zusammenhänge der Jüdischen Kriege (SchrGKA 1). Berlin 1970.

–, Wirtschaft und Gesellschaft im Seleukidenreich (SchrGKA 16). Berlin 1978.

Kretzer, A., Die Herrschaft der Himmel und die Söhne des Reiches. Eine redaktionsgeschichtliche Untersuchung zum Basileiabegriff und Basileiaverständnis im Matthäusevangelium (SBM 10). Stuttgart/Würzburg 1971.

Kroll, J., Die Himmelfahrt der Seele in der Antike (Kölner Universitätsreden 27). Köln 1931.

Kroll, W., Die chaldäischen Orakel. RMP 50 (1895) 636–639.

Kruse, H., Die »Dialektische Negation« als semitisches Idiom. VT 4 (1954) 385–400.

Kümmel, W. G., Einleitung in das Neue Testament. Heidelberg ¹⁹1976.

–, Dreißig Jahre Jesusforschung (1950–1980) (BBB 60). Königstein/Ts. / Bonn 1985.
*Rez.:* E. Gräßer, ThR 51 (1986) 426–428.

KUHN, H.-W., Ältere Sammlungen im Markusevangelium (StUNT 8). Göttingen 1971.

KUNKEL, W., Verwaltungsakten aus spätptolemäischer Zeit. APF 8 (1927) 169–215.

–, Herkunft und soziale Stellung der römischen Juristen (Forschungen zum römischen Recht, hg. v. M. Kaser, H. Kreller und W. Kunkel 4). Weimar 1952.

DE LAET, S. J., Portorium. Etude sur l'organisation douanière chez les Romains. Brügge 1949.
*Rez.:* A. N. Sherwin-White, JRS 40 (1950) 144 f.
*Rez.:* K. Kraft, KS I, GA zur Antiken Geschichte. Darmstadt 1973, 256–259.
*Rez.:* H. Nesselhauf, Hist. 2 (1953/54) 111–115.

LAGRANGE, M.-J., s. unter Bover, I. M., Iustificata.

–, Deux nouveaux textes relatifs à l'évangile. RB 44 (1935) 321–343.

LAMARCHE, P., L'appel à la conversion et à la foi: La vocation de Lévi (Mc 2,13–17). LV.F 25 (1970) 125–136.

LANDAU, Y. H., A Greek Inscription Found near Hefzibah. IEJ 16 (1966) 54–70.

LANDFESTER, M., Die Ritter des Aristophanes. Beobachtungen zur dramatischen Handlung und zum komischen Stil des Aristophanes. Amsterdam 1967.

LANG, F. G., Kompositionsanalyse des Markusevangeliums. ZThK 74 (1977) 1–24.

LAUFEN, R., Die Doppelüberlieferungen der Logienquelle und das Markusevangelium (BBB 54). Bonn 1980.

LAUM, B., Geschichte der öffentlichen Finanzwirtschaft im Altertum und Frühmittelalter, in: Hb. Finanzwiss. I. Tübingen ²1952, 211–235.

LAUSBERG, H., Elemente der literarischen Rhetorik. München 1963 (= ⁹1987).

LEBRAM, J. C. H., Nachbiblische Weisheitstraditionen. VT 15 (1965) 167–237.

LEFEVRE, E. (Hg.), Die römische Komödie: Plautus und Terenz (WdF 236). Darmstadt 1973.

LEGASSE, S., Jésus et les prostituées. RTL 7 (1976) 137–154.

LEHMANN, K., Das Kap Hieron und die Sperrung des Bosporus, in: Janus. Arbeiten zur Alten und Byzantinischen Geschichte, begr. v. R. v. Scala. H. 1: FS C. F. Lehmann-Haupt (60), hg. v. K. Regling u. H. Reich. Wien / Leipzig 1921, 168–181.

LEIVESTAD, R., An Interpretation of Matt 11,19. JBL 71 (1952) 179–181.

–, Jesus – Messias – Menschensohn. Die jüdischen Heilserwartungen zur Zeit der ersten römischen Kaiser und die Frage nach dem messianischen Selbstbewußtsein Jesu (ANRW II 25.1). Berlin / New York 1982, 220–264.

LENGER, M.-T., Contribution à l'établissement du texte de PER 24552 gr. (= SB 8008). CE 32 (1957) 340–347.

LENZ, F. W., Die Selbstverteidigung eines politischen Angeklagten. Untersuchungen zu der Rede des Apollonios von Tyana bei Philostratos. Altertum 10 (1964) 95–110.

LEO, F., Plautinische Forschungen. Zur Kritik und Geschichte der Komödie. Berlin ²1912 (Nachdr. 1966).

LESKY, A., Thalatta. Der Weg der Griechen zum Meer. Wien 1947.

–, Abwehr und Verachtung in der Gebärdensprache. AÖAW.PH 106 (1969). Wien 1970, 149–157.

LESQUIER, J., L'arabarchès d'Egypte. RAr 5. Sér. 6 (1917) 95–103.

LEVINE, L. I., The Jewish-Greek Conflict in First Century Caesarea. JJS 25 (1974) 381–397.

–, Caesarea under Roman Rule (SJLA 7). Leiden 1975.

LEWIS, D. M., Law on the Lesser Panathenaia. Hesp. 28 (1959) 239–247.

LEWIS, N., Exemption from Liturgy in Roman Egypt, in: IPK XI. Milano 1966, 508–541.

–, On Official Corruption in Roman Egypt: the Edict of Vergilius Capito. PAPS 98 (1954) 153–158.

–, Inventory of compulsory services . . . (ASP 3). New Haven / Toronto 1968.

–, The Limited Role of the Epistrategos in Liturgic Appointments. CE 44 (1969) 339–344.

–, Notationes legentis. BASP 13 (1976) 5–14.157–173.

–, The Michigan-Berlin Apokrima. CE 51 (1976) 320–330.

LEYRER, Art. Zoll, Zöllner in der Bibel, PRE (hg. v. Herzog) XVIII. Gotha 1864, 652 f.

LICHTENSTEIN, H., Die Fastenrolle. Eine Untersuchung zur jüdisch-hellenistischen Geschichte. HUCA 8/9 (1931/32) 257–351.

LIEBENAM, W., Städteverwaltung im römischen Kaiserreich (Studia Historica 44). Leipzig 1900 (Nachdr. Rom 1967).

LIEBERMAN, S., Greek in Jewish Palestine. New York ²1965.

–, Palestine in the Third and Fourth Centuries, in: ders., Texts and Studies. New York 1974, 112–177.

LIEBESNY, H., Ein Erlaß des Königs Ptolemaios II Philadelphos über die Deklaration von Vieh und Sklaven in Syrien und Phönikien (PER Inv. Nr. 24.552 gr.). Aeg. 16 (1936) 257–291.

*vgl.:* C. Préaux, CE 23 (1937) 275–278.

VON DER LIECK, K., Die xenophontische Schrift von den Einkünften, Diss. Köln. Würzburg 1933.

LIFSHITZ, B., The Greek Documents from Naḥal Ṣeelim and Naḥal Mishmar. IEJ 11 (1961) 53–62.

–, Papyrus grecs du désert de Juda. Aeg. 42 (1962) 240–256.

–, Césarée de Palestine, son histoire et ses institutions (ANRW II 8). Berlin / New York 1977, 490–518.

LILJA, S., Terms of Abuse in Roman Comedy (AASF, B 141,3). Helsinki 1965.

LINDARS, B., Matthew, Levi, Lebbaeus and the Value of the Western Text. NTS 4 (1957/58) 220–222.

LINDESKOG, G., Die Jesusfrage im neuzeitlichen Judentum. Ein Beitrag zur Geschichte der Leben-Jesu-Forschung. Darmstadt 1973.

LINTON, O., St. Matthew 5,43. StTh 18 (1964) 66–79.

–, The Parable of the Children's Game. Baptist and Son of Man (Matt. XI.16–19 = Luke VII.31–5): A Synoptic Text-Critical, Structural and Exegetical Investigation. NTS 22 (1975/76) 156–179.

LIPSIUS, J. H., Das Attische Recht und Rechtsverfahren mit Benutzung des Attischen Processes, Bd. I. Leipzig 1905 (Nachdr. Darmstadt 1966).

LJUNGMAN, H., Das Gesetz erfüllen. Matth. 5,17 ff. und 3,15 untersucht (Lunds Universitets Årsskrift. N. F. Avd. 1, Bd. 50, Nr. 6). Lund 1954.

–, En Sifre-text till Matt. 11,18 f.par. SEÅ 22/23 (1957/8) 238–242.

LÖNING, K., Ein Platz für die Verlorenen. Zur Formkritik zweier neutestamentlicher Legenden (Lk 7,36–50; 19,1–10). BiLe 12 (1971) 198–208.

LÖVESTAM, E., Till förståelsen av Luk. 7:35. SEÅ 22/23 (1957/8) 47–63.

LOEWE, W. P., Towards an Interpretation of Lk 19:1–10. CBQ 36 (1974) 321–331.

LOFTUS, F., The Anti-Roman Revolts of the Jews and the Galileans. JQR 68 (1977) 78–98.

LOHMEYER, E., Soziale Fragen im Urchristentum (Libelli 283). Darmstadt 1973 (= Leipzig [1]1921).

–, Das Evangelium des Matthäus (KEK Sonderbd.), hg. v. W. Schmauch. Göttingen [4]1967.

–, Das Evangelium des Markus (KEK I. Abt., 2. Bd.). Göttingen [17]1967.

LOTZ, W., Studien über Steuerverpachtung (SBAW.PPH 4). München 1935.

LUCK, U., Die Vollkommenheitsforderung der Bergpredigt. Ein aktuelles Kapitel der Theologie des Matthäus (ThExh 150). München 1968.

–, Weisheit und Christologie in Mt 11,25–30. WuD NF 13 (1975) 35–51.

LÜHRMANN, D., Die Redaktion der Logienquelle (WMANT 33). Neukirchen-Vluyn 1969.

–, Liebet eure Feinde (Lk 6,27–36 / Mt 5,39–48). ZThK 69 (1972) 412–438.

–, Der Verweis auf die Erfahrung und die Frage nach der Gerechtigkeit, in: Jesus Christus in Historie und Theologie. FS H. Conzelmann (60), hg. v. G. Strecker. Tübingen 1975, 185–196.

–, Die Frage nach Kriterien für ursprüngliche Jesusworte – eine Problemskizze, in: Jésus aux origines de la christologie, par J. Dupont (BEThL 40). Gembloux 1975, 59–72.

–, Wo man nicht mehr Sklave oder Freier ist. Überlegungen zur Struktur frühchristlicher Gemeinden. WuD NF 13 (1975) 53–83.

–, Das Markusevangelium (HNT 3). Tübingen 1987.

–, Die Pharisäer und die Schriftgelehrten im Markusevangelium. ZNW 78 (1987) 169–185.

LÜTHI, K., Systematische Christologie angesichts einiger Ergebnisse der neutestamentlichen Wissenschaft. ThLZ 101 (1976) Sp. 9–17.

LUMBROSO, G., Recherches sur l'Economie politique de l'Egypte sous les Lagides. Turin 1870.

LUZ, U., Die Jünger im Matthäusevangelium. ZNW 62 (1971) 141–171.

–, Das Jesusbild der vormarkinischen Tradition, in: Jesus Christus in Historie und Theologie. FS H. Conzelmann (60), hg. v. G. Strecker, Tübingen 1975, 347–374.


MACMULLEN, R., Tax-Pressure in the Roman Empire. Latomus 46 (1987) 737–754.

MAGASS, W., Die magistralen Schlußsignale der Gleichnisse Jesu. LingBibl 36 (1975) 1–20.

–, Zum Verständnis des Gleichnisses von den spielenden Kindern (Mt 11,16–19). LingBibl 45 (1979) 59–70.

MAGIE, D., Roman Rule in Asia Minor to the End of the Third Century after Christ. Bd. I, II. Princeton 1950.

MAIER, J., Das Gefährdungsmotiv bei der Himmelsreise in der jüdischen Apokalyptik und Gnosis. Kairos 5 (1963) 18–40.

–, Das Judentum. München [2]1973.

MANN, C. S., Mark (AB 27), Garden City / New York 1986.

MARMORSTEIN, A., Les »épicuriens« dans la littérature talmudique. REJ 54 (1907) 181–193.

MARQUARDT, J., Römische Staatsverwaltung, in: Hb. der röm. Alterthümer (hg. v. J. Marquardt u. Th. Mommsen) V. Leipzig I [2]1884 (Nachdr. Darmstadt 1957).

MARTIN, J., Antike Rhetorik. Technik und Methode (HAW II,3). München 1974.

MARTIN, R. A., Syntactical Evidence of Semitic Source in Greek Documents, in: Septuagint and Cognate Studies III (SBL). Cambridge/Mass. 1974.

–, Syntax criticism of the Synoptic Gospels (SBEC 10). Lewiston / Queenston 1987.

MARTINI, C. M., Were the Scribes Jesus' followers? (Mk 2,15–16). A Textual Decision Reconsidered, in: Text-Wort-Glaube, FS K. Aland (65) (AKG 50). Berlin/New York 1980, 31–39.

MASPERO, H., Les finances de l'Egypte sous les Lagides. Paris 1905.
*Rez.:* U. Wilcken, APF 4 (1908) 225 f.

MATTHEWS, J. F., The Tax Law of Palmyra: Evidence for Economic History in a City of the Roman East. JRS 74 (1984) 157–180.

MAYER-MALY, T., Locatio-Conductio. Eine Untersuchung zum klassischen römischen Recht (Wiener Rechtsgesch. Arbeiten 4). Wien/München 1956.

McCASLAND, S. V., »Soldiers on Service«: The Draft among the Hebrews. JBL 62 (1943) 59–71.

McDOWELL, R. H., Stamped and inscribed objects from Seleucia on the Tigris (UMS.H 36). Ann Arbor 1935.

MEES, M., Die moderne Deutung der Parabeln und ihre Probleme. VetChr 11 (1974) 416–433.

–, Außerkanonische Parallelstellen zu den Herrenworten und ihre Bedeutung (Quaderni di »Vetera Christianorum«. Instituto di Letteratura Cristiana Antica 10). Bari 1975.

MELLINK, M. J., Archeology in Asia Minor. AJA 74 (1970) 157–178; 76 (1972) 180 f.

MERITT, B. D., Greek Inscriptions (Nr. 10: Leases of mines and sales of confiscated property, including that of Philokrates the Hagnousan). Hesp. 5 (1936) 393–413; 9 (1940) 53–96.

–, A. B. WEST, The Athenian Assessment of 425 B. C. (UMS.H 33). Ann Arbor 1934.

MERKEL, H., Jesus und die Pharisäer. NTS 14 (1967/68) 194–208.

–, Das Gleichnis von den ›ungleichen Söhnen‹ (Matth. XXI. 28–32). NTS 20 (1973/74) 254–261.

–, Art. τελώνης, EWNT III. Stuttgart usw. 1983, Sp. 835–838.

MERKER, I. L., A Greek Tariff Inscription in Jerusalem. IEJ 25 (1975) 238–244.

MERKLEIN, H., »Dieser ging als Gerechter nach Hause . . .«. Das Gottesbild Jesu und die Haltung der Menschen nach Lk 18,9–14. BiKi 32 (1977) 34–42.

MEYER, E., Apollonios von Tyana und die Biographie des Philostratos. Hermes 52 (1917) 371–424 (Nachdr. KS II. Halle a. S. 1924, 131–191).

–, Ursprung und Anfänge des Christentums, Bd. I–III. Stuttgart/Berlin 4.51924, 4.51925, 1–31923 (Nachdr. Darmstadt 1962).

–, Geschichte des Altertums, Bd. IV/2; V. Stuttgart 41956, 41958 (Nachdr. Darmstadt 61975).

MEYER, K., Xenophons »Oikonomikos«. Übersetzung und Kommentar (Res, Philol. Beitr. zur Realienforschung im antiken Bereich, hg. v. W. Wimmel, Bd. 1), Diss.phil. Marburg/L. 1975.

MEYER, P. M., Papyrus Cattaoui. APF 3 (1906) 67–105.

–, Königseid von vier Flottensoldaten der Nesioten-Landsmannschaft aus dem Jahre 159 vor Chr. Klio 15 (1918) 376–381.

MEYER, R., Der Prophet aus Galiläa. Studien zum Jesusbild der drei ersten Evangelien. Leipzig 1940 (Nachdr. Darmstadt 1970).

–, Der 'Am hā-'Āreṣ. Ein Beitrag zur Religionssoziologie Palästinas im ersten und zweiten nachchristlichen Jahrhundert. Jud. 3 (1947) 169–199.

–, Die Bedeutung des Pharisäismus für Geschichte und Theologie des Judentums. ThLZ 77 (1952) Sp. 667–683.

–, Art. Σαδδουκαῖος. ThWNT VII. Stuttgart 1964, 35–54.

–, Tradition und Neuschöpfung im antiken Judentum. Dargestellt an der Geschichte des Pharisäismus (SSAW.PH 110, Heft 2). Berlin 1965, 7–88.

–, / H. F. WEISS, Art. Φαρισαῖος. ThWNT IX. Stuttgart 1973, 11–51.

MICHAELIS, J. R., The Parable of the Regretful Son. HThR 61 (1968) 15–26.

MICHAELIS, W., Die Gleichnisse Jesu. Eine Einführung (UCB 32). Hamburg ³1956.

MICHEL, O., Art. τελώνης, ThWNT VIII. Stuttgart 1969, 88–106.

MICHELL, H., The Economics of Ancient Greece. Cambridge ²1957.

MILLAR, F., The Emperor in the Roman World (31 BC–AD 337). New York 1977.

MILLET, G., L'octava impôt sur les ventes dans le bas-emire, in: Mélanges G. Glotz II. Paris 1932, 615–643.

MITTEIS, L., Neue Rechtsurkunden aus Oxyrhynchos. APF 1 (1901) 178–199, 343–354.

–, Grundzüge und Chrestomathie der Papyruskunde, Bd. I, II. Leipzig 1912 (Nachdr. Hildesheim 1963).

MITTWOCH, A., Tribute and Land-Tax in Seleucid Judaea. Bib. 36 (1955) 352–361.

MOEHRING, H. R., The *Acta Pro Judaeis* in the *Antiquities* of Flavius Josephus, in: Christianity, Judaism and other Greco-Roman Cults. FS M. Smith (60) III (Judaism before 70), (SJLA 12). Leiden 1975, 124–158.

MOMIGLIANO, A., The Second Book of Maccabees. CP 70 (1975) 81–88.

MOMMSEN, TH., Römische Geschichte, I. Leipzig 1854. II, III, V. Berlin 1855, 1856, 1885; I, II ⁶1874, V ⁵1904; jetzt in: dtv 6053–6060, Bd. I–VIII. München 1976.

–, Römisches Staatsrecht (Hb. röm. Altertümer, hg. v. J. Marquardt u. Th. Mommsen), I³, II³, III. Leipzig 1887–1888.

–, Der Rechtsstreit zwischen Oropos und den römischen Steuerpächtern, in: Hist. Schr. II, GS V. Berlin 1908, 495–513.

MONTEFIORE, C. G., The Synoptic Gospels, Bd. I, II. New York ²1968.

MONTEVECCHI, O., La Papirologia. Torino 1973.

MOOREN, L., The Date of SB V 8036 and the Development of the Ptolemaic Maritime Trade with India. AncSoc 3 (1972) 127–133.

–, Korruption in der hellenistischen Führungsschicht, in: W. Schuller (Hg.), Korruption im Altertum. München/Wien 1982, 93–101.

MORDTMANN, J. H., Epigraphische Mittheilungen. Hermes 13 (1878) 373–380; 20 (1885) 314.

–, Zur Epigraphik von Kyzikos. III. MDAIA 10 (1885) 200–211.

MOSSE, C., Le travail en Grèce et à Rome. Paris ²1971.

MOTTU, H., The Pharisee and the Tax Collector. Sartrian Notions as Applied to the Reading of Scripture. USQR 29 (1974) 195–213.

MÜLLER, A., Die Schimpfwörter in der griechischen Komödie. Ph. 72 (1913) 321–337.

MÜLLER, B.-J., Ptolemaeus II. Philadelphus als Gesetzgeber, Diss.jur. Köln 1968.

MÜLLER, U. B., Vision und Botschaft. Erwägungen zur prophetischen Struktur der Verkündigung Jesu. ZThK 74 (1977) 416–448.

MÜLLER, W., Das Edikt des Tiberius Julius Alexander, Diss.masch. Leipzig 1950.

–, Zum Edikt des Tiberius Julius Alexander, in: FS F. Zucker (70). Berlin 1954, 291–297.

MUSSIES, G., Dio Chrysostom and the New Testament (SCHNT 2). Leiden 1972.

MUSSNER, F., Der nicht erkannte Kairos (Mt 11,16–19 = Lk 7,31–35). Bib. 40 (1959) 599–612.

NEESEN, L., Untersuchungen zu den direkten Staatsabgaben der römischen Kaiserzeit (27 v. Chr.–284 n. Chr.) (Ant. I 32). Bonn 1980.

NESTLE, E., 1) Gen. 1,2 und Luc. 1,35; 2) Joachim. JPTh 18 (1892) 641 f.

–, Sykophantia im biblischen Griechisch. ZNW 4 (1903) 271 f.

NEUHAUS, G. O., Quellen im 1. Makkabäerbuch? Eine Entgegnung auf die Analyse von K.-D. Schunck. JSJ 5 (1974) 162–175.

NEURATH, O., Zur Anschauung der Antike über Handel, Gewerbe und Landwirtschaft (Cicero, de officiis I, c. 42.). JNS 87 (Nachdr. 3. F. 32) (1906) 577–606; 89 (Nachdr. 3. F. 34) (1907) 145–205.

NEUSNER, J., A Life of Yohanan Ben Zakkai. Ca. 1–80 C. E. (StPB 6). Leiden ²1970.

–, Development of a Legend (StPB 16). Leiden 1970.

–, The Development of the *Merkavah* Tradition. JSJ 2 (1971) 149–160.

–, The Rabbinic Traditions About the Pharisees Before 70, Part I–III. Leiden 1971.

–, Die pharisäischen rechtlichen Überlieferungen, in: Das pharisäische und talmudische Judentum (TSAJ 4). Tübingen 1984, 43–51 (zuerst in: LRFJ, Würzburg / Gütersloh 1973, 64–72).

–, The Formation of Rabbinic Judaism: Yavneh (Jamnia) from A. D. 70 to 100 (ANRW II 19.2). Berlin / New York 1979, 3–42.

–, Die Verwendung des späteren rabbinischen Materials für die Erforschung des Pharisäismus im 1. Jahrhundert n. Chr. ZThK 76 (1979) 292–309.

–, Judentum in frühchristlicher Zeit. Stuttgart 1988 (= Nachdr. Judaism in the Beginning of Christianity, 1984).

–, Das pharisäische und talmudische Judentum. Neue Wege zu seinem Verständnis (TSAJ 4). Tübingen 1984.

NEWIGER, H. J. (Hg.), Aristophanes und die alte Komödie (WdF 265). Darmstadt 1975.

NICOLET, C., L'ordre équestre à l'époque républicaine (312–43 av. J.-C.), T. 1.2. Paris 1966, 1974.

    *Rez.*: P. A. Brunt, in: Annales: Economies, Societes, Civilisations 22 (1967) 1090–1098.

–, Tributum. Recherches sur la fiscalité directe sous la république romaine (Ant. I 24). Bonn 1976.

NIESE, B., Der jüdische Historiker Josephus. HZ 76 (NF 40) (1896) 193–237.

–, Kritik der beiden Makkabäerbücher nebst Beiträgen zur Geschichte der makkabäischen Erhebung. Hermes 35 (1900) 268–307, 453–527.

NILSSON, M. P., Geschichte der griechischen Religion, Bd. 1.2 (HAW V, 2,1.2) München ³1967 (Nachdr. 1976), ³1974.

NÖLDECKE, TH., Geschichte, siehe Lit. verz. I 7.

NÖRR, D., Die Evangelien des Neuen Testaments und die sogenannte hellenistische Rechtskoine. ZSRG.R 78 (1961) 92–141.

–, Zur sozialen und rechtlichen Bewertung der freien Arbeit in Rom. ZSRG.R 82 (1965) 67–105.

NORDEN, E., Agnostos Theos. Untersuchungen zur Formengeschichte Religiöser Rede. Leipzig / Berlin 1913 (Nachdr. Darmstadt ⁶1974).


OAKLEY, H. C., The Greek and Roman Background of the New Testament. VoxEv 1 (1962) 7–23.

OAKMAN, D. E., Jesus and the economic questions of his day (SBEC 8). Lewiston / Queenston 1986.

OERTEL, F., Die Liturgie. Studien zur ptolemäischen und kaiserlichen Verwaltung Ägyptens. Leipzig 1917 (Nachdr. Aalen 1965).

    *Rez.*: J. Partsch, APF 7 (1924) 264–268.

–, Kleine Schriften zur Wirtschafts- und Sozialgeschichte des Altertums (Ant. I 22). Bonn 1975.

–, Studien zur Papyrologie und antiken Wirtschaftsgeschichte. F. Oertel zum achtzigsten Geburtstag gewidmet, hg. v. H. Braunert. Bonn 1964.

*Rez.:* H. J. Wolff, ZSRG.R 82 (1965) 370–373.

OLSSON, B., Papyrusbriefe aus der frühesten Römerzeit, Diss. phil. Uppsala 1925.

OPPENHEIMER, A., The 'Am Ha-aretz. A study in the Social History of the Jewish People in the Hellenistic-Roman Period (ALGHL 8). Leiden 1977.

OSSEGE, M., Einige Aspekte zur Gliederung des neutestamentlichen Wortschatzes (am Beispiel von δικαιοσύνη bei Matthäus). LingBibl 34 (1975) 37–101.

VON DER OSTEN-SACKEN, P., Streitgespräch und Parabel als Formen markinischer Christologie, in: Jesus Christus in Historie und Theologie, FS H. Conzelmann (60), hg. v. G. Strecker. Tübingen 1975, 375–394.

OTTO, W., Priester und Tempel im hellenistischen Ägypten. Ein Beitrag zur Kulturgeschichte des Hellenismus, Bd. I, II. Leipzig / Berlin 1905, 1908.

–, Beiträge zur Seleukidengeschichte des 3. Jahrhunderts v. Chr. (ABAW.PPH 34/1). München 1928.

–, Zur Geschichte der Zeit des 6. Ptolemäers. Ein Beitrag zur Politik und zum Staatsrecht des Hellenismus (ABAW.PPH NF 11). München 1934.

OTTO, W. / H. BENGTSON, Zur Geschichte des Niederganges des Ptolemäerreiches. Ein Beitrag zur Regierungszeit des 8. und des 9. Ptolemäers (ABAW.PPH 17). München 1938.

PARTSCH, J., Griechisches Bürgschaftsrecht. I. Teil: Das Recht des altgriechischen Gemeindestaates. Leipzig / Berlin 1909.

–, Die griechische Publizität der Grundstücksverträge im Ptolemäerrechte, in: FS O. Lenel. Leipzig o. J. (1923), 77–203.

PEKARY, T., Art. Tele, KP V. Stuttgart 1975, Sp. 564 f.

–, Art. Telonai, KP V. Stuttgart 1975, Sp. 576.

–, Untersuchungen zu den römischen Reichsstraßen (Ant. I 17). Bonn 1968.

*Ber. u. erg.:* T. P. Wiseman, Roman Republican Roadbuilding (Papers of the British School at Rome 38). 1970, 122–152.

PEREMANS, W., Die Amtsmißbräuche im ptolemäischen Ägypten, in: W. Schuller (Hg.), Korruption im Altertum. München / Wien 1982, 103–117.

PEREMANS, W. / J. VERGOTE, Papyrologisch Handboek. (Kath. Univ. te Leuven, Phil. St., Teksten en Verhandelingen, 2. Reeks, Deel 1). Leuven 1942.

PEREMANS, W. / E. VAN'T DACK, ΠΡΑΚΤΩΡ ΤΗΣ ΠΡΩΤΗΣ ΤΕΤΡΑΜΗΝΟΥ. JJP (Warschau) 18 (1974) 197–202.

PERRIN, N., Rediscovering the Teaching of Jesus. London 1967.

*dt. Ausgabe:* Was lehrt Jesus wirklich? Rekonstruktion und Deutung. Göttingen 1972.

*Rez.:* W. Grundmann, ThLZ 99 (1974) Sp. 342–345.

PESCH, R., Levi-Matthäus (Mc 2,14 / Mt 9,9; 10,3). Ein Beitrag zur Lösung eines alten Problems. ZNW 59 (1968) 40–56.

–, Das Zöllnergastmahl (Mk 2,15–17), in: Mélanges Bibliques en hommage au R. P. B. Rigaux. Gembloux 1970, 63–87.

–, Das Markusevangelium, I. Teil (HThK II/1). Freiburg / Basel / Wien 1976.

PESCH, W., Die sogenannte Gemeindeordnung Mt 18, in: Joh. B. Bauer (Hg.), Evangelienforschung. Graz / Wien / Köln 1968, 177–197.

PETRIE, W. M. F., The Status of the Jews in Egypt. London 1922.

PETZKE, G., Die Traditionen über Apollonius von Tyana und das Neue Testament (SCHNT 1). Leiden 1970.
  *Rez.*: W. Speyer, JAC 16 (1973) 133–135.

PFISTER, F., Die Reisebilder des Herakleides. Einleitung, Text, Übersetzung und Kommentar mit einer Übersicht über die Geschichte der griechischen Volkskunde (SÖAW.PH 227,2). Wien 1951.

PICARD, C., Fouilles de Thasos (1914 et 1920). BCH 45 (1921) 86–173.

PIGANIOL, A., Observations sur le tarif de Palmyre. RH 195 (1945) 10–23.

PLASSART, A., Inscriptions de Délos. Périodes de l'amphictyonie Ionienne et de l'amphictyonie Attico-Délienne. Paris 1950.

PLAUMANN, G., Der Idioslogos. Untersuchung zur Finanzverwaltung Ägyptens in hellenistischer und römischer Zeit (APAW.PH 1918, Nr. 17). Berlin 1919.
  *Rez.*: J. Partsch, APF 7 (1924) 263.

PLEKET, H. W., Note on a Customs-Law from Caunos (with an Excursus on the Meaning of ἐλλιμένιον). Mn. 4,11 (1958) 128–135.

PLODZIEN, S., The Origin and Competence of the ΠΡΑΚΤΩΡ ΞΕΝΙΚΩΝ. JJP 5 (1951) 217–227.

PLÖGER, O., Hyrkan im Ostjordanland, in: ders., Aus der Spätzeit des Alten Testaments. Göttingen 1971, 90–101.

POETHKE, G., Epimerismos. Betrachtungen zur Zwangspacht in Ägypten während der Prinzipatszeit (PapyBrux 8). Bruxelles 1969.

POHLENZ, M., Der hellenische Mensch. Göttingen 1947.

–, Die Stoa. Geschichte einer geistigen Bewegung. Göttingen 1948.

–, Aristophanes' Ritter, in: NAWG I, Phil.-hist. Klasse, Jg. 1952 Nr. 5, 95–128, jetzt in: KS II. Hildesheim 1965, 511–544.

POKORNY, E., Studien zur griechischen Geschichte im sechsten und fünften Jahrzehnt des vierten Jahrhunderts v. Chr., Diss. phil. Greifswald 1913.

POKORNY, P., Das Markusevangelium. Literarische und theologische Einleitung mit Forschungsbericht (ANRW II 25.3). Berlin / New York 1985, 1969–2035.

POLAG, A., Die theologische Mitte der Logienquelle, in: Das Evangelium und die Evangelien, hg. v. P. Stuhlmacher (WUNT 28). Tübingen 1983, 103–111.

POLAND, F., Geschichte des griechischen Vereinswesens, in: Preisschriften, gekrönt und hg. v. der Fürstlich Jablonowskischen Gesellschaft zu Leipzig, Nr. XXIII der Historisch-Nationalökonomischen Sektion, Bd. 38. Leipzig 1909.

PRAUSE, G., Herodes der Große. König der Juden. Hamburg 1977.

PRÉAUX, C., L'économie royale des Lagides. Bruxelles 1939.
  *Rez.*: H. Kortenbeutel, OLZ 44 (1941) Sp. 212f.

–, Sur les fonctions du πράκτωρ ξενικῶν. CE 30 (1955) 107–111.

–, Les étranges à l'époque hellénistique (Egypte – Délos – Rhodes), in: L'Etranger. Recueils de la Société Jean Bodin 9. Bruxelles 1958, 141–193.

PREISIGKE, F., Zur Buchführung der Banken. APF 4 (1908) 95–114.

–, Girowesen im griechischen Ägypten enthaltend Korngiro Geldgiro Girobanknotariat mit Einschluß des Archivwesens. Ein Beitrag zur Geschichte des Verwaltungsdienstes im Altertume. Strassburg im Elsass 1910.

–, Die Friedenskundgebung des Königs Euergetes II. (P. Teb. I 5). APF 5 (1913) 301–316.

PRINGSHEIM, F., Der griechische Versteigerungskauf, in: Ges. Abh. II. Heidelberg 1961, 262–329.

PRITSCH, E., Jüdische Rechtsurkunden aus Aegypten. ZVRW 27 (1912) 7–70.

–, Die aramäischen Urkunden, in: Zum gegenwärtigen Stand der juristischen Papyrusforschung. ZVRW 60 (1957) 99−117.

VON PROTT, H. / W. KOLBE, Die 1900−1901 in Pergamon gefundenen Inschriften. MDAI. A 27 (1902) 44−151.

–, / W. KOLBE, Die Astynomeninschrift (Nr. 71), ebd. 47−77.

–, Römischer Erlaß betreffend die öffentliche Bank von Pergamon (Nr. 72), ebd. 78−89.

– – –, Art. Publicani, EBrit XVIII. Chicago usw. 1962, 737 f.

RAGAZ, L., Die Gleichnisse Jesu. Hamburg 1971.

RAHMANI, L. Y., A Bilingual Ossuary-Inscription from Khirbet Zif. IEJ 22 (1972) 113−116.

RANEY, W. H., Who were the »sinners«? JR 10 (1930) 578−591.

RAPAPORT, U., Gaza and Ascalon. IEJ 20 (1970) 75 f.

RASCHKE, M. G., The Office of Agoranomos in Ptolemaic and Roman Egypt. IPK XIII. München 1974, 349−356.

–, New Studies in Roman Commerce with the East (ANRW II 9.2). Berlin / New York 1978, 604−1378.

RAU, G., Das Markusevangelium. Komposition und Intention der ersten Darstellung christlicher Mission (ANRW II 25.3). Berlin / New York 1984, 2036−2257.

RECKENDORF, S., Der aramäische Theil des palmyrenischen Zoll- und Steuertarifs. ZDMG 42 (1888) 370−415.

REGARD, P. F., Contribution à l'étude des prépositions dans la langue du Nouv. Test. Paris 1919.

REICKE, B., Die Entstehungsverhältnisse der synoptischen Evangelien (ANRW II 25.2). Berlin / New York 1984, 1758−1791.

REIL, T., Beiträge zur Kenntnis des Gewerbes im hellenistischen Äypten, Diss. phil. Leipzig 1912, Borna / Leipzig 1913.

REIN, T. W., Sprichwörter und sprichwörtliche Redensarten bei Lucian, Diss. phil. Tübingen 1894.

REIN, W., Art. Portitor, RE V. Stuttgart [1]1848, 1922.

–, Art. Portorium, RE V. Stuttgart [1]1848, 1922−1924.

–, Art. Publicani, RE VI/1. Stuttgart [1]1852, 245−248.

–, Art. Vectigal, RE VI/2. Stuttgart [1]1852, 2402−2419.

REINHARDT, K., Aristophanes und Athen, in: Aristophanes und die alte Komödie, hg. v. H. J. Newiger (WdF 265). Darmstadt 1975, 55−74.

REINMUTH, O. W., Two Prefectural Edicts Concerning the Publicani. CP 31 (1936) 146−162.

REISER, M., Der Alexanderroman und das Markusevangelium, in: Markus-Philologie, hg. v. H. Cancik (WUNT 33). Tübingen 1984, 131−163.

–, Syntax und Stil des Markusevangeliums im Licht der hellenistischen Volksliteratur (WUNT II 11). Tübingen 1984.

REMONDON, R., Les Antisémites de Memphis (P. IFAO inv. 104 = CPJ 141). CE 35 (1960) 244−261.

RESE, M., Das Lukas-Evangelium. Ein Forschungsbericht (ANRW II 25.3). Berlin / New York 1984, 2258−2328.

RIESNER, R., Jesus als Lehrer. Eine Untersuchung zum Ursprung der Evangelien-Überlieferung (WUNT II 7). Tübingen [3]1988.

RIEZLER, K., Über Finanzen und Monopole im alten Griechenland. Zur Theorie und Geschichte der antiken Stadtwirtschaft. Berlin 1907.

RIGGENBACH, E., Zur Exegese und Textkritik zweier Gleichnisse Jesu, in: Aus Schrift und Geschichte, FS A. Schlatter (70). Stuttgart 1922, 17–34.

ROBERT, L., Sur un papyrus de Bruxelles, in: Opera minora selecta, Bd. I. Amsterdam 1969, 364–372.

–, La ville d'Euhippè en Carie, ebd. 345–355.

–, Enterrements et épitaphes. AnCl 37 (1968) 406–448.

DA ROCHA PEREIRA, M. H., Frühhellenische Vorstellungen vom Jenseits. Altertum 6 (1960) 204–217.

RÖNSCH, H., Itala und Vulgata. Das Sprachidiom der urchristlichen Itala und der katholischen Vulgata unter Berücksichtigung der römischen Volkssprache durch Beispiele erläutert. Marburg und Leipzig 1869.

ROLL, I., The Roman Road System in Judaea. The Jerusalem Cathedra 3 (1983) 136–161.

ROLOFF, J., Das Kerygma und der irdische Jesus. Göttingen 1970.

ROSENHAGEN, G., Art. Zoll³, GWB XVI. Leipzig 1954 (ersch. 1914). Sp. 37–47.

–, Art. Zoller¹, Zöller, ebd. Sp. 55 f.

–, Art. Zöllner, ebd. Sp. 63–65.

ROSTOVTZEFF, M. I., Eine neue Inschrift aus Halikarnass. AEMÖ 19 (1896) 127–141.

–, ΑΠΟΣΤΟΛΙΟΝ. MDAI.R 12 (1897) 75–81.

–, Geschichte der Staatspacht in der römischen Kaiserzeit bis Diokletian (Ph.S 9,3). Leipzig (1902).

–, Kornerhebung und -transport im griechisch-römischen Ägypten. APF 3 (1906) 201–224.

–, Angariae. Klio 6 (1906) 249–258. (*S. dazu:* U. Wilcken, APF 4 [1908] 228.)

–, Zur Geschichte des Ost- und Südhandels im ptolemäisch-römischen Ägypten. APF 4 (1908) 298–315.

–, Art. Fiscus, RE VI. Stuttgart 1909, Sp. 2385–2405.

–, Studien zur Geschichte des römischen Kolonates (APF Beih. 1). Leipzig / Berlin 1910.

–, The Foundations of Social and Economic Life in Egypt in Hellenistic Times. JEA 6 (1920) 161–178.

–, A large estate in Egypt in the third century B. C. – A study in economic history (University of Wisconsin Studies No. 23, Social Sciences and History No. 6). Madison 1922.
   *Rez.:* F. Zucker, HZ 129 (1924) 69–78.

–, Gesellschaft und Wirtschaft im Römischen Kaiserreich, 2 Bde. Leipzig o. J. (1929?).

–, Seleucid Babylonia: Bullae and Seals of Clay with Greek Inscription. YCS 3 (1932) 1–114.

–, Alexandrien und Rhodos. Klio 30 NF 12 (1937) 70–76.

–, Die hellenistische Welt. Gesellschaft und Wirtschaft, Bd. I–III. Stuttgart 1955–56 (= Nachdr. Gesellschafts- und Wirtschaftsgeschichte der Hellenistischen Welt. Darmstadt 1955).
   *Rez.:* H. Bengtson, KS (1974) 267 ff.

–, / C. B. WELLES, A Parchment Contract of Loan from Dura-Europos on the Euphrates. YCS 2 (1931) 1–78.

ROTH, C. / M. ELON, Art. Taxation. EJ XV. Jerusalem 1971, Sp. 837–873.

ROTHSTEIN, M., Die Elegien des Sextius Propertius erkl. v. M. Rothstein, Bd. II. Berlin ²1924.

ROWLANDS, R., C. Gracchus and the Equites. TPAPA 96 (1965) 361–373.

ROZELAAR, M., Seneca. Amsterdam 1976.

RÜGER, H.-P., Zum Problem der Sprache Jesu. ZNW 59 (1968) 113–123.

RYDBECK, L., Fachprosa, vermeintliche Volkssprache und Neues Testament. Zur Beurteilung der sprachlichen Niveauunterschiede im nachklassischen Griechisch. Uppsala 1967.

SAFRAI, S. / M. STERN (Hg.), The Jewish People in the First Century. Historical Geography, Political History, Social, Cultural and Religious Life and Institutions (CRINT, Sect. One, The Jewish People in the First Century), Bd. I. Assen 1974, Bd. II. Assen / Amsterdam 1976.

SAHLIN, H., Die Früchte der Umkehr. Die ethische Verkündigung Johannes des Täufers nach Lk 3:10–14. StTh 1 (1948) 54–68.

SAKKOS, S. N., ΟΙ ΤΕΛΩΝΑΙ. Συμβολη εις την ιστοριαν των χρονων της Καινης Διαθηκης. Thessaloniki 1968.

SALOM, A. P., Was Zacchaeus Really Reforming? ET 78 (1966/67) 87.

SALONEN, E., Über den Zehnten im Alten Mesopotamien. Ein Beitrag zur Geschichte der Besteuerung (StOr 43,4). Helsinki 1972.

SALONIUS, A. H., Zur Sprache der griechischen Papyrusbriefe. Bd. I. Die Quellen (Societas Scientiarum Fennica. Commentationes Humanarum Litterarum II.3). Helsingfors 1927.

SAMUEL, A. S., Ptolemaic Chronology (MBPF 43). München 1962.

–, The juridical competence of the oikonomos in the third century B. C., in: IKP XI. Milano 1966, 444–450.

SANDERS, E. P., Jesus and the Sinners. JSNT 19 (1983) 5–36, jetzt in: ders., Jesus and Judaism, 174–211.

–, Jesus and Judaism. London 1985.

SANDS, P. C., The Client Princes of the Roman Empire under the Republic. Cambridge 1908.

SAN NICOLO, M., Ägyptisches Vereinswesen zur Zeit der Ptolemäer und Römer, Bd. I, II/1 (MBPF 2). München 1913, 1915.

SATO, M., Q und Prophetie. Studien zur Gattungs- und Traditionsgeschichte der Quelle Q (WUNT II 29). Tübingen 1988.

SAYCE, A. H., Jewish tax-gatherers at Thebes in the age of the Ptolemies. JQR 2 (1890) 400–405.

VON SCALA, R., Die Studien des Polybios. Stuttgart 1890.

SCHALIT, A., König Herodes. Der Mann und sein Werk (SJ 4). Berlin 1969.

–, Der Brief des Antiochus III. an Zeuxis über die Errichtung jüdischer Militärkolonien in Phrygien und Lydien, jetzt in: A. Schalit, Zur Josephus-Forschung (WdF 84). Darmstadt 1973, 337–366.

SCHENK, W., Der Einfluß der Logienquelle auf das Markusevangelium. ZNW 70 (1979) 141–165.

–, Synopse zur Redenquelle der Evangelien. Q-Synopse und Rekonstruktion in deutscher Übersetzung mit kurzen Erläuterungen. Düsseldorf 1981.

–, Die Sprache des Matthäus. Die Text-Konstituenten in ihren makro- und mikrostrukturellen Relationen. Göttingen 1987.

SCHENKE, L., Der Aufbau des Markusevangeliums – ein hermeneutischer Schlüssel? BN 32 (1986) 54–82.

SCHILLING, K., Geschichte der sozialen Idee. Individuum, Gemeinschaft, Gesellschaft. Stuttgart 1957.

SCHLATTER, A., Jochanan Ben Zakkai, der Zeitgenosse der Apostel (BFChTh 4). Gütersloh 1899.

–, Die Sprache und Heimat des vierten Evangelisten (BFChTh 6, H. 4). Gütersloh 1902, jetzt in: Johannes und sein Evangelium, hg. v. K. H. Rengstorf (WdF 82). Darmstadt 1973, 28–201.

–, Die Theologie des Neuen Testaments. Erster Teil: Das Wort Jesu. Calw / Stuttgart 1909.

–, Geschichte Israels von Alexander dem Großen bis Hadrian. Stuttgart ³1925 (Nachdr. Darmstadt 1972).

–, Der Glaube im Neuen Testament. Stuttgart 1927.

–, Die christliche Ethik. Stuttgart 1929 (Nachdr. ⁴1961).

–, Der Evangelist Matthäus. Stuttgart ⁶1963.

–, Markus, der Evangelist für die Griechen. Stuttgart 1935.

–, Das Evangelium des Lukas aus seinen Quellen erklärt. Stuttgart 1931.

–, Der Evangelist Johannes. Stuttgart ³1960.

SCHLUMBERGER, D., Réflexions sur la loi fiscale de Palmyre. Syria 18 (1937) 271–297.

SCHMID, J., Das textgeschichtliche Problem der Parabel von den zwei Söhnen. Mt 21,28–32, in: Evangelienforschung (hg. v. J. B. Bauer). Graz / Wien / Köln 1968, 199–220.

–, Zwei unbekannte Gleichnisse Jesu. GuL 33 (1959) 428–433.

SCHMID, W., Der Atticismus in seinen Hauptvertretern von Dionysius von Halikarnass bis auf den zweiten Philostratus. Stuttgart 1887.

–, / O. STÄHLIN, Geschichte der griechischen Literatur. HAW VII, 1. Teil I–V; 2. Teil I, II. München 1929–1948; 1920, 1924.

SCHMIDT, B., Das Volksleben der Neugriechen und das hellenische Alterthum, Bd. I. Leipzig 1871.

SCHMIDT, K. L., Der Rahmen der Geschichte Jesu. Berlin ²1919 (Nachdr. Darmstadt 1969).

SCHNEIDER, G., »Der Menschensohn« in der lukanischen Christologie, in: Jesus und der Menschensohn. FS A. Vögtle (65). Freiburg usw. 1975, 267–282.

SCHNEIDER-MENZEL, U., Jamblichos' »Babylonische Geschichten«, in: Literatur und Gesellschaft im ausgehenden Altertum, Bd. I (hg. v. F. Altheim). Halle/Saale 1948, 48–92.

SCHNIDER, F., Jesus der Prophet (OBO 2). Freiburg (Schweiz) / Göttingen 1973.

–, Ausschließen und ausgeschlossen werden (Lk 18,10–14a). BZ 24 (1980) 42–56.

SCHÖNBAUER, E., Die neu gefundenen Reskripte des Septimius Severus (P. Col. 123) (AÖAW.PH 94). Wien 1957, 165–197.

SCHOTTROFF, L., Der Mensch Jesus im Spannungsfeld von Politischer Theologie und Aufklärung. ThPr 8 (1973) 243–257.

–, Die Erzählung vom Pharisäer und Zöllner als Beispiel für die theologische Kunst des Überredens, in: Neues Testament und christliche Existenz, FS H. Braun (70). Tübingen 1973, 439–461.

–, Gewaltverzicht und Feindesliebe in der urchristlichen Jesustradition. Mt 5,38–48; Lk 6,27–36, in: Jesus Christus in Historie und Theologie, FS H. Conzelmann (60). Tübingen 1975, 197–221.

–, Das Magnificat und die älteste Tradition über Jesus von Nazareth. EvTh 38 (1978) 298–313.

–, / W. STEGEMANN, Jesus von Nazareth – Hoffnung der Armen (UB T 639). Stuttgart usw. 1978.

SCHRAMM, T., Der Markus-Stoff bei Lukas. Eine literarkritische und redaktionsgeschichtliche Untersuchung (SNTS MS 14). Cambridge 1971.

SCHREIBER, J., Theologie des Vertrauens. Eine redaktionsgeschichtliche Untersuchung des Markusevangeliums. Hamburg 1967.

SCHROEDER, P., Neue Palmyrenische Inschriften I (SPAW 1884, 1. Halbbd.). Berlin 1884, 417—436.

SCHUBART, W., Einführung in die Papyruskunde. Berlin 1918.

—, Das hellenistische Königsideal nach Inschriften und Papyri. APF 12 (1937) 1—26.

—, Die religiöse Haltung des frühen Hellenismus (AO 35,2). Leipzig 1937.

—, Verfassung und Verwaltung des Ptolemäerreichs (AO 35,4). Leipzig 1937.

—, Zum Edikt über das aurum coronarium (P.Fay.20). APF 14 (1941) 44—59.

SCHÜRER, E., Lehrbuch der neutestamentlichen Zeitgeschichte. Leipzig 1874.

—, Die Alabarchen in Aegypten. ZWTh 18 (1875) 13—40.

—, Geschichte des jüdischen Volkes im Zeitalter Jesu Christi. Zweite, neubearb. Aufl. des Lehrbuchs der neutestamentlichen Zeitgeschichte, 2 T. Leipzig 1890, 1886.

—, Geschichte des jüdischen Volkes im Zeitalter Jesu Christi. Leipzig I—III, [3.4]1901 (Nachdr. Hildesheim/New York 1970).

—, The History of the Jewish People in the Age of Jesus Christ. A New English Version Revised and Edited by G. Vermes & F. Millar (/ M. Black resp. M. Goodman), Bd. I—III.2. Edinburgh 1973, 1979, 1986, 1987.
*Rez.*: G. W. Bowersock, JRS 65 (1975) 180—185.

SCHÜRMANN, H., Traditionsgeschichtliche Untersuchungen zu den synoptischen Evangelien (KBANT). Düsseldorf 1968.

—, Beobachtungen zum Menschensohn-Titel in der Redequelle. Sein Vorkommen in Abschluß- und Einleitungswendungen, in: Jesus und der Menschensohn, FS A. Vögtle (65). Freiburg/Basel/Wien 1975, 124—147.

—, Das Lukasevangelium. Erster Teil (HThK III). Freiburg/Basel/Wien 1969.

SCHÜTZ, P., Evangelium. Sprache und Wirklichkeit der Bibel in der Gegenwart. Hamburg 1966.

SCHULLER, W. (Hg.), Korruption im Altertum. München/Wien 1982.
*Rez.*: K. L. Noethlichs, Gn. 56 (1984) 316—320.

—, Geschichte und Sozialwissenschaft. Zur historischen und vergleichenden Korruptionsforschung, in: H. Mähding (Hg.), Grenzen der Sozialwissenschaften. Konstanz 1988, 74—87.

SCHULZ, A., Nachfolgen und Nachahmen (StANT 6). München 1962.

SCHULZ, S., Die neue Frage nach dem historischen Jesus, in: Neues Testament und Geschichte, FS O. Cullmann (70). Zürich/Tübingen 1972, 33—42.

—, Q. Die Spruchquelle der Evangelisten. Zürich 1972.
*Rez.*: P. Hoffmann, BZ NF 19 (1975) 104—115.

SCHWAHN, W., Art. Τέλη Nr. 1, RE V A. Stuttgart 1934, Sp. 226—310.

—, Art. Τελῶναι RE V A. Stuttgart 1934, Sp. 418—425.

—, Art. Tributum und tributus, RE VII A. Stuttgart 1939, Sp. 1—78.

SCHWARTZ, E., Demosthenes erste Philippika, in: FS Th. Mommsen zum fünfzigjährigen Doctorjubiläum, Nr. 2. Marburg 1893.

SCHWARZ, G., Jesus »der Menschensohn«. Aramaistische Untersuchungen zu den synoptischen Menschensohnworten Jesu (BWANT 119). Stuttgart usw. 1986.

—, »Und Jesus sprach«. Untersuchungen zur aramäischen Urgestalt der Worte Jesu (BWANT 118). Stuttgart usw. [2]1987.

SCHWARZBAUM, H., Studies in Jewish and World Folkore (Suppl.-Ser. zu Fabula. Zs. f. Erzählforschung, hg. v. K. Ranke, R. B 3). Berlin 1968.

SCHWEITZER, A., Geschichte der Leben-Jesu-Forschung, 2 Bde. Tübingen 1950 (Nachdr. München/Hamburg 1966).

SCHWEIZER, E., Eine hebraisierende Sonderquelle des Lukas? ThZ 6 (1950) 161–185.

–, Matthäus und seine Gemeinde (SBS 71). Stuttgart 1974.

–, Zur Struktur der hinter dem Matthäusevangelium stehenden Gemeinde. ZNW 65 (1974) 139.

–, Das Evangelium nach Matthäus (NTD 2). Göttingen [13]1973.

–, Das Evangelium nach Markus (NTD 1). Göttingen [12]1968.

SEEK, O., Decemprimat und Dekaprotie. Klio 1 (1901) 147–187.

SEGERT, S., Semitic Poetic Structures in the New Testament (ANRW II 25.2). Berlin / New York 1984, 1433–1462.

SEGRE, M., La legge Ateniese sul'unificazione della moneta. Clara Rhodos 9 (1938) 149–178.

–, Iscrizioni di Licia. Clara Rhodos 9 (1938) 179–208.

SEIBERT, J., Metropolis und Apoikie. Historische Beiträge zur Geschichte ihrer gegenseitigen Beziehungen, Diss. phil. Würzburg 1963.

–, Untersuchungen zur Geschichte Ptolemaios' I (MBPF 56). München 1969.

–, Alexander der Große (EdF 10). Darmstadt 1972.

–, Nochmals zu Kleomenes von Naukratis. Chiron 2 (1972) 99–101.

SEIDER, R., Beiträge zur Ptolemäischen Verwaltungsgeschichte. Der Nomarches. Der Dioiketes Apollonios, Diss. phil. Heidelberg 1938.

SEIDL, E., Ptolemäische Rechtsgeschichte (ÄF 22). Glückstadt / Hamburg / New York [2]1962.

SEIPEL, I., Die wirtschaftsethischen Lehren der Kirchenväter (ThSLG 18). Wien 1907.

SELLIN, G., Gleichnisstrukturen. LingBibl 4 (31/1974) 89–115.

–, Allegorie und »Gleichnis«. Zur Formenlehre der synoptischen Gleichnisse. ZThK 75 (1978) 281–335.

SEVENSTER, J. N., The Roots of Pagan Anti-Semitism in the Ancient World (NT. S 41). Leiden 1975.

SEYFARTH, J., Griechische Urkunden und Briefe aus der Heidelberger Papyrussammlung. APF 16 (1958) 143–168; Nachtr. APF 17 (1962) 106 f.

SEYRIG, H., Antiquités Syriennes Nr. 36. Syria 22 (1941) 155–175.

–, Antiquités Syriennes Nr. 38: Inscriptions grecques de l'agora de Palmyre. Syria 22 (1941) 223–270.

SHERK, R. K., Senatus Consultum de Agris Mytilenaeorum. GRBS 4 (1963) 217–230.

SHERWIN-WHITE, A. N., The *Tabula* of Banasa and the *Constitutio Antoniniana*. JRS 63 (1973) 86–98.

SHIPP, G. P., Two Notes on the Latin Vocabulary. Glotta 31 (1951) 244–246.

SIJPESTEIJN, P. J., Einige Bemerkungen zur Teilzahlung von Steuern. Aegyptus 47 (1967) 234–242.

–, A List of Villages in the Arsinoite Nome. BASP 10 (1973) 27–30.

–, Receipts for various taxes, penthemeros certificates, and customs house receipts. P. Coll. Youtie I. Bonn 1976, 287–303.

–, Customs Duties in Graeco-Roman Egypt (Studia Amstelodamensia ad epigraphicam ... 17). Zutphen 1987.

SIMONETOS, G., Das Verhältnis von Kauf und Übereignung im altgriechischen Recht, in: FS P. Koschaker III. Weimar 1939, 172–198.

SIMONSEN, H., Zur Frage der grundlegenden Problematik in form- und redaktionsgeschichtlicher Evangelienforschung. StTh 26 (1972) 1–23.

SJÖBERG, E., Gott und die Sünder im palästinischen Judentum nach dem Zeugnis der Tannaiten und der apokryphisch-pseudepigraphischen Literatur (BWANT 79). Stuttgart / Berlin 1938 (1939).

–, *Ben adam* und *bar enash* im Hebräischen und Aramäischen. AcOr 21 (1953) 57–65, 91–107.

SKEAT, T. C., The reigns of the Ptolemies with tables for converting Egyptian dates to the Julian System. Mizraim 6 (1937) 7–40.

SMALLWOOD, E. M., The Jews under Roman Rule, from Pompey to Diocletian (SJLA 20). Leiden 1976.

SMEND, R., Essen und Trinken – ein Stück Weltlichkeit des Alten Testaments, in: Beitr. zur Atl. Theol., FS W. Zimmerli (70). Göttingen 1977, 446–459.

SMITH, A., Der Wohlstand der Nationen. Eine Untersuchung seiner Natur und seiner Ursachen. München 1974 (= London 1776).

SMITH, C. W. F., The mixed state of the church in Matthew's Gospel. JBL 82 (1963) 149–168.

SMITH, ST. H., The Role of Jesus' Opponents in the Markan Drama. NTS 35 (1989) 161–182.

SPAHN, P., Die Anfänge der antiken Ökonomik. Chiron 14 (1984) 301–323.

SPEYER, W., Die literarische Fälschung im heidnischen und christlichen Altertum. Ein Versuch ihrer Deutung (HAW I,2). München 1971.

SPERBER, D., Angaria in Rabbinic Literature. AC 38 (1969) 164–168.

–, Art. Tax Gatherer, EJ XV. Jerusalem 1971, Sp. 873 f.

–, Roman Palestine 200–400. Money and Prices (Bar-Ilan Studies in Near Eastern Languages and Culture). Ramat-Gan 1974.

–, Essays on Greek and Latin in the Mishna, Talmud and Midrashic Literature. Jerusalem 1982.

SPICQ, C., Notes de lexicographie Néo-Testamentaire (OBO 22/1.2.3), Bd. I–III. Fribourg / Göttingen 1978, 1982.

SPIRO, S. J., Who was the ḤABER? A New Approach to an Ancient Institution. JSJ 11 (1980) 186–216.

STANTON, G. N., Jesus of Nazareth in New Testament Preaching (MSSNTS 27). Cambridge 1974.

STARCKY, J., Inventaire des Inscriptions de Palmyre. Fasc. X: L'Agora (Publications de la direction générale des antiquités de Syrie). Damas 1949.

–, Palmyre (L'orient ancien illustré 7). Paris 1952.

–, Une inscription nabatéenne de l'an 18 d'Arétas IV, in: Hommages à André Dupont-Sommer. Paris 1971, 151–159.

STAUFFER, E., Jesus, Geschichte und Verkündigung (ANRW II 25.1). Berlin / New York 1982, 3–130.

STEIN, A., Der römische Ritterstand. Ein Beitrag zur Sozial- und Personengeschichte des römischen Reiches (MBPF 10). München 1927.

STEINER, A., Beitrag zur Interpretation des Steuergesetzes von Ptolemaios Philadelphos, Diss.jur. Heidelberg, Freiburg/Br. 1910.

STENGER, W., »Gebt dem Kaiser, was des Kaisers ist . . .!«. Eine sozialgeschichtliche Untersuchung zur Besteuerung Palästinas in neutestamentlicher Zeit (BBB 68). Frankfurt am Main 1988.

STERN, M., Die Urkunden, in: LRFJ. Würzburg / Gütersloh 1973, 181–199.

–, The Reign of Herod and the Herodian Dynasty, in: The Jewish People in the First Century (CRINT I). Assen 1974, 216–307.

–, The Province of Judaea, in: The Jewish People in the First Century (CRINT I). Assen 1974, 308–376.

–, The Herodian Dynasty and the Province of Judaea at the End of the Period of the Second Temple (WHJP 1. Ser. Ancient Times, Bd. VII, The Herodian Period, hg. v. M. Avi-Yonah und Z.Baras). Jerusalem 1975, 124–178.

STEVENSON, G. H., Roman Provincial Administration till the age of the Antonines. Oxford [2]1949.

–, The Provinces and their Government, CAH IX, 1932 (Nachdr. [2]1971), 437–474.

–, / A. MOMIGLIANO, Rebellion within the Empire. CAH X, 1934 (Nachdr. [5]1976), 840–865.

STOLDT, H.-H., Geschichte und Kritik der Markushypothese. Göttingen 1977.

STRASBURGER, H., Der Einzelne und die Gemeinschaft im Denken der Griechen, in: Zur griechischen Staatskunde, hg. v. F. Gschnitzer (WdF 96). Darmstadt 1969, 97–122.

STRECKER, G., Der Weg der Gerechtigkeit. Untersuchungen zur Theologie des Matthäus (FRLANT 82). Göttingen [3]1971.

–, Die Antithesen der Bergpredigt (Mt 5,21–48 par.). ZNW 69 (1978) 36–72.

STREETER, B. H., The Four Gospels. A study of origine, treating of the manuscript tradition, sources, authorship & dates. London 1956.

–, The Rise of Christianity, CAH XI, 1936 (Nachdr. [4]1975) 253–293.

STROUD, R. S., An Athenian Law on Silver Coinage. Hesp. 43 (1974) 157–188.

STUHLMACHER, P., Kritische Marginalien zum gegenwärtigen Stand der Frage nach Jesus, in: Fides et communicatio, FS M. Doerne (70). Göttingen 1970, 341–361.

–, Neues Testament und Hermeneutik – Versuch einer Bestandsaufnahme, in: ders., Schriftauslegung auf dem Wege zur biblischen Theologie. Göttingen 1975, 9–49.

–, Thesen zur Methodologie gegenwärtiger Exegese, ebd. 50–58.

SUGGS, M. J., Wisdom, Christology, and Law in Matthew's Gospel. Cambridge (Mass.) 1970.

SULLIVAN, R. D., The Dynasty of Judaea in the First Century (ANRW II 8). Berlin / New York 1977, 298–354.

SUNDWALL, J., Die Zusammensetzung des Markusevangeliums (AAAbo. H 9). Abo 1934.

SUTHERLAND, C. H. V., The pattern of monetary development in Phoenicia and Palestine during the early empire, in: A. Kindler (Hg.), International Numismatic Convention. Tel Aviv / Jerusalem 1967, 88–105.

SWIDEREK, A., ΟΙ ΤΩΙ ΟΝΤΙ ΑΝΑΚΕΧΩΡΗΚΟΤΕΣ. (P Berlin 16036 verso col. II 1–20), in: FS zum 150jährigen Bestehen des Berliner Äg. Museums (Staatl. Museen zu Berlin. Mitt. aus der äg. Sammlung, Bd. VIII). Berlin 1974, 425–429.

TANNEHILL, R. C., The Disciples in Mark: The Function of a Narrative Role. JR 57 (1977) 386–405.

–, Types and Functions of Apophthegms in the Synoptic Gospels (ANRW II 25.2). Berlin / New York 1984, 1792–1829.

TAUBENSCHLAG, R., Prozesse aus Pacht-, Miets-, Dienst- und Werkverträgen in den griechischen Papyri. APF 12 (1937) 187–193 (= OpMin II, 461–469).

–, Papyri and Parchments from the Eastern Provinces of the Roman Empire outside Egypt. JJP (Warschau) 3 (1949) 49–61 (= OpMin II, 29–43).

–, Afterpacht und Aftermiete im Rechte der Papyri. ZSRG.R 53 (1933) 234–255 (= OpMin II, 471–495).

–, L'emprisonnement dans le droit gréco-égyptien. Omagiu Professorului Stoicescu. Bucuresti 1940, 362–368 (= OpMin II, 713–719).

–, The Law of Greco-Roman Egypt in the Light of the Papyri, 332 B. C.–640 A. D. Warszawa [2]1955.

–, Opera Minora, Bd. II. Warszawa / Paris 1959.

TAYLOR, V., The Gospel According to St. Mark. London ²1966 (Nachdr. 1974).

TCHERIKOVER (TSCHERIKOWER), V., Palestine under the Ptolemies. Mizraim 4/5 (1937) 9–90.

–, Was Jerusalem a ›Polis‹? IEJ 14 (1964) 61–78.

–, Hellenistic Civilization and the Jews. Philadelphia 1959. Jerusalem 5719 (Nachdr. New York ²1970).

TEIXIDOR, J., Le Tarif de Palmyre. I. – Un Commentaire de la Version Palmyrénienne. Aula Orientalis 1 (1983) 235–252.

–, Un Port Romain du Désert: Palmyre (Semitica 34). Paris 1984.

TESTA, P. E., Un Ostrakon sull' elogio funebre e Mt. 11,16ss e paralelli. RivBib 16 (1968) 539–546.

THEISSEN, G., Die soziologische Auswertung religiöser Überlieferungen. Ihre methodologischen Probleme am Beispiel des Urchristentums. Kairos 17 (1975) 284–299.

–, Soziologie der Jesusbewegung (TEH 194). München 1977.

–, »Wir haben alles verlassen« (Mc. X 28). Nachfolge und soziale Entwurzelung in der jüdisch-palästinischen Gesellschaft des 1. Jahrhunderts n. Ch. NT 19 (1977) 161–196, jetzt in: ders., Studien 106–141.

–, Gewaltverzicht und Feindesliebe (Mt 5,38–48 / Lk 6,27–38) und deren sozialgeschichtlicher Hintergrund, in: ders., Studien 160–197.

–, Studien zur Soziologie des Urchristentums (WUNT 19). Tübingen ²1983.

–, Der Schatten des Galiläers. München 1986 (= ⁷1989).

–, Lokalkolorit und Zeitgeschichte in den Evangelien (NTOA 8). Freiburg (Schweiz) / Göttingen 1989.

–, Jesusbewegung als charismatische Wertrevolution. NTS 35 (1989) 343–360.

THEOBALD, M., Der Primat der Synchronie vor der Diachronie als Grundaxiom der Literarkritik. Methodische Erwägungen an Hand von Mk 2,13–17 / Mt 9,9–13. BZ NF 22 (1978) 161–186.

THIEL, J. H., Iets over retributies en burenrecht in de Grieksche Oudheid. TRG 6 (1925) 222–235.

–, Zu altgriechischen Gebühren. Klio 20 (1926) 54–67.

THIERFELDER, A., Pseudo-Xenophon und Kritias, in: Politeia und Res Publica. Beitr. zum Verständnis von Politik, Recht und Staat in der Antike (Palingenesia IV). Wiesbaden 1969, 79–82.

THILO, M., Fünftausend Sprichwörter aus Palästina. Aus dem Arabischen übers. (Mitt. der Ausland-Hochschule an der Univ. Berlin, Beibd. z. Jg. 40). Berlin 1937.

THISSEN, H.-J., Studien zum Raphiadekret (BKP 23). Meisenheim am Glan 1966.

THISSEN, W., Erzählung der Befreiung. Eine exegetische Untersuchung zu Mk 2,1–3,6 (FzB 21). Würzburg 1976.

THOMA, C., Der Pharisäismus, in: LRFJ. Würzburg 1973, 254–272.

–, Prolegomena zu einer Übersetzung und Kommentierung der rabbinischen Gleichnisse. ThZ 38 (1982) 514–531.

THOMAS, J. D., The Office of Exactor in Egypt. CE 34 (1959) 124–140.

–, The Disappearence of the Dekaprotoi in Egypt. BASP 11 (1974) 60–68.

THOMSON, D'A. W., A Glossary of Greek Fishes (St. Andrews Univ. Publ. Nr. 45). London 1947.

THYEN, H., ΒΑΠΤΙΣΜΑ ΜΕΤΑΝΟΙΑΣ ΕΙΣ ΑΦΕΣΙΝ ΑΜΑΡΤΙΩΝ, in: Zeit und Geschichte, FS R. Bultmann (80), hg. v. E. Dinkler. Tübingen 1964, 97–125.

VAN TILBORG, S., The Jewish Leaders in Matthew. Leiden 1972.

TIMPE, D., Der römische Vertrag mit den Juden von 161 v. Chr. Chiron 4 (1974) 132—152.

TIPKE, K., Steuerrecht. Ein systematischer Grundriß. Köln ⁴1977.

TÖDT, H. E., Der Menschensohn in der synoptischen Überlieferung. Gütersloh ³1969.

TOLBERT, M., Die Hauptinteressen des Evangelisten Lukas, in: Das Lukas-Evangelium, hg. v. G. Braumann (WdF 280). Darmstadt 1974, 337—353.

TOLBERT, M. A., Perspectives on the Parables. An Approach to Multiple Interpretations. Philadelphia 1979.

TORREY, CH. C., A Syriac Parchment from Edessa of the Year 243 A. D. ZS 10 (1935) 33—45.

TRAUTMANN, M., Zeichenhafte Handlungen. Ein Beitrag zur Frage nach dem geschichtlichen Jesus (FzB 37). Würzburg 1980.

TRILLING, W., Die Täufertradition bei Matthäus. BZ NF 3 (1959) 271—289.

—, Das wahre Israel. Studien zur Theologie des Matthäus-Evangeliums (StANT 10). München ³1964.

TRÖGER, K.-W., Spekulativ-esoterische Ansätze (Frühjudentum und Gnosis), in: LRFJ. Würzburg / Gütersloh 1973, 310—319.

TROST, P., Schimpfwörter als Kosenamen. IGF 51 (1933) 101—112.

TSCHERNOWITZ, CH., Der Raub nach biblisch-talmudischem Recht. ZVRW 27 (1912) 187—196.

TYSON, J. B., Jesus and Herod Antipas. JBL 79 (1960) 239—246.


UEBEL, F., ΜΟΝΟΠΩΛΙΑ ΦΑΚΗΣ. Ein bisher unbezeugtes Handelsmonopol frühptolemäischer Zeit in einem Jenaer Papyrus (P. Ien. Inv. 900), in: IKP X. Wroclaw / Varsovie / Cracovie 1964, 165—181.

—, Die frühptolemäische Salzsteuer, in: IKP XI. Milano 1966, 325—368.

—, Ostraka aus frühptolemäischer Zeit. APF 19 (1969) 62—73.

—, Ein neues Zeugnis für das Agoranomion von Oxyrhynchos im 3. Jahrhundert v.u.Z. (P Berlin 11803), in: FS zum 150jährigen Bestehen des Berliner Ägyptischen Museums (Staatl. Museen zu Berlin. Mitt. aus der äg. Sammlung, Bd. VIII). Berlin 1974, 441—452.

ÜRÖGDI, G., Art. publicani, RE Suppl. XI. Stuttgart 1968, Sp. 1184—1208.

UNGER, G. F., Zu Josephos (SBAW.PPH 1). München 1897, 189—244.

VAN UNNIK, W. C., Die Motivierung der Feindesliebe in Lukas VI 32—35. NT 8 (1966) 284—300.


VERGOTE, J., Le Nouveau Testament et la papyrologie juridique. Eos 48 (2/1956) 147—160.

VERMES, G., »The Son of Man« Debate. JSNT 1 (1978) 19—32.

VIA, D. O., Die Gleichnisse Jesu. Ihre literarische und existentielle Dimension (BevTh 57). München 1970.

VISCHER, R., Das einfache Leben. Wort- und motivgeschichtliche Untersuchungen zu einem Wertbegriff der antiken Literatur (SAW 11). Göttingen 1965.

VISKY, K., Spuren der Wirtschaftskrise des III. Jahrhunderts in den römischen Rechtsquellen. AAH 16 (1968) 383—390.

VITTINGHOFF, F., Art. Portitor, RE XXII. Stuttgart 1953, Sp. 346.

—, Art. Portorium, ebd. Sp. 346—399.

VOELZ, J. W., The Language of the New Testament (ANRW II 25.2). Berlin / New York 1984, 893—977.

Vögtle, A., Die Tugend- und Lasterkataloge im Neuen Testament. Exegetisch, religions- und formgeschichtlich untersucht (NTA 16, 4/5). Münster i. W. 1936.

Völkel, M., »Freund der Zöllner und Sünder«. ZNW 69 (1978) 1–10.

Völter, D., Eine vorkanonische Conjectur im Neuen Testament und ihre Folgen. NThT 8 (1919) 22–42.

Vogels, W., Structural Analysis and Pastoral Work. The Story of Zacchaeus (Luke 19,1–10). LV.E 33 (1978) 482–492.

Vogt, J., Kleomenes von Naukratis – Herr von Ägypten. Chiron 1 (1971) 153–157.

Wagner, J., Seleukeia am Euphrat/Zeugma (Beitr. zum TAVO B 10). Tübingen 1976.

Wagner, M., Die lexikalischen und grammatischen Aramaismen (BZAW 96). Berlin 1966.

Walbank, F. W., A Historical Commentary on Polybius, Bd. I, II. Oxford ²1970, 1967.

Walker, R., Die Heilsgeschichte im ersten Evangelium (FRLANT 91). Göttingen 1967.

Walker, Wm. O., Jesus and the Tax Collectors. JBL 97 (1978) 221–238.

Wallace, S. L., Census and Poll-Tax in Ptolemaic Egypt. AJP 59 (1938) 418–442.

–, Taxation in Egypt from Augustus to Diocletian. Princeton (/London/Oxford) 1938 (Nachdr. New York 1969).
   *vgl.*: Index Locorum to S. L. Wallace, Taxation in Egypt … ed. C. Worp and K. A. Worp. ZPE 16 (1975) 81–120.
   *Rez.*: Cl. Préaux, CE 13 (1938) 421–427.
   *Rez.*: H. J. Bell, Gn. 15 (1939) 248–253.
   *Rez.*: H. C. Youtie, AJPh 62 (1941) 93–101 (= Script. II 749–760).

Wankel, H., Die Korruption in der rednerischen Topik und in der Realität des klassischen Athen, in: W. Schuller (Hg.), Korruption im Altertum. München/Wien 1982, 29–47.

Watson, N. M., Was Zacchaeus really Reforming? ET 77 (1965/66) 282–285.

Weber, Max, Art. Agrarverhältnisse im Altertum, in: Agrargeschichte I, HDStW I. Jena ³1909, 52–188 (Nachdr. GAufs. zur Sozial- und Wirtschaftsgeschichte. Tübingen 1924, 1–288).

–, Gesammelte Aufsätze zur Religionssoziologie, Bd. III: Das Antike Judentum. Tübingen ⁴1966.

Weder, H., Die Gleichnisse Jesu als Metaphern. Traditions- und redaktionsgeschichtliche Analysen und Interpretationen (FRLANT 120). Göttingen 1978.

Weinberg, J. P., Der 'am hā'āreṣ des 6.–4. Jh.v.u.Z. Klio 56 (1974) 325–335.

Weinreich, O., Primitiver Gebetsegoismus. Ein Beitrag zu Terenz, Andria 232f., in: Religionsgeschichtliche Studien, Gebet und Wunder. Zwei Abh. zur Religions- und Literaturgeschichte. Darmstadt 1968, 7–37.

Weiss, H.-F., Der Pharisäismus im Lichte der Überlieferung des Neuen Testaments, SSAW.PH 110 H. 2. Berlin 1965.

Welles, C. B., Royal Correspondence in the Hellenistic Period. A Study in Greek Epigraphy (Studia Historica 28). New Haven usw. 1934 (Nachdr. Rom 1966).

–, Die zivilen Archive in Dura, in: Papyri und Altertumswissenschaft (MBPF 19). München 1934, 379–399.

–, The ptolemaic administration in Egypt. JJP (Warschau) 3 (1949) 21–47.

–, The Role of the Egyptians under the First Ptolemies. IKP 12 (ASP 7). Toronto 1970, 505–510.

–, On the Collection of Revenues in Grain in Ptolemaic Egypt, in: Studien zur Papyrologie und antiken Wirtschaftsgeschichte, FS F. Oertel (80). Bonn 1964, 7–16.

WELLHAUSEN, J., Die Pharisäer und die Sadducäer. Eine Untersuchung zur inneren jüdischen Geschichte. Göttingen ³1967.

–, Einleitung in die drei ersten Evangelien. Berlin ¹1905, ²1911.

–, Evangelienkommentare. Berlin 1904–1914 (Nachdr. Berlin / New York 1987).

WELLMANN, M., Die pneumatische Schule bis auf Archigenes in ihrer Entwicklung dargestellt (Philologische Unters. 14). Berlin 1895.

WENGER, L., Zu den Rechtsurkunden in der Sammlung des Lord Amherst. APF 2 (1903) 41–62.

–, Die Quellen des römischen Rechts (Österr. Akad. der Wiss., Denkschr. der Gesamtakademie, Bd. 2). Wien 1953.

WESTERHOLM, ST., Jesus and Scribal Authority (CB.NT 10). Lund 1978.

WESTERMANN, W. L., The Ptolemies and the Welfare of Their Subjects, in: IKP V. Bruxelles 1938, 565–579.

–, Enslaved Person Who Are Free. AJP 59 (1938) 1–30.

WIBBING, S., Die Tugend- und Lasterkataloge im NT und ihre Traditionsgeschichte unter besonderer Berücksichtigung der Qumran-Texte (BZNW 25). Berlin 1959.

WIDENGREN, G., Mesopotamian Elements in Manichaeism (King and Saviour II). Studies in Manichaean, Mandaean, and Syrian-Gnostic Religion (UUA 1946,3). Uppsala / Leipzig 1946.

WIENERT, W., Die Typen der griechisch-römischen Fabel. Mit einer Einleitung über das Wesen der Fabel (FFC 56, XVII,2). Helsinki 1925.

WILCKEN, U., Griechische Ostraka aus Ägypten und Nubien. Ein Beitrag zur antiken Wirtschaftsgeschichte, Bd. I, II. Leipzig / Berlin 1899 (Nachdr. mit Nachtr. von P. J. Sijpesteijn. Amsterdam 1970).
*Rez.:* M. Rostovtzeff, WKlPH 17 (1900) Sp. 113–125.

–, Zu den Pseudo-Aristotelischen Oeconomica. Hermes 36 (1901) 187–200.

–, Ein ΝΟΜΟΣ ΤΕΛΩΝΙΚΟΣ aus der Kaiserzeit. APF 3 (1906) 185–200.

–, Zum alexandrinischen Antisemitismus (ASGW.PH 27, 23/1909). Leipzig 1909, 781–839.

–, Grundzüge und Chrestomatie der Papyruskunde, Bd. I, II. Leipzig / Berlin 1912 (Nachdr. Hildesheim 1963).

–, Alexander der Große und die hellenistische Wirtschaft. SchmJB 45 (1921) 349–420.
*Rez.:* J. Partsch, APF 7 (1924) 260f.

WILCKENS, U., Römer 13,1–7, in: Rechtfertigung als Freiheit. Neukirchen-Vluyn 1974, 203–245.

WILCOX, M., Semitisms in the New Testament (ANRW II 25.2). Berlin / New York 1984, 978–1029.

WILD, R. A., The Encounter between Pharisaic and Christian Judaism. NovTest 27 (1985) 105–124.

WILHELM, A., Beiträge zur griechischen Inschriftenkunde (Sonderschriften des österr. archäolog. Institutes in Wien, Bd. VII). Wien 1909.

–, Neue Beiträge zur griechischen Inschriftenkunde (SAWW.PH 179,6). Wien 1915.

–, Zu einem Beschlusse der Teier über die Aufnahme von Neubürgern. Klio 27 (1934) 270–285.

–, Griechische Königsbriefe (Klio.B 48, NF 35). Leipzig 1943.

–, ΑΙΓΥΠΤΙΑΚΑ, I. Teil (SAWW.PH 224,1). Wien 1946.

WILL, E., Rome et les Séleucides (ANRW I 1). Berlin / New York 1972, 590–632.

WINTER, J./A. WÜNSCHE, Geschichte der jüdisch-hellenistischen und talmudischen Litteratur. Trier 1894.

WIRTH, G., Die συντάξεις von Kleinasien 334 v. Chr. Chiron 2 (1972) 91–98.

WÖRRLE, M., Ägyptisches Getreide für Ephesos. Chiron 1 (1971) 325–340.

–, Antiochos I., Achaios der Ältere und die Galater. Eine neue Inschrift in Denizli. Chiron 5 (1975) 59–87.

–, Zwei neue griechische Inschriften aus Myra zur Verwaltung Lykiens in der Kaiserzeit, in: Myra. Eine lykische Metropole in antiker und byzantinischer Zeit, hg. v. J. Borchhardt (Istanbuler Forschungen 30). Berlin 1975, 254–300.

–, Epigraphische Forschungen zur Geschichte Lykiens I. Chiron 7 (1977) 43–66.

–, Epigraphische Forschungen zur Geschichte Lykiens III. Ein hellenistischer Königsbrief aus Telmessos. Chiron 9 (1979) 83–111.

–, Inschriften von Herakleia am Latmos I: Antiochos III., Zeuxis und Herakleia. Chiron 18 (1988) 421–470.

WOLFF, H. J., Das Justizwesen der Ptolemäer (MBPF 44). München 1962.

–, Das Recht der griechischen Papyri Ägyptens in der Zeit der Ptolemäer und des Prinzipats, Bd. II: Organisation und Kontrolle des privaten Rechtsverkehrs (Rechtsgesch. des Altertums V 2). München 1978.

WREGE, H.-T., Die Überlieferungsgeschichte der Bergpredigt (WUNT 9). Tübingen 1968.


YADIN, Y., (The Expedition to the Judaean Desert, 1960) Expedition D. IEJ 11 (1961) 36–52.

–, Bar Kochba. Archäologen auf den Spuren des letzten Fürsten von Israel. Hamburg 1971.

–, Pesher Nahum (4Q pNahum) Reconsidered. IEJ 21 (1971) 1–12, jetzt in: Qumran, hg. v. K. E. Grözinger usw. (WdF 410). Darmstadt 1981, 167–184.

–, A Note on the Bilingual Ossuary-Inscription from Khirbet Zif. IEJ 22 (1972) 235f. *vgl.*: L. Y. Rahmani, ebd. 113ff. und E. Y. Kutscher, ebd. 117.

YOUTIE, H. C., Publicans and Sinners. ZPE 1 (1967) 1–20 (= Reprinted from Michigan Alumnus 43 [1937] 650–662), jetzt in: ders., Script. I, 554–578.

–, Notes on Papyri and Ostraca. TPAPA 89 (1958) 374–407, jetzt in: ders., Script. I, 284–317.

–, Scriptiunculae I. Amsterdam 1973.

–, P. Coll. Youtie = Collectanea papyrologica: texts published in honor of H. C. Youtie (Pap. Texte Abh. 19, 20, ed. A. E. Hanson). Bd. I, II. Bonn 1976.

–, / A. A. SCHILLER, Second Thoughts on the Columbia *Apokrimata* (P.Col. 123). CE 30 (1955) 327–345.


ZAHRNT, M., Zum Fiskalgesetz von Palmyra und zur Geschichte der Stadt in hadrianischer Zeit. ZPE 62 (1986) 279–291.

ZEITLIN, S., The Pharisees. A historical study. JQR 52 (1961/62) 97–129.

ZELLER, D., Die Bildlogik des Gleichnisses Mt 11,16f./Lk 7,31f. ZNW 68 (1977) 252–257.

–, Die weisheitlichen Mahnsprüche bei den Synoptikern (FzB 17). Würzburg 1977.

ZENGER, E., Die späte Weisheit und das Gesetz, in: LRFJ. Würzburg 1973, 43–56.

ZIEBARTH, E., Das griechische Vereinswesen (Preisschriften, gekrönt und hg. v. der Fürstlich Jablonowskischen Gesellschaft zu Leipzig, Nr. XXI der hist.-nationalök. Sect. XXXIV). Leipzig 1896.

–, Beiträge zur Geschichte des Seeraubes und Seehandels im alten Griechenland (Hamburgische Universität, Abh. aus dem Gebiet der Auslandskunde 30, R. A.: Rechts- und Staatswissenschaften, Bd. 2). Hamburg 1929.

*Rez.:* F. Oertel, KS zur Wirtschafts- und Sozialgeschichte. Bonn 1975, 172–183.

–, Der griechische Kaufmann im Altertum. München 1934.

Ziebell, W., Olbia. Eine griechische Stadt in Südrußland, Diss.phil. Hamburg 1937.

Ziegler, I., Die Königsgleichnisse des Midrasch beleuchtet durch die römische Kaiserzeit. Breslau 1903.

Zimmermann, H., Neutestamentliche Methodenlehre. Stuttgart ³1970.

Zimmern, H., Akkadische Fremdwörter als Beweis für babylonischen Kultureinfluß. Leipzig ²1917.

Zucker, F., Beiträge zur Kenntnis der Gerichtsorganisation im ptolemäischen und römischen Ägypten (Ph.S XII). Leipzig 1912, 1–132.

–, Betrachtungen zur Kopfsteuer im römischen Ägypten. APF 16 (1958) 20–25.

Zucker, H., Untersuchungen zur Organisation der Juden vom babylonischen Exil bis zum Ende des Patriarchats (597 v. Chr. bis 425 n. Chr.), Diss.phil. Berlin. Leipzig 1936.

# Stellenregister

## I. Altes Testament

## II. Atl. Apokryphen

## III. Atl. Pseudepigraphen

## IV. Qumranschrifttum

## V. Neues Testament

# VI. Ntl. Apokryphen

# VII. Jüdisch-hellenistisches Schrifttum

## VIII. Rabbinisches Schrifttum

## IX. Griechisch-römische Profanschriftsteller

Lukianos
*dial. mort.*
| | |
|---|---|
| 6 (20),1 | 102 |
| 24,15 | 83 |
| 26,2 | 102 |

*nek.*
| | |
|---|---|
| 38,11 | 63 f., 94, 251 f. |

*pseudol.*
| | |
|---|---|
| 51,30 | 64 f., 94 |

Lykurgos
| | |
|---|---|
| 6,19 | 41, 45 |
| 14,58 | 41, 45 |

Macrobius
*Sat.*
| | |
|---|---|
| 1,14,1 | 105 |

Martialis
| | |
|---|---|
| 9,71,7 | 102 |

(Ps.-)Meleager
*AP*
| | |
|---|---|
| VII 419 | 248 |

Memnon
| | |
|---|---|
| (FGrHist III.434) | 101 |

Menander
*fr.*
| | |
|---|---|
| 32 | 39, 57 |
| 897 | 57 |

Nonius Marcellus
| | |
|---|---|
| 24,14 f. | 30, 102 |
| 37,16 f. | 81 |

Ovidius
*met.*
| | |
|---|---|
| 10,73 | 102 |

Periplus maris Erythraei
| | |
|---|---|
| § 27 | 163 |

Philonides
*fr.*
| | |
|---|---|
| 5 | 47 |

Philostratos
*VA*
| | |
|---|---|
| 1,20 | 178 f. |
| 8,7,11 | 62, 70 f., 71 |

Platon
*leg.*
| | | |
|---|---|---|
| I | 643/644 | 92 |
| IV | 704/705 | 56, 93 |
| V | 741e | 94 |
| XI | 918/9 | 84, 92 |
| | 918 | 84 |
| | 919–920 | 84, 92 |

Plautus
*Asin.*
| | |
|---|---|
| 159 | 102, 105 |
| 241 | 102, 105 |

*Men.*
| | |
|---|---|
| 117 | 102, 105 |

*Stich.*
| | |
|---|---|
| 336 | 102 |

*Trin.*
| | |
|---|---|
| 794 | 102, 105 |
| 810 | 102, 105 |
| 1107 | 102 |

*Truc.*
| | |
|---|---|
| 145 f. | 80 |
| 146 | 39, 101, 103, 105 |
| 151 | 105 |

Plinius d. Ä.
*nat.*
| | |
|---|---|
| 6,22,84 | 99 |
| 12,65 | 163 |

Plutarchos
*Alk.*
| | |
|---|---|
| 5,2 | 26, 41 f. |

*Caes.*
| | |
|---|---|
| 48,1 | 106 |

*Flam.*
| | |
|---|---|
| 12,7 | 52 |

*Luc.*
| | |
|---|---|
| 7,6 f. | 1, 101, 106 |
| 20,1 | 101, 106 |

*Per.*
| | |
|---|---|
| 1.2 | 91 f. |

*Phok.*
| | |
|---|---|
| 10,15 | 242 |
| 29,6 | 52 |

*Sert.*
| | |
|---|---|
| 24,5 | 101, 106 |

*Tib.*
| | |
|---|---|
| 12,7 | 52 |

# X. Papyri, Ostraka, Sammelwerke

b) Ostraka

(Die zitierten Ostraka [O. Bodl. II; O. Camb.; O. Meyer; O. Ont. I; O. Strassb.; O. Theb.; O. Wilb.; WO] befinden sich außer den hier näher aufgeführten alle auf S. 111 bzw. 119)

## XI. Altchristliches Schrifttum

# XII. Inschriften

CIL

| III | 13677 | 30 |
|---|---|---|
| | 13750 | 39, 48 |

CIS

| II | 3913 | 39, 110, 175 ff., 196, 221 |
|---|---|---|
| | 4235 | 174 |

E. L. Hicks

| Ephesos Nr. 503 | 164 |
|---|---|

HIRK

| 36 | 134, 279 |
|---|---|
| 39 | 134, 143 |
| 63 | 103, 217 |
| 74 | 148 |

I. Assos

| 28,12 | 90, 106 |
|---|---|

I. Eph. (vgl. MonEph)

| I | 20 | 164 |
|---|---|---|
| V | 1503 | 40, 164 |
| | 3045 | 100 |

IG

| II² | 1245 | 33 |
|---|---|---|
| | 1582 | 26 |
| | 1587 | 26 |
| | 1609 | 28 |
| V | 2, 465 | 28 |
| VII | 2227 | 28 |
| | 3171 | 28 |
| IX | 2,1109 | 252 |
| XII | 5,1001 | 28 |
| | 1002 | 28 |
| XII | Suppl. 261 | 105 |

IGR

| I | 1183 | 189 |
|---|---|---|
| | 1262 | 279 |
| III | 1056 | 175 |
| | 1539 | 174 |

ILS

| 1461 ff. | 29 f. |
|---|---|
| 7193 ff. | 29 |
| 8858 | 29 |

I. Klaudiu Polis

| 29 | 193 |
|---|---|

I. Priene

| 111 | 28, 104, 106 |
|---|---|
| 115 | 104 |
| 117 | 106 |

MonEph

| 1 | 6 |
|---|---|
| 2 | 110 |
| 4 | 169 |
| 5 | 78, 90 |
| 8 | 90 |
| 9 | 152 |
| 18 | 90 |
| 22 f. | 78, 90 |
| 40 | 110 |

OGIS

| 55 | 28, 90 |
|---|---|
| 496 | 29, 40, 164 |
| 525 | 29 |
| 572 | 26 |
| 629 | 175 |
| 665 | 134, 254, 279 |
| 669 | 29, 40, 134, 143 f., 146, 159, 161 |
| 674 | 24, 103, 189, 217 |

Sherk, RDGE

| 12 | 104 |
|---|---|
| 23 | 105 |

SEG

| II | 594 | 40 |
|---|---|---|
| VII | 570 | 102, 177 |
| | 591 | 177 |
| | 593 | 177 |
| | 623 | 177 |
| XIV | 639 | 52, 101 |
| XX | 668 | 24, 189 |

M. Smallwood, Documents

| I | 382 | 279 |
|---|---|---|
| | 432 | 174 |

## XIII. Sammelwerke

# Namen- und Sachregister

Abgabe(n) 11, 23, 32
– Versteigerung 41 ff., 112, 166, 170 f.
Abgabenkäufer 27, 31
Abgabenpacht 40 ff., 112 ff., 166, 170
– Afterpacht 113
– Einschränkung 115, 150, 193, 223
– Gewinn 66
– Risiko 40, 42, 66, 112, 145 f.
– Vorläufer 44, 115 f., 167
Abgabenpächter 36, 38, 110, 117
   (vgl. τελώνης)
– Funktion 110
– Konfiskation 52, 122, 124 f., 131, 169,
   200 f., 251
– Risiko 42
– Schädigung (Schmuggel) 121 f., 124,
   138 f., 140, 160
– Streitigkeiten 67, 122, 158, 176
– Übergriff 52, 128, 133, 142, 153
Akzise 33 f., 75, 190, 192
Alexander, Tib. Jul. 143, 145, 157
Alexandria 112, 144, 216
Amathus 186
Anachorese 158, 193
Antiochos III. d. Gr. 164, 172 f., 180,
   182, 189
Anzeige 122, 158, 161
Apollonios 123–127, 167–169
Archelaos 164
Askalon 164, 214–216
Augustus 12 f., 100, 114, 191

Ba'yan 20, 215 f.
Bet Shean 164
Binnenzoll 33
Bürgen 41 f., 112 f., 128

Caesar 106, 186 f.
Caesarea 164, 166, 189, 211 f.
Cicero 3 ff., 105

Defizit 112, 136
Deklaration 152, 169, 179
Demetrios I. Soter 164, 180–182
Demetrios II. Nikator 180, 182
Dura-Europos 174, 177 f.

Ephesos 6, 40, 78, 100, 106

Finanzjahr 113
Fiskalismus 96, 130, 134, 192

Gabinius 185–187
Gaza 163, 167, 172, 189
Gazara 186
Gebühren 32, 34, 39 f., 113, 189–191
Gesellschaftspacht 42, 113
Gessius Florus 165, 211 f.
Grenzzoll 7, 23, 56, 188, 196

Hadrian 144, 150, 193
Hefzibah-Inschrift 179
Hippos 20, 189
Herodes I. d. Gr. 187–189, 191 f.
Herodes Antipas 192
Höchstgebot 112

Jericho 186, 278
Jerusalem 164, 186 f., 191
Johannes v. Caesarea 164, 166, 187, 212 f.
Joppe 164, 184, 189
Joseph b. Tobias 164, 169
Juden
– pharisäisch 215

Kapernaum 164, 189, 239
Kauf 11, 26–28
Kleinpacht 8, 31, 103, 113, 189, 192
– Herkunft 115 f., 167
Kleinpächter 12, 31, 108, 172, 191, 196,
   252, 269, 288

# Begriffsregister

## Lateinische Begriffe

## Griechische Begriffe

Hebräische Begriffe etc. (in Transkription)

# Autorenregister

Abrahams, I. 229, 272
Adams, B. 115
Adelung, J. Chr. 22, 35 f.
Ahle, M. 102
Alföldy, G. 97
Altheim, F. / R. Stiehl 177 f., 196
Andreades, A. 10 f., 32 f., 38–40, 42,
77–79, 84, 89, 105, 108
Antweiler, B. 22
Applebaum, S. 25, 185, 216
Ardant, G. 31
Arens, E. 229 f., 235 f., 242, 255–257,
275 f., 278, 280
Aune, D. E. 213, 217
Aurelio, T. 268
Austin, M. M. / P. Vidal-Naquet 31, 38,
41 f.
Avi-Yona, M. 162, 185, 192–195, 203,
213

Baasland, E. 262
Bacher, W. 195
Badian, E. 5, 97
Bagnall, R. S. 78, 111, 119, 166–168,
170, 173
Baldwin, B. 64
Bammel, E. 185 f.
Baron, S. W. 162
Barth, G. 245
Bartsch, H.-W. 238
Bastianini, G. 144, 148
Bauer, W. 10, 205, 229, 251, 270, 280
Baur, P. V. C. / M. I. Rostovtzeff 177
Becker, J. 269
Behrend, D. 11, 26–28, 40, 45
Bell, H. I. 108 f., 194
Bellen, H. 39
Bellinger, A. R. 5
Bellinger, A. R. / C. B. Welles 277
Belo, F. 242, 284 f., 288 f.

Beloch, K. J. 42 f., 45–48, 50, 55, 78,
89 f.
Ben-David, A. 162, 189 f., 195, 199
Bengel, A. 260
Bengtson, H. 44–46, 50, 55, 116, 134,
172 f., 179
Benoit, P.-M. / E. Boismard 7, 237
v. Berchem, D. 194
Berger, K. 22, 235, 238, 240, 248, 265,
283
Berneker, E. 252
Bernhardt, R. 185
di Bertinoro, O. 4 f.
Bertrand, J. M. 179
Berve, H. 69, 122
Best, E. 240 f.
Beyer, K. 182, 187, 215, 237, 247, 250,
255, 266
Bickerman, E. J. 42, 113, 173, 179 f.,
182 f.
Bietenhard, H. 192, 195, 261, 281
Billerbeck, P. 193, 203
Billeter, G. 91
Black, M. 246–248, 250, 255, 258, 261 f.,
268, 270 f., 274, 276
Blakey, J. M. 46
Blass, F. 48, 50, 55, 69
Bloch, G. / J. Carcopino 38
Böcher, O. 256
Böckh, A. 2, 11, 26, 31 f., 38 f., 42, 72,
77, 79
Bolkestein, H. 38, 57, 59 f., 63, 83 f., 89,
91, 93 f.
Bonhöffer, A. 61
Borg, M. 245, 247
Bornkamm, G. 241, 271
Bover, J. M. 260
Bovon, F. 229, 250 f., 253–255,
257–260, 262, 284
Bowersock, G. W. 185

# Wissenschaftliche Untersuchungen zum Neuen Testament

## Alphabetisches Verzeichnis
### der ersten und zweiten Reihe

APPOLD, MARK L.: The Oneness Motif in the Fourth Gospel. 1976. *Band II/1.*

BAMMEL, ERNST: Judaica. 1986. *Band 37.*

BAUERNFEIND, OTTO: Kommentar und Studien zur Apostelgeschichte. 1980. *Band 22.*

BAYER, HANS FRIEDRICH: Jesus' Predictions of Vindication and Resurrection. 1986. *Band II/20.*

BETZ, OTTO: Jesus, der Messias Israels. 1987. *Band 42.*

– Jesus, der Herr der Kirche. 1989. *Band 52.*

BEYSCHLAG, KARLMANN: Simon Magnus und die christliche Gnosis. 1974. *Band 16.*

BITTNER, WOLFGANG J.: Jesu Zeichen im Johannesevangelium. 1987. *Band II/26.*

BJERKELUND, CARL J.: Tauta Egeneto. 1987. *Band 40.*

BLACKBURN, BARRY LEE: 'Theios Anēr' and the Markan Miracle Traditions. 1990. *Band II/40.*

BOCKMUEHL, MARKUS N. A.: Revelation and Mystery in Ancient Judaism and Pauline Christianity. 1989. *Band II/36.*

BÖHLIG, ALEXANDER: Gnosis und Synkretismus. 1989. 1. Teil. *Band 47.* – 2. Teil *Band 48.*

BÜCHLI, JÖRG: Der Poimandres – ein paganisiertes Evangelium. 1987. *Band II/27.*

BÜHNER, JAN A.: Der Gesandte und sein Weg im 4. Evangelium. 1977. *Band II/2.*

BURCHARD, CHRISTOPH: Untersuchungen zu Joseph von Aseneth. 1965. *Band 8.*

CANCIK, HUBERT: (Hrsg.): Markus-Philologie. 1984. *Band 33.*

CARAGOUNIS, CHRYS C.: The Son of Man. 1986. *Band 38.*

DOBBELER, AXEL VON: Glaube als Teilhabe. 1987. *Band II/22.*

EBERTZ, MICHAEL N.: Das Charisma des Gekreuzigten. 1987. *Band 45.*

ECKSTEIN, HANS-JOACHIM: Der Begriff der Syneidesis bei Paulus. 1983. *Band II/10.*

EGO, BEATE: Im Himmel wie auf Erden. 1989. *Band II/34.*

ELLIS, E. EARLE: Prophecy and Hermeneutic in Early Christianity. 1978. *Band 18*

– The Old Testament in Early Christianity. 1990.

FELDMEIER, REINHARD: Die Krisis des Gottessohnes. 1987. *Band II/21.*

FOSSUM, JARL E: The Name of God and the Angel of the Lord. 1985. *Band 36.*

GARLINGTON, DON B.: The Obedience of Faith. 1990. *Band II/38.*

GARNET, PAUL: Salvation and Atonement in the Qumran Scrolls. 1977. *Band II/3.*

GRÄßER, ERICH: Der Alte Bund im Neuen. 1985. *Band 35.*

GREEN, JOEL B.: The Death of Jesus. 1988. *Band II/33.*

GUNDRY VOLF, JUDITH M.: Paul and Perseverance. 1990. *Band II/37.*

HAFEMANN, SCOTT J.: Suffering and the Spirit. 1986. *Band II/19.*

HEILIGENTHAL, ROMAN: Werke als Zeichen. 1983. *Band II/9.*

HEMER, COLIN J.: The Book of Acts in the Setting of Hellenistic History. 1989. *Band 49.*

HENGEL, MARTIN und A. M. SCHWEMER (Hrsg.): Königsherrschaft Gottes und himmlischer Kult. 1990.

HENGEL, MARTIN: Judentum und Hellenismus. 1969, ³1988. *Band 10.*

HERRENBRÜCK, FRITZ: Jesus und die Zöllner. 1990. *Band II/41.*

HOFIUS, OTFRIED: Katapausis. 1970. *Band 11.*

– Der Vorhang vor dem Thron Gottes. 1972. *Band 14.*

– Der Christushymnus Philipper 2,6–11. 1976. *Band 17.*

– Paulusstudien. 1989. *Band 51.*

HOMMEL, HILDEBRECHT: Sebasmata. Band 1. 1983. *Band 31.* – Band 2. 1984. *Band 32.*

KAMLAH, EHRHARD: Die Form der katalogischen Paränese im Neuen Testament. 1964. *Band 7.*

KIM, SEYOON: The Origin of Paul's Gospel. 1981, ²1984. *Band II/4.*

– „The ‚Son of Man'" as the Son of God. 1983. *Band 30.*

KLEINKNECHT, KARL TH.: Der leidende Gerechtfertigte. 1984, ²1988. *Band II/13.*

KLINGHARDT, MATTHIAS: Gesetz und Volk Gottes. 1988. *Band II/32.*

Wissenschaftliche Untersuchungen zum Neuen Testament

KÖHLER, WOLF-DIETRICH: Rezeption des Matthäusevangeliums in der Zeit vor Irenäus. 1987. *Band II/24.*

KUHN, KARL G.: Achtzehngebet und Vaterunser und der Reim. 1950. *Band 1.*

LAMPE, PETER: Die stadtrömischen Christen in den ersten beiden Jahrhunderten. 1987, [2]1989. *Band II/18.*

MAIER, GERHARD: Mensch und freier Wille. 1971. *Band 12.*

– Die Johannesoffenbarung und die Kirche. 1981. *Band 25.*

MARSHALL, PETER: Enmity in Corinth: Social Conventions in Paul's Relations with the Corinthians. 1987. *Band II/23.*

MEADE, DAVID G.: Pseudonymity and Canon. 1986. *Band 39.*

MENGEL, BERTHOLD: Studien zum Philipperbrief. 1982. *Band II/8.*

MERKEL, HELMUT: Die Widersprüche zwischen den Evangelien. 1971. *Band 13.*

MERKLEIN, HELMUT: Studien zu Jesus und Paulus. 1987. *Band 43.*

METZLER, KARIN: Der griechische Begriff des Verzeihens. 1990.

NIEBUHR, KARL-WILHELM: Gesetz und Paränese. 1987. *Band II/28.*

NISSEN, ANDREAS: Gott und der Nächste im antiken Judentum. 1974. *Band 15.*

OKURE, TERESA: The Johannine Approach to Mission. 1988. *Band II/31.*

PILHOFER, PETER: Presbyterion Kreitton. 1990. *Band II/39.*

RÄISÄNEN, HEIKKI: Paul and the Law. 1983, [2]1987. *Band 29.*

REHKOPF, FRIEDRICH: Die lukanische Sonderquelle. 1959. *Band 5.*

REISER, MARIUS: Syntax und Stil des Markusevangeliums. 1984. *Band II/11.*

RICHARDS, E. RANDOLPH: The Secretary in the Letters of Paul. 1990. *Band II/42.*

RIESNER, RAINER: Jesus als Lehrer. 1981, [3]1988. *Band II/7.*

RISSI, MATHIAS: Die Theologie des Hebräerbriefs. 1987. *Band 41.*

RÖHSER, GÜNTER: Metaphorik und Personifikation der Sünde. 1987. *Band II/25.*

RÜGER, HANS PETER: Die Weisheitsschrift aus der Kairoer Geniza. 1990.

SÄNGER, DIETER: Antikes Judentum und die Mysterien. 1980. *Band II/5.*

SANDNES, KARL OLAV: Paul – One of the Prophets? 1990. *Band II/43.*

SATO, MIGAKU: Q und Prophetie. 1988. *Band II/29.*

SCHIMANOWSKI, GOTTFRIED: Weisheit und Messias. 1985. *Band II/17.*

SCHLICHTING, GÜNTER: Ein jüdisches Leben Jesu. 1982. *Band 24.*

SCHNABEL, ECKHARD J.: Law and Wisdom from Ben Sira to Paul. 1985. *Band II/16.*

SCHUTTER, WILLIAM L.: Hermeneutik and Composition in I Peter. 1989. *Band II/30.*

SCHWEMER, A. M. – siehe HENGEL.

SIEGERT, FOLKER: Drei hellenistisch-jüdische Predigten. 1980. *Band 20.*

– Nag-Hammadi-Register. 1982. *Band 26.*

– Argumentation bei Paulus. 1985. *Band 34.*

– Philon von Alexandrien. 1988. *Band 46.*

SIMON, MARCEL: Le christianisme antique et son contexte religieux I/II. 1981. *Band 23.*

SNODGRASS, KLYNE: The Parable of the Wicked Tenants. 1983. *Band 27.*

SPEYER, WOLFGANG: Frühes Christentum im antiken Strahlungsfeld. 1989. *Band 50.*

STADELMANN, HELGE: Ben Sira als Schriftgelehrter. 1980. *Band II/6.*

STROBEL, AUGUST: Die Studie der Wahrheit. 1980. *Band 21.*

STUHLMACHER, PETER (Hrsg.): Das Evangelium und die Evangelien. 1983. *Band 28.*

TAJRA, HARRY W.: The Trial of St. Paul. 1989. *Band II/35.*

THEISSEN, GERD: Studien zur Soziologie des Urchristentums. 1979, [3]1989. *Band 19.*

WEDDERBURN, A. J. M.: Baptism and Resurrection. 1987. *Band 44.*

WEGNER, UWE: Der Hauptmann von Kafarnaum. 1985. *Band II/14.*

ZIMMERMANN, ALFRED E.: Die urchristlichen Lehrer. 1984, [2]1988. *Band II/12.*

*Ausführliche Prospekte schickt Ihnen gern der Verlag*
*J.C.B. Mohr (Paul Siebeck), Postfach 2040, D-7400 Tübingen.*